W0249493

Der Taunus

Ein l(i)ebenswertes Mittelgebirge

Eugen Ernst

881,5 m über dem Meer, das Feldbergplateau

SOCIETÄTSVERLAG

Blick von Ingelheim über den Rhein auf die Ausläufer des südwestlichen Taunuskamms

Blick auf den östlichen Taunusrand aus der Gemarkung Rechtenbach auf den Stoppelberg

Blick vom Hausberg bei Butzbach auf den Taunuskamm vom Winterstein bis über den Feldberg hinaus

Salvete amici montium taunensium – Gegrüßt seid ihr, Freunde der Taunusberge!

Wenn ich Ihnen jetzt lateinisch komme, so hat das seinen Grund: Vor Rittern, Kaisern und großen Dichtern wurde der Taunus auch schon von den Römern als eine einzigartige Region entdeckt und geschätzt. Bis heute ist die Anziehungskraft dieser Landschaft und ihrer Vielfalt ungebrochen, und es ist für jeden Besucher erstaunlich, wie hier Natur, Kultur und Zivilisation auf schönste Weise eine Einheit bilden. Der Taunus ist ohne Frage eine der liebenswertesten Landschaften dieser Erde.

Professor Dr. Eugen Ernst, ohne den es den Hessenpark in Neu-Anspach nicht gäbe und der für seine Verdienste den Hessischen Verdienstorden und das Bundesverdienstkreuz erhielt, ist einer der profundesten Kenner der Region. Der Band, den er hier vorlegt, versammelt sein Wissen um den Taunus in zweifacher Weise: Seine Texte vermitteln umfassend die Komplexität der Landschaft und die zum Teil spektakulären Bilder verdeutlichen seine Ausführungen schlagartig und auf einen Blick. So ist eine illustrierte Landeskunde entstanden, wie sie der Taunus verdient hat: Spannungsreich und bildmächtig. Mein erster Dank gilt daher Herrn Professor Ernst für sein großes Engagement und die angenehme Zusammenarbeit. Herrn Eberhard Schrimpf, der für die Gestaltung des Bandes verantwortlich ist, schließe ich in diesen Dank gerne mit ein.

Mein Dank gebührt darüber hinaus der Taunus Sparkasse, der Nassauischen Sparkasse, der Kreissparkasse Limburg und dem Rhein-Main-Verkehrsverbund, die durch ihre Unterstützung den Bildband zu dem prächtigen Werk werden ließen, das Ihnen nun vorliegt.

Darüber hinaus bedanke ich mich für Zuwendungen herzlich bei Frau Johanna Quandt und den Herren Walter Christmann, Manfred Hellwig, Hans-Georg Wagner und Theo Zwermann sowie den Bildautoren, die Fotos z. T. kostenfrei zur Verfügung stellten.

Lassen Sie sich durch das vorliegende Werk dazu animieren, den Taunus auf eigene Faust zu erkunden. Spazieren Sie in den Parks und Gärten um die Schlösser, Burgen und Kuranlagen oder lustwandeln Sie auf den Spuren berühmter Kurgäste. Ortskundige Gästeführer bringen Sie zu besonderen Sehenswürdigkeiten oder versteckten Winkeln, Landwirte geben ihr Wissen um Hof und Feld weiter und auch die Leistungen im gewerblichen Bereich sind erstaunlich. Nicht zuletzt bekommen Sie in den Museen und durch die Einrichtungen der Naturparks sowie der Wandervereine gute Einblicke in die Kulturlandschaft Taunus.

Mehr als 300 Millionen Jahre brauchte der Taunus, um das zu sein, was er heute ist, und in Zukunft wartet er darauf, von Ihnen entdeckt zu werden.

Dr. Jürgen Kron
Leiter des Societäts-Verlags

Aartal im Hintertaunus zwischen Taunusstein und Bad Schwalbach

Kloster Arnstein über der Lahn

Rolls-Royce-Werk in Oberursel

NE IN PATRIA NOSTRA PEREGRINI ET HOSPITES ESSE, VIDEAMUR

Plinius, der römische Schriftsteller, hat recht: „Sehen wir zu, dass wir nicht Fremde und Gäste werden im eigenen Vaterland“. Wir beziehen seine Feststellung auf den Taunus. Und dieser ist in vielerlei Weise ein geradezu musterhafter, lebens- und liebenswerter europäischer Mittelgebirgsraum: natur- wie kultur- und sozialgeographisch, territorial – wie kunstgeschichtlich.

Da ist nur wenig bizarres Felsgestein bloßgelegt, da gibt es keine wilden „Wolfsschluchten“, da zeigen keine gewaltigen Berggipfel Monumentalität. Doch Einförmigkeit und Eintönigkeit bestimmen nicht den Prägestock des Taunus.

Die Bergrücken, Hochflächen und Täler gehen in beinahe beschaulichen Formen ineinander über. Da liegt Lieblichkeit in den grünen Talauen der Bäche, und Heiterkeit strahlt aus den rebenbestandenen Sonnenhängen im Rheingau. Da ist auf den dunklen Waldrücken und auf einigen der weit gespannten Hochflächen ein Hauch von Herbheit nicht zu leugnen. Diese tritt aber nie als abweisende Härte in Erscheinung. In der Formgebung der Taunuslandschaft gilt das gegliederte, abwechslungsreiche Ebenmaß. In den offenen Kulturflächen der Becken und Senken erkennt man nur allzu deutlich die Spuren wirtschaftenden Wirkens, und an den Rändern des Taunus wohnt man einem dynamischen Wandlungsprozess im Siedlungsgefüge bei.

Das Buch will keine strenge Landeskunde sein, wohl aber eine landeskundlich orientierte und illustrierte Darstellung des Taunus. Freilich können nicht jeder Ort, jeder Berg und jeder Bach angesprochen werden. Deshalb trägt das Werk notgedrungen das Stigma des Unvollständigen. Das exemplarische Prinzip soll gelten. Deshalb mögen repräsentative Beispiele aus dem Natur-, Kultur-, Wirtschafts- und Sozialraum stellvertretend für das Ganze des Taunus stehen.

Die vorgestellten Kapitel werden sich in erster Linie dem erschließen, der von sich aus noch weiteres Wissen und tiefere Einsichten hinzutun kann. Es wird aber auch den in die Taunuslandschaft einführen, der sich unbefangen dem hier gewählten Raumausschnitt über Text, Karte und Bild zu nähern bereit ist.

Die vorliegende Text-Bild-Darstellung des Taunus widme ich posthum meinem Vater. Er hatte dieses liebenswerte Mittelgebirge als Waldarbeiter „genossen“, manchmal auch vielleicht verdammt. Er arbeitete zuletzt 15 Jahre im Anspacher Gemeindewald und ca. 20 Jahre vorher in den Wäldern um den Altkönig. Das bedeutete zwei bis drei Stunden Anmarsch zu Fuß, später etwas bequemer mit dem Fahrrad, dann mit einem kleinen Motorrad. Es folgten acht Stunden Sägen, Hauen, Schälen etc., dann der lange Heimweg – täglich von 5 Uhr früh bis oft 22 Uhr abends auf den Beinen. Denn hinzu kam das Pflügen, Säen und Ernten auf teilweise steinigen Berghängen in seinem kleinbäuerlichen Hochtaunus-Betrieb.

Und dies darf nicht vergessen werden: Das Taunus-Buch hätte ohne finanzielle Zuwendungen der im Grußwort genannten Partner nicht erscheinen können, dafür gebührt ihnen Dank und Anerkennung! Das gilt auch für meinen stets hilfsbereiten und kreativ mitdenkenden langjährigen Kooperationspartner Eberhard Schrimpf. Ohne ihn hätte ich die Arbeit nie zu Ende gebracht.

Jeder hat seinen eigenen Zugang zum Taunus. Vielleicht kann das vorliegende, mehr für interessierte Laien gedachte Buch einen anderen, möglicherweise neuen Weg in den Taunus ebnen, vielleicht eröffnen die Bildillustrationen neue Blicke in unsere Taunus-Landschaft.

Eugen Ernst

Neu-Anspach, im August 2009

Blick über Neu-Anspach auf den Taunuskamm und die Feldberg-Langhals-Pferdskopf-Scholle

Name und Lage

Alle Rechte vorbehalten Societäts-Verlag
© 2009 Frankfurter Societäts-Druckerei GmbH

Druck: Kessler Druck + Medien GmbH, Bobingen

Buchidee, Konzeption und Text:
Prof. Dr. Eugen Ernst, Neu-Anspach
Beratung + Gesamtgestaltung:
Eberhard Schrimpf, Usingen

Printed in Germany 2009
ISBN 978-3-7973-1146-7

Der Taunus als Naturraum

Geschichte und Siedlungsentwicklung

Kirche, Kreativität und Bildung

Der Taunus als Wirtschafts- und Sozialraum

Name und Lage

Der Taunus in der Landschafts-Topografie

Den Landschaftsnamen „Taunus" gab es bis vor 200 Jahren noch nicht. Erst seit der ersten Hälfte des 19. Jahrhunderts versteht man darunter den Raum zwischen den Flüssen Main, Rhein, Lahn und der Wetterau. Er bildet den südöstlichen Pfeiler des Rheinischen Schiefergebirges, zu dem auch der Westerwald, der Hunsrück, die Eifel und das Siegerland zählen.

Man nannte vor allem den östlichen Teil der Scheitellinie zwischen dem tiefer gelegenen Main-Taunus-Vorland und dem dahinter liegenden „Land hinter den Hecken" einfach „die Höhe". Dieser Vorläuferbegriff des Taunuskammes ist bis heute in den Ortsnamen, wie z. B. Bad Homburg vor der Höhe, erhalten. „Taunus" – das ist eine junge, beinahe willkürlich gefundene topografische Bezeichnung.

Aber haben die oben genannten scheinbar natürlichen Grenzen der Flüsse in Wirklichkeit eine Bedeutung? Verbinden Flüsse nicht vielmehr, als dass sie trennen? Kann man den Taunus noch als eine Einheit ansprechen, wenn man bedenkt, dass die großen Städte an seinen Eckpunkten, wie das Städtepaar Mainz-Wiesbaden, der Raum Wetzlar-Gießen, das Gebiet Koblenz-Lahnstein und die Städteballung um Frankfurt am Main als Wirtschaftszentren, weit über den Taunus ausstrahlen und Teile des Westerwalds, des Vogelsbergs, des Odenwalds, der Eifel, der Pfalz und des Hunsrücks umfassen?

Dennoch: Wir bleiben bei der Landschaftsvorstellung, die sich eingebürgert hat.

Feldberg-Langhals-Pferdskopf-Scholle. Blick über Treisberg und den Pferdskopf (mit Aussichtsturm) zum Feldberg.

Bad Homburg vor der Höhe

Ein junger Name für ein altes Gebirge!

Die Darstellung der uns aufgegebenen Landschaftseinheit fängt schon gut an, nämlich eher mit Fragen als mit Antworten. Das betrifft sowohl seinen Namen als auch seine Grenzen.

Der „Taunus" war – historisch gesehen – zwar kein ganz namenloses Gebirge, aber seine Bezeichnungen „Höhe" und „Heirich" bezogen sich in Wahrheit nur auf Teilbereiche. Den Landschaftsnamen „Taunus" gab es bis vor 200 Jahren noch nicht. Der Raum zwischen den Flüssen Main, Rhein, Lahn und der Wetterau vermittelte als südöstlicher Pfeiler des Rheinischen Schiefergebirges damals nicht das Gefühl, dass er ein zusammengehöriges Ganzes sei. „Taunus": Das ist eine junge, beinahe willkürlich gefundene topografische Bezeichnung, die weder in mittelalterlichen noch in frühneuzeitlichen Quellen auftaucht.

Man nannte jene herausragende Scheitellinie zwischen dem tiefergelegenen, fruchtbaren Main-Taunus-Vorland und dem dahinterliegenden, etwas verächtlich genannten „Land hinter den Hecken", einfach „die Höhe" [1] – besonders den östlichen Teil vom Schwarzbach bis zur Wetterau. Rodheim vor der Höhe, Homburg vor der Höhe, aber auch Hausen vor der Höhe oder Fauerbach vor der Höhe sind Bezeichnungen, die diesen Vorläuferbegriff des Taunuskammes bis heute in den Ortsnamen nachweisen.

Im ersten Handbuch der hessischen Geschichte und Landeskunde („Hessische Chronica") fasste der Kartograph Wilhelm Dilich (1571 – 1650) den Begriff „Höhe" von ihrer wallartig durchgehenden Landschaftsgestalt her geografisch konsequenter auf und schrieb:
„Das gebirge, das an Königstein gelegen, wirt mit einem gemeinem namen die Höhe genandt, hebet sich an beim Closter Lorch am Rhein, scheidet das Rhingaw von Catzenelnbogen, und zeucht sich von dannen gehen Wisbaden, Epstein, Königstein, Fridberg, Butzbach ..."

Dilich versteht also unter der „Höhe" den gesamten schmalen Taunusrücken vom Rhein bis zur Wetterau sozusagen als morphologische Einheit [2]. Noch deutlicher sprach 1616 der Altertumsforscher und Geograph Philipp Clüver (1580 – 1623) in seiner deutschen Geographie („Germania antiqua libri tres") vom Taunuskamm als dem „hohen Ruck" und der „Höhe". [3]

Der mittlere und östliche Hintertaunus besaß überhaupt keinen „Sammelnamen". Nur den westlichen Hintertaunus fasste man unter dem Begriff „Einrich" zusammen. Hier wurden die Talschaften und ein paar Berge separat benannt, vor allem der „Goldene Grund", das Weiltal oder das Wispertal. Die Namen der Dörfer und Städtchen genügten als Orientierungsraster. Hinter der „Höhe" lag das ferne, vermeintlich unwirtliche Gebiet „hinter den Hecken". Man sprach um Usingen herum mildernd von dem „Buchenfinkenland". Der Dichter Rittershaus sang allerdings etwas abschätzig:
„Hier Wandrer lass den Mut nicht sinken, hier kommst du in das Land der Finken". [4]

Im Gegensatz zur vergleichsweise kleinflächigen, aber reliefspektakulären „Höhe" meint der „Heirich" oder „Einrich" im westlichen Hintertaunus die weitgespannten Hochflächen vom Aartal östlich von Katzenelnbogen bis zum Rhein im Westen und zur unteren Lahn im Norden.

Bei Johann Philipp Kuchenbecker (1703 – 1746) verschmelzen die Teilbereiche des Taunus „Heirich" und „Höhe" ineinander. Er meint sogar, der „Einrichgau", jene altfränkische Verwaltungseinheit im westlichen Taunus, habe seinen Namen vom Bergland „der Heirich" (oder „Heyrich") [5] erhalten. Es dürfte eher umgekehrt sein. Was aber hat es mit dem Namen „Taunus" auf sich?

Die Sprachwissenschaftler sind sich nicht einig, ob in dem Wort „Taunus" der keltische Begriff „dun", „dunum" oder „tun" (= höhere Stelle, kelt., z. B. Snowdon, 1085 m, in Wales) steckt, ob die Stadt auf der Goldgrube „Artaunon" hieß und der Name von daher kommt oder ob schlicht das germanische „tuna" = „tun" = Zaun = evtl. für Pfahlgraben gemeint ist. Heute nimmt man eher an, dass es sich um eine vorkeltische, eine indogermanische Bezeichnung handelt mit dem Wortstamm „teu", was so viel wie „anhäufen, schwellen" heißt und möglicherweise damit auch die Landschaftsform meint. [6] Schon Clüver sprach in seiner „alten Geographie von Deutschland" am Beginn des 17. Jahrhunderts von einem „Berg Taunus ... Mainz gegenüber ..." [7] und Hermann Dielhelm (1702 – 1784) formulierte 1747 in seinem berühmten „Wetterauischen Geographus":
„Der Feldberg sonst insgemein die Höhe, und von Tacito Mons Taunus genannt, ist ein sehr grosses und hohes Gebürge, so sich vom Rhein her ... erhebet, bey Wisbaden hergehet ... und sich bis ins Hessenland hineinziehet." [8]

Damit war aber die topografische Bezeichnung „Taunus" noch lange nicht salonfähig. Erst zu Beginn des 19. Jahrhunderts griff man in romantischer Begeisterung für die heldenhafte Vorzeit und die Antike auf die Annalen des Tacitus (1,56 und 12,28) zurück. Bei dem römischen Senator und Historiker Gaius Cornelius Tacitus (um 55 bis 115 n. Chr.) ist die Rede von einem „castrum in monte tauno", das Drusus 11 v. Chr. errichtet hatte. Man setzte es kurzerhand mit den Saalburgruinen gleich, nicht wissend, dass diese Gemäuer erst 100 Jahre nach Tacitus entstanden waren. Von da ausgehend nannte man das weite rechteckige Landschaftsgebilde zwischen den Flüssen Main, Rhein, Lahn und Wetter einfach „Taunus". Wer ist hier „man", wer steckt hinter dieser unpersönlichen Vereinfachung?

Hinter Bad Homburg vor der Höhe beginnt der Taunuskamm

1) Mengel, A. und Michel, R.: Die Höhe vel Taunus mons in: Jahrbuch 1996 Hochtaunuskreis, S. 21 ff. Es handelt sich um die umfassendste Darstellung von Namen und Kartennachweisen zum Thema „Taunus"

2) Dilich. W.: Hessische Chronica, S. 50 und 65, Nachdruck, Kassel 1961

3) Clüver, Ph.: Germania antiqua libritres. Leyden 1616 (bei Mengel, A. u. Michel, R., S. 27)

4) Geisel, Theodor. Von der Seele der Usinger Landschaft, in: Wagner, K. (Hrsg.): Geliebtes Usinger Land, Usingen 1982, S. 7

5) Kuchenbecker, J. Ph.: Analeeta Hassitua Teil XI, Marburg 1740

6) Petran-Belschner M.: Taunusnamen - zum Reden gebracht, in: Berg, J. u. Ernst, E. u.a.: Heimat Hochtaunus, Frankfurt am Main 1988, S. 556

7) Clüver, Ph.: Germania ... wie s. o. 3)

8) Dielhelm, J. H.: Wetterauischer Geographus, Frankfurt am Main 1747, S. 9 ff.

Ausschnitt aus farbveränderter Karte um 1785 „Pars Vederoviae Regionem Schwalbacensem“

9) Roth, H.: „Taunus“ – der germanische Name Friedbergs. Friedberg/Hessen 1940 (Sonderdruck Friedberger Geschichtsblätter, Bd. 14, S. 10 – 21)

10) Petran-Belschner, M.: a. a. O. S. 556 und Stahr, A. + Bender, B., S. 2

Die schwärmerischen Verehrer des klassischen Altertums, der Homburger Landgraf Friedrich V. und der Literat Geheimrat Isaak von Gerning (1767 – 1837), wussten nicht, was sie taten, als sie das bei Tacitus erwähnte Lager auf der Saalburg glaubten lokalisieren zu können. Bis heute ist nicht sicher, wo das Römerlager des Drusus zu suchen ist. Der Friedberger Burgberg ist da nicht mit letzter Sicherheit zu benennen.[9] Die Ausgrabungen 1960 sprechen eher für das benachbarte Lager bei Rödgen.

Der Name taucht auch in dem römischen Verwaltungsbezirk des Main-Taunusgebietes mit der Stadt „Nida“ als „Civitas Taunensiorum“ auf. Der Freund der Antike, der Diplomat und Goethefreund von Gerning, schrieb jedenfalls 1813 eine generalisierende Ode auf die „Heilquellen im Taunus“:

„... Taunus! dir und deinem Gefild' ertöne Preisgesang,
im Wonnegefühl des Danks;
Dir, der Schöpfung Liebling, der Heilkraft Spender,
Zierde der Landlust.“[10]

Man ließ den Namen kartografisch fixieren und damit verbreiten – und so müssen wir mit ihm leben. Der Name „Taunus“ hatte sich im 19. Jahrhundert bald durchgesetzt!

Die erste Bahnverbindung von Frankfurt nach Wiesbaden 1840 nannte man „Taunusbahn“, und in Frankfurt am Main entstand um 1850 ein separater „Taunusbahnhof“, der die Stadt mit Homburg (Spielbank) verband.

Heinrich Jacobi, der Sohn des Saalburg-Erbauers, machte 1932 glaubhaft, dass der Landgraf Friedrich V. Ludwig von Hessen-Homburg schon 1773 bei der Einweihung seines neuen Lustwaldes („Großer Tannenwald“) den Namen „Taunus“ poetisch benutzt hatte:

„... *Ein grüner Teppich schließt den Wald auf einer Seite.*
Und Taunus-Höh bekrönt den kurzen Horizont.
Ein Balsam füllt die Luft auf dieser sanften Weyde.
Die nichts als kurzes Gras und Einsamkeit bewohnt.“ [11)]

Der letzte Landgraf Ferdinand (1848 – 1866) in Hessen-Homburg wollte jedoch vom „Taunus“ im Taunus nichts wissen und platzierte das Kastell „mons Taunus“ als Römeranlage an den Niederrhein. [12)]

Sei es, wie es sei: Der Taunus in unserem Sprachgebrauch betrifft nicht nur die hohe Kammzone, sondern auch die weitaus größeren Gebiete vor und hinter dem von Südwest nach Nordost ziehenden Quarzitriegel des Taunuskamms.

Wozu jedenfalls ein latinisierter attraktiver Landschaftsname gut sein kann, lässt sich am „Taunus“-Begriff nachweisen:

Am Beginn und nach dem 2. Weltkrieg nannte die Firma Ford einen ihrer Autotypen „Taunus“. Hanns-Peter Rosellen bemerkte kurz und bündig in seiner Geschichte der Fordwerke: „Für den neuen Wagen suchte der Vorstand nun noch einen passenden Namen. In Weiterführung an den geläufigen Modellnamen ‚Eifel‘, wählte man den mit der Eifel zum Rheinischen Schiefergebirge zählenden Taunus aus.“[13)]
In einer Werbebroschüre heißt es: „Groß und geräumig soll der Wagen sein und bequemen Platz bieten für die vielen Dinge, die man nicht entbehren will auf einer Reise. Schnell soll er dabei sein, stark und wendig auch in den Bergen. Mit einem Wort: es sollte ein ‚TAUNUS‘ sein, der neue Ford aus Köln.“ [14)]

1940 wurden noch 4.834 Fahrzeuge mit der Bezeichnung „Taunus“ gebaut, eine Produktion, die erst im September 1948 wieder aufgenommen wurde. 1949 bauten die Fordwerke neben dem „Standard Taunus“ den „Taunus Spezial“ und 1952 die Sonderklasse „Taunus 12 M“. [15)]

11) *Jacobi, H.: Goethe und Homburg, in: Mitteilungen des Vereins für Geschichte und Altertumskunde zu Bad Homburg v. d. Höhe XVII, 1932, S. 26 ff.*

12) *Jacobi, H.: Von unserem letzten Landgrafen, in: Der weiße Turm, Nr. 12, 1938, S. 1 ff.*

13) *Rosellen, H.-R.: „Und trotzdem vorwärts“, Fordwerke Köln, S. 163*

14) *Anzeigentext in der Broschüre „Die neue Linie“ Sept. 1939*

15) *Presseberichte: 50 Jahre Ford Deutschland, S. 21 und S. 26 ff.*

Taunus, wo sind deine Grenzen?

Grenzen sind bei Licht besehen keine mit dem Lineal oder freihändig mit spitzem Stift gezogenen Linien. Geografisch fixierte Striche sind aus besitzrechtlichen oder politischen Gründen notwendige Grenzlinien. Bei der Festlegung von Landschaftsgrenzen handelt es sich jedoch stets um mehr oder weniger breite Grenzsäume. Das wird an dem Übergang des östlichen Taunus in die Wetterau deutlich, wo sich das waldreiche Bergland mit der offenen Ackerbau-Landschaft eines großen Senkungsfeldes verzahnt. Schauen wir uns den durch die Flüsse Rhein, Lahn, Main sowie durch die Wetterau topografisch abgegrenzten Raum genauer an, so müssen wir feststellen, dass diese scheinbar natürlichen Grenzen in Wirklichkeit keine allzu große Bedeutung haben. Denn Flüsse trennen nicht, sie verbinden!

Würden wir den Taunus sozialräumlich aufgliedern, dann müssten wir ihm vier zentrale Einzugsbereiche zuteilen: die Städtekonzentration um Frankfurt am Main, das Städtepaar Mainz-Wiesbaden, den Raum Wetzlar-Gießen, sowie das Gebiet Koblenz-Lahnstein. Dies sind Wirtschaftszentren, die ihrerseits eine erhebliche sozialräumliche Ausdehnung nicht nur in den Taunus, sondern auch in andere Richtungen, also auf den Westerwald, den Vogelsberg, den Odenwald, in die Eifel, die Pfalz und auf den Hunsrück ausweisen.

So gesehen wäre der Taunus gar keine Einheit. Er wäre eher aufzulösen in ganz andere Gebilde, etwa in Regionen oder Teilregionen, die ganz neue Zuordnungen über die oben genannten Flüsse hinaus erlauben. Außerdem wird der Taunus von einer Landesgrenze durchzogen und in einen hessischen und einen rheinland-pfälzischen Teil „zertrennt".

Grenze des Taunus

Ländergrenze

Kaub mit seiner Pfalz bildet einen westlichen Grenzpunkt des Taunus

Der Taunus ist sozusagen eine „Zweiländer-Landschaft". Das alte Nassau kam nach 1945 teilweise zur französischen Besatzungszone und damit später zu Rheinland-Pfalz. Es handelt sich um den westlichen Hintertaunus von Kaub bis Diez, von Nastätten bis Lahnstein. Zu Hessen zählt jedoch der größere Flächenanteil des Taunus (ca. 75 %). Diese Willkür-Grenze teilt sogar mit ziemlicher Rücksichtslosigkeit die völlig ineinander verzahnte Stadtlandschaft Limburg / Diez, wie auch der Rhein heute irrwitzigerweise die beiden Landeshauptstädte Wiesbaden und Mainz eint oder teilt, je nach Blickpunkt.

Politische Grenzen haben meist nie Rücksicht genommen auf Landschaftseinheiten. So wurde auch der Taunus im Verlauf der Geschichte von vielen Territorialherren nach ihrem Machtstreben und nach ihren Erbansprüchen des öfteren ohne unsere heutigen Vorstellungen von Landschaftsgrenzen behandelt und „geteilt". Die Verwaltungsgrenze der hessischen Regierungsbezirke Darmstadt und Gießen, die den Taunus im Norden von Hünfelden bis Pohlheim trennt, stört da weniger als die Ländergrenze.

Hilft uns in der „Grenzfrage" vielleicht die Geologie weiter? Der Taunus ist ein Teil des Rheinischen Schiefergebirges. Dieses wiederum ist Bestandteil des im Erdaltertum emporgestiegenen variskischen Gebirgszuges, der von dem französischen Zentralmassiv bis über das Fichtelgebirge und die Sudeten weit hinausreichte.

Allerdings gehört die Mainebene seit der Tertiärzeit (vor ca. 65 – 2,6 Mio. Jahren) geologisch zum Oberrheingraben und Teile der Vorbergzone mit dem Eppstein-Hofheimer Horst (mit Kapellenberg und Staufen) zu einem Grabenbruch aus dem Erdaltertum (Saar-Saale-Senke, vor ca. 290 Mio. Jahren, s. S. 42). Also grenzen auch geowissenschaftliche Überlegungen den Taunus nicht überzeugend ab.

Runkel an der Lahn, ein nördlicher Grenzpunkt des Taunus

Butzbach-Fauerbach (Mörlener Bucht) mit dem Hausberg (486 m) im linken Hintergrund markiert den Ostrand des Taunus

Flörsheim am Main ist ein Grenzpunkt des Taunus im Süden

Der Taunusklub, jener aus der Turnerschaft von 1847/48 auf dem Feldberg hervorgegangene „Klub gleichgesinnter Taunusfreunde" oder auch „Bund der Feldbergläufer", hatte sich 1868 zu einer echten Wanderbewegung vereinigt. Als Gründungsverein im Verband Deutscher Gebirgs- und Wandervereine (1883) begann er, zwischen den Flüssen Main, Rhein, Lahn und dem Wetteraurand ein markiertes Wegenetz für eine fußläufige Begegnung und Erkundung des Taunus auszuweisen, wodurch sich die topografische Bezeichnung weiter festigte.

Wo uns sowohl die Territorialgeschichte wie die Erdgeschichte im Stich lassen, um die Taunusgrenzen eindeutig zu klären, gibt die kommunale Gebietsgliederung wenigstens eine administrative Antwort. Sowohl der Rheingau-Taunus-Kreis wie der Main-Taunus-Kreis reichen im Süden an den Rhein und den Main.

Bleiben wir also bei dem, was sich eingebürgert hat, nämlich den Taunus als einen Teil des Südost-Pfeilers des Rheinischen Schiefergebirges durch die Flüsse Main, Rhein, Lahn und die westliche Wetterau-Flanke zu umgrenzen.

Der Taunus als Naturraum

Sein und Werden der Oberflächengestalt

Landschaften sind in ihren Grundformen von Naturkräften gestaltete, in langen Zeiträumen gewordene Raumgebilde. Was der Mensch daran verändert hat durch Kanal-, Straßen- oder Städtebau ist, verglichen mit den Bergen, Tiefebenen, Flusstälern, Meeresbecken und Binnenseen, ein kümmerliches und manchmal gefährliches Manipulieren an der Schöpfung, keinesfalls immer verantwortungsvoll. Doch kann er an den Großformen der Natur nicht rütteln.

Mit dem Taunus als seinem südöstlichen Eckpfeiler zählt das Rheinische Schiefergebirge zur Mitteldeutschen Gebirgsschwelle. Diese schließt sich südlich an das Norddeutsche Tiefland an und reicht von den Ardennen im Westen bis über die Sudeten im Osten hinaus.

Das Rheinische Schiefergebirge – und mit ihm der Taunus – ist als Rumpfgebirge zu begreifen. Sein Sockel besteht aus Gesteinen eines uralten variskischen Hochgebirges, das jedoch im Laufe der Erdgeschichte verwitterte, abgetragen und eingeebnet wurde. Allerdings wurde dieser verbliebene Rumpf in der beginnenden Erdneuzeit wieder emporgehoben, wenn auch nicht einmal halb so hoch wie das vormalige variskische Gebirge.

Dabei heben sich sechs Teilräume voneinander ab: der markante Taunuskamm, die bäder- und burgenreiche Taunus-Vorbergzone, die dicht besiedelte Main-Taunus-Ebene samt dem Rheingau, die Waldberge der Hochschollen, die fruchtbaren Becken und Senken und die weit gespannten Hochflächen des Hintertaunus. Diese Teilbereiche verfügen über eine je anders ausgeprägte Raum-Individualität und gestalten den Taunus zu einem geradezu musterhaften Mittelgebirge.

Der Taunuskamm hinter der Main-Taunus-Ebene und der Wetterau

Der Taunuskamm

Oft wird die markante Leitlinie des Taunus, der Taunusquarzitrücken, für das Gebirge schlechthin gehalten. Das verwundert nicht, wenn man feststellt, dass die Kammzone von 100 m im Süden ziemlich schnell und steil auf ca. 600 – 880 m ansteigt und dass sich der Gebirgskamm über 75 km von der Wetterau bis zum Rhein hin erstreckt. Er überragt die Maintaunus-Ebene um 400 – 600 m. Was Wunder, dass er Goethe von Frankfurt her gesehen „von Kindheit auf so fern und ernsthaft vor mir gestanden hatte", mithin wie eine „dunkle Mauer" erschien.[1]

Der langgestreckte, im Durchschnitt nur 4 – 5 km breite Bergrücken, der bei Bad Nauheim jäh aus der hessischen Senke auftaucht, steigt in südwestlicher Richtung schnell an und erreicht im Feldberg seine größte Höhe (881,5 m). Zwischen Rüdesheim und Assmannshausen stößt er an den Rheinstrom.

Der Taunuskamm besteht aus hartem weißgrauem Quarzit und aus dem fast genauso harten rötlichen bis grauen Glimmersandstein. Diese der Abtragung trotzenden Gesteine entstanden aus feinstkörnigen, ziemlich reinen Silikatablagerungen der einstigen Nordküste an der früher sogenannten alemannischen Insel, der Soonwald- oder Mitteldeutschen Kristallinschwelle im weiten Devonmeer (vor 300 – 350 Mio. Jahren).[2] Die druckfesten und widerstandsfähigen Quarzite bewirkten ein Gebirgsgerüst, das als „Härtling" in Erscheinung tritt.[3] Dieser herauspräparierte harte Gebirgsrücken wurde früher als eine aus dem Erdaltertum stammende Aufragung gedeutet.[4] Heute weiß man, dass Hebungsvorgänge in der Erdneuzeit entscheidend mitwirkten. Im feuchtwarmen Klima der Tertiärzeit erfasste eine durchaus aktive Verwitterung auch den Taunuskamm, worauf eine Anzahl von Sandvorkommen (Saukopf, Steinkopf, Wellenberg) hinweisen.[5]

Nicht bloß die Gesteinshärte des Quarzit ist für die Formgebung des Taunuskamms verantwortlich, sondern auch der Werdegang seiner Gestaltung. Bei der letzten großen Hebung des Rheinischen Schiefergebirges, mithin auch des Taunus (beginnend vor ca. 40 Mio. Jahren), wurden bis zu ca. 900 – 950 m Höhe erreicht. Dabei entstand auch eine große Klüftigkeit, die das Niederschlagswasser rasch unterirdisch wegführt. Der markante Quarzitkörper stellt also in der Tiefe eine Art Wasserspeicher dar.[6] Weil das Oberflächenwasser relativ schnell im Berg aufgenommen wird, bleibt die Erosion weniger wirksam und die beiderseitigen Hänge des Taunusrückens bis auf 400 m herunter sind ziemlich unzerschnitten. Von den dort anzutreffenden Quellhorizonten werden die Wässer für die Bachbildung freigegeben.[7]

Erreicht die Kammzone im deutlich aus der Wetterau herausgehobenen Johannisberg bei Bad Nauheim nur 285 m, so steigt sie im Winterstein bereits auf 482 m an. Zwischen Wehrheim und Köppern wird sie vom Erlenbach im engen Köpperner Tal (270 m) durchschnitten, erreicht aber im Saalburgsattel bereits wieder 410 m, um rasch zum Roßkopf auf 632 m und zum Klingenkopf (Rebhühnerberg) auf 683 m aufzusteigen. Seine höchsten Erhebungen erreicht der Taunuskamm im Kleinen und im Großen Feldberg (826 bzw. 881,5 m).

Ab dem nach Süden ausbuchtenden Herzberg (591 m) beginnt sich der Taunusrücken einerseits über den Altkönig (798 m) und den Steinkopf (570 m) hinaus, andererseits über die beiden Feldberge und den Glaskopf (687 m) in zwei Rückenstränge aufzuspalten. Das tief eingeschnittene Heidetränktal (350 – 450 m) verstärkt ebenso wie ein paar andere eingeschnittene Kerbtäler den Eindruck eines reich gegliederten Gebirges.

1) Goethes Werke, Hamburger Ausgabe Bd. IX, 3. Aufl. 1959, S. 226

2) Franke, W.: Geotektonischer Überblick und Anderle, H.-J.: Taunus, in: Geologie und hydrothermale Mineralisationen im rechtsrheinischen Schiefergebirge, Sonderband 1 des Nassauischen Vereins für Naturkunde, Wiesbaden 1998, S. 15 – 33

3) Geisel, Th.: Das Usinger Becken und seine Randgebiete, in: Jahrbuch des Nassauischen Vereins für Naturkunde, Bd. 84, S. 88 ff.

4) Panzer, W.: Studien zur Oberflächengestalt des östlichen Taunus, in: Ber. d. naturforsch. Ges. Freiburg, Bd. 23, Freiburg 1923

5) Bibus, E.: Zur Morphologie des südöstlichen Taunus und seines Randgebietes, in: Rhein-Mainische Forschungen, Heft 74, Frankfurt 1971, S. 25 ff.

6) Michels, F.: Erläuterung zur Geologischen Karte von Preußen und benachbarten deutschen Ländern – Blatt Bad Homburg v.d.H. – Ober-Eschbach, Berlin 1927, S. 4

7) Bibus, E.: Zur Morphologie ... s. o. 5), S. 27

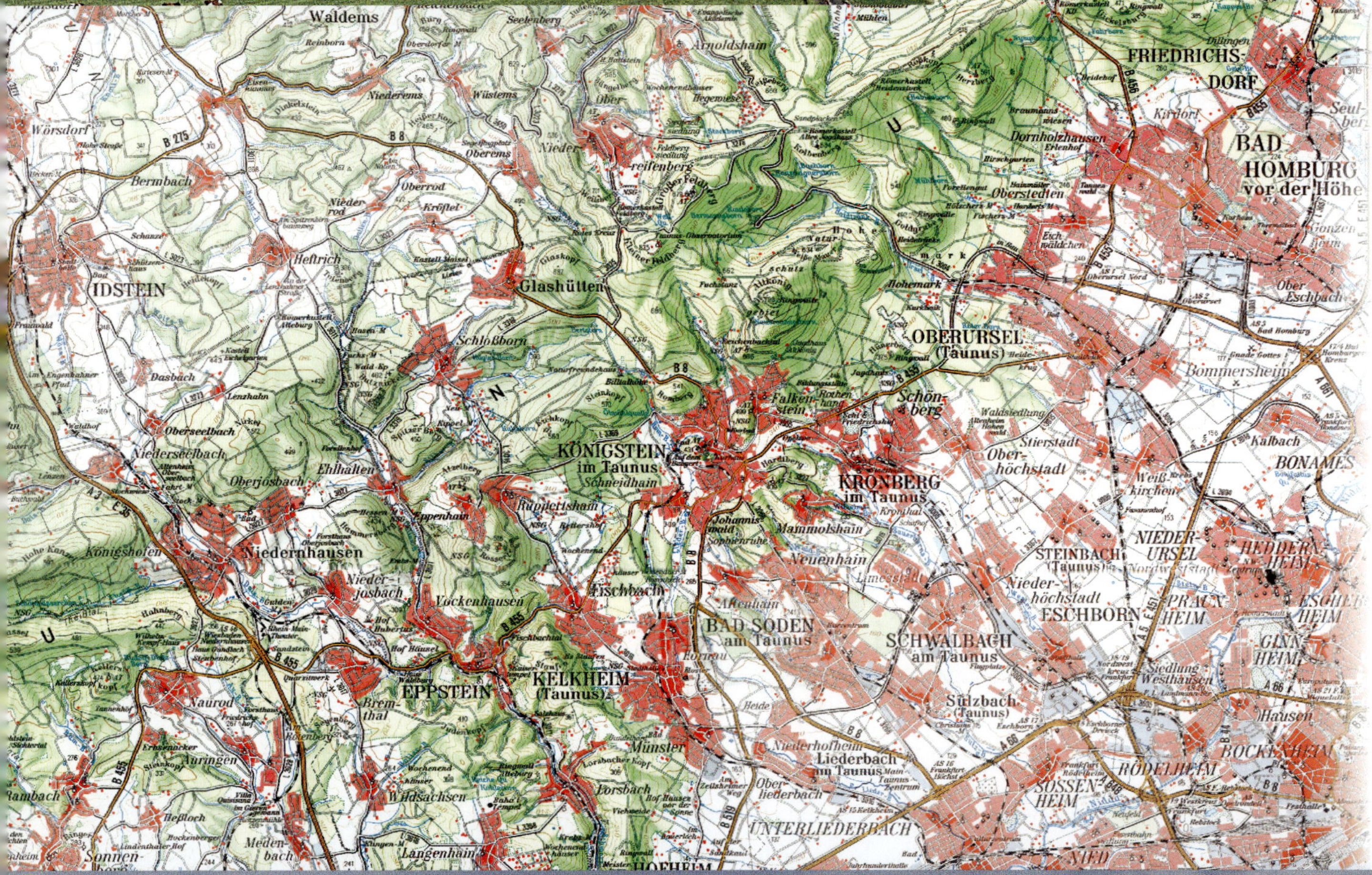

Die Karte verdeutlicht die Lage des Taunuskammes, und die beiden Aufnahmen die Blicksituationen von Norden über den Hessenpark und von Süden von der Main-Ebene aus

Die von den Kelten schon besonders geschätzte, gleichmäßig herauspräparierte Berggestalt des Altkönig mit den beiden Ringwällen scheint es Alexander von Humboldt (1769 – 1859) angetan zu haben. Er preist den Altkönig als Idealgestalt eines Berges. Er hielt überhaupt den Taunus – er meinte offenbar die Bergkette von der Main-Taunus-Ebene her gesehen – für das schönste Mittelgebirge der Welt, die mit Teilen der südamerikanischen Kordilleren in einen Schönheitswettbewerb eintreten könnte. Wer vom Autobahnkreuz Bad Homburg den „Zubringer" in Richtung Oberursel fährt, der wird in der Tat ein nahezu vollkommen harmonisches Bild von ineinander verwobenen Waldbergen wahrnehmen. Kasimir Edschmidt lässt sich von der Ebenmäßigkeit der Ringwallfeste zu einem gewagten Vergleich hinreißen und sagt, dass „der Altkönig dieselben Linien in die Luft schreibt, mit welchen der Vesuv sich am Golf von Neapel über dem Mittelmeer erhebt". Die Silhouette des zentralen Hochtaunus mit dem harmonisch geformten Altkönig als „Sinnbild des Südens" zu interpretieren, soll dem phantasiereichen und weit gereisten Schriftsteller, der den Hochtaunus von der Mainebene her im Auge hatte, nachgesehen werden. Eine „Bergpersönlichkeit" ist der Altkönig aber allemal.

Die Teilung des Taunuskamms in zwei rückenartige Stränge reicht knapp über Niedernhausen hinaus. Hier greift die Zerrüttungszone der Idsteiner Senke tektonisch und morphologisch von Nordwesten in den Taunuskamm ein. Dieses bei Niedernhausen tektonisch geschwächte Kammgebirge wurde durch den Schwarzbach und seine Quellbäche zusätzlich „erniedrigt", d. h., es entstand eine für Bahn und Autobahn (A3/E5) „willkommene Steige". Der vergleichsweise bequeme Pass leitet vom Main über den Taunus in den „Goldenen Grund" und in das Limburger Becken.

Von dem Niedernhausener Taunusübergang tritt „die Höhe" wieder als eine geschlossene Kammlinie in Erscheinung. Über die Hohe Kanzel (592 m), den Eichelberg (535 m), die Hohe Wurzel (610 m) und die Kalte Herberge (619 m) im Rheingau-Gebirge setzt sich die Rückengestalt bis über den Rhein im Soonwald des Hunsrücks fort. Vorher aber hinterlässt der Quarzitrücken am Eingang in das obere Mittelrheintal seine gefährlichen Riffe im „Binger Loch". An der Bingen/Assmannshäuser Rheintalpforte wird der Hunsrück-Taunus-Kamm, dessen östliches Teilstück der Taunusrücken ist, vom Hauptvorfluter des Rheinischen Schiefergebirges, dem Rheinstrom, geteilt.

Nach Norden fällt der Taunuskamm nur um 200 – 300 m zu dem Hintertaunus steil ab. Das bedeutet, dass er von dort viel weniger spektakulär erscheint als von dem Main-Taunus-Vorland her. Am eindrucksvollsten erhebt er sich von Norden her als dunkler Waldrücken über dem Hessenparkgelände am Südrand des Usinger Beckens.

Als Ergebnis bleibt festzuhalten, dass sich der scheinbar einheitliche Waldrücken des Taunuskammes bei einer Feingliederung in kleinere naturräumliche Eigenbestandteile differenzieren lässt. Zu benennen wäre der Sporn des Johannisbergs über Bad Nauheim, die Kammzone am Winterstein, das zentrale Feldberg-Altkönig-Gebiet, die Niedernhausener Zerrüttungszone, der Wiesbadener Hochtaunus und das Rheingaugebirge mit dem angeschlossenen Niederwald.

Blick auf den Atzelberg (507 m) und den Rossert (516 m) bei Ehlhalten über das Dattenbachtal

Rechtes Bild: ICE-Brücke und davor Autobahn-Brücke bei Niedernhausen

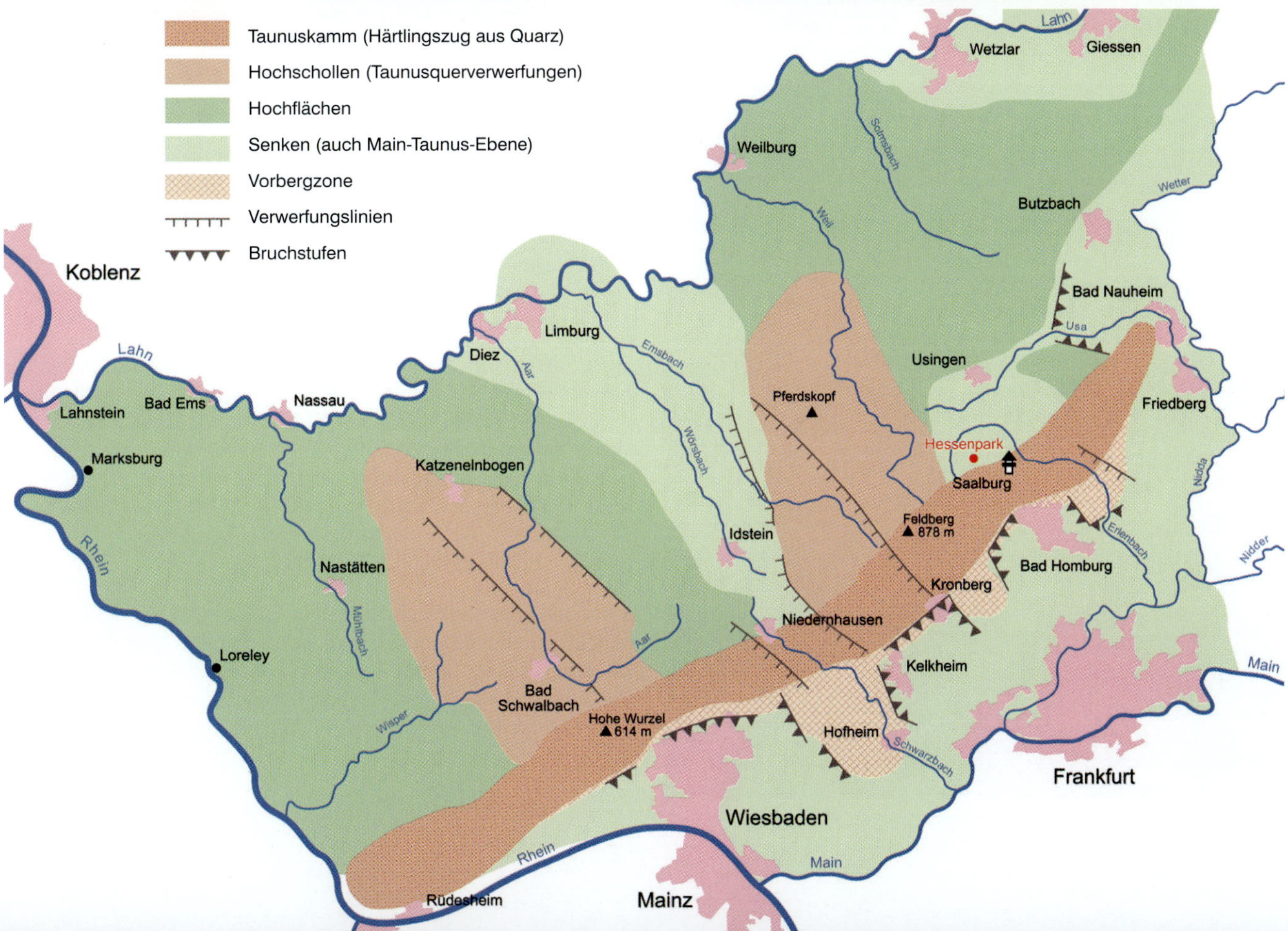

Oberflächenstruktur und landschaftsprägende Teilräume des Taunus

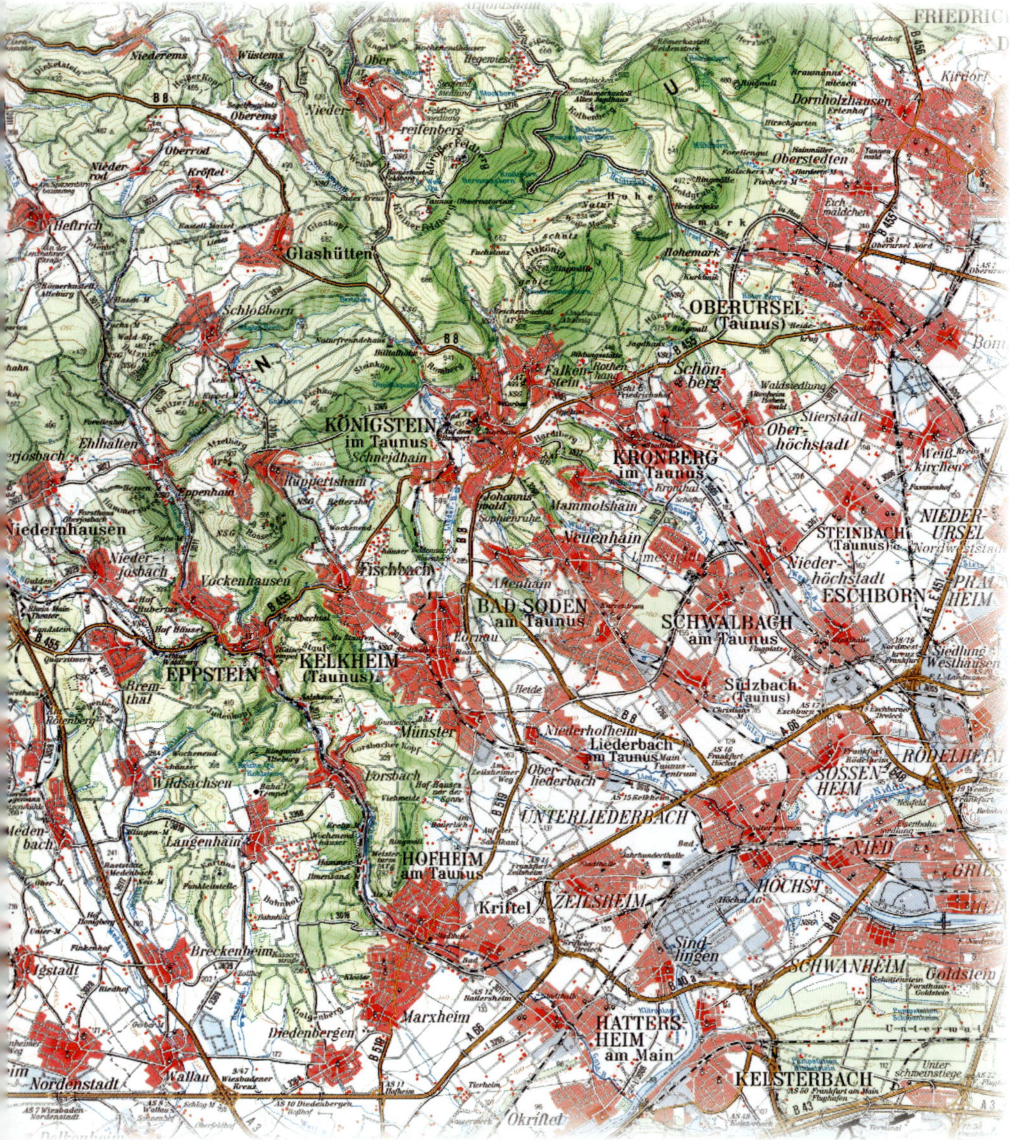

Schloss Johannisberg in der Vorbergzone des Rheingaus

Die Vorbergzone am Taunus

Südlich an den langgestreckten Taunuskamm schließt sich in enger Verzahnung, aber etwas tiefer gelegen, eine geschlossene Bergwaldzone an, die von der Mainebene her gesehen in ihrer Gliederung nicht genau auszumachen ist. Deshalb hatte der Taunusrand auf den jungen Goethe wie eine geschlossene Mauer gewirkt, ein „Gebirge, das von Kindheit auf so fern und ernsthaft" vor ihm stand. (s. S. 18)

In Wirklichkeit besteht diese Vorbergzone aus einer Reihe von Einzelkomplexen, die im Rheingau spitz auslaufen. Diese deutlich voneinander abgegrenzten Schollen sind insbesondere seit der mittleren Tertiärzeit (vor 40 – 20 Mio. Jahren) mit dem Einbruch des Oberrheingrabens abgesunken. Sie treten z. T. als separate, an jungen Störungslinien abgestufte Bergblöcke in Erscheinung. Tektonisches Geschehen kündigte sich vom Oberrheingraben her für den im Norden begrenzenden Taunus schon zu Beginn der mittleren Tertiärzeit (Eozän) an.[1)]

Im Rheingau bleiben die zerrütteten Vorberge meist dicht an den Taunusrücken gebunden. In Lagen unterhalb von 320 m sind sie wegen der Klimagunst von Rebgärten „erobert" worden; so die Hänge und Kuppen im Bereich der Schlösser um Johannisberg und Vollrads, des Honigbergs und des Steinbergs (300 m) beim Kloster Eberbach, des Eichelbergs bei Kiedrich und der Bubenhäuser Höhe (268 m) bei Rauenthal.

An der östlichen Grenze zum Rheingau ist auf die Wiesbadener Scholle mit ihren bekannten Heilwasser führenden Verwerfungen hinzuweisen.[2)] Sie ziehen im Westen unterhalb der Platte (501 m), von Frauenstein (Nürnberger Hof) und vom Neroberg (245 m) ins Stadtgebiet, wo sie eine starke Reliefenergie bewirkten. Im Osten reichen sie vom Kellerskopf (474 m) und Steinkopf (331 m) über Rambach und Sonnenberg in die Rhein-Main-Ebene. Diese stößt in der kleinen Kloppenheim-Igstadter Bucht bis nach Rambach an den Gebirgsfuß heran.

Daran schließt sich östlich die Hofheimer Scholle an, auch Eppsteiner Horst genannt. Zu ihr gehört vor allem die in das Main-Taunus-Vorland weit hineinragende Bergzone, die aus dem Lorsbacher Kopf (309 m), dem Judenkopf (410 m) sowie dem Staufen (451 m) besteht und bis zu dem Grünschiefer-Härtling Rossert (516 m) hinaufreicht. Man könnte die weit in die Main-Taunus-Ebene hinausragende Hofheimer Scholle, deren Kernstück der Eppsteiner Horst ist, geradezu als eigenständiges Vorgebirge auffassen. Tektonisch reiht sie sich aber in die Vorbergfolge ein.

Diese Vorstufen wechseln weiterhin mit tief in den Gebirgskörper hineinragenden Buchten ab. Dem Eppsteiner Horst folgt nach Osten die bis nach Fischbach reichende Kelkheim-Hornauer Bucht. Die Erosionsvorgänge engen die Vorberge immer stärker ein, was sich am Gebiet um den Staufen deutlich zeigt. Dabei haben die Wasserläufe des Lindenbachs, des Wickerbachs, des Klingenbachs, des Schwarzbachs, des Liederbachs, des Lotterbachs, des Sauerbornbachs, des Kalbachs und des Seulbachs erheblichen Anteil.

Auch das Waldgebiet von Königstein und Falkenstein sowie der Hardtberg (408,7 m) bei Mammolshain und der Burgberg von Kronberg zählen zu dem zerrütteten Vorberggelände. Bei diesem Abschnitt der Vorbergzone handelt es sich um die Sodener Scholle, die ebenfalls von tief eingeschnittenen Quellbächen zergliedert wurde.

Falkenstein mit der Burgruine vor dem Feldberg-Massiv

Die weiter östlich folgende Homburger Bucht wird in abgeschwächter Form nach Westen begrenzt vom Waldgebiet, das vom Hünerberg (375 m) und von den Ringwällen der Altenhöfe (575,5 m) bis zur Stierstädter Heide abflacht. Im Osten grenzt sie sich durch den Hardtwald (Köhlerberg 230 m) zur Seulberger Einsenkung ab.

Östlich des Erlenbachs reicht die leicht hügelige Wetterau ziemlich dicht an den Taunuskamm. Der Steilabfall des Quarzitrückens tritt hier wegen seiner stark zum Johannisberg bei Bad Nauheim abnehmenden Höhe nicht so sehr in Erscheinung, so dass sogar die Autobahn bei Rosbach „die Höhe" in Richtung Mörler Bucht und Gießen bequem überqueren kann. Von Burgholzhausen über Rosbach und Ockstadt öffnen sich die Gemarkungen zur Wetterau. Dennoch zählen sie in ihren Hanglagen zur Fußzone des Taunuskamms.

Die Schollen der Vorbergzone sind verschieden stark herausgehoben und gegeneinander verkeilt.[3)] Sie setzen sich in ihrem Untergrund hauptsächlich aus vordevonischen Gesteinen zusammen. Es handelt sich dabei um weitgehend ungeschichtete, graugrüne bis violett glänzende, feinblättrige, z. T. kristalline Schiefer (Phyllithe und Serezitgneise), die sich mit Grünschiefer abwechseln. Bei Mammolshain und Kronberg wurden sie bis in die jüngste Zeit abgebaut.

Lediglich die Konglomerate am Hofheimer Kapellenberg stammen von Aufschüttungen aus der Permzeit (vor 290 – 230 Mio. Jahren) in dem Saar-Saale-Trog. In diese Saar-Saale-Senke drang das Zechsteinmeer, in dem sich Ablagerungen in Form von Mineralsalzen bildeten, die aus der Tiefe die Badequellen am Taunusrand bis heute speisen. An den Verwerfungsfugen der Taunusvorberge zirkulieren z. T. heiße Wässer. Zu der Bädergirlande von Wiesbaden bis Bad Nauheim zählen Bad Soden, Kronthal und Bad Homburg.[4)]

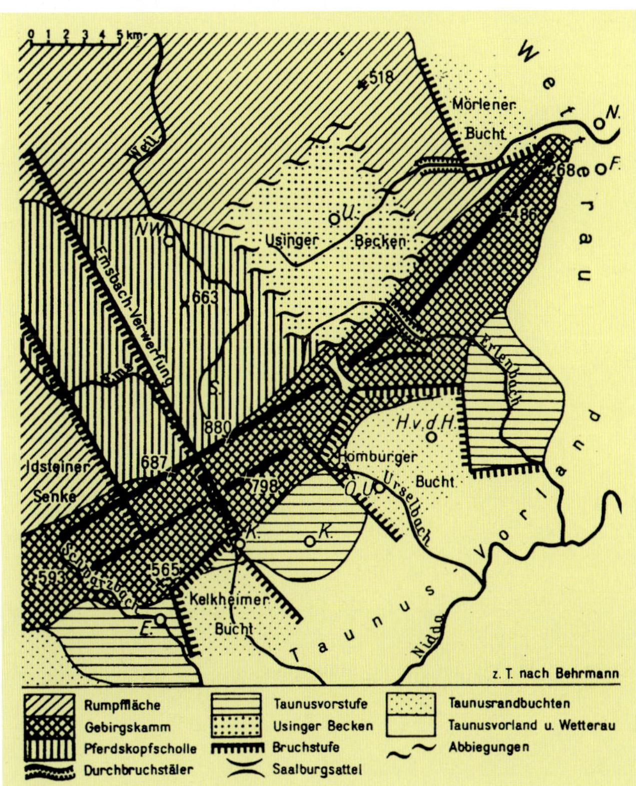

Vorbergzone vom Rossert bis Hofheim (Blick von Kellerskopf nach Nordosten)

Diese sehr vielgestaltige Vorbergzone, die sich bis vor 50 Jahren durch sehr reichhaltige Sonderkulturen auszeichnete, trägt heute bevorzugte Villengebiete. Man spricht scherzhaft von dem „Wohlstandsbalkon" der Stadt Frankfurt. Von hier aus überblickt man das gesamte Stadtgebiet von Frankfurt und die Untermainebene, bei klarem Wetter sogar den Odenwaldrand und das rheinhessische Hügelland bis zum Rand der Pfalz.

1) Lotz, K.: *Einführung in die Geologie Hessens, Marburg 1995, S. 94*

2) Wagner, J.: *Hessen, Harms-Landeskunde, Bd. 1, München 1961, S. 228 f.*

3) Pflug, R.: *Bau und Entwicklung des Oberrheingrabens, in: Erträge der Forschung, Darmstadt 1982, S. 55 ff.*

4) Martin, G. P. R.: *Kleine Erdgeschichte der Taunuslandschaft, Bad Homburg 1963 (Mitteilung des Vereins für Geschichte und Landeskunde, H. XXVIII), S. 45 ff.*

Die Main-Taunus-Ebene und der Rheingau

An die weitgehend noch bewaldete oder mit Burgstädtchen und Villenkolonien bestandene Vorbergzone schließt sich das Main-Taunus-Vorland an. Geologisch gehört es zum Oberrheinischen Grabenbruch. Es ist auf ca. 100 – 200 m abgesunken und ziemlich eingeebnet, mithin ein offenes, weithin fruchtbares Kulturland und ein uralter Verkehrs- und Durchgangsraum. Verwiesen sei in diesem Zusammenhang nur auf die römische „Elisabethenstraße", die von Mainz in die bedeutende Handwerker- und Veteranensiedlung der Römer, nach „Nida", führte. Von dort gab es Verbindungen zu den großen Römerlagern in der fruchtbaren Wetterau und am Limes auf dem Taunuskamm.

Das Main-Taunus-Vorland ist weitgehend lössbedeckt und geht im Osten in die leicht hügelige Wetterau über, im Westen in den klimatisch begünstigten Rheingau, der etwa bei Hochheim/Flörsheim beginnt. Im Gegensatz zu dem Taunusgebirge mit seinen harten Quarziten, Glimmersandsteinen und Grauwacken zählt sie zu dem geologisch jungen Senkungsfeld, jener vom Rhônetal bis über den Oslofjord zum Mjøsenasee diagonal durch Europa ziehenden Schwächezone, in der kaum anstehende Gesteine zu erwarten sind. Eine Ausnahme bilden die tertiären Kalke, die sich im Binnenmeer des Mainzer Beckens gebildet hatten und früher bei Flörsheim abgebaut wurden. In dieses Senkungsgebiet wurden mit dem Beginn der tektonischen Bewegungen in der beginnenden Tertiärzeit (vor 60 Mio. Jahren) die Abtragungsmaterialien der benachbarten Gebirge verfrachtet.

So liegen in der Tiefe abgesunkene Schichten, die aus der Übergangszeit vom Erdaltertum zum Erdmittelalter (vor 290 – 240 Mio. Jahren), aus der Permzeit und aus der Triaszeit stammen.

Während des tropischen Klimas der Tertiärzeit herrschte hier eine sehr starke chemische Zersetzung der Gesteine und damit eine tiefgründige Verwitterung, wodurch feinkörniges und toniges Material entstand. Die im Tertiärmeer abgelagerten und mittlerweile verfestigten Kalke treten nur an wenigen Stellen zum Vorschein, sie sind von Schotter- und Lössdecken überlagert.[1)]

1) Martin, G. P. R.: (wie S. 23, 4)) Kleine Erdgeschichte ..., S. 50

2) Semmel, A.: Der Stand der Eiszeitforschung im Rhein-Main-Gebiet, in: Rhein-Mainische Forschungen, Heft 78, Frankfurt a. M. 1974, S. 9 ff.

Der Kronberger Horst mit Burgberg und Blick über die Main-Ebene nach Frankfurt

Wie eine „dunkle Mauer“ wirkt der Taunuskamm hinter der Main-Taunus-Ebene um Friedrichsdorf

Seit der Abkühlung in der Quartärzeit (seit 2,6 Mio. Jahren) und der damit zurückgehenden chemischen Verwitterung nehmen die Korngrößen der Sedimente erheblich zu. Es handelt sich hier um unverfestigte, geschichtete Ablagerungen, die im Pleistozän von den Flüssen des Ur-Mains und Ur-Rheins herantransportiert und abgelagert wurden und nun in mächtigen Sand- und Schotterpackungen das gesamte Main-Taunus-Vorland im Untergrund bedecken.[2)] Die so entstandenen Kiese und Sande sind als Baustoff begehrt. Sie werden bei Weilbach in großen Tagebauen gewonnen. Ihr großes Porenvolumen schafft eine ungewöhnliche Wasserspeicherkapazität.

Die Main-Taunus-Ebene erstreckt sich auf einer Länge von fast 50 km von der Nidda und der Wetterau im Osten bis in den Rheingau nach Geisenheim und Rüdesheim. Die größte Breite von 10 km erreicht sie zwischen Flörsheim am Main und Wiesbaden-Kloppenheim.

Zwischen Oberursel und Bad Homburg (Homburger Bucht) misst sie ca. 8 km, bei Hofheim (Eppsteiner-Hofheimer Scholle mit Lorsbacher Kopf und Staufen) jedoch nur noch 5– 6 km. Im Rheingau verengt sie sich auf 1 – 3 km.

Vom Main her steigt sie in Form einer schiefen Ebene von der Mainhöhe (90 – 100 m) bis zum Taunusrand auf 170 – 200 m an. Bei genauerem Beobachten stellt man jedoch ein Terrassensystem fest. Dem Main am nächsten liegt die Niederterrasse, die ab Okriftel so tief in die Mainaue hineinreicht, dass sie von einem Damm vor Hochwasser geschützt werden muss. Die Mittelterrasse tritt bei Hochheim dicht an den Main heran und ist mit ausgedehnten Weinbergen bedeckt. Die Ebene vor dem Taunus setzt sich über Wiesbaden fort, wobei sie sich nach Westen stets verengt und bei Rüdesheim jäh endet.

Blick in die Rheingau-Ebene im Winter

Die Main-Taunus-Ebene mit Frankfurt International Airport Rhein-Main im Vordergrund

Die Rheingau-Ebene als Fortsetzung der Main-Taunus-Ebene und die Rheininsel Mariannenaue

Die Waldberge der Hochschollen

1) Bibus, E.: Zur Morphologie ..., S. 31 ff.

Die östliche Hochscholle beginnt im Bereich Reifenberg und Seelenberg (Schmitten)

An die von Südwesten nach Nordosten verlaufende Kammzone des Taunusrückens schweißen sich im rechten Winkel, von Südost nach Nordwest ziehende Hochschollen an. Sie helfen, den Gesamttaunus fast gitterartig zu gliedern. Bei diesen deutlich herausgehobenen Schollen handelt es sich um Schieferberge, die ebenso wie der Taunusrücken bewaldet sind. Sie erreichen allerdings nicht ganz die Höhe des Taunusquarzitstranges.

Die östliche Hochscholle setzt in dem am meisten herausragenden Gebirgsknoten (über 800 m) an und wird nach ihrem Bergzusammenhang als Feldberg-Langhals-Pferdskopf-Scholle bezeichnet. Aus ihrem Wurzelbereich setzt sie sich vom Ems-, Aubach- und Weilquellgebiet zunächst in ziemlich gleichhohen Berggipfeln fort: Weilsberg (701 m), Sängelberg (685 m), Weiße Berg (660 m). Der Pferdskopf misst 663 m (s. Bild S. 8/9). Dagegen haben der Klingenberg (596 m), der große Eichwald (633 m) und der Langhals (574 m) an der östlichen Seite dieser Hochscholle schon an Höhe verloren. Die ca. 5 – 10 km breite und durchaus gegliederte Hochscholle wird im Westen von der Emsbach-Verwerfung begrenzt, die den Abbruch zum Goldenen Grund markiert (s. S. 50). Hier sind als herausragende Höhen der Hühnerberg (636 m), der Judenkopf (613 m), der Bremerberg (619 m) und der Heckenberg (584 m) zu nennen.

Nach Nordwesten senkt sich die Feldberg-Langhals-Pferdskopf-Scholle in Stufen ab. Die signifikanten Erhebungen in der Gemarkung Rod an der Weil wie Wolfsköppel (545 m), Stöckelberg (510 m) oder Womberg (456 m) kommen allmählich auf die Höhe der Hochflächen herab. Ab Emmershausen verschwimmen die Höhen der Schollen allmählich ganz in den Hochflächen des Hintertaunus.

Die komplizierten Zusammenhänge der alten Rumpfflächen auf den Staffeldecken der Schollen und das genetische Verbundsystem der alten Trogflächen des Hintertaunus sind mittlerweile ziemlich geklärt.[1]

Die westliche Hochscholle ist bekannt unter dem Landschaftsnamen „Kemeler Rücken". Geologisch setzt sie im Gebiet der Hohen Wurzel (610 m) an. Ihre morphologische Verbindung mit dem Taunuskamm ist jedoch zum Teil durch das intramontane Hochbecken von Taunusstein (Aar-Quellgebiet) unterbrochen.

Diese Einbiegung hat wirtschafts- und siedlungsgeografisch gute Impulse gesetzt.In dieser „Zwischenbergmulde" (350 – 400 m) war in der Eiszeit Löss abgelagert worden, was die Landwirtschaft von jeher begünstigte. Heute verdichten sich hier die Ortsteile von Taunusstein.

Die höchste Erhebung erreicht der Kemeler Rücken im Mappershainer Kopf (548 m). Der Rücken von Kemel, der die Bäderstraße (B 416) trägt, verläuft sich aufgrund seiner etwas geringeren Heraushebung noch früher als die Feldberg-Langhals-Pferdskopf-Scholle in den Hochflächen des westlichen Hintertaunus. Bei Laufenselden werden im Schönauer Köppel 459 m, im Grauen Kopf sogar 543 m und bei Holzhausen an der Haide nur noch 390 m erreicht.

Beide Hochschollen haben über ihre geologische und morphologische Gleichförmigkeit hinaus noch dies gemeinsam: Sie werden jeweils von einem Bachtal der Länge nach geteilt, das schon vor der Heraushebung der Hochschollen angelegt war. Die Feldberg-Langhals-Pferdskopf-Scholle wird von der Weil, die vom Kleinen Feldberg bis Weilburg verläuft, längs geteilt. Der Kemeler Rücken wird von der Längsfurche der Aar geteilt, die allerdings seitlich etwas nach Osten verschoben ist. Beide Bäche Weil und Aar haben sich tief in die Hochschollen eingegraben, zumal ihnen Zeit genug verblieb, beim langsamen Heraussteigen des Rheinischen Schiefergebirges ihre alten Läufe auf den Rumpfflächen beizubehalten und in den Hochschollen tiefer zu verlegen.

In Zonen härterer Grauwacken ragen steile Felswände aus den engen Talsohlen von Ems, Weil und Aar auf. Das ist bei der Weil zwischen Hunoldstal und Altweilnau und zwischen Rod an der Weil und Emmershausen der Fall. In der Felsgruppe Hundert Stufen (Königskanzel, 490 m) zieht eine Basaltfüllung durch eine alte Bergspalte. Im Talschluss der Ems ist auf die Felsgruppe des Zacken nahe des Weilsberg zu verweisen (s. S. 50). Bei der Aar findet sich der Taltyp der Flussenge musterhaft zwischen Adolfseck und Burg Hohenstein ausgeprägt. Beiden Befestigungsanlagen verhalfen die Berg- und Felsformen zu ihrer Gründung. Bei der Weil ist diesbezüglich auf die Burgen von Altweilnau und Neuweilnau sowie Freienfels zu verweisen. Am Rhein wird noch von der massiven Bergbarriere der Loreley die Rede sein (s. S. 37).

In den Bereichen der weicheren Schiefer weiten sich die Täler aus, bilden sanftgeneigte Talflanken und breitere, landwirtschaftlich leichter nutzbare Hang- und Talböden.

Die gleiche alternierende Formgebung im Wechsel zwischen weicheren Tonschiefern und harten Grauwacken, schattigen Talengen und freundlichen Talweitungen trifft für die Lahn zu. Zwischen Lauenburg und Bad Ems bewegt sie sich oft in schwer passierbaren schattigen Engtalstrecken. Zwischen Wetzlar und Weilburg und zwischen Runkel und Dietkirchen gehen die Talengen und die Ausweitungen auf den Wechsel zwischen weicheren Kalken und harten Riffkalken oder weichere Schalsteine und härteres vulkanisches Gestein zurück.

Blick über den Goldenen Grund (Emsbachtal) auf die Feldberg-Pferdskopf-Scholle

Blick von Westen über die Hochflächen und das tief eingeschnittene Wispertal auf den Kemeler Rücken

Blick von Osten über die Idsteiner Senke auf den Kemeler Rücken

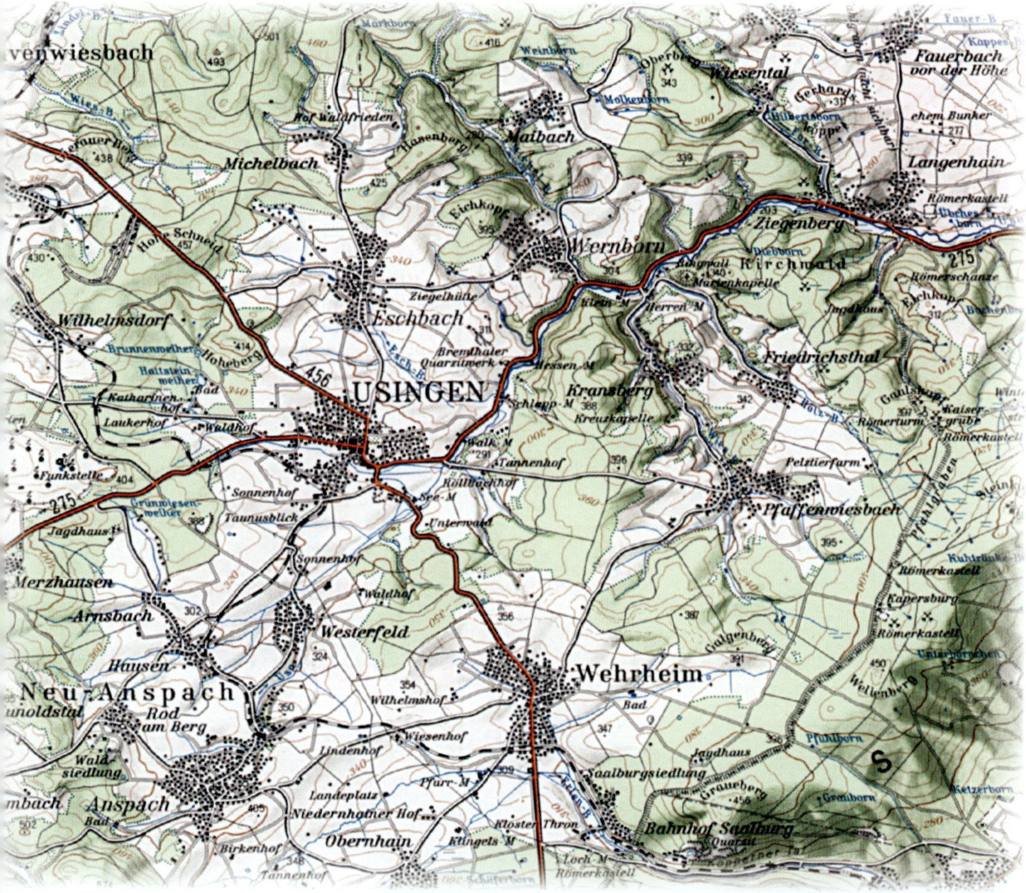

Die Becken und Senken

Zwischen den beiden vom Taunuskamm ausgehenden großen Hochschollen des Kemeler Rückens und der Feldberg-Langhals-Pferdskopf-Scholle ist der Goldene Grund in der Tertiärzeit (vor ca. 40 – 20 Mio. Jahren) eingebrochen. Bei Niedernhausen hat diese vom Oberrheingraben heraufreichende Tektonik sogar den Taunuskamm teilweise zerrüttet. An den Bruchlinien, insbesondere an der Emstalverwerfung, treten Heilwässer und Kohlensäuerlinge zu Tage (Bad Camberg, Ober- und Niederselters).

Dagegen ist das Usinger Becken nur eingebogen. Verwerfungen und Spalten sind kaum anzutreffen, so dass nicht mit Mineralwässern zu rechnen ist. Auch der „Hohemark-Anspach-Sprung“ am Ostrand der Feldberg-Langhals-Pferdskopf-Scholle ist als tektonische Leitlinie von geringer Intensität.[1)]

Das Usinger Becken wird nach Nordosten von der Münster-Maibacher Scholle begrenzt und von der Usa nach Osten in einem Engtal zur Mörler Bucht entwässert. An seiner tiefsten Stelle ist es bereits auf 260 m herunter ausgeräumt. Der Usbach durchbricht unterhalb der Walkmühle eine quer zum Tal verlaufende Beckenbarriere (390 m), die ihre geringere Abtragung dem ihr schützend vorgelagerten Usinger Quarzgang verdankt.[2)]

Das Usinger Becken bis zum Taunuskamm von Nordosten (Usingen-Wernborn im Vordergrund)

Das südliche Teilbecken von Wehrheim wird vom Stahlnhainer Grund her vom Erlenbach entwässert, der nach dem schattigen Köpperner Engtal die Nidda als Vorfluter erreicht.[3] Die Talwasserscheide im Usinger Becken zieht vom unteren Hang des Langhals über die „Wacht" (405 m) und die „Platte" (374 m) zum „Oberloh" (349 m). Das Wehrheimer Teilbecken liegt ca. 70 m höher als das Usinger Becken, in das ursprünglich der Erlenbach über das Heisterbachtälchen einmündete, wo man heute noch Ablagerungen des Ur-Erlenbach findet (s. S. 39).

Kleiner und weniger klar abgegrenzt erscheint das Becken von Breithardt am Ostrand des mittleren Aargebietes. Es ist keine Senke, sondern eine Einbiegung wie das größere und idealtypisch ausgebildete Usinger Becken. Man kann es eher vergleichen mit dem intramontanen, d. h. in die Hochflächen eingebauten Hochbecken von Taunusstein, das sich unmittelbar an den Taunuskamm nordwestlich anschließt.

Das Usinger Becken, gesehen von der „Hirschhöhe" bei Neu-Anspach bis zum Hausberg bei Butzbach (am Horizont der Vogelsberg)

Das wannenförmige Hochbecken von Taunusstein

Das Usinger Becken, gesehen vom Klingenberg in Richtung Hausberg und Wetterau

1) Leppla, A., Michels, F., Schloßmacher, K.: Erläuterungen zur geologischen Karte von Preußen, Berlin 1927, S. 6

2) Bibus, E.: Zur Morphologie ..., S. 43 ff.

3) Wagner, J.: Hessen, Harms-Landeskunde, München 1961, S. 228 und 240

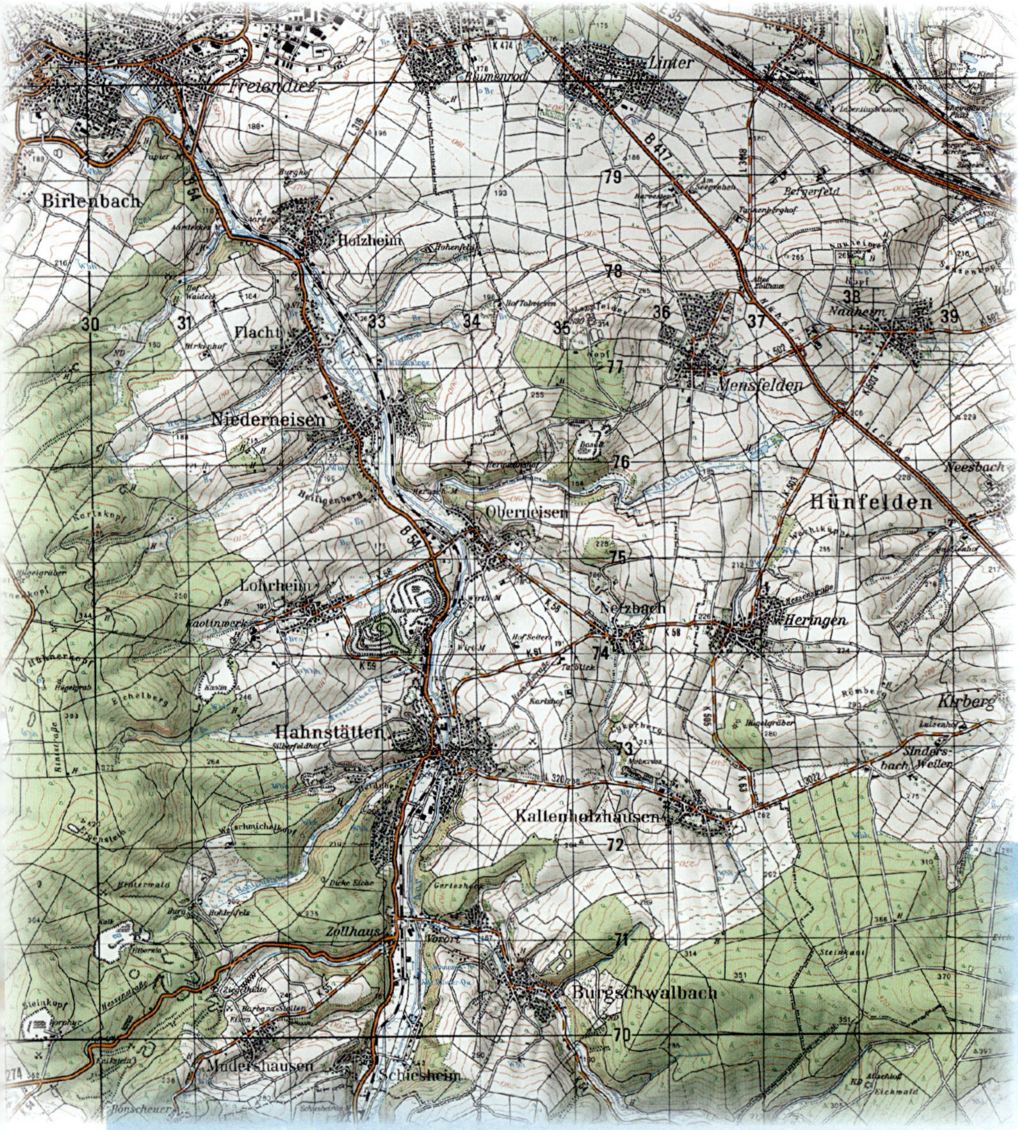

Der Goldene Grund bei Walsdorf

Der Goldene Grund bei Bad Camberg

Blick vom Limburger Becken über den Nauheimer und den Mensfelder Kopf in Richtung Aartal und Kemeler Rücken

Auch der Goldene Grund ist bei genauerem Hinsehen nicht einheitlich. Nach Norden ist er trompetenförmig aufgeweitet, d. h., er geht, was auch der geologischen Genese entspricht, sozusagen nahtlos in das Tertiärbecken von Limburg über. In seinem Ursprungsgebiet sind jedoch zwei Senkungsfelder zu erkennen, die Idsteiner Senke im Westen und der Walsdorfer Grabenzweig im Osten. Durch Letzteren zieht die alte Handelsstraße Frankfurt-Köln, die heutige B 8. Durch die Idsteiner Senke, die bei Niedernhausen in die Kammzone weit vorstößt, verlaufen Eisenbahn und Autobahn.

Zwischen Bad Nauheim und Butzbach greift eine tiefergelegene Übergangszone in den Mittelgebirgskörper des Taunus ein: die Mörlener Bucht. Sie wird im Süden von dem vom Winterstein zum Johannisberg abfallenden Taunusrücken begrenzt. Im Norden wird sie umrankt von aufgewölbten Hochflächenteilen um den Hausberg bei Butzbach, die sich (durch Vulkanismus bestimmt) bis in den Bereich des Stoppelbergs im Hüttenberg/Wetzlarer Raum fortsetzen.

Diese tieferliegende Seitenausweitung der Wetterau um die Dörfer Obermörlen, Fauerbach und Hochweisel geht zurück auf die tektonischen Veränderungen, die bereits im Goldenen Grund, im Limburger Becken, am südlichen Taunusrand, auch im Usinger Becken angesprochen worden waren. Während der Senkungsvorgänge lagerten sich mächtige Schichten von Sanden und Geröllen in der Mörlener Bucht ab. Das Abtragungsmaterial kam von den umgebenden Taunusbergen. In einigen Gruben im weiter östlich gelegenen Wettertal sind sehr reine Quarzsande, die vom Quarzitrücken des Taunus stammen, abgelagert. Aber alle diese Geröll- und Sandschichten wurden in den diluvialen Kaltzeiten von mächtigen Lössmassen überlagert. Dabei handelt es sich um außerordentlich fruchtbare Böden mit einer entsprechend hochwertigen Agrarwirtschaft.

Bad Nauheim mit dem Ausläufer des Taunus im Johannisberg vor der Mörlener Bucht

Die Hochflächen des Hintertaunus

Seine größte Flächenausdehnung erfährt der Taunus in den leichtwelligen Ebenheiten im Hintertaunus. Diese Rumpfflächennatur führte auch zu der Bezeichnung „Flächentaunus".

Je nach der Härte des Gesteinsuntergrundes haben sich die Bäche mal schroffer, mal sanfthängiger in die Hochflächen eingesenkt. Wetzbach, Solmsbach, Wiesbach, Sattelbach und Weil im östlichen Hintertaunus, der Dörrsbach und der Mühlbach im westlichen Hintertaunus, sind sowohl durch linienhafte wie durch flächenhafte Abtragung dabei, die Hochflächen zu zerriedeln, d. h. die Täler zu weiten und die Reste der alten Rumpfflächen zu schmälern, z. T. sogar nur noch schmale Hügelrücken zu hinterlassen. Der Wetzbach und der Solmsbach lassen die Bodenroder Kuppen als stärker aufgelöstes Hügelland erscheinen.

1) Flick, H.: Lippert, H.-J., Nesbor, H.-D., u. Reguadt, H.: Lahn-Dillmulde, in: Geologie und hydrothermale Mineralisationen im rechtsrheinischen Schiefergebirge (Nass. Verein für Naturkunde, Sonderband 1, Wiesbaden 1998, S. 57)

Besonders starke Einschnitte und Ausräumungen der Hochflächen verursachen die Bäche, die nach Südwesten den Taunus zum Rhein hin entwässern. Wegen des starken Gefälles strömen sie schnell und bei Starkregen wildschäumend dem großen Vorfluter zu, reißen die Ränder der Hochflächen auf und hinterlassen kammartige, dunkle Engtäler, die durch den Straßenbau oft nur ein wenig aufgeweitet sind. Da ist vor allem auf den bei Braubach mündenden Mühlbach, die Seitentälchen bei St. Goarshausen und die rheinseitigen Einschnitte der Loreley-Burgenstraße von Kaub nach Weisel sowie von Bornhofen nach Dahlheim hinzuweisen.

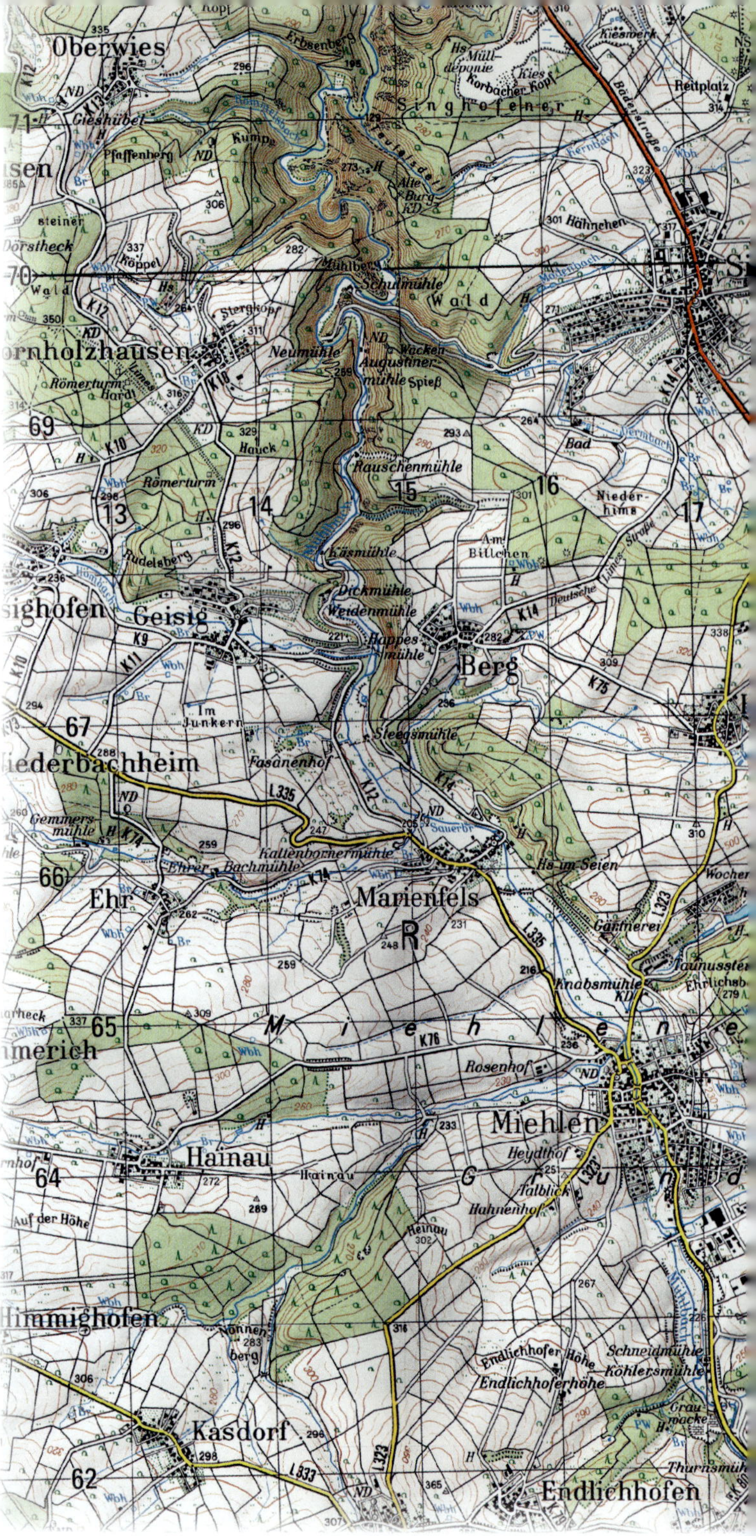

Rheingau-Gebirge mit Gerlochtal

Am stärksten hat sich die Wisper mit 30 km Länge in den Grundstock des Rheinischen Schiefergebirges eingeschnitten, dessen Hochflächen bis an das Flüsschen heranreichen. Letzteres entspringt auf den Höhen des Kemeler Rückens bei dem Weiler Wisper, wird aber im Oberlauf schnell durch weitere Quellflüsschen verstärkt (Fischbach, Dornbach, Herzbach). Die Wisper verfügt über eine ungewöhnliche Erosionskraft, da sie von den Kemeler Höhen (Bäderstraße B 260) von 500 m NN zur Erosionsbasis des Rheins (100 m NN) einen Höhenunterschied von 400 m bewältigen muss. So ist es nicht verwunderlich, dass sie in dem fast geschlossen bewaldeten Rheingaugebirge (Rüdesheimer Stadtwald, Kammerforst, Lorcher Wald) außerordentlich steilwandige enge Nebentäler durch den Tiefenbach und Ronselbach von Sauerthal herab und von Süden durch den Ernstbach und Grolochbach bewirkt. Besonders auffallend treten die schroffen Felswände von Presberg herab ins Wispertal dicht an den Beobachter heran (Grolochbach, Lämmerdell, Guntal, Greterstal). Man spricht verständlicherweise von der „Rheingauer Schweiz", die vor allem durch den Rheinhöhenweg erschlossen ist.

Die Reliefenergie, der Höhenunterschied zwischen Höhen und Tiefen, ist hier auf engem Raum außerordentlich stark. Mitunter ragen so steile Felsrippen in die Täler, dass sie zum Burgenbau herausforderten (Rheinberg, Kammerburg, Schwarzenberg bei Geroldstein, Lauksburg). Das Wispergebiet ist dank seiner extremen Naturausstattung ein beliebtes Wander- und Ausflugsziel geworden.

Was die Erosionsergebnisse im Blick auf die Landschaftsgestaltung betrifft, gilt Ähnliches vom Schwarzbach und seinem Quellflüsschen im Umfeld von Eppstein und vom Lorsbacher Tal am Südrand des Taunus. Die ebenfalls dem Main zustrebenden Vorfluter Liederbach und Urselbach können hier nur mit Einschränkung genannt werden, zumal sie nicht die Zertalung der Hochflächen, sondern die Taunuskamm- und -vorbergzone betreffen.

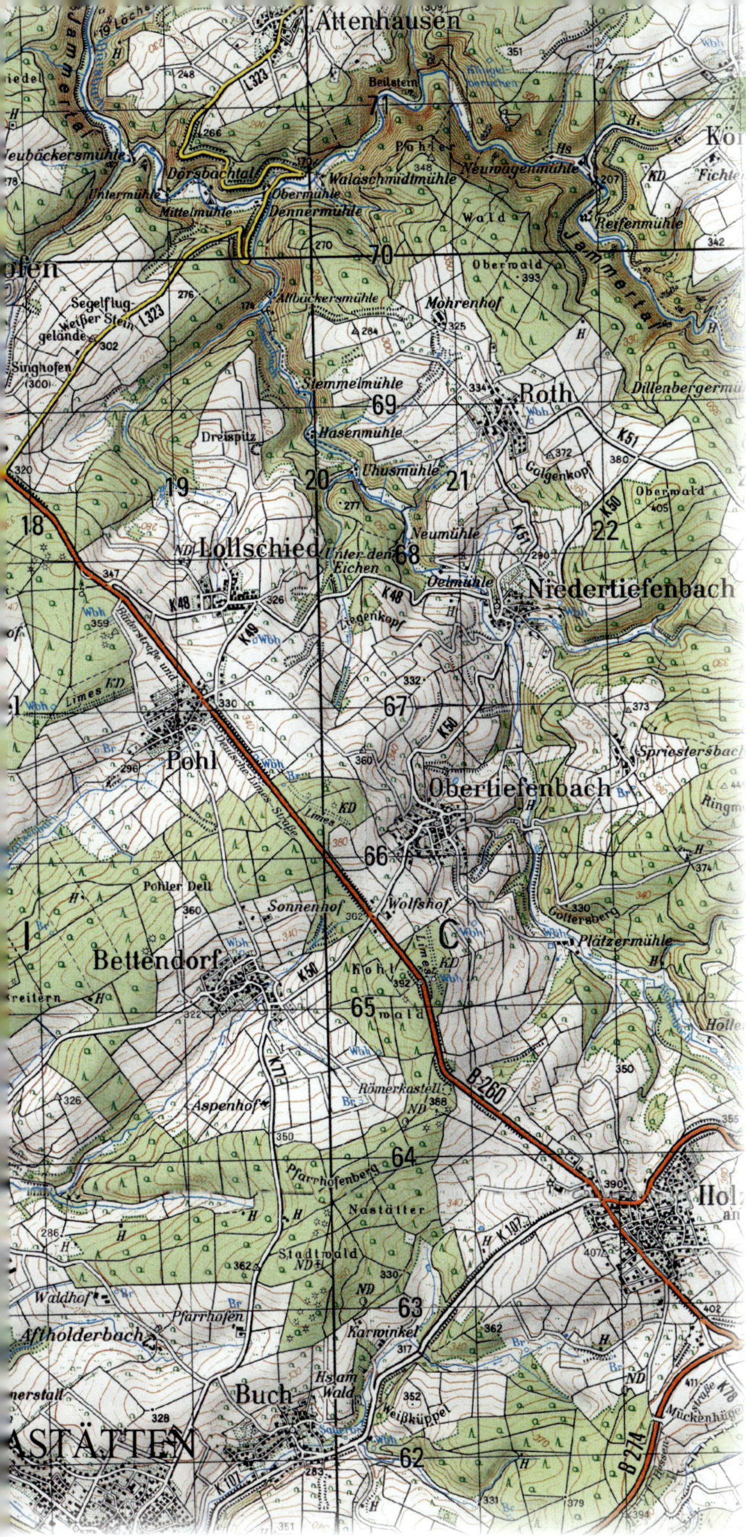

In der Karbonzeit (vor 320 Mio. Jahren) war das gesamte Rheinische Schiefergebirge im Zuge der variskischen Gebirgsbildung bis auf Höhen von ca. 2000 m herausgehoben worden. Aber schon seit dem ausgehenden Erdaltertum (Permzeit, vor ca. 290 – 240 Mio. Jahren) und im Verlauf des gesamten Erdmittelalters (Mesozoikum, vor ca. 240 – 60 Mio. Jahren) wurde das Bergland abgetragen. Besonders die im Tropenklima tiefgründige Verwitterung der frühen Tertiärzeit (Eozän) führte zur fast vollständigen Einebnung und Kappung des alten Faltenrumpfs auf ca. 100 – 150 m Höhe.[1)] Auf der dabei entstandenen Rumpffläche pendelten die Flüsse und Bäche hin und her. Ihr träges Mäandrieren trug entscheidend zur Flächenbildung bei. Dabei bildeten härtere Grauwacken- und Quarzitbereiche leichte Rücken, weil sie der Abtragung und der Einebnung eher trotzen konnten.

Als im Tertiär (vor ca. 65 – ca. 3 Mio. Jahren) der Gesamtblock des Rheinischen Schiefers jedoch erneut herausgehoben wurde – es dürfte sich um eine Anhebung von 400 – 900 m handeln –, begann die talbildende Erosion erneut und somit die Formgebung des heutigen Mittelgebirges.

Die Hochflächen bei Laubach. Blick zum Pferdskopfgebiet

Die Hochflächen im westlichen Hintertaunus bei Singhofen

Die zur Lahn sanft auslaufenden Hochflächen bei Wetzlar

Sattelbachgebiet bei Oberlauken im östlichen Hintertaunus

Stilles Tälchen im Hühnergrund bei Strinz-Trinitatis

Lahnmündung in den Rhein bei Oberlahnstein mit Blick über den westlichen Hintertaunus

Die ehemals zusammenhängenden Rumpfflächen, wie sie die Einebnungsvorgänge durch das ganze Erdmittelalter hindurch hinterlassen hatten, wurden durch die Einbiegung des Usinger Beckens auf ca. 270 – 300 m und die Einsenkung des Goldenen Grundes mit seinen Entwässerungsadern Ems und Wörsbach noch stärker gegliedert. Gerade diese Eintiefungen größeren Ausmaßes, die im Zuge der Tektonik der Tertiärzeit entstanden, haben die Hochfläche ihres weitgespannten Zusammenhangs beraubt.

Die Hochschollen wurden an Verwerfungslinien dabei stärker herausgedrückt. Insbesondere durch den Einbruch des Goldenen Grundes als tektonische Fortsetzung der Oberrheintal-Verwerfung wurde die alte Rumpffläche in einen östlichen und einen westlichen Bereich geteilt. Während die Reste der Hochflächen heute im Umfeld der Hochschollen und des Taunuskamms zwischen 380 und 480 m liegen, dachen sie zur Lahn hin sanft auf 250 bis 320 m ab. Lediglich am Ostrand zur Wetterau und zur Mörlener Bucht erfolgt eine leichte Aufwölbung. Hier ist auf den Hesselberg (518 m) und auf den Hausberg (486 m) bei Butzbach zu verweisen. Der Stoppelberg (401 m) südlich von Wetzlar zählt zu den vulkanischen Randbergen im Hüttenberger Raum, die auf die Vogelsberg-Tektonik zurückgehen.

Die Böden auf den Hochflächen sind nicht ganz so steril wie auf den Hochschollen oder gar auf dem Taunuskamm. Aber sie sind immer noch mineralarm genug, um weithin als steinige, flachgründige Grenzertragsböden zu gelten. Nur die unteren Hanglagen und die zur Lahn hin tieferliegenden, z. T. sogar mit Löss überzogenen Böden der Hochflächen sind tiefgründiger und ertragreicher.

Die Taunushochflächen neigen sich in die Rhein-Schleife bei Kamp-Bornhofen gegenüber Boppard

Der komplizierte Bau der im Einzelnen entwicklungsgeschichtlich zu differenzierenden Hochflächenanteile kann heute als geklärt gelten.[2)] Es handelt sich um mehrere Trogflächen, die von den Rumpfflächenteilen zu unterscheiden sind.

Für den landschaftsästhetischen Blick des Betrachters bleibt das Bild des weiten Horizonts über den Hoch- und Rumpfflächen und die flachwannigen Einmuldungen im Gedächtnis. Von besonderem Reiz und landschaftsprägendem Charakter werden die stillen Wiesentälchen empfunden. Wo sie nicht mehr bewirtschaftet werden und der „Sozialbrache", d. h. der Verbuschung anheimfallen, bemühen sich die Naturparkbeauftragten um ihre Offenhaltung durch paralandwirtschaftliche Nutzung (Schaf- und Pferdehaltung) oder durch einmaliges Mähen im Jahr (Magerwiesen) auf Kosten der öffentlichen Hand.

Fritz Usinger, der 1989 in Friedberg verstorbene Lehrer und Dichter, hat den Taunus ein „kultiviertes Gebirge" genannt, und zwar *„in dem Sinne, dass die Natur aufgelichtet ist, geformt ist, und das Verschlossene und Dunkle, das sie sonst an sich haben kann, verloren hat"*.
Der Taunus wird deshalb als eine wohlgegliederte, alles andere als langweilige Mittelgebirgslandschaft empfunden.

Blick über Bechtheim und ein Nebentälchen des Wörsbaches zum Goldenen Grund und zur Feldberg-Langhals-Pferdskopf-Scholle

2) Bibus, E.: *Zur Morphologie ..., S. 37 ff.*

Die Durchbruchtäler im Taunuskamm

Zwei Talschaften beweisen, dass „steter Tropfen den Stein zu höhlen“ vermag. Die Kraft des fließenden Wassers schuf das helle, oft besungene Rebental des Mittelrheins. Besonders schwer tat sich der Fluss an der Rheintal-Pforte zwischen Rüdesheim und Assmannshausen, so wie an dem harten Grauwackenfels der Loreley. Handelt es sich im „Binger Loch“ um die Erosionskraft eines mächtigen Stromes, so bewirkte der kleine Erlenbach ebenso einen Durchbruch im Taunusquarzitrücken. Ihm gelang ein cañonartiger Einschnitt in dem erst seit gut 100 Jahren verkehrlich erschlossenen dunklen Engtal zwischen Wehrheim und Köppern (Friedrichsdorf).

1) Lotz, K.: Einführung in die Geologie des Landes Hessen, Marburg 1995, S. 165 (s. auch: Leppla, B.: Die Bildung des Rheintaldurchbruches zwischen Bingen und Lorch, Zeitschr. Dtsch. Geolog. Gesellschaft, 1900)

2) Klingsporn, H.: Der Rheindurchbruch bei Assmannshausen, in: Ernst, E. u. Klingspron, H.: Hessen in Karte und Luftbild, Neumünster und Wiesbaden 1969, S. 96 ff.

3) Martin, P.R.G.: Kleine Erdgeschichte ..., S. 23 und 26

Der Durchbruch im Mittelrheintal

Hat sich der Rheinfluss im Rheingau auf ca. 900 m seenartig verbreitert und Inseln gebildet, so muss er seinen Lauf im „Binger Loch“ auf 350 m einengen. In einem steilwandigen Durchbruchstal durchsägte er den harten Gebirgszug der Quarzitkammzone von Taunus und Hunsrück (Soonwald). Bis Koblenz stellen sich aber auch immer wieder harte Grauwackenriegel in den Weg. Dazwischen liegen weichere Tonschieferbereiche, in denen sich das Mittelrheintal ein wenig ausweitet.

Viele Millionen Jahre dauerte die Abtragung des ehemaligen variskischen Faltengebirges aus der Karbonzeit zu einer weitgespannten Rumpffläche bis auf 100 bis 200 m. Zwischen den Tiefländern des Oberrheins und des Niederrheins bildeten die harten Quarzite und Grauwacken einen Sperr-Riegel. Der Ur-Rhein mäandrierte vor 2 – 1 Mio. Jahren in einem breiten Talzug träge über diese Rumpfflächen ebenso wie der von Südwesten kommende „Vallendarfluss“.

Als sich vor allem in der ausgehenden Tertiärzeit das gesamte Gebiet des Rheinischen Schiefergebirges gegenüber dem Mainzer Becken langsam zu heben begann, musste sich der damals im Kaiserstuhlbereich entspringende Fluss in den Gebirgskörper nach und nach einschneiden.[1] Der Rhein behauptete sich trotz der Quarzitbarriere zwischen Bingen und Assmannshausen gegenüber der tektonischen Heraushebung auch deshalb, weil er seit ca. 2 Mio. Jahren zusätzlich das Wasser der aus dem Berner Oberland heranströmenden Aare und des Alpenrheins aufgenommen hatte. Letztere waren durch eine Hebung der Burgundischen Pforte nach Norden abgedrängt worden.

Bei dem langsamen Eingraben (Antezedenz) und der verstärkten Wasserführung verengten sich die Talquerschnitte in den verschiedenen klimatischen Epochen. Stockwerkartig liegen deshalb die Reste der alten Talböden als Terrassen übereinander.[2] Die natürlichen Querprofile dieser alten Rheintäler sind im Rhythmus der diluvialen Klimaschwankungen (Eiszeiten) bei gleichzeitigen tektonischen Hebungen durch wechselnde Erosion und Akkumulation nachweisbar. Die Zeiten tektonischer Ruhe verursachten die Ausräumung weiterer Terrassenfluren im oberen Stockwerk des Gebirges (Niederwald). Zeiten verstärkter Hebung ließen mehr die Steilhänge entstehen.

Die Ober- oder Hauptterrasse stellt den alten tertiären Talboden unterhalb der Rumpffläche dar. Diese Trogfläche des Ur-Rheins liegt ca. 300 m über dem heutigen Strom und ist meist bewaldet. Die Hauptterrasse oberhalb des Steilabfalls 150 bis 200 m über dem Fluss ist eher ackerbaulich genutzt. Auf ihren charakteristischen Hochpunkten Elisenhöhe (203 m) und Prinzenkopf (206,6 m) sind wie im gesamten Niederwaldgebiet tertiäre Rheinschotter nachgewiesen.

Unter der Hauptterrasse folgt in einer Höhe von 10 – 45 m über dem Fluss-Spiegel die schwach ausgeprägte Mittelterrasse. Sie ist mehrfach gegliedert, so dass man am Talhang getrennte Hänge erkennt, teilweise fehlt sie jedoch völlig. Die meisten der mittelalterlichen Wehranlagen liegen auf dieser „Burgenterrasse“.

3 – 10 m über dem Fluss liegt die jungdiluviale Niederterrasse. Sie ist an Prallhängen schmal, an Gleithängen und auf Schwemmfächern breiter angelegt und trägt Siedlungen und Verkehrsstraßen. Darunter erstrecken sich geringflächig die nach der Eiszeit seit ca. 20.000 Jahren entstandenen alluvialen Talauen.

Der heutige Strom lässt nur wenig Raum für den Landverkehr übrig, das Engtal ist siedlungsfeindlich. Es bietet auf kleinen Schwemmkegeln der Seitenbäche Behausungsmöglichkeiten, die sich sowohl in der Uferzone wie in die Seitentäler schmal eingliedern.

An den Hängen des Rheinengtals fallen die grauweißen Blockhalden aus Quarzitmaterial und die rötlich-braunen Blockmeere aus Glimmersandstein auf. Es handelt sich um die sogenannten Rosseln (Steinrasseln).[3] Von der Seite des Niederwaldes ragen sogar schroffe, z. T. vegetationslose Quarzitrippen hangabwärts und setzen sich im Fluss fort. Ein solcher Querriegel ist trotz guter Wasserführung des Rheins am Mäuseturmriff zu beobachten. Derartige Stromschnellen verhinderten schon in der Römerzeit den durchgehenden Flussver-

Das Engtal des Rheins zwischen Bingen und Assmannshausen

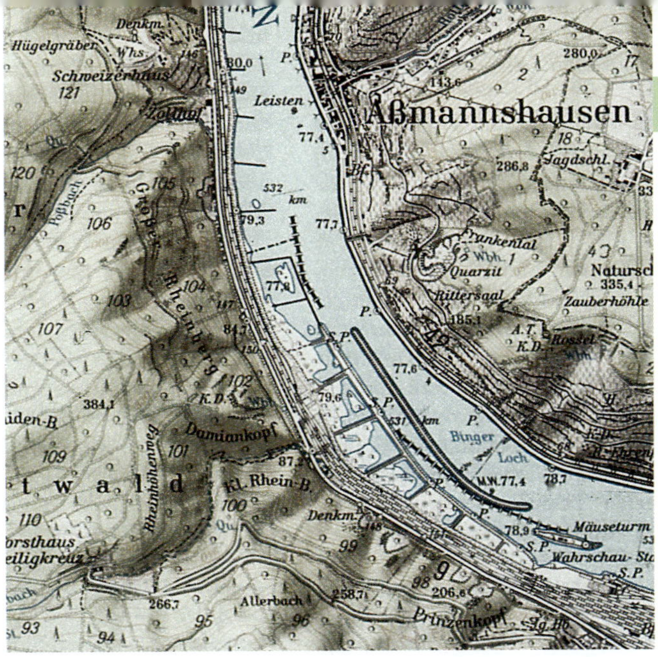

kehr. Auch der Handel der oberrheinischen Städte vollzog sich im frühen Mittelalter deshalb ab Rüdesheim weitgehend auf dem 10 km langen Kaufmannsweg, der auf dem Taunus einen alten Höhenweg erreichte. Erst bei Lorch konnte die Ware erneut auf Schiffe verladen werden.

Erste Arbeiten zur Verbesserung der Schifffahrt auf der linken Flussseite gingen im 11. Jahrhundert von den in Bingen residierenden Rheingrafen aus. Eine entscheidende Durchbrechung des Quarzitriffs wurde aber erst im 13. Jahrhundert durch eine 9 m breite Vertiefung auf der rechten Rheinseite unterhalb der Veste Ehrenfels erreicht, welche die Bezeichnung „Binger Loch“ führte.[4] Es wurde durch größere Sprengungen erst 1830 – 1832 auf 30 m verbreitert, was die Schifffahrt erheblich verbesserte. Außerdem wurden im rechten Winkel zum Ufer Buhnenbauten und Leitwerke aus schweren Natursteinen errichtet, die zur Steigerung der Erosionsleistung des Flusses führten. Heute verläuft die Talfahrt in einem 60 m breiten Fahrwasser auf der linken Stromseite, die 1860 ausgebaut worden war. Die Bergfahrt wurde in einem Ausbauprogramm bis 1976 durch die Erweiterung des Querriffs in der Mitte um weitere 30 m erreicht.

Die Untiefen des Quarzitriegels bei Bingen

Der Rhein hat heute viel von den Schrecken der engen Durchfahrt bei der Loreley verloren

Dennoch verursachen verstreut liegende Felsriffe Querströmungen, wodurch die älteren Kähne vor allem bei starken Rheinkrümmungen aus dem Ruder gedreht werden konnten. Der Lotse war stets auf dieser schwierigen Strecke vonnöten. Die generelle Vertiefung des Flusses auf 2,10 m trug ebenso wie die modernen Schiffe zur Steigerung der Transportleistung und zur nautischen Sicherheit bei.[5] Die Gefahr der Untiefen und der im Fluss immer wieder auftauchenden Riffe ist erst ab Boppard voll beseitigt.

Am deutlichsten markiert der Felsvorsprung der Loreley die starke Verengung des Flussbettes.[6] Der im oberen Mittelrheintal ansonsten 300 bis 400 m breite Strom verengt sich im Loreleybereich auf 130 bis 150 m. An dem harten Grauwackenriegel des Loreleyfelsens beträgt die Flussbreite sogar nur 113 m bei einer maximalen Wassertiefe von 25 m. Was aber die Schifffahrt bis vor kurzer Zeit hier so gefährlich machte, waren die unregelmäßig verteilten Riffe (Untiefen). Diese „Hungersteine“ sind mittlerweile gesprengt, und die Fahrrinne wurde im Bereich der harten Felspartien oberhalb von St. Goarshausen im Zuge der seit 1964 begonnenen Ausbaumaßnahmen um 40 cm tiefer verlegt. Seitdem kann die Ladekapazität der Schiffe ausgenutzt werden. Auch das große Leitwerk hinter dem Loreleyfelsen, in dessen Schutz sich ein guter Winterhafen befindet, dient zur Steigerung der Erosionskraft des Flusses und schützt den rechtsrheinischen Prallhang, auf dem für die Bahn und die Bundesstraße kaum Platz bleibt. Der Loreleyfelsen ist für die seit 1862 verkehrende Bahn untertunnelt.

Die bizarre Felswelt des Rheindurchbruchtals hat den Fremdenverkehr schon seit der Zeit der Romantik stark angezogen.[7] Die Loreley-Sage nimmt auf ihre Weise darauf Bezug (s. S. 217). Die aus der nassauisch-rheinfränkischen Mundart stammende Bezeichnung „ley“ bedeutet Fels. Der erste Namensbestandteil Lore ist gleichbedeutend mit dem Begriff „lure“ für Fee. Das Lied von der singenden Jungfrau, dem am Fels zerschellten Kahn und dem sinkenden Schiffer (Heine* und Silcher) geht auf die vormalige gesteinsbedingte Gefahrensituation zurück (s. S. 75). Es erklingt heute noch auf den Fahrgastschiffen beim Passieren dieser Flussenge.

4) Klingsporn, H.: Der Rheindurchbruch ..., S. 96

5) Rheinausbau 1964 – 1976, Zwischenbericht der Wasser- und Schiffahrtsdirektion, Mainz 1970

6) Ernst, E.: Der Rhein, eine europäische Stromlandschaft im Luftbild, Bühl 1972, S. 94

7) Heinrich Heine schreibt in feinster Romantik:

„Wahrlich der alte gutherzige Rhein kann's nicht leiden, wenn seine Kinder weinen; thränenstillend wiegt er sie auf seinen treuen Armen und erzählt ihnen seine schönsten Märchen und verspricht ihnen seine goldigsten Schätze, vielleicht gar den uralt versunkenen Nibelungenhort.“

(Aus der fragmentarischen Erzählung: „Der Rabbi von Bacharach“, in: Reich-Ranicki, M.: „Mein Heine“, Hamburg, 2009, S. 67

Die Entstehung des Köpperner Tales

Wollen wir verstehen, wie die Talfurche in dem harten Material des Taunusquarzitkamms entstehen konnte, so bedarf es noch einmal einer Rückblende in die Zeit vor 2 – 1 Mio. Jahren. Das Usinger Becken hatte sich schon in der mittleren Tertiärzeit, also vor etwa 30 Mio. Jahren, im Zuge der Einsenkung des Taunusvorlandes (Oberrheingraben), des Goldenen Grundes und der Mörlener Bucht eingebogen. Das Rheinische Schiefergebirge – und damit auch der Taunusblock – wurde parallel zu diesen Einsenkungen herausgehoben. Die alten, ehemals auf 100 – 200 m liegenden eingerumpften Flächen stiegen auf ca. 700 – 1000 m empor. Das bedeutete für die Bäche, dass sie sich von den Hauptvorflutern Rhein, Main und Lahn rückschreitend in den herausgehobenen Gebirgskörper einschneiden mussten und allmählich eine Mittelgebirgslandschaft herausmodellierten. Dabei blieben viele Flächenreste der alten Rumpffläche aus der Tertiärzeit erhalten, die in den Tälern allerdings nur noch leistenartige Verebnungen bilden. Eine komplizierte vergleichende Untersuchung dieser Terrassen und ihrer im Wechselzusammenhang stehenden Schichten haben Aufschluss gegeben über die tektonischen Abläufe; sie im Einzelnen darzustellen, führt hier viel zu weit.[8)]

8) Bibus, E.: Zur Morphologie ..., S. 126 ff.

Das Usinger Becken wurde seit der beginnenden geologischen Jetztzeit, der pleistozänen Epoche, in östlicher Richtung durch die Mörlener Bucht entwässert. Dabei hatte sich jedoch schon eine kleine Beckenwasserscheide von der Wacht (400 m) bis zur Löwenheck (350 m) herausgebildet. Der Erlenbach muss aber ein Nebenflüsschen der Ur-Usa gewesen sein. Er floss durch das heutige Heisterbachtälchen zur Usa hin. Noch in der ersten Vereisungsphase hat dieses Tälchen sicher als Abfluss zur Usa fungiert. Es finden sich hier Findlinge von Materialien des Taunuskammes, die über einen Schlammgletscher (Mure) bis in den Bereich des Usazuflusses transportiert wurden. Erlenbach- und Usatal sind in ihrem Oberlauf, d. h. in der Anspacher Gemarkung, in der Tat durch den gleichen Schotterkörper aufgebaut.

Das mehr asymmetrische Usatal weist im Gegensatz zum gleichmäßig geformten Erlenbachtal, wie oben dargelegt, alte Terrassen und Verebnungen auf. Diese sind im Erlenbachtal nicht zu finden. Offenbar kam hier später eine völlige Veränderung in der Abtragung zustande. Der neue Lauf des Erlenbachs führte zu einer allmählichen, aber kontinuierlichen Eintiefung der Wehrheimer Mulde. Hat sich die Usa am Eintritt in ihre östliche Beckenumwallung auf 230 m ü. NN eingeschnitten, so ist dies dem Erlenbach an der Lochmühle noch

Das Köpperner Engtal im Taunusrücken

nicht gelungen. Er befindet sich hier noch in einer Höhe von 300 m ü. NN, also 70 m höher als das Niveau der Usa. In der Anspacher Gemarkung beträgt der Höhenunterschied sogar 100 m, d. h., dass die Wehrheimer Mulde erst in jüngerer Zeit durch den Erlenbach ausgeräumt wurde.

Diese Vorgänge, die etwa vor 1 Mio. Jahren begannen, wurden hervorgerufen durch einen Bach, der aus dem Vordertaunus, d. h. aus dem Köpperner Raum, durch rückschreitende Erosion den Taunuskamm durchsägte. Schließlich zapfte er den Erlenbach an und lenkte ihn von dem Altlauf zur Usa durch das Heisterbachtälchen ab. Da der neue, von Köppern her durch den Taunuskamm hereindrängende Bach ein stärkeres Gefälle besaß, hat er schließlich den Erlenbach angezapft. Wie ist das angesichts des harten Taunusquarzits möglich gewesen, wie konnte der Quarzitriegel durchbrochen werden? Die Antwort ist zweiteilig.[9)]

1. Der Taunusquarzitrücken nimmt zwischen Wehrheim und Köppern offenbar eine Sonderstellung ein. Die Höhe ändert nämlich hier ihre Richtung. Die Südwest-Nordost verlaufende Streichrichtung wird erheblich und deutlich weiter nach Nordosten gedreht. Es ist zu vermuten, dass der Taunuskamm infolgedessen hier nach Köppern hin geöffnet und tektonisch zerrüttet war. Diese Schwächezone gab dem von Köppern her kommenden Bach Gelegenheit, sein Durchbruchstal rückschreitend zu schaffen.

2. Seit den Untersuchungen von 1968 wissen wir, dass in den Steinbrüchen der Taunus-Quarzit-Werke hydrothermale Zersetzungsspalten in einer Breite von 20 cm bis 50 m auftreten, die nicht an die Streichrichtung des Gesteins gebunden sind. In diesen Spalten hat sich der Quarzit durch einst heiße Wässer zu sandig-tonigem Material zersetzt, mithin war er der Erosion leichter zugänglich. Diese Thermalquellen, die heute noch an Verwerfungen am Taunusrand sprudeln, gehen zurück auf Eruptionen, denen auch der Vogelsberg seine Existenz verdankt.

Wir sehen, dass auch die Natur nach den Gesetzen des geringsten Widerstandes geformt wird. Das „Make-up" der Erlenbachlandschaft entspricht mithin einer jungen geologischen Entwicklung an einem tektonisch verursachten „Schwachpunkt".

9) Bibus, E.: Zur Morphologie ..., S. 226 ff.

Das Erlenbachtal zwischen Neu-Anspach und Wehrheim (Stahlnhainer Grund)

... mit dem ehemaligen Verlauf des Erlenbachs zur Usa

Aspekte zur Erdgeschichte

Wer einen Stein aufhebt, der hat Jahrtausende, wahrscheinlich sogar Jahrmillionen in der Hand. Genauere Auskunft darüber kann man im „Großen Buch der Erdgeschichte" nachlesen. Jeder Steinbruch gibt uns Einblick in das Werden eines Erdabschnittes. Jeder etwa durch Straßenbau verursachte Geländeanschnitt schließt uns eine erdgeschichtliche Phase auf und wird damit zum „Aufschluss".

Jedes Kapitel im Buch der Geologie berichtet über eine zeitlich bestimmte Epoche des Werdens der Erde; jede Seite erzählt von Gesteinsschichten, ihren Strukturen und über ihre Beschaffenheit.

Wir müssen uns nicht in die Urzeit der Erde zurückversetzen, um den Taunus in seinem Werden zu begreifen. Die leblose Urzeit der Erde (Azoikum), die vor ca. 4,5 Milliarden Jahren begann, war längst abgeschlossen, als sich der Gesteinsuntergrund der heutigen Tauunslandschaft vor ca. 415 bis vor 358 Mio. Jahren bildete. Nach der Erkaltung der Erdoberfläche in der Zeit des Präkambriums (vor ca. 545 Mio. Jahren) hatten sich die ersten Algen und primitiven Weichtiere gebildet. Als sich der Unterbau des heutigen Taunus herauszubilden begann, entwickelten sich bereits höhere Lebewesen wie Krebse und Schalentiere, und die ersten Pflanzen schickten sich an, auf dem Festland Fuß zu fassen. Darüber berichten versteinerte Organismen (Fossilien).

Gesteine sagen also nicht nur etwas über ihre physikalischen und chemischen Substanzen aus, sie vermitteln auch Erkenntnisse vom Werdegang des Lebens als einem Schöpfungsvorgang.

Diabas-Steinbruch bei Altenkirchen nordöstlich von Weilmünster

Erdgeschichtliche Vorgänge im heutigen Taunusgebiet

Der Taunus in den Erdzeitaltern

	Erdzeitalter	Beginn vor Jahren:	Vorgänge auf der Erde und im Taunusbereich (Grobeinteilung)
	Ur- und Frühzeit der Erde	vor mehr als 4000 Millionen	*Entstehung des Erdballs durch Konzentration kosmischer Teilchen. Erkaltung zu großen Kontinentmassen und Meeresbecken*
Erdaltertum	Kambrium	545 Millionen	*Tektonische Bewegungen. Meeresüberflutung im heutigen Mitteleuropa*
	Ordovizium	495 Millionen	
	Silur	443 Millionen	*Kaledonische Gebirgsbildung (von Skandinavien und England bis Nordamerika = Old Red-Kontinent)*
	Devon		*Rheinisch-Thüringischer Meerestrog (Geosynklinale). Darin große Soonwald-Schwelle oder alemannische Insel mit dünenreicher Küstenzone (heute Taunusquarzitrücken); Ton- und Sandablagerungen (Schiefer und Grauwacken im Hintertaunus). Im Mittel- und Oberdevon auch Kalksedimente und Vulkanismus (Lahnmulde)*
	Unterdevon	417 Millionen	
	Mitteldevon	392 Millionen	
	Oberdevon	381 Millionen	
	Karbon	358 Millionen	*Variskische Gebirgsbildung. Vom französischen Zentralmassiv über die Ardennen und das Rheinische Schiefergebirge (und damit auch über den Taunus) hinaus, Aufsteigen des Landes aus dem Devonmeer bis auf 2.000 m Höhe. Absinken der Ränder zu Sumpfwäldern (heutige Kohlenreviere in England, Belgien, an Ruhr und Saar, Oder, Donezbecken etc.).*
	Perm	296 Millionen	*Zechsteinsalze im Untergrund des Taunusvorlandes (Mineralquellen aus dem Saar-Saale-Trog)*
Erdmittelalter	Trias	250 Millionen	*Abtragen und Einebnen des variskischen Gebirges bis auf eine Höhe von 100 – 150 m NN*
	Jura	200 Millionen	
	Kreide	142 Millionen	
Erdneuzeit	Tertiär	65 Millionen	*Beginn der Alpenfaltung und Einbruch des Oberrheingrabens. Herausheben des Rheinischen Schiefergebirges und damit auch des Taunus*
	Quartär	2,6 Millionen	
	Pleistozän	1,8 Millionen	*Eiszeiten. Entstehen des heutigen Reliefs*
	Holozän	0,01 Millionen	

Die erdgeschichtliche Beschaffenheit des Taunus kann in einer Gesamtdarstellung dieses musterhaften Mittelgebirges nicht ausgeblendet werden, so sehr auch die komplexen Forschungsergebnisse der Geologie und Paläontologie den Leser anstrengen mögen.
Wer sich genauer, aber fesselnd mit der Entstehungsgeschichte der Tauniuslandschaft befassen will, der sei auf das sehr gut illustrierte und mit heutigen Vorgängen vergleichende neuerlich erschienene Werk von Alexander Stahr und Birgit Bender: „Der Taunus, eine Zeitreise“ verwiesen. Das hier vorliegende Buch verfolgt dagegen ein anderes Ziel, nämlich den Taunus in seiner gesamträumlichen Entwicklung und Ausstattung zu beleuchten. Die erdgeschichtlichen Aspekte erfüllen in unserer Betrachtung deshalb nur eine Teilfunktion.

Die Epoche des Silur

In der Silurzeit (nach dem keltischen Stamm der Silurer in Mittelengland) vor 443 bis 415 Mio. Jahren lag der Südpol im afrikanischen Kapland, der Nordpol im Pazifik. Der Äquator erstreckte sich von Nordamerika über Nordeuropa nach Neuseeland. Die silurischen Salzablagerungen und die Kalkriffe (New York: Central Park und Manhattan, Insel Gotland) zeugen bis heute davon.

Dank des wärmeren Klimas kam es im Silur zur größeren Besiedelung des Festlandes durch Pflanzen und einfache Tierarten. Neue Tiergruppen im Wasser wie Dreilappkrebse (Trilobiten) und Brachiopoden (Armfüßer) tauchten auf. Ebenso war die Ausbildung von Korallen begünstigt. Neben den Knorpelfischen traten die ersten Panzerfische auf, und gegen Ende des Silur erschienen die ersten Gefäßpflanzen, die einen neuen Abschnitt in der Entwicklung der Pflanzenwelt einleiteten.

In der Vorbergzone am südlichen Taunusrand stehen silurische Phyllite, Serizitgneise und Grünschiefer an. Auf Letzteren wurde die alte Eppsteinische Höhenburg (Homburg) errichtet.[1)] Es sind vor allem die herausstehenden Schollen (Horste), deren Untergrund meist aus steilgestellten vordevonischen Steinen besteht. Auf ihrer Oberfläche lagert Gehängeschutt aus dem Tertiär und dem Pleistozän (Eiszeiten), darunter auch kleine Lössinseln[2)].

Bei den genannten silurischen Materialien handelt es sich um metamorphes, d. h. in der Epizone der Erde (unter dem erkalteten Erdmantel) unter Druck (bis zu 6 Kilobar) und Hitze (bis 100° C) in seiner Struktur umgewandeltes Gestein. Es trat eine mehr oder weniger starke Kristallisation ein, man spricht von kristallinem Schiefer.
Die z. T. recht differenziert gefärbten Serizite sind vulkanischen Ursprungs. Aus den mehr feinkörnigen Sedimenten des alten Gondwana-Kontinentes wurden fossilarme Grünschiefer und Phyllite. Die feinblättrigen grünlich-weißen, grau-bräunlichen bis violetten Phyllite (griechisch phylos = Blatt) und Grünschiefer wurden bis in die jüngste Zeit ebenso wie das glimmer- und kalireiche Serizitgestein bei Kronberg und Mammolshain abgebaut.[3)] Es eignet sich hervorragend zum Vermauern in anspruchsvollem Schicht- und Verblendmauerwerk.

Diese ältesten Gesteinsschichten unterschiedlicher morphologischer Härte treten jedoch nicht durchgehend am Taunussüdrand auf. Graue Phyllite finden sich bei Naurod (Kellerskopf, 474 m) und im nur schwach metamorphisierten Eppsteiner und Lorsbacher Schiefer. Die ca. 25 m hohe Lorsbacher Wand diente nur für kurze Zeit als Steinbruch. Heute erfreut sich das Naturdenkmal „Walterstein“ großer Beliebtheit als Kletterwand. Bis nach Königstein, Mammols-

Serizitgneis ...

... und seine Verarbeitung im Schicht- und Verblendmauerwerk

hain und Kronberg nehmen die stärker umgeformten Vulkanite der Grünschiefer (Rossert, 515 m) und der Serizitgneise an Ausdehnung zu. Gegen Ende der Silurzeit ereigneten sich weltumspannende Veränderungen in der Verteilung von Land und Meer. Gebirgsbildende Prozesse (Kaledonische Gebirgsbildung) setzten ein. Die in den Epochen vorher, besonders im Kambrium abgelagerten Gesteinsschichten wurden zu Gebirgen aufgefaltet und deformiert. Überhaupt nahmen die Festlandsanteile zu.

Heute gibt uns die Wissenschaft der Geologie durch ihre Erkenntnisse von plattentektonischen Entwicklungen genauere Hinweise auf die Vorgänge vor und in der Silurzeit. Damals waren Land und Meer völlig anders auf der Erdkugel verteilt. Es gab im Wesentlichen zwei Riesenkontinente. Im Norden reichte die Festlandmasse „Laurussia" von Nordamerika und Grönland bis nach Skandinavien und Russland. Dieser Erdteil wird wegen seiner rötlichen Gesteine auch „Old-Red-Kontinent" genannt. Im Süden spannte sich der nach dem alten zentralindischen Königreich der Gonden genannte Kontinent „Gondwanaland" von Südamerika über Afrika und Indien nach Australien und in die Antarktis.

Schon in der vorausgehenden Epoche (Ordovizium) hatten sich Teile vom Nordrand des Großkontinentes Gondwana gelöst und am südlichen Urkontinent „Old Red" („Laurussia") durch Dehnungen große Senken gebildet[4]. In diese sich langsam öffnende weitgespannte Mulde (Geosynklinale) vor dem „Old-Red-Kontinent" drang das Meerwasser allmählich ein. Große Schuttmassen vom Kaledonischen Gebirge wurden von Flüssen hineinverfrachtet. Dieser Vorgang in dem schelfartigen, vergleichsweise schmalen und in Richtung Rhein-Harz verlaufenden Meeresbecken („Rhenoherzynischer Ozean") muss als die Geburtsstunde für den weitaus größten Teil der Taunuslandschaft in der folgenden Devonzeit angesehen werden.

Naturdenkmal „Walterstein" bei Lorsbach; alter Steinbruch (Serizitgneis), heute Kletterwand

Die Gesteinsbildung in der Devonzeit

Die Materialablagerungen in dem Meeresbecken vom heutigen französischen Zentralmassiv über die Ardennen und das Rheinische Schiefergebirge bis weit in den Osten Russlands verweisen auf den Beginn einer neuen Epoche. Wir sprechen von der Devonzeit, die vor 415 Mio. Jahren begann und bis vor ca. 360 Mio. Jahren dauerte. Für das Rheinische Schiefergebirge und mithin auch für den Taunus ist sie die entscheidende Phase der Sedimentation und Gesteinsbildung.[5]

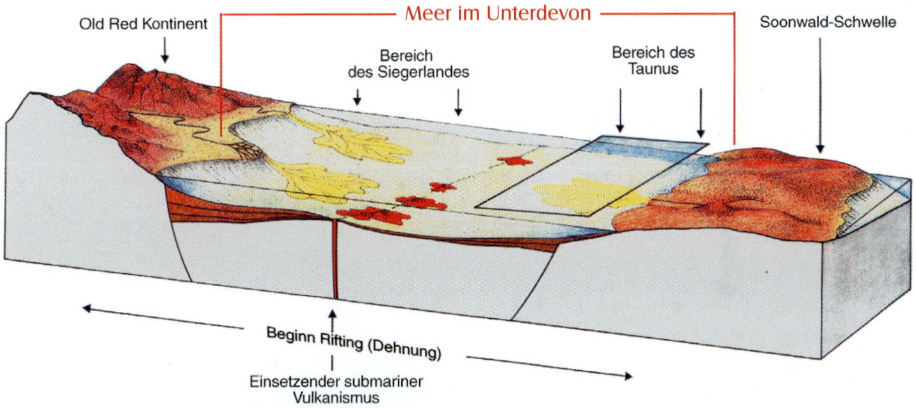

Der Name Devon wurde 1839 von einem britischen Geologen im Blick auf die Gesteinsschichten und ihre Fossilien in der Grafschaft Devonshire im Südwesten Englands eingeführt.

Im Bereich des Taunus sind in erster Linie Gesteine der ältesten Epoche des Devons (Unterdevon) anzutreffen. Diese weist sowohl Tonschiefer als auch silikatreiche härtere Steine (Grauwacken) auf. Die mitteldevonische Zeit ist durch Kalkablagerungen (auch Bildung von Kalkstöcken) und untermeerische Basaltausflüsse (Diabas) geprägt. Diese treffen wir vornehmlich im Lahngebiet an. Oberdevonisches Material ist nur selten, und zwar im nordöstlichen Taunus zu finden.[6]

Die ältesten Ablagerungen in dem seichten Devonmeer sind die sogenannten „Bunten Schiefer" (Gedinnestufe, benannt nach dem zuerst beschriebenen Fundort in den Ardennen). Bei Friedrichsdorf und Seulberg sind die wein- bis violettroten Schichten zu Kaolin zersetzt und als Tonerde für Töpferei-Erzeugnisse abgebaut worden. Bunte Schiefer treten außerdem im Heidetränktal zwischen Einsiedler und Altkönig (Fuchstanzmulde) und ebenso am „Roten Kreuz" unterhalb des Feldbergs sowie bei Ehlhalten und Oberjosbach in größerem Umfang an die Erdoberfläche. Stellenweise eignen sie sich zur Dachschiefergewinnung.

1) Martin, G. P. R.: Kleine Erdgeschichte ..., S. 14 ff.

2) Semmel, A.: Der Stand der Eiszeitforschung ..., S. 69

3) Anderle, H.-J.: Taunus, in: Geologie und hydrothermale Mineralisationen im rechtsrheinischen Schiefergebirge (Nass. Verin f. Naturkunde), Wiesbaden 1998, S. 31 ff.

4) Franke, W.: Geotektonischer Überblick, in: Geologie ..., S. 24 ff.

5) Martin, G. P. R.: Kleine Erdgeschichte ..., S. 18 ff.

6) Flick, H., Lippert, H.-J. u. a.: Lahn-Dillmulde, in: Geologie ..., S. 33 ff.

Stark gefaltete „Bunte Schiefer" bei Guntersau an der Weilmündung in die Lahn

Glimmersandstein im Mauerwerk

Der Kirchturm von Oberjosbach wurde komplett aus Glimmersandstein errichtet

Die Muschel Rhenorensselaeria crassicosta im Taunusquarzit zwischen Saalburg und Herzberg

Taunus-Quarzitwerk im Köpperner Tal

Wo sich an einzelnen Stellen schon in dieser ersten Phase des Unterdevons auch Silikate häuften, kam es zu harten Quarziteinlagerungen, zu denen z. B. der sagenumwobene und stark verwitterte Brunhildisfelsen auf dem Feldberg gehört. Die körnigen Sandsteinpartien, z. T. mit Tonmineralien vermischt, entstanden in Übergangszonen zwischen Land und Meer, z. B. in Deltabereichen weitverzweigter Flüsse.

Auf diesen „Bunten Schiefern" der Gedinnestufe ist eine zweite Gesteinsgruppe aufgelagert, die bereits große Teile des Taunusquarzitrückens einnimmt. Zu ihnen gehört z. B. der Glaskopf bei Glashütten. Hierbei handelt es sich um Glimmersandsteine (Hermeskeilschichten, benannt nach den Vorkommen im Hunsrück). Eine zunehmende Versandung beherrschte nach der Zeit der „Bunten Schieferablagerungen" die damalige Sedimentation am Rande eines Flachmeeres mit starkem Gezeitenfluss. Der hohe Anteil an Glimmerbestandteilen verleiht diesem Gestein ein leicht glänzendes Aussehen. Sie sind grob gebankt, gut geklüftet und wechseln in den Farben von Grau bis Rotbraun.

Das devonische Meeresbecken wurde im Süden und Südwesten von einer Landschwelle (Soonwald-Schwelle) begrenzt, die vom heutigen Hunsrück bis über den Taunusrand weit hinaus reichte und früher als „Alemannische Insel" bezeichnet wurde. Offenbar ist der Raum des heutigen Taunuskammes längere Zeit deren nördliche Küstenzone gewesen, in der das sandige und grobkörnige Silizium-Material in großen Massen zur Ablagerung kam. Darin findet man gelegentlich Armfüßer (Brachiopoden) mit zweiklappigem Gehäuse. Auch extrem heftige Stürme waren offenbar im Spiel, die den Sand hoch aufschichteten (Dünenbildung).

Über den Glimmersandsteinen wurden die kieselsäurereichen Materialien zu den bekannten Taunusquarziten umgeformt. Nur gelegentlich gibt es Einlagerungen von Schluff- und Tonpartien.[7] Die Sandkörner in der Küstenzone des Devonmeeres wurden zunächst „nur" durch den Druck der darüber liegenden Sedimentpakete zusammengepresst und die Wasserreste verdrängt. Erst der tektonische Druck und die Hitze bei der späteren variskischen Gebirgsbildung löste die Kieselsäure des Quarzes, welche die Sandkörnchen fest miteinander zu Quarzit verschweißte.

Die grauweißen Quarzite übertreffen in ihrer Festigkeit und Widerstandsfähigkeit die Glimmersandsteine. Sie treten zuweilen in grünlicher bis braun-violetter Teilverfärbung auf. Der grünliche Farbschimmer rührt von Chloridbeimengungen her. Die bräunlich rötliche Komponente geht auf Eisenoxydspuren zurück. Die Quarzitablagerungen erreichen z. T. eine Mächtigkeit von 400 m. Sie bilden das stabile Grundgerüst des Taunusgebirgszuges und verursachen im „Binger Loch" durch harte Felsriegel gefährliche Untiefen (s. S. 37).

Die Quarzite, die im Köpperner Tal abgebaut werden, sind viel weniger geschichtet als die Glimmersandsteine, die unter dem Quarzit liegen. Überdies sind die mächtigen Bänke des Quarzits noch mehr als der Glimmersandstein mit Klüften durchzogen, was durch die tektonische Beanspruchung des außerordentlich spröden und harten Materials bei der Heraushebung des variskischen Gebirges leicht erklärlich ist.

Die chemische Zusammensetzung des Taunusquarzits weist 95 – 97 % Kieselsäure (SiO_2), nur 2 – 3 % Ton (Al_2O_3) und 0,5 % Eisenoxyd ($Fe2O_3$) oder Alkalien auf. Kalk und Magnesium sind nur in verschwindenden Spuren im Quarzit enthalten. Kleinere, morphologisch wirksame Quarzitvorkommen finden sich im Mansfelder Kopf, im Nauheimer Kopf (südlich von Limburg) sowie im Steinkopf (westlich von Bad Camberg).

Dagegen lagerten sich in dem küstenferneren Schelfgebiet im Unterdevon mächtige Tonschichten ab, die zu dem später geschieferten Tongestein verfestigt wurden. Sofern diese besonders in küstennahen Flachgewässern abgelagerten Tonmaterialien mit einem hohen Sandanteil vermischt wurden, entstanden härtere Gesteine, die sogenannten Grauwacken. Parallel dazu wurden in größerer Küstenentfernung blauschwarze bis hellbraune Tone abgelagert, die feinverteilte Karbonate- und Pyritanteile enthalten. Sie haben sich zu den sogenannten Hunsrückschiefern verfestigt und werden linksrheinisch (bei Bundenbach) heute noch abgebaut. Im Taunusbereich finden sie sich vor allem westlich des „Goldenen Grundes". Weil dunkel gefärbt und stellenweise gut spaltbar wurden sie früher bei Kaub für Tafel- und Dachschiefer gewonnen.

Diese am meisten verbreiteten Gesteine des Taunus, die Tonschiefer und Grauwacken, sind mineralarm. Auch im Limburger Becken und an seinen Rändern dominieren Ton- und Bänderschiefer des Unterdevons. Bei Aumenau an der Lahn (Langhecke) konnte das Tongestein früher zu Dachschiefer geschlagen werden. Ausgedehnte Abraumhalden zeugen bis heute von dem einst blühenden Gewerbe in den Schiefergruben (s. S. 54).

Taunusquarzitblock

... und seine Verarbeitung im Mauerwerk

Tonschiefer (gut spaltbar)

Schiefereindeckung

Gegen Ende der Unterdevonzeit begannen sich vulkanische Kräfte zu regen. Es kam zu Lavaausbrüchen, wobei die feine, in das Meer absinkende Aschenmasse auf dem Meeresboden die sogenannten Porphyroidschichten hinterlassen hat. Diese verfestigten vulkanischen Lockerprodukte, Tuffe genannt, treten als buntgefärbte, seidig glänzende Schichten innerhalb des Schiefers auf. Sie hatten sehr viele Lebewesen am Meeresgrund unter sich begraben, weshalb wir heute gerade in diesen Prophyroidschichten gut erhaltene Fossilien finden.

7) Anderle, H.-J.: Taunus, in: Geologie ..., S. 30

Fossil im Porphyroidschiefer (Klingenberg, südöstlicher Teil der Feldberg-Langhals-Pferdskopf-Scholle)

Stark verschiefertes Tongestein im aufgelassenen Steinbruch „Spitze Ley" des „Stabelstein" (Neu-Anspach)

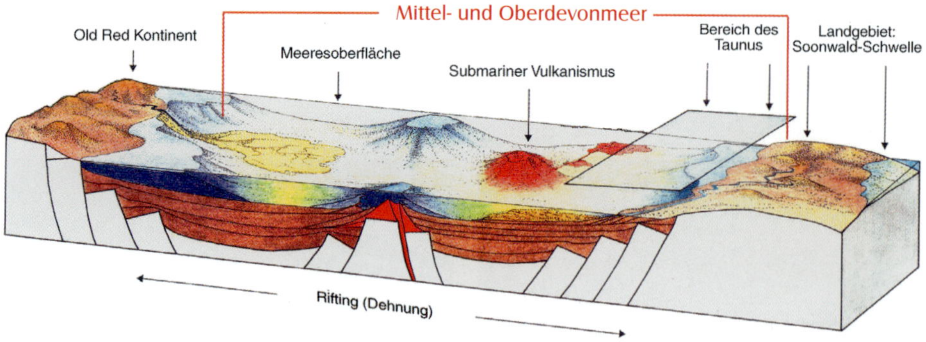

Im Mitteldevon verstärkte sich der Vulkanismus erheblich, der durch Dehnung und Zerrung der auf Kollisionskurs befindlichen Urkontinentplatten verursacht worden war. Dadurch wurden vor allem die Keratophyrschichten (quarzhaltige, mit Einsprenglingen durchsetzte grün-graue magmatische Grundmasse) im Weilburger Raum gebildet. Aus untermeerischen Vulkanen strömten kieselsäurearme basaltische Magmen in breiten Lavadecken auf dem Boden des Rhenoherzynischen Ozeans aus. Es handelt sich dabei um die submarinen Diabase oder Grünsteine. Die grünlichen bis bräunlichen Diabastuffe sind mitunter von Ton- und Kalkbeimengungen durchsetzt. Wegen ihrer schaligen Absonderungsform spricht man im Bergbau von Schalstein. Besonders in dem engen Lahntal zwischen Aumenau und Löhnberg treten Diabas- und Schalsteinschichten sowie Keratophyre und Massenkalkbänke bis an den Fluss und die Uferwege heran.

In der mitteldevonischen Phase änderte sich auch das Klima. Es wurde wärmer. Das Meerwasser erreichte 24 – 25° C. Um die Riffe und die erloschenen Vulkane siedelten sich Korallenbänke an, vergleichbar mit Vorgängen in der heutigen Südsee. Als Hauptriffbildner erwies sich die Schwammart der längst ausgestorbenen Meeresorganismen, der Stromatoporen.

Weilburger Keratophyrwand nahe der Weilmündung in die Lahn, an der am 25.4.1910 das Luftschiff Z II zerschellte

Diabas vom nordöstlichen Taunus

Riffkalk-Block aus dem Kalkbruch am Wehrholz bei Niederkleen

„Lahnmarmor" im geologischen Lehrpfad des Hessenparks

Mitteldevonisches Stromatoporen-Riff aus dem Lahntal (Villmar)

Zur Riffbildung trugen auch die Muscheln, Schnecken und in den Lagunen verrottende tropische Pflanzen bei. Im unteren Aartal und bei Niederkleen am Ostrand des Taunus treten die Devonkalke in größeren Paketen auf. Bei Hahnstätten werden sie als ziemlich reine Kalke abgebaut (s. S. 239).

Aus den Korallenstöcken entstand ein gut bearbeitbarer, leicht metamorphisierter Massenkalk, der Lahnmarmor oder Nassauer Marmor. Er kommt in verschiedenen Varianten und je nach Beimengung in je anderen Farben vor. Bei Villmar, Runkel und Weilburg wurde er bis in die 1960er Jahre abgebaut. In der gesägten glatten Wand des Naturdenkmals „Unica" bei Villmar kann man sozusagen in ein Stromatoporenriff hineinschauen. Auf der nördlichen Lahnseite finden sich schwarze kohlenstoffhaltige Marmore bei Schupach. Bei Gaudernbach und Wirbelau schimmern sie rötlich und grau.

In der Serie der Schalsteine finden sich im mittleren Lahn-, insbesondere aber im nördlich gelegenen Dillgebiet Roteisensteine. Sie sind in kleineren Vorkommen auch beim Zollhaus im Aartal, bei Katzenelnbogen und im Raum von Braunfels (Philippstein) anzutreffen. Die Gruben bei Braunfels wurden um 1960/65 stillgelegt. In der Grube „Fortuna" (Oberbiel auf der nördlichen Lahnseite) bietet sich ein hervorragendes Schaubergwerk an. Die seit dem Mittelalter an den Bachtälern des Taunus vorhandenen zahlreichen Eisenschmelzen und Hammerwerke nutzten diese Lagerstätten ebenso wie die linsenförmig anstehenden Brauneisensteine im Weil- und oberen Erlenbachgebiet.

Roteisensteine vor dem alten nassauischen Bergbaudorf Philippstein

Die Epoche des Oberdevon tritt nur im nordöstlichen Taunus mit Gesteinshinterlassenschaften auf. Allerdings sind zwei Züge des oberdevonischen Massenkalkes im Lahntal und in der Hahnstätter Mulde von wirtschaftlicher Bedeutung.

Flora und Fauna in der Devonzeit

Schon in der vordevonischen Epoche hatte sich im Wasser erstes Leben geregt, das sich in den Meeren, Seen und Sümpfen während der Devonzeit zunehmend zu höheren Lebensformen entwickelte. Endgültig eroberten Pflanzen und Tiere, aus dem Wasser und aus den Sümpfen heraustretend, das feste Land. Bärlappgewächse und Farne (Nacktsamer) wurzelten zunächst noch im Wasser, sie besaßen noch keine ausgeprägten Blätter.

Über die Pflanzen- und Tierwelt des Devonmeers gibt es dank eines sehr guten Fossilbestandes aus dem Taunus ziemlich klare Vorstellungen. Zwar wurden in den „Bunten Schiefern" und in den Hermeskeilschichten des Glimmersandsteins kaum Fossilien gefunden, dafür treten sie aber vereinzelt im Taunusquarzit und in sehr großer Anzahl im Schiefer auf. Die am schönsten erhaltenen Steinabdrücke früherer Lebewesen häufen sich in den Porphyroidgängen, wo sich bei der Ablagerung der aufs Meer niedergehenden vulkanischen Aschenregen auf dem Meeresboden ein dramatischer Kampf um Leben und

Nachgebildeter Roteisen-Stollen im Hessischen Freilichtmuseum bei Neu-Anspach

Trilobit Pharcops

Paraspirifer carinatus mit radial gestreiften Schalenflügeln

3 fossile Zaphrentis-Stücke aus der Familie der Tetra-Korallen

Fossiles Muschelgeniste (Usatal bei Kransberg)

Platyceras eegense Unterems (Uastal bei Langenhain)

Tod abspielte. Ganze Geniste der damaligen Lebewesen versteinerten. In den Porphyroiden, d. h. der Mischung von vulkanischem mit tonigem Schelfsediment, waren die Konservierungsbedingungen für die Brachiopoden oder die Choneten und Spriferen sehr gut.[8] Es konnten sich ganze Fossilienbänke bilden.

Das warme Meerwasser beherbergte übergroße Tangpflanzen und Quallen, zwischen denen bis zu 6 – 8 m lange Panzerfische kriechen und schwimmen konnten. Während diese bisher größten Wirbeltiere, deren vorderer Rumpf mit Knochenplatten bedeckt war, noch in der Devonzeit ausstarben, entwickelten sich bereits die bis heute erhaltenen Rochen und Haie. Der wohl interessanteste Knochenfisch der Devonzeit ist der Quastenflosser, der durch Kiemen und durch Lungen atmen und deshalb auch an Land existieren konnte. Er zählt zu den wichtigsten Vorläufern der Landwirbeltiere.

Das Devonmeer war schon von Tintenfischen und Vorformen des Kopffüßers Nautilus, besonders aber von Brachiopoden (Armfüßer) bevölkert. Es sind den Muscheln ähnliche, aber in ihrem sonstigen Organismus davon grundverschiedene Weichtiere in zweiklappigem Gehäuse, die auch als Muschelwürmer bezeichnet werden. Sie sind bis zu handgroßen Schalenresten im ganzen Erdaltertum verbreitet. Da sie jedoch im Devon auf dem Meeresboden zu großen Stöcken und Riffen zusammenwuchsen, sind sie geradezu als Leitfossil dieser Epoche anzusprechen. Der Eulenkopf (Stringocephalus), der eine Großform der Brachiopoden darstellt (10 – 15 cm Durchmesser), wurde im Massenkalk des Devonmeeres gefunden.

Als ein weiteres Leitfossil durch das ganze Erdaltertum vom Kambrium bis zum Beginn der Triaszeit gelten die Trilobiten. Mit einem kalkhaltigen Außenskelett versehen, fanden sie im Devonmeer gute Lebensbedingungen. Ihre Versteinerungen sind oft vom Glanz einer Eisen-Schwefelwasserstoffverbindung (Pyrit) „veredelt“ (Katzengold).

Wichtige Unterformen dieser Gattung, so z. B. die schmetterlingsförmigen Schalen der Spiripher sind im Taunusschiefer sehr häufig anzutreffen. Hervorragende Versteinerungen sind im Senckenberg-Museum in Frankfurt und im Landesmuseum in Wiesbaden geborgen, so z. B. die Abdrücke von Seelilien, die in der Strömung eines flachen Meeres bewegt wurden. Die schönsten Muster dieser Petrefakten fanden sich in der Steinkaut bei Westerfeld. Die Stilglieder der Seelilien sind als Fossilien ebenfalls sehr verbreitet. Sie gehören zum Stamme der Stachelhäuter, wie z. B. Seeigel, Schlangensterne und Seesterne. Festgewachsen auf Treibholz oder am Meeresboden ernährten sie sich durch die Aufnahme von Plankton, einer im Meer schwebenden Kleinstlebewelt.

Gegen Ende der Unterdevonzeit wurden die Sedimente feiner und karbonatisch. In den küstenfernen ruhigen warmen Wässern lebten zuhauf Kalkschalentiere. Der im heutigen Gesteinsaufbau durch mittel- und oberdevonische Kalke geprägte Raum der Lahn-Mulde kann deshalb als eine geologisch eigenständige Zone betrachtet werden (siehe Stromatoporenriff, S. 57 f.).

8) Anderle, H.-J.: s. o., S. 30

Seelilien („Steinkaut“ Westerfeld)

Seestern im unterdevonischen Schiefer

Quastenflosser (Osteolepis)

Fossiles Schneckengehäuse

Pleurodictium (scheibenförmige Wabenkoralle in Stöcken)

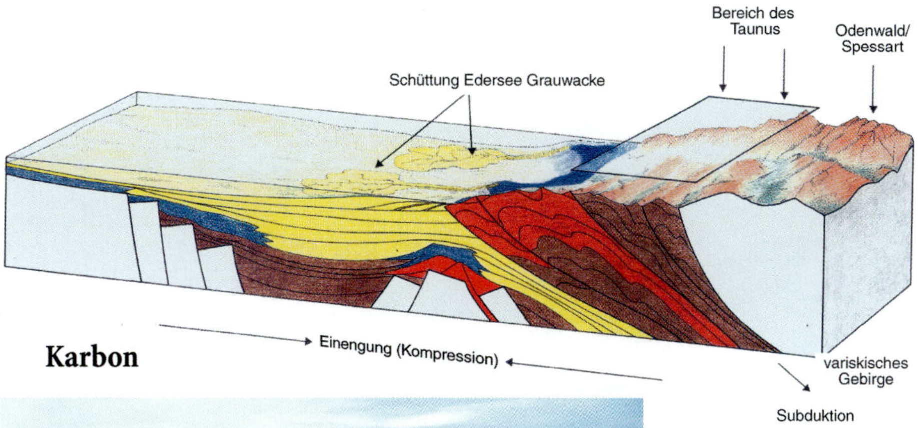

Der Taunus von der Karbonzeit bis zum Quartär

Bereits am Ende der Devonzeit und vollends in der anschließenden Karbonzeit (vor 350 bis 310 Mio. Jahren) begann sich das gesamte Gebiet der devonischen Meeresmulde allmählich zu heben. Damit verschwanden auch die Wassermassen im Gebiet des heutigen Rheinischen Schiefergebirges und des Taunus. Die dabei wirksam werdenden tektonischen Kräfte führten zu Dehnungen, Überschiebungen, Rutschungen und Faltungen der im ehemaligen devonischen Meerestrog abgelagerten und z. T. noch nicht ganz verfestigten Sedimente. Musterbeispiele von Faltungen im Rheinischen Schiefergebirge finden sich nicht nur in dem Steinbruch „Bettelfrau“ bei Altweilnau oder dem Wegeanschnitt an der Königsteiner Burg. Als bekanntestes Beispiel einer Überschiebung der älteren, unten liegenden über die jüngeren, oben platzierten Gesteinsschichten gilt das Feldbergplateau. Es erhebt sich ca. 83 m über den jüngeren Quarzit des Altkönigs (798 m) und gehört doch in die Phase der älteren weichen „Bunten Schiefer“. Das gesamte Gebiet der devonischen Meeresmulde hob sich allmählich zu einem Hochgebirge von ca. 2.000 m heraus (variskische Faltungs- und Gebirgsbildung). Stellenweise traten Druckentlastungs-

Felsfaltungen im Fundament der Festung Königstein

spalten auf, die ähnlich wie die Schicht- und die Schieferungsfugen meist mit Gangquarz ausgefüllt wurden. Der große Quarzgang bei Usingen (Eschbacher Klippen) wuchs im Laufe der Jahrmillionen mit Schwerspat (Bariumsulfat) zu (s. S. 63).

Die Hauptphase der variskischen Faltung lag im Unterkarbon und war mit starkem Vulkanismus verbunden. Ursprünglich horizontal abgelagerte Sedimente wurden durch einen von Südosten kommenden Schub gefaltet, gehoben und meistens nach Norden überkippt. Die Sedimentschichten des Tongesteins erhielten durch Druck-

Die kieselsäurereiche Felsgruppe des Brunhildisfelsen auf dem Plateau des Großen Feldbergs war in die weicheren „Bunten Schiefer“eingelagert, die in der variskischen Gebirgsbildung über die jüngeren harten Glimmersandsteine und Quarzite geschoben worden waren

vorgänge aus zwei verschiedenen Richtungen eine rhombisch-blattige Schieferstruktur.[1]

Mit der Heraushebung des Faltengebirges setzte schon im Karbon, insbesondere aber in der folgenden Permzeit (vor 290 - 230 Mio. Jahren) die Abtragung ein. Damals lag südlich vor dem variskischen Hochgebirgszug eine 30 – 40 km schmale Senke (Saar-Saale-Trog), in die vorübergehend das Zechsteinmeer einflutete. Dieses im ariden Klima immer wieder geflutete und ausdunstende Meeresbecken, das vom Saarland bis Mitteldeutschland reichte, hinterließ mächtige Salzvorkommen, die auch die Heilquellen am Taunusrand mit Mineralsalzen versorgen. Vor dem Taunus gelangte aber auch der Abtragungsschutt des variskischen Gebirges in den „Saar-Saale-Trog“ hinein, wovon die rötlichen Sedimente (Rotliegendes) bei Hofheim (Kapellenberg) und Lorsbach zeugen. Auf den Vulkanismus der frühen Permzeit gehen die Porphyr- und Melaphyrfelsen bei Katzenelnbogen und im unteren Aartal (ebenso bei Münster am Stein an der Nahe) zurück.

Stark gefaltete Felsformation im Steinbruch „Bettelfrau“ (Altweilnau)

Fabrikgelände für Kaolin-Abbau bei Lohrheim (Hahnstätten)

Bei Lohrheim (Hahnstätten) werden Kaoline abgebaut, die als Zusatzstoffe in der Farben- und Gummiindustrie Verwendung finden. Sie gehen auf das Primärgestein Quarzporphyr zurück, das in Oberflächennähe bereichsweise durch Huminsäure chemisch umgewandelt wurde. Allerdings sind bei der Kaolingewinnung durch Aufbereitungsprozesse, wie z. B. Waschen, unverwitterte Gesteinssubstanzen zu entfernen.

1) *Franke, W.: Geotektonischer Überblick ..., S. 19ff.*

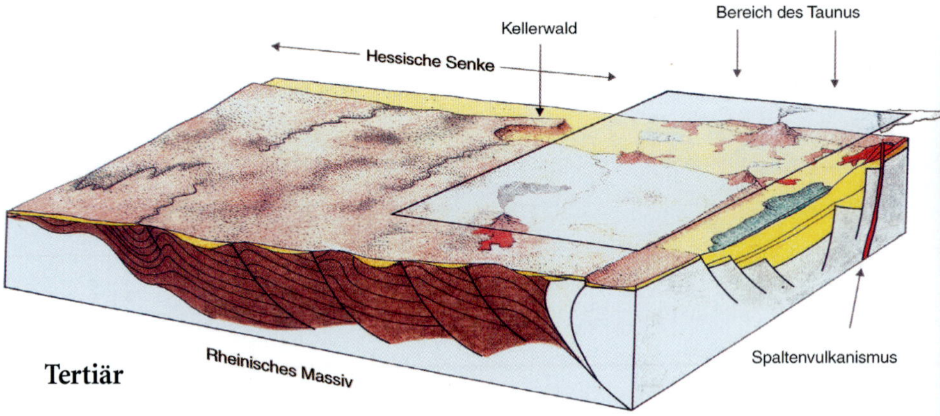

Tertiär

„Hundert-Stufen" bei Altweilnau

Ununterbrochene Abtragungen des ehemaligen variskischen Hochgebirges im gesamten Erdmittelalter (Trias-, Jura- und Kreidezeit) führten in einer Zeitspanne von vor 230 bis vor 70 – 60 Mio. Jahren, zuletzt vor allem durch eine tiefgründige Verwitterung im feucht-tropischen Klima, seit dem Ende der Kreidezeit zu einer weitgehenden Einrumpfung des Gebirges. Bei der radikalen Glättung der Erdoberfläche spielten die Gesteinsunterschiede kaum eine Rolle. Das Endprodukt dieser Erdformung war eine bis auf 100 – 150 m abgetragene, fast gleichmäßige Ebene. Auf diesen abgetragenen Rumpfflächen pendelten träge die Flüsse und Bäche, die oft ihren Lauf änderten. Der Hauptvorfluter war der im heutigen Mosel-Lahn-Bereich mäandrierende „Vallendarfluss", der den Erosionsschutt der Nebenflüsse mit sich führte. In den Altläufen und Senken lagerte er die tiefverwitterten Ton- und Quarzitsubstanzen ab. Dies geschah je nach den Transportgegebenheiten des Wassers und der Sortierung der Fracht in Schlüffe und Tone (Geil'sche Serie bei Gießen, Westerwaldzone, Kannebäckerland) oder in Kiese und Sande (s. Quarz-Kieswerke S. 56). Die Oberflächengestaltung im Taunus ist demnach viel jünger als das geologische Baumaterial im Untergrund. Doch bei der in langen Epochen entstandenen großen Ebene blieb es nicht.

Vor allem in der mittleren Tertiärzeit (vor ca. 40 Mio. Jahren) hoben sich aus dem großen weltumspannenden Meerestrog („Tethis"), der von Nordafrika über den Mittelmeerraum bis zum Himalaya reichte, die alpinen Gebirge. Von diesen gewaltigen tektonischen Kräften wurde auch der große Block des Rheinischen Schiefergebirges erfasst.

In der Mitte des Tertiärs kam es bereits zu unterschiedlich starken Heraushebungen von Gesteinspartien, so z. B. des Taunuskamms, insbesondere aber des Feldberggebietes und der daran nach Nord-Westen ansetzenden Querverwerfungen in der Feldberg-Langhals-Pferdskopf-Scholle sowie des Kemeler Rückens. Vertikale Schollenverstellungen prägen seitdem die Taunus-Vorbergzone. Sie lassen sich aber auch an beeindruckenden Felswänden in den Wäldern des Weil-, Aar- und Wispergebietes antreffen, spektakulär am „Großen Zacken" (576 m) im Emsquellgebiet. Die tektonische Zergliederung des Gebirges setzte sich parallel dazu in der Entstehung von Becken und Senken fort.

Blick in die Idsteiner Senke vom „Großen Zacken" oberhalb von Oberems

Hintertaunuslandschaft von Limburg gesehen, eine Rumpffläche mit mehreren Terrassen

Die im Erdmittelalter eingeebneten Rumpfflächen des Taunus gelangten durch schubweises Aufsteigen in ein höheres Niveau. In den Hebungsphasen nahm die Tiefenerosion der Flüsse zu. Dagegen glich die weiträumige Flächenspülung durch stark wirksame Verebnungsvorgänge in den tektonischen Ruhephasen diese Eintiefungen wieder aus. Verebnungsreste der alten Landoberfläche, die noch zu Beginn der Tertiärzeit voll ausgebildet war, finden sich im Hintertaunus in treppenartiger Abfolge (fünf Terrassenniveaus) gut erhalten.[2)]

Die größte, den Taunus tangierende Einsenkung findet sich im Mainzer Tertiärbecken. Stärkere Absenkungen ereigneten sich an der Wende zweier Zeitabschnitte im Tertiär, vom Eozän (55 – 34 Mio. Jahre) zum Oligozän (34 – 24 Mio. Jahre). Schon bald nach den beginnenden Senkungen brachen die Wässer der südlichen und nördlichen Weltmeere wiederholt in den Oberrheingraben und das Mainzer Becken ein. Dabei wurden die Zeiten des Salzmeeres von Brack- und Süßwasserphasen unterbrochen. So kam es zur Ablagerung der wichtigsten Grundstoffe für die heutige Zementindustrie bei Wiesbaden-Amöneburg: Tone, Sande und Kalke (s. S. 239).

An diese Meeresüberflutungen (Transgressionen) erinnern nicht nur Brandungsgerölle bei Wiesbaden-Frauenstein, sondern vor allem die mehrheitlich aus Kalkschalentieren (Cerithien-, Corbicula- und Hydrobienschnecken) bestehenden Kalke bei Flörsheim und Wiesbaden-Amöneburg. Die Schichten damals ausgetrockneter Mulden sind durchsetzt von weißen und gelben Meeressanden und Bänken von Rochen- und Haifischzähnen und anderen Resten verendeter Meerestiere (z. B. Seekuh). Die weißen Meeressande wurden früher bei Wiesbaden-Frauenstein und bei Niedernhausen von sog. „Sandbauern“ gewonnen und zum Auftragen von Feinputz genutzt sowie als Streusand für Stuben verkauft.

Schneckenformen aus dem Tertiärmeer des Maiener Beckens (Glycineris aus dem Eozän und Tympanotonus margaritäus (Eozän)

2) Bibus, E.: Morphologie ..., S. 25 ff.

Haifischzähne (Eozän)

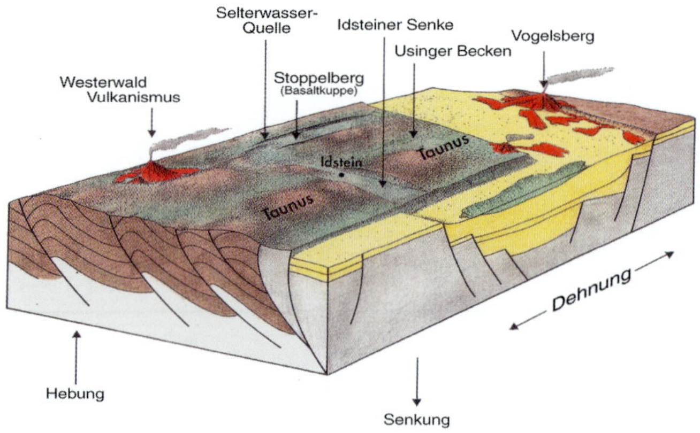

Auf die Nutzung der Tertiärkalke im Mainzer Becken verweist das durch den Regionalpark Rhein-Main gesicherte, diesbezüglich einzige in Hessen erhaltene Kulturdenkmal der Kalkbrennöfen bei Flörsheim; desgleichen der geräumige, mittlerweile ertrunkene Kalksteinbruch in unmittelbarer Nähe. Seit 1589 ist an dieser zwischen dem Wickerbach, der Stadt Flörsheim und ihrer weithin sichtbaren Warte herausgehobenen Scholle der Kalkabbau bekannt. Das Kalkbrennen erlebte hier einen gewissen Höhepunkt beim Bau der Galluskirche in Flörsheim; es wurde bis Anfang 1919 betrieben. Die ungleich größere wirtschaftliche Bedeutung erlangte seit den Gründerjahren die Gewinnung der tertiären Rohstoffe für die Zementherstellung der Firma Dyckerhoff. Sie machte sich durch Bahngleise vom Flörsheimer Steinbruch bis zur Verladerampe den günstigen Transportweg des Mains zunutze.

Das Usinger Becken bog sich als abgeschwächte Nachwirkung der großen tektonischen Vorgänge im Tertiär vom Taunuskamm nach Nordosten ein. Eine deutliche Einbruchzone stellt dagegen der Goldene Grund dar, der sich in das Limburger Becken wie in einem Trichter ausbreitet. Hier kam es zur Überdeckung des devonischen Untergrundes mit tertiären und pleistozären Sedimenten. Diese bestanden aus Quarzkiesen und Sanden, vor allem aber aus eiszeitlichem Löss.[3)]

3) Semmel, A.: Geomorphologie der Bundesrepublik Deutschland in: Geogr. Zeitschrift, Beihefte, Nr. 30

Kalköfen bei Flörsheim

Die stärksten Hebungen dürften sich am Ende des Tertiärs und am Beginn der Erdneuzeit Pleistozän (Diluvium) vor 2 bis 1 Mio. Jahren ereignet haben. Diese Hebungen waren von heftigem Vulkanismus begleitet, der auf dem Westerwald große Basaltdecken hinterlassen hat und dem der Vogelsberg seine Entstehung verdankt.

Wichtiger Vertreter dieser vulkanischen Vorgänge ist der Stoppelberg (401 m) am nordöstlichen Taunusrand zwischen Wetzlar und Hüttenberg. Auch die Spaltenfüllungen mit Basalt am Pferdskopf, bei Eschbach und am Winterstein sind hier zeitlich einzuordnen.

Die letzten Modellierungen des Taunus gehen in die Eiszeiten (vor 1,5 bis 0,1 Mio. Jahren) zurück. Hier erhielt unsere Landschaft ihr letztes großes Make-up. In der damals den Taunus überziehenden Kältesteppe (Tundrenzone) kam es zu einer sehr intensiven mechanischen Verwitterung des weitgehend vegetationslosen Gesteins-

Dyckerhoffs alte Kalkgrube bei Flörsheim

Blick über Rechtenbach auf den Stoppelberg bei Wetzlar

untergrundes. Wo besonders homogene Quarzitbänke mit höherem Quarzanteil anstehen, ragen Felsklippen heraus („Hohe Stein" bei Lenzenhahn, Elisabethenstein und Marmorstein bei Bad Homburg, Altenstein bei Hahn). Starke Temperaturschwankungen und Spaltenfrost trugen dazu bei, dass insbesondere in der Kammregion des Taunus ausgedehnte meist vegetationslose Scherbenfelder entstanden sind. Dazu zählen die „Steinrutsche", die bei dem kleinen Römerkastell Heidenstock in die Neu-Anspacher Gemarkung hineinragen, das ehemalige „Steinerne Meer" bei Köppern, das dem Quarzitabbau im Erlenbachtal zum Opfer fiel, und die „Weiße Mauer" im Altköniggebiet sowie die „Rossel" am westlichen Niederwaldabhang (Glimmersandstein) zwischen Rüdesheim und Assmannshausen. Die Gesteinstrümmer glitten zur Zeit der Schneeschmelze auf gefrorenem Untergrund und bei starker Durchnässung des Oberbodens mit Schlammgletschern und Muren weitgehend hangabwärts (Solifluktion). In den Tälern bildeten sich durch diese Solifluktionserscheinungen sterile Steinschuttböden, besonders am Nordrand des Taunuskamms. Bis in die Bachtäler sind bis heute unförmige große Felsbrocken aus Quarzit und Glimmersandstein zu finden („Findlinge"). Sie stammen im Regelfall aus der erst vor 15.000 – 20.000 Jahren zu Ende gegangenen letzten Vereisungsphase (Würmeiszeit).[4)]

4) Ernst, E.: Neu-Anspach, Werden und Wirken, 1974, S. 31

Der „Elisabethenstein" nördlich von Bad Homburg

... und Teile der „Marmorstein"-Felsgruppe unterhalb des Saalburg-Kastells

Scherbige Gesteinstrümmer an der „Rossel"

Eiszeitliches Frostschuttmeer „Weiße Mauer" in der Nähe des Altkönigs

Lagerstätten von Gesteinen

Trockenmauer aus Schiefer im Weinberg bei Kaub

Fragen wir nach der wirtschaftlichen Bedeutung des Bodenuntergrundes im Taunus, so finden wir im Vergleich zu früher nur noch wenige Gewerbe und Industrien auf der Rohstoffbasis nutzbarer Lagerstätten oder wertvoller mineralischer Substanzen.

Serezitgneis-, Tonschiefer- und Erz-Vorkommen

Die Serizitgneise aus der Silurzeit wurden bei Lorsbach, Kronberg und Mammolshain abgebaut. Da sie sich gut bearbeiten ließen, dienten sie zur Errichtung eines ebenmäßigen Schichtmauerwerks. Der Abbau wurde in den 1990er Jahren beendet (s. S. 43).

Serizitabbau bei Kronberg (heute ist die Grube verfüllt)

Schiefer-Schichtmauerwerk einer Scheune

... und der Burgruine Altweilnau

Schiefergemauerte Kirche in Dombach bei Bad Camberg

Kunstvolle Schieferverkleidung einer Scheunenfassade in Wehrheim-Obernhain

Die Nutzung der heimischen Gesteine in früheren Jahrhunderten blieb in erster Linie auf die Gewinnung von Baumaterial beschränkt. Für die Ställe und die Haussockel sowie die Gesticke im Wegebau wurden gerne Grauwacken, Glimmersandsteine und Quarzite verwendet. Die meisten Gemeinden verfügten über einen oder mehrere Steinbrüche, in denen das Rohmaterial für die Kellergeschosse im Hausbau gewonnen wurde. Im Hintertaunus sind oft ganze Gebäude, besonders Scheunen und Ställe mit Schiefergestein aufgebaut.

Der überwiegend blau-graue Tonschiefer kann durch Beimengungen von Chlorid grünlich, von Eisenoxyd rot bis violett und von Kohlenstaub schwärzlich gefärbt sein. Der Schiefer bei Lorch, Lorchhausen und Kaub am Rhein, bei Gerolstein, Presberg und Wollmerschied im Wispergebiet und bei Langhecke, Rohnstadt und Aumenau im Weil-Lahngebiet eignete sich hervorragend zur Dachbedeckung. Goethe besuchte am 22. Juli 1815 auf seiner „Gebirgsreise" die Langhecker Blei- und Silberminen sowie die Schiefergruben. Die damals aus wenigen Wohnhäusern und einem Zechenhaus bestehende Anlage sollte schon 1813 stillgelegt werden. Am 8. August 1815 schrieb der Naturforscher und Dichter an seinen Sohn: *„Lange Hecke, ein enges Tal, durchaus unregelmäßige Dachschieferbrüche, Halden und Höhlen, höhlenartige Häuser. Oberwärts Bleygrube, unterwärts Eisenhütte"*.[1]

Die Dachschiefergewinnung erfreute sich einer großen Konjunktur, nachdem die nassauische Regierung in der ersten Hälfte des 19. Jahrhunderts die allgemein übliche Strohbedachung aus Brandschutzgründen verbot.[2] Die gut spaltbaren Schiefer des Langhecker Tonschieferzuges waren schon den Römern bekannt, die damit das Saalburg-Kastell und die Wachtürme eindeckten.

1) Bunge, B.: Goethe an der Lahn, Bergisch-Gladbach 2005, S. 37 ff.

2) Ernst, E.: Gefährliche Dachlandschaften, die Strohbedeckung im Usinger Land; Jahrbuch Hochtaunuskreis 2008, S. 303 ff.

Schieferhalden, Stollenmund und Hüttengebäude im Tal von Langhecke (bei Aumenau)

Die bis in das 20. Jahrhundert bewirtschafteten Gruben sind allerdings nach dem 2. Weltkrieg aufgelassen worden. Die 150 m tief in den Berg führenden Stollen der Grube „Rosit" bei Heidenroth (Kemeler Rücken), wo man zwecks besserer Bearbeitung (ähnlich bei Langhecke und Rohnstadt) die „Bergfeuchte" nutzte, wurde erst 1965 stillgelegt.

An einigen Stellen war der Schiefer zu einem tiefgründigen, früher in Töpfereien genutzten Ton verwittert. Ortsnamen wie Aulhausen bei Assmannshausen und Aulenhausen bei Weilmünster (Aulofen = Töpferofen) weisen darauf hin. Der große, träge dahinpendelnde „Vallendarfluss" auf den tertiären Rumpfflächen hatte im Altlaufbereich ebenfalls nutzbare Tonablagerungen hinterlassen. Sie begründen die gewerbliche Grundlage der Töpferorte im Lahngebiet und im Kannebäckerland. Aber auch Lösslehme, wenn sie stark tonhaltig sind, wurden im Töpfereigewerbe (Friedrichsdorf, Seulberg) genutzt.

Im Mittelalter wurden insbesondere Schürfungen nach Brauneisenstein und im Lahngebiet nach dem erzreicheren Roteisenstein durchgeführt. Aber nicht nur nach Eisenerz, sondern auch nach Zinn, Blei und Silber wurde gegraben. Schon im Jahre 772 sind Eisenverhüttungen im Weiltal erwähnt, wo bei Dorfweil eine Tributpflichtigkeit an das Lorscher Kloster (Bergstraße) nachgewiesen ist. Die Blei- und Silbergruben wurden im 17. und 18. Jahrhundert zum Teil noch bis in das frühe 19. Jahrhundert aktiviert.[3)]

Die mittelalterlichen und frühneuzeitlichen Schürfungen und Stollenbauten im Weiltal haben in den Wäldern Pingenlöcher, Stollenreste mit Mundlöchern und Abraumhalden hinterlassen. Der 1899 noch einmal geöffnete Petrusstollen bei Altweilnau blieb bis in die 1920er Jahre aktiv.[4)]

Der im unteren Weiltal bei Essershausen, Edelsberg und Ernsthausen seit dem 13. Jahrhundert auf Eisenerze schürfende Bergbau hatte in den Gründerjahren noch einmal eine Blüte zu verzeichnen. Aus 18 Abbaufeldern bestanden um 1900 die Gruben „Fritz" und „Glückstern". Es waren ca. 100 Bergleute beschäftigt. 1913 wurden 25.500 t Erze (ca. 43 % Eisengehalt) gefördert und nach Weilburg zur Verladung auf die Bahn transportiert. Um 1960 ging die Epoche des Erzbergbaus im Lahngebiet zu Ende.[5)] Auch die Gewinnung von Roteisenstein bei Philippstein (Braunfels) wurde aufgelassen.

Loch des Stollenmundes bei Altweilnau

3) Wenzel: Jahrbuch Hochtaunuskreis, S. 5 1997, S. 249

4) Ernst, E.: Das Weiltal, 2005, S. 58,59

5) Ernst, E.: Das Weiltal, 2005, S. 185

Quarzit und Quarz

Der Gesteinsabbau innerhalb des Taunuskamms seitens der Bremthaler Quarzitwerke ist eingestellt. Er wird jedoch von einem mexikanischen Unternehmen in den großen Quarzitsteinbrüchen des Köpperner Tals umso stärker betrieben. Dieser größte Quarzitabbau in Europa hat eine zweite Abbaunarbe bei Ober-Rosbach am Südhang des östlichen Taunuskammes hinterlassen (s. S. 44 u. S. 238).

Bei Usingen wird der große Quarzgang abgebaut, der vom Wormstein durch das Tal der Usa bis über die Eschbacher Klippen hinauszieht. Das fast 100 % reine Kieselmaterial wird für feuerfeste und für optisch höchstwertige Gläser verwandt (s. S. 63). Der Usinger Quarz eignete sich auch hervorragend zur Mühlsteinherstellung.

Mühlsteine aus Taunus-Quarzit

Bremtaler Quarzitwerk bei Usingen an der B 275 Richtung Bad Nauheim

Südöstlich der großen Lahnschleife bei Cramberg finden sich im Schaumburger Forst Quarzkiese in allen Farbstufen von weiß bis rotbraun. Es handelt sich um abbauwürdige „junge Zeugen" aus der Tertiärzeit. Damals lagerte die „Ur-Lahn" (Vallendarfluss und Nebenströme) z. T. über 99 % SiO_2-reine Quarzkörner ab. Noch um 1970/80 wurden sie als idealer Grundstoff für einfache Betonarbeiten im Baubereich genutzt. Heute dienen die von 12 – 15 Betriebsangehörigen der Cramberger-Kieswerke Hartmann GmbH geförderten Rohstoffe vorrangig zur Herstellung hochwertiger Edelputze und Betonwaren. Sie haben sich bewährt bei der Fassadenverkleidung repräsentativer Gebäude und für Produkte, die großen chemischen Belastungen standhalten müssen.

Ganz ähnliche fluviatile Ablagerungen auf der vortertiären Landoberfläche trifft man zwischen Nassau und Singhofen an der B 260 (Bäderstraße) im Flurteil „Bubenborn" an. Sie liegen auf 310 m NN, d. h. ca. 200 m über der heutigen Lahn. Die ebenfalls über 99 % S_1O_2-Gehalt verfügenden weiß-gelben Kies-Sedimente verzeichnen ganz wenige Beimengungen an Tonsubstanzen und können ohne Sprengungen gewonnen werden. Dieses höchst wertvolle, locker gelagerte Rundkornmaterial bedarf beim Abbau lediglich des Schaufelbaggers und der Sortierbänder sowie des Auswaschens. Die 15 – 20 Belegschaftsmitglieder fördern täglich 1.200 t „Lahn-Quarz", in den EG-Staaten unter der Bezeichnung „Taunus-Quarz" bekannt. Man schätzt die oben erwähnte Konsistenz des Materials mit seiner „mediterranen Farbe" als „natürliches Aufhellungsgestein", das nicht ausbleicht.

Im Bereich der harten und durch tektonische Bewegungen im Tertiär zerbrochenen und deshalb klüftereichen Glimmersandsteine und Quarzite des Taunuskamms sind größere Wasservorräte zu erwarten. Als Anzeichen dafür muss die Vielzahl der Quellen und die Versumpfung und Moorbildung im Einzugsbereich der Bäche unterhalb des Taunuskamms gewertet werden. Die von den Städten Bad Homburg und Oberursel vorgetriebenen und weit ausgedehnten Wasserstollen beweisen ebenfalls den im spröden klüftereichen Untergrund des Taunuskamms vorhandenen Reserveraum für Wasser.

Ein weiterer Beweis für die Richtigkeit dieser geologischen Feststellungen ist der Vortrieb des 1926 gebauten Anspacher Stollens. Der Stollengang durchsticht bis auf eine Tiefe von 380 m Tonschiefer und Grauwackenbereiche, Schichten, die nach Südosten unter die Glimmersandsteine und Quarzite des Taunuskamms untertauchen. Die Hauptwassermenge trat bei 381 m, also genau in der Übergangszone zwischen den Tonschiefern und Glimmersandsteinen, auf. Eine 1962/63 am Stollenende weitere 83 m durch den klüftigen Glimmersandstein vorgetriebene Horizontalbohrung führte erwartungsgemäß zu einer erheblichen Steigerung des Wassereinfalls. [6)]

6) Ernst, E.: Neu-Anspach, Werden und Wirken, 1974, S. 52 ff.

Abbau von Quarzsanden südlich von Diez (Cramberger Kieswerke)

Quarz-Kies-Abbau bei Singhofen

Bodenornamente aus Marmor in der Kirche von Villmar

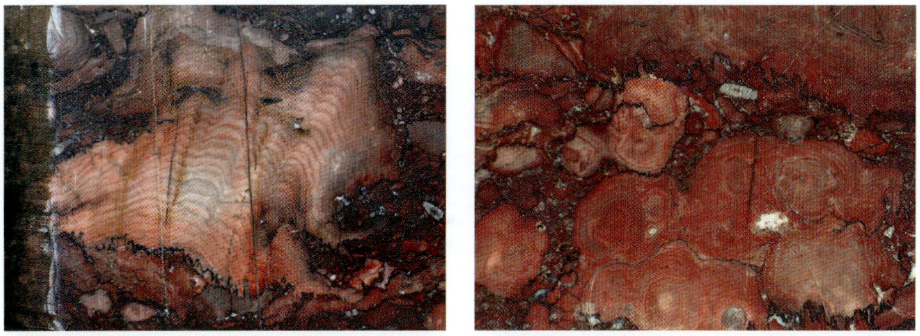

Lahnmarmor aus Villmar (Stromatoporenriff „Unica“, s. S. 47)

Diabas-Produkte des Steinbruchs bei Weilmünster

Bordstein-Herstellung und -Verladung

Marmor, Kalk und Diabas

Der Abbau des sogenannten Lahnmarmors, dessen vielfarbige Ausprägung sehr begehrt war, ist ebenfalls eingestellt worden, da vergleichbarer Stein aus Billiglohnländern günstiger erworben werden kann. Der rötliche „Marmor“ (s. S. 47) vom Stromatoporenriff bei Villmar war schon vor Jahrhunderten für prominente Bauwerke gefördert worden. Die Epitaphien im Mainzer Dom, Bäder in Schlössern und Altäre in Kirchen (Berlin, Würzburg), repräsentative Räume im Kreml in Moskau und in der Eremitage von St. Petersburg, auch in der Eingangshalle des Empire-State-Building und im Wiesbadener Kurhaus sowie im Palast von Tagore beweisen den Bekanntheitsgrad und die Wertschätzung dieses besonders attraktiven heimischen Gesteins.

Dagegen verläuft die Steingewinnung in den Kalkbrüchen der Firma Schaefer Kalk bei Hahnstätten im unteren Aartal auf Hochtouren (s. S. 239). Gleiches gilt für den Diabas-Abbau bei Weilmünster und den Jost'schen Steinbruch, der sich – wie das Luftbild am Beginn dieses Kapitels (S. 40 ff.) zeigt – wie ein Amphitheater in den Laubwald zwischen Altenkirchen, Möttau und Philippstein einfügt. Aus der Pflasterfirma Wilhelm Jost von 1904 wurde einer der großen, technisch hochmodernen „Partner im Straßenbau“ (Asphalt-Fertiger, Tiefbau- und Recyclingunternehmen). Seit den 1960er Jahren kann die Firma Jost auf betriebseigene Rohstoffe aus zwei Steinbrüchen im Raum Braunfels-Weilmünster zurückgreifen (s. S. 244).[7]

Im Taunusvorland treffen wir bei Wiesbaden auf einen ausgedehnten Kalkabbau, der jüngere Kalke aus der Tertiärzeit nutzt. Im Main-Taunus-Gebiet war in der Tertiärzeit ein warmes Meer vorhanden, in dem sich Kalkschalentiere in mächtigen Schichten absetzten. Die Dyckerhoff'schen Zementwerke bei Wiesbaden (früher auch bei Flörsheim) sind dafür bis heute Zeugen (s. S. 51 u. S. 239). In der Wetterau kam es sogar bei einem immer wieder verlandenden brackischen Meeresrandgebiet zu Braunkohlebildungen, deren Abbau erst 1992 beendet wurde.[8]

Wasser und Mineralwasser

Verwerfungen und Bruchlinien mit entsprechenden Thermal- und Mineralquellen sind im Bereich des Kemeler Rückens (Schlangenbad, Bad Schwalbach, Bad Ems) und der Emstalverwerfungslinie im Goldenen Grund (Bad Camberg, Nieder- und Oberselters) festzustellen.

Ein besonders starkes Absinken von einzelnen Schollen ereignete sich im Vordertaunusbereich. Durch mehrere Staffelbrüche (Homburger und Kelkheimer Bucht) beim Absinken des Oberrheingrabens bildeten sich hier besonders tiefgehende Verwerfungslinien, an denen Mineral- und Thermalwässer bis an die Oberfläche zirkulieren und eine bedeutende Quellen- und Bäderkette von Wiesbaden über Bad Soden, Kronthal, Bad Homburg, Rosbach bis nach Bad Nauheim entstehen ließen. Die Verwerfungsspalten zählen zu den wertvollsten Ergebnissen der tertiären Tektonik. Auch die Randverwerfungen des Limburger Beckens bis in den Wetzlarer Raum (Biskirchen, Fachingen, etc.) und an der bei Ober- und Niederselters leicht aufsteigenden Idsteiner Senke haben kohlen-säurehaltige Mineralquellen (Säuerlinge) hervorgebracht.

„Bad Camberger Taunusquelle“ aus Oberselters

Der Elisabethenbrunnen in Bad Homburg vor der Höhe

7) Ernst, E.: Das Weiltal, 2005, S. 173

8) Martin, G. P. R.: Kleine Erdgeschichte ..., S. 69

Die wichtigsten Böden im Taunus

Böden auf primärer Lagerstätte, d. h. an ihrem Entstehungsort, sind das Ergebnis der physikalischen, chemischen und biologischen Verwitterung über anstehendem Gestein. Sie können aber auch durch Bodenfließen (Solifluktion) entstanden oder durch Bäche und Flüsse sowie durch Windtransport (Löss- und Flugsand als Dünen) auf sekundärem Ort als Fremdmaterial abgelagert worden sein.[1)]

Böden am Ursprungsort bestehen aus verschiedenen übereinanderliegenden Schichten . Über dem unten liegenden Ausgangsgestein befindet sich das durch Verwitterung zerfallene Gesteins- und Erdgemisch. Darüber ist die land- und gartenbaulich bedeutsame Ackerkrume, die Feinerde, zu finden.

Für eine grobe Differenzierung der Taunusböden könnte man sich auf die Reichsbodenschätzung der 1920/30er Jahre beschränken, was auch im Agrarsektor immer noch geschieht. Dort waren Bodenklimazahlen, ausgehend von der Höchstzahl 100 in der Magdeburger Börde, festgelegt worden. Man würde dann lediglich unterscheiden zwischen den besten weizen- und rübenfähigen 70er- bis 90er-Böden im Limburger Becken, im Goldenen Grund, in der Mörlener Bucht und einigen Partien in der Main-Taunus-Ebene und den guten 50er- bis 70er-Böden im Usinger Becken und im Raum Nastätten. Die 30er bis 50er-Böden im Hintertaunus und die 10er- bis 30er-Grenzertragsböden im Taunuskammbereich und auf den Hochschollen des Kemeler Rückens und des Langhals-Pferdskopf-Gebietes wären als weniger wertvoll oder gar als unbrauchbar abgestempelt. Stattdessen orientieren wir uns an der Zeichenerklärung der Bodenkarte des Hessischen Landesamtes für Umwelt und Geologie, um mehr materialbezogen auf die Hauptbodenlandschaften des Taunus einzugehen.

1) Sabel, K.-J.: Die Bodenlandschaften Hessens, in: Deutsche Bodenkundliche Gesellschaft, Bd. 105, Oldenburg 2005, S. 21 ff.

2) Weidner, E.: Bodenkarte der nördlichen Oberrheinebene 1:50.000, Hess. Landesamt f. Bodenforsch., Wiesbaden, 1990

Die Böden aus fluviatilen Sedimenten

Die in erdgeschichtlich jüngster Epoche, dem Holozän, entstandenen sandig-kiesigen Auensedimente sind ein Ergebnis der Bach- und Flussablagerungen in den weiten Talauen nach der letzten Eiszeit seit ca. 12.000 Jahren. Es handelt sich um die in Auenlehmen entstandenen Böden, die als Auengleye bezeichnet werden. Diese werden stark vom Grundwasser beeinflusst. Die obersten Partien der Auensedimente sind durch Eisenoxyde rötlich-braun gefärbt (Oxidationsbereiche), während die tiefer liegenden, dem Grundwasser besonders ausgesetzten Schichten durch Reduktionsprozesse (Sauerstoffarmut) eher grau gebleicht sind.[2)] Es treten sogar vermoorte Bereiche in den Talauen auf, bei denen neuzeitliche Regulierungsmaßnahmen (Entwässerungsgräben, Dränage etc.) oft ein Absinken des Grundwassers bewirkt hat. Dadurch wurden große Teile der Auensedimente für gutes Wiesenland, in Ausnahmefällen sogar für tiefgründiges Ackerland nutzbar gemacht. Dies trifft an den Hauptvorflutern des Taunus, dem Rhein, dem Main, der Lahn, aber auch an Bachläufen wie dem Mühlbach, dem Wörsbach, der Ems und der Usa zu. (Abb. 1)

Abb. 1: Auengley aus flachem kiesführendem Auenschluff (Holozän) über Flussschluffkies (Holozän-Pleistozän)

Böden aus bimsaschenreichen Solifluktionsschuttdecken

Diese Solifluktionsdecken bestehen aus Lockerbraunerden, einem höchst interessanten und aufschlussreichen Bodentyp. Sie sind im Taunus nur in einem kleinen Flächenumfang nördlich und südlich der Kammzone von der Hohen Wurzel bis zur Hohen Kanzel und um den großen Feldberg verbreitet. Vom Roten Kreuz ziehen sie bis Königstein hinab. Es handelt sich um jene vom Wind abgelagerten Lösslehme, die mit Fremdkomponenten durchsetzt sind. Letztere wurden ebenfalls von starken NO-Winden beim Ausbruch des Laacher Gasvulkans bis über den Gießener Raum hinaus verweht. Es sind leichte poröse Aschenmengen und weiße Bimskiese, die vor ca. 11.000 Jahren auch in den Taunus gelangten (Laacher-See-Tephra) und an einzelnen Stellen am Taunusrücken bis heute bodenbestimmend wirken. Diese Böden zeichnen sich durch ein gutes Wasserspeichervermögen aus. (Abb. 2)

Abb. 2: Erodierte Lockerbraunerde aus bimsaschefführendem lössreichem grusführendem Schluff (Hauptlage) über Tongrus (Basislage) aus Tonschiefer (Paläozoikum)

Abb. 3: Parabraunerde aus Hauptlage über Mittellage über kalkhaltigem Löss

Lössböden

Die Böden aus Löss kommen in mehreren Variationen vor. Meist sind es Parabraunerden, bei denen die Tonmineralien zum großen Teil in den Unterboden verlagert worden sind. Oft sind im Löss, vorzugsweise auf primärer Lagerstätte, Tschernoseme erhalten geblieben. („Tschernosem" ist eine aus dem Russischen stammende Bezeichnung für Schwarzerde). Diese außerordentlich fruchtbaren Böden erhielten eine durch Humusanreicherung bis in 1 m Tiefe dunkelbraun bis schwarze Färbung (Börde-Böden). Die typische Vegetation aus Gräsern und Kräutern lieferte viel und leicht zersetzbares organisches Material, das von wühlenden Tieren wie Ziesel und Hamster tiefgründig eingearbeitet wurde. Wo das „Röhrensystem" der verfaulten Gräser noch erhalten ist, bietet der Löss eine optimale Wasserversorgung im Wurzelbereich der Pflanzen (Kapillarstruktur).

Der meist kalkhaltige mehlfeine Löss enthält nahezu alle für den Pflanzenwuchs wünschenswerten Mineralien. Er wurde aus den in den Eiszeiten vegetationslosen Gletschervorfeldern (Sanderflächen und Moränen) sowie aus den trockengefallenen Flussbetten ausgeweht. Die Lössanwehungen finden sich in größerer Mächtigkeit (1 – 10 m) im Hüttenberger Land südlich von Wetzlar und im Schöffengrund, von der Wetterau hereinragend in der Mörlener Bucht, im

Limburger Becken und im nach Süden anschließenden Goldenen Grund, bei Hünfelden im unteren Aartal und nordwestlich von Nastätten. Die nur geringflächig vorkommenden Pararendzinen stellen Bodenerosionsprofile dar, wo der Ober- und Unterboden bis zum anstehenden Rohlöss abgetragen wurde.

Parabraunerden (Abb. 3) können in größerem Umfang durch Zutritt von Sickerwasser in Pseudogleye (Staunässeböden) umgewandelt werden. Diese wechselfeuchten Böden (im Winter und Frühjahr nass und im Sommer und Herbst trocken) sind undurchlässig und schwer zu bearbeiten.

Lösslehm-Solifluktionsdecken

Wasser und Wind können Böden von ihrem Ursprungsort verlagern. In den Eiszeiten bewegten Schlamm und Schuttströme auf geneigter Unterlage, besonders auf Dauerfrostboden in vegetationslosen Bereichen, im Sommer die von Schmelzwasser durchtränkten Erdmassen. Dieses umgelagerte Bodenfließmaterial hat auf zweiter oder dritter Lagerstätte naturgemäß seine Struktur völlig verändert. So hat der Wechsel zwischen den Eis- und Warmzeiten im Pleistozän (seit 1,8 Mio. Jahren) mehrgliedrige Solifluktionsdecken hinterlassen (Haupt-, Mittel- und Basislage).[3] Auch die nacheiszeitlichen Klimaveränderungen und die sesshaft gewordenen Völkerstämme wirkten durch ihre Rodungs- und Anbauverfahren verändernd auf den Boden ein.

Ein Ergebnis des dadurch verstärkten Bodenfließens sind die lösslehmhaltigen Solifluktionsdecken (Gehängelehm) im Usinger Becken, am südlichen Taunusrand von Wiesbaden bis Bad Nauheim und auf den bei Singhofen schon stark zur Lahn abfallenden Hochflächen. Diese Böden zählen als Parabraunerden und Pseudogleye zu den mittleren Bodenqualitäten. (Abb. 4)

Böden aus lösslehmarmen Solifluktionsdecken

Sie sind flächenbestimmend im gesamten Hintertaunus, auch in den Niederungen des Rheingaus und der Main-Taunus-Ebene. Bei diesem Erdreich ist der Unterboden durch Toneintragungen verlehmt, die im Hintertaunus aus dem Schiefergestein herrühren. Eisenoxyde haben diesen stark verwitterten Böden eine bräunliche Färbung gegeben. Wo die Ackerkrume schon stark durch flächenhafte Abtragung (Denudation) zu Tal gegangen ist, bleiben verarmte steinreiche Böden zurück. (Abb. 5)

Besonders nach den mittelalterlichen Rodungen im Bereich der Hochschollen des Kemeler Rückens und im Feldberg-Langhals-Pferdskopf-Bergland wurde das lehmige Material in die unteren Hanglagen umgelagert. Solche Abtragungsvorgänge können bei Wolkenbrüchen auch heute noch katastrophale Ausmaße im Ackerland annehmen.

Mittlerweile wurden diese Böden nach der Mineraltheorie von Justus von Liebig durch anorganische und seit der Einführung der Stallhaltung der Rinder auch durch organische Düngerzugaben sowie durch tiefgründige Bodenbearbeitung verbessert. (Abb. 6)

Auf dem Taunuskamm und in höheren Bergwäldern, vor allem auf flachgründigen sauren Quarzit- und Glimmersandsteinen entwickelten sich auf diesen Solifluktionsdecken Podsolböden (Bleicherde). Bei ihnen werden die ohnehin geringen Mineralsubstanzen (Alkali- und Eisenoxyde) zersetzt, ausgelaugt und ausgebleicht. Der Podsolierungsvorgang wird dort verschärft und beschleunigt, wo die Humussäure der Nadelwälder im Spiel ist. Die quarzitischen, oft scherbigen Steinböden in den Hochlagen des Taunus sind fast ausnahmslos von Wald bestanden (60 – 90 %). (Abb. 7)

3) Semmel, A.: *Holozäne Umweltentwicklung im Spiegel der Böden, Bayer. Ak. Wiss., Rundgespräche Komm. Ökol., 18, S. 129 ff., München 2000*

Abb. 4: Hangpseudogley-Parabraunerde aus Hauptlage über Mittellage über Basislage über sehr tiefem Tongrus

Abb. 5: Braunerde aus lössarmem Grusschluff (Hauptlage) über Basislage über tiefem Tonschiefer

Abb. 6: Pseudogley aus lössführendem Grusschluff (Hauptlage) über Schluffschutt (Basislage mit Quarzit, Sandstein) (Paläozoikum)

Abb. 7: Podsolige Braunerde aus lössführendem grusführendem Sand (Hauptlage) über tiefem Sandschutt

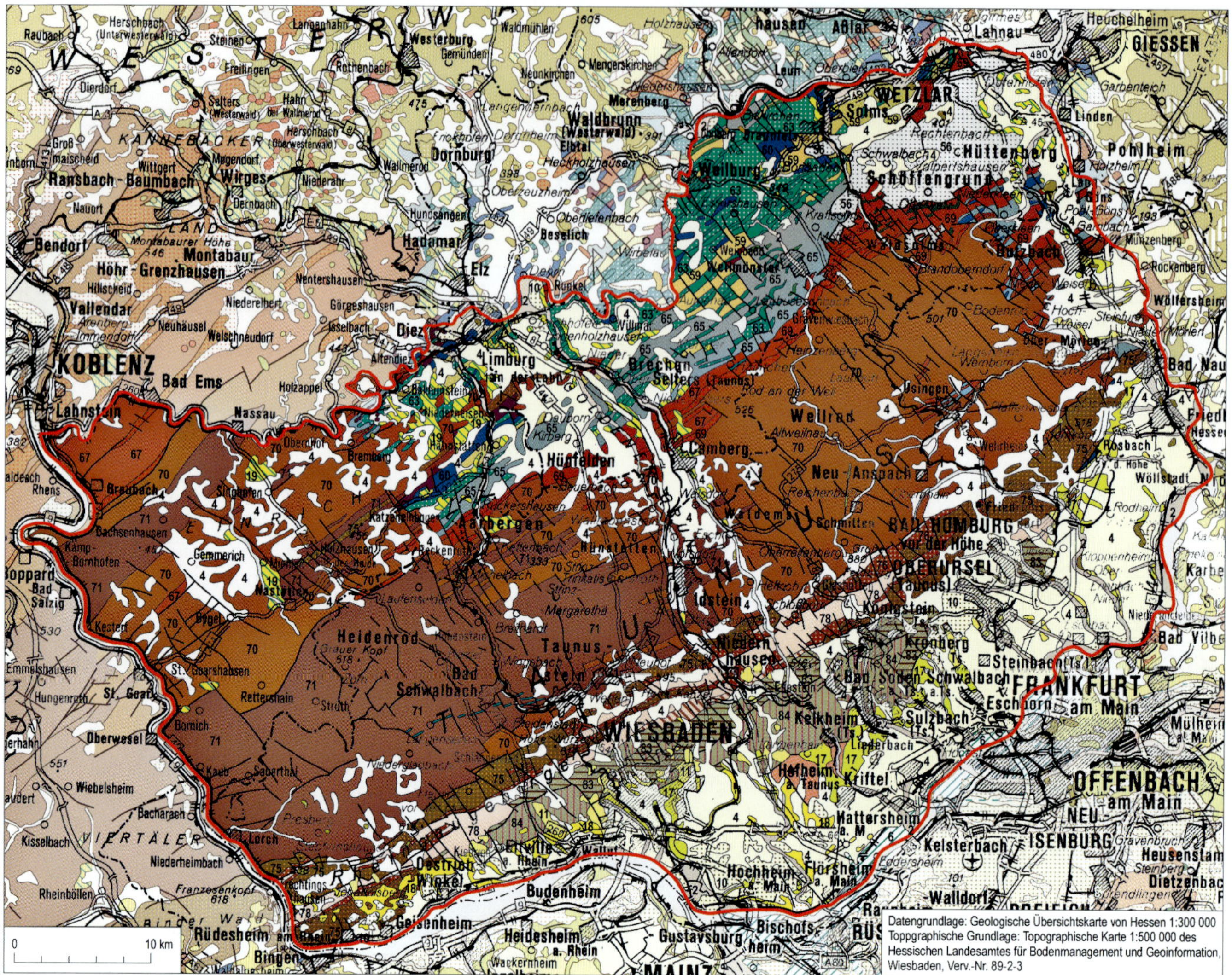

© Hessisches Landesamt für Umwelt und Geologie, Wiesbaden 2008

Nr.	Gestein	Zeitalter
1	Lehm	Holozän
2	Lehm, Sand, Kies	Holozän
3	Torf	Holozän
4	Ton, Schluff, oft mit Steinen, Grus und Sand	Pleistozän
6	Ton, Lehm	Pleistozän
7	Sand	Pleistozän
10	Kies, Sand	Pleistozän
11	Ton-Schluff, Sand-Kies, Braunkohle (z. B. Wetterauer Hauptbraunkohle)	Pliozän
13	Basanit, Alkalbasalt, Tholeitischer Basalt, Nephelinit	Miozän
16	Basaltische Lapilli- und Aschentuffe, Agglomerate und Tuffbrekzien	Miozän
17	Ton-Schluff, Sand-Kies, Quarzit, Mergel, Kalkstein, Tuffit, Braunkohle (z. B. Frielendorfer Flöze)	Miozän / Oligozän
18	Ton-Schluff, Sand, Mergel, Kalkstein	Oligozän
19	Ton-Schluff, Sand-Kies, Mergel	Oligozän
44	Konglomerat, Sandstein, (z.T. Arkose), Schluff- u. Tonstein, rhyolithischer Tuff, z.T. Kalkstein	Rotliegend
50	Tonschiefer, Grauwacke, Konglomerat Kalkstein	Unterkarbon
52	Tholeiitischer Metabasalt	Unterkarbon
55	Tonschiefer, Kieselschiefer, Grauwacke, Kalkstein, Konglomerat	Unterkarbon
56	Grauwacken	Unterkarbon
59	Tonschiefer, Sandstein, Grauwacke, Quarzit, Kalkstein	Oberdevon
60	Kalkstein, Dolomitstein	Oberdevon
61	Melalrachyt, Metarhyolith („Keratophyr", „Quarzkeratophyr")	Ober-/Mitteldevon
62	Metaalkalibasalt („Spilit, „Diabas")	Ober-/Mitteldevon
63	Alkalibasaltische Pillowfragmentbrekzien (vorw.), Hyaloklastite, Lapilli- u. Aschentuffe; geschiefert	Mitteldevon
65	Tonschiefer, Quarzit, Grauwackensandstein	Mitteldevon
67	Tonschiefer, Flaserschiefer, Sandstein, Grauwacke, Kalkstein	Unterdevon
68	Tholeiitischer Metabasalt	Unterdevon
69	Quarzit	Unterdevon
70	Tonschiefer, Sandstein, rhyolithische Metavulkaniklastite („Porphyroide")	Unterdevon
71	Tonschiefer, Bänderschiefer	Unterdevon
75	Quarzit, Tonschiefer, Sandstein	Unterdevon
76	Sandstein, Tonschiefer	Unterdevon
78	Tonschiefer, Sandstein	Unterdevon
79	Tonschiefer,Sandstein	Unterdevon
83	Metarhyolilh, -rhyodazit und -andesit	
84	Phyllit	

- Schichtgrenzen (dünne Linie)
- Störungen, bekannt (dicke Linie)
- Störungen, vermutet (gestrichelte Linie)

© Hessisches Landesamt für Umwelt und Geologie, Wiesbaden 2007

Böden aus fluviatilen Sedimenten

- 2 Vega, Auengleye, örtl. Anmoorgleye; Auenlehm
- 4 Parabraunerden; carbonathaitiger Hochflutlehm
- 5 Braunerden mit Bändern, Bänder-Parabraunerden, örtl. Podsol-Braunerden; Terrassensand und -kies

Böden aus Laacher-See-Tephra bzw. aus bimsaschenreicher Solifluktionsdecke

- 6 Lockerbraunerden; trachytische Aschen

Böden aus Löss

- 9 Pararendzinen; Löss
- 10 Parabraunerden, Tschernoseme; Löss
- 11 Tschernosem-Parabraunerden, Parabraunerden, örtl. Pseudogley-Parabraunerden; Löss
- 12 Parabraunerden, örtl. Pseudogley-Parabraunerden und Tschernosem-Parabraunerden; Löss
- 13 Parabraunerden, örtl. Pseudogley-Parabraunerden; Lösslehm, Löss

Böden aus lösslehmreicher Solifluktionsdecke

- 16 Parabraunerden und Pseudogleye; Lösslehm, örtl. mit Gesteinsbeimengungen

Böden aus lösslehmhaltiger Solifluktionsdecke

- 21 Pseudogley-Braunerden, Pseudogley-Parabraunerden, Pseudogleye; vorw. Lösslehm mit Gesteinsbeimengungen
- 23 Rendzinen; Kalkstein, Mergel, Dolomit

Böden aus lösslehmarmer Solifluktionsdecke

- 24 Rendzinen, Braunerden, Pelosole; Kalkstein, Mergel, Dolomit, Ton- und Schluffstein und Arkosen
- 26 Braunerden; Schalstein, Diabas
- 30 Braunerden, Pseudogleye, vereinzelt Podsol-Braunerden; Tonschiefer, Grauwackenschiefer, Phyllit
- 34 Braunerden , Braunerde-Pseudogleye, örtl. Podsol-Braunerden; Granodiorit, Quarzporphyr, Glimmer- und Quarzitschiefer, Gneis
- 35 Braunerden, Ranker-Braunerden, örtl. Braunerde-Podsole; Grauwacken, Sandsteine, Konglomerate, Quarzite, Kieselschiefer
- 37 Braunerde-Podsole, Podsole; Quarzite, Sandsteine

Geologische Besonderheiten

Die Kubacher Tropfsteinhöhlen mit der höchsten Halle aller deutschen Schauhöhlen (rechts: Perltropfsteine)

Südlich von Weilburg befinden sich im Taunus spektakuläre Höhlen, die erst in jüngster Zeit wieder entdeckt und zugänglich gemacht werden konnten.[1)]

Sie gehen zurück auf Auslaugungserscheinungen in den Kubacher Massenkalken aus dem Mittel- und Oberdevon. Damals bildeten sich Korallenriffe, und unvorstellbare Mengen an Schalentieren wurden abgelagert. Die Weichteile der Tiere verwesten, aber ihre harten Körpersubstanzen und Skelett-Teile sowie ihre Schalensubstanzen (Muscheln) wurden unter dem Druck der sich darüberlegenden Deckschichten und durch chemische Ausfüllungen zu harten, reinen Kalken.

Die Höhlenbildung ist an wichtige Bedingungen geknüpft: An das Vorkommen der o. g. Kalkstöcke und an das Vorhandensein eines benachbarten, tiefergelegenen Vorfluters, der die Höhlenauslaugungen entwässert. Dies besorgt in unserem Falle die Weil.

Große Teile der im Devon abgelagerten Massenkalke befinden sich noch unter der schützenden Erdoberfläche, wo sie schließlich der Höhlenbildung in der jüngsten Epoche der Erdneuzeit Gelegenheit gaben.[2)] Bei der Hebung des Rheinischen Schiefergebirges, die vor ca. 40 Mio. Jahren begann, kam es zur Riss- und Kluftbildung. Seitdem zirkulieren Sickerwässer und bewirken die Auslaugung des Kalkes. Die kohlendioxydhaltigen Bestandteile in der Luft (0,03 % Kohlendioxyd) befinden sich auch im Fließwasser. Wenn sich dieses kohlendioxydhaltige Wasser mit Kalk verbindet, kommt es zu Lösungserscheinungen und zur Bildung von Kohlensäure. $(H_2O + CO_2 + CACO_3 = CA\ (HCO_3)_2)$.

In dem dabei entstehenden Hohlraumsystem staut sich das Wasser. Das Kluftsystem kann sich umso rascher zu Hohlräumen erweitern, je eher und schneller ein Vorfluter das Wasser aus dem Berginneren aufnimmt und wegführt, so dass das neu einsickernde Wasser immer wieder neue Lösungsvorgänge bewirken kann.

In unserem Falle strömte das Wasser aus dem Massenkalkstock in westlicher Richtung zu dem Vorfluter, der Weil. Diese hatte sich im Diluvium stark in die herausgehobene Hochfläche des Hintertaunus zur Lahn hin eingegraben und konnte so das Wasser aus dem höhergelegenen Höhlensystem aufnehmen. Das allmähliche Tieferverlegen der Weil hat zu großen Höhenunterschieden innerhalb des permanent sich erweiternden Höhlensystems geführt, so dass dabei sogar Erosionen im Berg stattfinden konnten. Dabei entstanden Raumerweiterungen und -verstürze, ja ganze Hallen wurden durch diese Auslaugungsprozesse gebildet. In den Kubacher Höhlen befindet sich mit 30 m Höhe die höchste Halle aller Schauhöhlen in Deutschland.

Die Kubacher Höhlen waren in der Diluvial- und Alluvialzeit nicht von Höhlenbären und Menschen „bewohnt". Mithin konnten sich die Kristalle, Tropfsteine und andere absonderliche Sinterformen ungestört entwickeln. Von den Decken hängen die Kalkröhren der Stalaktiten, denen vom Boden die Stalagmiten entgegenwachsen und mit zunehmender Auslaugung durch das Sickerwasser Tropfsteinsäulen bilden. So entstanden sogar Sinterkaskaden bei der Ausfällung des Kalkes.

Im Gegensatz zu anderen Tropfsteinhöhlen gibt es auch Calzitdrusen und Kristalle, die im stehenden Gewässer unterhalb der Wasseroberfläche der Hohlräume entstanden. Dies muss bei warmen Temperaturen der Fall gewesen sein. Man vermutet warme Quellen, die zeitweise hier wirksam geworden sind. Es handelt sich um einzigartige Kristallformen, die in Rhomboeder, Skalenoeder und Prismenformen auftauchen.

Die Höhlen wurden erst 1881 entdeckt, als die Suche nach Phosphoriden begann und man diese Rohstoffe für den Abbau suchte. Dabei wurden im Raum der Porphyroide von Weilburg mehrere Abbaustollen und -schächte in den Berg getrieben. Damals waren noch mehr Höhlen bekannt, aber nicht weiter beachtet worden. 1906/07 war eine weitere große Hallenhöhle bekannt, sie geriet in Vergessenheit.[3)] Bohrungen, die in den Jahren 1973/74 nach den Angaben des Geologen W. Tegel (1922) durchgeführt wurden, ermöglichten die Wiederentdeckung eines Teils der Höhlen. Dabei haben Liebhaber und Freunde der Höhlenforschung, aber auch das Land Hessen und vor allem Bohrfirmen und Bergbauunternehmen gespendet. Seit dieser Zeit wurden die Kubacher Höhlen mehr und mehr für die Besucher zugänglich gemacht. Sie bilden ein hervorragendes Fremdenverkehrsziel im Weilburger Raum, das durch ein Freilicht-Steinmuseum ergänzt wird.

Geologischer Garten über den Höhlen

1) Schröder, K.-H.: Vor Millionen Jahren, die Geschichte unserer Landschaft und die Entstehung der Kubacher Höhlen, Gießen 1981, S. 7. und 18 ff.

2) Flick, H., Lippert, H.-J. u. a.: Lahn-Dillmulde, in: Geologie ..., S. 33 ff. und S. 41 ff.

3) Schröder, K.-H.: Die Kubacher Kristallhöhle, in: Geologie und Mineralisationen im rechtsrheinischen Schiefergebirge, s. o., S. 252 ff.

„Eschbacher Klippen" („Buchsteinfelsen", 100 m lang, 10–20 m breit, 15 m hoch)

Die Eschbacher Klippen

Der Buchsteinfelsen drei Kilometer nördlich von Usingen, als „Eschbacher Klippen" bezeichnet, wird gern als deutlich aus seiner Heideumgebung herausragendes Naturdenkmal besucht. Bis in die 1950er Jahre wurde die grandiose Naturkulisse bei den früher im Usinger Land hochgeschätzten „Eschbacher Bauernspielen" als eine Art Monumentalkulisse einbezogen.

Bei den Eschbacher Klippen handelt es sich um einen Quarzgang, der auf die gebirgsbildenden Vorgänge der Karbonzeit (vor ca. 360 – 296 Mio. Jahren) zurückgeht. Aber auch bei den jungen tertiären Hebungen, Senkungen und Zerrungen (vor ca. 40 – 2 Mio. Jahren) entstanden kleinere Klüfte und größere Spalten, die durch Quarz- oder Basaltfüllungen „zugewachsen" sind.[4)]

Die in den Hohlräumen des großen Usinger Quarzganges zu findenden Kristalle sind ein Beweis für mineralogische Wachstumsvorgänge, die auch heute noch nicht abgeschlossen sind. Dämpfe und Lösungen aus dem Erdinneren sorgten an den Innenwänden der Spalten zunächst für eine Kristallbildung von Schwerspat (Baryt). Später traten kieselsäurereiche Lösungen aus der devonischen Schieferumgebung hinzu, die den Schwerspat unter Beibehaltung der alten Kristallstruktur allmählich in Quarz umwandelten. Bei Fachleuten und Sammlern sind neben den wasserklaren Bergkristallen, dem weißen Milchquarz und den dunklen Rauchquarzkristallen die gebänderten Kappenquarze begehrt, die auf Wachstumsschübe und gefärbte Beimengungen verweisen.[5)]

Jede neue Zufuhr quarzbildender Lösungen bewirkte eine Stoffveränderung der neuen Kristallköpfe über den älteren, anders gefärbten Pyramidenspitzen.

Großer Quarzbrocken (ca. 20 t) aus dem Quarzgang im Usatal

Schwerspatkristalle im Quarz der Eschbacher Klippen

Die bei Usingen aus dem Quarzgang der Eschbacher Klippen abgebauten Steinmaterialien wurden früher vor allem zu Mühlsteinen zusammengesetzt. Heute wird das Material von seltener Reinheit (nahezu 100 % Kieselsäurelösung) in dem im Usatal (B 275) gelegenen Zweigwerk der Bremthaler Quarzitwerke fein gemahlen und als Grundstoff für feuerfestes Jena-Glas (Schott, Mainz) sowie für hochwertige optische Gläser (Zeiss, Oberkochen, Jena) benutzt.[6)]

Die Eschbacher Klippen stellen also nichts anderes dar als eine harte, widerstandsfähige Quarzfüllung in einer erdgeschichtlich alten Spalte, die im Laufe der jüngeren Erdgeschichte durch die schnellere Abtragung des umgebenden weicheren Schiefergesteins der Hintertaunuslandschaft herauspräpariert wurde zu einer freistehenden Felswand. Sie hat eine Länge von ca. 100 m, eine Höhe von ca. 15 m und eine Breite von 10 – 20 m.

Der über sechs Kilometer lange Quarzgang setzt sich über den Steinbruch des Bremthaler Quarzitwerks (im Volksmund fälschlicherweise Geyseritwerk genannt) nach Südosten bis zum Wormstein fort. Im Nordwesten findet er im ebenfalls herausmodellierten Saienstein und über die Hirschsteinley bei Hundstadt hinaus seine Fortsetzung.[7)] Ähnliche Quarzgänge finden sich bei Steinfischbach (Reichenbacher Ley) und in kleineren Vorkommen verstreut im Hintertaunus.

Die im Tertiär bei der neuerlichen Hebung des Rheinischen Schiefergebirges entstandenen Spalten wurden oft auch durch aufdringende Lavamassen „verheilt". Bekannt sind die Basaltfüllungen, die über den Pferdskopf nach Schmitten reichen und im Weiltal (bei Altweilnau) sowie bei Usingen und am Winterstein kleine Gänge bilden.

4) Anderle, H.-J.: Taunus, in: Geologie ..., S. 29

5) Michels, F.: Geolog. Karte von Hessen, Blatt 5617 Usingen Wiesbaden 1977 (Erläuterungen)

6) Martin, G. P. R.: Kleine Erdgeschichte ..., S. 31 ff.

7) Wenzel, M.: Quarzgang „Eschbacher Klippen", in: Heimat Hochtaunus, Frankfurt a. M. 1988, S. 17 ff.

Der Taunus als Naturraum

Klimabedingungen und Gewässer

In alten Chroniken liest man immer wieder von Wetterlaunen, aber auch von Unwettern, von zu heißen und trockenen Sommern und von zu kalten Wintern. Missernten hatten früher meist Hungerjahre zur Folge. Man musste diese Wetter- und Klimaerscheinungen schicksalsergeben hinnehmen, hielt sich an die sogenannten Bauernregeln oder glaubte gar an den „Hundertjährigen Kalender".

Manche reden aus Verlegenheit vom Wetter, wenn sie sonst keinen Gesprächsstoff haben. Auch macht man eigene Beobachtungen oft zur Grundlage von Klimaweisheiten. Unverfänglich kann man aber heute nicht mehr über das Klima reden; die von Menschen gemachten Einflüsse sind mittlerweile deutlich zu verspüren.

Die beiden Leitbegriffe, „Klima" und „Gewässer" stehen in einem engen physikalischen Bedingungsverhältnis. Neben der Bodenbeschaffenheit und der Reliefenergie in der Landschaft sind Temperatur, Luftdruck und Niederschlag die entscheidenden Voraussetzungen für den Kreislauf des Wassers und für die Bildung von Bachläufen und Wasserflächen. Daran ist die Frage der Versorgung mit dem existenziell wichtigen Lebensmittel Wasser gekoppelt. Wo Wasser rar ist, gibt es kein rechtes Gedeihen, wo es fehlt, ist wüstes Land.

Für den Taunus gilt das atlantisch beeinflusste gemäßigte Klima – das ist sein Glück! Ein gesunder Wasserhaushalt und eine ausgewogene Landschaftsökologie sind Werte, die es stets vorausschauend zu erhalten gilt.

Blick von Görsroth an der B 417 nach Osten auf den Hochtaunus

Klimawandel und -katastrophen

Sonnenaufgang über dem Rheintal (im Vordergrund Lorch) nach starkem Schneefall in der Nacht

Was der Klimawandel künftig zur Folge haben wird, kann noch niemand genau sagen, alles deutet auf eine Temperatursteigerung hin, was man nicht mit Klimagunst gleichsetzen darf. Vor allem wird der südhessische Raum davon betroffen sein.[1] Wenn auch Nutzpflanzen aus dem mediterranen Raum im Taunus zunehmen, muss das nicht eine Bereicherung der Natur bedeuten, man denke nur an das Wasserproblem. In früheren Zeiten gab es in längeren Perioden immer wieder einmal Veränderungen. Nach den Eiszeiten folgte etwa von 10 – 2000 v. Chr. eine „Steppenheide-Zeit". Diese wurde um 2000 vor Chr. durch eine zunehmend kühlere und regenreichere Epoche abgelöst, die etwa unserem bisher gewohnten gemäßigten Klima entspricht. Innerhalb dieser Klimaphase war in der beginnenden Neuzeit von ca. 1550 – 1850 eine Zunahme der Winterkälte zu verspüren. Der Höhepunkt dieser „kleinen Eiszeit" lag um 1630 – 1650. Noch um 1850 reichte z. B. die „Pasterze", der Gletscher am Großglockner, herunter bis Heiligenblut.

Winternot bedeutete früher oft auch Kältetod. Verwiesen sei auf die Erzählung von der Jammerhecke im oberen Weiltal. Zwischen Brombach (Schmitten) und Rod am Berg (Neu-Anspach) sollen Schulkinder im Schneesturm erfroren sein.[2] Das „Rote Kreuz" unterhalb des Kleinen Feldbergs war zwei in Schnee und Kälte umgekommenen Kindern gewidmet.[3] Diese Beispiele ließen sich leicht erweitern. Aktenkundig überliefert ist vor allem das Erfrieren durch Mangel an Brennmaterial, und Todesfälle durch kältebedingte Krankheiten oder durch Verirren in zugeschneiter Landschaft waren keine Seltenheit. Auch von Menschen, die von hungrigen Wölfen getötet wurden, wird berichtet. Deshalb wurden damals Dorfeinfriedungen und Wolfsjagden in den Hochtaunusdörfern angeordnet.

Heute werden schneereiche Winter – außer von Autofahrern – von Kindern und Wintersportlern geradezu herbeigesehnt. Anhaltende Schneelagen bleiben jedoch immer mehr aus. Was Ludwig Richter sozialhistorisch korrekt noch als „Winterleid" darstellte, das hat sich seit dem beginnenden 20. Jahrhundert eher in „Winterfreud" gewandelt.

Schon vor dem 1. Weltkrieg kam im Taunus, insbesondere im Feldberggebiet, der Wintersport auf; zuerst das Rodel- und Skifahren. Die „Nordbahn" am großen Feldberg setzte zu ihrer Bewältigung viel Erfahrung und Beherrschung der Skier voraus.[4] Das Gleiche gilt für die Sprungschanze am Weilsberg, wo 1963 sogar die Hessenmeisterschaften im Skispringen ausgetragen wurden. Aber wie die Sprungschanze hatte auch die 1931 eröffnete „Brunhildes-Eisbahn" (Eiskunstlauf, Eisstockschießen, Schlittschuhsegeln) keinen langen Bestand; ebenso wenig blieb die Bobbahn erhalten, auf der 1956 noch die Deutschen Meisterschaften ausgetragen worden waren. Seitdem nahm langsam die Schneesicherheit ab. Auch die Schleppliftanlage am Feldbergnordhang erwies sich als Fehlplanung. Der sanft einsetzende Klimawandel ist mittlerweile im Taunus überall spürbar.

Ob die nächste Generation noch solche Bilder, wie einen Sonnenaufgang über dem Rheintal bei Lorch, erleben wird, ist ziemlich unwahrscheinlich. Auch das Wintervergnügen im Taunus, sogar im Feldberggebiet, wird nicht mehr möglich sein, es sei denn, der Golfstrom ändert seinen Lauf und seinen klimamildernden Einfluss auf Westeuropa.

Bei steigendem CO_2-Austoß und einer vom Max-Planck-Institut berechneten Zunahme der Jahresdurchschnittstemperatur um längerfristig ca. 3° C ist mit Wetterextremen zu rechnen. Diese verursachen zunehmend orkanartige Stürme verbunden mit Starkregen und Überschwemmungen, wie das bereits im Sommer 2008 im Taunus häufig erlebt wurde. Bis zum Jahr 2100 werden sich solche „Supersommer" wie 2003 häufig wiederholen: Temperaturen bis 40° C, Tropennächte über 20° C, kein Schnee im Winter unter 1500 m NN – der Klimawandel wird die Landschaft und die Verhaltensweisen der Taunusbevölkerung radikal verändern.

Bis vor wenigen Jahren pflegte man Klima und Wetter als schicksalhafte Umweltgegebenheit hinzunehmen. Lediglich bei Missernten durch zu große Trockenheit oder durch zu lang anhaltende Nässe, vor allem aber, wenn Unwetter schwere Schäden anrichten, dann sind Klimaerscheinungen in aller Munde.

Frierende Kinder (Ludwig Richter, 1803 – 1884)

Schneemannbauen – Spaß aller Kinder

1) Schmidt, Th.: Studie über Klimawandel in Deutschland bis 2100. (Landesamt für Umwelt u. Geologie i. A. des Max-Planck-Instituts für Meteorologie, Hamburg, Sept. 2008)

2) Bode, H.: Die Jammerhecke zwischen Brombach und Rod am Berg, in: Heimat Hochtaunus, 1988, S. 581

3) Hoffman, M.: In alten Kirchenbüchern geblättert – Winternot im „Hohen Taunus", in: Heimat Hochtaunus 1988, S. 37 ff.

4) Ernst, E.: Das Weiltal, 2005, S. 27

Ein Orkan am 18. Juni 1966 richtete starke Verwüstungen zwischen Friedhof und Schule in Anspach an

Rheinüberschwemmung an der Uferstraße von Wiesbaden-Biebrich

Wetterkatastrophen gab es aber auch schon in früheren Zeiten, allerdings scheint die Unwetterhäufigkeit in den letzten Jahren im Taunus zuzunehmen. Chronisten, Schriftsteller und Pfarrer bieten in allen Dörfern und Städten eine unüberschaubare Fülle an Berichten derartiger „Launen“ der Natur. Goethe erinnerte sich in „Dichtung und Wahrheit“ an ein Unwetter in seiner Kindheit in Frankfurt a. M. um 1756/57.[5)]

In der Anspacher Pfarrchronik berichtet Pfarrer Priester nicht nur von allgemeinen, die Ernte betreffenden Wetterfolgen wie der Kartoffelfäule in den 1840er Jahren; er erwähnt einen schweren Sturm vom 18. Juli 1842, der beträchtlichen Schaden anrichtete *„besonders unter der Heuernte,[6)] die Wiesen waren wie reingeblasen und viele Obstbäume lagen entwurzelt“.*

Ein Zeitungsbericht – wiederum Anspach betreffend – schildert die Unwetterschäden vom 1. Juni 1913,[7)] dem Tag des Feldbergfestes, so:

„Viele Wanderer, die morgens früh auf der Tour zum Feldberg unseren Ort passierten, konnten es kaum fassen, dass der morgens noch so in Ordnung befindliche Ort bei ihrer Rückkehr abends eine Stätte der Verwüstung war. Ein mit einem Wirbelsturm verbundenes heftiges Gewitter war es, das gegen 5 (= 17) Uhr einsetzte und in wenigen Minuten unsägliches Unheil über unseren Ort brachte. Alle Straßen waren mit Ziegeln und Schiefern nur so besät. … Scheunentore und Fensterläden wurden ausgehoben und viele Scheiben eingedrückt. In den Hausgärten stehende Obstbäume wurden abgeknickt und sperrten an manchen Stellen die Straßenpassage. Auch wurden mehrere Schornsteine von den Häusern gefegt. Einen überaus traurigen Anblick bot unser Friedhof, wo fast alle mächtigen Linden wie Streichhölzer geknickt wurden. Zahlreiche Grabsteine wurden zu Boden gedrückt.“

Der Klimawandel leitet offenbar eine Epoche der meteorologischen Extreme ein. Einerseits fallen nicht nur im Winterhalbjahr plötzlich ungewöhnlich hohe Niederschlagsmengen, die unsere Taunusbäche und -flüsse nicht aufzunehmen vermögen. Sie treten über die Ufer, zumal die Flussauen und -sümpfe längst in agrarische Nutzflächen oder gar in Siedlungsland umgewandelt wurden. Andererseits wird sich bei einer weiteren Klimaerwärmung auch hierzulande Wasserknappheit im Sommer einstellen – Flüsse, Bäche und Seen werden Niedrigwasserstände verzeichnen – weshalb die Landespolitik gut beraten wäre, auch im Taunus rechtzeitig für Rückhaltebecken zu sorgen, um eine Anreicherung des Grundwasserspiegels zu ermöglichen.

5) Goethes Werke, Hamburger Ausgabe, 1959, Bd. IX, S. 31

6) Noch bis um 1870/80 wurde das Gras zum Dörrfutter erst im Juli (Heumond) gemäht

7) Ernst, E.: Neu-Anspach, Werden und Wirken, 1974, S. 59

Orkanbruch zwischen Mönstadt und Heinzenberg

Temperaturverhältnisse im Taunus

Temperatur-Umkehr: eine Inversionsschicht unterhalb des Feldbergmassivs trennt die Luftschichten höherer Temperatur von Kaltluftmassen am Boden

Wetterstation auf dem Kleinen Feldberg

Mess-Stationen	Höhe über dem Meeresspiegel (NN)	Ø-Jahres-Temperatur	Mittlere Zahl der Sommertage (Temp. max. >25 °C	Mittlere Zahl der Frosttage (Temp. min. < 0 °C)	Jahres-Niederschläge (l/m²)
Raunheim (Mainebene)	89 m NN	10,2	55,1	63,7	587
Bad Nauheim (östl. Taunushang)	142 m NN	9,1	47,5	65,5	606
Wiesbaden-Auringen (Vorbergzone)	263 m NN	9,4	42,4	69,5	749
Nastätten (westl. Hintertaunus)	268 m NN	9,0	46,3	80,7	549
Waldems-Reinborn (Hintertaunus)	380 m NN	8,6	29,7	75,5	712
Kleiner Feldberg (Hochtaunus)	805 m NN	6,4	9,6	115,3	963

Auch ohne in die meteorologisch komplizierten Feinheiten einzudringen, weiß man aus Erfahrung, dass mindestens drei Klimabereiche den Taunus grob gliedern. Dies sind der kühlere und niederschlagsreichere Hochtaunus samt der Kammzone, die klimatisch begünstigten Gebiete des Vordertaunus, der Mainebene, des Rheingaus und des Goldenen Grundes und der mehr rau bis gemäßigt erscheinende Hintertaunus. Schon im 18. Jahrhundert hatte Pfarrer Christ, der berühmte Pomologe in Kronberg, sehr genau die Unterschiede im Klima beobachtet. Er formulierte:

„Die Lage und der Boden der hiesigen Landschaft Kronberg an der Höhe ist für die Baumzucht und besonders der Obstbäume so vorzüglich und fürtrefflich, als ich je weit und breit gefunden habe. Das nahtaunische Gebürge, die sogenannte Höhe, besonders der Feldberg und der Altking, so uns für den kalten Nordwinden decken, macht dadurch die hiesige Lage sommerlich, und die Strahlen der Sonne kräftig und wirksam, noch mehr da der Abhang unserer Felder gegen Morgen und Mittag sich neiget und die zurückprallenden Sonnenstrahlen verdoppelt wirken können: so wie im Gegenteil besagtes Gebürge je darüber hin liegenden Gegenden rau und winterhaft machet“ (s. S. 234).

Die Jahresmitteltemperaturen schwanken im Taunus zwischen 6 – 10,5° C. Liegen die Temperaturwerte im Hochtaunus zwischen 5,5 – 7° C im Jahresdurchschnitt, so erhöhen sie sich im Taunusvorland und in der Mainebene sowie dem unteren Lahngebiet auf 9 – 10° C, im Rheingau sogar auf 10,5° C. Im Hintertaunus werden nur 7,5 – 8,6° C im Jahresmittel gemessen, ein Wert, der jedoch im Goldenen Grund und im Limburger Becken auf 8,5 und 9° C ansteigt. Dass diese Werte im langjährigen Mittel (1880 – 1980) jeweils um 0,5 – 1° C niedriger lagen, kann bereits heute schon festgestellt werden. Der Temperaturanstieg geht aus jüngsten Messungen hervor. Betrug z. B. die Jahresmitteltemperatur in Nastätten vor der Jahrtausendwende ca. 9° C so stieg sie im Auswertezeitraum 2000 – 2007 auf 10,1° C.

Die langjährigen Mittel des wärmsten Monats (Juli) betragen in der Main-Taunus-Ebene ca. 18° C, die des kältesten Monats (Januar) +0,4° C. Auf dem Kleinen Feldberg werden dagegen im Juli 13,5° C und im Januar -3,2° C im Durchschnitt gemessen. Das Klima in den Teilräumen des Taunus ist von den Temperaturdaten her gesehen sehr unterschiedlich. Der Taunuskamm, der sich nach Nordwesten und Norden als offene Flanke darstellt, kann als eine Art Klimascheide angesehen werden, wobei vor allem auch die Höhenlage ihren Einfluss ausübt.[1)]

Die Klimagunst der Vorbergzone, der Main-Taunus-Ebene samt dem Rheingau und dem Lahn-Mündungsgebiet, ergibt sich aus der Öffnung des Raumes nach Süden und Westen. Schließlich zählen ja das ganze Taunusvorland und der Rheingau zur nördlichen Oberrheinebene, die sich in der Wetterau fortsetzt und auch die Hanglagen zwischen Köppern und Bad Nauheim sowie die Mörlener Bucht günstig beeinflusst.

1) Herrmann, R.: Vergleichende Hydrogeographie des Taunus und seiner südlichen und südöstlichen Randgebiete, Heft 5 Gießener Geographische Schriften, 1965, S. 40

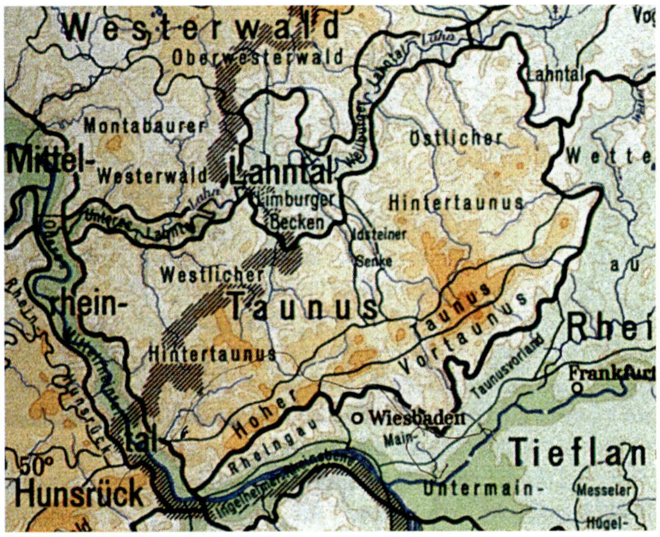

Natürliche Gliederung des Taunus

Auch im Blick auf die Zahl der Sommertage ergibt sich ein deutlicher Unterschied zwischen dem Taunuskamm sowie dem Hintertaunus und dem Taunusvorland. Die Sommertage sind jene Tage mit Temperaturmaxima von über 25°C. Auf das Gebiet südlich des Taunuskamms entfallen nach diesem Unterscheidungsmuster 35 – 55 Sommertage, auf den Hochtaunus 10 – 30 und auf den Hintertaunus 20 – 30 im langjährigen Mittel. Die klimatische Begünstigung zeigt sich auch in der hohen Zahl der heiteren Tage, die im Vordertaunus und im Main-Taunus-Bereich mit 40 – 50 erheblich höher liegt als im Hintertaunus, wo sie nur 30 – 40 Tage erreicht. Die mittlere tägliche Sonnenscheindauer beträgt in dem südlich des Taunuskamms gelegenen Teilbereich 7,5 – 7,4 Std. im Hoch- und Hintertaunus jedoch nur 6,8 – 7,2 Std.

Manchmal sind lokale geländeklimatische Einflüsse stärker als die Höhenlage. Dies beweisen auch die Temperaturinversionen im Herbst und Winter. Sowohl im Taunusvorland als auch im Limburger Becken kommt es vor, dass ein Kaltluftsee nach oben von einer Dunstschicht abgegrenzt wird, über der wärmere Luftschichten liegen. Ansonsten steigt die Zahl der Nebeltage (Bergnebel) ab 350 m an und erreicht 160 Tage in 800 m Höhe.[1)]

Alle diese Klimamerkmale finden erfahrungsgemäß ihre größte Anschaulichkeit an den jahreszeitlich gebundenen Vegetationsgängen, dargestellt an den phaenologischen Daten, z. B. dem Beginn der Blüte, der Reife, des Laubfalls, usw. Die phaenologische Karte setzt den Beginn der Apfelblüte im Taunusvorland um 15 – 20 Tage früher an als im höheren Taunus, im Rheingau sogar 25 Tage. Schon von jeher weiß man, dass die Ernte im Limburger Becken, in der Mörlener Bucht und in der Rhein-Main-Ebene zwei bis drei Wochen früher beginnt als in dem Waldgebiet des Taunusrückens und seiner Querschollen. Tatsächlich liegt die Vegetationsdauer südlich der hohen Taunusberge und in den Becken und Senken mit 225 Tagen ganz deutlich höher als im Hintertaunus und im Hochtaunus, wo sie sechs bis acht Wochen kürzer ist. Allerdings spielen Höhenlage und geringerer Waldbestand eine begünstigende Rolle wie z. B. im Usinger Becken und in der Einmuldung um Nastätten im westlichen Hintertaunus.

In der Untermainebene und im Rheingau beginnt die Apfelblüte schon vor und um den 20. April. In der Vorbergzone zwischen dem 25. und 30. April, im Hintertaunus erst vom 1. bis 9. Mai und in dem hohen Waldland des Taunus und seinen Querrücken gar erst vom 10. bis 23. Mai. Das sind in der Tat über vier Wochen Zeitdifferenz.

Östlicher Hintertaus (Heinzenberg) im Frühling

Der „Goldene Grund" im Sommer

Oberes Weiltal im Herbst

Folgen für den Nutzpflanzenanbau

Die Verbreitung der Pflanzen reagiert empfindlich genau auf die Klimadaten. So ist z. B. das Vorkommen der Edelkastanien insbesondere im Gebiet um Mammolshain, Kronberg und Oberursel zu erwähnen, wo diese Bäume sogar in den Wäldern verwildert auftreten. Ob ihr Ursprung hierzulande in der römischen Siedlungsepoche um 100 – 250 n. Chr. oder in den binnenkolonisatorischen Erfolgen der Klöster vom 9. – 11. Jahrhundert zu suchen ist, sei dahingestellt. Die Edelkastanien erlangten vom Mittelalter bis in das 19. Jahrhundert die Bedeutung eines Volksnahrungsmittels. Wie sollte man sonst verstehen, dass 1389 in der Schlacht gegen die Kronberger Ritterschaft die feindlichen Frankfurter Truppen die „Kestebäume", die Kronberger Fruchtbäume, schälten, um sie zu vernichten.[1] Heute bemüht sich erfreulicherweise eine Mammolshainer Interessengemeinschaft um den Erhalt der prägenden mächtigen Gehölze.[2]

Blühende Edelkastanienbäume bei Kronberg-Mammolshain

Ähnliche Anzeichen von Klimagunst gelten auch für den Mandelbaum, für die Aprikosen- und die Pfirsichbestände. Das vereinzelte Vorkommen der Stechpalme und der Tuja-Bäume bis auf die 400-m-Linie an der Saalburg dürfte jedoch auf menschlichen Eingriff bei Pflanzungen an der restaurierten Römerfestung zurückgehen.

Ganz anders ist es jedoch mit der Verbreitung der Weinrebe. Die Rebkulturen waren im Mittelalter nicht nur auf den Rheingau beschränkt.

Kirschblüte bei Ockstadt

Sie zogen sich am Taunushang entlang bis tief in die Wetterau hinein.[3] Flurnamen (Wingert, Rebstock), die heute noch auf diese Wirtschaftsform hinweisen, sind außerordentlich weit vorhanden. Zeitweise war der Weinbau sogar im Usinger Land vorhanden, worauf nicht nur der Usinger Flurname „Wingerte" hinweist. Die Qualität des Weins im Hintertaunus dürfte jedoch sehr stark hinter den Weinen im Taunusvorland zurückgestanden haben. Das Rebland ist z. T. heute noch an der Lahn (Dausenau, Weinähr) anzutreffen.

Im 17. Jahrhundert begann der Obstbau das Rebgelände des südlichen Taunushangs als Folgekultur zu besetzen. Insbesondere von Kronberg ausgehend erreichte er im späten 18. und im 19. Jahrhundert eine entsprechende Ausdehnung.[4] Allerdings überschätzte man in früherer Zeit die Sonnenexposition an den Südhängen in ihre Bedeutung für die Sonderkulturen. Mittlerweile hat der Obstbau gerade in der Main-Taunus-Ebene von Kriftel ausgehend einen großen Aufschwung genommen (Hattersheim, Hofheim), während sie im Taunus-Hang-Bereich erheblich zurückgegangen ist.[5] Hier macht man große Anstrengungen, die Reste des alten hochstämmigen Obstbaues zur Rettung von Streuobstwiesen zu erhalten. Der Obstbau ist hier den Villen reicher Frankfurter gewichen, die schon vor dem ersten Weltkrieg begannen, die Orte Königstein, Kronberg, aber auch Oberursel und Bad Homburg als klimatisch und topografisch bevorzugtes Wohnbaugebiet zu nutzen.

Bis heute hat der allerdings stark spezialisierte Obstbau seine landschaftsprägende Bedeutung auch bei Ockstadt bewahrt. Die Süßkirschenbestände am Taunushang unterhalb des Wintersteins (482 m) und des Steinkopfs (518 m) hatten früher auch die Flur bei Rosbach vor der Höhe beherrscht (s. S. 234/235).[6]

Die Landwirtschaft wird sich bei weiteren Klimaveränderungen auf neue Getreidearten einstellen müssen. In der Wetterau prognostiziert man die Ausbreitung des Spargelanbaus, und im Rheingau (wahrscheinlich auch am östlichen Taunusrand) werden vermutlich Rotwein-Rebsorten angebaut, wie sie heute in Südfrankreich anzutreffen sind. Die Vegetationsdauer wird sich wahrscheinlich um 10 – 12 Tage verlängern. Wo jedoch der Grundwasserspiegel sinkt, wird sich eine steppenartige Vegetation breitmachen.

Die Wälder werden infolge des Klimawandels auch im Taunus ihre Artensubstanz deutlich verändern, exotische Gehölze treten auf. Die Forstwirtschaft reagiert bereits heute auf diese Herausforderung. Nach Verlautbarungen des Forstamts Weilrod werden die flachwurzelnden Fichtenbestände von der künftigen Sommerdürre, von einem verstärkten Schädlingsbefall und von Windwurf bedroht. Der schnell - wachsende „Brotbaum", die Fichte, wird vermutlich nur noch im Hochtaunus anzutreffen sein. Auch die Buchenbestände werden zurückgehen. Dafür werden nordamerikanische Hölzer wie z. B. die Douglasie und die immergrünen Steineichen (auch ungarische Eichen) aus dem Mittelmeergebiet unsere Wälder bestimmen.[7]

1) Bode, H.: *Die Edelkastanien im Vordertaunus und der Kronberger Kastanienhain, in: Heimat Hochtaunus, Frankfurt/M. 1988, S. 40 ff.*

2) Bouffier, V.A.: *Die obstbauliche Kultur der Edelkastanie im Vordertaunus und Die Edelkastanie (Castanie sativa) in Hessen – Aspekte einer Kastanien-Kultur unter besonderer Berücksichtigung der Vorkommen in Kronberg und Oberursel, Mitt. Dtsch. Dendrol. Ges. 89, S. 107–115, 2004*

3) Ernst, E.: *Die Obstbaulandschaft des Vordertaunus und der südwestlichen Wetterau, in: Rhein-Mainische Forschungen, H. 46, Frankfurt/M. 1959, S. 32 ff.*

4) Christ, J.K.: *Vollständige Pomologie über das Steinobst, Schalen- und Beerenobst, Frankfurt a. Mayn, 1812*

5) Ernst, E.: *s. o. 1959, S. 131 ff.*

6) Ernst, E.: *s. o. 1959, S. 40 ff., S. 68 ff. u. S. 121 ff.*

7) Taunuszeitung *vom 16.9.2008, Teil 2, S. 5*

Mittlere wirkliche Lufttemperatur im Jahr °C [I)]

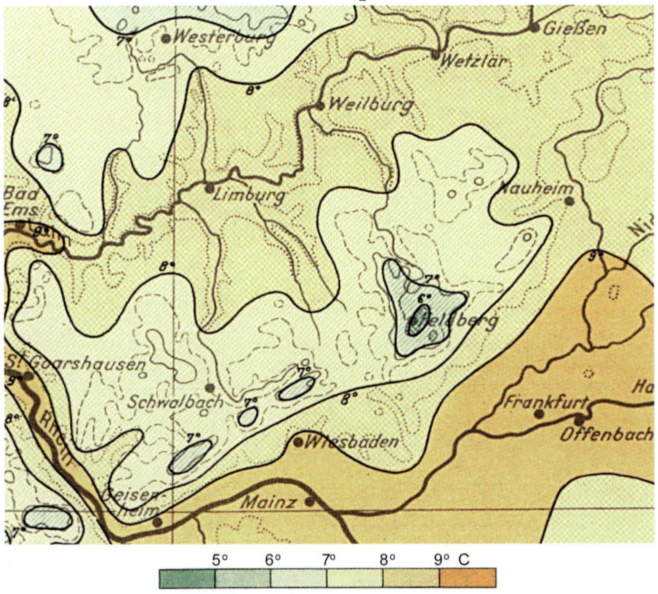

Mittlere wirkliche Lufttemperatur °C in der Vegetationsperiode (Mai – Juli) [II)]

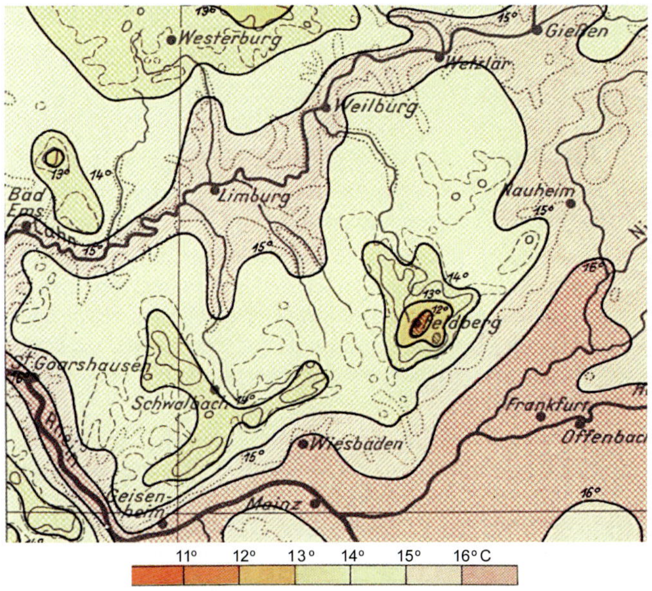

Mittlere Niederschlagssummen (mm) im Jahr [III)]

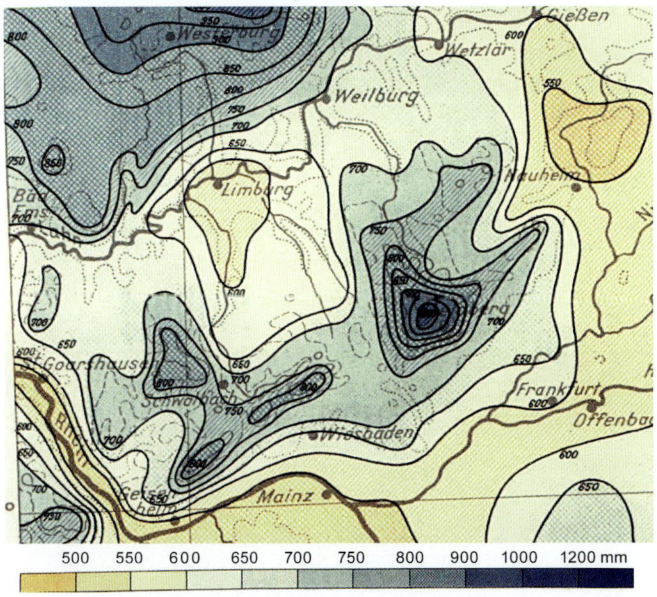

Mittlerer Beginn der Apfelblüte [IV)]

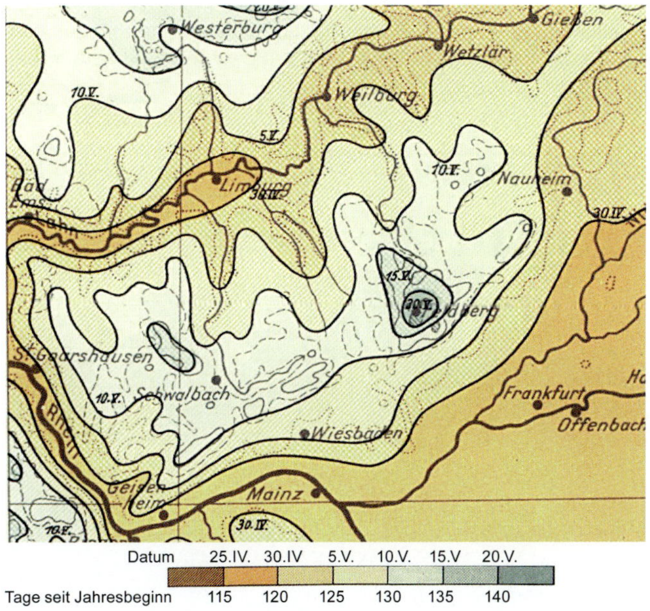

I – IV) Klima-Atlas von Hessen, Bad Kissingen 1950 (Messperiode 1881 – 1930)

Nebelformen im Taunus [V)]

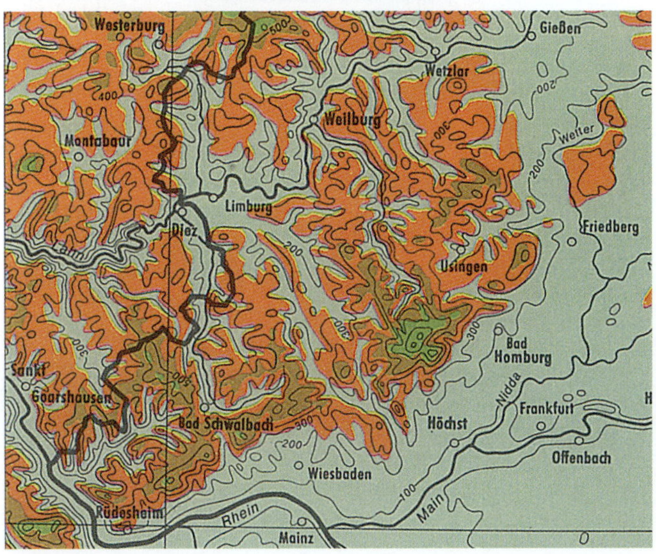

Die Karten aus dem Klima-Atlas von Hessen spiegeln die Datenerhebungen von 1881 – 1930. Sie sind heute noch Grundlage für die klimatische Beurteilung des Taunus. Zugleich sind sie in Zukunft wichtige Vergleichswerte. Die Linien gleicher Zahlenwerte, der Temperatur (Isothermen) wie des Niederschlags (Isohyeten) sind bei anhaltendem Klimawandel einer Veränderung unterworfen. So liegt z. B. die derzeitige mittlere Lufttemperatur im Jahr im unteren Lahntal, im Rheingau und dem Untermain nicht mehr zwischen 9° und 10° C, sondern schon über 10° C. Entsprechendes gilt auch für die anderen Klimawerte.

V) Das Klima von Hessen, Standortkarte im Rahmen der Agrarstrukturellen Vorplanung. Wiesbaden 1981, Blatt C2, S. 79

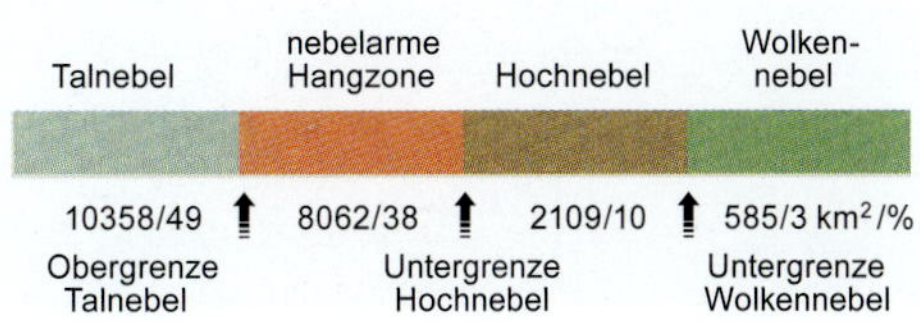

Niederschläge, Nebelbildung und Frischluftströme

Zwischen den Klimaerscheinungen Temperatur und Niederschlag müsste die Bedeutung des Luftdrucks angesprochen werden, worauf aber aus Platzgründen verzichtet wird.

Der Taunuskamm ist auch im Blick auf die Niederschlagsmengen eine Scheidelinie. Das Gebiet von der Wetterau bis in die oberrheinische Tiefebene weist mehr kontinentale Züge auf, d. h. relativ trockene Sommer und feuchte, mildere Winter. Es fallen hier nur etwa 550 – 600 mm Niederschlag. Sie steigen im Bereich der Taunushänge auf 650 – 700 mm an.

Auf dem Kleinen Feldberg wurden fast 1.000 mm im langjährigen Mittel, in Schmitten 837 mm, auf der Saalburg 818 mm und in Anspach 735 mm Niederschlag gemessen. In Reinborn im oberen Emstal konnten noch 712 mm gemessen werden, Oberursel dagegen weist 696 mm Niederschlag auf. Die geringen Niederschläge im Taunusvorland werden jedoch weitgehend durch den vom Main beeinflussten hohen Grundwasserstand und die Fähigkeit der Kies- und Lössböden, das Wasser über längere Zeit zu speichern, ausgeglichen. Zusätzlich kann auch die an der Erdoberfläche stattfindende Verdunstung infolge der Kapilarstruktur des Lössbodens Grundwasser in den Wurzelbereich der Pflanzen heraufheben.

Regenwanderung im Taunus

Morgendlicher Talnebel im Weiltal (von Altweilnau in Richtung Weilmünster)

Kaltluftsee im Rhein-Main-Gebiet mit Inversionsdecke bis unterhalb der Altkönigskuppe

Nicht unwichtig ist im Blick auf die Niederschläge auch das Phänomen der Tau- und Nebelbildung. Erfahrungsgemäß kommt es durch die Kondensation der in die tieferen Lagen absteigenden nächtlichen Kaltluft im Sommer zu der für den Graswuchs und die Blattpflanzen recht förderlichen Taubildung. Im Frühjahr und Herbst zeigt sich jedoch eine für Wachstum und Ausreife der Früchte nachteilige Nebelbildung. In generalisierender Darstellung sind diese Verhältnisse wie folgt zu beschreiben: Im Sommer (Juni) beträgt die mittlere Zahl der Nebeltage für den Hochtaunus 4 – 8, in der Main-Taunus-Ebene und im Limburger Becken nur 1 – 4 Tage. Eine völlig andere Situation ergibt sich im Oktober. Im Hochtaunus wurden nur 0,8 Nebeltage, dagegen in der Main-Taunus-Ebene und im Rheingau 8 – 12 Nebeltage gemessen.

Im Jahreskreis beläuft sich im Hintertaunus die mittlere Zahl der Nebeltage auf weniger als 40. Südlich des Taunuskamms liegt die Zahl dagegen bei 40 – 80. Im inneren Rhein-Main-Gebiet führen die windarmen Wetterlagen leicht zur Entstehung von Temperaturinversionen in der Luft. Darunter leidet nicht nur der Frankfurter Flughafen, sondern der ganze Verkehr südlich des Taunusrückens. Am Boden sammeln sich dann Kaltluftseen, die sich besonders im Winter mit Schadstoffen anreichern und zur Smog-Gefahr führen können.

Der Taunuskamm erweist sich als ein Hindernis für den großräumigen Luftaustausch. In der Main-Taunus-Ebene werden geringere Windgeschwindigkeiten als in der Bergzone gemessen. Dabei spielt auch die Siedlungsdichte in dem Verstädterungsgebiet in und um Frankfurt eine wirksame Rolle. Die tagsüber im Stadtbereich der Metropole entstehende Wärmeinsel und deren Dunstglocke kann durch die nachts abkühlenden Hangabwinde vom Taunuskamm und aus dem Hintertaunus aufgelöst werden, wenn die Frischluft abzufließen vermag und nicht durch Baumassen gehindert wird. Sie darf nicht durch unvernünftige Bebauung immer weiter eingeschränkt werden. Nur bei entsprechendem Luftaustausch können die durch eine verdichtet wohnende Bevölkerung und große Wirtschafts- und Verkehrsaktivitäten erzeugten Gase und Stäube (Schwefeldioxyd, Kohlenmonoxyd, Stickoxyde, Phänole, Flouride, Chloride, etc.) verweht werden. Deshalb gilt es, die Klimaschneisen über unbebauten Hangflächen im Interesse der Gesundheitsförderung im innersten rhein-mainischen Kernraum als regionalpolitische Schutzzonen zu sichern.[1)]

1) Rautenstrauch, L.: Klimaschneisen am Taunushang, in: Heimat Hochtaunus, Frankfurt 1988, S. 33

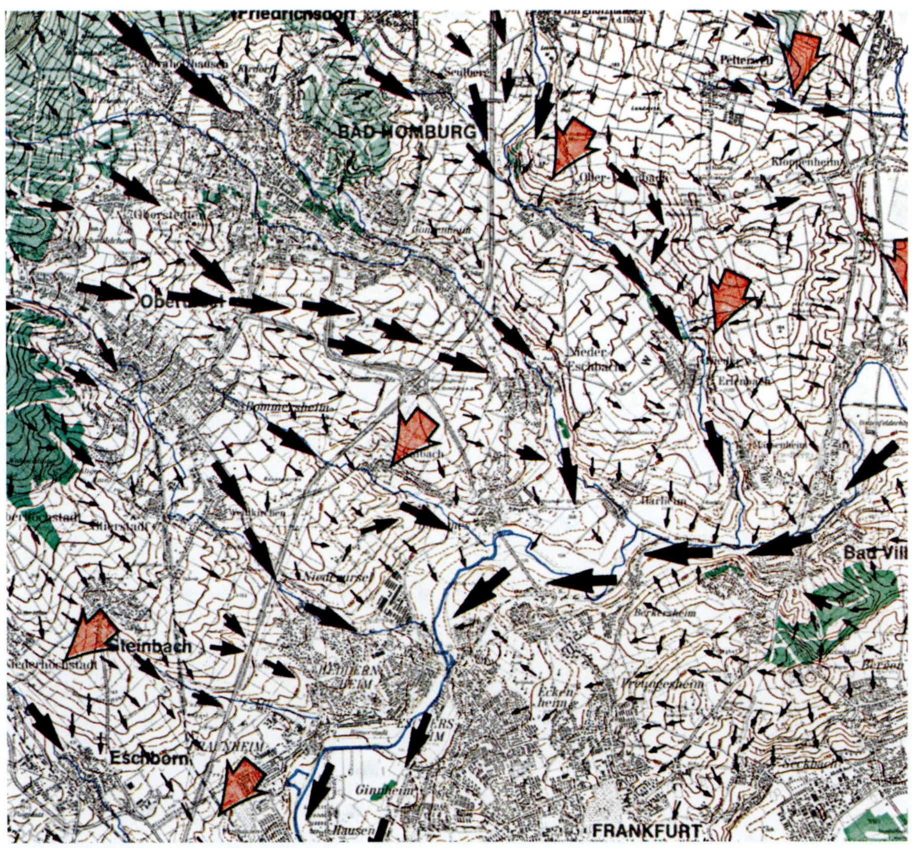

Tal- und Hang-Abwinde vom Taunus (schwarze Pfeile)

Flüsse, Bäche und Weiher im Taunus

Der Taunus ist reich an belebenden Bächen. Größere Flüsse wie Rhein, Main und Lahn tangieren ihn nur abgrenzend am Rande. Stehende Gewässer wie Seen fehlen ganz. Lediglich ein paar Weiher erweisen sich kleinklimatisch, freizeitsportlich und landschaftsästhetisch als z.T. winzige Kleinode im Raum.

„Hungersteine" an der Pfalzinsel bei Kaub

Der Rhein und seine korrigierte Flussnatur

Die Mannheimer Akte von 1868 gestattet den Schiffen aller Nationen den Transport von Waren und Personen auf dem Rhein. In der Zentralkommission für die Rheinschifffahrt (ZKR, Sitz im ehemaligen Kaiserpalast, heute Palais du Rhin in Straßburg) hat den Grundsatz der Schifffahrtsfreiheit 1979 neu definiert und die Beförderungsbedingungen und die Zugehörigkeit zur Rheinschifffahrt präzisiert.

Aber was nutzt das, wenn bei veränderten Schiffsgrößen und Ladekapazitäten die Flussnatur Schwierigkeiten macht? Wir nehmen hier nur die Wasserader Rhein als Taunustangente in Augenschein.

Oberhalb des „Binger Lochs" (s. S. 36 f.) hat der Rhein den immer noch sinkenden Oberrheingraben in der jüngeren Erdneuzeit (Quartär) mit Sedimenten gefüllt. Im Mittelrheintal musste er die devonischen Steine des Rheinischen Schiefergebirges durchbrechen. Von Bingen bis unterhalb von St. Goar ist die Fluss-Sohle überwiegend felsig ausgebildet. Besonders an der Quarzitbarriere zwischen Rüdesheim, Assmannshausen und Bingen und in der von harten Grauwacken bestimmten Flussenge im Abschnitt „Betteck-Loreley" erinnern zeitweise über der Wasseroberfläche sichtbare „Hungersteine" an die Gefahren für den Flussverkehr.

1) Kompendium der Wasser- und Schifffahrtsdirektion Südwest, Mainz 2006, S. 149 f. u. S. 174 ff.

2) Hugo, V.: Le Rhine, Notizen von einer Rheinreise

Die mittlere Niederschlagshöhe des gesamten Rheingebietes beträgt 900 mm, aber das ca. 20 % umfassende Einzugsgebiet des Rhein-Aare-Bereichs liefert bereits ab Basel knapp die Hälfte des Gesamtabflusses bei Bingen. Der Vorteil der Wasserführung ist die jahreszeitlich ziemliche Ausgeglichenheit des Stroms. [1)]

Die Binger-Loch-Strecke mit der Mäuseturm-Insel und dem Leitwerk (Bingen in der Bildmitte)

Dennoch waren mit veränderter Verkehrstechnik immer wieder neue Rhein-Ausbaumaßnahmen (s. S. 37) erforderlich. Besonders die Binger-Loch-Strecke bedurfte 1966 bis 1974 des erneuten Ausbaues. Die ursprünglich geplanten 3 Fahrwege durch das Riff zwischen Rüdesheim und Assmannshausen wurden zugunsten einer 120 m breiten einheitlichen Fahrrinne aufgegeben. Dadurch wurde das größte Schifffahrtshindernis zum normalen Fahrwasser.

Das linksrheinische Fahrwasser, das nun nicht mehr nötig war, wurde durch ein Leitwerk abgetrennt. Durch die Vertiefung und Verbreiterung des Durchbruchs im Quarzitriegel verlor die Stromschnelle ihre Gefahr. Der Gefällesprung wurde auf 300 m Länge von 80 auf 40 cm vermindert. Dennoch war, um die Mindesttiefe von 2,10 m oberhalb der Nahemündung zu erreichen, 1994/95 ein 1.700 m langes Niedrigwasser-Leitwerk auf der linken Rheinseite erforderlich. Dadurch gelangt der Wasserabfluss auf die Fahrrinne. Der Abfluss im linken Teil des Flussbettes wird gesperrt durch den Rest des Riffs als Überfallschwelle. Das Wasser der Nahe fließt um den Leitwerkskopf in die Fahrstrecke.

1974 bis 1976 konnte auch das „Wilde Gefährt" bei Kaub in der Ausbaustrecke Lorch-Oberwesel entschärft werden. Victor Hugo[2)] vermerkte dazu: *„Einen Schuss weg von der Stadt (Bacharach) entfernt stürzt der Rhein in einen Felskessel, in dem er strudelnd den Gischt und das Rauschen des Meeres nachahmt. Diese gefährliche Stelle heißt Wildes Gefährt. Sie ist sowohl viel furchterregender als auch zugleich viel ungefährlicher als die Bank bei St. Goar. Der Augenschein genügt nicht, einen Strudel zu beurteilen."*

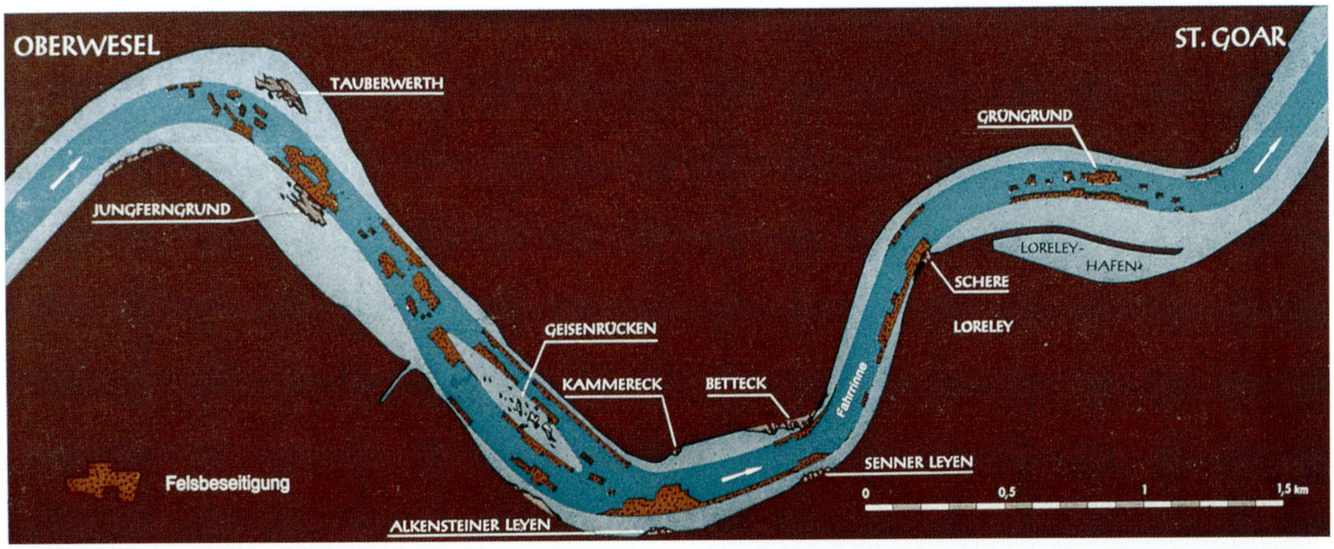

Darstellung der Felsbeseitigungsmaßnahmen zwischen Oberwesel und St. Goar beim Rheinausbau 1964 – 1976

Im „Wilden Gefährt" befand sich eine Gefällstufe ähnlich der bei Bingen. Schon um 1870 waren hier zwei Fahrwege (Berg- und Talfahrt) voneinander getrennt und die Gefahren vermindert worden. Dennoch blieben die kenntnisreichen Fährleute (Lotsen) auf der Mittelrheinstrecke mit Standort Kaub erforderlich; sie mussten mit ihren Schaluppen die Rheinschiffe erreichen und das Ruder in die Hand nehmen. 1976 war eine 120 m breite und nicht durch „Hungersteine" gefährdete Fahrrinne erreicht.

Eine ähnliche Gefahrensituation bestand in der langen Schifffahrtsgeschichte des Rheins zwischen Oberwesel und St. Goar. Hier hat der Rhein nicht nur gefährliche Untiefen mit Strudelbildung zu verzeichnen. Neben den an die Oberfläche heranreichenden Riffsteinen, die bei Niedrigwasser trocken liegen, gibt es Rifftiefen bis zu 20 – 30 m.

Gefahrenstelle am „Betteck" für entgegenkommende Schiffe.
Unten zeigen Phasenaufnahmen deutlich diese Situation von der Loreley aus gesehen

Am „Tauben Werth" bei Oberwesel, am „Kammereck" und am „Betteck" sowie an der Loreley besitzt der Rhein seine ärgsten Krümmungen, bei den zugleich geringsten Flussbreiten. Die Fahrrinne musste schon 1965/69 in dieser Strecke in den Kurven auf 140 m verbreitert werden. Besonders an der Loreley ist der Rhein sehr schmal, aber zwischen den Barriereköpfen so tief, dass viele Strudel entstehen und bei Niedrigwasser die Strömungsgeschwindigkeit geringer wird. Dies führt in Eiswintern stets zu gefährlichem Eisstau und Eisversetzungen, so dass man ohne Eisbrecher (zuletzt 1963) nicht auskommt.

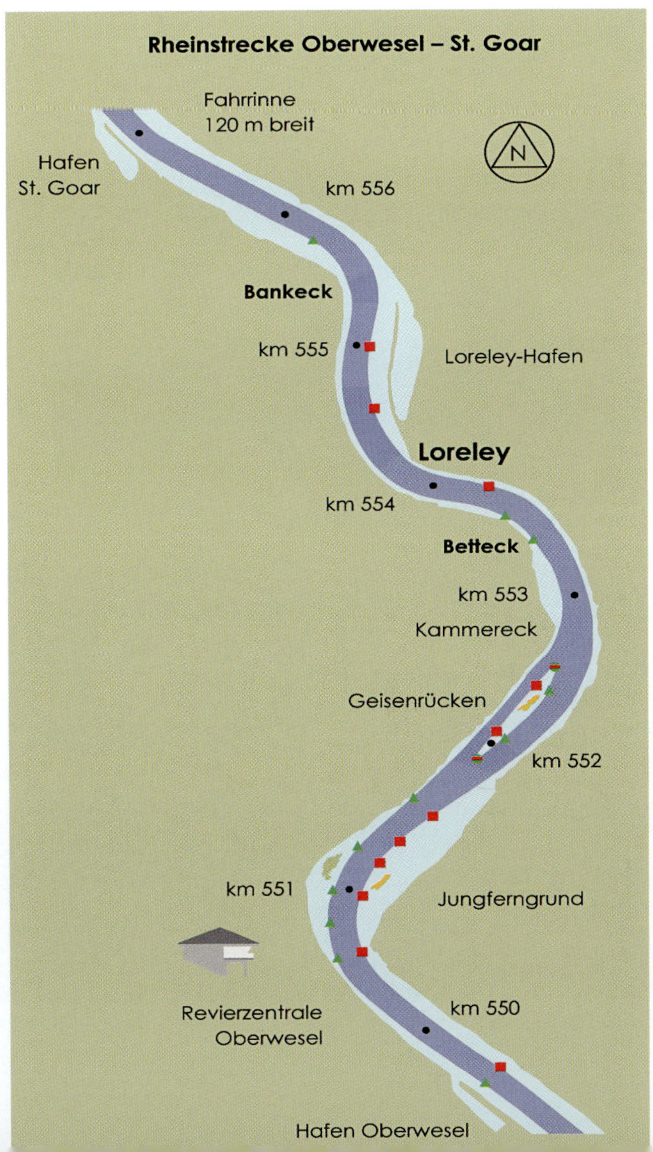

Breitenanspruch von Schiffen in engen Kurven (Darstellung der Bundesanstalt für Wasserbau)

Der Untermain

Er bildet einen Teil der Südgrenze des Taunusbereiches. Östlich von Frankfurt wird der Main durch die in jüngster geologischer Zeit gehobenen Kalkpartien der Odenwaldrandverwerfung in das Hanauer Becken etwas zurückgedrängt (Enkheimer Ried). Dagegen sind die hochgestellten Kalkschollen des Römerbergs im Norden und des Mühlbergs im Süden des Flusses hochwassersichere Siedlungsbereiche, zwischen denen schon in frühgeschichtlicher Zeit eine günstige Furt genutzt wurde.

3) Pletsch, A.: Hessen, WBG Bd. 8 Bundesrepublik Deutschland und Berlin, Darmstadt, 1989, s. S. 41 ff.

Von Höchst fließt der durch mehrere Stauwerke gut schiffbar gewordene Fluss in das Rhein-Main-Dreieck. Hier hat der Main die in der Tertiärzeit und in den folgenden Epochen abgelagerten Sande, Schotter und Kalkschichten am Talhang ausgeräumt. Im Pleistozän floss der Main ca. 50 m über der heutigen Talsohle, wobei die abgelagerten Fossilien die Eintiefung datierbar machen. Allerdings wurde durch junge tektonische Vorgänge deren Höhenlage verändert und damit die gesamte Talgeschichte außerordentlich verkompliziert. So liegen u. a. Mainsande und Schotter aus dem Quellbereich (Fichtelgebirge) und aus den Triasschichten des Mittellaufes 15 km südlich des heutigen Flusses. Bei Langen wurden sie ausgebaggert und haben so den Waldsee (Regattastrecke) ermöglicht. Der Fluss hat also seinen Lauf erheblich verlagert. Die alten Mainläufe zeigen sich heute in schmalen Wiesentälchen, die sich quer zur Autobahn Frankfurt/Darmstadt durch den ausgedehnten Wald des ehemaligen „Dreieich" schlängeln. Der Ur-Main floss zeitweise sogar ganz dicht am Taunusrand zum Ur-Rhein hin. Dabei wurde die Landschaft durch ein dichtes Netz von Bachgewässern in langgestreckte Terrassenriedel aufgelöst.[3)]

Das 1132 zum ersten Mal genannte Hattersheim lag an der mittelalterlichen Straße Mainz/Frankfurt, was der Stadt und den benachbarten Gemeinden in Kriegszeiten viel Not bescherte. Die Ortsteile Okriftel und Eddersheim waren ursprünglich Fischerdörfer, heute sind sie in die weitläufigen Industrialisierungsflächen des Untermains einbezogen.

Flörsheim, einstmals mit Mauern und Türmen befestigt, bildet mit Rüsselsheim einen Hauptballungsplatz der Industriezone. Der Fund eines Bronzespiegels aus der Zeit um 400 v. Chr. bei Hochheim beweist, dass der Mündungsbereich des Flusses als eine uralte siedlungsgünstige Lage aufgefasst wurde. Vor Kostheim trennt der alte Floßhafen die Maaraue von der eigentlichen Mainmündung ab. Es ist ein grandioses Natur- und Kulturlandschaftsbild, das sich hier abzeichnet: zentrale europäische Flussgewässer Rhein und Main, auf der historischen Stätte der 1632 von Gustav Adolf angelegten stattlichen Festung (Schwedenschanze), heute Ölraffinerien, Industriewerke (MAN) und Werftanlagen; auf der anderen Rheinseite Mainz, dessen Türme und Kuppeln (Dom und Christuskirche) die bedeutende historische Stadt überragen.

Der Untermain bei Höchst, natürliche Verkehrsader in einer verdichteten Industrie- und Gewerbelandschaft

Staustufe am Untermain bei Hattersheim-Eddersheim

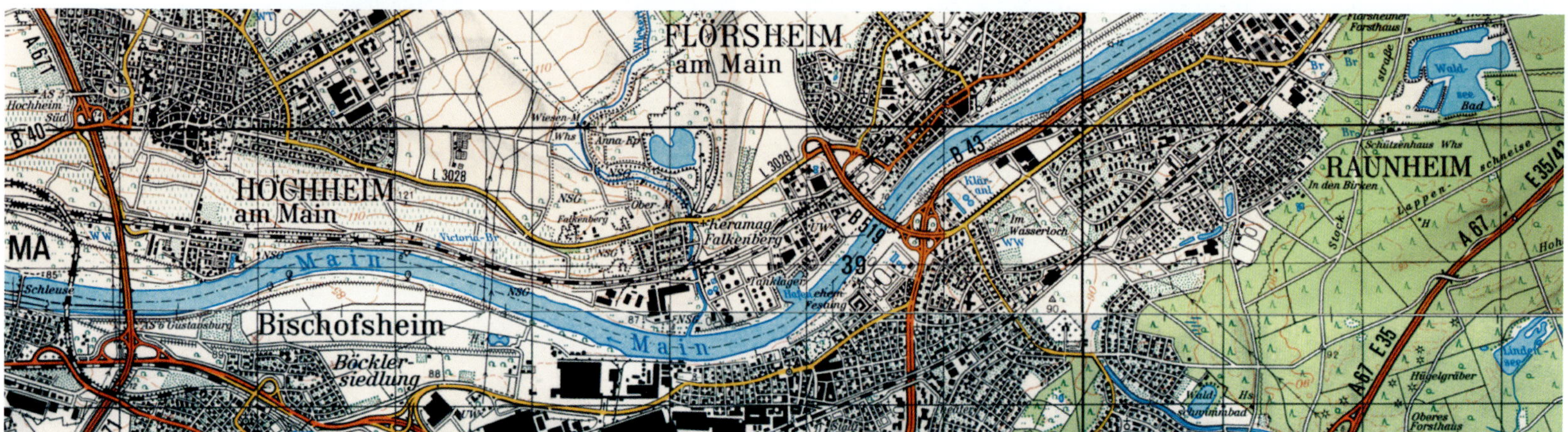

Kartenausschnitt aus: L 6116 Darmstadt West und L 5916 Frankfurt am Main West · Top. Karte 1:50.000 · Hessisches Landesamt für Bodenmanagement und Geoinformation (© HVBG 2009)

Kartenausschnitt aus: L 5712 Bad Ems. Top. Karte 1:50.000. Landesamt für Vermessung und Geobasisinformation Rheinland-Pfalz

Die Lahn, Nordgrenze des Taunus

Vom Gießener Becken wendet sich die Lahn in westlicher Richtung auf Wetzlar, Weilburg und Nassau zu. In Aussehen und Entwicklung ist das bescheidenere Lahntal vergleichbar mit dem Oberen Mittelrheintal. In zahlreichen Windungen und im Wechsel zwischen breiteren Talsohlen und schattigen Engtälern, z. B. bei Weilburg, Runkel oder Nassau, zeichnet das Flüsschen den Verlauf der Ur-Lahn nach. Diese mäandrierte in der ausgehenden Tertiärzeit gemächlich auf einer weiten Ebene, wobei ihr alter Taltrog noch deutlich über dem heutigen Talboden zu erkennen ist, also schon vorher auf der alten Rumpffläche angelegt war. Bei der nur sehr langsamen Hebung des Rheinischen Schiefergebirges hatte die Lahn Zeit genug, sich in das Gestein einzusägen, die Erosion vermochte gerade mit der Hebung Schritt zu halten. Die Talwände erreichen bei Wetzlar 50 – 75 m, bei Bad Ems 150 – 200 m Höhe. An den Engstellen wird die Talstraße auf die Höhen hinaufgezwungen. Im weiten Limburger Becken steigen die Randberge von 110 m am Fluss auf 200 – 250 m an.

Die Lahnregulierung (1844 – 1847) war eine Forderung der Kohle verbrauchenden Industrie (Hüttenwerke in Wetzlar). Bei Weilburg wurde sogar eine Tunnelschleuse gebaut, und zahlreiche kleine Staustufen mussten im Flüsschen eingerichtet werden. Diese liegen heute weitgehend brach. Die Eisenbahn machte schon bald der Lahnschifffahrt Konkurrenz. Unmittelbar neben dem Schiffstunnel entstand bereits 1862 der 305 m lange Eisenbahntunnel. Der Massenguttransport verlagerte sich zwischen Lahnstein und Gießen immer mehr auf die Schiene, welche die Lahnschleifen am „Hals“ der Umlaufberge geradlinig durchbrechen konnte.

Goethe hatte am 14. September 1772 nach seiner enttäuschten Liebe zu Charlotte Buff (s. S. 214) Wetzlar fluchtartig verlassen und seine Lahnreise zum Rhein angetreten. Er kam u .a. über die Höhen rechts der Lahn mit Blick auf den Taunus, Kloster Arnstein (s. S. 160) und Weinähr mit dem einzig verbliebenen Weinberg am Fluss in das tiefe Tal *„und wanderte nun diesen schönen, durch Krümmungen lieblichen, in seinen Ufern so mannigfachen Fluß hinunter...“*. Der „Goethepunkt“ bei Oberhof erinnert daran, und sein Empfinden könnte heute noch ähnlich abgefasst werden:

„Mein Auge geübt, die malerischen und übermalerischen Schönheiten der Landschaft zu entdecken schwelgte in Betrachtung der Nähen und Fernen, der bebuschten Felsen, der sonnigen Wipfel, der feuchten Gründe, der thronenden Schlösser und der aus der Ferne lockenden blauen Bergreihen. Ich wanderte auf dem rechten Ufer des Flusses, der in einiger Tiefe und Entfernung unter mir von reichem Weidengebüsch zum Teil verdeckt, im Sonnenlicht hingleitete . . . . Ich ergab mich meinen Einbildungen und Empfindungen und ließ die wohlgelegenen Schlösser und Ortschaften Weilburg, Limburg, Diez und Nassau nach und nach hinter mir, meistens allein, nur manchmal auf kurze Zeit mich zu einem Anderen gesellend. Nach einer so angenehmen Wanderung von einigen Tagen gelangte ich nach Ems, wo ich einige Male des sanften Bades genoss und sodann auf einem Kahne den Fluss hinab fuhr. Da eröffnete sich mir der alte Rhein, die schöne Lage von Oberlahnstein entzückte mich ...“ [4]

Die Lahnschleife zwischen Steinsberg und Cramberg, das ähnlich wie Weilburg vom Flüsschen umrundet wird. Das Luftbild gibt den Blick frei auf den Umlaufberg des fast ganz bewaldeten Rückens des Weidenheck (204 m)

Blick vom Gabelsteinfelsen (Aussichts- und Schutzhütte) im Naturschutzgebiet zwischen Steinsberg und Cramberg auf die nach Laurenburg zufließende Lahn

In Limburg (108 m NN) führte die alte Lahnbrücke mit dem Brückenturm aus dem 14. Jahrhundert zu einer Bündelung der Verkehrswege. Von Gießen, Koblenz und Wiesbaden, vor allem aber von Frankfurt her, nahmen schon die mittelalterlichen Fernhandelsstraßen von Limburg ihre Richtung nach Köln

4) Goethes Werke, Aus meinem Leben, Dichtung und Wahrheit, Hamburger Ausgabe Bd. IX, 3. Aufl. 1959, S. 556 f.

Wichtige Bachtäler

Temperatur und Niederschlag sind die entscheidenden Voraussetzungen für die Bildung von Bachläufen und Wasserflächen. In ariden Klimabereichen unserer Erde, in denen die Verdunstung größer ist als der Niederschlag, finden wir kaum stehende Gewässer oder Flussläufe.

Die Niederschläge verursachen eine dem Auge des Laien oft entzogene flächenhafte Abtragung. Sichtbarer ist die linienhafte Erosion in den Entwässerungsadern der Bäche und Flüsse. Das Vorflutsystem dieser Wasseradern lässt sich nur in Abhängigkeit vom Relief und vom Gesteinsuntergrund vollständig erklären. Die Hauptvorfluter für den Raum des Taunus sind der Rhein, der Main und die Lahn.

Die nach Osten und Südosten ziehenden Bäche Erlenbach und die Usa treffen auf die Sammelader der Nidda. Die Usa tritt aus der tektonischen Einbiegung des Usinger Beckens und seiner östlichen Randberge bei Langenhain-Ziegenberg in die Mörlener Bucht und erreicht bei Friedberg die Wetter. Der Erlenbach entspringt am Nordosthang des Hochtaunus unterhalb des Sandplackens im Mückenborn in der Nähe des Klingenbergs. Er entwässert das Wehrheimer Teilbecken und durchbricht im Köpperner Tal den Taunusquarzitkamm in einem bewaldeten cañonartigen Engtal (s. S. 38).

Der Urselbach, der mit ziemlichem Gefälle aus dem Altköniggebiet (Heidetränktal) durch Oberursel zur Nidda fließt, galt noch vor 100 Jahren als eine wichtige Kraftader für über 30 Mühlen verschiedener Produktionsziele (Sensenhämmer, Getreide- und Ölmühlen, Säge-, Tabak- und Papiermühlen, etc.).[5] Der Fischbach vermochte sich zwischen Rossert (516 m) und Staufen (451 m) in der quer zum Taunuskamm von Schloßborn und Ruppertshain nach Hofheim ziehenden Bergscholle einen Durchbruch zu schaffen. Der Daisbach, der bei der Hohen Kanzel (592 m) nördlich der Kammzone entspringt, schuf sich im Bereich der tektonischen Störungen zwischen Niedernhausen und Niederseelbach ebenfalls einen Durchbruch, um sich wie der

5) Ernst, E.: Mühlen im Wandel der Zeiten, Stuttgart 2005, S. 35 f.

Die Roder Brücke über die Weil

Der Solmsbach bei Brandoberndorf

Kleiner Auewald an der Wisper

Fischbach bei Eppstein mit dem Schwarzbach zu vereinen. Die beiden anderen im Feldberggebiet entspringenden größeren Bäche Ems und Weil fließen in diametral entgegengesetzter Richtung. Der Emsbach, der zwischen Glaskopf und Feldberg entspringt, entwässert über den Glashüttener Ortsteil Oberems nach Nordwesten und bestimmt fortan als Hauptvorfluter die Senke des Goldenen Grundes. Zwischen Niederems und Esch fließt die Ems durch ein tiefes Engtal, dann mit geringerem Gefälle an Walsdorf vorbei durch Würges, Bad Camberg, Selters, Niederbrechen und mündet östlich von Limburg bei Eschhofen in die Lahn.

Die am Kleinen Feldberg entspringende Weil schuf durch ihre nach Norden gerichtete Erosionskraft ein sehr abwechslungsreiches landschaftsästhetisch eindrucksvolles Tal, das von Schmitten bis Weilrod zahlreiche Erholungszentren und Bildungsrefugien aufweist.[6)] Sie mündet bei Weilburg in die Lahn.

Die Wisper und die direkt in den Rhein fließenden Bäche haben sich ungewöhnlich stark in den Taunusrumpf eingeschnitten (s. S. 32).

Insgesamt nimmt die Lahn die meisten Bäche des Taunus auf. Nach Nordosten fließt aus dem Quellgebiet um Espa (Butzbach) der Kleebach durch den Seegrund nach Cleeberg, Oberkleen, Niederkleen, Hochelheim und Lützellinden zur Lahn hin ab. Der Wetzbach, der von Oberwetz nach Nauborn und schon sehr schnell nach Wetzlar zieht, erreicht gegenüber dem Kleebach nur nach halber Strecke die Lahn. Der Solmsbach, dessen Quelle nicht weit von der des Kleebachs liegt, zieht nach Nordwesten über Brandoberndorf, gibt den dortigen Dörfern ihren neuen Ortsnamen „Waldsolms“ und mündet bei Solms in die Lahn.

Die Quelle der Aar liegt in der Nähe des Römerkastells Zugmantel, nördlich von Neuhof (Taunusstein). Sie fließt zunächst mit geringem Gefälle durch das Hochbecken von Taunusstein in westliche Richtung, wendet bei Hettenhain nach Nordwesten, fließt an Bad Schwalbach vorbei und tritt nach langem, windungsreichem Lauf zwischen Adolfseck und Michelbach aus einem schattigen Engtal bei Hahnstätten in das Limburger Becken, um bei Diez die Lahn zu erreichen.

Einer der kleineren Bäche ist der Ruppach, der von der Hochfläche nördlich von Katzenelnbogen (Herold, Ebertzhausen) westlich unterhalb von Steinsberg in die Lahn mündet. Ein größeres Bachsystem ist das des Dörsbachs, der von Dörsdorf (Eisighofen, Reckenrod) vom Kemeler Rücken in Richtung Katzenelnbogen fließt. Er ergießt sich dann in ein schattiges, kaum besiedeltes Waldtal, das Jammertal, das in zwei größeren Abschnitten nicht einmal durch eine Straße erschlossen ist. Die Mündung des Dörsbachs liegt unterhalb des Klosters Arnstein an der Lahn. Auf einen weiteren, noch größeren Bachlauf ist im westlichen Hintertaunus zu verweisen, nämlich den Mühlbach, der ebenfalls am Kemeler Rücken entspringt. Er tangiert Nastätten und Holzhausen, fließt als offener Bach durch Miehlen, an Marienfels vorbei in ein Engtal zwischen Berg und Geisig, wo er einige Mühlen antreibt. Erst kurz vor der Mündung bei Nassau in die Lahn hat er ein lichtes Tal ausgebildet. Die kleineren Bäche in dem Flussdreieck Lahn und Rhein bei Oberlahnstein ziehen meist zu der niedriger gelegenen Abflussader, zum Rhein.

Eisdecke auf der Usa bei Bad Nauheim

6) Ernst, E.: Das Weiltal, 2005

Der Mühlbach im Mündungsgebiet zur Lahn bei Nassau/Scheuern

Weilmündung in die Lahn bei Weilburg

Bärenfichtenweiher oberhalb von Schmitten im Winter

Möttauer Weiher

Meerpfuhl bei Usingen-Merzhausen in einer Naturschutzzone

Wispersee bei Nauroth

Kleine Weiher statt großer Seen

An stehenden Gewässern, an Weihern und Seen ist der Taunus vergleichsweise arm. Der Naherholungswert unseres Raumes und damit auch seine Wohnqualität könnten durch Wasserflächen erheblich gesteigert werden. Auch das gesamte Ökosystem hätte dadurch Vorteile. Die meisten dieser Gewässer sind künstlich angelegte Stauungen.

In größerem Umfang als heute wurden in früheren Jahrhunderten auch im Taunus Teiche und Weiher aus wirtschaftlichen Gründen angelegt. Müller, Färber, Tuchmacher, etc. waren auf diese Wasserflächen gewerbetechnisch und ökonomisch angewiesen. Bei Usingen, bei Oberursel, bei Bad Homburg, bei Nastätten, im Aargebiet, wo immer es solche Möglichkeiten gab, hatte man in größerer Anzahl kleine Teiche angelegt. Mittlerweile sind diese vielen kleinen stehenden Gewässer weitgehend verschwunden. Mit den ebenfalls aufgelassenen Flachteichen trat eine ökologische Verarmung durch mangelnde Verdunstungsfeuchte (fehlende örtliche Gewitterregen- und Taubildung) ein.

Beispiele dieser Gewässer finden sich im Bärenfichtenweiher bei Schmitten, im Möttauer Weiher, im Hattsteinsweiher, im Grünwiesenweiher und im Mehrpfuhl im östlichen Hintertaunus. Im westlichen Hintertaunus ist auf die beiden kleinen stehenden Gewässer im Wisperquellgebiet hinzuweisen. Wo man in der Nähe von Teichen nur irgendeine Ansiedlung von Freizeitanlagen zugelassen hatte, da wurde wie an der oberen Wisper oder am Hattsteinsweiher bei Usingen begehrlich davon Gebrauch gemacht. Dies ist angesichts der im Taunus fehlenden größeren Wasserflächen verständlich, die z. B. im bayerischen oder norddeutschen Raum das Lokalklima wie den Wohnwert der Landschaft verbessern.

Im südlichen Taunus kann diesbezüglich nur auf den Restsee der alten Kalksteinbrüche bei Flörsheim (s. S. 52, heute nur Fischerei) und die neuen Baggerseen im Regionalpark Rhein-Main aufmerksam gemacht werden. Sie liegen zwischen Delkenheim und Hochheim und entstanden nach dem Kiesabbau dank der auf Umweltverbesserung setzenden Main-Taunus-Recycling GmbH in Wicker.

Umso bedauerlicher muss es deshalb erscheinen, dass die im kanalisierten Vorflutsystem in den Main, den Rhein und die Lahn abgeleiteten Hangwässer des Taunus zu rasch unser Gebiet verlassen. An manchen Orten ist man jedoch bereits dabei, die Bäche – wie man schamhaft sagt – durch die Beseitigung der um 1950/60 propagierten Betoneinfassung „zurückzubauen“. Als musterhaft sind die Aktivitäten des Zweckverbandes Naturpark Hochtaunus durch die Anlage der Wasserflächen im oberen Weiltal (Bärenfichtenweiher, Trippelweiher) zu bewerten. Der Mehrpfuhl bei Merzhausen liegt in einer weiten Versumpfungswanne an jener Stelle, an der ein kleines Rinnsal die Hochfläche entwässert. Der Mehrpfuhl diente noch im 18. und bis zur Mitte des 19. Jahrhunderts der Wasserregulierung der Weil zum Betrieb der Eisenhämmer, insbesondere der Emmershäuser Hütte.[7] Der Grünwiesenweiher wurde im 18. Jahrhundert nach langwierigen Auseinandersetzungen zwischen den wirtschaftlichen Nutznießern, den Müllern des Usatals und den Bauern des Neu-Anspacher Stadtteils Hausen-Arnsbach gebaut. Er dient heute in erster Linie der Sportfischerei. Der Badebetrieb in dem kühlen Quellsee musste aus Sicherheitsgründen untersagt werden.

7) Ernst, Eugen: Das Weiltal, 2005, S. 72 u. 130

Erfreulicherweise sind die übertriebenen Entwässerungs- und Begradigungsmaßnahmen durch Flurbereinigungen auch in den Taunusgemarkungen heute nicht mehr im Gespräch. Sie haben bei der bis um 1960 notwendigen Suche nach verbesserten Agrarflächen viele natürliche Wasserreservoire zerstört, auch Sumpfgebiete, die durch das Aufsaugen der Niederschläge ausgleichend auf den Grundwasserstand wirkten, vernichtet.

Besonders dringend stellt sich die Frage nach dem Ausgleich zwischen notwendiger Grundwasseranreicherung einerseits und erforderlicher Wasserversorgung andererseits. Als man vor ca. 100 – 120 Jahren daranging, den Taunuskamm mit vielen Stollen (Braumannstollen etc.) zu unterfahren, um die Städte Oberursel und Bad Homburg mit Trinkwasser zu versorgen, führte das sehr bald zum Versiegen von Quellen im Bereich des Heidetränktals und zu einer Reduzierung des Wasserdargebotes des Urselbachs. Aber auch das obere Erlenbachtal hat darunter gelitten, weil die Schichten der Gesteine des Taunuskamms nach Süden einfallen und das Wasser im klüftigen Quarzit den tiefer liegenden Stollen im Taunusvorland zustrebt. Heute ist die Trinkwasserversorgung dort durch Fernleitungen aus dem Vogelsberg und den Frankfurter Gewinnungsanlagen im Hessischen Ried in großen Teilen gesichert.

Grünwiesenweiher bei Neu-Anspach

Baggerseen bei Delkenheim

Geschichte und Siedlungsentwicklung

Aus der Geschichte

Spielte in dem vorausgegangenen Kapitel das „Raum“-Gebilde, die Landesnatur des Taunus, die themenbestimmende Rolle, so widmen sich die folgenden Darstellungen vorrangig der Dimension „Zeit“.

Die Vorzeitfunde von den steinzeitlichen „Kultursprüngen“ und den technischen Neuerungen in der Bronze- und frühen Eisenzeit deuten auf einen schon stets wachsenden Zivilisationsstand hin. Die Frühgeschichte fragt nach Belegstücken aus der Zeit um Christi Geburt bis zum Ende des Imperium Romanum. Schließlich verlief der Limes in der römischen Epoche nahezu diagonal über die Taunushöhen.

Die Zeit während und nach der Völkerwanderung bis in das 7. und 8. Jahrhundert bleibt vergleichsweise dunkel. Erst von der fränkischen bis zur staufischen Epoche lichtet sich das Werden der Territorien im Taunus. Deren Zersplitterung im Mittelalter fügte sich unter dem Einfluss des Hauses Nassau im 18. und 19. Jahrhundert zu einem politisch einigermaßen geschlossenen Ganzen, das auch nach 1866 unter preußischer Macht stabil blieb. Erst nach 1945 wird die politische Einheit des Raumgebildes „Taunus“ durch das Entstehen der Länder Rheinland-Pfalz und Hessen aufgehoben.

Um von Anfang an die Bedeutung des Taunus und erst recht das Erscheinen des Menschen in ihm zu relativieren, erinnere ich an den originellen Tübinger Geologen Prof. Dr. Georg Wagner. Er hat einmal in einem „geologischen Jahr“ überschlagen, wann die erdgeschichtlich fassbaren Epochen „kalendarisch“ einzuordnen wären, wenn man davon ausgeht, dass die Festigung der Erdrinde vor 2.000 Mio. Jahren anzusetzen ist.[1] Danach hätten Ende Oktober die ersten Pflanzen und Tiere das Festland erobert. Anfang bis Mitte Dezember hätte die Zeit der Säugetiere und der höheren Pflanzen begonnen. Erst „zwischen den Jahren“ würde sich der Aufstieg zu Vorformen des Menschen abzeichnen. Sechs Minuten vor der Silvestermitternacht wären Jäger und Sammler hierzulande erschienen. Für die historische Zeit der Weltgeschichte blieben keine 100 Sekunden im „geologischen Jahr“ übrig.

1) Wagner, Georg: Einführung in die Erd- und Landschaftsgeschichte, Öhringen, 1950, S. 645

Aus dem Dunstkreis der Burg Nassau erhob sich seit dem 12. Jahrhundert allmählich jene Territorialmacht, die – auch bei geteiltem Erbe – den Taunus über 700 Jahre entscheidend beeinflusste

Vor- und Frühgeschichte

Hohle Wildscheuer bei Steeden 1)

Mit dem Begriff „Graue Vorzeit" wird im Allgemeinen die „Urzeit des Menschen" gleichgesetzt. Davor aber liegen nicht mehr überschaubare Zeiträume. Wir fragen: Wie grau war eigentlich die sogenannte Vorzeit im Taunus. Sie war jedenfalls nicht so schwarz-grau, dass man nichts oder nur schemenhafte Konturen erkennen könnte.

Die Entwicklung der Hominiden, der menschartigen Wesen, begann vor ca. 5 Mio. Jahren in der ausgehenden Tertiärzeit. Vor 2,5 bis 2 Mio. Jahren gingen in Afrika aus dieser nur vegetarisch existierenden Hominidengruppe Menschgattungen mit einem größeren Hirnvolumen hervor. Die räumliche Bedeutung des Taunus für diesen Teil der Menschheitsgeschichte scheint gleich null.

Ein neuer Fund bei Schelklingen auf der Schwäbischen Alb beweist, dass schon in der Altsteinzeit (vor 35.000 Jahren) nicht nur Tier-, sondern auch schon Menschendarstellungen künstlerisch bearbeitet wurden. Bei einem Fund in der Höhle „Hohle Fels" handelt es sich um eine aus Mammutelfenbein geschnitzte Frauenfigur mit überbetonten Geschlechtsorganen, ein kultisches Symbol der Fruchtbarkeit.

1) Jakobi, K.: Nassauisches Heimatbuch Wiesbaden 1913, S. 529

Die Altsteinzeit (Paläolithikum)

Erst vom Homo erectus, dem „aufgerichteten" Menschen, kann die Evolutionsgenetik Genaueres mitteilen. Bei diesen Altsteinzeitmenschen wurde die Feuernutzung nachgewiesen. Diesen Menschen ging allmählich das schützende Haarkleid der Homoniden-Vorfahren verloren. Erst ab der Zeit vor ca. 1 Mio. Jahren lernte der Mensch schrittweise eine Verbesserung seiner Werkzeuge (Faustkeile), seiner Wohn-Schutzanlagen (Windschirme und Zelte) und seiner Fellbekleidung. Damit konnte er sich den kühleren Regionen Eurasiens nähern und diese Bereiche vor allem in den Warmzeiten (Interglazialzeiten), die zwischen den Eiszeiten lagen, zu einem biologisch angepassten Lebensraum machen. Funde des Sinanthropus (Peking-Mensch) und des Homo heidelbergiensis (Unterkieferfund von Mauer bei Heidelberg 1907) vor 600.000 bis 400.000 v. Chr. zeugen davon. Es bleiben Glücksfälle, wenn aus der Frühphase der Altsteinzeit, wie z. B. bei Münzenberg, ca. 300.000 Jahre alte „Geröllgeräte", d. h. nur mit wenigen Abschlägen hergestellte Werkzeugstücke aus Stein, auftauchen. Das gilt auch für die 1980 aus grauem Taunusquarzit hergestellten Steinwerkzeuge von einem vor ca. 100.000 Jahren beanspruchten Rast- oder Lagerplatz im Käsbachtal bei Oberursel-Stierstadt.

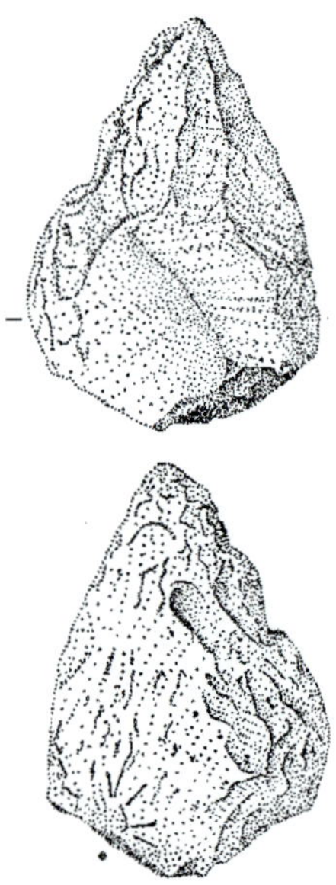

Altsteinzeitliche Faustkeile (Funde bei Hofheim). Sie dienten vor allem zum Ausweiden des Wildes

Ein archäologischer Unglücksfall bedeutet die Vernichtung der noch bis um 1900 zugänglichen beiden Höhlen bei Steeden an der Lahn („Wildhaus" und „Wildscheuer"). Diese Karsterscheinungen im Kalkgestein aus der mittleren Devonzeit boten den Vorzeitmenschen naturgegebene Heimstätten. Sie fielen um 1900 den wirtschaftlichen Interessen der Kalkindustrie zum Opfer. In diesen Höhlen konnten zahlreiche Werkzeug- und Knochenreste aus den verschiedenen Epochen der Altsteinzeit geborgen werden, u. a. auch die drei einzigen Schädelreste von Neandertalern im Taunus-Lahn-Bereich (vgl. Landesmuseum Wiesbaden).

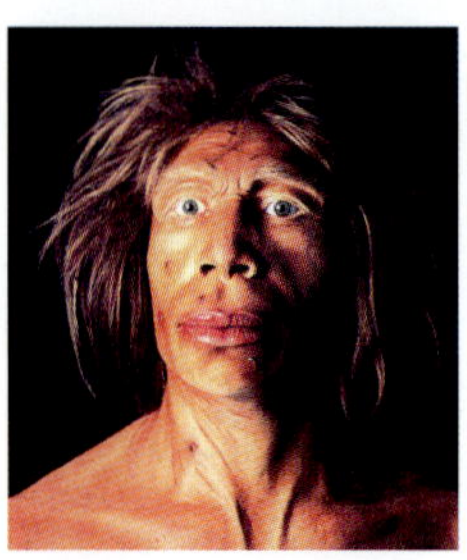

Büste eines Neandertalers im Landesmuseum Darmstadt

Von dem Beginn der Altsteinzeit vor etwa 600.000 Jahren (Warmzeit zwischen der Günz- und der Mindeleiszeit) bis zu dem Auftreten des Neandertalers gegen Ende der mittleren Altsteinzeit vor 50.000 – 60.000 Jahren hatte sich nicht allzu viel in den Lebensgewohnheiten der Menschen geändert. Der Neandertaler besaß jedoch schon spezialisierte Steingeräte, auch erste Bestattungen fanden in seiner Epoche statt. In der Zeit von etwa 50.000 bis vor 30.000 Jahren bestimmte dieser „fortschrittliche" Mensch das Leben in unserem Raum.

Der Fund eines ca. 30.000 Jahre alten Schädelteiles 1978 in einer Tiefe von 4,60 m in einer Kiesgrube bei Kelsterbach zählt zu den ältesten Zeugnissen des auf den Neandertaler folgenden Menschentyps, den sogenannten Cro-Magnon-Menschen. Er trug bereits alle Merkmale des Menschen von heute. Aus Südfrankreich und Spanien ist der Cro-Magnon-Mensch durch seine Höhlenmalerei und andere Zeichen von Religiosität, wie z. B. Grabbeigaben, bekannt geworden. Trotz seines größeren Hirnvolumens wurde der Neandertaler – kaum erklärbar – von den neuen Menschensippen verdrängt.

Ein wichtiger Nebeneffekt der Grabung 1969 am Römerkastell „Auf dem Hochfeld" bei Hofheim (heute Landratsamt des Main-Taunus-Kreises) bestand in dem „Zufallsfund" von Faustkeilen aus dem Taunusquarzit und kleineren Werkzeugen aus Hornstein aus der Zeit zwischen 50.000 und 20.000 v. Chr. Es ist jene Phase der jüngeren Altsteinzeit, in welcher der Mensch neue Techniken bei Stein-, Knochen- und Geweihgeräten entwickelte.

Spuren aus der ausgehenden Altsteinzeit, fanden sich im Weschbachtal bei Wiesbaden-Ickstadt. Hier handelt es sich um einen Lagerplatz ehemaliger Pferde- und Renntierjäger in der noch herrschenden Kältesteppe. Vor etwa 30.000 Jahren lag dieser Rastplatz offenbar an einer strategisch idealen Stelle, denn er wurde mehrfach genutzt. Die Grabungen förderten neben Stein- und Knochen-Artefakten auch Muscheln und Schnecken aus den Kalkschichten des Mainzer Tertiärmeeres. Diese wurden als Schmuckmaterial verwendet. Das zu rotem Pulver zerriebene Hämatitmaterial (Eisenoxyd), das auch in anderen altsteinzeitlichen Lagerplätzen auftauchte, diente offenbar als Heilmittel, aber auch zum Gerben von Fellen und zu kultischen Zwecken. Die kleine Zahl an Fundstellen aus der Altsteinzeit versteht sich aus der außerordentlich geringen Bevölkerungsdichte. Leben im heutigen Taunusbereich ca. 200 bis 250 Menschen auf dem Quadratkilometer, so kamen in der Altsteinzeit höchstens 0,02 Bewohner auf die gleiche Fläche. In der Altsteinzeit mit ihrem Wechsel von Kalt- und Warmzeiten lebten im gesamten süddeutschen Raum nur ca. 1.000 bis 1.500 Menschen.

Rentierjäger am Ende der Eiszeit

Die mittlere Steinzeit (Mesolithikum, 20.000 – 6.000 v. Chr.)

Vor 20.000 bis 12.000 Jahren ging die Würm-(Weichsel-)Eiszeit zu Ende. Die Sommer dauerten länger und wurden langsam wärmer, die Winter geringfügig milder. Die in mittleren und tieferen Lagen ausgedehnten Tundrenflächen wandelten sich allmählich in schütter bestandene parkartige Taigalandschaften.

Die Birken und Kiefern, aber auch die Hasel- und Walnussbäume breiteten sich vor 10.000 Jahren zunehmend aus. Der neue Artenreichtum in der gesamten Pflanzenwelt stellte den zunächst immer noch streunend umherziehenden nacheiszeitlichen Jägern, Fischern und Sammlern die Kost vieler Kräuter, Früchte, Beeren und Samen in größerem Ausmaß zur Verfügung. Die mittlere Steinzeit dauerte bis um 8.000 – 6.000 v. Chr.

Der Fischfang wurde mit besseren Speeren (kleine Feuersteinspitzen mit Widerhaken), mit Netzen, Reusen und Angeln betrieben. Die sehr gefährliche und aufwendige Jagd auf Großsäuger, wie Wollnashorn und Mammut, ging zurück. Diese Tiere, auch das Ren, folgten dem Rückgang des Eispanzers nach Norden und Osten.

Mit den sich verändernden Klima- und Vegetationsbedingungen und der Abwanderung der Großsäuger setzte die Jagd vor allem auf die standorttreuen Elche, Hirsche, Wildrinder, Wildpferde, Wildschafe und Wildziegen ein. Die Jagd mit verbesserten Jagdwaffen war leichter geworden, dennoch wurde das Treiben der Tiere zum Sturz an Abgründe oder in Fallgruben nicht ganz aufgegeben. Allerdings ging der mittelsteinzeitliche Mensch zu Vorformen des Nomadismus über. Er blieb zwar immer noch auf den zufälligen Spuren der Wildtiere unterwegs, aber er begann, den Herden systematischer zu folgen. Er trennte Teile der Herden ab und kontrollierte, beobachtete und bewachte sie beim Wechsel von den Sommer- zu den Winterweiden. Man gewöhnte sich an diesen jahreszeitlichen Rhythmus und rüstete die länger besetzten Lagerplätze entsprechend her, man wurde dort vorübergehend sesshaft. Die Zeltbehausungen und Windschirme aus einem Binsengras- oder Röhrichtgeflecht ermöglichten eine flexible Reaktion zum Aufbruch zu den reicheren Nahrungsvorkommen.
Die Schaf-, Rinder- und Pferdeherden wurden mehr und mehr zur Fleisch- und Fellversorgung - jahreszeitlich wiederkehrend - zu den besten Weidegründen getrieben. Erste Domestizierungen führten zum Besitz zahmer, ständig in Dienst genommener Tiere.

Funde in den Auebereichen des Mains 1989 bei Rüsselsheim bezeugen diesen beginnenden Nomadismus. Dagegen weist der Mittelgebirgs-Taunus wenig Funde aus der Zeit von 15.000 bis 6.000 v. Chr. auf.
Ab ca. 8.000 Jahren gab es vermutlich schon die ersten hüttenartigen Behausungen aus Holz, Schilf und Laub, in die man nach dem Wechsel der Weiden wieder zurückkehren konnte.

Steinzeitliche Elchjäger an einer Fallgrube

Steinzeitliche Nomaden beim Hüten ihrer Wildpferdeherde

Die jüngere Steinzeit (Neolithikum)

Steinzeitfunde: Handpoliertes Steinbeil (Grünwiesenweiher), durchbohrte Steinaxt (Saalburg), rechteckiges Steinbeil (Westerfeld)

Um 8.000 – 6.000 v. Chr. erfolgte in der Menschheitsentwicklung ein geradezu revolutionärer Kultursprung. Dieser begründet sich elementar in der Schaffung von Dauersiedlungen. Das Ende des unsteten Herumstreunens zwecks Erlegens wilder Tiere und des Suchens nach essbaren Pflanzen, Früchten und Samen war nur möglich durch eine erste tiefgreifende Agrarrevolution. Sie ging aus von einer nachhaltigen Zähmung brauchbarer Tierarten zu Haustieren für Fleisch, Fett, Milch, Wollgewinnung und zur Zugleistung. Die Einführung des auf Dauer angelegten Acker- und Gartenbaus auf festgelegten Feldstücken festigte die Entscheidungen der Menschen zum Sesshaftwerden. Es kam zur Entwicklung geeigneter Geräte (Grabstock, Hakenpflug), mit denen man tiefgründigere Löss- und Sandböden beackern konnte.

In den vorderasiatischen Agrarräumen („fruchtbarer Halbmond“) waren schon vor 15.000 bis 10.000 Jahren aus Steppengräsern die Wildformen des Getreides, wie Einkorn, Emmer und Gerste, aber auch Lein (Flachs), Schlafmohn, Erbsen, Linsen, Bohnen und die Hülsenfrüchte sowie einfache Gemüsearten angebaut worden. Der wildlebende Auerochse, nicht das Wisent, wurde zum Haustier gezähmt. Pferde, Schafe, Schweine und Ziegen begann man in Ställen oder auf kleineren eingezäunten Weiden zu halten. Die Pflugbauern schufen das, was man Kultur nennt, was ja ursprünglich so viel wie „Ackerbau treiben, Boden pflegen“ bedeutet. Sie machten sich im biblischen Sinne „die Erde untertan“ (1. Mose 3,17 – 24).

Steinerne und hörnerne Sichelklingen wurden in halbrunden Holzbögen eingesetzt, Grabstöcke und Hakenpflüge hergestellt, Stein- und Holzmörser zum Stampfen von Kräutern und Körnern und erste Reibemühlen und Backöfen zum Bereiten von Fladenbrot entwickelt. Aus Tonerde wurden Kümpfe, Krüge, Schalen und große Vorratsgefäße geformt und bei ca. 900° C in Erdgruben zur „weichen Keramik“ gebrannt. Sie dienten zur Aufbewahrung von Getreide, Getränken und zum Kochen. Je nach ihren Verzierungen erleichtern sie die Altersdatierung. Neben der Gefäßherstellung entwickelte sich die Textilerzeugung. Wolle und Flachs ließ sich durch Spinnen und Weben zu Kleidungsstücken verwenden. Der Webrahmen wurde als Vorform des späteren Webstuhls „erfunden“.

Der Bau von Wohnbehausungen bewirkte eine beginnende Zimmermannstechnik und diese wiederum eine Verbesserung von geschliffenen Steinwerkzeugen, wie Äxten und Beilen.

Durch Funde hinlänglich bezeugt ist das 6 – 8 m breite und 10 – 35 m messende Langhaus für Großfamilien, wo man oft mit den Tieren unter einem Dach „hauste“. Die Giebelausrichtung der Langhäuser war im Taunus nach den bisher bekannten Funden (offenbar wetterbedingt) von Nordwest nach Südost gerichtet. Im Rhein-Main-Gebiet finden sich ganze „Gemeinschafts-Siedlungen“, wo mehrere Häuser dieser Art in einer kleindörflichen Zusammenstellung anzutreffen sind. In Niederursel wurden 21 dieser Langhäuser durch Grabungen ermittelt, die offenbar nicht alle zur gleichen Zeit bewohnt waren.

Diese Innovationen führten zu gesicherten Lebensbedingungen, wodurch die Bevölkerung zunahm. Diese wiederum veränderte die Landschaft durch zusätzliches Roden von Wald und Urbarmachen von Ödland zu Kulturland. In erster Linie wurden die leichter zu besiedelnden, mehr offenen Landschaften, wie z. B. die Wetterau, das Taunusvorland, der Goldene Grund, also uralte Durchgangsräume in Anspruch genommen. Es waren die weniger baumbestandenen, weil trockneren Löss- und Sandgebiete.

Saat und Ernte in der Jungsteinzeit

Steinzeitlicher Ackerbau

Eine ergiebige Fundstelle ist am Steinbach nördlich des gleichnamigen Dorfes im Main-Taunus-Gebiet 1974 – 1979 untersucht worden. Es kam eine Fülle bandkeramischer Scherben und Feuersteingeräte zum Vorschein. Offenbar verlängerte sich bereits vor 3.000 bis 5.000 v. Chr. ein jungsteinzeitliches „Siedlungsband“ von Königstein und Kronberg über Oberursel und Weiskirchen bis Bad Homburg und Köppern.[1] Besonders aufschlussreich waren die Untersuchungen in der bandkeramischen Siedlung am Knallbach bei Walsdorf[2], in der Idsteiner Senke und im Lahntal bei Wetzlar.[3]

Stellvertretend für alle jungsteinzeitlichen Anlagen im Taunus mögen die von E. Laufer genauer untersuchten Bandkeramiker-Siedlungen an der B 456 am „Hohen Berg“ und am „Oberloher Berg“ bei Eschbach gelten. Tonscherben reich verzierter Keramikgefäße und ein zerbrochener brotlaibförmiger Mahlstein aus hellem Quarzsandstein weisen auf eine späte linearbandkeramische Höhensiedlung aus der Zeit um 5.000 v. Chr. hin (bandkeramische Kultur im Frühneolithikum, 5.000 bis 3.800 v. Chr.). Auch wo der Eschbach zwischen der Walkmühle und dem Bremthaler Quarzitwerk oberhalb der B 275 in die Usa

① Knochen und Kieferteile versch. Tiere von vor mehr als 10.000 J., Fundort: Delheimer Schlucht
② Abschläge/Kernsteine (Feuerstein/Quarzit vor 20.000 – 8.000 J.), Fundort: Braunfels „Schwan“
③ Blattspitze, Feuerstein vor 40.000 Jahren. Fundort: Lahnberg/Wetzlar
④ Quarzit-Steingeräte vor 500.000 Jahren. Fundort: Dutenhofen (Wetzlarer Stadtmuseum)

mündet, fand man mit neuen geophysikalischen Methoden (Magnetometer-Survey) die Spuren eines Langhauses (7 – 8 m breit, 30 m lang). Die Flechtwerkwände waren mit Lehm verputzt. In drei Gruben mit Siedlungsabfällen fanden sich geschliffene Steinbeile, Feuersteingeräte (Decksel, Sichel) und Tongefäße mit Ritzlinien aus der Zeit um 5.000 v. Chr. Die archäobotanischen Analysen der verkohlten Pflanzenreste ließen Körner von Linsen, Wicken, Erbsen und Einkorn erkennen.

Grobgliederung der jüngeren Steinzeit
(Neolithikum)

5.000 – 3.800 v. Chr.	*Bandkeramische Kultur breitet sich vom Mittelmeerraum in Mitteleuropa aus (Frühneolithikum)*
3.800 – 3.200 v. Chr.	*Rössener Kultur (nach Fundort bei Merseburg, Mittelneolithikum)*
3.200 – 2.500 v. Chr.	*Michelsberger Kultur (nach Fundort bei Karlsruhe, befestigte Höhensiedlungen. Völkerstämme geraten in Bewegung, Jungneolithikum)*

Ebenso schöne Funde in der Holzbachtalaue bei Friedrichsthal in 320 m NN auf weniger gutem Boden weisen auf eine Siedlung hin. Es ist anzunehmen, dass der Bevölkerungsdruck von der Wetterau her einige Sippen in das Usinger Becken lockte oder abdrängte. Aus der Zeit der Michelsberger Kultur (3.300 – 2.500 v. Chr.) stammen Fundhinweise südöstlich von Neu-Anspach.[4]

Die vergleichsweise wenigen Funde aus der Jungsteinzeit im Hintertaunus wurden früher als vereinzelte Gebrauchsgegenstände gedeutet, die den zufällig die Tauswälder durchstreifenden Sesshaften der Wetterau und im Taunusvorland bei der Jagd und beim Viehhüten verloren gegangen sein sollten. Die mittlerweile in größerer Zahl vorliegenden Funde von Steingeräten auch bei Brombach, Eschbach, Hausen, Hundstadt, Michelbach, Oberlauken, Obernhain, Pfaffenwiesbach, Reichenbach, Seelenberg, Wernborn und Wüstems verweisen auf eine zunehmende Dauerbesiedlung in der späten Jungsteinzeit auch im Waldgebiet nördlich des Taunuskamms. Ähnliche Ergebnisse dürften noch ausstehende Untersuchungen im westlichen Taunus, insbesondere um Nastätten und Singhofen hervorbringen.

Aus dem Randgebiet der Neu-Anspacher Gemarkung nach Obernhain („Untere Platt") unmittelbar in der Nähe des Hessenparks stammt ein spitznackiges, leicht beschädigtes Steinbeil, das 9,5 cm in der Länge und 4,3 cm in der Breite misst. Das kleine trapezförmig zugeschliffene Steinbeil vom Rosskopf oberhalb des Hessenparks misst 5,4 cm x 3,5 cm. Bei Westerfeld wurde ein rechteckiges Steinbeil mit gerundeten Seiten gefunden. Es handelt sich um schwarzbraunes glattes Steinmaterial in einem Zuschnitt von 8,5 x 5,8 cm. 1952 wurde am Grünwiesenweiher ein Steinbeil aus grünlichem hartem Schiefer gefunden, das die beachtliche Länge von 16,7 cm bei einer Breite von 4,7 cm misst.[5]

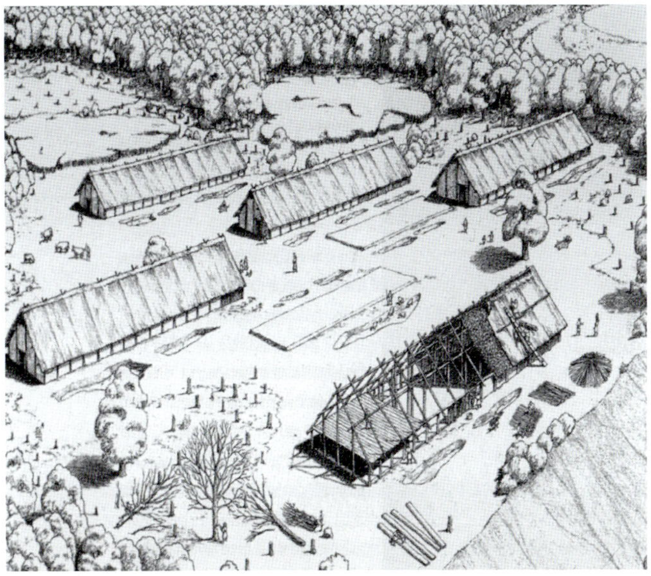

Siedlung mit Langhäuser der „Bandkeramiker"

Bandkeramische Gefäße aus der Zeit des Neolithikums

Modell eines Bandkeramiker-Langhauses (Archäologischer Museumskeller in Usingen)

Grundriss eines Wohn- und Wirtschaftsgebäudes (mit Pfostenlöchern). Gebäude der Bandkeramiker, die Ackerbau betrieben, sind in Usingen, Wehrheim-Friedrichsthal und Maibach nachgewiesen

1) Schlott, H. Ch.: Taunusillustrierte, Terra Incognitea, Frankfurt 2003, S. 51

2) Schade, Ch. U. Schade-Lindig, s.: Die bandkeramische Siedlung „Im Klingen" am Knallbach im Goldenen Grund – Zusammenspiel von Ehrenamt und Wissenschaft, in: Schallmeyer, E.: Hessenarchäologie, S. 29 ff.

3) Schäfer, A.: Eine Altsiedellandschaft gibt ihr Geheimnis preis – Die Entdeckung einer bandkeramischen Siedlung mit Erdwerk im Lahntal bei Wetzlar, in: Schallmeyer, E., S. 33 ff.

4) Laufer, E.: Fundberichte in den Jahrbüchern des Hochtaunuskreises 1995, S. 27 ff., 1996, S. 103 ff. und 2003, S. 185 ff.

5) Ernst, E.: Neu-Anspach, Werden und Wirken, 1974, S. 81

Gluckenstein

Griffzungenschwert aus einem Hügelgrab bei Usingen-Eschbach

Die Bronzezeit

In der um 2.000 v. Chr. zu Ende gehenden Jungsteinzeit ist ein weiterer Schub in der Kultur und demgemäß auch in der Kulturlandschaft festzustellen. Die große „Kulturrevolution", die durch das Sesshaftwerden seit Beginn der Jungsteinzeit eingetreten war, wird seit etwa 3.000 v. Chr. allmählich modifiziert, die Siedlungen nehmen neue Formen an. Seit dem Spätneolithikum (2.300 – 1.700 v. Chr.) reicht die ursprünglich aus dem ägäischen Raum stammende Megalith-Kultur mit ihren unbehauenen großen Steinsäulen von der Bretagne (Carnac) über Lothringen bis nach Mittelhessen. Der Gluckenstein (= Hinkelstein, Hünerstein, Hünenstein) an der alten Grenze zwischen Bad Homburg und Kirdorf ist ein Relikt aus diesem Kulturkreis, dessen Brauchtumsrituale (Fruchtbarkeit, Heilung) bis weit in die christliche Epoche bekannt sind.[6)]

Andersartige Keramiken finden sich in den „Becherkulturen". Kupfer trat als erstes Metall in Erscheinung. Neben dem Gießen der Schmelze mussten bereits spezialisierte Handwerker das vergleichsweise weiche Material treiben, ziehen und hämmern. Diejenigen, die das konnten, betrieben im Regelfalle schon keinen Ackerbau mehr. Sie waren spezialisierte Handwerker.

Die Herstellung des neuen Metalls „Bronze" wurde gegen 2.000 v. Chr. qualitativ immer besser und entsprechend weiterverbreitet. Es ist ein Metall, das aus einer Legierung von Kupfer und Zinn besteht. Seine Herstellung setzt eine große Berufserfahrung und fachliche Konzentration voraus. Das bei 1.085° C schmelzende Kupfer musste mit dem schon bei 250° C zerfließenden Zinn in Verbindung gebracht werden, d. h. zwei Metalle mit ganz verschiedenen Schmelzpunkten mussten zu einem neuen in sich homogenen Material vereinigt werden.

Die Bronzezeit kann im Hintertaunus an weitaus weniger Fundstellen nachgewiesen werden als die vorausgegangene Jungsteinzeit. Möglicherweise erklärt sich diese Tatsache aus der schnelleren Zersetzung der neuen Metallgegenstände im Boden gegenüber dem nahezu unverweslichen Steingerät früherer Zeiten.

Dennoch ist es möglich, über die Kultur der Bronzezeit genauere Auskünfte zu geben, da Waffen, Geräteteile und Schmuckstücke im Taunusvorland in größeren Formvariationen gefunden wurden. Funde bei Hofheim („Hochfeld") beweisen die Erdbestattung der Toten, d. h. Grabgruben mit Skelettfunden in Hockerstellung. Es wurde allgemein als entwürdigend empfunden, Tote wilden Tieren oder den Vögeln zu überlassen.

6) Kirchner, H.: Die Menhire in Mitteleuropa und der Menhirgedanke (Abh. d. Akad. d. Wiss. n. d. lit., Mainz, Geistes- u. Sozialwiss. Kl. 1955 Nr. 9) Wiesbaden 1955

Bronzene Stabdolchklinge von Oberstedten, Länge 30,5 cm

Baubegleitende archäologische Untersuchung der Heisterbach-Trasse bei Neu-Anspach 1997

7) Ernst, E.: Usinger Land, Usingen 1973, S. 52

8) Schaaf, U.: Vorgeschichtliche Besiedlung des Hochtaunus und des südlichen Taunusvorlandes in: Führer zu vor- und frühgeschichtlichen Denkmälern Bd. 21, Mainz 1972, S. 24

Brandbestattung in der Bronzezeit

Aus der von etwa 1.600 – 1.200 v. Chr. einzuordnenden Hügelgräberepoche finden sich bei Bommersheim gute Beispiele dieser Gräberform. Am Heidengraben bei Oberursel sollen um 1800 noch über 200 Hügel aus dieser Zeit erkennbar gewesen sein.

Die Veränderungen im Siedlungsbereich in der Hügelgräberepoche der Bronzezeit betreffen die Verlagerung oder Neugründung von kleinen Dörfchen an Fernhandelsstraßen (Handel mit Metallen und Salz von verschiedenen Lagerstätten). Vor allem aber veränderten sich die Hausformen. Man ging mehr und mehr vom steinzeitlichen Langhaus zur kleineren Hütte über und damit zur Trennung vom Wohnen der Menschen und der Unterbringung von Tieren und Viehfutter.

Urnenfund aus dem 10. Jh. v. Chr. (Urnenfelderkultur) während der Ausgrabungen im spätbronzezeitlichen Gräberfeld von Wehrheim und nach der Restaurierung des Urnengefäßes (Wehrheimer Heimatmuseum)

Aus der mittleren Epoche der Bronzezeit stammt einer der eindrucksvollsten Funde im Taunus, das 74 cm lange Griffzungenschwert aus einem Hügelgrab bei Eschbach (Usingen).[7)] Auf diese Epoche entfallen auch die Funde eines Randleistenbeils vom „Hundert-Morgen-Acker" und die Hügelgräber im Walddistrikt „Schmidtholz" bei Wehrheim.[8)]

Die letzte Phase der Bronzezeit, die Urnenfelderzeit, von 1.200 bis um 800 v. Chr., zeigt im Siedlungsbild vermehrt die Differenzierung der kleiner gewordenen Gebäude nach Funktionen. Die nur noch 6 – 10 m langen Wohnhäuser standen je nach Größe und Breite auf 4 bis 10 Pfosten, die 50 bis 60 cm in der Erde gegründet waren (Pfostenhäuser). Die Viehställe und Bergeräume für getrocknetes Gras (Heu als Winterfutter) waren abseits vom Wohnhaus aufgebaut. Möglicherweise spielen hier Erfahrungen mit Bränden eine Rolle. Oft waren die kleinen Ansiedlungen mehrerer Familien oder gar Sippen gegen Raubtiere eingehegt, was z. B. die Freilegung einer solchen Siedlung bei Kilianstädten beweist. Gewisse Erweiterungen im Nahrungsangebot ergaben sich durch die Einführung des Hirseanbaus (Rispen- und Kolbenhirse), der allmählich bis zu ca. 20 % der Körnerfrüchte gegenüber Emmer, Einkorn, Gerste und Weizen ausmachte. Auch Kohl und Rüben wurden gepflanzt und erweiterten den Gemüsekonsum. Die Haustiere wurden um das Federvieh, besonders Hühner, ergänzt.

Die Urnenfelderzeit hat ihre Bezeichnung deshalb erhalten, weil in ihr die Toten auf Scheiterhaufen verbrannt und die Asche und die Knochenreste in Urnen zum Teil mit Schmuck- oder Keramikbeigaben in „Urnengräberfeldern" (Friedhöfen) von den kleinen Siedlergemeinschaften beigesetzt wurden. Das 1985/86 beim Bau eines Einfamilienhauses in Wehrheim gefundene Kegelhalsgefäß enthielt Keramikscherben, Leichenbrandholz, Kohle und Beigaben. Die Gräberfelder umfassten in der Urnenfelderzeit meist 20 – 40 Bestattungen.

Gefäße aus der Urnenfelderzeit, u. a. Sauggefäß aus Ton in Gestalt einer Kuh, um 900 v. Chr., Fundort: Rechtenbach (Wetzlarer Stadtmuseum)

Eigentümlich und nicht ganz geklärt sind die sogenannten Depotfunde, in denen Halbfertigware, Metallgut und Fragmente von Waffen versteckt waren. Dieses Sammelgut (Hortfunde) fand sich auch in der befestigten Höhensiedlung auf dem „Bleibiskopf", einem Bergsporn des Taunuskamms. Diese Stelle war am Südhang des Taunusrückens unterhalb des Rosskopfs im 8. vorchristlichen Jahrhundert ständig besiedelt. Ein Ringwall mit Trockenmauer samt Holzversteifung, auch ein Palisadenkranz und ein stärkeres Tor scheinen die Siedlungsfläche von 1,4 ha eingeschlossen zu haben. In dem Siedlungsbereich lagen zwei kleine Felsgruppen. Die Depotfunde lieferten Arm- und Beinringe, Beile und ein Sichelbruchstück. Auch die nach drei Seiten durch steile Felshänge angriffssichere Loreley trug in der späten Bronze- und in der Hallstattzeit eine Befestigung.

Die Tatsache der Anlage befestigter Höhensiedlungen in der ausgehenden Bronzezeit weist auf gewisse Unsicherheiten im Zeitgeschehen und demzufolge auch im Siedlungsverhalten hin.

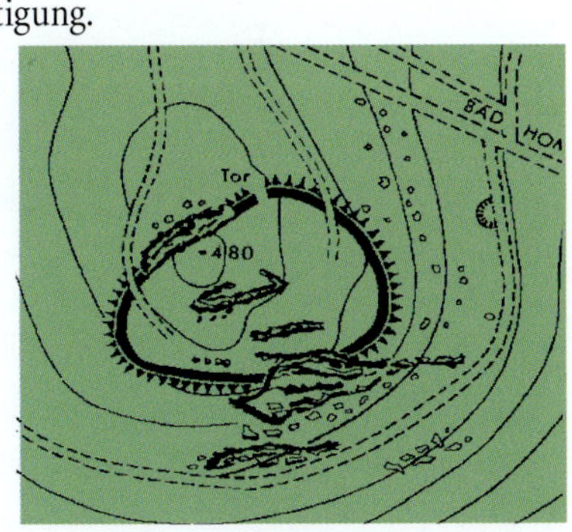

Ringwall auf dem Bleibeskopf

Die frühe Eisenzeit

Die Eisenzeit wird seit dem 9. vorchristlichen Jahrhundert bis zur Römerzeit angesetzt. Sie wird ihrerseits in zwei Hauptepochen gegliedert, die Hallstattzeit (750 bis etwa 500 – 450 v. Chr.) und die Latènezeit (450 bis zu Christi Geburt).

Die älteste Phase der Eisenzeit ist nach Funden bei Hallstatt im Salzkammergut benannt. Als Schmuck wurden jedoch Bronzeringe am Hals, an Armen und Beinen sowie Ohrringe getragen.

In der ausgehenden Hallstattzeit tauchte jenes Volk auf, das wir als Erstes in unserem Raum mit Namen kennen: die Kelten (Keltoi = die – von den Griechen her gesehen – „im kälteren Norden hausenden Menschen"). Bei ihnen bildeten sich offenbar einzelne Machtzentren der verschiedenen Volksgruppen heraus, die um einen „Fürstensitz" geschart waren. Die Fürstensitze selbst wurden von einer Art städtischen Kultur getragen und unterlagen einer politischen und militärisch straff geführten Staatsorganisation.

Die kulturellen und die völkischen Schwerpunkte der Kelten lagen nach der Verbreitung der zentralen Städte vor allem im heutigen Frankreich, in Südengland, in ganz Süddeutschland, und sie reichten im Osten über das heutige Tschechien bis nach Ungarn. Innerhalb Deutschlands weisen Funde, so z. B. bei Hochdorf (Nähe Hohenarperg/Ludwigsburg) eine gewisse Schwerpunktbildung im Raum von Baden-Württemberg auf. Ähnlich wie in Hochdorf wurde jedoch eine späthallstattzeitliche Männerbestattung 1973 bei Offenbach entdeckt, wobei ebenfalls ein vierrädriger eisenbereifter Wagen zu den Grabbeigaben eines offenbar besonders hochstehenden Toten gehörte.

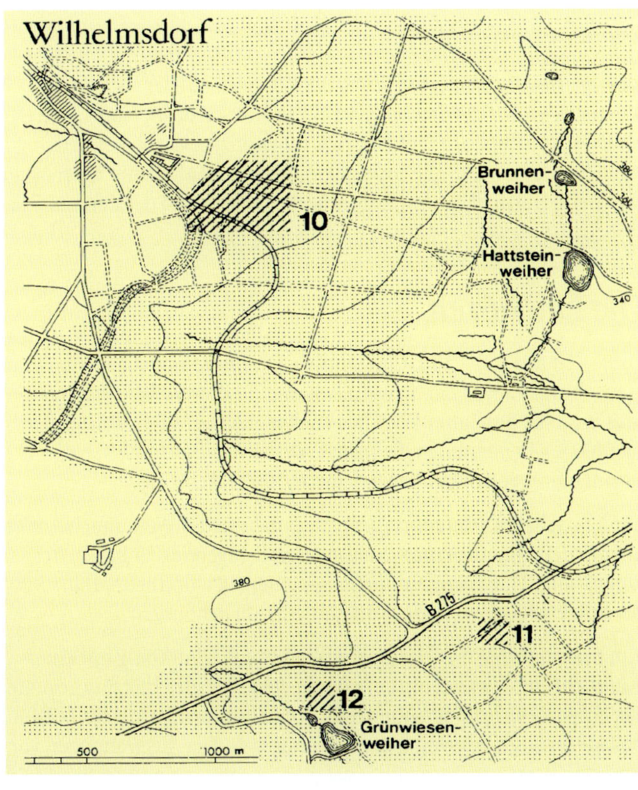

Lage der Hügelgräber bei Usingen-Wilhelmsdorf:
(10): insgesamt 32 Grabhügel im Flurteil „Hünengesäß".
(11): Drei Grabhügel unmittelbar südlich der B 275 im Westerfelder Wald.
(12): Stark zerstörte Grabhügel nördlich des Grünwiesenweihers.

Aus: Beckmann, B.: Führer zu vor- und frühgeschichtlichen Denkmälern, Bd. 21, Mainz 1972, S. 212

Fund aus der Hallstattzeit: Formedle Tonschale aus einem Grabhügel im „Schmittholz“ bei Wehrheim

Die meisten Grabhügelgruppen im Usinger Land stammen aus dieser Zeit. Zum Teil hat man bronzezeitliche Bestattungsstellen erneut benutzt. Die Nachbestattung fand in den 5 – 40 m Durchmesser betragenden Hügeln statt, in denen im Regelfalle eine rechteckige Grabgrube nachgewiesen ist, wo die Toten auf einem Totenbrett oder in einem Sarg beigesetzt wurden. Diese zentrale Grabkammer war durch eine Steinpackung oder einen Steinkranz unter dem Erdhügel verborgen. In die Hallstattzeit gehören auch die 32 im Usinger Stadtwald (Distrikt 36) gefundenen Hügelgräber. Auch die Hügelgräber im Flurteil „Hühnengesäß“ bei Wilhelmsdorf gehören dazu. Eindrucksvoll sind auch die elf hohen Grabhügel im Distrikt 27 (Jungholz) bei Pfaffenwiesbach. Insgesamt über 100 einzelne Hügel aus dem Usinger Land sind offenbar nur der Rest einer ursprünglich viel größeren Menge. Die Überackerung und die Erosion hat die Hügelgräber weitgehend unkenntlich gemacht. Die Sitten der Bestattung in der Späthallstattzeit setzten sich in der folgenden Latènezeit fort.

Funde aus einer Siedlung der vorrömischen Eisenzeit (ca. 6./5. Jh. v. Chr.), die während der archäologischen Baubegleitung der Heisterbachstraße 1997 zu Tage kamen

Bronzener Ringschmuck aus den Hügelgräbern am Wehrheimer Bahnhof (Späthallstattzeit)

Zur Späthallstattzeit gehört auch der Ringwall auf der Gickelsburg, 1,5 m km östlich der Saalburg. In 471 m NN wurde hier auf 1,6 ha eine ähnliche „Höhenburg“ angelegt wie die bronzezeitliche Befestigung auf dem Bleibeskopf. Die Gickelsburg wurde ebenfalls mit einer Mauer aus Stein, Holzbalken und Erde umgeben. Sie war in der Zeit um 500 besiedelt.

Die Latènezeit

Diese Zeit um 450 – 50 v. Chr. wurde nach einer Fundstelle am Neuenburger See in der Schweiz benannt. In dieser Phase scheinen größere Teile des Taunus neu besiedelt worden zu sein. Aus der Zeit um 400 v. Chr. stammen die beim Wehrheimer Bahnhofsbau entdeckten Gräber mit Funden geschmackvoller Armringe.

Die keltischen Stämme siedelten zwar mehr in der Wetterau, besaßen aber in den Taunusbergen, auch auf herausragenden Höhen in der Umgebung (Dünsberg bei Gießen, Glauberg bei Lindheim, Hausberg bei Butzbach) Herrensitze, Kultstätten und Fliehburgen.

Am bekanntesten dürfte der zweifach umwallte Altkönig mit einer Ausbuchtung (Annex) um eine Quelle sein. Der gleichförmig gestaltete Bergkegel (798 m) trägt eine große Doppelwallanlage, die im Luftbild besonders eindrucksvoll in Erscheinung tritt. Die Ausgrabungen von 1882/83 haben ergeben, dass es sich hier um die Trümmer einer holzversteiften Trockenmauer handelt. Die 4 – 5 m mächtige Steinpackung schützte in den vorchristlichen Jahrhunderten den keltischen Herrensitz, möglicherweise auch Opferstätte, vielleicht sogar Fliehburg. Auf dem ca. 26 ha großen doppelt umwallten Altkönig wurden bisher keine Funde gemacht, die auf eine fürstliche Funktion eindeutig hinweisen würden.

Ringwälle auf dem Altkönig, in der Vorzeit waren die Ringmauern von den damals kaum bewaldeten Gipfeln weithin sichtbar

Freigelegte Innenfront des oberen Mauerrings auf dem Altkönig. Grabung 1883 (Führer zu vor- und frühgeschichtlichen Denkmälern s. o., S. 21)

Restaurierte Ringmauer als Zeichnung. Im Hintergrund der Zustand des Zerfalls

Die Fundlage der Statue des Keltenfürsten vom Glauberg

Eine ähnliche keltische Ringwallanlage aus der Latènezeit findet sich auf dem Hausberg bei Butzbach. Die östlich der Wetterau liegende Anlage vom Glauberg erregte als Fürstensitz allergrößte Aufmerksamkeit, als 1996 in unmittelbarer Nachbarschaft ein großer Grabhügel, verbunden mit einer Prozessionsstraße, eine erhaltene und eine zweite zerschlagene lebensgroße Sandsteinstatue eines frühkeltischen Fürsten freigab. Die Statue trägt göttliche Attribute, wie z. B. einen Halsring mit knospenförmigen Zierstücken, Armringe, Fingerringe, drei Ringe am Oberarm, eine Blattkrone als eine Art göttliche Kopfbedeckung, einen ovalen Schild mit Spindelrippe vor dem Körper, ein Schwert, d. h. also die Ausstattung eines gut gerüsteten Kriegers aus dem 5. Jahrhundert v. Chr. Schon aus der frühkeltischen Zeit stammen zwei Fundstücke von höchster technischer Vollendung. 1932 fand man bei Hochheim einen Bronzespiegel mit figürlichem Griff.
Er trug beiderseits glänzend polierte Spiegelscheiben (Otto-Schwabe-Museum, Hochheim).[9] Ein weiteres Zeugnis keltischen Kulturhandwerks stellen die mit Ornamenten versehenen Zierscheiben aus Bronze dar, die im Gussverfahren hergestellt wurden und bei Langenhain gefunden wurden.

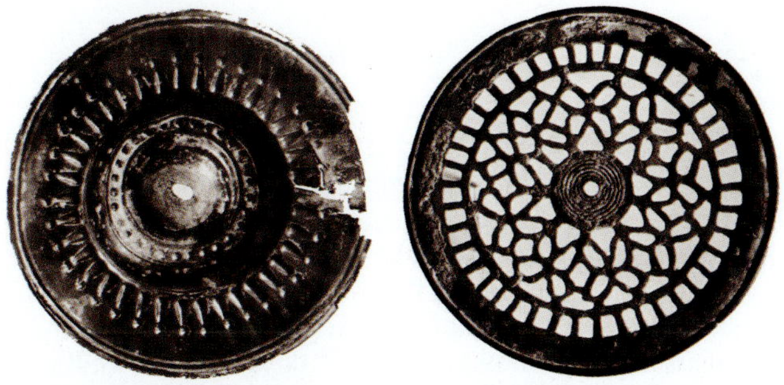

Keltische Zierscheiben aus Bronze von Langenhain (Main-Taunus-Kreis)

Die Münze von Obernhain verweist in die Phase der spätkeltischen Zeit. Sie wurde um 100 v. Chr. in Elektron, einer Mischung von Gold und Silber, geprägt und wird dem Keltenstamm der Treverer zugewiesen. Ihre Embleme (Apollo-Kopf, Pferd mit Menschenkopf, Wagenlenker über dem Pferd) machen die keltische Verbindung mit der Welt des Hellenismus im Mittelmeerraum offen.

Caesar bezeichnete die großen keltischen stadtähnlichen Siedlungskonzentrationen als Oppidum („De Bello Gallico 2,29"). Ein Oppidum in beispielhafter Form findet sich im Bereich der „Goldgrube" und der „Alten Höfe", zwei Bergsiedlungen, die durch das Urselbachtal bei Oberursel mit Wangenwällen verbunden waren. Dadurch war das gesamte Heidetränktal bis hinauf zu den Höhen von Sandplacken

Frühkeltischer Bronzespiegel, Fundstück von Hochheim/Main

Keltische Münze aus dem Heidetränk-Oppidums (Vorder- und Rückseite)

Elektronmünze aus Obernhain (Vorder- und Rückseite)

und Feldberg in Notzeiten als Weidegebiet, d. h. aber auch als Überlebensbereich geschützt. Ihre große Blütezeit erlebte die keltische Kultur im 2. und 1. Jahrhundert v. Chr. In dieser Epoche blühte die genannte Stadt mit einer 10 km langen Stadtmauer und einer Fläche von etwa 130 ha auf. Sie zählt zu den größten vorgeschichtlichen Monumenten in Deutschland. Dass die große Stadt am Taunusrand „auf der Goldgrube" und den „Alten Höfen" intensive Beziehungen mit dem Mittelmeerraum pflegte, zeigen nicht nur die Münzen, sondern auch der Bernstein, der aus dem Ostseegebiet kam und nach Süden verkauft, andererseits aber auch der Wein, der aus Italien gebracht wurde. Die Eisenerzlagerstätten des Taunus, vor allem aber auch das Salz von Bad Nauheim, wo in einer außerordentlich wirtschaftsstarken keltischen Sälzersiedlung das „Weiße Gold" in Sodpfannen gewonnen und in den Handel gebracht wurde, begünstigten die wirtschaftliche Blüte der Anlage.

9) Nimty, H.-J.: Menschen und Mächte ..., 75 Jahre Kreissparkasse des Main-Taunus-Kreises, 1986, S. 12

Zangentor der keltischen Stadt oberhalb der „Hohen Mark"

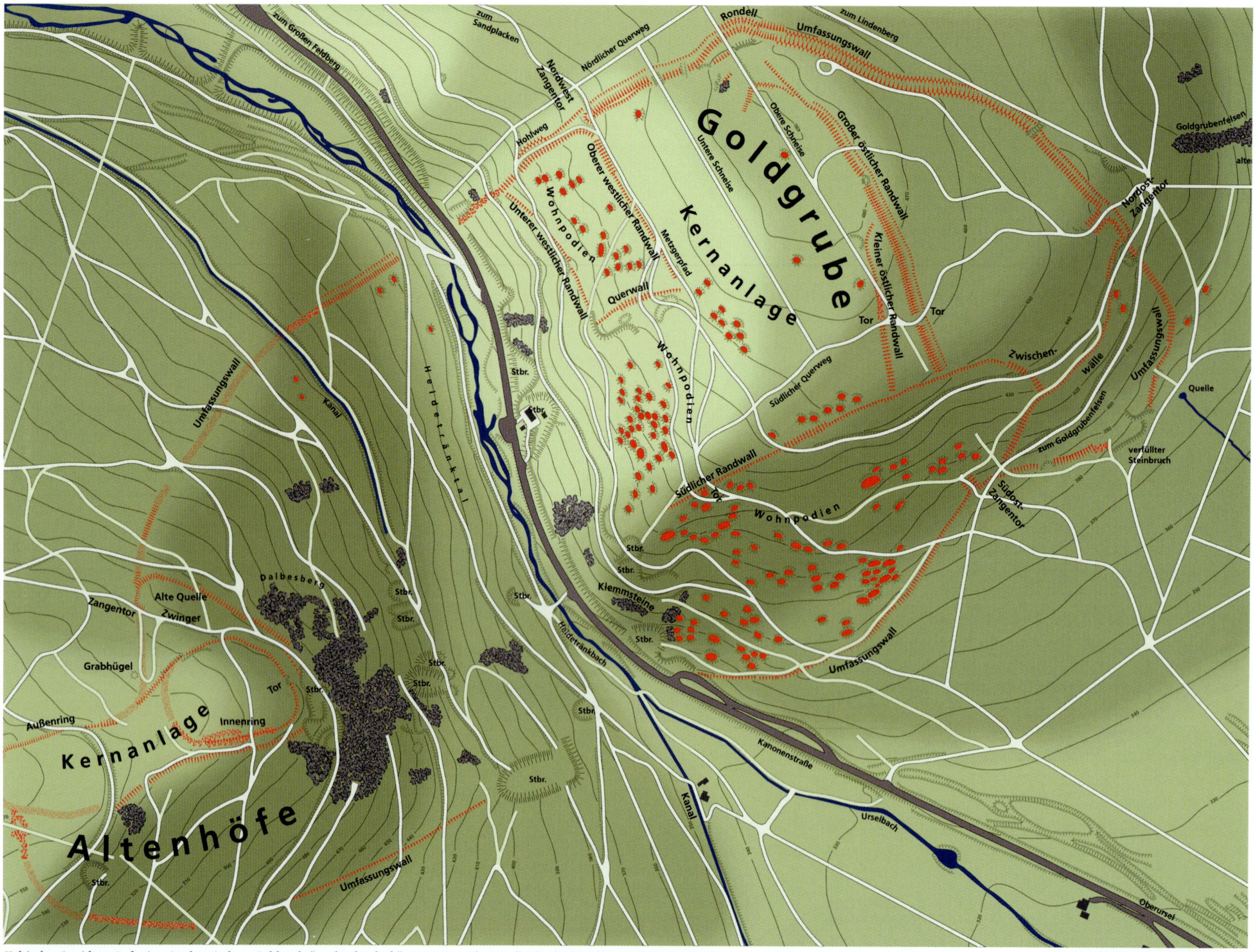

Keltisches Oppidum: Befestigte Stadt zwischen „Goldgrube" und „Altenhöfe" am Ausgang des Urselbachtales (Heidetränketal) bei der „Hohen Mark"

Blick auf die Besiedlung am Südwesthang der „Goldgrube" mit Umfassungsmauer und Südwest-Zangentor

Innerhalb dieser „Großstadt" wechselten Bereiche mit dichter Bebauung und Freiflächen. In Krisenzeiten mussten die Bewohner der umliegenden Siedlungen hier aufgenommen werden. Es gab Marktplätze, Handwerkerviertel, Wohnbereiche und Kultbezirke.

Es müssen wirtschaftliche, möglicherweise auch politische Gründe die Auflassung der gesamten Anlage bewirkt haben. Die fortifikatorische Bedeutung hätte ein Auflassen nicht so ohne Weiteres notwendig gemacht. Schließlich war das Oppidum ein Machtsymbol in der gesamten Region. Es besaß mehrere große Stadttore, wobei die sogenannten Zangentore besonders gut ausgebaut waren. Dabei bogen an den Umfassungswällen (Stein-Holz-Mauer) die Mauern in das Stadtgebiet 35 – 40 m ein. Es entstand eine 8 – 10 m breite Torgasse. Hier konnten Angreifer bei ihrem Druck auf die verwundbarsten Stellen der Stadt, nämlich die Tore, sozusagen am effektivsten „in die Zange genommen" werden, man konnte sie von drei Seiten beschießen. Die über 4 km lange Mauer war 4 – 5 m hoch und ebenso breit. Innerhalb der Anlage gab es einen Kernraum, der seinerseits noch einmal durch Zwischenwälle gesichert war.[10)]

Die Wälle des Nordost-Zangentores heute

Die in dem Oppidum gefundenen archäologischen Zeugen sind vor allem Metallteile von Pferdegeschirr (oft Zierstücke), Wagenteile, Jochbeschläge etc. Aber auch keltische Handmühlen in großer Anzahl, Geräte für die Feld- und Gartenarbeit (eiserne Pflugschare, Sichelmesser, Haken, Sensenblätter, Wetzstein) wurden gefunden. Speisereste aus Abfallgruben ermöglichten archäobotanische Untersuchungen und wiesen Gerste, Dinkel, Nacktweizen, Emmer und Hirse, aber auch Gemüsesorten wie Erbse, Linse, Ackerbohne, Kräuter usw. nach.

Bei den Handwerkern dominierten die Bronze- und Eisengießer, die Schmiede, die Töpfer und die Glasmacher. Mit Sicherheit war das Oppidum im Blick auf die Lebensmittelversorgung auf die Zulieferung aus den kleinen Weilern in der fruchtbaren Rhein-Main-Ebene und der Wetterau angewiesen. Offenbar gab es auch eine Münzstätte, wodurch ein großes metallurgisches Können nachgewiesen ist. Die vielen Verebnungsflächen von ca. 6 auf 10 m (Hauspodeste) trugen kleine Pfostenhäuser. Herdstellen, Keramik, Scherben, Handmühlen, eiserne Gerätschaften usw. weisen sie als Wohnstätten aus. Die Flechtwerkwände waren mit Lehm verputzt. Die Häuser versah man mit einem strohgedeckten Satteldach.

Bronzefunde vom Bleibeskopf

Keltische Goldmünzen (Regenbogenschüsselchen)

Bronzene Maske

Keltischer Mahlstein

Funde aus der keltischen Heidetränkstadt: Sensen mit Beiwerk

10) Maier, F.: Das Heidetränk-Oppidum, Topographie der befestigten keltischen Höhensiedlung der jüngeren Eisenzeit bei Oberursel im Taunus, in: Führer zur hessischen Vor- und Frühgeschichte, Bd. 4, Stuttgart 1985, S. 22 ff.

Die Römerzeit

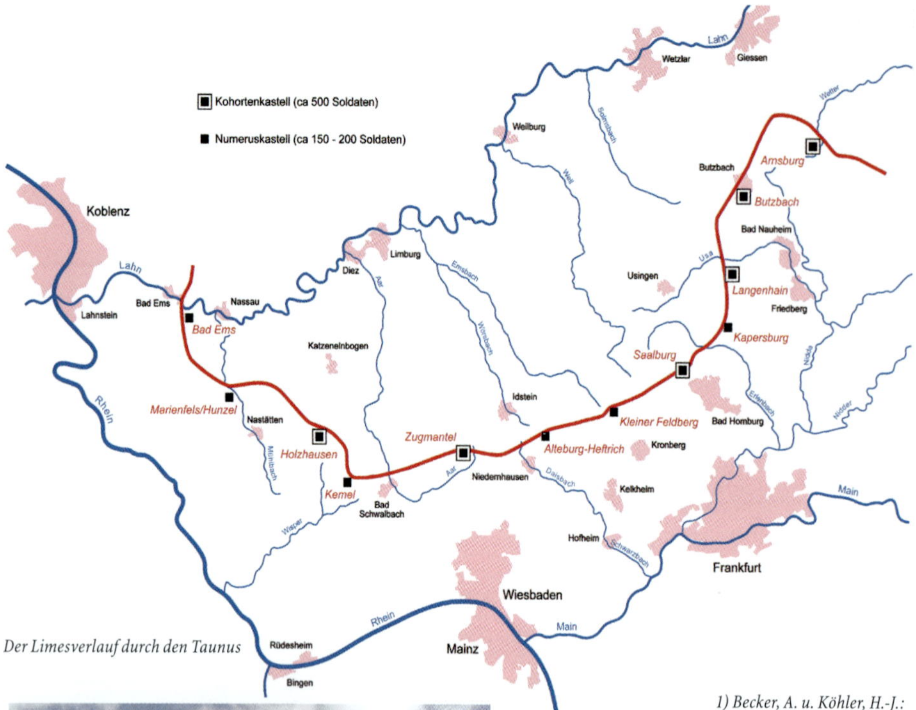

Der Limesverlauf durch den Taunus

1) Becker, A. u. Köhler, H.-J.: Fundamente aus Stein und Holz – Die Ausgrabungen in der römischen Stadtgründung von Lahnau-Waldgirmes 2002, in: Schallmayer, E.: Hessen -Archäologie 2002, Stuttgart 2003, S. 90 ff.

Kurhausportal Wiesbaden

Ein Reitergrabstein von Wiesbaden aus der Mitte des 1. Jahrhunderts verherrlicht den siegreichen Kampf der Römer, hier des Legionärs Dolanus, der über einen zu Boden gesunkenen Germanen hinwegreitet.

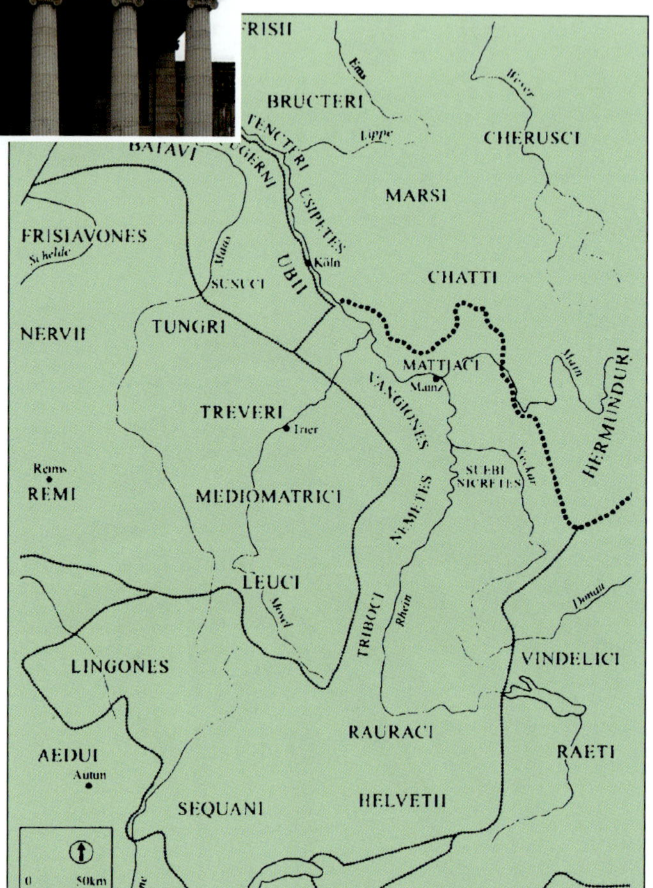

Hauptstammesgebiete in den germanischen Provinzen

Im Sommer 2005 erklärte die UNESCO den Limes, die rechtsrheinische Grenze des längst vergangenen Imperium Romanum zum Weltkulturerbe. Der obergermanisch-raetische Limes gilt als größtes, durch viele archäologischen Zeugen bestätigtes Bodendenkmal Europas. Er quert unsere Taunuslandschaft beinahe diagonal, nimmt dabei den Kemeler Rücken und große Strecken des Taunuskamms in Anspruch, und biegt am Winterstein (482 m) über den östlichen Taunusrand nach Norden ab.

Erste Annäherung der Römer

Bevor sich die Römer den Taunusbereichen näherten, waren schon Teile der keltischen Bewohner unseres Raumes vor den von Norden und Osten langsam vordringenden Germanen nach Westen ausgewichen. Sie hatten sich in den gallischen Territorien im heutigen Frankreich und in England niedergelassen. Nach Cäsars imperialistischen Feldzügen nach Gallien (58 – 51 v. Chr.) hatte der Eroberer Westeuropa eine feste römische Provinzialordnung gegeben. Im Zuge dieser großräumigen Veränderungen wurde die Grenze des römischen Reiches immer weiter nach Osten und schließlich bis zum Rhein verschoben. Damit war für seinen Nachfolger Kaiser Augustus der Weg der möglichen Machtausdehnung über den Rhein bis zur Elbe vorgezeichnet.

Im Taunusgebiet und in der Wetterau hatte sich die verbliebene keltische Restbevölkerung bereits mit einsickernden germanischen Stämmen vermischt. Um die Zeitenwende befanden sich zwei germanische Völker in unserem Raum. Es waren im Norden und Osten die Chatten mit den Stammeszentren Amöneburg im Süden und Alteburg im Norden. Im westlichen und mittleren Taunus siedelten die Mattiaker. Nach ihnen nannten später die römischen Eroberer das begehrte Gebiet der warmen Quellen um Wiesbaden „Aquis Mattiacis" (= bei den Wassern der Mattiaker).

Schon bald nach Christi Geburt waren zwei Legionen (eine Legion = 5.000 Soldaten) mit der zugehörigen Zivilbevölkerung im Militärlager Moguntiacum (Mainz) am Rhein gegenüber der Mainmündung stationiert worden. Offenbar war die Main-Taunus-Ebene, die vordere Wetterau und der östliche Taunus samt dem Gießener Becken bis zu dem Römerlager „Colonia" (Waldgirmes bei Wetzlar) vorübergehend in römischer Hand.[1)] Hier hatten die Römer bereits begonnen, eine Stadt zu bauen. Der lebensgroße Pferdekopf einer ehemals vergoldeten Reiterstatue vom August 2009 kann als Sensationsfund bezeichnet werden. Vermutlich gehörte er und alle zugehörigen Fundstücke zu einem Denkmal des Kaisers Augustus. Aus dem Jahre 15 n. Chr. berichtet Tacitus von einem Kriegszug des Germanikus zur Sicherung dieses besonders von den Chatten bedrohten Gebietes des Taunus. Damals seien die schnellen Angriffe der Römer u. a. von einem befestigten Lager „in monte tauno" ausgegangen, was sehr viel später zu dem Taunusnamen geführt hat (s. S. 11). Diese Feldzüge erwiesen sich deshalb als notwendig, weil im Jahre 9 n. Chr. bei der Schlacht am Kalkrieser Berg (Wiehengebirge) drei Legionen (samt Tross ca. 20.000 Menschen) mit ihrem Heerführer Varus untergegangen waren. Alle imperiale römische Politik war so zum Scheitern verurteilt, jedenfalls solange der legendäre Cherusker-Heerführer Arminius noch in hohem Ansehen bei seinen germanischen Stammesfreunden stand. Das Kriegsglück im Taunusvorland scheint gewechselt zu haben. Der Rhein bildete bald wieder über längere Zeit die Hauptgrenze.

Die Chattenkriege und die Grenzfestlegung

Erst unter dem flavischen Kaiser Vespasian reifte der Plan, das Rhein-Donau-Dreieck zu besetzen, zumal unter Augustus die alpinen Völker (Raeter, Helvetier, Noriker) bis zur Donau unterworfen waren und in „Augustum Vindelicorum" (Augsburg) eine zentrale Verwaltungsstelle eingerichtet war. Bei den wiederholten Versuchen der Römer, den Mainzer Brückenkopf zu erweitern, fügten besonders die Chatten aus den tiefen Waldbergen des Taunus und des Vogelsbergs dem römischen Heer immer wieder Verluste zu. Dem nahezu unverwundbaren disziplinierten römischen Heermarsch wichen sie in offener Feldschlacht aus.

Die unter Domitian angeordneten Chattenkriege (83 – 86 n. Chr.) führten zur endgültigen Besetzung der Wetterau und des gesamten westlichen und südlichen Taunusgebiets. Die dadurch versteifte Begrenzung des Imperium Romanum bedurfte einer sichtbaren Markierung und Sicherung. Diese Linie, der Limes (= Ackerrain, Grenze), verlief von Bad Hönningen unweit des Römerlagers von Andernach über den vorderen Westerwald, überquerte bei Bad Ems die Lahn, zog über den Kemeler Rücken und erreichte südlich des heutigen Taunusstein den Taunuskamm. Von dort verlief der Limes über die Taunushöhen bis in den Raum Bad Nauheim und Butzbach.

Die nun festgelegte römische Reichsgrenze schloss die fruchtbare Wetterau ein, wendete sich auf der Gießener Schwelle nach Osten, tangierte den westlichen Vogelsbergrand und traf bei Großkrotzenburg an den Main, um von dort als sogenannter „Nasser Limes", den Mainlauf nutzend, bis Miltenberg und von dort weiter in Richtung Regensburg zum Kastell bei Eining an der Altmühlmündung in die Donau zu verlaufen. In der Wetterau begannen die Römer unverzüglich mit der Anlage von Bauernhöfen auf Staatsland (ager publicus) und von Straßen. Bekannt blieb die später so genannte schnurgerade Elisabethenstraße von Mainz nach „Nida", der Verwaltungsstadt der Provinz civitas Taunensium.

Römische Gutsanlage (villa rustica) mit „Herrenhaus" und landwirtschaftlichen Nebengebäuden im Taunusvorland

Während in der bandkeramischen Zeit (5.000 v. Chr.) aus Siedlungsgründen dorfähnliche Gruppensiedlungen unseren Raum beherrschten, siedelten die Römer in dem Dekumatenland, d. h. im Taunusvorland und in der Wetterau in einheitlichen Gutshöfen (villae rusticae). Es waren weiß getünchte Steingebäude mit roten Ziegeln oder graublauem Schiefer gedeckt. Sie verfügten über höher entwickelte Geräte, besseres Saatgut, neue, schmackhaftere Obstarten und den Weinbau. Aus Abfallgruben der aufgelassenen Brunnen wissen wir, welche Anbaufrüchte vorherrschten. Überdies verbanden gepflasterte Straßen die Höfe untereinander.

Fundament des römischen Ehrenbogens in Mainz-Kastell, 19 n. Chr. (Germanicus)

Im Wiesbadener Vorort Mainz-Kastell wurde die 2,50 m mächtige Fundamentplatte des einzigen in Deutschland bekannten römischen Ehrenbogens gefunden. Dreibogig überspannte er die von der Rheinbrücke aus Mainz her kommende Hauptverkehrsstraße (spätere Elisabethenstraße) nach den größeren Römerniederlassungen bei Hofheim und Nidda.[2] Reste der Bauornamente deuten auf die Widmung des Ehrenbogens für den 19 n. Chr. verstorbenen Germanicus, Sohn des Drusus.

2) *Schallmayer, E.: Der Limes, Geschichte einer Grenze, s. 52 ff., München 2006 und Ausbüttel, F. M.: Die Stadt der Taunenser (civitas Taunensium), in: Jahrbuch Hochtaunuskreis 2000, S. 102 ff.*

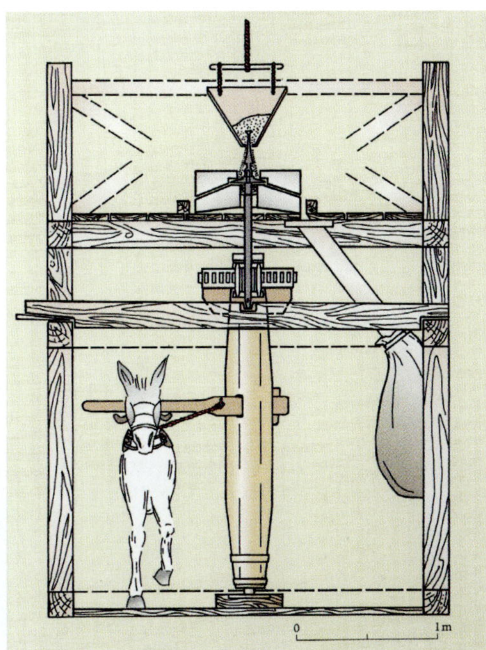

Rekonstruktion einer tiergetriebenen „Großmühle" im Saalburgmuseum

Der Obergermanische Limes
während der letzten Ausbauphase

Der Limes in seinen Ausbaustufen

Der um 90 n. Chr. geschaffene Limes bestand anfangs nur aus einer Sichtschneise und einem Postenweg mit Holztürmen (Wachtfunktion). Ungefähr 900 Wachttürme und 60 Kastelle auf seiner ganzen Länge dienten zu seiner Verteidigung.

Schon um 97 n. Chr. wurde unter dem damaligen Statthalter am Rhein, dem späteren Kaiser Marcus Ulpius Traianus, dieser Patrouillenweg als völkerrechtlich verbindliche Staatsgrenze festgelegt. Erst unter Kaiser Hadrian (117 – 138 n. Chr.) entstand um 120 n. Chr. die Palisadenreihe als zusätzliche Erschwerung etwaiger illegaler Grenzübertritte.

Mundartlich geprägte Ortsnamen wie „Pohl" an der B 260 im westlichen Hintertaunus und „Pohlheim" bei Gießen gehen auf den Begriff „Pfahl" zurück. In der Umgangssprache der Taunusbevölkerung nennt man den Limes bis heute „Pfahlgraben". Im Gegensatz zu diesem obergermanischen Limes war der raetische Limes, der von Miltenberg nach Süden zog, als Steinmauer ausgebildet. Mittlerweile hatte sich die Grenzsituation so beruhigt, dass sich an Kastellen ein rühriger Warenaustausch als kontrollierter Handel entwickelte.

Reste des Limes in Feldbergnähe

Um 150 n. Chr. wurden unter Kaiser Antonius Pius (131 – 161 n. Chr.) die meist baufälligen Holztürme durch massive steinerne Wachttürme ersetzt. Sie standen in einem Sicht- und Signalabstand von ca. 200 – 500 m und waren von 3 – 5 Mann besetzt. Als ein Beleg für das friedlich-schiedliche Miteinander im Austausch von Fellen, Honig, Tieren, Fleisch etc. gegen hochwertige Güter der Römer wie Werkzeuge, Schmuck, Tonwaren etc. mögen die Funde „auf der Beund" bei Usingen dienen. Hier wurden Zeugnisse aus dem 1. und 2. Jahrhundert gefunden. Es handelt sich um Scherben und Webgewichte vermischt mit römischer Terra Sigilata in einem Grubenhaus. Offenbar duldeten die Römer in der Nähe ihrer Reichsgrenze eine friedliche Koexistenz mit den germanischen Nachbarn, deren junge Männer sogar in den römischen Militärdienst eintreten durften und dadurch eine gewisse Aufstiegsmöglichkeit bekamen.[3)]

Schon in der zweiten Hälfte des 2. Jahrhunderts wuchs der Druck aus dem germanischen Siedlungsbereich auf den Limes. Unter Kaiser Marc Aurel (161 – 180 n. Chr.) legte man deshalb vor dem Postenweg und der Palisadenwand zusätzlich einen Wall und einen Graben als Annäherungshindernis gegen feindliche Reiterei an.

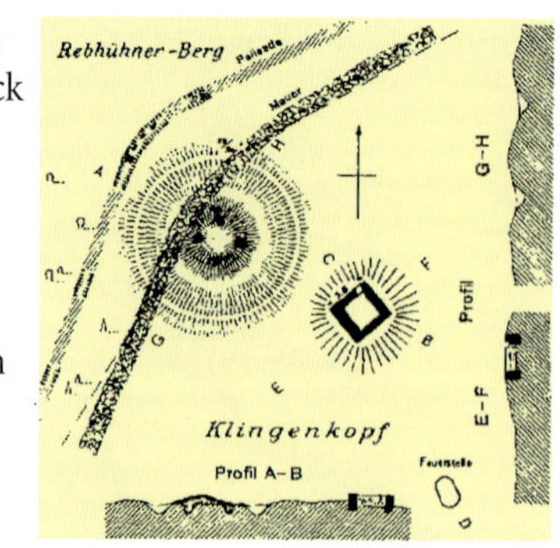

Grundmauern zweier Türme sowie Graben und Mauer aus zwei Limes-Epochen auf dem Rebhühnerberg (östl. vom Feldberg)

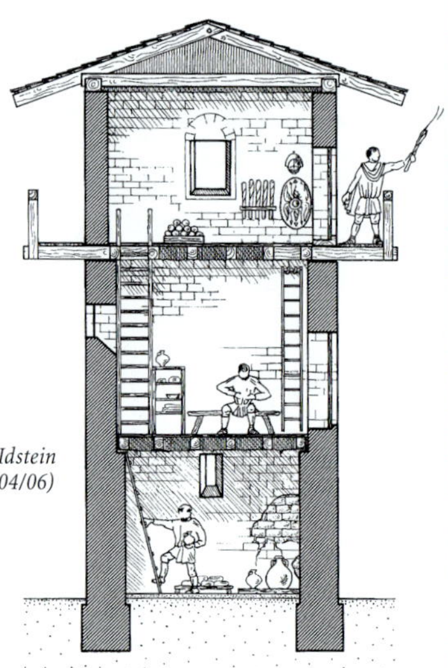

Römer-Wachtturm „Auf der Heide" bei Idstein (Rekonstruktion 2004/06)

3) Schallmayer, E. u. Fischer. N.: Usingen „Auf der Beund" – Germanisches Grubenhaus und karolingischer Herrenhof, in: Schallmayer, E.: Hessen-Archäologie 2002, s. o., S. 95 ff.

Die Kastellbauten im Taunus

Als herausragende Zeugnisse der Römerzeit im Taunus, wenn man von der Veteranen- und Verwaltungsstadt „Nida“ (zu der von der Saalburg ein schnurgerader Pflasterweg führte) und dem römischen Heilbad Wiesbaden (Aquis Mattiacis) absieht, zählen die militärisch voll ausgebauten Kastelle. Am bekanntesten dürfte die Saalburg auf der Passlage des Taunuskamms (ca. 412 m) sein. Sie war einst ein Standlager für eine 500 Soldaten zählende Kohorte. In dem nach einem erneuten Ausbau und einer Erweiterung im 2. Jahrhundert insgesamt 221 x 147 m messenden und mit mächtigen Steinmauern umgebenen Lager befanden sich Mannschaftsräume, Vorratsgebäude, Werkstätten, Backöfen, Brunnen, Exerzierhalle, Präfektur, Fahnenheiligtum, etc.

Das gesamte Lager wurde von 1898 bis 1907 rekonstruiert und vermittelt durch museale Präsentationen der Fundstücke und durch museumsdidaktische Aktivitäten einen guten Einblick in das Alltagsleben am römischen Limes. Dazu trägt auch das Ruinenfeld des Lagerdorfes mit zahlreichen Wohnhäusern, dem Badegebäude, den Brunnen und Heiligtümern bei. Diese zivile Siedlung, „vicus“ genannt, zählt zu den bestuntersuchten Anlagen dieser Art. Hier lebten Angehörige der Soldaten, Händler, Handwerker, Veteranen und Sklaven in festen Häusern. In der letzten Periode des Kastells erstreckte sich der Saalburgvicus von den drei Toren im Westen, Süden und Osten an geraden Straßenachsen. Bisher sind 96 Parzellen sicher nachgewiesen. [4] Selbst bei kleinen Numerus-Kastellen waren Dorfsiedlungen für Angehörige und Handwerker vorhanden, was sowohl bei dem Kastell „Kleiner Feldberg“ als auch dem Lager „Marienfels“ im westlichen Taunus festgestellt worden ist.

Weitere wichtige Lager finden sich bei Pfaffenwiesbach (Kapersburg), bei Langenhain am Übergang des Limes vom Taunuskamm über die Usa und bei Butzbach. Im westlichen Taunus ist auf die größeren Kastelle „Zugmantel“ bei Taunusstein und die Anlage bei Heidenroth zu verweisen. Beide waren Kohortenlager. Das Kastell Zugmantel war schon unter Kaiser Hadrian um 120 n. Chr. errichtet und unter Kaiser Caracalla um 213 erweitert worden. Um 260 musste es wie alle anderen „Taunuskastelle“ aufgegeben werden. Seine Mauern wurden schon im 18. Jahrhundert als billiges Baumaterial weitgehend abgetragen. Ähnlich erging es dem kleinsten Kohortenkastell (1,4 ha) am obergermanischen Limes bei Holzhausen auf der Heide. Die noch deutlich zu erkennende Rundapsis gehörte zu den Grundmauern des ehemaligen Fahnenheiligtums. Die hier noch im 19. Jahrhundert weitgehend erhaltenen Mauern wurden zum Bau der Bäderstraße (B 260) von Wiesbaden nach Bad Ems abgetragen. Die Wälle und Mauerreste der Umfassung sind noch gut erkennbar. Reste des Lagerdorfs erkennt man in den kleinen Ruinenhügeln in unmittelbarer Kastellnähe. Das Gelände des kleinen Kastells „Alteburg“ bei Heftrich verfiel, wurde aber später als Standort eines überregionalen ländlichen Marktes bedeutsam. [5]

Südlich des heutigen Hofheim hatten die Römer neben einem älteren Erdkastell, das schon um 50 n. Chr. von den Chatten zerstört worden war, nach den erfolgreichen Kriegen des Domitian (83 – 86 n. Chr.) ein Steinkastell zum Schutz der genannten Straße errichtet.

Auch die kleinen Zwischenkastelle gewannen an Verteidigungsbedeutung. Als Beispiel für ein Numeruskastell, das nur max. 200 Soldaten beherbergte, möge das Kastell „Kleiner Feldberg“ [6] dienen.

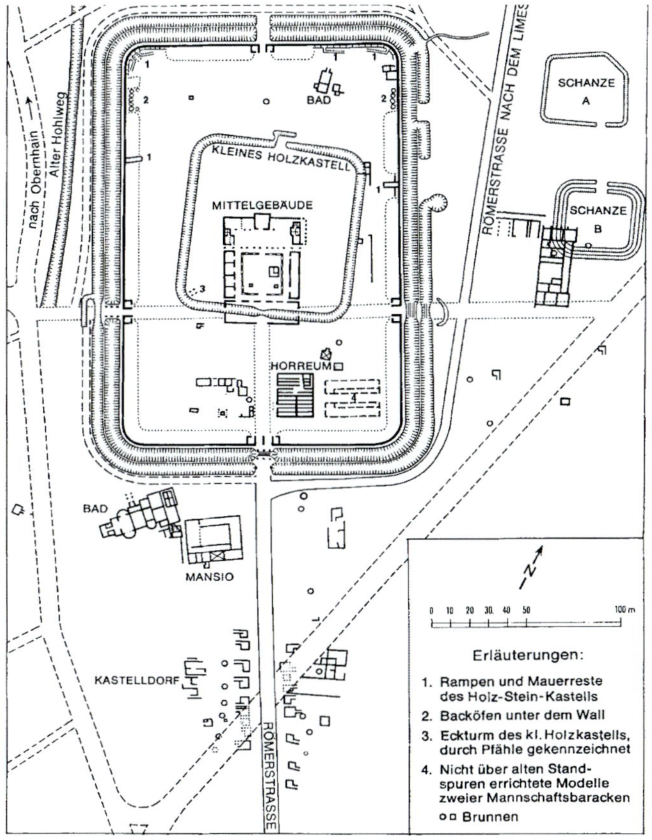

Die Saalburg (Lagerdorf, Kastell und Limes) während des 2. Jahrhunderts n. Chr.

Steinkastell Periode I Hofheim (Stand 1980)

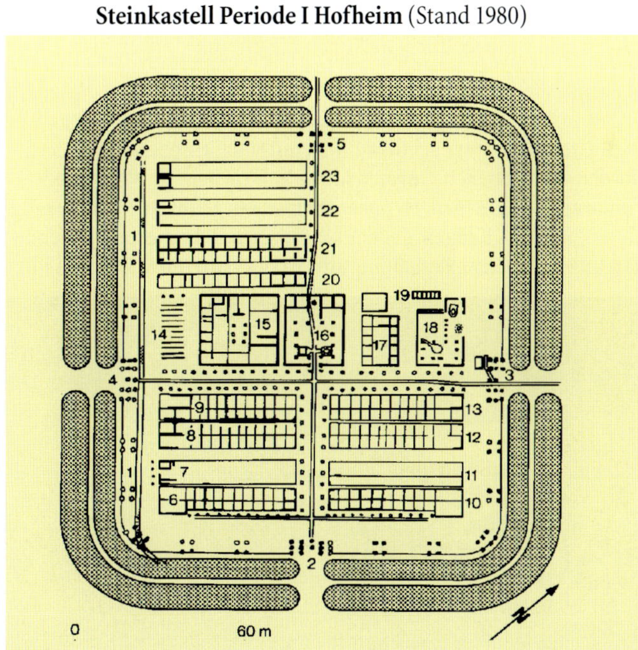

1 Früher Spitzgraben,
2 Haupttor,
3 linkes Seitentor,
4 rechtes Seitentor,
5 rückwärtiges Lagertor,
6, 8 – 10, 12, 13 Mannschaftsunterkünfte,
7, 11 Ställe,
14 Speicherbau,
15 Kommandantenhaus,
16 Stabsgebäude,
17 Lazarett,
18 Werkstatt,
19 Speicherbau,
20 – 23 Mannschaftsunterkünfte

4) Moneta, C.: *Vortrag zur Verleihung des Saalburgpreises 2008 (Masch. Schrift)*

5) Rabold, B., Schallmayer, E., Thiel, A.: *Der Limes. Die Deutsche Limes-Straße vom Rhein bis zur Donau, Stuttgart 2000, S. 22 ff.*

6) Baatz, D. u. Herrmann, F.-R.: *Die Römer in Hessen, Stuttgart 1982, S. 354*

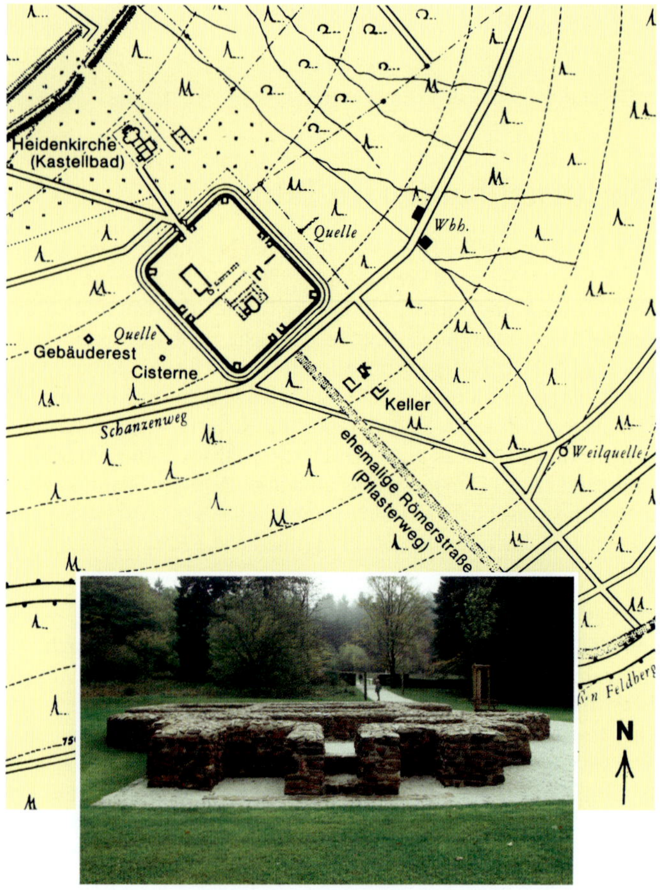

Lageplan und restaurierte Mauerreste des auf 700 m höchstgelegenen Kastells in Deutschland „Kleiner Feldberg“

Es wurde um 150 n. Chr. auf einer Fläche von ca. 7.000 m² im typischen Muster der römischen Kastelle angelegt und fest ummauert. Dieses Römerlager bot in der Spätzeit des rechtsrheinischen römischen Territoriums einer berittenen und schnell operierenden Einheit, die Späh- und Aufklärungsfunktionen wahrzunehmen hatte, Unterkunft (Exploratio Halicanensium Alexandrina). Unterhalb des Lagers, das in seinen Mauerresten die Funktionsbedeutung der einzelnen Gebäude (Kommandantur, Mannschaftsbaracken, Ställe und Vorratsräume) noch gut erkennen lässt, befand sich die im Volksmund so bezeichnete „Heidenkirche“. Auch dieses Gemäuer ist durch Ausgrabungen untersucht und schließlich als das Kastellbad erkannt worden. Oberhalb des Lagers befand sich eine kleine römische Dorfsiedlung, die bis zur Weilquelle reichte. Eine weitere Gruppe noch kleinerer Schutzanlagen sei stellvertretend am Beispiel „Heidenstock“ auf dem Eichkopf (620 m) zwischen Saalburg und Sandplacken erwähnt. Es wurde 1892 genauer untersucht, zumal seine Grundmauern noch ca. 1 m über dem Waldboden hervorragten. Die rechtwinklige Anlage (23,4 x 19,5 m) hat eine Mauerstärke bis zu 2 m aus bearbeitetem Quarzitbruchstein. Es beherbergte nur 20 – 30 Soldaten, die sich bei der Besetzung der Wachttürme abwechselten. Die Ecken sind abgerundet. Der ca. 3 m breite Eingang befindet sich an der Nordseite. Ein 4 m breiter und 1,20 m tiefer Graben umgab einst das kleine Lager. Der Pfahlgraben verlief rund 7 m am Nordwestrand des Kleinkastells vorbei. Die Grabungen förderten nur wenige Gegenstände zu Tage, so u. a. Münzen, Gewandnadeln, einen Schlüssel, eine Lanzenspitze sowie Bruchstücke von Ziegeln und Tongeschirr.

Marienfels war eine bedeutende Römersiedlung mit einem typischen Bad etwas außerhalb des Kastells. Diese ältere Anlage wurde später zugunsten des Lagers bei dem 1 km entfernten Hunzel an dem nach Norden verschobenen jüngeren Limes aufgegeben. Hervorragende Funde an Ziegelsteinen, Hypokaustenplatten, Münzen, Metallerzeugnissen, Schalen, Krügen, Teller usw. weisen auf die einst bedeutende Vergangenheit einer Besiedlung am Ort des späteren Marienfels hin.[7)]

7) Marienfels, Die große Geschichte eines kleinen Dorfes von R. Heimann und R. Männche, Bad Ems 1990, S. 7 ff.

Wachtposten 3/60 Mauer und Grube (Einsiedler) zwischen Saalburg und Sandplacken

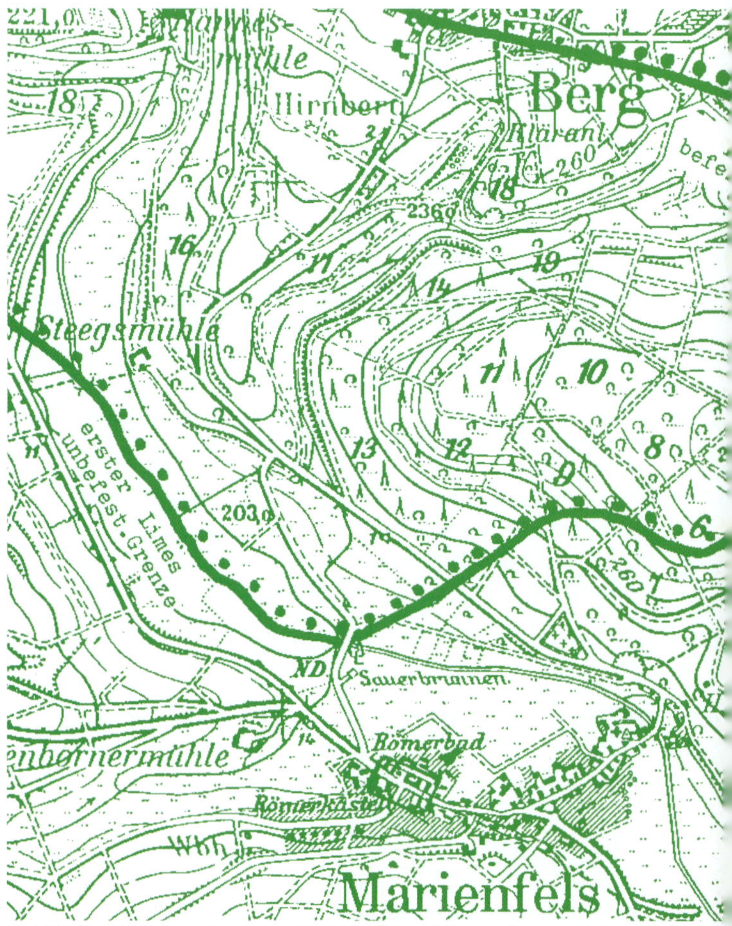

Kastell Marienfels mit dem erstem Grenzverlauf · Kastell Hunzel mit begradigtem und befestigtem Limes

Mauerreste des Kleinkastell „Heidenstock" mit Aufsichtsskizze

Mauerreste des Kastells „Holzhausen a. d. Heide"

Niedergang und Rekonstruktion römischer Anlagen im Taunus

Um 250 – 260 n. Chr. hielten der Limes und seine Kastelle den anstürmenden Alamannen nicht mehr stand. Die beginnende Völkerwanderung spülte hierzulande die römische Kultur fast vollständig hinweg. Die Mauerwerke der Kastelle und Türme zerfielen, die Natur eroberte sogar alte römische Bollwerke zurück. Die Bauern der umliegenden Dörfer holten sich die mauergerecht zugeschlagenen Steine als Baumaterial. Das Verbotsedikt von 1818 des Landgrafen Friedrich V. von Hessen-Homburg konnte wenigstens auf dem großen Trümmerfeld des Saalburgpasses der Totalzerstörung Einhalt gebieten.

Die Bezeichnung „Saalburg" ist erst seit dem Beginn des 17. Jahrhunderts nachweisbar. Sie lässt sich wahrscheinlich von dem fränkischen Begriff „Sal" oder „Sala" (= Herrenburg) herleiten und geht möglicherweise auf ein grabenumwehrtes karolingisches Turmhaus an diesem wichtigen Taunusübergang zurück.

Seit 1853 setzten im Gelände der Saalburg (412 m) systematische Forschungen und Ausgrabungen zunächst unter der Leitung von Archivar F. G. Habel, später von Oberst A. von Cohausen und von dem Geheimen Baurat Prof. L. Jacoby ein. Erst als Kaiser Willhelm II., der sich gerne in Bad Homburg aufhielt, für eine Restaurierung gewonnen wurde, konnte (unter anderem auch mit Hilfe amerikanischer Stifter) der Wiederaufbau von 1898 bis 1907 durchgeführt werden.

Alle Zeugen aus der Römerzeit stehen unter Aufsicht des Landesamtes für Denkmalpflege Hessen.

„Gespräche in der Horizontalen". Zeichnerische Rekonstruktion des in der Saalburg aufbewahrten Echzeller Trikliniums

Steinturm (WP 3/15) und Palisade am Kastell „Zugmantel“ an der Hühnerstraße (B 417) bei Orlen

Das Haupttor (porta praetoria) des Saalburg-Kastells mit der Bronzestatue des Kaisers Antonius Pius

Rekonstruktion der Saalburg-Mauer an der Südostecke, rechts im Bild: alter Zustand der Wehrmauer mit weißem Verputz und rotem Fugenstrich

Die „Saalburg“, wie das Römer-Kastell auf der Passhöhe zwischen Usingen und Bad Homburg im Volksmund genannt wird, mit dem 2008 erstellten „Fabricia“-Gebäude (rechts)

Den Mittelpunkt eines Kastells bildete das Fahnenheiligtum

Der Limes als Grenzgestalter

Nach den Alamanneneinfällen um 260 n. Chr. trat die Grenze des alten Imperium Romanum außer Kraft, und die reiche Kulturlandschaft des Vordertaunus und der Wetterau ging einem kulturellen Verfall entgegen. Von dem Limes zeichnen sich streckenweise heute noch Wall und Graben gut im Gelände ab. Merkwürdigerweise lebte die Funktion des Limes als Grenze in der fränkischen Zeit wieder auf. In einer Grenzbeschreibung (Grenzgang) der Mark Wehrheim von 1482 heißt es diesbezüglich: „Von der Saalburg verlief die Grenze „dem Pfahlgraben Ussen“ (entlang) hinter dem grauen Forste her“, am Kastell Heidenstock vorbei, wo sie dann am Rebhühnerberg (Klingenkopf) in den Weihersgrund abbog.[8)]

8) Ernst, E.: Neu-Anspach, Werden und Wirken, 1974, s. o., S. 106 f.

Der Limes zwischen Saalburg und dem Kastell „Kleiner Feldberg“ behielt durch das ganze Mittelalter und die Neuzeit bis 1972 seine Grenzbedeutung zwischen den nassauischen Gebieten nördlich des Taunuskamms und der kleinen Landgrafschaft Hessen-Homburg sowie dem Obertaunuskreis und dem Kreis Usingen. Aber auch der östliche Limes in Richtung Bad Nauheim wurde als Grenze weiter beachtet. Die Grenzsteine des 19. Jahrhunderts, die sich heute noch im Limesabschnitt zwischen Saalburg und Feldberg aufreihen, tragen die Initialen L H (Landgrafschaft Hessen) und H N (Herzogtum Nassau).

So sehr diese Funktion als Scheidelinie im administrativen Bereich ausgeübt wurde, so muss man feststellen, dass der Taunuskamm als wirtschafts- und sozialräumliche Trennungslinie insbesondere in den letzten 100 Jahren aufgehoben wurde. Das galt in der fränkischen und nachfränkischen Zeit so noch nicht.

Landgrafschaft Hessen (Homburg)

Herzogtum Nassau

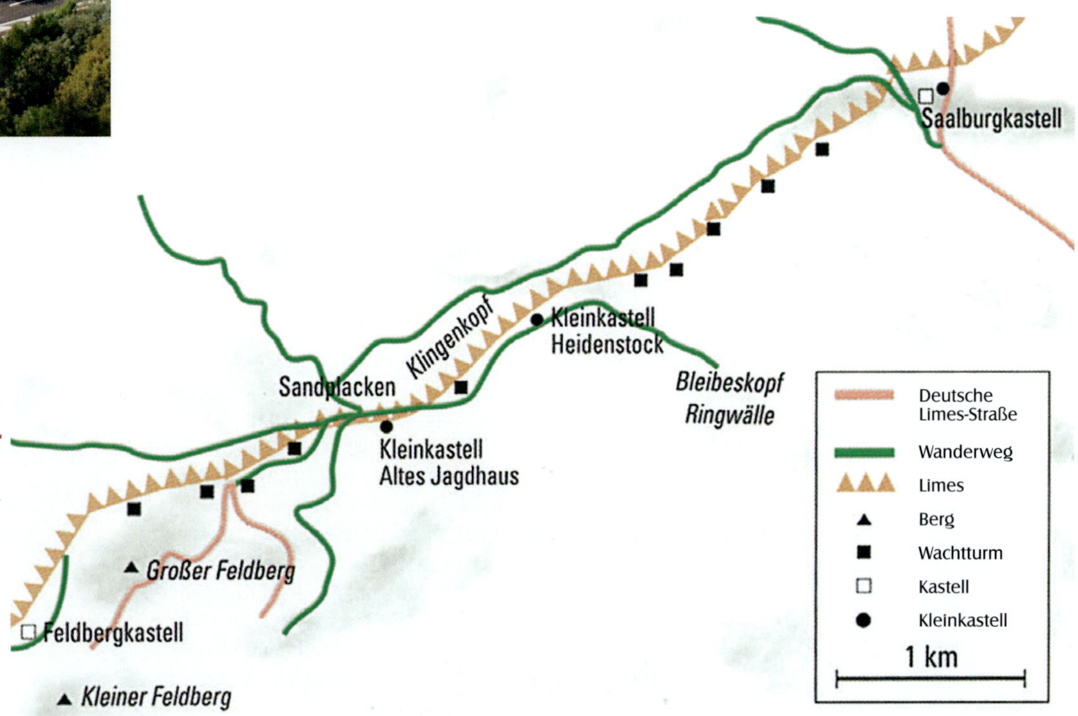

Vom Frankenreich zu den Burgherren

Um 233 n. Chr., während der ausgehenden Völkerwanderungszeit, ereigneten sich die ersten schweren Einfälle der Alamannen, die aus dem mittleren Elbegebiet kamen und den chattischen Raum offenbar unbehelligt querten. Gegen den Alamannensturm half auch der Präventivkrieg unter Kaiser Caracalla nicht. Die Römer wanderten ab und mit dem Militär und den Verwaltungseinrichtungen verschwand auch der Großteil der Bevölkerung. Die neuen Stämme aus dem Osten nahmen das fruchtbare südhessische Senkengebiet und das Taunusvorland in Anspruch. Die Rheingrenze hielt noch etwa 100 Jahre. Die letzten römischen Truppen zogen um 406 auch aus dem linksrheinischen Gebiet ab, womit der Einfluss der mittelmeerischen Kultur in unserem Raum zu Ende ging. Der Aufenthalt der den Alamannen nachziehenden Burgunder war insbesondere im Raum südlich von Darmstadt und in Rheinhessen nur von kurzer Dauer. Nach 30 Jahren wurden sie bereits von den Hunnen vertrieben (Nibelungensage). Die Alamannen kamen für kurze Zeit zurück, mussten aber bald den Franken weichen. Zu den Zeugnissen aus der Phase vor der merowingisch-fränkischen Besiedlung zählen die aus dem 5. Jahrhundert stammenden Gewandspangen, Haarnadeln und andere Funde aus Gräbern im Main-Taunus-Gebiet (Eschborn, Gonzenheim).

Bügelfibeln (Sicherheitsverschlüsse) aus einem alamannischen Gräberfeld des 5. Jahrhunderts im Bereich des Eschborner Friedhofs

Die Landnahme unter merowingisch-fränkischen Herren

Nach dem endgültigen Sesshaftwerden der Franken öffneten sie sich der Christianisierung durch iro-schottische Mönche.

Diese sind seit etwa 550 im Main-Taunus-Gebiet und an der unteren Lahn zugange (Kilian, Goar, Lubentius). Ihre Tätigkeit wird ab 721 mit dem Wirken des angelsächsischen Mönches Bonifatius durch eine Festigung des Christentums und eine straffere Organisation mit Anbindung an Rom allmählich abgeschlossen.

Erst seit den Tagen der fränkischen Merowinger und ihrem großen Sieg unter Clodwig um 500 gegen die Alamannen und seiner Bekehrung zum Christentum begann die sogenannte Landnahme. Diese bestand darin, dass das Land im Sinne einer bleibenden Sesshaftigkeit auf Dauer in Anspruch genommen wurde. Die römischen Siedlungsplätze wurden jedoch nicht fortentwickelt. Erst im 7. und 8. Jahrhundert kam der Ausbau der Kulturlandschaft mit der Siedlungsentfaltung und einer nachhaltigen Landbewirtschaftung in geordnete Bahnen. Es entstanden Kirchen: 782 in Dietigheim (Homburg) und 788 in Rödelheim (s. S. 126 ff.).

Die alte Burg bei Hofheim-Lorsbach, unweit des westlich gelegenen Bahá'i-Tempels bei Langenhain, ist eine Befestigung aus dem 6. – 8. Jahrhundert. Wall und Graben sind stellenweise bis 5 m in ihrer Höhendifferenz vorhanden. Die Theutbirg-Basilika bei Wetzlar-Nauborn im östlichen Hintertaunus ist bereits in einer Urkunde von 781 belegt. Es handelt sich um die Schenkung einer Adligen an das Kloster Lorsch. Es war eines der damals seltenen Steingebäude im Taunus. In diese Zeit fällt auch die erste Erwähnung Usingens in Fuldaer Urkunden zwischen 750 und 802. Es handelt sich um einen Königshof (curtis) an der Kreuzung alter Handelswege Frankfurt/Köln und Butzbach-Idstein-Wiesbaden. 772 ist im oberen Weiltal bereits die Eisengewinnung (Dorfweil) in Verbindung mit dem Kloster Lorsch belegt (s. S. 126 f., 139).

Der Ringwall „Hünerberg" bei Kronberg-Schönberg ist eine deutliche Geländeerhebung auf einem isolierten kleinen Höhenrücken. Die Wälle sind Reste einer frühmittelalterlichen Ummauerung in einer Stärke von bis zu ca. 2 m. Die Keramikfunde stammen aus dem 8. und 9. Jahrhundert.[1)]

1) Führer zu vor- und frühgeschichtlichen Denkmälern, Bd. 21, Mainz 1972, S. 74 ff.

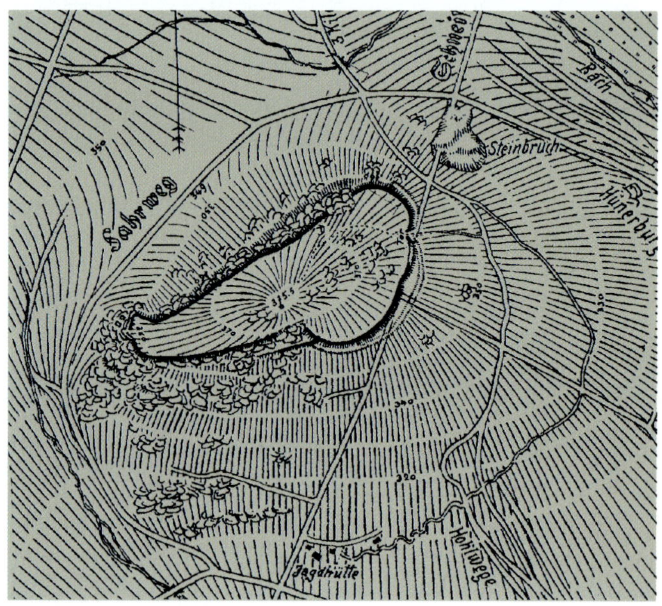

Plan der Hünerburg bei Oberhöchstadt (nach CH. L. Thomas)

Die karolingische Zeit

Dem äußeren Glanz der aufblühenden fränkischen Reichseinheit unter den karolingischen Hausmeiern, die gleichsam eine Königsfunktion innehatten, entsprach eine gut funktionierende verwaltungspolitische Gestaltung im Inneren. Nach dem Muster der römischen Provinzeinteilung (civitates) wurden die vom fränkischen Königreich beherrschten Gaue geschaffen, die ihrerseits in Marken (Gerichtsbezirke) unterteilt waren. Den Gauen standen Reichsgrafen vor, welche die Geschäfte des Königs im reichsunmittelbaren Herrschaftsgebiet zu erfüllen hatten. Sie waren Lehensträger des Königs und des Reiches und hatten die Aufgabe der Rechtsprechung, der Kontrolle der Finanzwirtschaft und der Verwaltung der Königsgüter.

Es war insbesondere Karl der Große, der diese Verwaltungsgliederung zu einem Höhepunkt entwickelte, der in seinen Pfalzen immer wieder Hof hielt und sein großes Reich sozusagen aus dem Sattel regierte. Das Rhein-Main-Gebiet war ein karolingischer Kernraum mit den Pfalzen Trebur und Frankfurt. Der Taunus blieb Reichsland mit einigen Stützpunkten der Klöster Lorsch, Bleidenstadt und Fulda.

Die Gaugrafen und die von ihnen in Dienst gestellten Vasallen und Vögte versuchten bereits im 9. und 10. Jahrhundert, eigenen Besitz zur Erlangung staatlicher Hoheitsrechte zu schaffen. Dies konnte ihnen jedoch erst vollends im Hochmittelalter, d. h. nach der Zeit der starken Sachsen- und Staufenkaiser gelingen.

Im Reichsland blieben nicht die Gaue, aber die kleinen Verwaltungseinheiten den Marken trotz des Aufkommens der Territorialherren noch über Jahrhunderte erhalten. Hier regierte zunächst noch das Märkerthing, d. h. das genossenschaftliche Gericht, über die in den Marken zusammengeschlossenen Dorfschaften. Es sprach Recht und entschied insbesondere über die Nutzungssysteme. Dabei ging es insbesondere um die Weidezeiten und die Auftriebsstärken des Viehs im Allmendland (genossenschaftlicher Besitz von Wiese und Wald),

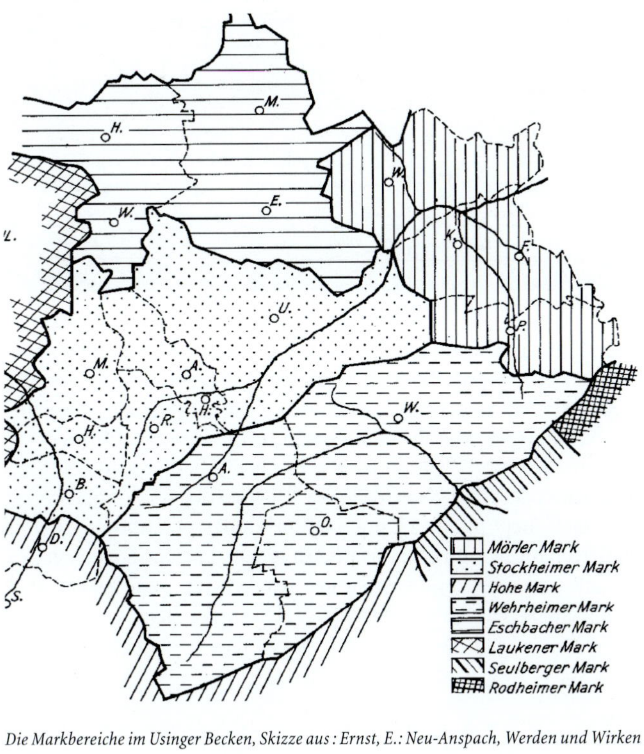

Die Markbereiche im Usinger Becken, Skizze aus: Ernst, E.: Neu-Anspach, Werden und Wirken 1974, S. 104

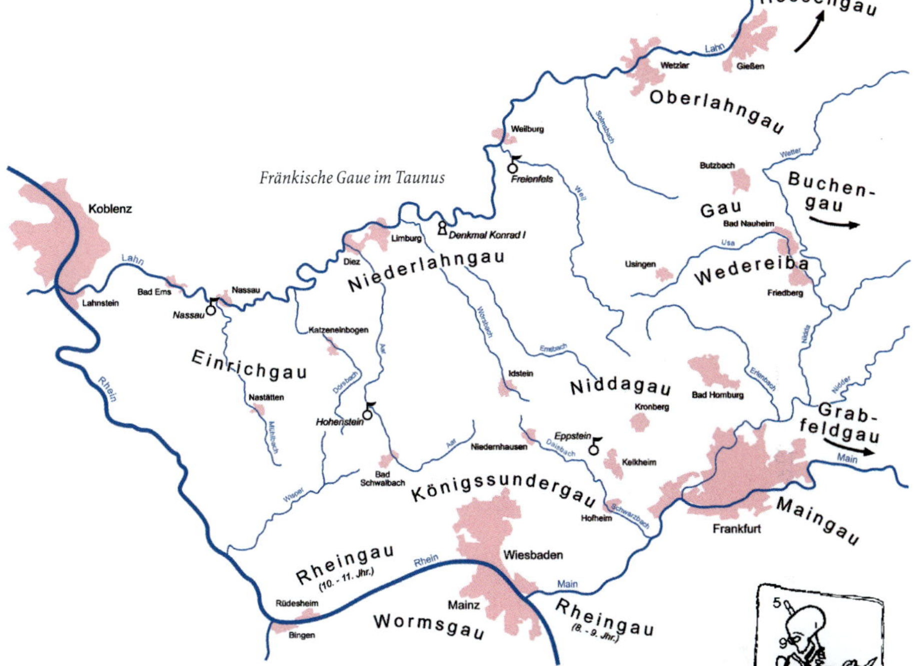

aber auch um die Holznutzung und andere Gemeinschaftsaufgaben, wie z. B. Wege- und Brückenbau. Die Marken waren abgegrenzte Gebiete, die stellenweise sogar Wehranlagen wie Wehrgehölze oder Landwehren (Graben und Gebück) aufwiesen, mindestens jedoch durch markante Grenzsteine und Lochbäume (mit Löchern versehene Grenzbäume) gekennzeichnet waren. So lag z. B. innerhalb des Niddagaus südlich des Limes die große Hohe Mark mit 35 Ortschaften, die alljährlich „auf der Au", d. h. vor den Toren von Oberursel, Gericht hielt. Nördlich der Grenzmarke des Limes schloss sich die Mark Wehrheim an, östlich die Mörler Mark und die Rodheimer Mark.

Wie sehr man Karl den Großen in Frankfurt schätzte, der nach der Niederwerfung der Sachsen und der Festigung der Grenzen nach Osten hin das Reich geeinigt hatte, zeigt u. a. das demonstrativ vor dem Historischen Museum in Frankfurt stehende Denkmal des halb Europa beherrschenden Regenten. Karl der Große hielt in Frankfurt im Herbst 794 eine große Reichsversammlung mit den Fürsten und Grafen ab und lud die Bischöfe zu einer für das Abendland bedeutsamen Synode nach Frankfurt ein. In der „Villa Franconofurd", der als „locus celeber" (berühmter Ort) bezeichneten Pfalz, fasste die europäische Synode Beschlüsse gegen die Irrlehren und die Bilderverehrung, abweichende Auffassungen vom Christentum. Sie entschieden in manchen Dingen anders als der Papst. Die Bedeutung Karls des Großen für das Abendland war jedoch bereits so gewachsen, dass er von Papst Leo III. an Weihnachten des Jahres 800 zum römischen Kaiser gekrönt wurde. Frankfurt behielt seitdem einen hohen politischen Rang. Nach dem Teilungsvertrag von Verten (Verdun) im Jahre 843 unter Kaiser Karls Nachfolger, Ludwig dem Frommen, erreichte die politische Bedeutung der Stadt einen Höhepunkt. Ludwig der Deutsche, der Sohn Ludwigs des Frommen, machte Frankfurt zur Hauptstadt des Ostfränkischen Reiches. Fortan nahm aber der Einfluss der Kaiser ab, während der des Klerus (Erzbischof von Mainz) und der Fürsten anstieg.

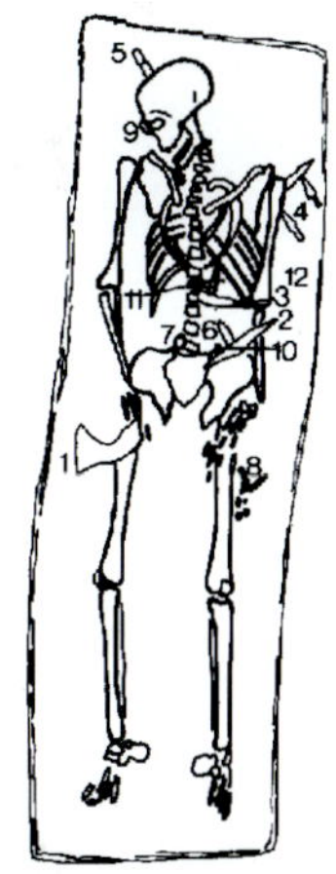

Skelettfunde: Männer- (o) und Frauengrab (u) aus einem fränkischen Gräberfeld bei Nieder-Erlenbach. (Archäologische Denkmäler Hessen, Heft 78)

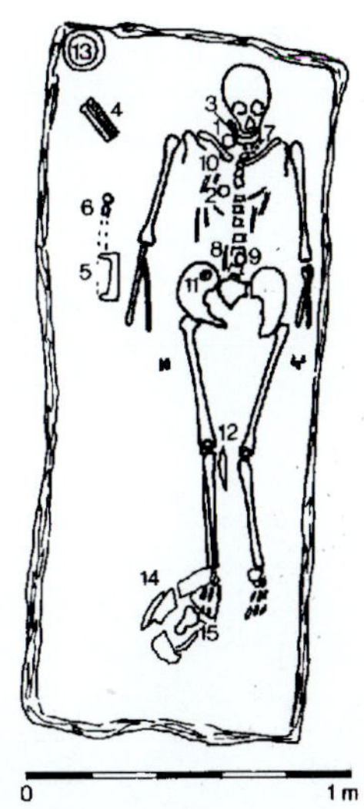

Verzierter Bronzearmreif aus dem Frauengrab von Nieder-Erlenbach

Die Feudalherren, ihre Burgen und Schlösser

Denkmal Konrad I. bei Villmar an der Lahn

Die Karolinger starben 911 aus. Mit Hilfe des Erzbischofs Hatto von Mainz und einiger Herzöge wurde Graf Konrad aus dem Oberlahngau und dem Hessengau zum Deutschen König gewählt. Er residierte auf der „Wilinaburg“ über Weilburg und regierte auch über die Stiftsbereiche in Limburg und Wetzlar. Im Nordosten seiner Besitzungen befand er sich in Grenzkämpfen mit den Sachsen. Dem die Linie der Konradiner begründenden König wurde ein eindrucksvolles Denkmal gewidmet auf einem zur Lahn steil abfallenden Kalkfelsen zwischen Runkel und Vilmar. Vom hohen Sockel reicht er die Krone von sich weg. Konrad war zwar von den fränkischen Herzögen zum König gewählt worden, die nach Selbständigkeit trachtenden Stammesfürsten machten ihm aber im Reichsinneren stets Schwierigkeiten. Von außen drohten Überfälle der Slawen, Normannen und Ungarn. Die Reichseinheit war vor allem bedroht durch die freimütigen Sachsen, aber auch durch die selbstherrlichen Lothringer, Schwaben und Bayern.

Als der resignierende König Konrad auf seiner Burg in Weilburg im Dezember 918 todkrank daniederlag, entschied er sich zu einer in der deutschen Geschichte einmalig klugen und vorbildlichen Tat. In seinem „Weilburger Testament“ schlug er seinen mächtigsten Gegner, Herzog Heinrich von Sachsen (Quedlinburg), zu seinem Nachfolger vor. Der am 23. Dezember 918 verstorbene König Konrad I. wurde in Fulda beigesetzt. Mit Heinrich I., seinem ehemaligen Hauptgegner, begann die eigentliche Geschichte des ersten Deutschen Reiches.[1]

Ein anderer bedeutender Gaugraf aus dem Lahngebiet war der in Limburg residierende Graf Konrad Kurzbold. 910 hatte er von König Ludwig dem Kind die Erlaubnis erhalten, seinen Burgsitz auf dem Kalkfelsen von Limburg einzurichten. Er besaß auch den einträglichen Fronhof von Brechen im fruchtbaren Limburger Becken und gründete das St. Georgsstift.

Grabmal des Gaugrafen Konrad Kurzbold im Limburger Dom

Schon seit langen Zeiten bündelten sich an der Lahnfurt bei Limburg (vgl. S. 77) viele Straßen von Nord nach Süd und Ost nach West. Der Stifter des Kirchenbezirkes St. Georg schuf damit die bauliche Voraussetzung für die im 13. Jahrhundert errichtete spätere Domkirche und den Bischofssitz. Graf Konrad starb 948, sein Grabmal befindet sich im Dom. Es handelt sich um eine Sandstein-Tumba mit einem Bildnisrelief des Toten und mit Figuren der Stiftsgeistlichen.

Ab dem 11. Jahrhundert begann die Siedlungsentwicklung in dem Mittelgebirgsraum des Taunus. Die Bevölkerungszunahme konnte auch in der deutlich entwickelten Städtebildung nicht ganz aufgefangen werden. Die erste Rodungszeit begann. Zugleich lösten sich die vormaligen Turm- und Wasserburgen im flachen Vorland und in den Becken und Senkenzonen zum großen Teil auf. So verließen z. B. die Ritter von Eschborn (Askiburne) ihre wasserumgebene Turmburg um 1200 und errichteten die ersten Schutzgemäuer in Kronberg (s. S. 142).

Rekonstruiertes Fundament der Turmhügelburg in Bommersheim

Die erst im 12. Jahrhundert gegründete Turmhügelburg (Motte) von Bommersheim wurde von Ganerben des niederen Adels im 14. Jahrhundert stärker ausgebaut. 1382 fanden die tonangebenden reichen Stadtbürger von Frankfurt den Vorwand angeblichen Raubrittertums, um die Burganlage zu zerstören.[2] Im Taunus entstanden zahlreiche Rittersitze in der salischen, vor allem in der staufischen Zeit, die ihren Höhepunkt im 13. und 14. Jahrhundert erreichten. Auf ihnen residierten im 14. und 15. Jahrhundert regional mächtige Herren. Aus der Fülle der diesbezüglichen Burgen aus dem Taunus seien einige auf den folgenden Seiten als repräsentativ herausgegriffen.

Burg- und Domberg hoch über der Lahn in Limburg

1) Bei den im weiteren Textverlauf angesprochenen Burgen und Schlössern wird neben lokalhistorischer Literatur vor allem zurückgegriffen auf: Handbuch der historischen Stätten, Bd. IV (Hessen) und Bd. V (Rheinland-Pfalz/Saar), Kröner-Verlag, Stuttgart

2) Lorscheider, F. u. Recker, M.: Die Turmhügelburg der Raubritter von Bommersheim und ihr Ende im Jahre 1382, in: Jahrbuch Hochtaunuskreis 2009, S. 270ff.

Burg Nassau

Wo heute die Bäderstraße (B 260) und die Bahn von Süden über die Lahn nach Bad Ems wechseln, gab es schon in fränkischer Zeit eine Straßensicherung. Der hier vorhandene Königshof „Nasonga“ kam 915 als Schenkung König Konrads I. an das Walpurgisstift in Weilburg und mit ihm 993 an das Wormser Hochstift. Dieses gelangte schließlich an den Erzbischof von Trier, der 1159 die Grafen von Laurenburg an der Lahn mit dem Hof Nassau belehnte. Die Herrschaften hatten schon unter der Wormser Herrschaft 1101 auf der Taunusseite in Nassau über der Lahn einen Ansitz errichten lassen, der dann zur Burg ausgebaut wurde und fortan den Namen „Nassau“ für dieses erfolgreiche Geschlecht trug. Mit ihren Rittern nahmen die Grafen von Nassau regen Anteil an den Kreuzzügen und förderten das Ordenswesen. Ihnen fielen große Stiftungen zu.

Burg Nassau hoch über der Lahn

Stich von Matthäus Merian d. Ä. von 1655 mit der Burg Stein (heute Gedenkstätte, s. S. 259)

Nach der Teilung der Nassauer Herrschaft 1255 blieben Burg und Stadt gemeinsamer Besitz der Brüder Otto und Walram von Nassau. Dieser Rechtsbrauch blieb seit Walrams Sohn Adolf von Nassau, der von 1292 bis 1298 Deutscher König war, durch die Jahrhunderte erhalten. Daran vermochten auch die Erbteilungen der Nassauischen Lande unter Weilburg, Usingen, Idstein, Saarbrücken oder Wiesbaden nichts zu ändern.

Allerdings war die Burg nach dem Überwechseln der Territorialherren in wohnliche Schlösser (Weilburg, Idstein, Usingen) seit dem 16. Jahrhundert dem Verfall preisgegeben. Der befestigte Ansitz am Hang unterhalb der Burg Nassau stand seit 1234 auf einem Felsvorsprung, dem „Stein“. Das Geschlecht derer „vom und zum Stein“ diente in treuer Gefolgschaft dem Nassauer Grafenhaus. Auch ihre Burg wurde Mitte des 17. Jahrhunderts zur Ruine. Nach erneuten Zerstörungen im 2. Weltkrieg wurden der massive rechteckige Hauptturm und der Palas als sehenswertes Gebäude mit weiter Aussicht auf das umliegende Land wieder aufgebaut.

Das nassauische Sonnenberg

Die Grafen von Nassau hatten sich schon vor 1200 Grundbesitz im Wiesbadener Raum gesichert, allerdings dafür Mainzisches Territorium bei Bierstadt für den Burgenbau in Anspruch genommen. Der dadurch entstandene Konflikt konnte erst 1221 durch Kauf nachträglich bereinigt werden. Die wehrhafte Anlage begründet sich mit dem für die Nassauer wichtigen Flankenschutz gegen die sich rasch ausweitenden Eppsteiner Gebietsinteressen, die von Westen her auf den Wiesbadener Raum gerichtet waren. Die daraus entstehenden Auseinandersetzungen mit dem damals aus der Eppsteiner Linie hervorgegangenen Mainzer Erzbischof erreichten einen Höhepunkt unter König Adolf (1292 – 1298), dem einzigen deutschen Herrscher über das Reich, der aus dem Haus Nassau stammte.

Erst unter Graf Gerhard von Nassau wurden die Fehden beendet und ein von Kaiser Karl IV. durch Stadtrechte für Sonnenberg legitimierter Herrschaftsbereich geschaffen. Sonnenberg blieb jedoch auf dem wirtschaftlichen Niveau einer Burgmannen-Siedlung. Schon vor dem Dreißigjährigen Krieg war die Burg nicht mehr bewohnt. Sonnenberg kam mit Wiesbaden 1605 an Nassau-Idstein und 1721 an Nassau-Usingen. Der Wiesbaden-Sonnenberger Bereich wurde territorialer Mittelpunkt zwischen den Saarbrückener und den Taunus-Besitzungen der Nassauer.

Ausschnitt aus dem Gemälde um 1840 von Anton Radl (s. S. 212) „Ruine Sonnenberg bei Wiesbaden“

Altweilnau von Neuweilnau aus gesehen

Burg Diez

Die Burgen Diez und Altweilnau

Schon um das Jahr 790 sind Diezer Besitzungen als Schenkung an die Abtei Prüm in der Eifel in „Theodissa“ (Altendiez) nachgewiesen. Aber erst nach der Zeit der Konradiner taucht der Name Diez wieder auf, als sich ein neues Grafengeschlecht auf einem Felsen an der Lahn einen neuen Burgsitz errichtet hatte. Von den Staufern gefördert, gestalteten die Grafen von Diez die Reichspolitik entscheidend mit. Dabei dehnten sie ihren Besitz in die Wetterau und in den Hintertaunus aus. Eine Seitenlinie der Diezer spaltete sich ab und gründete Anfang des 13. Jahrhunderts Weilnau. 1386 erlosch das Diezer Grafengeschlecht im Mannesstamm.

Die Altweilnauer Befestigungen waren unter dieser Seitenlinie der Diezer bis um 1208 fertiggestellt worden. Als treue Vasallen der Staufer tauschten sie mit ihnen den in ihrem Besitz befindlichen strategisch wichtigen Brückenkopf Mainz-Kastel gegen das immer noch im Reichsbesitz befindliche weite Gebiet im Hintertaunus. Die Diezer, die sich nun Grafen von Weilnau nannten, erreichten ihre Glanzzeit unter Graf Heinrich (von 1249 – 1282), allerdings erlosch auch diese Linie 1386 mit Gerhard VII. Der Besitz ging durch Heirat an Graf Adolf von Nassau-Dillenburg (ottonische Linie). Die Altweilnauer Herrschaft litt sehr unter dem häufigen Besitzwechsel. Erbschaften und Verpfändungen an die Eppsteiner, Katzenelnboger, Kronberger und an das Trierer Erzbistum schmälerten die Entfaltungsmöglichkeiten erheblich. Um 1600 war die Burg bereits als ruinös bezeichnet worden. Torturm und Bergfried blieben jedoch erhalten und werben heute optisch für den Fremdenverkehr in dem landschaftlich prächtigen Weiltal, worum sich neuerdings wieder heimat- und geschichtsorientierte Bürger kümmern (s. S. 54).

Schloss Neuweilnau

Gegenüber von Altweilnau wurde 1308 auf dem Rödelenberg Neuweilnau gegründet. Das neue Weilnau bestand ebenfalls aus einer Burg, die von einer Burgmannensiedlung mit Mauern und Tortürmen umgeben war. Auch hier waren einmal Stadtrechte verliehen worden, ohne dass eine städtische Entwicklung vonstatten ging. Die Enge des Dorfes und die Steilheit der Spornlage haben dies verhindert.
1326 kam Neuweilnau an die Walramschen Nassauer. Diese wurden von da an tonangebend im Usinger Land, zumal sie das Zentrum Usingen bereits besaßen. Anfang des 16. Jahrhunderts wurde die Burg zu einem Schlösschen im damals zeitgemäßen ländlichen Renaissancestil ausgebaut. Philipp II. von Nassau-Weilburg regierte von hier seine Ländereien im Taunus und Westerwald.

Unter seinem Enkel Ludwig I. (1480 – 1523) wurde die Residenz von 1506 bis 1513 erst richtig vollendet. Das Renaissance-Schlösschen bekam ein vorgebautes Treppenhaus und wurde 1565 durch einen Torbau ergänzt.

Neuweilnau verlor jedoch seine Residenzfunktion rasch an das aufstrebende wirtschaftlich und verkehrsmäßig günstiger gelegene Usingen. Dies geschah vor allem, als 1659 der Stockheimer Besitz ganz in dem Nassau-Usinger (= Neuweilnauer) Bereich aufgegangen war. 1709 wurde die alte Burg vollkommen aufgelassen. Die Mauern verfielen und der Bergfried wurde beseitigt. Von den blühenden Residenzzeiten in dem einstmaligen Burgstädtchen künden noch einige herausragende Fachwerkgebäude, wie z. B. das Preveniushaus von 1650. Das Schlösschen auf der anmutigen Höhe über dem Dorf an der steilen Berglehne dient heute als Sitz der Forstverwaltung und ist neuerdings als Standesamt begehrt. Der große Wassergraben trennt das ehemalige Burggelände vom Schloss.

Schloss Neuweilnau, heute Sitz der Forstverwaltung

Merian-Stich von 1646. Ehrenfels mit Zollhaus am Rheinufer und dem „Binger Mäuseturm"

Burgruine Ehrenfels vor Mäuseturm und Nahemündung in Bingen

Der Binger Mäuseturm und Burg Ehrenfels bildeten in direkter Linie eine ideale Mautstelle über den Rhein

Burg Ehrenfels

Sie zählt zu den wehrhaften Mainzer Besitzungen im Rheingau. Nach Süden exponiert ist sie von prächtigen Weinbergen umschlossen, die unter den scherbigen Blockhalden (Rosseln) des Niederwalds mühsam angelegt wurden. Über viele Jahrhunderte behinderten nicht nur die Quarzitbarrieren (Hungersteine, s. S. 37) die Schifffahrt, sondern auch ein zweites menschengemachtes Hindernis. Von Mainz bis Köln mussten nicht weniger als 40 Zollstellen der kleinen Territorialherren zu beiden Seiten des Rheins insbesondere der Katzenelnboger passiert werden. Einer der strategisch festesten Zollriegel zog sich von der Burg Klopp in Bingen über den Mäuseturm (Mautturm) zur Burg Ehrenfels, die von 1208 bis 1219 errichtet worden war. Unterhalb dieser Zollburg befand sich am Ufer einst das spitzgiebelige Zollhaus. Flüchtende Schiffe wurden von hier und von der Burg mit Feuerschlangen beschossen.

Die Burg war so mächtig ausgebaut, dass sie in Kriegszeiten den Mainzer Domschatz bergen konnte. 1356 wurde hier ein erzbischöfliches Hoflager eingerichtet, so dass sich die Kurfürsten wiederholt hier aufhielten. Trotz der wechselhaften Inbesitznahme im Dreißigjährigen Krieg durch die Schweden oder durch die Kaiserlichen blieb sie unversehrt bis zu den pfälzischen Erbfolgekriegen, wo ihr 1688 von den Franzosen jenes Schicksal zugefügt wurde, das viele Burgen am Rhein erleiden mussten. Die Schildmauer an der Bergseite über dem ehemaligen Halsgraben ist 4,6 m dick und mit starken Eckflankentürmen versehen.

Burg und Gut Vollrads

Die Ritter auf der alten Wasserburg bei Winkel, die sich nach diesem Ortsteil benannten, hatten hier eine Befestigungsanlage geschaffen, von der heute nur noch der fünfstöckige quadratische Turm in einem Teich vorhanden ist. 1218 gab wohl ein Ritter Vollradus den heute gültigen Namen. Es handelt sich um ein Geschlecht aus dem niederen Adel, das offenbar stets auf Mainz ausgerichtet war. Es nannte sich „von Winkel-Greiffenclau", an die das Anwesen Vollrads übergegangen war. Diese Familie wurde 1664 in den Fürstenstand erhoben und stellte Erzbischöfe in Trier, Mainz, aber auch Bischöfe in Würzburg.

Als das Geschlecht 1860 im Mannesstamm erlosch, fiel das Erbe ganz an den Grafen Hugo von Matuschka aus Böhmen-Mähren, der schon 1846 die Erbin, Freiin Sofie, geheiratet hatte. Diese Familie Matuschka-Greiffenclau (im Grafenstand) war auf Schloss Vollrads zugange. Die Wohn- und Wirtschaftsgebäude, verbunden mit einem großen Weingut werden heute im Auftrag der Naspa bewirtschaftet.

Turm von Schloss Vollrads

Bergfried der Ruine Falkenstein

Burg Eppstein

An der Westgrenze des Niddagaus zum Königssunder Gau entstand um 1100 unter Gaugraf Udalrich die Reichsburg Eppstein. Sicher spielte bei ihrem Bau auch der Standort an der wichtigen Passstraße aus der Main-Taunus-Ebene über Lorsbach und Vockenhausen nach Idstein und Limburg eine entscheidende Rolle.

Kupferstich der Burganlage Eppstein von Merian

Eppstein hat einen fachwerklichen reizvollen Ortskern

Weil Kaiser Heinrich IV. die Burg dem Erzstift Mainz geschenkt hatte, erscheint sie 1122 bereits als Mainzer Lehen. Lehensträger von Format war seit 1183 jedoch ein aus Hainhausen am Main stammendes tüchtiges Geschlecht, das über weite Besitzungen an Main, Nidda und Wetter bis zur Lahn hin verfügte. Die neuen Herren nannten sich „von Eppstein“. Sie stellten allein im 13. Jahrhundert vier Erzbischöfe in Mainz. An der Spitze der Reichsfürsten im 13. und 14. Jahrhundert sorgten sie stets für einen Ausgleich zur Macht der Staufer. Unterhalb der stark befestigten Burg entfaltete sich in der seit 1318 mit Stadtrechten versehenen Eppsteiner Gemeinde ein blühendes Gewerbeleben (Eisenschmelzen, Geräte- und Waffenherstellung, Textilwaren).

Nach dem Aussterben der legitimen Linie Eppstein ging ein Teil der Herrschaft an die Grafen von Stolberg-Wernigerode (1535), nachdem schon vorher (1492) der Landgraf Wilhelm von Hessen Besitzteile übernommen hatte. 1581 fiel der Stollberg’sche Anteil an Mainz. Von 1616 bis 1619 war die Burg noch einmal erneuert worden. Ab 1776 setzte jedoch der Verfall ein. Lediglich im Nordflügel konnte das seit 1803 nassauische Gebäude zugunsten eines Heimatmuseums gerettet werden.

Der Heimatverein Falkenstein setzt sich sehr für die Erhaltung der Burg ein

Die Burg Falkenstein

Gegenüber den Nachbarburgen Eppstein, Kronberg und Königstein konnte sich Falkenstein keinen allzu großen Namen unter den Taunusburgen machen. Falkenstein ist ein Musterbeispiel für die Machtschwächung durch Erbteilung und politische Interessenlagen der weitab agierenden Besitzer. Schon bevor die spätere Burg Neu-Falkenstein entstand, gab es in ihrer unmittelbaren Nähe die Burg Nürings, wie auch das Bergnest zu ihren Füßen noch im 17. Jahrhundert hieß. Nach dem Tod der letzten Besitzer (1255), der berühmten Münzenberger, verfiel die alte Burg Nürings-Falkenstein. Die nun neu errichtete Burg Falkenstein geht auf die Gründung durch die Herren von Bolanden 1330 aus der Pfalz am Donnersberg zurück. Sie kam aber schon bald (1350) an die ebenfalls linksrheinisch beheimateten Herren von Sponheim, die sie ihrerseits an das Haus Hohenlohe vererbten. Dann fielen die Bolandischen Besitzungen 1385 an den Grafen Philipp von Nassau-Weilburg. Die vielseitig verzweigten Ganerben (auch Kronberger und Hattsteiner darunter) verkauften die um 1500 noch einmal erweiterte, relativ kleine Burganlage an die Herren von Bettendorf. Diese nutzten fast 100 Jahre als Alleinbesitzer das hochgelegene Anwesen von 1679 bis 1773. Als „erledigtes Lehen“ fiel Falkenstein an Nassau.

Burgruine Reifenberg oberhalb von Oberreifenberg

Burganlage „Reiffenberg“ um 1630, nach einem Kupferstich von Meißner-Kieser

Die Burgen Reifenberg und Hattstein

Die heutigen Burgbauten, die leider nur noch ruinös erhalten sind, dürften erst vollends zum Ausbau gekommen sein, als sich 1226 nach dem Tod Conrads von Hattstein die vorher brüderlich vereinten Familien seiner Söhne trennten. Die älteste der Anlagen, die Burg Hattstein, wurde ergänzt durch eine größere Wehranlage auf dem südwestlich gelegenen „Riffinberg“ (Reifenberg).

Die neuen Herren auf Reifenberg, einer Seitenlinie also der Hattsteiner, nannten sich fortan „Ritter von Riffinberg“. Um 1300 ließen sie zu dem Bergfried noch einen mächtigen Wohnturm errichten und die Burg mit einer gewaltigen Schildmauer und einer befestigten Burgmannensiedlung umgeben. Die Hochtaunus-Edlen beider Burgen sanken jedoch im Laufe des 14. Jahrhunderts vollends zum niederen Adel herab, betätigten sich zeitweise als Raubritter und wurden untereinander Rivalen, ja Feinde. Insbesondere die Hattsteiner kamen mit der Frankfurter Kaufmannschaft in Konflikt, so dass die Burg mehrfach von Frankfurter Söldnertruppen belagert wurde, um das Raubritternest zu vernichten. Von 1428 bis 1435 hatte die Belagerung Erfolg, die Burg Hattstein wurde geschleift.

Dagegen kam es auf Reifenberg, wo mittlerweile die Wetterauer Linie der Reifenberger Alleinbesitzer geworden war, um 1600 zu einem erstaunlichen Ausbau der Burg. Damals entstand ein schönes Renaissance-Schlösschen, das eine neue Wohnlichkeit bot und feudale Zeiten verhieß.

Im Dreißigjährigen Krieg kam das Burgschloss trotz dreimaliger Belagerung glimpflich davon. Als 1686 der letzte Reifenberger, der wegen Hochverrat verurteile Philipp Ludwig, starb, ließ der am Reifenberger Besitz interessierte Mainzer Kurfürst Franz von Ingelheim die baulich kurz vorher renovierte Burg ohne Not schleifen. Sie sollte der rechtmäßigen Erbin Walburga, verheiratet mit dem Grafen von Bassenheim, offenbar nicht als heiler Residenzort in die Hand fallen. Die Nachfolger der Reifenberger aus der Bassenheimer Linie hatten jedoch andere Sorgen, als die Burg wieder aufzubauen, die um 1630 noch stolz über dem Weiltal thronte.

Skizze der Ruine Hattstein (unweit der Reifenberger Burg), nach Usener 1819

Wallrabenstein

Ebenfalls ein Nassauer, Walram IV. von Nassau-Idstein, errichtete 1393 über dem Wörsbachtal die Burg „Walramstein“. Den Nassauern ging es an dieser Stelle um die Sicherung ihrer Nordgrenze gegen das Diezer Territorium (Camberg). Unter den Nachfolgern wurde das Dorf Wallrabenstein dank seiner Burg und Befestigung ein Freiflecken, jedoch die Burg an die Reifenberger verpfändet. Die Mauern begannen allerdings seit dem Dreißigjährigen Krieg zu verfallen. Zwar wurde Wallrabenstein 1651 durch die Grafen von Nassau von allen Fronzahlungen befreit, jedoch nicht von Fuhren zum Wiederaufbau der Burg, die allerdings doch nicht wiederhergestellt wurde. 1706 kaufte sie ein Einwohner von Wallrabenstein, um hier seine kleine Bauernwirtschaft zu betreiben.

Burgruine Wallrabenstein

Kronberg mit Burg über Frankfurt und der Mainebene

„Cronberg“ nach Merian um 1655

Die Schlacht bei „Cronberg“

Am 14. Mai 1389 fand zwischen Kronberg und Frankfurt eine Schlacht statt, die den Kronbergern bis heute im Gedächtnis blieb. Dafür sorgen u. a. mehrere Ölbilder, sogar ein Wandteppich.

„Die Schlacht bei Cronberg“ 1389. Teil eines Ölgemäldes auf Holz, welches im 16. Jahrhundert angefertigt wurde

Das Verhältnis zwischen den Kronberger Rittern, einem damals bedeutenden Adelsgeschlecht, und der Reichsstadt Frankfurt war nicht immer getrübt. Im 14. Jahrhundert besaßen die Kronberger Grundbesitz in Frankfurt. Der Hof in der Weißadlergasse gehörte Walther V. von Cronberg, der von 1346 – 1349 als königlicher Schultheiß der Stadt vorstand. Frankfurt verdankt ihm eine Reihe frommer Stiftungen.

Kronberg seinerseits hatte 1330 unter Kaiser Ludwig dem Bayern für das Burgstädtchen am steilen Hang Stadtrechte und Befestigungsrechte erlangt. 1341 hatte Kronberg sogar ein Bündnis mit Frankfurt geschlossen. Im Verlauf des 14. Jahrhunderts machten sich die Städte auf Initiative der Kaufleute, aber auch der Handwerker, frei von der Reichsgewalt, die meist durch Adlige ausgeübt wurde. Aber auch die Ritterschaft ihrerseits strebte nach dem Ausbau ihrer Macht, wobei die schon zum Zuge gekommenen kleinen Territorialherren im Vorteil waren und allmählich als Fürsten auftraten.

Als die Kronberger Höfe in Wallau und Niederhöchstadt seitens der Frankfurter niedergebrannt worden waren, brandschatzten die fehdelustigen Ritter von Cronberg den Stadtteil Sachsenhausen. Die gegenseitigen Schadenszufügungen eskalierten.

Die Stadt Frankfurt warb heimatlos vagabundierendes Kriegsvolk an. Ca. 2.000 Mann – nur zur Hälfte Stadtbürger – zogen unter dem Stadt-Schultheiß Winter von Waasen mit schweren „Büchsen“ über Rödelheim nach Kronberg. Aber die Kronberger besaßen gute Bundesgenossen im Adel, so z. B. den Pfalzgrafen und Kurfürsten bei Rhein und die Herren von Hanau. Beide setzten sich sofort in Marsch, als die Frankfurter Söldner auf Kronberg zu marschierten. Dagegen regten sich die Frankfurt verpflichteten Bürgerwehren von Mainz, Worms, Speyer und Straßburg überhaupt nicht. Dies ist letzten Endes auch der Grund dafür, dass sich nach der Schlacht von Kronberg die Städtebünde – strategisch hilflos – auflösten.

Die Frankfurter hatten die Felder und die Kronberger Dörfer samt allen Edelkastanienhainen zerstört, die Stadt konnten sie jedoch nicht erobern, zumal kriegserfahrene Truppen der Kronberger Adelsfreunde in Marsch gesetzt worden waren. Als die Truppen des Pfalzgrafen von Steinbach her anrückten, zogen sich die Frankfurter Truppen zurück. Die reichsstädtische Truppe wurde völlig zersprengt und bei Eschborn und Praunheim nochmals zum Kampf gestellt und stark aufgerieben. Unter den zahlreichen Opfern der Frankfurter waren auch ihr Stadtschultheiß und Angehörige des Stadtrates. Auch das Stadtbanner fiel den Rittern von Kronberg in die Hand.[3)]

Frankfurt musste eine sehr hohe Summe in 6 Jahresraten sozusagen als Reparationsleistung zahlen. Dennoch: Frankfurt und die Städte blühten weiter auf, die Patrizier wurden reicher, die Städte konnten sich durch Wall- und Maueranlagen besser schützen. Dagegen waren die Tage der Burgenherrlichkeit gezählt. Die Waffentechnik machte „Fortschritte“, und das bequemere Wohnen des Adels in Schlössern kam in Mode.

3) Haake, A.: *Die Schlacht bei Kronberg 1389 (Vergleich der drei bekannten Gemälde), in: Jahrbuch Hochtaunus 2007, S. 294*

Die Marksburg – Musterburg des Mittelalters

Das Haus Katzenelnbogen

Im frühen Mittelalter gehörte das Katzenelnboger Gebiet zum Kloster Bleidenstadt. In dessen Vogteigebiet schuf sich das die Abtei verwaltende edelfreie Geschlecht in Katzenelnbogen einen Burgsitz (um 1095).

Die 1102 auch urkundlich genannte Familie erwarb zielstrebig schon vor 1157 im Rhein-Neckar-Dreieck (Kraichgau und südlicher Odenwald) Gebietsteile und um 1160 etwa die Hälfte des Einrichgaus. Die Katzenelnboger betrieben die Untervogtei des Klosters Prüm in St. Goar und kauften ehemalige Ländereien der Grafen von Arnstein, ebenso Besitzungen um Darmstadt. Einem der freigiebigen Grafen widmete Walther von der Vogelweide sogar ein Lied. 1336 kamen Burg und Stadt Katzenelnbogen vorübergehend an Nassau, wurden aber 1350 wieder eingelöst.

Die Grafen von Katzenelnbogen besaßen außerdem die starke Burg Rheinfels bei St. Goar, die Burg Katz über St. Goarshausen, die auch Kleinkatzenelnbogen genannt wurde, und die Marksburg. Dank ihres durch Rheinzölle erworbenen Reichtums zählten sie im 14./15. Jahrhundert zu den einflussreichsten Geschlechtern des Reiches.

1479 starben die Katzenelnboger im Mannesstamm aus. Die Tochter des letzten Grafen heiratete Moritz von Hessen. Im Umkreis ihrer Marksburg betrieben die Katzenelnboger einen blühenden Silberbergbau. Nach einem Brand 1540 blieben in der Stammburg im westlichen Hintertaunus nur noch Reste eines spätgotischen Burgenanwesens mit Fachwerkobergeschoss und Erkertürmchen erhalten.

Um den Burgberg von Katzenelnbogen schmiegt sich das Städtchen

Innenhof der ehemaligen Burg Katzenelnbogen

Über der engen, von Fachwerkhäusern und Weinstuben bestimmten Altstadt von Braubach erhebt sich eine der burgen historisch interessantesten Anlagen am Rhein:

Eine der eindrucksvollen Kemenaten der Marksburg

Die Marksburg

Schon aus der keltischen Zeit sind Wehranlagen zum Schutz des Erzabbaues in der Umgebung bekannt. 1105 soll die Burg als Zufluchtsstätte Heinrichs IV. auf seiner Flucht vor dem eigenen Sohn gedient haben. Von den Eppsteinern kam die Burg 1182 in den Besitz der Grafen von Katzenelnbogen, die durch ihre ausgedehnte Zollsicherung am Rhein zu großem Reichtum gelangten.

1437 ließen die Katzenelnboger auf der Burg eine Kapelle errichten, die dem Schutzpatron Markus gewidmet war und fortan der Feste den Namen gab. Nach dem Aussterben der Katzenelnboger gelangte die Marksburg 1479 an die Landgrafen von Hessen, die sie 1803 unversehrt an die Nassauer übergaben.

Nach der unglücklichen Verbindung des Herzogtums Nassau mit Österreich fiel die Burg 1866 an Preußen, das sie 1899 der Deutschen Burgenvereinigung schenkte. Seitdem vermittelt sie ein eindrucksvolles Bild mittelalterlicher Bau- und Festungstechnik. Ihre Türme, Weinkeller, Waffensammlungen, Folterkammer, Küche, Rittersaal, Kemenaten und die vorgeschobenen Bastionen gewähren einen unverstellt lebendigen Einblick in das mittelalterliche, keineswegs romantische Burgleben. Die Deutsche Burgenvereinigung hat sich in der hoch über dem Rhein aufragenden Burg selbst ein würdiges Denkmal gesetzt.

Burg Hohenstein

Der hohe Burgsitz über dem oberen Aartal wurde um 1190 von den Grafen von Katzenelnbogen erbaut. Im 13. Jahrhundert stieg die mächtige Burg sogar zur Residenz der jüngeren Linie dieses einst so reichen Geschlechtes empor. Ihre fast festungsartige Bauweise ist nur zu verstehen von ihrer Lage an der Grenze der Katzenelnboger gegen die Grafen von Nassau. Im 15. Jahrhundert war sie auch Sitz des Amtsmanns, des Landschreibers, des Burgverwalters, aber auch der Burgmannen und der zum Burgleben gehörenden Handwerker.

Auf einer Spornlage war die Kernburg in einer Dreieckform mit einer starken inneren Schildmauer errichtet worden. Der sechseckige Bergfried stammt aus dem 14. Jahrhundert. Der Palas an der Westseite des Burghofes steht beängstigend steil über einem senkrechten Felsgrat. An die Schildmauer wurde von innen die Burgkapelle angebaut. Die Vorburg umschloss die Wirtschaftsgebäude. An der Hauptangriffsseite wurde in der 2. Hälfte des 14. Jahrhunderts eine gewaltige, über einem Halsgraben hoch herausragende äußere Schildmauer gebaut. Bis 1605 waren die Spitzhelme aus der gotischen Bauphase noch erhalten. Als die Burg Hohenstein 1469 an die Landgrafen von Hessen übergegangen war, ließ Landgraf Moritz, der eine besondere Neigung zu dieser Burg gefasst hatte, die unbewohnbar gewordene Anlage mit erheblichem Kostenaufwand wiederherstellen. Dennoch war der Verfall nicht ganz aufzuhalten. 1815 kam das auch heute noch beachtlich stabile Gemäuer an das Herzogtum Nassau. 1864 sank der Palas ein, verursacht durch einen Bergsturz.

Burg Hohenstein über der Aar

Übersicht der Burganlage

Burg Runkel aus verschiedenen Perspektiven

Burg Runkel

Das erdrückend mächtige Burggemäuer in Runkel an der Lahn war offenbar im kaiserlichen Auftrag Mitte des 12. Jahrhunderts errichtet worden. Der herausragende Gebäudeteil, der Bergfried, stammt aus dem 13. Jahrhundert. An der Westseite ist die gewaltige Anlage mit einer starken Mantelmauer und einem vorgebauten Zwinger gesichert. Mit ihren wehrhaft trutzigen Schiefermauern geht sie auf jene Edelfreien zurück, aus denen die Grafen und späteren Fürsten von Wied entstammten.

Zum Schutz des alten Lahnübergangs war sie 1595 sogar Residenz der „Forderen Grafschaft Wied". Seit den Zerstörungen 1634 (Dreißigjähriger Krieg) blieb die Kernburg zwar Ruine, die tiefer gelegene Unterburg wurde jedoch 1641 und 1701 mit bis heute gut erhaltenen Wohngebäuden wiederhergestellt. Von 1698 an wurde die Burg Sitz der Linie Wied-Runkel (1791 gefürstet), die allerdings 1824 ausstarb. Seitdem befindet sich die Burg im Besitz der Linie Wied-Neuwied.

Fachwerkschlösschen Elkerhausen

Im Gegensatz zum Hause Nassau konnten sich die benachbarten Herren von Elkerhausen nicht zu Territorialfürsten emporarbeiten. Sie verharrten mal in Distanz, mal in Nähe zu den Nassauern. Ihre alte Wasserburg am Weinbach wurde 1191 erwähnt. Das Dorf Elkerhausen war Mittelpunkt ihrer kleinen Grundherrschaft, zu der weitere Besitzungen im Raum Gießen, Vilmar und Cleeberg gehörten. Sie waren Lehnsleute des Stifts in Wetzlar und des Erzbischofs von Mainz. Als Burgmannen dienten sie auch in Neuweilnau und Diez. In der fehdereichen Zeit des Hochmittelalters wurde ihre Befestigung

Schlösschen Elkerhausen

1352 von dem Erzbischof von Trier zerstört, da die Elkerhausener Ritter in kriegerischen Verwicklungen standen; der Erzbischof wollte aber den Landfrieden durchsetzen.

Die zum niederen Adel zählenden Elkerhausener Ritter hatten bei dem Erzbischof von Mainz wichtige Ämter in Höchst, Mainz und Bleidenstadt inne. Im 15. Jahrhundert gingen sie zum Haus Nassau über, wurden Amtsleute in Weilburg (Ekkard Klüppel von Elkerhausen) und erbauten den sog. „Weißen Turm“ an der Grenze Weilburg/Runkel. Erst im 16. Jahrhundert entstand ein viel wohnlicheres spätgotisches Fachwerkgebäude, ein ländlich anmutendes Schlösschen.

Sauerburg

Die heute als UNESCO-Weltkulturerbe bewertete Burganlage befindet sich in einem der abgelegensten Täler des Taunus. Das Tiefenbachtal mit dem Dörfchen Sauerthal liegt im schattigen Talschluss des zum Niveau der unteren Wisper herunterreilenden kleinen Baches. Die Burg thront auf einem 360 m hohen Bergkegel über dem Dörfchen Sauerthal. 1355 wird die Feste, zur Kurpfalz gehörend, im südöstlichen Teil des Amtes Kaub genannt. Sie war gegen die Mainzische Gan-Erbenburg Waldeck errichtet worden. Pfalzgraf Philipp verkaufte die Burg 1505 samt dem Ort an die Kronberger. Nach mehrfachem Besitzwechsel kam sie an die Freiherrn von Sickingen. Im Pfälzischen Erbfolgekrieg wurde sie 1689 von den Franzosen zerstört. Der um 1700 begonnene Wiederaufbau bediente sich der Bruchsteine aus der nächsten Umgebung. Die Kernburg wurde trapezförmig, der Hauptturm quadratisch angelegt. Wo der ehemalige Palas stand, befindet sich heute ein langes Fachwerkwohnhaus. Die Wehrmauer an der Südostseite flankieren zwei runde Ecktürme. Talabwärts schließt sich die Unterburg an, die von einer gut erhaltenen Ringmauer mit Rundbogenblenden unter den Schießscharten umgeben ist. Heute wird die Kapelle an der Ostecke neben dem Tor als Heiratskirche gerne benutzt.

Die Gesamtanlage mit einem tief aus den Felsen herausgebrochenen Graben ist ein burgenarchitektonisches Kleinod. Als Hotel für besondere Anlässe (Hochzeiten mit Standesamt und andere private und betriebliche Festlichkeiten) bietet es 180 ha burgeneigenes Land, das Jagdgesellschaften die Möglichkeit ihres Sportes eröffnet.

Die Sauerburg

Burg Lahneck mit Oberlahnstein von Merian um 1655

Burg Lahneck bei Oberlahnstein

Das strategisch wichtige Oberlahnstein war schon von einem fränkischen Königsgut und einer Martinskirche um 600 besetzt. Seit dem 10. Jahrhundert gab es verschiedene Besitzer wie die Konradiner, die Nassauer, das Bistum Speyer und das Erzbistum Mainz. Das Domstift Mainz behielt die Oberhand und ließ zur Sicherung seines Besitzes um 1230/40 die Burg Lahneck erbauen. Um 1600 verstärkten die Mainzer Herren die Befestigung. Vor allem ging es um die Sicherung eines wichtigen Silberbergwerks in der Nähe, aber auch um einen zusätzlichen Schutz für die Zollburg. Das wichtigste politische Ereignis auf der Burg fiel 1338, als Kaiser Ludwig der Bayer mit den deutschen Kurfürsten den Beschluss fasste, dass jeder ordentlich gewählte König ohne Krönung durch den Papst als rechtmäßiger deutscher Kaiser anzuerkennen sei.

Burg Lahneck heute

Die Burg wurde im Dreißigjährigen Krieg von den Schweden besetzt, 1636 jedoch von den Kaiserlichen erobert und von den kurmainzer Truppen zerstört. Der Ruine galt 1774 Goethes Gedicht „Geistesgruß“. Erst nach der Ablösung des Erzbistums Mainz durch das Herzogtum Nassau (1803) wurde die Burg verkauft und 1852/54 in englischer Neugotik von dem Briten E. Moriatry wieder aufgebaut. Der Roman „Das verschwundene Mädchen“ erzählt die Geschichte der Engländerin Edila Dubb, die auf den baufälligen Bergfried gestiegen war, aber durch eine zerbrochene Treppe den Turm nicht mehr verlassen konnte. Ihre Schreie wurden nicht gehört, sie verhungerte.

Haus Schönborn aus Laubuseschbach

Johann Philipp von Schönborn

Das historisch bedeutendste Gebäude am Ort dürfte der Schönborner Hof sein. Auf der damals noch „Burg Eschbach“ genannten Wohnstätte wurde 1605 eine im 17. Jahrhundert höchst einflussreiche Persönlichkeit, nämlich Johann Philipp von Schönborn, geboren. Sein Vater, Georg von Schönborn, auch Herr auf Freienfels und Besitzer reicher Ländereien im Lahngebiet, war ein eifriger Verfechter der Reformation. Der in Laubuseschbach 1605 geborene und evangelisch getaufte und erzogene Sohn kam nach dem frühen Tod seines Vaters 1614 auf Veranlassung seiner Mutter zur Ausbildung nach Mainz. Dort wirkte ihr Bruder als kurfürstlicher Amtmann. Dieser Domherr Georg Friedrich von Schönborn vermittelte die Ehe seiner Schwester mit Georg, aus dem Zweig zu Laubuseschbach und führte die 300 Jahre getrennten Linien derer von Schönborn wieder zusammen.[4)] So bereitete er dem „jungen Vetter“ den Boden im Mainzer Kurfüstenhaus. Der gelehrige Johann Philipp von Schönborn besuchte das katholische Gymnasium und fand in den Klerikerstand. Sein steiler Aufstieg 1642 zum Fürstbischof von Würzburg und 1647 zum Erzbischof und Kurfürst von Mainz und damit auch zum Erzkanzler des Deutschen Reiches verlieh ihm Ansehen, Reichtum und Macht.

4) Gensicke, H.: Die von Schönborn. Die Anfänge des Grafenschlechts in: Nassauische Annalen, Bd. 91, Wiesbaden 1980, S. 261

Sicher spielten auch seine Herkunft aus zwei gegensätzlichen Konfessionen und seine große Weltoffenheit eine entscheidende Rolle für seine persönliche Karriere, vor allem aber für sein tolerantes Verhalten. Er galt als einer der friedliebendsten Fürsten seiner Zeit. Deshalb griff er stets mäßigend in die Vorgänge des Dreißigjährigen Krieges ein, wurde gar als „Friedensfürst“ tituliert und half entscheidend, den Erfolg des Westfälischen Friedens herbeizuführen und zu sichern. Sein Lebensmotto: „pax verum optima“ (= das Höchste ist der Frieden) hat er immer wieder in die Tat umgesetzt. Als Würzburger Fürstbischof und als Mainzer Kurfürst hatte er entscheidenden Anteil an den baulichen Glanzpunkten des deutschen Barock in Franken. Seine Liebe zur Kunst übertrug sich auch auf seinen Neffen Lothar Franz von Schönborn. Der Geschlechtername rührt her von dem historisch weniger bedeutsamen Dörfchen Schönborn im Hintertaunus. Dort lag ein Fronhof der nassauischen Ministerialen, die sich seit 1250 nach ihrem Stammsitz benannten.

Hofschlösschen „Burg“ Eschbach in Laubuseschbach

Die Burg Freienfels

1327 wurde Freienfels unter den Grafen Heinrich und Reinhard von Diez-Weilnau zum ersten Mal schriftlich erwähnt. Man nimmt an, dass die Burg gegen das Expansionsstreben Adolfs von Nassau gerichtet war, der seit 1292 als deutscher König seine Hausmacht um die benachbarten Wormser Besitzungen im Raum Weilburg erweitern wollte. Im 14. Jahrhundert befand sich die Burg jedoch bereits in nassauischem Besitz. Graf Gerlach von Nassau öffnete sie 1331 den benachbarten Herren von Elkerhausen, die hier als Vögte die Funktion der Burgmannenverwaltung übernahmen. 1466 kam die Anlage von den Nassauern als Lehen an die Ritter von Schönborn, die das Anwesen bis 1687 als ihren Hauptsitz pflegten. Es ist zu bedauern, dass die baulustigen Vertreter der Reichsaristokratie 1687 ihre Heimatbesitzungen in Freienfels an den dänischen Obersten Johann Ernst Freiherr von Friesensee verkauften. Dessen Witwe ließ das Lehen Freienfels schließlich 1724 an Nassau-Weilburg zurückgehen, damals in einem noch vergleichsweise guten Zustand.

Die Burganlage wurde nie durch Krieg beeinträchtigt. Im späten 18. Jahrhundert begann jedoch der Verfall, der erst im 19. Jahrhundert richtig wirksam wurde, als die Bewohner des Dorfes das Anwesen als Steinbruch für ihre Gehöfte missbrauchten. Erst 1856 wurde das „Steineholen“ in der Burg bei Strafe verboten.

Die kleine Freienfelser Burgruine ist landschaftsbestimmend im unteren Weiltal. Die Pläne des kaiserlich begünstigten Berliner Burgenarchitekten Bodo Erhard (Erbauer der Hochkönigsburg im Elsass), daraus eine großbürgerlich wilhelminische Villa zu machen, wurden glücklicherweise nie in die Tat umgesetzt.

Ohne nennenswerten Zwinger und ohne Vorburg bot die Burg Freienfels durch einen tiefen 20 m breiten Halsgraben und durch eine dreifach gebrochene, starke Angriffsmauer zum Dorf hin ausreichend Schutz. Das Hauptgebäude mit dem Palas, ein massiver dreistöckiger Bau, war von der Talseite her nicht einnehmbar. Das Burgtor neben der südlichen Schildmauer und dem Bergfried wurde von einem quadratischen Torflankenturm gesichert.[5)]

5) Ernst, E.: Das Weiltal, 2005, S. 179 u. 190 ff.

Weitbekannt sind die an mittelalterliche Glanzzeiten erinnernde Ritterspiele, die um den 1. Mai jedes Jahres durchgeführt werden. Nur turniertaugliche und freiwillig mitwirkende Teilnehmer dürfen sich in den ritterlichen Wettkämpfen messen (s. S. 266).

Balduinstein

In dem engen Lahntal unterhalb von Limburg gab es unverhältnismäßig viele Burgen und Ansitze, so als müsste sich jedes Rittergeschlecht vor dem anderen schützen. Es waren aber nicht nur die Adeligen, die sich oft ihre Ländereien neideten und streitig machten. Neben dem Erzbistum Mainz hatten seit der Zeit der iro-schottischen Mönche auch das Haus Luxemburg zusammen mit den hohen geistlichen Herren von Trier ihre territorialen Interessen an der Lahn wahrgenommen. 1319 entstand die nach dem Erzbischof von Trier, Balduin, benannte Burg, was der Burgmannensiedlung unterhalb der Feste schon 1321 die Stadtrechte eintrug. Wie Falkenstein bei Kronberg (s. S. 108) wechselte die Anlage sehr oft ihre Besitzer. 1803 kam die gut erhaltene und festungsgeschichtlich aufschlussreiche Ruine an Nassau.

Burgruine Balduinstein

Wilhelm der Schweiger

Das Denkmal in Wiesbaden ist zwischen der Marktkirche und dem alten Schloss würdig platziert. „Wilhelmus von Nassouwe ben ick van duytschen bloet …“, so beginnt ehrfurchtsgebietend die niederländische Nationalhymne. Wilhelm von Nassau-Oranien hätte sich das in seiner Jugend am habsburgisch-spanischen Hof in den Niederlanden nicht träumen lassen, dass er einmal dort der Freiheitsheld als Widersacher des berüchtigten Statthalters Alba und Begründer der bis heute in den Niederlanden regierenden Dynastie würde.

Denkmal „Wilhelm der Schweiger“ in Wiesbaden

Der Oranier von Dillenburg wollte die Gewaltmaßnahmen des Spaniers gegen die reformierten Niederländer nicht hinnehmen. Einige ihrer Anführer, die Grafen Egmont und Horn, Freunde Wilhelms, wurden auf dem Marktplatz von Brüssel hingerichtet.

Wilhelm entkam nach Dillenburg. Dort bat ihn eine niederländische Delegation zur Leitung der Widerstandsbewegung. Mit Hilfe seines Bruders und seiner Verwandten im Westerwald, im Taunus und im Siegerland organisierte er einen kleinen Heerhaufen. Diese nassauische Heeresgruppe wurde zwar geschlagen, aber Wilhelm konnte sich 1572 als Statthalter in seinen Landen behaupten. Die sieben protestantischen Provinzen sagten sich nach zwölfjährigem Kampf von den spanischen Niederlanden los. Wilhelm wurde 1584 in Delft ermordet. Die Niederlande aber blieben frei und betrachten die nassau-oranischen Lande als historische Verwandte. Die anderen nassauischen Geschlechter, meist aus der walramschen Linie, sind bestenfalls Verwandte zweiten Grades.

Fürst Walrad zu Nassau-Usingen

Das Denkmal im Schlossgarten zu Usingen ist in ehrenvollem Gedenken an jenen Fürsten erstellt worden, dem das Städtchen im Hintertaunus seinen Aufstieg nach dem Dreißigjährigen Krieg zu verdanken hat. 1659 trat Fürst Walrad sein Usinger Erbe an. Bereits 1660 wurde der Schlossneubau tatkräftig vorangetrieben und die großen Schäden des Krieges beseitigt. Die Oberstadt von Usingen ist am 23. April 1692 jedoch von einem gewaltigen Brand heimgesucht worden, wobei 85 Hofanlagen verloren gingen. Bereits 1697 wurde nach dem Willen des Fürsten mit der Vermessung und dem Neuaufbau begonnen. Die Straßen wurden im Geiste des Rationalismus rechtwinklig aneinander gefügt.

Denkmal-Plakette des Usinger Fürsten

Eine der wichtigsten Leistungen des Fürsten Walrad war jedoch die Aufnahme der hugenottischen Flüchtlinge nach der Aufhebung des Edikts von Nantes 1685. Er holte auch vertriebene Salzburger, Abwanderer aus der Pfalz und der Schweiz und vor allem die französischen Glaubensflüchtlinge ins Usinger Land. So entstand vor den Toren Usingens ein völlig neues Stadtgebilde, die hugenottische Neustadt mit einer eigenen Kirche und einem eigenen großen Marktplatz. Diese Gemeinde wurde erst 1715 mit Alt-Usingen vereinigt.

Usinger Hugenotten-Kirche

Fürst Walrad hatte auch im Bereich alter Wüstungen 1699 in Hasselborn und 1701 in Michelbach neuen Siedlern eine Existenzmöglichkeit geschaffen.

Modell des 1873 abgebrannten Usinger Schlosses

Burg und Schloss Idstein

Die Burg Idstein, die 1102 noch „Ettichestein" als Nachfolgefeste von „Gudenberg" am Zusammenfluss von Wolfsbach und Wörsbach genannt wurde, ist im 12. Jahrhundert bereits ein Reichslehen und kam an den Erzbischof von Mainz. Diese gaben jedoch das Lehen an die Grafen von Nassau weiter. Bei der ersten nassauischen Teilung 1255 unter die ottonische (Dillenburg) und die walramsche (Weilburg) Linie wurde Idstein Mittelpunkt einer kleinen Provinz, die sich aus Besitzungen des Klosters Bleidenstadt rekrutierte. Hier entstand südlich der Lahn die erste kleine nassauische Zweigresidenz, in der auch König Adolf von Nassau (1292 – 1298) weilte.

Die „Dreigestirn-Komposition": Hexenturm, Rathaus und Burg

Trotz der Stadtrechte von 1287 blieb Idstein nur ein Marktflecken. Das Idsteiner Rathaus von 1698 am ehemaligen Burgrand wurde 1928 durch einen Felssturz zerstört und nach altem Vorbild 1933/34 wieder aufgebaut. Es markiert zusammen mit dem mächtigen dreigeschossigen Torgebäude die ehemaligen Wehranlagen am nördlichen Ende der Burg gegen die Stadt. Das Torgebäude gewinnt an Mächtigkeit durch seine vier über Eck gestellten Erkerausbauten und sein steiles Walmdach. Hier schließt sich eine lange, heute ebenso wie das Rathaus für Zwecke der öffentlichen Verwaltung genutzte Häusergruppe mit Fachwerkobergeschoss an. Sie stellen die Verbindung her zu dem runden Bergfried („Butterfassform"), der als Hexenturm im 16. und 17. Jahrhundert eine unrühmliche Bedeutung erlangt hatte (s. S. 262). Er steht auf der höchsten Stelle des schmalen Burgfelsens mitten im Wörsbachtal. Seine ehemalige Bekrönung mit Spitzhelm und vier Wichhäuschen musste 1810 dem heutigen Kegeldach weichen.

Seine Blütezeit erlebte das Residenzstädtchen vor und am Anfang des Dreißigjährigen Krieges, als von 1614 – 1634 der Schlossbau geschaffen wurde. Der Hof und die Nassau-Idsteiner Verwaltung sorgten hier für eine blühende wirtschaftliche Entwicklung. Besonders unter Fürst Georg August (1672 – 1721) wurden Handel und Gewerbe (vor allem Loh-Gerberei) gefördert. 1721 fiel Idstein an Nassau-Usingen. In dem ehemaligen Schloss ist heute das Pestalozzi-Gymnasium untergebracht.

Die Karte von Johann Baptist Homann zeigt die große Zersplitterung der politischen Machtbereiche, die sich aus dem mittelalterlichen Lehnswesen ergab. Der Adel machte sich mehr und mehr, besonders in Zeiten schwacher Reichsregierungen, Reichsland zum Eigentum. Dabei strebten die neuen Feudalherren durch Heirat, Eroberungsfehden, Verpfändungen etc. einen vergrößerten und möglichst arrondierten Territorialbesitz an. Die Karte von 1715 führt den dadurch entstandenen bunten Flickenteppich der im Taunus beheimateten oder begüterten Landesherren deutlich vor Augen.

Schloss Idstein

Ansicht der Burg Königstein vor 1732 als Stich von Merian

Burgruine Königstein heute

Die Burg Königstein

Die ehemalige Burg und spätere Festung Königstein zählt zu den eindrucksvollsten Burg- und Wehranlagen des Taunus. Die staufische Kernburg entstand bereits unter Kuno I. von Münzenberg, der von 1166 bis 1207 als einer der bedeutendsten Reichsministerialen, Vertrauter Barbarossas im Reichsfinanzwesen, seine Stammburg in der Wetterau besaß. Königstein kam durch Erbgänge an die Herren von Falkenstein, von Eppstein und schließlich von Stolberg. Seit 1581 befand sich die Burg in kurmainzischem Besitz und hat mehrfach Belagerungen ertragen müssen (1365, 1374, 1631 und 1792/93).

Die eigentliche Kernburg bestand aus einem dreistöckigen Vier-Flügel-Bau mit einem rechteckigen Innenhof. Aus der romanischen Zeit stammt auch der Unterbau des quadratischen Bergfrieds. In diese Zeit datieren die größten Teile der südlichen und westlichen Außenmauern, die im Fischgrätenmuster angelegt sind. Der Palas an der Südseite mit zwei Eckrundtürmen, die Burgkapelle mit den kunstvollen Kreuzrippengewölben, auch der stattliche Ostflügel mit den Eckrundtürmen gehen auf das 14. und 15. Jahrhundert zurück. Ihre Blütezeit erlebt die Burg jedoch in der staufischen Epoche.

Der Ausbau der Burg zur Festung begann schon unter Graf Ludwig von Stolberg während des Schmalkaldischen Krieges (um 1540/50), in dem er seine Neutralität wahren wollte. Auf dem Stich von Merian von 1646 ist die gesamte Anlage schlossartig und festungsgerecht vollendet. Der Mainzer Erzbischof hatte den Berg nach den Regeln des französischen Festungsbaumeisters Vauban später noch viel stärker entwickelt und sogar das Mainzer Staatsgefängnis in die Kasematten von Königstein verlegt. Schon im ersten Koalitionskrieg 1792 hatten die Franzosen Teile der Burg zerstört. Das eigentliche Vernichtungswerk wurde aber erst 1797 vollendet und das schöne Schloss durch völlig unsinnige Sprengungen in Schutt und Asche gelegt. Das brauchbare Steinmaterial wurde versteigert oder dem Straßenbau zugeführt.

In der Ruinenkulisse und im Burggelände finden jährlich die Königsteiner Burgfestspiele statt (s. S. 266)

Blüchers Rheinübergang bei Kaub (Zeitgenössische Darstellung von Camphausen)

Kaub 1813/14

Blücherdenkmal am Rheinufer

Am Blücherdenkmal zwischen der Burg Gutenfels und der sog. Pfalz auf den Hungersteinen im Fluss ist unschwer zu erkennen, warum der Ort im Zusammenhang mit neuzeitlichen historischen Entwicklungen genannt wird. Es war ein wichtiger Etappenerfolg der verbündeten Mächte Preußen, Habsburg, Schweden und Russland bei der Niederringung des Eroberers Napoleon. Der Schauplatz des Rheinübergangs in der Neujahrsnacht 1813/14 war maßgeblich bestimmt durch die Befehlsgewalt von Gneisenau, der in Kaub logierte, und dem pioniermilitärischen Können der Russen. Sie bauten mit Fell- und Häutebooten eine tragfähige Pontonbrücke für das Übersetzen der Armeen. Während Napoleon den Jahreswechsel in Mainz und Blücher ihn zum Schein in Frankfurt beging, marschierte die Armee der Verbündeten durch den Hintertaunus unbemerkt auf Kaub zu.

Die „Pfalz" in der Rheinmitte und auf der Taunusseite Burg Gutenfels und das Städtchen Kaub

In Kaub hatten 1257 die Falkensteiner eine Zollstelle eingerichtet, die aber schon 1289 an die Pfalzgrafen bei Rhein verkauft wurde. Der Pfalzgrafenstein war 1327 auf Initiative des Kaisers Ludwig des Bayern als Zollburg errichtet worden. Das sechseckige trutzige Gebäude steht wie ein Schiff in der Strömung des Flusses.

Die Burg Gutenfels über dem Städtchen wurde 1252 und 1504 vergeblich belagert, was ihr den Namen eintrug. Im Dreißigjährigen Krieg musste sie jedoch eine wechselnde Besatzung hinnehmen. Die im Pfälzischen Erbfolgekrieg stark zerstörte Anlage wurde 1807 ab Abruf versteigert, jedoch 1886 wieder aufgebaut.

Das 1324 mit Stadtrechten versehene kleine Kaub zieht sich entlang des Rheins und sozusagen in T-Form in ein tief eingeschnittenes Tal in Richtung Bornig auf den Taunushochflächen. Seit alters her ist das Städtchen Wohnsitz der Rheinlotsen gewesen, welche die Schiffe durch die gefährliche Strecke zwischen Kaub und Bingen zu steuern hatten.

„Die Germania" schaut hoch über dem Rhein in Richtung Westen

Das Niederwald-Denkmal

Die gewaltige Germania-Darstellung auf dem Niederwald zählt zu den Nationalmonumenten, wie z. B. der Kyffhäuser am Harz oder die Walhalla an der Donau. Sie repräsentieren sowohl künstlerisch wie politisch eine vergangene Epoche.

Der einzigartige Blick vom Niederwalddenkmal hinunter auf den Rheingau und den mächtigen Rheinstrom, der sich im Binger Loch stark verengt, gehört bis heute zu einem landschaftsästhetischen Erlebnis, der große Besucherströme auf den Niederwald lenkt. Das von dem Architekten Karl Weisbach und dem Bildhauer Johannes Schilling 1877 – 1883 geschaffene Denkmal soll an die Vereinigung aller deutschen Teilstaaten und Stämme im Zweiten Deutschen Reich (1871) erinnern. Zugleich beinhaltet das Denkmal aber auch Elemente der Siegestrunkenheit nach dem 1870er Krieg gegen Frankreich. Sowohl die Grundsteinlegung wie die Einweihung 1883 nahm Kaiser Wilhelm I. persönlich vor, wobei er nur knapp einem Sprengstoffattentat der Anarchisten entging. Das Niederwald-Denkmal war früher ein Besucher-„Muss" für Schulen und Vereine.

Das Relief soll die Reichsgründung von 1871 darstellen

Schloss Biebrich am Rheinufer bei Wiesbaden

Fürst Carl zu Nassau-Usingen verlegte 1744 seine Residenz von Usingen nach Wiesbaden-Biebrich

Die nassauische Residenz Biebrich

Der Blick auf das Schloss der Nassauer am Rhein und auf den Park erinnert an die Residenzfunktion in Wiesbaden und Biebrich, das 1926 in die Landeshauptstadt Wiesbaden eingemeindet wurde. Biebrich wurde schon 874 als Biburg erwähnt und kam 1296 an das Kloster Eberbach. Die Zisterzienser-Mönche gaben aber dieses Gebiet schon bald an den deutschen König Adolf von Nassau weiter. Die Grafen von Nassau gründeten auf diesem Besitz mehrere Höfe und eine Burg, die im heutigen Schlosspark lag und eine Vogtei in ihren Mauern beherbergte.

Der Bau des hufeisenförmig angelegten Barockschlosses wurde 1698 begonnen, damals noch ein Wohnschlösschen mit Gartenhaus unter dem selbständigen Haus Nassau-Wiesbaden. Es wurde in mehreren

Das Biebricher Schloss mit Park

Etappen errichtet, da die nassauische Herrschaft durch Erbgang erst im beginnenden 18. Jahrhundert zusammengelegt wurde. So kamen in der ersten Hälfte des 18. Jahrhunderts die Wiesbadener, die Idsteiner und die saarländischen Besitzungen an Nassau-Usingen. Diese Linie verlegte erst 1744, als das Schloss zu Biebrich ziemlich fertiggestellt war, ihre Regierung von Usingen nach Wiesbaden (Stadtschloss) und ihre Hauptresidenz im Taunus nach Biebrich.

Am Bau der großen Schlossanlage waren infolge der langen Bauzeit von 1698 bis 1744 mehrere Meister der Barockbaukunst beteiligt: So Julius L. Rothweil, Maximilian von Welsch, Fischer von Erlach, Friedrich Joachim Stengel und Johann Peter Jäger. Zunächst war ein kleines Jagdschloss geplant: der Westpavillon an der Rheinfront. Ihm folgte 1708 an der Ostseite das symmetrische Gegenstück. Unter Maximilian von Welsch wurde 1710 bis 1719 die dazwischen liegende Schauseite zum Rhein errichtet. Sie entstand im Anschluss an Ideen Fischers von Erlach, der schon die Galerien und den Kreispavillon als Mittelbau mit der statuengekrönten Attika vorgesehen hatte. Unter Friedrich Joachim Stengel entstanden von 1733 bis 1736 der Marstall und die Kavaliersbauten als Nordostflügel. Im Nordwestflügel richtete Stengel den Winterbau ein (ausgezeichnete Rocaillestuckatur von J. P. Jäger). Erst 1824 erhielt der Rundpavillon die geschwungene Freitreppe.
Im 2. Weltkrieg erlitten der Mittelbau und der Nordostflügel schwere Schäden, die seit zwei Jahrzehnten behoben sind.

Kuppelgemälde in der Rotunde

In der Nähe des am Nordwestende des Parks gelegenen Weihers entstand 1803 unter C. F. Götz im pseudogotischen Stil und nach dem Geschmack der romantisch historisierenden Baugesinnung die künstliche Ruine Moosburg. Hinter den gerade am Rhein so sehr besungenen meist ruinösen Burgen verbirgt sich eine Sehnsucht nach Altertümern. Man wollte die vermeintlich intakte alte Wirklichkeit beschwören. Ein Hauch Melancholie lag über der Verherrlichung alter Gemäuer, geradezu eine Ruinen-Sentimentalität. Der barocke Schlossgarten wurde 1811 unter Ludwig von Skell in eine englische Parklandschaft verwandelt.

Die künstliche Ruine der Moosburg im Biebricher Schlosspark

Nach der Einverleibung des Herzogtums Nassau in Preußen 1866 blieben Schloss und Park in Biebrich zunächst Eigentum der herzoglichen Familie, die zuletzt noch zu Großherzögen von Luxemburg emporstiegen. Als die Hofhaltung zu Biebrich erlosch, blieben Familien aus dieser Zeit in Biebrich beheimatet, aus denen bedeutende Persönlichkeiten entstammten. Darunter befanden sich Wilhelm Heinrich Riehl, der Sohn des ehemaligen Schlossverwalters, Wilhelm Dilthey (Philosoph), der Sohn des Oberhofpredigers und aus einer Industriellenfamilie, der im Widerstand 1944 umgekommene Generaloberst Ludwig Beck. Heute ist die Stadt Wiesbaden Besitzerin von Schloss und Park, wo jährlich zu Pfingsten die bekannten internationalen Reitturniere stattfinden.

Weilburg und sein Schloss

Das landschaftlich beherrschende Hauptgebäude der Stadt Weilburg ist zweifellos das Hochschloss, das auf steilem Fels ein Wasserwehr und die Lahn überragt. Es ist der bedeutendste Renaissancebau Nassaus, der vom 14. bis zum 16. Jahrhundert geschaffen wurde. Die späteren barocken Veränderungen entstanden durch Umbauten unter dem Grafen Johann Ernst, nachdem der schöne Renaissancehof durch eine Loggia mit Zwerggiebel nach Norden abgeschlossen worden war.

Das Weilburger Schloss über der alten Lahnbrücke

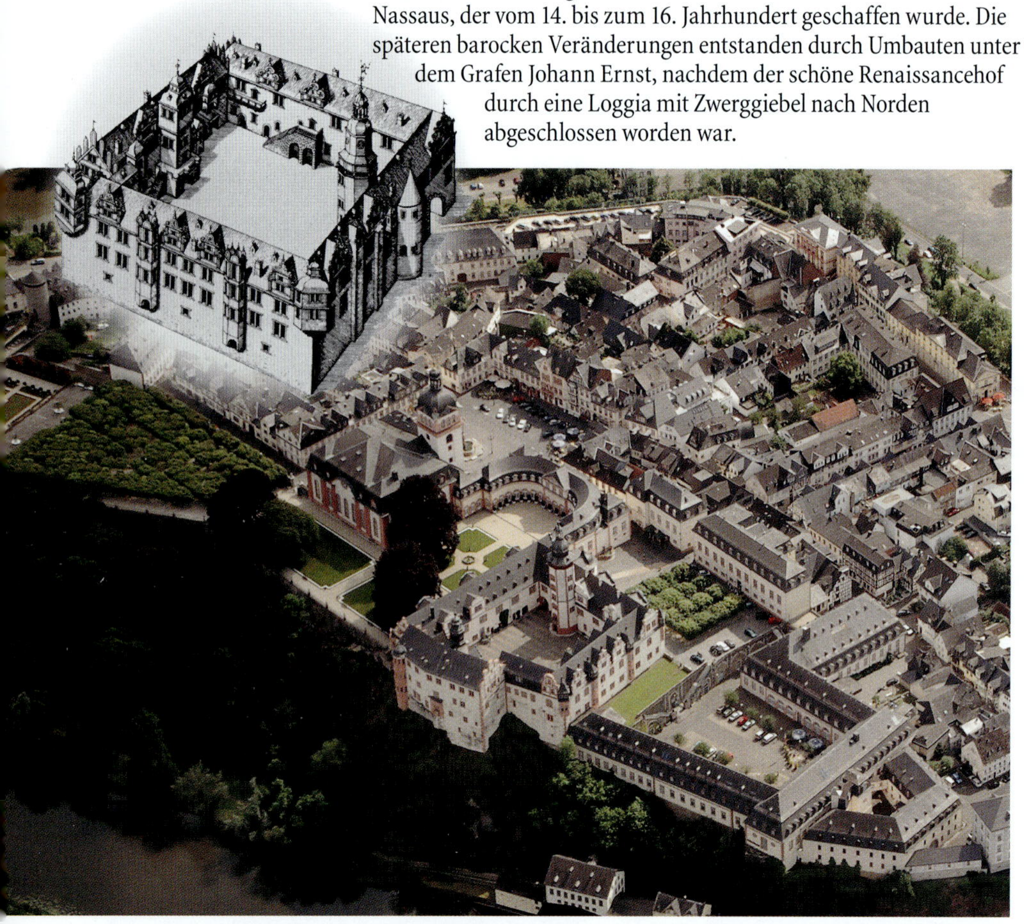

Das Weilburger Schloss mit Altstadt über dem Lahnbogen

Das Schloss geht auf die alte Wilinaburg zurück, eine Befestigungsanlage der Konradiner, der 906 zuerst genannten Gaugrafen im Lahngau. Das Reichslehen der Wormser Bischöfe, das ihnen Otto III. überlassen hatte, kam durch Kauf 1294 zum Teil an ihre Vögte, die Grafen von Nassau. Bereits 1295 erhielt Weilburg Stadtrechte. Ort und Burg wuchsen sich seit dem 14. Jahrhundert zu einer Residenz aus. Der zentrale Schlossteil, eine vierflügelige Renaissanceanlage aus der Mitte des 16. Jahrhunderts, umrahmt einen der schönsten Schlosshöfe in Deutschland (Schlosskonzerte). Von 1702 – 1746 wurde unter den Grafen Johann Ernst und Carl Christian das Hochschloss mit den wuchtigen Mansarddächern baulich mit dem Rathaus und der Schlosskirche zu einer vielgestaltigen Einheit zusammengefügt. In den 35 Schlossräumen atmet die Originalausstattung den Geist der barocken und klassizistischenResidenzzeit so, als seien sie gestern noch bewohnt gewesen.

Die obere Orangerie

Prunksaal des Schlosses

Die obere Orangerie zwischen Schloss und Kirche besteht aus einem Gebäude, das im offenen Halbrund mit verglasten Arkaden und Festsaal einen Lustgarten umschließt. Den Abschluss bilden gusseiserne Geländer und Ziervasen auf der Gebückmauer der Hochterrasse. Die zauberhafte Atmosphäre, die allen Bedürfnissen einer edlen Barockresidenz genügt, wird vervollständigt durch die untere, zum Lahntal nach Westen gerichtete blumenreiche Barock-Orangerie, in der sich heute ein Café befindet. Sie entstand nach dem Vorbild von Petit Trianon und verleiht Schloss und Stadt als „Perle an der Lahn“ (Goethe)einen fast mediterranen Glanz (s. S. 145 u. S. 209).

Barock-Orangerie auf der westlichen Terrasse

Die nassauische Regierung in Wiesbaden

Seit den Tagen von König Adolf von Nassau (1292 – 1298, s. S. 105) konnte Wiesbaden keinerlei nachhaltige Residenzfunktionen entwickeln. Erst als die verschiedenen Linien der nassauischen Regenten zwischen 1720 und 1730 im Haus Nassau-Usingen vereint wurden, gewann Wiesbaden – gelegen zwischen den nassauischen Besitzungen im Saarland und im Hintertaunus - eine gewisse Zentralität. 1744 erhielt das damals noch ackerbürgerlich kleine Wiesbaden den endgültigen Regierungssitz unter Fürst Karl, der seine Residenz von Usingen nach Biebrich verlagerte. Nassau-Usingen starb 1816 im Mannesstamm aus. Nassau-Weilburg trat in Wiesbaden die Herrschaft über die in der „Napoleonischen Flurbereinigung" arrondierten Gebietsteile aus den ehemals erzbischöflichen Mainzer und Trierer Besitzungen an.

Unter den mittlerweile zu Herzögen emporgestiegenen Weilburger Herren (Herzog Wilhelm) wurde das alte Renaissance-Schloss in der Wiesbadener Stadtmitte samt einiger Privathäuser abgebrochen. Nach den Plänen von Georg Moller entstand 1837 bis 1841 ein neues Stadtschloss in einer mehr klassizistisch-schlichten dreigeschossigen Bauweise. Der Eckbau mit zwei Binnenhöfen erhielt ein schönes Eckportal mit einem Säulen-Altan, heute noch ein betont wichtiger Eingang in den hessischen Landtag. Die Innenausstattung weist künstlerisch wertvolle Feinarbeiten in Malerei, Parkettböden, Möbeln und in einem besonders festlichen Treppenhaus auf.

Der prachtvolle Eingangsbereich des Stadtschlosses

1848 musste Herzog Adolph, der seinem Vater 1839 im Regierungsamt gefolgt war, den Aufruhr vor dem Schloss durch Erfüllen liberaler Wünsche beschwichtigen. Es ging um Freiheiten, die er nach dem Scheitern der Paulskirchenbewegung jedoch widerrief. Obwohl die erste deutschdemokratische Revolution am Widerstand der beiden Großmächte Preußen und Österreich gescheitert war, blieb das Wirken der „Märzminister", das nur von kurzer Dauer war, im Gedächtnis der Bevölkerung haften.

Es trug 100 Jahre danach späte Früchte. Dabei ist stellvertretend an frühe Demokraten zu erinnern, die mit dem Taunus eng verbunden waren. Der in Usingen geborene August Hergenhahn (1804 – 1874) profilierte sich in der Nassauischen Ständeversammlung durch seine Forderung nach größeren Bürgerrechten. 1848 wurde dieser „Volksfreund" an die Spitze der nassauischen Staatsverwaltung gerufen. Nach dem Misserfolg der demokratischen Revolution reichte er im Juni 1849 seinen Rücktritt ein. Freiherr Heinrich von Gagern blieb wie sein Vater ein glühender Vertreter eines freiheitlich demokratischen und vereinten Deutschland seinem Heimatort Kelkheim verbunden. Im nassauischen Kontingent war er in der Schlacht von Waterloo dabei. Als erster Präsident des Deutschen Parlaments arbeitete er eng mit Erzherzog Johann, dem deutschen Reichsverweser, in der Frankfurter Paulskirche zusammen, vom Parlament gestützt, von den deutschen Fürsten zu Fall gebracht. Zu weiteren wichtigen Mitstreitern in Bürger-, Gesangs- und Turnvereinen für ein neues geeintes Deutschland waren im Taunus die Pfarrer Dombois (Rod am Berg) und Snell (Langenbach), der Führer der Deutsch-katholischen Partei Robert Blum (Petterweil), Ferdinand Freiligrath (Wiesbaden), etc. beheimatet oder politisch aktiv.

Das Wiesbadener Stadtschloss, heute Sitz des Hessischen Landtags

Aufstand der Nassauer Bauern und Bürger im März 1848 (Auf dem Schlossbalkon Herzog Adolph)

August Hergenhahn

Freiherr Heinrich von Gagern

Das Denkmal in Königstein repräsentiert die andere politische Seite, nämlich Herzog Adolph von Nassau, der in dem deutschen Bruderkrieg 1866 auf der Seite des alten Reiches (Habsburg) operierte und nach der Schlacht von Königgrätz abdanken musste. Sein Land wurde „muss-preußisch". Der Herzog lebte fortan in Frankfurt und in dem zu einem Schlösschen ausgebauten ehemaligen Oberamtshaus in Königstein, bis er 1890 auf seine alten Tage (bis 1905) aus Erbfolgegründen den Sessel des Großherzogs von Luxemburg einnehmen musste.

Winfried Schüler hat mit seinem reich bebilderten Buch „Das Herzogtum Nassau 1806 – 1866" 2006 ein Standardwerk der nassauischen Geschichte geschaffen. Verdienstvoll setzt er Akzente im Blick auf die Verfassung von 1814, die evangelische Kirchenunion und die fortschrittlichen Schulgesetze (Lehrerbesoldung, Simultanschule) und den 1818 eingerichteten staatlichen Gesundheitsdienst. Bei allen vorhandenen Beharrungstendenzen bietet Nassau ein lebendiges Spiegelbild der deutschen Geschichte in der Epoche des liberalen Aufbruchs 1848/49 (Feldbergfeste, Turnerbewegung, „Paulskirchen-Demokratie").

Denkmal des Herzogs Adolph, aus der Nassau-Weilburger Linie in Königstein

Homburger Schloss mit Schlosspark

Kaiser-Wilhelms-Bad im Kurpark

Das Landgrafenschloss Homburg

Büste des Landgrafs Friedrich II. (Der Prinz von Homburg) nach einem Entwurf von Andreas Schlüter

Das Homburger Schloss auf einem vom Heuchelbach herausmodellierten Grünschieferfelsen geht auf eine isoliert befestigte „Höhenburg" der Eppsteiner zurück. In der Nähe befand sich das schon am Ende des 8. Jahrhunderts im Lorscher Codex genannte Dörfchen Dietigheim („Villa Tiedenheim"). Im Mittelalter wuchs die Talsiedlung mit der „Höhenburger" Burgmannensiedlung zusammen. Um 1370 errichtete der Ritter Johann Brendel von „Hoenburg" eine größere Befestigungsanlage. Von ihr ist der Bergfried, der „Weiße Turm", ebenso erhalten wie einige Gewölbekeller des ehemaligen Palas unter dem heutigen Schlosshof.

Im Zuge der hessischen Erbauseinandersetzungen entstand 1622 die kleine Landgrafschaft Hessen-Homburg unter Friedrich I. aus dem Hause Hessen-Darmstadt. Er baute die „Höhenburg" zu einer eher dürftigen Residenz aus, denn er litt wie seine sieben Dörfchen unter den Nöten des Krieges. Schließlich starben mehrere Söhne, so dass als Rechtsnachfolger der in brandenburgischen Diensten stehende jüngste Sohn Friedrich II., preußischer Reitergeneral, in Frage kam. Er hatte sich mittlerweile bei der Trockenlegung des Rhinluchs im Havelland verdient gemacht und ein Gutsanwesen geschaffen.

Der als „Prinz von Homburg" aus Kleists Drama bekannte neue, in Homburg pflichtgemäß residierende Landgraf leistete trotz seiner Behinderung, er hatte in einer Schlacht ein Bein verloren, von 1679 – 1708 eine gute Regierungsarbeit. Mit dem Geld seiner ersten Gattin, der Gräfin Margarethe Brahe, ließ er die Schlossanlage in schlichtbarocker Form erweitern und herrichten. Der in binnenkolonisatorischen Dingen geübte Territorialherr nahm 1685 aus christlicher Verpflichtung und aus merkantilistischen Erwägungen die französischen Glaubensflüchtlinge (Hugenotten) in seinem Ländchen auf. Dabei eröffnete er ihnen neue Lebensperspektiven und bot ihnen zehn Jahre Steuerfreiheit. Schon nach 20 bis 30 Jahren hatten die welschen Textil- und Lederfachleute blühende Gewerbesiedlungen in Friedrichsdorf und in der Homburger Neustadt um die Louisen- und die Dorotheenstraße geschaffen. Indirekt hatten daran auch einige Weberdörfer im Taunus (Anspach, Eschbach, Rosbach) Anteil, deren Bewohner von den hugenottischen Verlegern (Unternehmern) heimgewerbliche Aufträge erhielten.

Ein weiterer Ausbau des Schlosses erfolgte um 1835/40, als Landgraf Friedrich VI. eine Tochter des englischen König Georgs III. heiratete und der bekannte Darmstädter Architekt Georg Moller das Schloss mit der englischen Erbschaft in eine weitläufige Fünf-Flügel-Anlage mit zwei Innenhöfen ausbauen ließ.

Schlosseingang von der Stadt

Speisesaal im Schloss

Mittlerweile war dank der Heilquellen Homburg zu einem Luxusbad herangewachsen, dessen Spielbankbetrieb (Brüder Blanc) nach der Einverleibung der Landgrafschaft in Preußen allerdings 1872 geschlossen wurde. Wirtschaftliche Erschütterungen durch das Fernbleiben der Hochfinanz wurden aber durch die Gunst der Hohenzollernkaiser abgefangen. Sie hielten sich gerne in Bad Homburg auf. Die Stadt wurde Aristokratenbad, in dem sich der internationale Hochadel traf, allen voran die „englische Verwandtschaft" mit dem Prince of Wales. 1887/89 war hier die größte Badeanlage ihrer Zeit, das Kaiser-Wilhelms-Bad, gebaut worden. Der letzte deutsche Kaiser, der stark an den Ausgrabungen auf der Saalburg Anteil nahm und ihren Aufbau förderte, hielt sich alljährlich einige Wochen in Bad Homburg vor der Höhe, wie es seit 1912 amtlich heißt, auf.

Landgraf Friedrich II. mit dem „silbernen Bein", sagte im Blick auf die hugenottischen Glaubensflüchtlinge, dass er lieber sein Silbergerät (künstliches Bein) verkaufen wollte als die refugées zurückzuweisen.

Kaiser Wilhelm II., der öfter stolz durch Bad Homburg in Richtung Saalburg ritt und gerne seine „schimmernde Wehr" im Hochtaunus aufmarschieren ließ (Kaisermanöver), war der Meinung, dass am „deutschen Wesen die Welt genesen solle".

Landgraf Friedrich (Schmuckportal/Innenhof)

Wilhelm II. beim Ausritt durch Homburg

Die Schaumburg

Sie thront hoch über den zur Lahn stark zertalten Hochflächen des nördlichen Taunus. In dem im Mittelalter politisch zerrissenen Lahngebiet war sie 1279 von den Grafen von Westerburg errichtet worden. Sie erlitt aber das Schicksal vieler ihresgleichen und wurde ruiniert.

Das heutige Schloss ist ein befestigungsmäßig zweckloses Vorzeigegebäude, das letztlich aus einer Laune des Herzogs Stefan, des letzten Palladins von Ungarn (1817 – 1867) entsprang. Von 1850 bis 1860 ließ er von Karl Boos ein Schloss im neugotischen Stil errichten, wobei er die englische Tudorbauweise bevorzugte. Die private Anlage wechselte seitdem mehrfach ihre Besitzer. Sie steht zzt. leer und wartet auf einen denkmalbegeisterten Großinvestor. Der Fernblick von dem dunklen Gemäuer (Basalt) entschädigt für die etwas abseitige Lage.

Die Schaumburg im Hintertaunus bei Balduinstein

Territorialpolitisch wirksame Kräfte im Taunus

Das Frankenreich hatte vom 6. bis zum 9. Jahrhundert, einhergehend mit der Christenmission, im west- und mitteleuropäischen Raum eine staatliche Festigung erfahren. Der Höhepunkt war unter Karl dem Großen mit seiner innenpolitisch klugen Verwaltungsstruktur (Gaue und Marken) erreicht worden. Auch den folgenden Karolingern war – ebenso wie den sächsischen Ottonen (10. Jahrh.) – die Kirchenorganisation behilflich, die dabei gebietsweise selbst zur Territorialmacht emporstieg. Das Erzstift Trier hatte u. a. im Lahn-Taunus und das Erzbistum Mainz im Main- und Rhein-Taunus seine Einfluss-Sphäre abgesteckt, zum Teil sogar erweitert. Dieser raumpolitische Zustand hielt bis 1803 an.

Mit den geistlichen Herren wetteiferten die weltlichen Lehensträger, die Gaugrafen und Ritter, von denen einige Geschlechter zu angesehenen und tonangebenden Reichsministerialen aufstiegen. Starke Vertreter dieser hohen Lehensherren wie die Eppsteiner, Arnsteiner oder Nassauer wuchsen zeitweise zu eigenständigen Territorialgewalten heran. Dabei stießen die Interessen oft Fehden auslösend zusammen, z. B. die Nassauer gegen Trier, die Eppsteiner gegen Nassau, die Mainzer gegen den Pfalzgrafen bei Rhein, der sich in Kaub auf der rechten Rheinseite seine Position (Rheinzölle) zu sichern begann etc.

Aber auch bedeutende Geschlechter wie die Diezer, Falkensteiner, Kronberger, selbst die an Kapital und Landbesitz reichen Katzenelnboger vermochten ihre Territorialgewalt im Taunus nur vorübergehend zu wahren. Fehden, Kriege, Erbauseinandersetzungen, Verpfändungen und Aussterben im Mannesstamm führten dann zum Verlöschen ehemals klingender Namen. So kam z. B. 1479 Katzenelnbogen mit seinen Besitzungen im Stammland des alten Einrichgaues samt den Ländereien im Odenwald und um Darmstadt durch Heirat an Hessen, das aber keine Vormacht im Taunus zu entfalten vermochte.

Die Folge dieser feudalistischen Zerfallserscheinungen war ein schier unüberblickbarer Flickenteppich kleiner und mittlerer politisch differenzierter Gebietseinheiten (s. S. 116/117). Zwar konnten sich manche der kleineren Potentaten länger halten wie z. B. die Solmser im Braunfelser Raum oder der Kleinstaat Hessen–Homburg, als die großen Territorialgewinner erwiesen sich aber die Nassauer.

Gebietszusammenlegungen auf dem Erbwege und vor allem durch den Beitritt zum Rheinbund 1806 führten zu einem souveränen Herzogtum von Napoleons Gnaden. Viele nassauische Regimenter mussten dafür in die imperialistischen Kriege des Korsen ziehen. 1816 wurde Nassau-Weilburg Alleinerbe der nassauischen Lande, denen der Wiener Kongress nicht nur den ehemals mainzischen Rheingau und Königstein, sondern auch nassau-oranische Gebietsteile und mediatisierte Kleinstaaten wie Solms-Braunfels zuspielte.

Das Jahr 1866 führte noch weiter als die „napoleanische Flurbereinigung". Der Sieg Preußens bei Königgrätz gegen Österreich 1866 machte allen Kleinstaaten im Taunus ein Ende; auch Nassau, Hessen-Homburg, die freie Reichsstadt Frankfurt etc. fielen an die preußische Provinz Hessen-Nassau. Nur der Kreis Wetzlar kam unverständlicherweise zur preußischen Rheinprovinz.

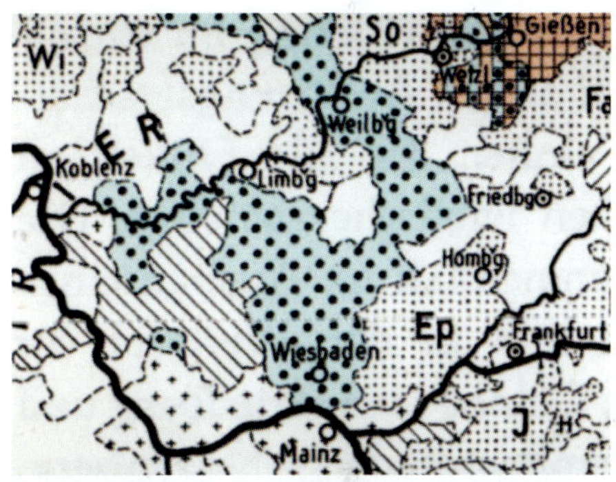

Karte von 1400

Erst 1945/46 kam es wieder zu einer Neuordnung auf der politisch-historischen Landkarte. Das Taunusgebiet, seit den herzoglich-nassauischen Zeiten (1803/1806) ziemlich eine Einheit, wurde wegen der Einteilung der Besatzungszonen erneut ein Opfer politischer Willkür. Der westliche Taunusbereich kam unter französische, später unter rheinland-pfälzische Oberhoheit. Der mittlere und östliche Taunus fiel an die amerikanische Zone und wurde Bestandteil des neuen Bundeslandes Hessen. Wiesbaden, der bedeutende nassauische Badeort und seit 1744 Regierungssitz, wurde trotz seiner randlichen Lage in Hessen Landeshauptstadt. Sie bildet fast eine Wirtschafts- und Verkehrseinheit mit der rheinland-pfälzischen Landeshauptstadt Mainz. Dieser Zustand verweist auf das bis heute nicht von der Politik umgesetzte Verfassungsgebot (Art. 29, § 1) einer sozial- und wirtschaftsräumlich ausgewogenen Länderneuregelung.

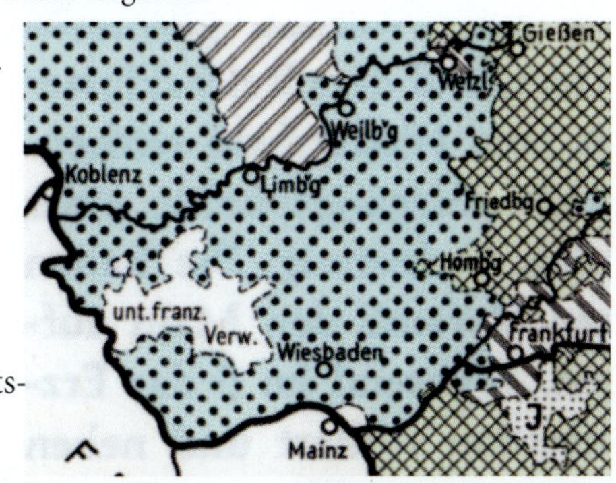

Karte von 1812

Siedlungsentwicklung

Friedrichsdorf ist beileibe nicht der einzige Taunusort, an dem sich moderne städtische Planstrukturen im ehemals ländlichen Bereich nachweisen lassen. Der neue Stadtteil an der L 3057 unmittelbar östlich der Bahnlinie (Am Römerhof) vermag eine phantasievolle Stadtgestaltung – jedenfalls vom Äußeren her – in Friedrichsdorf beispielhaft vor Augen zu führen. Diese Architektur entstand nach einer Epoche der eher einfallslos schlichten und monotonen Häuserreihen in den 1948-1960er Jahren. Dabei darf man allerdings nicht vergessen, dass der Wohnungsbau nach den Stadtzerstörungen des 2. Weltkrieges eher nach einem schnellen „Dach überm Kopf" zu fragen hatte als nach planungsästhetischen Gesichtspunkten. Friedrichsdorf kann auf ältere Siedlungsplanungen aus seiner Ursprungszeit verweisen (s. S. 152/153).

Die vor- und frühzeitlichen Siedlungstätigkeiten sind – den Taunus betreffend – kurz beleuchtet worden (s. S. 86 ff.). Nun soll der Weg in dieser Richtung vom fränkischen Siedeln und Wirtschaften, von den fruchtbaren „Altsiedelräumen" über die ottonisch-salischen Rodungsphasen und die zeitgleichen ersten Stadtgründungen weitergegangen werden.

Freilich, es folgten auch Rückschläge wie z. B. in der Wüstungsepoche des 14. und frühen 15. Jahrhunderts, ausgelöst durch Seuchen und Wirtschaftskrisen. Auch die Verwüstungen des Dreißigjährigen Krieges zählen dazu. Dem folgen dann wieder Beispiele von Siedlungsneugründungen im ausgehenden 17. und 18. Jahrhundert. Sie wurden verursacht durch feudalistische und merkantilistische Wirtschaftspolitik und Einwanderungen aus dem hugenottischen Frankreich, aus den wallonischen Niederlanden und dem waldensischen Savoyen. Es entstanden rationalistisch geplante Zwecksiedlungen mit geometrischer Grundstruktur.

Die Plan-, Wohn-, Zier- und Siedlungsgedanken des wilhelminischen „Prunkbarocks" in den Gründerjahren, des Jugendstils und der Bauhausepoche verwirklichten sich am ehesten in größeren Städten. Aber auch in Klein- und Mittelstädten sind z. T. erstaunlich typische Beispiele dieser Baugesinnung vertreten. Die sogenannten modernen und postmodernen Gebäude und Siedlungsstrukturen wurden auch von der Regionalplanung stark beeinflusst. Dabei wird nicht verzichtet auf die Darstellung der dörflichen Haus- und Hofformen und auf die Prägekraft der schönen Fachwerkorte im Taunus.

Friedrichsdorf „Am Römerhof".
Im Zuge der Entwicklungsmaßnahme wurde das Bauland nach Städtebauförderungsgesetz kommunalisiert, nach dem Bebauungsplan von 1985 aufgebaut und dann wieder reprivatisiert.

Hof- und Ortsentwicklung im Mittelalter

Der Limes hatte in den ersten Jahrhunderten n. Chr. den Taunus in zwei Siedlungs- und Kulturbereiche getrennt. Im Rhein-Lahn-Gebiet, im Taunus-Vorland und in der voll einbezogenen Wetterau (Germania romana) gab es Kastelle verschiedener Größen samt den Lagerdörfern. In der Fläche der Landschaft herrschten die einzeln gelegenen Bauernhöfe (villae rusticae) vor (s. S. 95).

Im nichtrömischen, dem nördlichen Teil des Taunus (Germania libera), siedelten Splittergruppen germanischer Stämme und der um 260 n. Chr. eingefallenen Alamannen. Nach dem Rückzug der Römer über den Rhein nach Westen setzten sich in den unsteten Zeiten der Völkerwanderung die römischen Siedlungsansätze bis auf wenige Ausnahmen wie „Nida“ und Wiesbaden kaum durch. Die kleinen germanischen Sippenverbände siedelten meist in Auennähe (Grünland und Wasser). Ihre Ansiedlungen bestanden aus weilerartig angelegten strohgedeckten Holzhütten, die nach 30 – 50 Jahren wieder völlig erneuert werden mussten. Da der Lebensraum öfter gewechselt wurde, konnten sich nachhaltige Dauersiedlungen nicht entwickeln. In der alamannischen Zeit bis um das 5./6. Jahrhundert bestand nur ein einziges nennenswertes städtisches Zentrum auf dem Glauberg.

Siedlungsentwicklung in der fränkisch-sächsischen Zeit

Feste Konturen im Siedlungsraum bildeten sich erst mit der Landnahme durch die vom mittleren und unteren Rhein her einsickernden fränkischen Stämme unter dem Herrschergeschlecht der Merowinger. Mit deren Sieg Chlodwigs 496 über die Alamannen beginnen auch im Taunus allmählich genauer fassbare Siedlungsepochen.

Fränkischer Hof im 9. Jahrhundert, Frankfurt-Kalbach, Siedlung „Krutzen“

Im frühen Mittelalter entstand ein bleibender Ausbau der Dörfer insbesondere in den fruchtbaren Senken und Beckenzonen. Dies geschah zeitgleich mit der Ausweitung des Frankenreiches und verbunden mit fränkischen Verfassungs-, Rechts- und Wirtschaftsnormen sowie der zunehmenden Christianisierung (Klosterbildung und Kirchenbau). Dieser Vorgang vom 6. und 7. Jahrhundert erfasste ab dem 9./10. Jahrhundert auch die Städte. Die neuen Orte, meist mit den Grundwörtern -heim, -au, -bach, -brunnen, -hausen, -ingen, -hofen, -dorf, -feld verbunden, wurden nicht mehr in den hochwassergefährdeten Auenbereichen, sondern auf den unteren bis mittleren Hanglagen errichtet. Hier war eine optimale Erreichbarkeit der Felder gewährleistet.[1] Man spricht sogar von einer fränkischen Staatskolonisation, die von den Pfalzen des Königs und den Königshöfen, später aber auch von den Burgen der Gaugrafen ausging.

1) Haversath, J.-B.: Ländliche Siedlungen in hessischen Altsiedelräumen, in: Siedlungsforschungen, Bd. 17, Bonn 1999, S. 29 ff.

Das 754 erwähnte ***Hochheim*** *über der Mainmündung in den Rhein war 1273 von dem Kölner Erzbistum an das Mainzer Domkapitel verkauft worden. Die ehemalige Pfahlumwehrung nach römischem Muster wurde im 16. Jahrhundert von einer Stadtmauer abgelöst, welche die berühmten Weinhänge zum Main weiträumig einschloss. Insbesondere nach dem Wiederaufbau seit der Mitte des 17. Jahrhunderts (Dreißigjähriger Krieg) gründete der rheinische und der fränkische Adel eine Reihe von großen Weingütern und Herrschaftshöfen. Das Gleiche geschah durch die geistlichen Orden. Der Domherrenhof neben der Kirche ging aus einem mittelalterlichen Fronhof hervor.*

Walsdorf

im Goldenen Grund, das zu den ältesten Siedlungen im Taunus zählt, erhielt 1355 – 58 unter Graf Adolf von Nassau-Idstein die Privilegien eines Freifleckens. Der Ort wurde mit einer Stadtmauer befestigt, was bei den günstigen Boden-Klima-Verhältnissen und den daraus resultierenden Steuererträgen verständlich ist. Das geordnete Straßensystem weist auf eine Planung hin, die dem Aufbau nach der Zerstörung im 17. Jahrhundert zu verdanken ist. Die insbesondere auf der östlichen Wehrmauer aufgesetzten, noch erhaltenen Scheunen, ragen über das Emstal hoch heraus und vermitteln ein geschlossenes Ortsbild. Der gotische Rundturm an der Südwestecke und die Ruinen zweier Schalentürme sind Reste der ehemaligen Ortsbefestigung.

Dieser Kulturfortschritt ereignete sich insbesondere in der Nähe der Fernstraßen, die allmählich bessere Transportbedingungen für den Handel schufen. Dabei kam es auch zur randlichen Erweiterung der offenen Kulturlandschaft durch begrenzte Rodungen. Die Einführung der Waldweide, die Verbesserung des Anbaues durch eine geregelte Feld-Gras-Wirtschaft und sogar erste Meliorisationsmaßnahmen in den Flussniederungen mehrten die Erträge.

Die Ortskonstanz, die in der alamannischen Zeit noch nicht gegeben war, wurde durch das Aufkommen der Lehns- und Grundherren sowie durch eine von Bonifatius im 8. Jahrhundert entwickelte verlässliche Kirchenorganisation gesichert. Im Taunus häufen sich die Ersterwähnungen, insbesondere am südlichen und östlichen Taunusrand. Betroffen waren Ortsgründungen im Rheingau von Hochheim (754), der „Sonnenmulde“ des Rheingaus, bis Geisenheim (773). Nach Osten finden sich bis in die Wetterau Ersterwähnungen in Liederbach (780), in Schwalbach (781), in Eschborn (770), wo jüngst wieder Funde aus frühmerowingischer Zeit zu Tage gefördert wurden, in

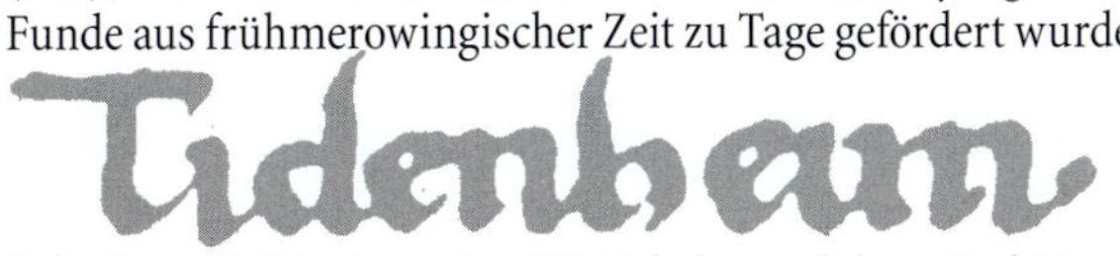

Tidenheim (782), das später Dietigheim und dann Bad Homburg genannt wurde, und in Ockstadt (817) zusammen mit dem wüstgefallenen Hollar. Am östlichen Taunusrand sind Butzbach (773), Großlinden (790) und Münchholzhausen (774) zu nennen.

Auch die großen Beckenzonen im Taunus, wie das Limburger Becken und der Goldene Grund, zählen zu den früh besiedelten Gebieten. Dabei wären zu nennen: Lindenholzhausen (772), Kirberg mit Bubenheim (786) oder Walsdorf (750). Im Usinger Becken findet sich ein Königshof schon 750 auf dem späteren Kirchberg von Usingen. Der Siedlungsprozess erfasste, ausgehend von den Altsiedelräumen, im 9. und 10. Jahrhundert auch günstig gelegene oder naturräumlich noch annehmbare Bereiche in weiten Talmulden auf den Hochflächen. Diesbezüglich seien beispielhaft Nastätten (893) und Reiskirchen (975) bei Wetzlar genannt. Auch strategisch wichtige Orte wie Oberlahnstein mit seinem fränkischen Königshof und der späteren Mainzer Zollstelle zählen zu der ersten Siedlungsgeneration im Taunus.

Der alte Posthof in Hattersheim

Zwar ist

Hattersheim

erst 1132 genannt, aber durch Grabungen wurden schon im 6. Jahrhundert fränkische Siedlungen nachgewiesen. Die günstige Verkehrslage an der mittelalterlichen Straße Frankfurt/Mainz brachte Hattersheim durch vorbeiziehende, marodierende Soldaten in Kriegszeiten viel Unglück. Schon 1489 hatten die Fürsten von Thurn und Taxis das Post- und Beförderungsmonopol erhalten. In ihrem Fahrplan war Hattersheim als Pferdewechselstelle festgelegt. Die Station des Postmeisters von Hattersheim galt als die beste aller Reichspostanlagen. Jährlich passierten hier 72.000 Pferde. Dadurch wurden Gasthöfe, vor allem aber Handwerke wie Sattler, Schmiede und Wagner angezogen und wirtschaftsfähig.

Kirche in Reiskirchen

Das nun tausendjährige

Reiskirchen

kann aus der Frühzeit seiner Geschichte auf ein romanisches Taufbecken mit Rundbogenfries verweisen, das vor der ortsbildprägenden Kirche steht. Dabei handelt es sich um einen kleinen Saalbau aus dem 17. Jahrhundert mit einem hohen Haubendachreiter. An der östlichen Schmalseite der alten Kirche wurde ein größerer zweigeschossiger Fachwerkbau, die ehemalige Schule, angegliedert.

Der Gutshof (alte Wasserburg) in Ockstadt

Von den Altsiedeldörfern

Hollar und Ockstadt

ist nur das letztgenannte Dorf erhalten geblieben. Ockstadt wurde seit 1490 durch eine Wasserburg mit vier mächtigen Eckrondellen geprägt. Während die im Dreißigjährigen Krieg zerstörte Hollarkapelle 1722 als lokale Wallfahrtsstätte wieder aufgebaut wurde (s. S. 70), ersetzte man 1910 die Pfarrkirche St. Jakob in Ockstadt durch einen geräumigen neubarocken Bau mit zahlreichen Kunstgegenständen aus dem vormaligen Gotteshaus. Der Blick geht von dem Innenhof der alten Wasserburg auf das „Kirschendorf“ mit seinen neobarocken Kirchtürmen. Die Wasserburg wurde ein lukrativer Gutshof der Grafen von Frankenstein.

St. Goarshausen
war im 13. Jahrhundert als kleine isenburgische Mitgift an die Grafen von Katzenelnbogen gefallen. Es erhielt 1324 sogar Stadtrechte, da die Herrschaft über dem Ort die Burg Katz (Neu-Katzenelnbogen) errichten ließ und stets ein Auge auf den Rheinzoll warf. Der Ort blieb bis heute eine auf die schmale Rheinseite und das noch schmalere Engtal nach Patersberg hinauf angewiesene Siedlung. Patersberg (s. S. 249) auf der Hochfläche mit einer romanischen Kirche dürfte ca. 200 Jahre älter sein als das T-förmig angelegte St. Goarshausen.

Die Rodungsdörfer

Schon vor der ersten Jahrtausendwende begann die Bevölkerungszahl in Mitteleuropa deutlich zu steigen. Von 900 bis 1200 schätzt man ein Anwachsen der Bevölkerung von 3 Mio. auf 8 – 9 Mio. Außer beim Garten- und Weinbau ist die Bodennutzung jedoch noch immer extensiv. Die Städte wachsen an und versuchen, sich immer mehr von den Landesherren unabhängig zu machen. Die Dörfer in den Kernsiedelräumen vergrößern sich, was aber durch die vorhandene Nutzfläche ihrer Gemarkungen begrenzt ist.

Deshalb setzt eine erste Welle der Rodungen um 1000 – 1100 in den Waldgebieten der Mittelgebirge ein. In Hessen gibt es ca. 400 Dörfer mit der Namenbildung auf -rod, -rode, -roth, etc. Der Siedlungsvorgang erstreckt sich meist an Wegen und an Bächen entlang, wobei ein- oder auch zweizeilige Reihendörfer entstehen, auch kleine Weiler. Aus den Rodungszeiten vom 11. – 14. Jahrhundert finden sich häufig auch Namensverbindungen auf -hain, -hagen oder -schied(-scheid).

Um 1250/1300 setzt ein zweiter starker Siedlungsdruck auf die Mittelgebirge ein. Auch naturräumlich ungünstige Lagen werden jetzt dem Kolonisationsvorgang unterworfen. Ab 1300 ist kaum noch ertragreicher Boden zur Bewirtschaftung und damit auch zur Besiedlung in den Mittelgebirgen frei. Es kommt immer mehr zur organisierten Abwanderung. Vor allem weichende Erben und besitzlose Bauern suchen eine neue Existenz in dem Ansiedlungsprozess im Osten. Die Kolonisation über die Elbe und Oder hinaus wird – oft gerufen von baltischen, pommerschen und polnischen Landesherren – weitgehend von Klöstern, aber auch von Adligen vorangetrieben.

Strinz-Trinitatis
wurde 1184 zuerst erwähnt, dürfte aber ca. 100 Jahre älter sein. Es ging offenbar aus einem Hofgut hervor, das von dem Kloster Bleidenstadt gegründet wurde. Dieses ist für den mittleren Taunus einer der Hauptkolonisationsträger im Mittelalter in die Wald- und Ödlandgebiete des Taunus hinein. „Strinz" heißt so viel wie Ödland oder öde Fläche. Im Unterschied zu Strinz-Margaretae wird es auf Veranlassung des Klosters mit der Hl. Dreifaltigkeit, der Trinität, verbunden. Offenbar hat das im Taunus siedlungsstiftend stark initiative Kloster Bleidenstadt sogar den Versuch gemacht, hier eine gewisse Zentralität durch die Gründung eines kleinen Marktes zu entwickeln, wobei sicher aber der Blei-, Silber- und Kupferbergbau eine wichtige Rolle spielte.

Die Binnenkolonisation in dem Taunusbergland sei an wenigen Beispielen verdeutlicht. So gehört ***Welterrod*** zusammen mit den angrenzenden Ortschaften Strüth und Lipporn zu dem Klostergut von Schönau. Dieser Gebietsteil gehört heute zur Verbandsgemeinde Nastätten im Rhein-Lahn-Kreis (Rheinland-Pfalz) und liegt auf einer Höhe von 420 m NN. Auch die Ortsgemeinde ***Rod*** stammt vermutlich aus der ersten Phase der Rodungsvorgänge. Darauf deuten symbolisch im Ortswappen eine Rodehacke und eine Axt. Rod ist heute Teil der Verbandsgemeinde Katzenelnbogen.

Wie die „Strinz"-Dörfer zählt ***Dornholzhausen*** (Verbandsgemeinde Nassau) zu den Rodungsdörfern. Der Ort liegt auf den Unterlahnhöhen im westlichen Hintertaunus und wurde 1260 zum ersten Mal unter dem Namen „Durnholzhausen" erwähnt. Die Bezeichnung „Dorn" oder „Durr" (= dürr) spricht für eine sehr ungünstige Bewertung der Naturfaktoren wie Boden und Klima.

Vermutlich in der zweiten Phase der Rodungsvorgänge wurden ***Nieder-/Oberrod,*** zwei kleine, direkt nebeneinander liegende Dörfer östlich von Idstein gegründet. 1280 heißt Oberrod „Superior rode". Die Dörfer bilden ähnlich wie das benachbarte Kröftel eine Rodungsinsel in dem Waldland am Westrand der Feldberg-Pferdskopf-Scholle. Die Dörfchen liegen mit zusammen knapp 600 Einwohnern auf einer Höhe von 360 – 430 m NN. Die Lage an einer bedeutenden Fernhandelsstraße von Frankfurt nach Köln (heute B 8) hat in Kriegszeiten die Dörfer immer wieder stark in Mitleidenschaft gezogen, den Dreißigjährigen Krieg überlebten hier nur vier Bürger.

Ähnliches gilt von ***Wollmerschied,*** das in 12 km Entfernung von der Stadt Lorch auf den Höhen des Rheingaugebirges liegt (400 m NN) und ca. 250 Einwohner zählt. Wollmerschied wurde zum ersten Mal 1324 bei einer Grenzfestlegung im nördlichen Rheingau erwähnt. Das Dorf gehörte zur Grundherrschaft des Erzbistums Mainz und wurde schon im Mittelalter durch seine Dachschiefergruben bekannt.

Die Ortsgemeinde ***Lollschied*** als Teil der Verbandsgemeinde Nassau erscheint zum ersten Mal im Jahre 1260 in einer Erbteilungsurkunde der Grafen von Katzenelnbogen, als „Lollenschieder Dinghof". Dies ist ein Hinweis darauf, dass hier eine von den Grundherren ausgehende Hofbildung zu einer kleinen Ansiedlung geführt hat. Der 1842 niedergebrannte Ort wurde anschließend nach einem einheitlichen Muster der Höfe wieder aufgebaut (s. S. 154).

Reckenrod, das 1235 zuerst erwähnt wurde, war bis 1479 Teil der Grafschaft Katzenelnbogen, wurde dann aber auf dem Wege der Erbfolge hessisch und seit 1816 dem Herzogtum Nassau einverleibt. Es liegt auf 340 m NN. Seine Gemarkung erstreckt sich aber auf die naturräumlich weniger günstigen Bereiche der Hochflächen im oberen Dörsbachtal.

Schönborn, zuerst 1284 erwähnt, ging aus der Lage „Am schönen Born" im alten Niederlahngau hervor. Es liegt auf den sanft zur Lahn abdachenden Hochflächen und war mit dem Kloster in Bärbach und mit dem Adelshof einer Familie der späteren Grafen von Schönborn verbunden, die als geistliche Fürsten von Mainz, Bamberg und Würzburg eine große baugeschichtliche Rolle in der Barockzeit spielten.

Rod am Berg wurde 1256 in einem wichtigen Rechtsdokument des Mainzer St. Stephan-Stifts als „rotulus omnium jurium“ erwähnt. 1215 ist von einer gewissen zentralörtlichen Bedeutung des Dorfes „rodin“ in diesem Gebietsbereich die Rede, wahrscheinlich ist Rod am Berg gemeint. Schon sehr früh gibt es Hinweise, dass Rod am Berg ein Kirchspielort wurde, zu dem u. a. auch Skanweil (Kleinweil) im unteren Aubachtal und Dorfweil im oberen Weiltal gehörten. Noch heute erinnern Straßennamen wie „Hainzaun“ an eine wehrhafte Begrenzung des eng verdichteten Haufendörfchens.

Was ***Dorfweil*** im oberen Weiltal betrifft, muss auf die Tatsache hingewiesen werden, dass es in der frühen Landnahme durchaus kleine, abgelegene Ansiedlungen in den Mittelgebirgen gab und zwar dort, wo man höffige Eisenerz-, Silber- und Bleiadern gefunden hatte. So wird Dorfweil als „wilena“ oder „wilane“ schon 772 erwähnt.[1] Der kleine Ort unterhalb des heutigen Verwaltungsmittelpunktes Schmitten führt in seinem Wappen Schlägel und Bergeisen, das einem Hammer ähnelt und als Meißel eingesetzt wurde, ein Hinweis auf einen frühen Bergbau. Zinsleistungen an das berühmte Reichskloster Lorsch legen beredt Zeugnis davon ab. Dort wird berichtet, dass eine Edelfrau namens Rachild aus dem Adelsgeschlecht der Ruppertiner etwas für ihr Seelenheil tun wollte und dem damals bedeutenden Kloster in der Oberrheinebene im Jahr 772 Güter schenkte. Darunter befanden sich Erzgruben und Schmelzöfchen (Rennfeuer), so dass von diesem im oberen Weiltal zuerst genannten Ort jährlich 32 Schirbel Eisen an das Kloster fällig waren.

Rod am Berg, heute ein Ortsteil von Neu-Anspach

Die Orte in der Nachbarschaft wie ***Brombach*** („Brambach“) oder ***Hunoldtstal,*** die 1274 und 1310 im Licht der Geschichte erscheinen, aber auch die anderen Hochtaunusgemeinden, z. B. Treisberg, 540 m NN unmittelbar unter dem Pferdskopf gelegen, werden erst in der zweiten Hälfte des 13. Jahrhunderts genannt. Auch später setzen noch Ortsgründungen ein wie z. B. im Falle von Schmitten, der heutigen Zentralgemeinde im Hochtaunus. Dort gab es schon 1399 eine einfache Waldschmiedeanlage der Hattsteiner Herren. Diese erweiterte sich erst von 1654 an zu einer kleinen Dorfsiedlung, in der 1710 jedoch schon 18 Familien gezählt wurden und die sich seit etwa 1890/1900 zu einem Luftkurort entwickelte.

1) Ernst, E.: Das Weiltal, 2005, S. 59

Das Weil-Quellgebiet mit Blick von Brombach über Dorfweil, Schmitten und Arnoldshain auf das Feldbergmassiv

Die ehemalige Braubacher Getreidemühle, vor der Stadtmauer gelegen, wurde 1693 mit einem Wirtshaus verbunden. Heute gehört sie zum Hotel „Zum weißen Schwan"

Einzelhöfe: Mühlen und Gutshöfe

Erst seit den Agrarstrukturverbesserungen und Aussiedlungen bäuerlicher Betriebe in den 1950er bis 1970er Jahren legte sich eine bisher so nicht bekannte Siedlungsschicht von Einzelhöfen über das Land.[2)]

Einzelhöfe waren im Taunus bis dahin, ausgenommen Mühlen und ein paar Gutshöfe, seltene Erscheinungen. In allen Bachtälern und in fast allen Orten klapperten die Getreidemühlen. Der Mühlbach, der von Nastätten bis Nassau zur Lahn hinabzieht, wird sogar nach ihnen benannt. Unterhalb von Marienfels häufen sich ungewöhnlich viele dieser Anlagen. Hier liegen die Steegsmühle, die Happesmühle, die Weidenmühle, die Dickmühle, die Käsmühle, die Rauschenmühle, die Augustiner Mühle, die Neumühle und die Schulmühle auf einer Entfernung von 2,25 km Luftlinie dicht hintereinander. Ähnliches ist auch in anderen Taunustälern, z. B. im Weiltal, festzustellen. Ganz extrem ist die Mühlendichte am Urselbach, wo von Oberursel (Hohemark bis Niederursel/Heddernheim) über 30 Mühlen auf ca. 10 km die Wasserkraft des Urselbachs nacheinander nutzten (s. S. 242).[3)]

Giebelfront der „Erbe-Mühle" in Ernsthausen im Weiltal

2) Ernst, E.: Siedlungsgeographische Folgeerscheinungen der Agrarstrukturverbesserung innerhalb der Dörfer, in: Berichte zur deutschen Landeskunde, Bad Godesberg 1968, Bd. 40, S. 223 ff.

Jede Mühle besaß einen Mühlteich mit Mühlgraben als Zufluss des Wassers zum Mühlrad. Verbriefte Rechte gewährten die Ableitung des Wassers aus dem Bachlauf. Mittlerweile haben alle Mühlen am Solmsbach ihre Wasserrechte an die Gemeinden zurückgegeben.

3) Ernst, E.: Mühlen im Wandel der Zeiten, Stuttgart 2005, S. 36 u. 128 ff.

4) Rumpf, F.: Von Müllern und Mühlen im Wetzlarer Land, in: Lebendige Heimat Wetzlarer Land (3) von F. Müller, S. 54

5) Ernst, E.: Das Weiltal, 2005, S. 87

6) Raven, O.: Der Beidenauer Hof und die Rote Mühle, in: Altenhain im Taunus, Chronik, Bad Soden, 1982, S. 37 ff.

Brühlmühle bei Brandoberndorf (hier lief bis 1939 noch das Mühlrad)

Das Beispiel der ***Brühlmühle*** bei Brandoberndorf kann als stellvertretend für das Schicksal der meisten Mühlen im Taunus angesehen werden. Im 17. Jahrhundert errichtet, befindet sie sich seit 1815 im Besitz der Familie Friedrich. Die Brühlmühle wurde bis 1979 nur zur Herstellung von Mehl und Kleie betrieben. Sie zählt zu jenen Mühlen, die recht lange dem seit den Gründerjahren einsetzenden Mühlensterben trotzten, obwohl sie 1913 unter einem Großbrand erheblich gelitten hatte.[4)] Um 1940 wurde das Mühlrad durch Turbinen ersetzt. Nach dem Aufkommen der Dampfkraft und der Elektrizität in den konkurrierenden Großmühlen hatten die Bauernmühlen nur eine begrenzte Überlebenszeit. Heute betreibt man im Anwesen des ehemaligen Mühlenhofs eine Nebenerwerbslandwirtschaft (20 ha). Die Wasserrechte sind an die Gemeinde zurückgegeben worden. Das Haupteinkommen besteht aus dem Lohn des Besitzers als Werkstattleiter in einer Bauschlosserei.

Die Mühlen ließen nicht immer Korn durch die Mühlsteine laufen. Bei manchen Mühlen verraten schon die Namen ihre Funktion als Eisen- oder Kupferhämmer, als Stein- oder Pulvermühlen oder als Öl- und Knochenstampfen. Aus dem Rentbuch der Landsteiner Mühle von 1480 im Weiltal kann man entnehmen, dass der heutige Gaststättenbetrieb einstmals eine multifunktionale Wasserkraftnutzung als Öl- und Sägemühle, Getreide- und Schleifmühle, später auch als Zain- und Pfannenhammer aufwies.[5)]

Die Rote Mühle im Beidenauer Grund (Liederbachtal zwischen Schneidhain und Kelkheim-Hornau) war dagegen wie viele andere Bauernmühlen dem Mühlensterben schon um 1900 zum Opfer gefallen.[6)] Sie war aus dem bereits im 16. Jahrhundert brach gefallenen Schafhof Beidenau hervorgegangen. 1618 nahmen zwei tüchtige Kaufleute und Salinenbesitzer in Soden den Bau und Betrieb der Mühle in Angriff. Nach dem 1. Weltkrieg kaufte sie ein Industrieller aus Rödelheim und ließ die Rote Mühle noch einmal gründlich renovieren. Heute wird sie als ein begehrtes Gasthaus gerne aufgesucht. Ein unbekannter Künstler hatte 1839 einen Aquatinta-Stich hergestellt, dabei die Mühlengebäude deutlich in den Vordergrund treten lassen und den Blick freigegeben zur Königsteiner Festungsruine. Für ihn war damals schon die Rote Mühle eine gastliche „romantische" Besuchsstätte, auch für die Sodener Kurgäste.

Das gewaltige unterschlächtige Wasserrad der Limburger Obermühle, nach Karl Marx eine „elementarische Form aller Maschinerie", schreibt dem Müller Arbeitszeit und Arbeitstempo vor. Ihre herausragende Leistung verdankt sie dem zuverlässigen Wasserangebot der Lahn. Heute treibt sie einen Generator zur Stromgewinnung an. Das Mühlengebäude wird als Kostbarkeit der Limburger Gastronomie angesehen.

Die „Rote Mühle" im Beidenauer Grund, Aquatinta-Stich von 1839

Gutshof Hühnerkirche

Adelshöfe

Der Eichelbacher Hof, heute landwirtschaftlich/gastronomisch genutzt, liegt an der Peripherie des Hochtaunuskreises in einem stillen Waldwinkel zwischen Hasselbach und Cratzenbach. Es handelt sich um einen stattlichen Hof, der schon 1353 zum Gericht Rod a. d. Weil zählte. Als nassauischer Herrensitz diente er der Festigung der Herrschaft im Weiltal und hat seinen baulichen Formen gemäß zweifelsfrei bessere Tage erlebt. Zeitweise war das Anwesen in den letzten 100 Jahren jedoch aufgelassen und dem Verfall preisgegeben. Heute erscheint es – soweit es noch vorhanden ist – als repräsentativer Fachwerkbau mit den Rundtürmen an den beiden Außenecken. Die haubengedeckten Eckbauten lassen auf einen ehemaligen Verteidigungszweck schließen. Über dem Portal befindet sich ein Renaissance-Doppelwappen von 1568, das an die Herren von Rheinberg erinnert.[7)]

Der große Saal des Herrenhauses mit seiner urigen Holzbalkendecke wird heute gastronomisch genutzt. Die ehemals quadratische geschlossene Hofanlage mit vier runden Ecktürmen war ein befestigter Gutshof mit Burgkapelle und eine durch eine Holzbrücke mit den Hauptgebäuden verbundene Vorburg. Diese Gesamtanlage war mit Wall und Graben umgeben und übte eine Wach- und Wehrfunktion über den benachbarten mittelalterlichen Handelsweg (Rennweg) an der nassauischen Landesgrenze aus. 1339 hatte die aus dem unteren Wispertal stammende Familie von Rheinberg den Hof als Lehen übernommen. Der Hof, der ca. 350 Morgen Land zählte (ca. 90 ha), scheint nach den Rheinbergern zunächst brach gelegen zu haben. Die Grafen von Nassau erinnerten sich aber 1631 wieder an diesen Besitz und gaben ihn zu Lehen an die Herren von Wartenberg. Von da an ging er an den Usinger Amtmann von Wachenheim. 1786 wurde schließlich die nassauische Oberförsterei hierher verlegt, nachdem der Hof vorher wieder als unbewirtschaftet zu verfallen drohte. Die Bauten im Vorhofbereich wurden damals z. T. abgebrochen und versteigert. Lediglich einer der vier Flügel blieb bis heute erhalten. Die naturräumlichen Bedingungen sind für eine moderne Landwirtschaft nur bedingt geeignet.

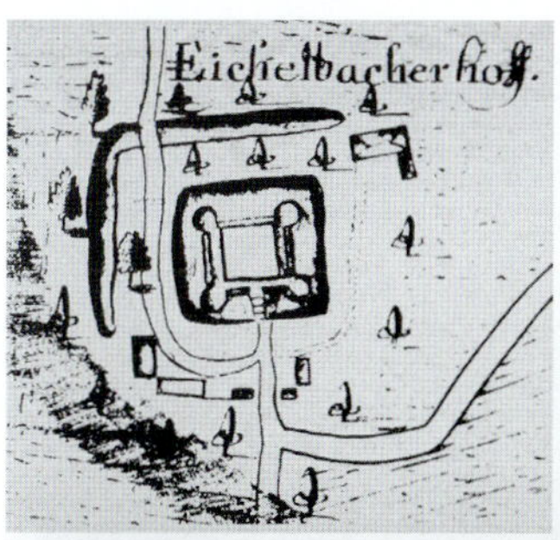

Der Eichelbacher Hof im Tal des Eichelbachs

Das Anwesen ***Hühnerkirche*** hat seinen Ursprung in einem Heiligenhaus, das anlässlich einer Schenkung im Jahr 1515 (auch 1525) als Kapelle „Unserer lieben Frauen (hl. Maria und hl. Anna) am Hohnerberg“ bezeichnet wurde. Nach Einführung der Reformation 1546 blieb das Gotteshaus unbenutzt und verfiel. Es wurde auch dadurch nicht gerettet, dass 1568 Kaiser Maximilian II. (1564 – 1576) dem Grafen Johannes von Nassau-Idstein ein Jahrmarktprivileg an der Hühnerkirche (Hohnerkirche) erteilte.

Um 1667 entstand ein Wirtshaus, aus dem sich schließlich ein zunächst kleinerer landwirtschaftlicher Hof entwickelte. Die Steine der 1668 abgebrochenen Wallfahrtskirche dienten dem Bau anderer Kirchen im Idsteiner Raum. Der ab Mitte des 18. Jahrhunderts ansteigende Verkehr auf der Hühnerstraße von Limburg nach Mainz-Kastel führte zu dem Plan, an dieser Stelle eine Rast- und Pferdeumspannstation für die von Thurn und Taxis betriebene Post zu erbauen.

Ab 1776 ließ die Regierung in Wiesbaden das Herrenhaus in der heute noch vorhandenen Form mit Krüppelwalmdach und Haubendachreiter errichten. Dazu kamen noch verschiedene Wirtschaftgebäude: Bierbrauerei, Branntweinbrennerei, Hufschmiede und Backhaus. In der benachbarten Limbacher und Wallbacher Gemarkung wurden weitere Felder angekauft, so dass sich der Hof allmählich vergrößerte. Die von 1789 bis 1814 andauernden Kriegswirren führten jedoch schnell zum Niedergang der Gesamtanlage. Verschiedene Felder mussten verkauft werden und Teile der Wirtschaftsgebäude wurden abgerissen. Die Haupteinnahmequelle des Gutshofes stellte nach der Verlegung der Poststation nach Neuhof im Jahre 1822 die Landwirtschaft dar, auf die nun wiederum der Schwerpunkt der Entwicklung gelegt wurde. Schließlich kam der Hof 1829 als Erb-Leihhof an Philipp Heinrich Alberti und ab 1864 endgültig in den Besitz dieser Familie.

1945 wurden beim Vorrücken der amerikanischen Truppen die Wirtschaftsgebäude zum Teil zerstört. Der Aufbau des größten Teils der Gebäude erfolgte jedoch sehr rasch. Die Anlage, wie sie heute zu sehen ist, vermittelt den Eindruck etwa des Gutshofes, wie er Ende des 18. Jahrhunderts ausgesehen hat. Heute befindet sich die Hühnerkirche als gut besuchter Landgasthof im Besitz der Erben der Albertis. Bei der Hühnerkirche handelt es sich um ein Beispiel eines ursprünglich aus einem Kirchenanwesen hervorgegangenen Adelshofs. Kleinere bäuerliche Familienbetriebe – außer den Mühlen – befanden sich in den Dörfern und Weilern. Bei den Einzelhöfen, die geschlossen vererbt oder verpachtet wurden, waren meist staatliche oder herrschaftliche Interessen wirksam.

7) Ernst, E.: Das Weiltal, 2005, S. 123

Untergegangene Siedlungen im Taunus

Es sind im Wesentlichen drei Gründe, die zu den sog. Wüstungen geführt haben. Es waren zunächst Kriege und Fehden zwischen Grundherren, aber auch zwischen Fürsten und Städten, bei denen stets die Dörfer die Leidtragenden waren. Dabei wurden Dörfer ganz oder teilweise vernichtet, was die Menschen oft zur Abwanderung zwang. Ein anderer Grund bestand in den mittelalterlichen Wirtschaftskrisen. Nach den zweimaligen großen Pestepidemien im 14. Jahrhundert kam es zu einem tiefgreifenden Preisverfall für Agrarprodukte, aber auch für Eisengeräte und Werkzeuge, die im Regelfalle in den Hammerwerken an den Bächen der Mittelgebirge hergestellt wurden. In den durch die Seuchen sehr stark an Einwohnern geschwächten Städten gab es jedoch neue Arbeits- und Wohngelegenheiten, die besser waren als diejenigen in den rauen Mittelgebirgslagen. Der dritte Grund bestand in der Einführung des Flurzwangs bei der Ablösung der Feld-Gras-Wirtschaft durch die Drei-Felder-Wirtschaft, wobei die einzelnen Flurteile nach genauen Absprachen bewirtschaftet werden mussten. Das setzte eine verlässliche Absprache bei dem Weidegang und bei der Feldbearbeitung, der Aussaat und Ernte voraus, was ein Zusammenwohnen in einer geschlossenen Dorfgemeinschaft erforderte.

So hat z. B. Kirberg an der Kreuzung der Hessenstraße von St. Goar nach Marburg mit der von Mainz nach Limburg führenden Hühnerstraße die Ortschaften ***Bubenheim*** (786 zum ersten Mal genannt) und ***Sindersbach*** sozusagen in sich aufgesogen, jedenfalls die gesamten Flurbereiche in dem Wirtschaftsbezirk Kirberg vereint. Schließlich war Kirberg im 14. Jahrhundert schon ein Marktflecken geworden. Ein anderes Beispiel ist die Wüstung ***Habenscheid***. Wo einmal das Dörfchen südlich von Balduinstein lag, sind heute nur noch ein einsamer landwirtschaftlicher Betrieb und eine Kirche vorhanden. Schon 790 wird eine Liegenschaft als „Abetisscheid" an das Kloster Prüm geschenkt. 1174 – 1178 ist von einer Pfarrkirche in Habenscheid die Rede, offenbar eine Wehrkirche und eine weilerartige Siedlung. Der Ort wurde 1350 an der Grenze zwischen dem Diezer und dem Katzenelnboger Gebiet noch einmal genannt. Das Kirchspiel Habenscheid-Cramberg war im Westen des großen Dekanats Kirberg von diesem getrennt worden. 1450 wird der Pfarrer von Habenscheid, Heinrich von Schönborn, genannt.[8)] Nach 1650 ist diese Siedlung völlig erloschen. Ob sie jedoch schon längst vorher eine Wüstung geworden war, bleibt zunächst dahingestellt. 1687 hatte die Fürstin Charlotte von Diez die Kirche auf der Hochfläche zwischen Aartal und Rupbach renovieren lassen. Die geweihte ummauerte Kirche und Friedhofsanlage wurden noch bis weit in das 20. Jahrhundert von den benachbarten Dörfern in Anspruch genommen.

Genannt seien auch die Orte in der Nähe von Ockstadt am südöstlichen Taunusrand, die beiden Dörfchen ***Ober-Straßheim*** an der alten Weinstraße und ***Hollar*** (Holunar, s. S. 127). Ober-Straßheim hatte im Mittelalter seinen Zehnten an den Freiherrn Löw von und zu Steinfurth zu entrichten. Es ist wie Hollar untergegangen. Wahrscheinlich zogen seine Bewohner nach Ockstadt oder in die aufblühende Reichsstadt Friedberg. Hollar war mit Ockstadt schon im Jahr 817 genannt worden, wobei es um Schenkungen von Land und Leibeigenen an das Kloster Lorsch ging. Im Umkreis beider alter Gemarkungen wurden wiederholt Rebländereien (Wingerte) erwähnt. Die Dörfer scheinen im Verlauf des frühen 15. Jahrhunderts aufgelassen worden zu sein. Die im Dreißigjährigen Krieg zerstörte Kirche von Hollar wurde 1722 wieder aufgebaut.[9)]

Ähnliches wäre von nahezu allen Mittelgebirgsdörfern zu berichten, in deren Gemarkungen oft mehrere ausgegangene Orte, meist kleine Weiler oder Reihendörfer, lagen. In der Gemarkung Hüttenberg-Reiskirchen existierte von 750 – 1450 der weit auseinandergezogene Weiler ***Gehringshausen***. Dieser Ort war schon lange vor dem Dreißigjährigen Krieg aufgelassen worden. Getreideabgaben, aber auch Heu- und Gartenfrüchte sowie Fastnachtshühner hatte er an geistliche Herren und die Altäre in Wetzlar und Großlinden zu liefern.

Genaueres ist durch Untersuchungen von der Wüstung ***Wertshausen*** (Werdolfeshusen) bekannt.[10)] Der Ort ist schon 810 im Lorscher Codex durch eine Schenkung erwähnt. Das Luftbild zeigt die Rodungsinsel im oberen Schwingbachtal zwischen Oberwetz und Vollnkirchen. Im Hochmittelalter wird hier eine weilerartige Anlage mehrfach in Lehensurkunden genannt. Seit 1431 schweigen die schriftlichen Nachrichten. Aber es gibt eine Fülle von Keramikfunden. Auch Köhlerstellen sind nachgewiesen, in denen Holzkohle für die zahlreichen Eisenschmelzen im Wetzlarer Raum hergestellt wurden. Der aus wenigen Höfen bestehende Weiler dürfte, wie die Hälfte aller Siedlungen im Umkreis zwischen Lahn, Solmsbach und Kleebach

Kirche der Wüstung Habenscheid

Gebiet der Wüstung Wertshausen

8) Gensicke, H.: Zur Geschichte des nassauischen Adels – Die von Schönborn. Die Anfänge des Grafenhauses, in: Nassauische Annalen, Bd. 91, Wiesbaden 1980, S. 259 f.

9) Wagner, G.W.J.: Die Wüstungen im Großherzogtum Hessen, Darmstadt, 1854, S. 311 ff.

10) Schmidt, Ch. u. Ruppert, C.: Wertshausen, auf den Spuren eines mittelalterlichen Dorfes, Hüttenberg, 2007

11) Ernst, E. u. Klápště, J.: Stahlnhain – eine untergegangene Waldschmiedesiedlung, in: Hessische Heimat, Marburg H 2, S. 43 ff. und Ernst, E.: Das Neu-Anspacher Siedlungsgefüge in Zeit und Raum, Heimat- und Geschichtsverein Neu-Anspach, Heft 4, 2007

Ausgrabung einer Stahlnhainer Hofanlage 1985/86

infolge der Wirtschaftskrisen im 14. und beginnenden 15. Jahrhundert untergegangen sein.

Bestätigt durch Ausgrabungen gibt es eine ziemlich genaue Kenntnis des untergegangenen Dorfes ***Stahlnhain*** im oberen Erlenbachtal bei Neu-Anspach.[11] Nicht nur eine Reihe von Flurnamen (Backofenstück, Wenzelborn, Hofacker, Heiligenstock, etc.) sondern auch archivarische Nachweise vom Ende des 14. Jahrhunderts weisen den Bestand einer Reihensiedlung nach, die aus ca. 10 Höfen bestand. 1432 ist in einer Schadensliste der umgebenen Ortschaften, die bei einer Fehde im Hochtaunus (Belagerung der Raubritterburg Hattstein) entstanden waren, von Stahlnhain nicht mehr die Rede. Tonscherben, Werkzeuge und Gerätschaften wurden in größerem Umfang gefunden. Die Häufung von marktfertig hergerichteten Hufeisen und verschiedenen Eisenwerkzeugen deuten auf eine Waldschmiedesiedlung hin, die sich allerdings landwirtschaftlich selbst versorgte. Dies beweisen die vielen Ackerterrassen, die in ganzen Schwärmen am Hang des Klingenberg auftauchen. Die Hauspodeste geben genaue Hinweise auf die Lage und Größe der Siedlung. Eine ausgegrabene Gebäudegruppe gibt Auskunft über die Anlage der Hofreite. Wohnhaus, Sommerküche, Scheune, Stall, Werkstattgebäude etc. lagen deutlich getrennt voneinander (Streulage), vermutlich aus Sicherheitsgründen bei einem Brand. Die Dächer waren üblicherweise mit einer einfachen Strohbedeckung oder gar mit Rinden- oder Rasenbelag versehen.

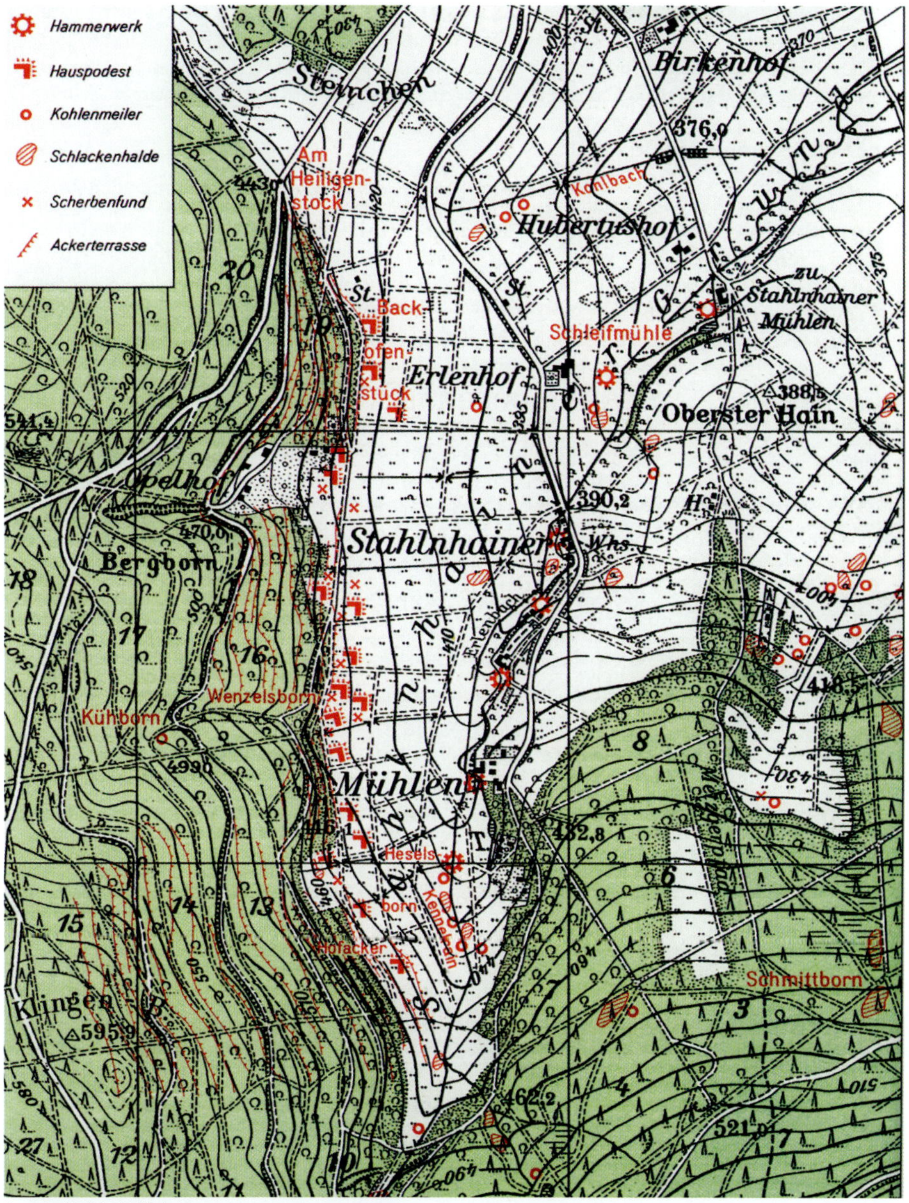

Lage der Höfe in Stahlnhain

Hausfundamente in Stahlnhain

Die wissenschaftliche Korrektheit der Untersuchungen ist verbürgt durch die Ausgrabungen, die von Archäologen der Karlsuniversität in Prag in Verbindung mit dem Freilichtmuseum Hessenpark durchgeführt wurden, wo auch die Funde aufbewahrt sind.

Die Mühlen am Erlenbach waren ursprünglich Eisenhämmer der Reihensiedlung Stahlnhain, die sich am heutigen Waldrand entlangzog. Nach dem Wüstfallen der Höfe um 1400 wurden sie als Anlagen eines höheren Wertes nicht aufgelassen, sondern in Getreide-, Öl- und Sägemühlen umgewandelt. Schon seit der ersten Hälfte des 20. Jahrhunderts stehen ihre Räder still. Die Talmühle kann auf eine über hundertjährige erfolgreiche Tradition als Gaststätte zurückblicken.

Krug, Trinkbecher und Schüssel aus Stahlnhain

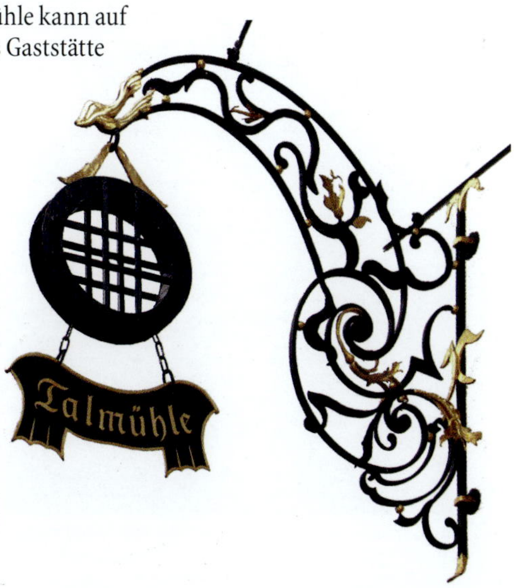

Dorf- und Kleinstadtstrukturen

Schon um 1500 hatte der Prozess eines zunehmenden Zusammensiedelns zu größeren Dörfern begonnen. Gründe dafür sind zu suchen in dem größeren Schutzbedürfnis in einer fehdereichen Zeit, sehr wahrscheinlich aber auch in der Einführung der Drei-Felder-Wirtschaft mit den notwendigen Nutzungsabsprachen (Flurzwang), was in der Konzentration eines Haufendorfes möglich ist.

Brandoberndorf

Brandoberndorf erscheint heute als ein Haufendorf, das offenbar schon als „Oberndorph" in die merowingische Zeit zurückdatiert werden kann. Das kleinere Oberdorf schart sich um die Kirche. Das größere Unterdorf wird heute von der Hauptverkehrsader in ost-westlicher Richtung (L 3053) im Süden tangiert und von der Straße nach Griedelbach (L 3055) geteilt. Der Name „Brand"-oberndorf wurde erst gebräuchlich nach einem Großbrand 1543, bei dem das obere Dorf bis auf fünf Häuser vernichtet wurde.

In Brandoberndorf bewirkte eine wachsende Bevölkerung wie in den meisten Taunusdörfern nach 1648 eine neue Siedlungsepoche. Die Zeiten der mehrere Jahrhunderte andauernden wechselhaften Zugehörigkeit zu verschiedenen kleinen Territorialherren ging zu Ende. Die Bevölkerung fand in der Landwirtschaft ein gutes Auskommen, von dem das Schmuckfachwerk vieler Höfe beredtes Zeugnis ablegt. Zu Anfang des 19. Jahrhunderts wurde die Leibeigenschaft aufgehoben. Die Impulse der neuen Freiheiten stärkten die gewerbliche Entwicklung sowie die Tendenz zu einem kleinen zentralen Ort. 1839 wurde eine Filiale der Usinger Amtsapotheke eingerichtet, 1850 kam ein Forsthaus hinzu. Die seit 1796 vorhandene Ärzteversorgung blieb örtlich gewährleistet. In der Mitte des 19. Jahrhunderts wurde der Ort durch seinen Waldreichtum (Holzlieferant für Bahnschwellen) wohlhabend.[1)]

1) Brandoberndorfer Erinnerungen, Waldsolms 2003, S. 53

2) Dorf im Rheinischen Schiefergebirge: Bornich. in: Sperling, W. u. Strunk, E.: Luftbildatlas Rheinland-Pfalz, 1970, S. 106 f. u. S. 108 f.

1825 war ein neues Schulhaus in einem einfachen klassizistischen Fachwerkstil errichtet worden, das auch das Rathaus und die Arztpraxis sowie das Forstamt beherbergte. Wichtige Einkünfte erbrachten die Lohgewinnung und die Gerbereien, von denen 1923 vier Betriebe hier beheimatet waren.

Brandoberndorf mit Zentrum um Kirche, Rat- und Spritzenhaus

In ihnen waren 1923 fast 200 Mitarbeiter beschäftigt. Erst 1955 wurde eine neue mehrzügige Schule errichtet. Das Fachwerkhaus mit seinem Glockentürmchen ist heute das Verwaltungszentrum der Großgemeinde Waldsolms. In den 1970er Jahren wurde das Fachwerk freigelegt. Das schmucke Gebäude prägt heute die Ortsmitte, zu der auch das gegenüberliegende, 1935 gebaute Spritzenhaus gehört. Im ersten Stock entstand der Gemeindesaal – später kamen Vereinsräume hinzu. Das die Ortsmitte (Lindenplatz) beherrschende, alles überragende Gebäude ist aber die alte Wehrkirche, deren Turm in die romanische Zeit zurückreicht. Das Kirchenschiff weist auf die gotische Bauphase hin, aus der 1964 auch Wandmalereien freigelegt wurden.

Bornich

Ein Blick auf die alte Ortsmitte von Bornich (südöstlich der Loreley) weist schon in der Schieferbedachung auf die Lage im Rheinischen Schiefergebirge hin. In dem 1183 urkundlich zum ersten Mal erwähnten Bornich, das in einer flachen Quellmulde auf der Hochfläche über dem nahen Rhein liegt, wird die Ortsmitte durch die wuchtige spätromanische Kirche beherrscht. Dicht daneben entstand erst im 19. Jahrhundert das Schulgebäude. Die Dorfstruktur wird nicht nur bestimmt von der Tatsache, dass drei Großbrände im 16. und im 18. Jahrhundert wüteten und eine dichtere Neubesiedlung ermöglichten, sondern vor allem durch die im 18. und 19. Jahrhundert das Dorf zerstückelnde Realerbteilung. Es entstanden klein- und zwergbäuerliche Betriebe. Sie wurden in der Länge und Quere wiederholt geteilt. Eine typische Kümmerform des ehemaligen fränkischen Dreiseithofs ist das sogenannte Quereinhaus oder Tiefstallhaus, wobei das Vieh im Untergeschoss der Wohnhäuser oder im hinteren Hausteil neben Flur und Küche untergebracht war. An manchen Häusern weisen zwei Eingänge und die verschiedene Dachbedeckung auf mehrere Besitzer hin.

Im 18. Jahrhundert gab es ca. 140 Gebäude in Bornich, 1873 waren es bereits über 300. Die ungeheure Verdichtung und Verschachtelung des Dorfes hat sich gemildert durch die Aussiedlung von zwölf landwirtschaftlichen Betrieben in den 1960/70er Jahren.[2)] Dadurch entstand eine hier und da schon erkennbare Auflockerung durch Abbruch der nicht mehr benötigten Wirtschaftsgebäude. Seit der Zeit der Luftbildaufnahme 1977 gereichte die konsequent betriebene Dorferneuerung zur Zierde der ehemaligen Acker- und Weinbaugemeinde.

Bornich

Der alte Ortsteil Anspach

Schon im frühen 16. Jahrhundert kam es zur Auflösung der Reihensiedlung „Langen-Anspach“ und zum Zusammenrücken der Höfe zu einem verengten Haufendorf. Um 1518 soll die Kirche gebaut worden sein, wodurch sich eine gewisse Zentrierung des Dorfes ergab. In dem Weistum eines Grenzgangs von 1482 wird noch von Langenanspach gesprochen. Das Zusammenrücken auf nur einen kleinen Teil des bisher besiedelten oberen Usatals erzwang notgedrungen eine Ausweitung der Siedlung zu den Talflanken. Es zeigt sich, dass die Siedlungsstruktur dieser Entwicklungsphase zwar alle Merkmale eines Haufendorfs aufweist, jedoch eine bestimmte Ordnung nicht vermissen lässt. Zunächst ist dabei auf das Achsenkreuz der Ost-West und Nord-Süd verlaufenden Hauptstraßen zu verweisen.

Die ältere Längsachse Ost-West wurde bis um 1900 durch den offen fließenden Usbach gebildet. Wegen der geringen Wasserführung konnte die Usa auch als Fahrweg benutzt werden. Die Usastraße über dem um 1900 zum ersten Mal verrohrten Bach hat heute keine entscheidende, verkehrstragende Bedeutung mehr. Die Querachse dazu, die Langgasse in Nord-Süd-Richtung, hatte dagegen als alte Heerstraße schon früher eine ausgeprägte Durchgangsfunktion.

Ein weiteres Merkmal dieser offenbar nicht ganz ohne Plan angelegten Siedlung besteht in einem einfachen Ringstraßensystem. Zwar treffen die Teile der Ringstraßen im westlichen Ortsteil nicht genau aufeinander und sind im östlichen Ortsteil durch spätere Veränderungen (Großbrand von 1797) nicht mehr ganz regelmäßig erhalten, doch charakterisieren sie den Ortskern bis heute. Diese Gassen hatten nicht nur eine schnelle Verbindung von einem Ortsteil zum anderen herzustellen, sondern übten durch die Stellung der Gebäude eine Art Wehrfunktion aus. Die in den Höfen ursprünglich rückwärtig angeordneten Scheunen bildeten aneinandergereiht an der Ortsperipherie offenbar einen Ersatz für eine Wehrmauer oder einen gebückartigen Hainzaun. Im Luftbild erweckt die Ringstraßenführung noch heute den Eindruck einer überdimensionierten Wagenburg.

Die alten Haus- und Hofformen haben sich trotz aller Veränderungen zu einem beträchtlichen Teil erhalten. Das Grundmuster der Höfe besteht aus einem rechtwinklig zur Straße stehenden Wohnhaus, einem oder zwei in der gleichen Richtung angeordneten Ställchen oder Holzschuppen und einer quer dazu den Hof nach außen abgrenzenden Stallscheune. Bei den Anwesen wohlhabender Familien konnte diese winkelhofartige Gebäudestellung zu einem Dreiseithof erweitert sein. Diese Grundstruktur der Höfe bestimmt (auch die Kümmerformen wie der Eindachhof) das Siedlungsbild. Im Ortskern erscheint die Anordnung der Höfe, abhängig von dem Zuschnitt der Parzellen, ziemlich willkürlich. Überdeckte große Hoftore, welche die Anwesen gegen die Straße abschließen und vor „ungebetenen Gästen“ sowie Blicken in den Hofraum schützen, gab es im Gegensatz zum nordöstlichen Taunus nicht.

In einem weiteren Entwicklungsabschnitt, der insbesondere im 18. und 19. Jahrhundert vonstatten ging, wurde der Ortskern immer weiter verdichtet. Um 1700 waren die erheblichen Einwohnerverluste des langen Krieges von 1618 – 1648 wieder ausgeglichen. Die Bevölkerung nahm so stark zu, dass erste Auswanderungen (Südost-Europa, Russland, Amerika) einsetzten. Die Erbteilung, die in der Flur eine große Zersplitterung der Parzellen bewirkte, hat auch vor den Höfen im Dorf nicht haltgemacht. Die Höfe konnten so geteilt werden, dass einer der Erben das Wohnhaus, der andere das Wirtschaftsgebäude bekam, wodurch im einen Fall ein Wirtschaftsteil, im anderen ein Wohnteil nachträglich angebaut oder eingerichtet werden musste. So entstanden in beiden Fällen eine heute noch vereinzelt erkennbare Art von Eindachhöfen. Es kam auch vor, dass ehemals großzügige Hofanlagen so aufgeteilt wurden, dass sich mehrere besitzrechtlich verschiedene Anwesen um einen offenen Hofraum gruppierten. Oft wurde sogar der Straßenraum so verengt, dass in den verwinkelten Gassen später erhebliche Verkehrsprobleme entstanden. Der Prozess der Ortsausweitung an Ausfallstraßen ist im Verlauf des 19. Jahrhunderts schon in Ansätzen vorhanden.

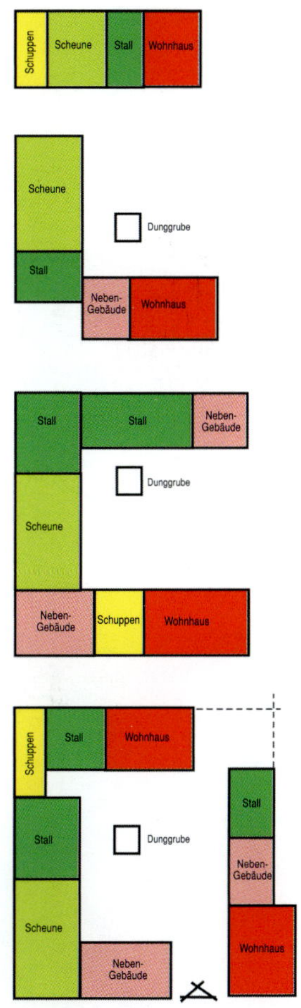

Schematische Grundrisse der Hofanlagen, die jedoch durch Parzellengrenzen sowie Erbteilungen oft stark verändert wurden

Geometrische Aufnahme des Ortes Anspach um 1870/80 und projektierte Neubaugebiete (rote Signatur) ...

... sowie der Vergleich mit einer Luftaufnahme um 2000

Außer Wiesbaden liegen die Großstädte wie Frankfurt, Gießen und Koblenz abseits vom Taunus. Sie wirken aber wirtschafts- und sozialräumlich vom Rande her stark in das Mittelgebirge hinein. Prägend sind jedoch die Klein- und Mittelstädte in ihrer früheren regionalen Bedeutung. Alle haben sie jedoch seit den 1950er Jahren ihr bäuerlich-handwerkliches oder heimgewerbliches Profil verloren. Konnten sie jedoch eine überörtliche wirksame Einkaufs- und Verwaltungsfunktion gewinnen, wie z. B. Weilmünster, Hofheim, Usingen oder Nastätten, dann erreichten sie auch eine teilregionale Bedeutung. Andere Orte, die aus strategischen Überlegungen der Grundherren entstanden waren, denen die Reichsunmittelbarkeit erhalten blieb, oder die Stadtrechte geschenkt bekamen, können zwar auf eine gewisse historische Besonderheit verweisen, wie z. B. Niederbrechen, Kaub, Katzenelnbogen, Wehrheim etc., aber städtisches Gepräge konnten sie nicht erreichen.

Stadtwappen Flörsheim

Flörsheim am Main

Der ursprünglich eppsteinische Ort am Main war von 1270 bis 1803 Kurmainzer Besitz und eine wichtige Zollstätte. Die siedlungshistorischen Untersuchungen zeigen durch reiche Fundgaben, dass es sich hier um einen vor- und frühgeschichtlich wichtigen Ort handelte. „Flaritesheim" war ein fränkischer Ort, der 808 bis 816 zum ersten Mal erwähnt wurde. Er zählte zu dem Königsundergau. Das Dorf war eng mit dem Gut Mechthildshausen verbunden, das die Eppsteiner aus dem Reichsbesitz herausgelöst hatten. 1270 kaufte das Mainzer Domkapitel das Eppsteinische Gut mit allen Rechten auf, so dass Flörsheim bis zur Säkularisation 1803 Mainzer Territorium war.

Der „Frankfurter Hof" in Flörsheim

Flörsheim war schon im Hochmittelalter mit einer Schutzanlage umgeben, deren Erhaltung als Pflicht der Bürger seit 1410 dokumentiert ist. Eine geschlossene Mauer entstand erst 1547/48 mit mehreren Rundtürmen, zwei davon sind noch erhalten (s. S. 249). Die Mauer wurde um 1800 abgebaut.

Die wirtschaftliche Bedeutung im Mittelalter lag vor allem in dem Weinmarkt und in der Kurmainzischen Zollstätte, zumal eine alte Handelsstraße hier über den Main bis zur Lahn verlief. An der Fähre waren nicht nur die Eppsteiner, sondern auch die Hessen stets interessiert. Trotz vieler Zerstörungen in den Kriegen des 15./16. und 17. Jahrhunderts kam es immer wieder zu einem neuen wirtschaftlichen Aufblühen des Ortes, wobei die Flörsheimer Judengemeinde eine bedeutende Rolle spielte. Kurmainz hatte 1765 eine Fayencefabrik eingerichtet, die bis 1914 bestand. Auch das ehemalige Bad- und Kurhaus in Weilbach, das von 1783 bis 1911 bestand, hat mit seiner schwefelhaltigen Quelle in der Gemarkung Flörsheim zu der wirtschaftlichen Entfaltung des Mainstädtchens beigetragen. Der „Frankfurter Hof" aus dem 18. Jahrhundert gehört zu den stattlichsten Anwesen in Flörsheim. Das Herrenhaus mit den unverputzten Bruchsteinen im Untergeschoss, dem soliden Fachwerk und dem hohen Mansarddach ist durch ein Torhaus mit einem rechts daneben stehenden zweigeschossigen, zur gleichen Hofanlage zählenden Gebäude verbunden.

Der neue Marktplatz vor dem alten Ortskern in Weilmünster

Weilmünster

Der seit 1217 als „Wilmunstre" erwähnte alte Kirchort, der heute die Bezeichnung „Marktgemeinde" führt, besitzt für die nähere Umgebung eine herausragende zentrale Bedeutung. An einer wichtigen Kreuzung alter Höhenwege (von Höchst nach Wetzlar, von St. Goarshausen nach Marburg, von Usingen nach Limburg) besaß der Ort eine alte Mauerbefestigung, in der 1607/08 noch einmal ein starker Wartturm („Römerturm") erneuert wurde. Den ursprünglichen Territorialherren des 12. und 13. Jahrhunderts folgten ihre damaligen Vögte, die Nassauer, die es verstanden, Weilmünster in ihren Eigenbesitz zu bringen. Der Grund dafür waren die Erzlagerstätten im unteren Weilgebiet. Sehenswert ist das alte Amtshaus, ein Fachwerkgebäude aus dem späten 17. Jahrhundert. Es war einmal Schulhaus, Gerichtssitz und Rathaus.

Vor der Kanalisierung der Weil, die erst zwischen 1960 und 1985 erfolgte, kam es häufig zu Überschwemmungen. Deshalb hatten sich Teile des Fleckens schon früh an die Berglehnen herangeschmiegt. Der baugeschichtliche Mittelpunkt ist das alte Dorf mit Kirche und Rathaus etwas abseits der Weil. In den Gründerjahren drängten jedoch die Neubaugebiete mehr an die schon 1860 gebaute Weil-Chaussee heran und damit auch in den hochwassergefährdeten Auenbereich. Dort liegt heute der jüngere Marktplatz vor dem alten Ortskern. In der verkehrs- und handelsgeographisch interessanten Gemeinde konnten sich schon im ausgehenden Mittelalter hochspezialisierte Berufe als Kleingewerbeunternehmen wirtschaftlich gut halten, z. B. die Schwertfeger, die Büchsenmacher, die Schlosser, die Messerschmiede, auch die Seifensieder. Im 17. Jahrhundert begann hier mit der Neuhütte eine blühende eisenverarbeitende „Industrie". Dadurch erfuhren Handel und Gewerbe starke Impulse. 1909 wurde die Bahnlinie Weilburg-Usingen eröffnet. Eine überörtliche Bedeutung hatte auch die 1735 aus der stillgelegten Neuhütte hervorgegangene Blumenmühle, die große Getreidemengen verarbeiten konnte. Um 1900 verfügte sie über zwei Räder und eine Turbine. Sie erlag 1966 jedoch der Konkurrenz der Großmühlen. Was blieb, ist die Bezeichnung „Marktflecken" oder „Marktgemeinde" mit einer auch im Dienstleistungsbereich gewissen regionalen Bedeutung.

Stadtwappen Sulzbach

Sulzbach

Schon das Wappen der Gemeinde, ein goldener Sporn in einem roten Feld, weist auf die ursprüngliche Reichsunmittelbarkeit hin. Sporen sind Teil der Reichsinsignien. 1035 wird das ehemalige Reichsdorf erwähnt, als es von Kaiser Konrad II. dem Limburger Kloster geschenkt wurde. Die Vogtei Sulzbach unterstand im Laufe des Mittelalters mehreren Herren: denen von Bolanden, von Eppstein, von Stolberg/Königstein und schließlich den Rittern von Sulzbach. Eine Pfandverschreibung von 1450 band Sulzbach in eine Abhängigkeit zur Stadt Frankfurt. Von 1650 bis 1803 war neben Frankfurt auch Kurmainz an dem Ort beteiligt. 1803 wurde das Reichsdorf durch den Reichsdeputations-Hauptschluss dem Herzogtum Nassau zugeschlagen. Als Reichsdorf konnte sich Sulzbach mit einer Steinmauer umwehren. Teile davon sind noch erhalten. Als Kulturdenkmale unterliegen heute der Frankfurter Hof, die Kirche, das Pfarrhaus und ein Fronhof der besonderen Aufmerksamkeit der Denkmalpflege.

Mit Stolz kann die Gemeinde auf das in ihrer Gemarkung gebaute erste deutsche Einkaufszentrum, das 1962 errichtete Main-Taunus-Zentrum, verweisen. Es hat eine Bedeutung über das Rhein-Main-Gebiet hinaus. Es handelt sich um einen geschlossenen Gebäudekomplex mit ca. 100 Geschäften (ca 90.000 m² Verkaufsfläche). Die Anbindung an das überörtliche Verkehrsnetz ist ebenso ausgezeichnet wie das großzügige Parkplatzangebot (s. S. 248).

Main-Taunus-Zentrum

Das alte Rathaus in Niederbrechen

Niederbrechen

Niederbrechen am Nordausgang des Goldenen Grundes in das Limburger Becken zählt zu den ältesten Dörfern im Taunus. Ein kleines Gräberfeld aus dem 7. und 8. Jahrhundert n. Chr. wurde vor allem durch Keramikfunde bestätigt. Vermutlich handelte es sich dabei um einen Königshof oder den Hof eines der Gaugrafen. 893 kam das Königsgut an das Kloster St. Maximin in Trier. Das Wirtschaftsareal von Niederbrechen wurde schon im 15. Jahrhundert dadurch erweitert, dass die Gemarkung des alten Kirchdorfes Bergen, das damals wüst fiel, ganz in die Zuständigkeit von Niederbrechen überging. Damals übten die Vögte des Klosters, die Herren von Molsberg, die Herrschaft über das Dorf aus, welche aber im 14. Jahrhundert ganz auf den Erzbischof von Trier überging. Kurtrier gelang es sogar, von Kaiser Karl IV. ein Stadtrecht für Niederbrechen zu erwirken. Trotz dieses 1376 verliehenen Privilegs konnte sich eine städtische Entwicklung nicht voll durchsetzen, dafür war die Nähe des bedeutenden Handels- und Bürgerzentrums Limburg zu groß.

Niederbrechen behielt die Funktion eines Freifleckens mit Stadtbefestigung. Drei Türme und die Reste der Mauer sind erhalten geblieben. Von größerer Bedeutung blieb die katholische Pfarrkirche St. Maximin, von der ein romanischer Westturm 1952 jedoch völlig umgestaltet wurde. Auch die Kirche wurde im ausgehenden 19. Jahrhundert neugotisch erweitert. Sehenswert ist auch das Fachwerk-Rathaus von 1700 mit der laubenartig überbauten Eingangstreppe. Der quadratische Wehrturm an der Ostseite des Dorfes besitzt einen Zinnenwehrgang über einem Rundbogenfries und kann heute als eine Art Wahrzeichen von Niederbrechen bezeichnet werden.

Turm- und Mauerreste in Niederbrechen

Die Verbandsgemeinde Nastätten

Nastätten

Wappen von Nastätten

Die rheinland-pfälzische Verbandsgemeinde Nastätten im Rhein-Lahn-Kreis kann als exemplarisch bezeichnet werden für das Werden und Wirken eines Landstädtchens im Taunus. Als „Nastede" im Herzen des alten Einrichgaus gehörte es 893 zum Kloster Prüm in der Eifel, dessen Vögte es grundherrlich 1449 ganz an ihre Grafschaft Katzenelnbogen brachten. Mit dem Besitzwechsel an Hessen 1479 (s. S. 111) änderte sich nichts an der blühenden wirtschaftlichen Entwicklung im Übergang vom Spätmittelalter in die Neuzeit. Diese beruhte auf einer intensiven Schafzucht und seit 1590 auch auf einem ausgedehnten Flachsanbau. Das Exportergebnis waren die damals begehrten hochqualitativen „Nastätter Tücher". Eng verbunden war die Woll- und Leinenweberei mit der Färberzunft, die sich vor allem auf die Blaufärberei (Waidpflanze und später Indigo) verstand und dem Ort und seiner Umgebung die bis heute übliche Bezeichnung „Blaues Ländchen" gab.

Von daher begründen sich der Rathausbau 1609, die Fachwerkbauten aus dem 17. und 18. Jahrhundert, die Wahl des Fleckens Nastätten zum Zentrum einer Amtsverwaltung 1755. Der kurhessische Landesherr übergab den wohlhabenden Ort in der weitgespannten fruchtbaren Einmuldung im mittleren Mühltal 1816 an das Herzogtum Nassau. Sehr aufschlussreich ist die Vergangenheit des Städtchens in den 1930er Jahren, vor allem die Konfrontation innerhalb der evangelischen Kirchengemeinde.[1)] Mit Recht kann Nastätten stolz auf ausgewanderte Persönlichkeiten verweisen, wie R. F. Wagner, den späteren US-Senator und Begründer der US-Sozialgesetzgebung, und dessen Sohn, der von 1954 – 1965 Oberbürgermeister von New York war. Heute nimmt Nastätten den Rang eines Mittelpunktes im westlichen Hintertaunus ein, auf den Freizeitangebote, Bildungs- und Verwaltungseinrichtungen und Einkaufsmöglichkeiten zentriert sind.

Bis Mitte 1500 wurde Nastätten als Dorf bezeichnet, im 19. Jahrhundert bereits als Flecken. Seit 1816/17 war die Benennung als Stadt hier gebräuchlich. Eine formalrechtliche Anerkennung etwa durch die Stadtrechtsverleihung ist nicht bekannt. Eine überzeugende funktionale Zentralität hat Nastätten erst um 1950/60 erreicht. Bis dahin galt noch das ländliche, zum Teil agrarisch bestimmte Gepräge. Da der Ort aber verkehrsgeographisch gut gelegen ist, konnte er eine rasche Veränderung in der Sozial- und Wirtschaftsstruktur als lokaler Aktivraum erleben, die für die weiter abgelegenen Dörfer des Mittelgebirges sehr viel später einsetzte und nie eine solche Bedeutung erlangte wie in Nastätten. Allerdings hat dieser rasche Wandel auch zum Abbruch einer bis dahin noch vorhandenen Fachwerksubstanz geführt, bedauert wird vor allem der Verlust der alten Post von 1736.

Am weitesten zurück in die Vergangenheit reicht die ev. Pfarrkirche zum Hl. Kreuz. Neben einem spätromanischen Turm aus der Zeit um 1250 weist ein Choranbau mit Netzgewölbe und Maßwerkfenstern in die Zeit um 1480 – 1500. Dagegen ist die kath. Pfarrkirche St. Peter und Paul von 1655/56 ein vergleichsweise schlichter Bau. Sie kam zustande, als der zum Katholizismus konvertierte Landgraf Ernst von Hessen-Rheinfels herrschte. Sogar der Kanzler des Kurfürsten von Trier, Anton von Solern, hatte sich hier 1690 in einem ehemaligen Adelshof ein Herrenhaus errichten lassen (s. S. 192).

1) Blaue Blätter, Schriftenweihe des Heimatpflegevereins Blaues Ländchen

Altes Rathaus in Nastätten

Nastätten Mitte

Brücke in Nastätten-Miehlen über den Mühlbach

Die Mitte von Usingen mit Altstadt, Rathauskomplex, ev. Laurentius-Kirche, Wohngebiet „Häuserhohl" und Baugebiet „Schleichenbach II"

Usingen und seine Siedlungsausdehnung über 200 Jahre

Die Veränderungen der bebauten Fläche des ehemaligen Residenz- und Kreisstädtchens Usingen im Laufe der letzten 300 Jahre lassen sich an ein paar instruktiven Karten und Luftbildern leicht erläutern. Auf der Militärkarte von 1805 weist ein blauer Fleck in der Mitte auf den durch einen Straßendamm über das Stockheimer Bachtälchen gestauten Weiher. Er war im ausgehenden Mittelalter wichtig für die Tuchmacher und ihre Bleich- und Färbeanlagen am Südrand des alten Städtchens. Es erstreckt sich nach Norden in einem Straßengewirr bis hin zu dem Kirchberg (heute Unterstadt).

Östlich und nördlich davon weist die Karte auf die alten barocken Gartenterrassen, die sich an eine hufeisenförmige Schlossanlage anschließen. Nach Westen erstreckt sich von dem Ehrenhof des Schlosses eine breite Straße (Wilhelmjstraße), welche die Unterstadt von der Oberstadt scheidet. Ursprünglich war die Oberstadt in ihrem Kern durch ein ähnliches Straßengewirr geprägt. Verheerende Flächenbrände (1624, 1635, 1692) hatten sie jedoch fast vollständig vernichtet. Sie wurde um 1700 in geometrisch ausgerichteten Straßenzügen völlig neu aufgebaut. Daran schließt sich seit 1685/90 um einen großen quadratischen freien Platz die hugenottische Neustadt an. Sie nimmt das Straßenmuster auf und führt es nach Westen und Norden weiter. Diese ursprünglich unter dem Fürsten Wallrad neu gegründete Stadt der Franzosen um die 1702 errichtete reformierte Kirche wurde erst 1715 mit Usingen nahtlos vereinigt.

Die US-Luftaufnahme von 1945 beweist, dass seit dem 19. Jahrhundert Usingen bei fast gleichbleibender Einwohnerzahl (1834 = 1.899 und 1939 = 2.084 Einwohner) keine bauliche Erweiterung nennenswerter Art erfahren hatte. Nur die Straße zum Bahngelände wurde um 1900 teilweise bebaut, ebenso die nach Westen führende Ausfallstraße (Neutorstraße) in Richtung des damals noch abgelegenen Stockheimer Hofs. Weitere Siedlungsansätze sind lediglich im Anschluss an das 1912 entstandene Krankenhaus und an der Straße nach Eschbach (1926 Amtsgericht) zu erkennen.

Die Luftaufnahme aus dem Jahr 2000 beweist eine fast vierfache Siedlungsausdehnung nach 1945/50. Das Taunusvorland und der Hochtaunus standen in dieser jüngsten Epoche vom Rhein-Main-Gebiet her sehr stark unter Siedlungsdruck. Der „soziale Wohnungsbau" und die Ein- und Zweifamilienhäuser vom Krankenhaus bis zum westlichen Stadtrand waren die ersten nennenswerten Ausdehnungen des Städtchens nach Westen. Nach Osten wurde das Baugebiet „Wingerte" (Weinanbau im 15./16. Jahrhundert) erschlossen. Darauf folgte in den 1960er Jahren das Wohngebiet rund um den Westerfelder Weg, eine Ausfallstraße nach Süden, und um die Gewerbeansiedlung beiderseits des Bahnhofsgeländes.

In den letzten 20 Jahren wuchs Usingen mit dem Gebiet „Schleichenbach I", welches südlich der „Eiskaut" (L 3270) liegt, und endete nach Westen wie mit einem Lineal abgeschnitten. Hier schließt sich seit 2008 das Neubaugebiet „Schleichenbach II" an, dessen Straßenführung schon deutlich vorgezeichnet und das mittlerweile zu einem kleinen Teil bereits bebaut ist.

Stadtwappen von Usingen

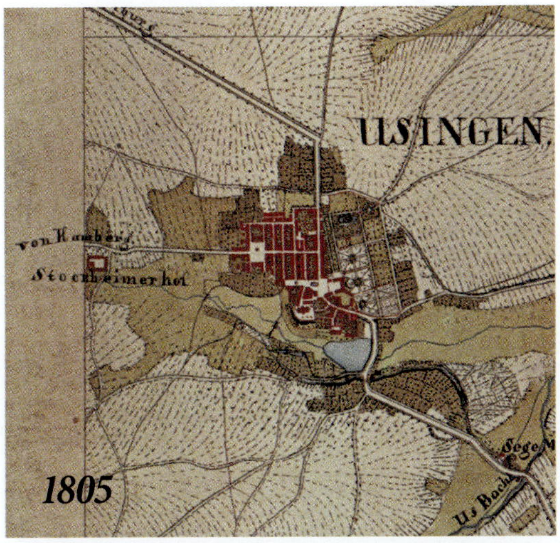

Topografischer Kartenausschnitt aus einer französischen Militärkarte

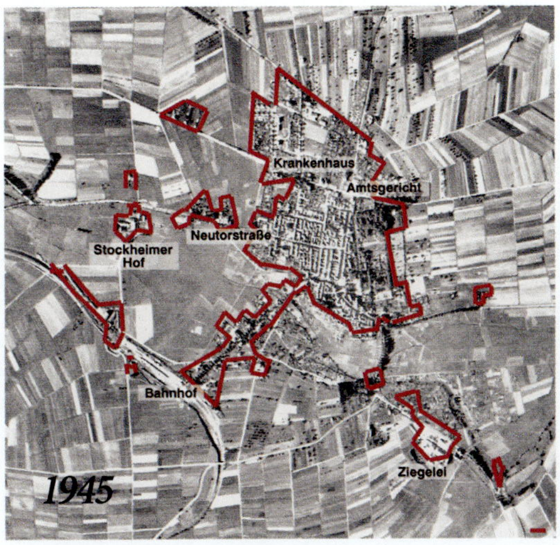

Kartenausschnitt einer US-Luftaufnahme

Kartenausschnitt teilweise aus „Luftbildatlas" des UVF 2000

Marktplatz in Butzbach

Schillerplatz in Wetzlar

Fachwerkhaus in Oberjosbach

Das alte Rathaus in Oberlahnstein

Fachwerk prägt die Taunus-Städte

Der Butzbacher Marktplatz ist ein Kleinod besonderer Art: die sternförmig abgehenden Straßen, der Marktbrunnen (ursprünglich eine Gerichtssäule mit Rolandsfigur), die Reihe der verschiedenartigen Fachwerkhäuser (Posthalterei, Gasthaus) etc. Dieses Gesamtensemble findet seinen Abschluss im Rathaus von 1560 auf der rechten Seite. In der früher offenen Halle des steinernen Unterbaus befanden sich zwei spitzbogige Portale zum Marktplatz hin. Darin tagte das Gericht. Das Fachwerk wurde erst 1927 wieder freigelegt.

Eine geschlossene Platzwirkung mit zahlreichen Mustern im Fachwerkbau (Rauten, Andreaskreuze) zeigt der Schillerplatz in ***Wetzlar***. Auf der rechten Seite (Nr. 5) bildet das traufseitige Haus mit den beiden über drei Geschosse hinaufreichenden Erkern eine architektonische Besonderheit. Es ist unter der Bezeichnung „Jerusalemhaus“ bekannt. Goethe bemerkte zu dem Freitod aus Liebeskummer eines alten Bekannten vom Reichskammergericht, dem Legationsrat Jerusalem: „Auf einmal erfahre ich die Nachricht von Jerusalems Tod ... in diesem Augenblick war der Plan zu „Werthern“ gefunden“. *(Dichtung und Wahrheit III, 13)*

In ***Oberjosbach***, einst eine kleine kirchliche Zentrale im Raum der Niedernhausener Senke (s. S. 20), besaßen 1732 Johann Adam Hess und seine Ehefrau Anna Maria ein ungewöhnlich reich gestaltetes Fachwerkhaus mit Querbau. Bei den Erbauern muss es sich um begüterte Bauersleute oder um einen herausgehobenen Bürger mit Bedarf nach Repräsentation gehandelt haben. Das Gebäude ist weit und breit ein Unikat. Schon der Eingangsvorbau über der steinernen Treppe zeigt kräftig profilierte Holzsäulen. Die Eckpfosten wurden als Rundsäulen mit Basis und Kapitell in toskanischer Manier gestaltet. Die Brüstungsrauten und die Türgewände mit beidseitigen Halbsäulen sind weitere Schmuckelemente.

Das alte Rathaus in ***Oberlahnstein*** von 1507 ist ein spätgotischer Fachwerkbau besonderer Qualität. Das Erdgeschoss ist mit Bruchsteinen gemauert. Der Mittelpunkt auf der Traufseite des Hauses fällt mit seinem Zwerchhaus als Mittelportal mit kleinem Glockendachreiter besonders auf. Zu beiden Seiten dieses Gebäudezentrums wird das Untergeschoss durch sechs schmale Spitzbogenöffnungen gegliedert. Die Geschlossenheit des alten Rathauses wird unterstützt durch die konsequent gestalteten Andreaskreuze und die klare Fensteranordnung.

Der Blick aus einer Seitengasse auf den ***Bad Camberg***er Markt zeigt in Größe und Gestaltung der Wohngebäude die einstige wirtschaftliche Blüte und die verwaltungspolitische Bedeutung des alten kurtrierischen und Nassau-Diezer Amtsortes. Besonders kostbar ist das Fachwerkanwesen (s. S. 196) des Amtshofes mit Herrenhaus und Verwaltungs- und Wohngebäuden (1605 – 1608). Die Erweiterungen um 1650 geben der Anlage mit der Straßenüberbauung und der Hohenfeld'schen Kapelle an der rechten Seite ein malerisches Gepräge.

Camberger Amthof mit Oberturm und Hohenfeldkapelle

Bad Camberger Altstadt mit Blick auf den Markt

Limburger Altstadt mit „Knaggen“-Haus

Eines der ältesten Fachwerkhäuser „Römer 2-4-6“ in Limburg

Der „Malerwinkel“ St.-Ursula-Gasse in Oberursel

Der Fachwerkwinkel in Braubach

Die Bischofsstadt ***Limburg*** verfügt über eine ungewöhnliche Fülle alter Bausubstanz. Sie reicht bis in die gotische Epoche zurück. Mehrfach übereinandergebaute Geschosse kragen vor und sind mit Streben (Knaggen) abgestützt. Über Eck enstanden ganze Knaggenbündel.

Das große Gebäude „Römer 2-4-6“ in Limburg war 1289 als Kaufmannshaus errichtet worden. In seinem Kern ist es eines der ältesten Fachwerkhäuser in Deutschland. Sein heutiger Zustand weist die Umbauten des 16. Jahrhunderts auf. Sorgfältige Untersuchungen in den 1980er Jahren würden eine Rekonstruktion aus dem späten 13. Jahrhundert zulassen.

An manchen Stellen in der Altstadt von ***Oberursel***, wie z. B. im „Malerwinkel“, wird der Blick freigegeben auf die Pfarrkirche „St.Ursula“. Das Wechselspiel zwischen engen Gassen, kleinen Verbreiterungen durch einmündende Straßen und durch kleine Plätze verschafft Abwechslung, lässt das Auge nicht ermüden und bietet Orientierungsmerkmale. Diese Erfahrung macht das dank der Denkmalpflege „gerettete“ Städtchen so anziehend und liebenswert.

Der Fachwerkwinkel in ***Braubach*** wird bestimmt durch die wie ein Tortenstück in die Gassen zwischen Ober- und Untermarkt hereinragende Gaststätte „Eckfritz“ von 1597. Es zählt zu den wenigen Gebäuden, die den großen Stadtbrand 1878 überstanden haben. Mit seiner markanten Eckverschwertung ist es ein wichtiges Zeugnis frühneuzeitlicher Zimmermannskunst und durchdachten Konstruktionsvermögens.

In dem Weinbauort ***Hattenheim*** mit seinen vielen kleinen Winzerbetrieben und einigen Adelshöfen wurden die ehemals offenen Höfe im 18. Jahrhundert mit traufseitigen Durchfahrhäusern geschlossen. Zu den herausragenden Fachwerkgebäuden zählt in der Ortsmitte das Rathaus. Bei der Ausschmückung an den Gefachen der benachbarten Höfe handelt es sich um eine Art Kratzputztechnik in dunkler Farbfassung. Diese ungewöhnliche Bemalung in historisierender Ornamentik ergab sich erst im Zuge von Restaurierungen um 1920 bis 30.

Im alten ***Hofheim***er Rathaus (1527) bestimmen Raute und Andreaskreuz die Verzierung. Die Giebelmitte wird beherrscht von einer klar gefügten „Mannfigur“. Nach einer gründlichen Sanierung wurde das Gebäude zu einem gern besuchten Stadtcafé und damit erneut zu einem Mittelpunkt der alten Stadt.

Ein herausragend schmuckes Fachwerkhaus steht gegenüber von Rathaus und Burgtor in der ***Idstein***er Altstadt. Es handelt sich um das häufig fotografierte und gemalte „Killingerhaus“. Die reiche Fachwerk- und Farbgestaltung geht auf das Jahr 1615 zurück. Diese Renaissance-Schöpfung mit dem geschweiften Giebel und dem doppelstöckigen Erker weist in den Brüstungsgefachen phantasievolle ornamentale Schnitzereien auf. Heute beherbergt es das Heimatmuseum.

Rathausplatz in Hattenheim

Das alte Rathaus in Hofheim

Das „Killingerhaus“ in Idstein

Funktionsgeprägte Orte

Heutzutage stellen sich Dörfer und Städte überwiegend multifunktional dar. Reine Bauerndörfer oder von Handwerkern und Ackerbürgern bestimmte Städte gibt es nicht mehr. Auch die Zeit, in der nur eine Funktion, wie z. B. die Industrie oder Schulen, das wirtschaftliche und gesellschaftliche Leben prägten, ist vorbei. Lediglich im Blick auf die Grunddaseinsfunktion „Wohnen" gibt es zwar keine reinen, aber doch deutlich überwiegende an Monostrukturen erinnernde Orte (Schlafstädte). Und an manchen Orten kann man den Prägestock siedlungs- und lebensbestimmender Hauptfunktionen bis heute erkennen. So lassen sich Beispiele finden für repräsentative Burg-, Residenz-, Bade- oder Wohnstädte. Allesamt sind sie jedoch dabei, gemäß moderner Lebensbedürfnisse mehreren Funktionen gerecht zu werden.

Toraufgang zur renovierten Burg und Grundrissmodell der Stadtanlage im Burgmuseum

Vom Eschborner „Burgstadl" zur Kronberger Burg

Idealbild der „Eschborner Burg" aus Omptedas Werk „Die von Kronberg und ihr Herrensitz" von Ferdinand Luthmer

Der Ursprung der Kronberger Burg – und damit auch des Burgstädtchens – muss in der Eschborner Turmburg gesucht werden. Diese wurde vermutlich zum Schutz der dortigen alten Mutterkirche des südwestlichen Niddagaus in der Zeit der Christianisierung gegründet oder erst auf Beschluss der Wormser Reichsversammlung 926 gegen häufige Ungarneinfälle errichtet. Eine Beurkundung von 1252 deutet auf den Besitz in der Hand eines ritterlichen Landadligen hin, der zum Ministerialen (Reichsdienstmann) emporgestiegen war (vermutlich im Verlauf des glänzenden Mainzer Pfingstfestes unter Kaiser Barbarossa). Um 1300 – 1330 scheint er dem Zeitgeist und seiner Würde entsprechend seinen Blick aus dem Main-Taunus-Vorland auf den strategisch günstig gelegenen Taunusrand geworfen zu haben. Als Mitglied des „Kronenstammes" seiner Familie ließ er die „Kronenburg" bauen (Kronberger Ganerbenstreit 1362).

1367 erhielt die Burgmannensiedlung unter Karl IV. bereits die vollständigen Stadtrechte. Kronberg wurde zu einem für lange Zeit bescheidenen, aber originellen Acker- und Handwerkerstädtchen. Es erlangte in der Reformationszeit unter Hartmut IV. von Cronberg für das Luthertum hierzulande eine überregionale Bedeutung. Das Geschlecht des Cronberger Adelshauses starb 1784 weit entfernt von der Stammburg auf dem Schlösschen Hohlenfels zwischen dem Aartal und Katzenelnbogen aus. Die Burg wurde im 19. Jahrhundert zum Teil schlossartig ausgebaut. Sie kam in die Hände der Landgrafen von Hessen, behielt aber weiterhin ihre Ursprünglichkeit und bietet bis heute einen vorzüglichen Einblick in das alte Burgenmillieu.

Vom 15. bis zum 17. Jahrhundert wurde die Weinqualität von den Rebgärten um den Kronberger Burgberg immer wieder gerühmt. Der Humanist Erasmus Alberus vermeldet, Kronberg betreffend, in seiner aufschlussreichen Beschreibung der Wetterau „*... ein schön bergschloss und ein feines stedlein daran ... da wechset guts Weins*". In dem Burgstädtchen reihten sich dicht verschachtelt verschiedene Kümmerformen der mitteldeutschen Hofreite aneinander. Die Realerbteilung hatte überwiegend klein- und zwergbäuerliche Betriebe hinterlassen. Es gab nur ganz wenige größere Höfe und das ca. 50 ha große Gut Fronrode, den späteren Schafhof. Die Spezialisierung auf den Obstbau im 18. und 19. Jahrhundert unter Pfarrer Christ machte Kronberg zeitweise europaweit bekannt (s. S. 234).

Ganz neue siedlungsgeographische Entwicklungen zeichneten sich seit dem industriellen Aufschwung in den Gründerjahren ab. Um 1860 entstanden zunächst noch bescheidene Sommerhäuser (Chalets) wohlhabender Frankfurter Familien. Ab 1880 nahmen sie den Charakter komfortabler Villentypen an. Kronberg – auch Königstein – wurden begünstigte „Wohnvororte" von Frankfurt. 1888 ließ Wilhelm II. für seine Mutter, Kaiserin Viktoria, größere Ländereien oberhalb von Kronberg kaufen und ihren Witwensitz „Friedrichshof" in englischer Neugotik errichten. Die „Kaiserin Friedrich" bewohnte das Schloss bis zu ihrem Tod 1901. Eine zweite Welle der „Wohnvorortbildung" durch Bauwillige der Mittelschichten setzte schon um 1930, nachhaltig aber erst seit 1950 ein. Aus abgängigen Obstgrundstücken wurde Bauland.

Das Burg-Schloss Kransberg (Usingen)

Unweit der Mündung des Wiesbaches in die Usa wird die vormalige Burgmannensiedlung Kransberg von einem behäbigen Schloss auf vorspringender Felsgruppe überragt. Das alte Burgdörfchen entstand durch eine Zwangsumsiedlung der Bewohner des frühfränkischen Ober- und Niederholzburg auf dem Plateau der östlichen Talseite des Wiesbaches.

Die alte „Cranichsburg“ dürfte zwischen 1220 und 1250 entstanden sein. Die Herren der „Craniche von Chranichesberg“, treue Parteigänger der Staufer, waren in die Reichsdienstmannenschaft der Wetterau emporgestiegen. Sie erfüllten zeitweise die Funktion der Burgwarte in der benachbarten Reichsburg Friedberg, oder sie waren als Reichsschultheißen in Frankfurt tätig. Ein „Erwinus de Cranechesberc“ erhielt die Markberechtigung in der Mörler Mark mit den Dorfhälften von Wernborn, Wiesbach, Ober- und Niederholzburg. Die nun wichtig werdende Burg wurde für Erwinus nicht nur ein Statussymbol, sondern Ausdruck realer Macht. 1310 verkauften die „Cranichberger“ ihre durch die Burgmannensiedlung (Kransberg) gesicherte Herrschaft an die Falkensteiner. 1326 starb der letzte „Chranichberger“.

Die unersprießliche Zeit der nun folgenden wiederholten Machtwechsel auf der alten Cranichsburg ging erst 1654 zu Ende, als die Grafen von Waldbott-Bassenheim die Burg von dem Mainzer Erzbistum kauften. Dies war ein Glücksfall für das Dorf, um dessen wirtschaftliches Wohl und Wehe sie sich intensiv kümmerten.

Im 19. Jahrhundert wurde der tiefe Halsgraben, der Burg- und Bergmassiv trennte, zugeschüttet und die Burg zum Schloss ausgebaut. Von 1939 – 1945 diente die Anlage als militärische Befehlszentrale und Luftwaffenhauptquartier. Nach Kriegsende wurde das Schloss ein Vernehmungsgefängnis für hohe NS-Größen und erst 1994 aus der amerikanischen Militärverwaltung ausgegliedert.

Erste Darstellung der Burg Cransberg in Daniel Meisners „Thesaurus Philopoliticus“ von 1625

Bergfried Schloss Kransberg

Schloss Kransberg heute

Schloss und Siedlung Cleeberg

Cleeberg (Langgöns)

Das ehemals winzige Burgdörfchen – mal mit „C“, mal mit „K“, heute wieder mit „C“ geschrieben – zählt erstaunlicherweise zu den ältesten Siedlungen, die in der begünstigten Wetterau im obersten Kleebachtal entstanden. Schon 768 wird Cleeberg in der „Cleeheimer Marca“ genannt.

Das in Hanglage um die Burg eng gescharte Oberdorf liegt auf ca. 300 m NN. Es erstreckt sich mit seiner Gemarkung vom Quellkessel des Kleebachs in Richtung Espa zum unmittelbar angrenzenden Ursprung des nach Westen gerichteten Solmsbach.

Burgschloss Cleeberg, Lithografie von 1910

Die Lage des dreieckigen Burgringes mit dem heute nur noch 20 m hohen halbrunden Bergfried auf steiler Bergspitze hatte sich schon im 12. Jahrhundert als Zentrum der kleinen Grafschaft „Cleeberg-Mörle“ angeboten. Zugleich war es Sitz einer Seitenlinie der österreichischen Grafen von Peilstein, die sich aber bald nach Cleeberg nannten. Vom Schutzbereich der Burg vergrößerte sich das Dorf allmählich auf abschüssigen Gassen zum Unterdorf und bis in die Talsohle. Die Stadtrechte des 15. Jahrhunderts und die Mauer mit fünf Türmen konnten aufgrund der Lagebedingungen keine städtischen Wirtschaftsfunktionen bewirken.

Um 1700 entstand aus der alten Burg ein schlossartiger Ansitz. 1845 konnte das Anwesen von der Gemeinde aus dem Besitz von Hessen-Darmstadt erworben werden. Es wurden eine Försterei und eine Schule darin eingerichtet. Seit 1982 befindet sich das renovierte Schlösschen im Besitz einer Eigentumsgesellschaft.

Limburg an der Lahn

Die bischöfliche Residenz Limburg

Stadtwappen von Limburg

Man kann den Begriff „Residenz“ nicht nur profanen Herrschaftssitzen zugestehen. Limburg ist eine Bischofsstadt, seit 1821 ins Leben gerufen und seit 1827 auch mit einem Bischof besetzt. Unter dieser geistlichen Oberhoheit ist Limburg durchaus über eine das Normalmaß übersteigende und repräsentative Verwaltungsstadt hinausgewachsen. Doch konnte und wollte das bischöfliche Ordinariat weder den Dom noch die alte Burg in den Schatten stellen.

Limburg hatte im Mittelalter als Handels- und Handwerkerstadt eine viel größere Bedeutung als heute. Sie lag an der großen Fernhandelsstraße von Frankfurt nach Köln und befand sich seit 1315 im Besitz einer steinernen Brücke, die eine alte, schon im 9. Jahrhundert begangene Holzbrücke ablöste. Am Diezer Tor wurde schon im 14. Jahrhundert ein Brückenkopf gebildet. Neben der genannten großen Fernhandelsstraße von Süden in das Niederrheingebiet (heute B 8) traf auch die bedeutende Verkehrsstraße von Wiesbaden/Mainz an diesen Lahnübergang (heute B 417). Ebenso kam die Straße von Koblenz nach Weilburg unweit dieser Stelle mit der Hessenstraße in Berührung, die von St. Goarshausen nach Marburg und weit in den Osten führte.
Von dem hohen Kalkfelsen, der in bester Schutzlage Burg, Dom und das Stift trägt, gehen steile, z. T. treppenartig ausgebaute enge Gassen in südlicher Richtung in die Stadt hinunter und überwinden dabei eine Höhendifferenz von 65 m. Im Halbkreis um den Dom- und Burgberg herum ziehen sich verwinkelt Hangstraßen, die mit den Bergwegen eng vernetzt sind. Die Grabenstraße schwingt sich um die alte Stadt. Sie ist deutlich am unteren Bildrand zu erkennen und geht auf die Stadterweiterung um 1818 zurück. Südlich und westlich reicht sie bis zur „Schiede“. Die ältere Mauer im heutigen Stadtinnern, die um 1230 angelegt wurde, hatte schon 100 Jahre zuvor eine Art Palisaden-Befestigung abgelöst. Sie endete an der alten Steinbrücke mit dem großen Brückentor. Die Gewerbe- und Handelsstadt des Mittelalters verfügte bereits seit dem 11. Jahrhundert über verschiedene Mühlenwehre, zahlreiche Klosteranlagen, das Kollegiatstift auf dem Domberg und bedeutende Amtshäuser und Adelshöfe, z. B. den Walderdorffer Hof (s. S. 193).

Burg und Stadt Braunfels

Braunfels und das Haus Solms

Das Luftbild und die Zeichnung sind gut geeignet, die Stadtstruktur abzulesen. Die Bildmitte wird beherrscht von den gewaltigen Schlossanlagen. Davor ist zum unteren Bildrand eine etwas lockerere Bebauung der alten Burgmannensiedlung zu erkennen. Das Ackerbürgerstädtchen am Westrand der Stadt besitzt nur Ausdehnungsmöglichkeiten nach Norden und Osten, weil der nach Süden und Westen 100 m tief eingeschnittene Iserbach jegliche Bebauung verhindert und nur waldreiche Steilhänge zulässt.

Das vieltürmige Braunfelser Schloss wirkt aus der Ferne wie eine Märchenburg. Baugeschichtlich und architektonisch lassen sich als Auswuchs der Adelsromantik auch in anderen Ländern, z. B. in

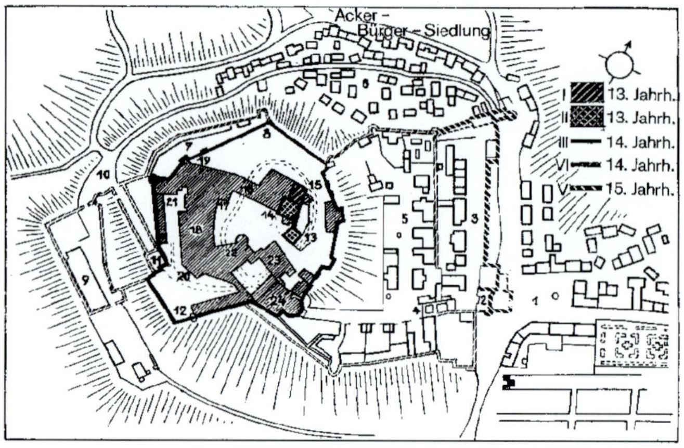

1. Marktplatz, 2. Äußerstes Tor, 3. Schütt (Vordertal), 4. Glockenturm, 5. Belzgasse (Tal) 6. Hintertal, 7. Soldatengasse, 8. Scharfe Ecke oder Kanonenplatz, 9. Ehem. Marstall 10. Rittertor am Klepper, 11. Neutor, darüber Archivbau, 12. Grüner Platz und Kabinettsbau 13. Alter Stock oder Fahnenturm, 14. Rittersaal (Palas), 15. Friedrichsturm, 16. Entreebau 17. Neuer Bergfried, 18. langer Bau, 19. Hubertusturm, 20. Georgsturm, 21. Prinz-Albrecht-Bau mit Albrechts- oder Judenturm, 22. Ottonischer Bau, 23. Weedenbau, 24. Schloßkirche und Eisernes Tor. ... aus: Große Baudenkmäler, Heft 141 mit Ergänzungen durch P. Janisch

Bayern, ähnliche Objekte finden. Im 13. Jahrhundert war auf dem Gipfel der Basaltkuppe ein mächtiger viereckiger Wartturm zum Schutz gegen Nassau-Weilburg errichtet worden. Schon 1260 begannen die Solmser Landesherren, eine repräsentative Burganlage zu bauen, die im Laufe der nächsten Jahrhunderte zweifach ummauert und mit Zwingern versehen wurde. Am linken unteren Bildende ist der Hauptzugang vom Marktplatz durch eine doppeltürmige äußere Toranlage und den Glockenturm zu erkennen. Die sich nach rechts anschließende und zum Schloss hin richtende weitläufige Burgmannensiedlung lag stets im Schutz der Mauern. Diese sind rechts vom Marktplatz in Resten zu erkennen. Ein Rundturm gibt die Richtung zum Schloss an. Die deutliche Siedlungsverdichtung zum rechten Bildrand, d. h. nach Westen, hebt sich vor der Mauer als die alte Ackerbürgersiedlung deutlich ab. Sie war mit ein paar Handwerkerhäusern und Werkstätten durchsetzt.

Stadtwappen von Braunfels

Weilburger Schlossanlage

Da die Solmser Adelsfamilie wiederholt durch Erbteilungen ihre territoriale Macht zerstückelte (Solms-Lich, Solms-Laubach, Solms-Greifenstein etc.) konnte Braunfels erst 1645 Stadtrechte erwirken. Von dem Marktplatz vor dem Schlossaufstieg ziehen sich traufseitig zweigeschossige Fachwerkgebäude zu der alten Braunfelser Ackerbürgerstadt hin. Auf den relativ fruchtbaren Löss- und Löss-Lehm-Böden, einer Verebnung nach Norden und Osten, erweiterte sich das Städtchen seit dem 19. Jahrhundert.

Die Solmser Lande fielen 1806 an das Herzogtum Nassau und kamen 1815 an Preußen. Im 19. Jahrhundert erfuhr das Schloss großzügige Um- und Anbauten in einer ganzen Serie von neugotisch und von 1881 – 85 auch historistisch gestalteten Gebäuden. Das seitab von der Bahnlinie (4 – 5 km) und den großen Fernstraßen liegende Residenzstädtchen konnte von seiner Lage her keine Entwicklung zu einer größeren Industrie- oder Verwaltungsstadt erfahren. Der Ort punktet heute mit seinen bauhistorischen Reizen und seiner waldreichen Umgebung. Mit den mittlerweile eingerichteten weitbekannten Fachkliniken, mit Golf- und Sportanlagen, mit Erholungs- und Freizeitangeboten verschiedenster Art zählt Braunfels ebenfalls zu den städtebaulichen Perlen im Taunus.

Schloss und Altstadt von Weilburg – umschlungen von der Lahn

Weilburg an der Lahn

Das traditionsreiche nassauische Residenzstädtchen in einer wechselvollen Flusslandschaft mit bewaldeten Bergkulissen zählt zu den schönsten städtebaulichen Kleinodien im Taunus und an der Lahn. Wo heute die barocke Altstadt auf einer Spornlage den Umlaufberg der Lahn völlig beherrscht, hatten sich schon im 9. Jahrhundert die fränkischen Konradiner ein strategisches Zentrum geschaffen (s. S. 104). Auf dem schmalen Landrücken, der von dem Fluss zusammengeschnürt wird, lädt ein monumental barockes „Landtor“ zum Besuch des Städtchens ein. Das Gesicht der Altstadt wird wesentlich durch die weitläufige Schlossanlage bestimmt.

Die alte Burg wurde unter Graf Philipp von Nassau von 1545 – 1572 zu einem vierflügeligen Schloss im Stil der nordischen Renaissance umgebaut. Im Gegensatz zur Stadt entging es Plünderungen und Zerstörungen im Dreißigjährigen Krieg, da es seit 1637 dem kaiserlichen Stadthalter Fürst von Lobcowitz als Residenz diente. Die heutige Gesamtanlage geht auf die barocken Ausbauten und Erweiterungen (Marstall, Orangerie und weite Terrassen) unter dem nassauischen Grafen Johann Ernst (1675 - 1719) zurück. Auch die geschlossene städtebauliche Anlage verdankt ihre Struktur den großzügigen Planungen dieser Zeit. Aus seinen Einkünften als kaiserlicher Feldmarschall bestritt der Landesherr die Kosten für die Niederlegung eines Teils der Altstadt und der Neugestaltung eines großzügigen Marktplatzes an der eigentümlichen Doppelanlage von Kirche und Rathaus. Der auch zum Exerzieren genutzte Platz wird von repräsentativen Barockhäusern umgeben (s. S. 120).

Stadtwappen von Weilburg

Die barocke Erweiterung des Schlosses von 1702 – 1776 stand unter der Bauleitung des Hofarchitekten Julius Ludwig Rothweil. Die wuchtigen Mansarddächer zeigen gute Proportionen im Blick auf die Anpassung an die städtebauliche Situation.

Weilburg war bekannt durch sein Landesgymnasium, eine Bildungsstätte, die an die reiche Tradition der ältesten nassauischen Lateinschule anknüpfte. Zu den bedeutendsten Schülern zählten der spätere Mainzer Erzbischof und Kurfürst Johann Philipp von Schönborn (s. S. 114 u. 121), Friedrich und Heinrich von Gagern sowie der Kulturhistoriker Wilhelm Heinrich Riehl. Als 1816 Herzog Wilhelm I. aus dem Hause Nassau-Weilburg das gesamte Nassauer Erbe übernahm, verlor Weilburg seine Hauptstadtfunktion an Wiesbaden (s. S. 119).

Heilbäder und Badeorte

Bad Sodener Solsprudel Nr. IV im „Sodenia"-Tempel

Badeorte können am wenigsten ihre funktionale Prägung verstecken. Sie sind besondere Siedlungstypen mit Kurhaus, Kurviertel, Parkanlagen, Alleen, Badehäusern, Sanatorien, gepflegten Spazierwegen, Pensionen, Hotels und einer hohen Zahl spezialisierter Beschäftigten.

Hessen ist das an Heilbädern und Mineralquellen reichste Bundesland, die meisten davon häufen sich im Taunus. In einigen der Bäder hatten schon die Römer den Wert des an die Oberfläche sprudelnden Wassers erkannt. In Nauheim gewannen die Kelten bereits das „Weiße Gold", das im Mittelalter als Handelsgut auf den alten Salzstraßen sorgsam transportiert wurde. Die tektonischen Verwerfungen, insbesondere am südlichen Taunusrand, aber auch die Querstörungen durch den Goldenen Grund und über den Kemeler Rücken lassen Wässer zirkulieren, die gelöste Salze und Mineralien aus den Ablagerungen des Zechsteinmeeres (vor 290 Mio Jahren, s. S. 42), sicher aber auch von geringeren Salzkrusten aus dem Mainzer Tertiärmeer als Geschenk der Natur an die Oberfläche bringen.

An der sogenannten Bäderstraße fördern Schlangenbad, Bad Schwalbach und Bad Ems, aber auch die Quellen in Nieder- und Oberselters im Goldenen Grund Säuerlinge, Mineralquellen und heiße Wässer zu Tage. Wenn die Quellen an der mittleren Lahn auch nicht den Rang von Badeorten erreichten, so sollten doch die Quellen wie in Fachingen, Biskirchen und Selters, reich an Kalzium, Hydrokarbonaten und Magnesium mit z. T. hohem Kohlensäuregehalt, nicht vergessen werden.

Der Kochbrunnen in Wiesbaden

Kurhausareal von Wiesbaden

Aesculapnatter

Brunnenhaus in Schlangenbad

Anton Radl: Gouache von Schlangenbad 1918 (Graph. Sammlung Historisches Museum Frankfurt)

„Medico-Palais", das frühere „Burgberg"-Inhalatorium in Bad Soden

Die Mineralquellen- und Heilbäder-Girlande am südlichen Taunusrand beginnt im Westen mit den 31° C warmen Quellen in ***Assmannshausen***. Diese verzeichnen aber nur einen geringen Mineralbestand (1,2 g auf 1 kg Wasser), dagegen erreichen die ***Wiesbaden***er Quellen 8,5 g Mineralsubstanz auf 1 kg Wasser und im Kochbrunnen 65,7° C (s. S. 57). Goethe verbrachte 1814 und 1815 zwei erfrischende Sommer in Wiesbaden und im Rheingau (Besuch bei den Brentanos). Er vervollständigte hier seinen westöstlichen Diwan, z. B. mit dem Gedicht „Selige Sehnsucht", und er schreibt an seine Christiane in Weimar *„Zu förderst also wirst Du abermals gerühmt…, daß Du mich in diese Gegend zu gehen bewogen. Erde, Himmel und Menschen sind anders, alles hat seinen heiteren Charakter und wird mir täglich wohltätiger".* Das Badeleben in Wiesbaden blühte erst so richtig auf seit 1816 mit dem Entstehen des großen Nassauischen Herzogtums und dem Ausbau der Brunnen und der Parkanlagen (s. S. 121).

Noch im ausgehenden 18. und beginnenden 19. Jahrhundert stand Langenschwalbach, das spätere ***Bad Schwalbach***, höher im Kurs als Wiesbaden. Die Badefunktion ist sehr alt, 1569 wird ***Langenschwalbach*** schon von Adligen besucht, eine Tradition, die sich bis ins 19. Jahrhundert erhält. 1869 werden 5.365 Kurgäste, Adlige und Reiche aus aller Welt, erwähnt. Der eisenhaltige Säuerling führte 1828 zur Errichtung eines Stahlbadehauses. Aber Schwalbach, das ist sein Geheimnis, lockte auch wegen seiner Bälle, Spazierfahrten, Glücksspiele und Komödienaufführungen. Wiesbaden konnte erst ab der Mitte des 19. Jahrhunderts Schwalbach den Rang ablaufen. Dennoch spielt bei Dichtern wie Theodor Fontane in seinem Roman „Effie Briest" oder in den „Bekenntnissen des Hochstaplers Felix Krull" von Thomas Mann Bad Schwalbach noch eine große Rolle.

Auch ***Schlangenbad*** hat wie ehemals Bad Schwalbach den Rang eines Bades, das mehr von aristokratischen Kreisen besucht wurde. 1807 und 1808 war Bettina Brentano in Schlangenbad, dem engen waldschattigen Walluftal. Mit spitzer Feder bespöttelt sie die Absonderlichkeiten der Badegäste. Schlangenbad ist bekannt durch seine „Wildwassertherme", das heißt, die Temperaturen liegen über 20° C, aber es sind kaum Mineralien in dem Heilwasser vorhanden. Die Schlangenbader Quellen wurden schon von den Römern benutzt, denen man auch das Vorhandensein der Aesculapnatter im Raum des Badeortes nachsagt.

Das bescheidene ***Bad Soden*** hat erst 1947 Stadtrechte erhalten. Es kann auch nicht auf eine Quellnutzung durch die Römer zurückblicken. Aber es besitzt eine hervorragende Thermenqualität, bei Temperaturen von 21,6 – 32 ° C mit einer hohen Mineralsubstanz. Seine Quellen waren schon 1437 bekannt, aber in erster Linie von der Stadt Frankfurt zum Sieden von Salz genutzt. 1605 waren Salinen errichtet worden. Soden war zusammen mit dem benachbarten Reichsdorf Sulzbach eng mit der Stadt Frankfurt verbunden. Es konnte seine Reichsunmittelbarkeit bis 1803 behaupten.

Im Kaiser-Wilhelms-Bad Bad Homburg

Die Badefunktion setzte allerdings erst seit 1700 zögernd ein. Es waren in erster Linie Frankfurter Patrizierfamilien, die gern ihren Sommer-Aufenthalt hier einrichteten, so z. B. Jakob von Willemer und seine Gattin Marianne, Goethes Suleika im westöstlichen Diwan. Die ältesten Hotels gehen auf das 18. Jahrhundert zurück. 1830 fand Börne hier Genesung. 1844/45 verbrachte Moses Mendelssohn zwei schöpferische Sommer in Soden. 1860 schwärmten die russischen Dichter Iwan Turgeniev und Leo Tolstoi. Letzterer schrieb nach Hause: *„Soden ist ein herrlicher Ort. Ich bin noch keine Woche hier und fühle mich trotzdem bereits viel wohler"*. Das 30. Kapitel seines Romans „Anna Karenina" (1878) spielt in Soden. Erst seit 1922 darf sich der Ort Bad Soden nennen.

Der Journalist, Satiriker und Mundartdichter Friedrich Stoltze schwärmt: *„Deutsches Nizza! Mildes Soden! Mit berühmten Säuerlingen, die vor Freude aus dem Boden zwölf Pariser Fuß hoch springen…"*

Bad Homburg verfügt über acht sehr schön ausgebaute Brunnenanlagen, eingebettet in einen wunderschönen, 1853 von Lenné entworfenen Park. Nach 1918 wurde die Kur- und Badefunktion durch andere wirtschaftlich wichtige Zweige von Gewerbe und Industrie oder Verwaltung (Landratsamt) überlagert. Die Homburger Quellen sind keine Thermen, aber mit einem hohen Mineralgehalt versehen. Homburg verstand es, seine Gäste zu verwöhnen und immer mehr Vertreter der Hochfinanz und ab 1866 auch des Hochadels anzuziehen. Der berühmte russische Dichter Fjodor Dostojewski, der sich in vielen Spielkasinos deutscher Badeorte herumtrieb, hat 1866 der Kurstadt in dem Roman „Der Spieler" ein Denkmal gesetzt. Über Bad Homburg sagt er: *„Man muss sagen … der Park ist großartig, das Kurhaus ebenfalls, die Musik wunderschön … Hier könnte man leben, wenn das verdammte Roulett nicht wäre"*. Seine Landsmännin, die Gräfin Sophie Kisseleff hat hier unglaublich hohe Geldsummen eingesetzt – und verloren.

„Die Mutter von Monte Carlo" – Spielbank Bad Homburg

Der „Große Sprudelhof" Bad Nauheim

Bad Nauheim ist ein uraltes Söderdorf seit keltischer Zeit. Durch neuere Ausgrabungen wurden ausgedehnte Salzsiedereien bekannt. Hier entstanden in der frühen Neuzeit die ersten großen Gradierwerke. Das Salzwasser aus einem Nachbartal (Schwalheim) wurde sogar 1742 durch eine Wasserpumpe mit einem ausgedehnten Pleuelstangenwerk über eine kleine Anhöhe auf ein Gradierwerk von Bad Nauheim geleitet. Ursprünglich wurde, um Holz zum Sieden einzusparen und die Verdunstung des Wassers zu erhöhen, die Sole auf Strohhaufen geschüttet, um die Anreicherung von 3 auf 10 % zu erreichen. Auf den hohen Gradierwerken konnte eine Soleanreicherung sogar bis 30 % erreicht und damit erheblich Brennmaterial beim Verdampfen eingespart werden.

Schöpfrad des Ludwigsbrunnen in Bad Nauheim

1835 ist das Jahr, von dem an sich ohne staatlichen Willen und Hilfe durch fähige Bedienstete der Saline und weitsichtige Ärzte mit medizinischem Forschungswillen ein Bad entwickelt hat. Aus der bescheidenen „Sole-Badeanstalt zu Nauheim", das auf einfache Wannenbäder zurückgriff, setzte 1846 nach einem jähen Ausbruch des großen Sprudels ein nachhaltiger Badebetrieb ein. Kurfürst Karl in Kassel stimmte dem Bau eines staatlichen Kurhotels zu. Die Badehäuser wurden etwas erweitert, und bedeutende Badeärzte, wie Dr. Friedrich Bode oder Prof. Dr. Benneke sorgten für einen hohen Bekanntheitsgrad. Durch die Stiftungen des amerikanischen Kurgastes Kerckhoff kam es nach dem 1. Weltkrieg zum Ausbau einer weltbekannten kardiologischen Abteilung. Das Kerckhoff-Institut hat entscheidend beigetragen zu dem weiteren Ausbau des Herz- und Kreislaufbades. Die großartigen Jugendstilbauten entstanden unter Ernst Ludwig von Hessen-Darmstadt (1868 – 1937). Der große Sprudel mit seinen umgebenden Bauten und seiner Öffnung auf den Bahnhof zu geben dem Ort ein unvergleichliches Gepräge.

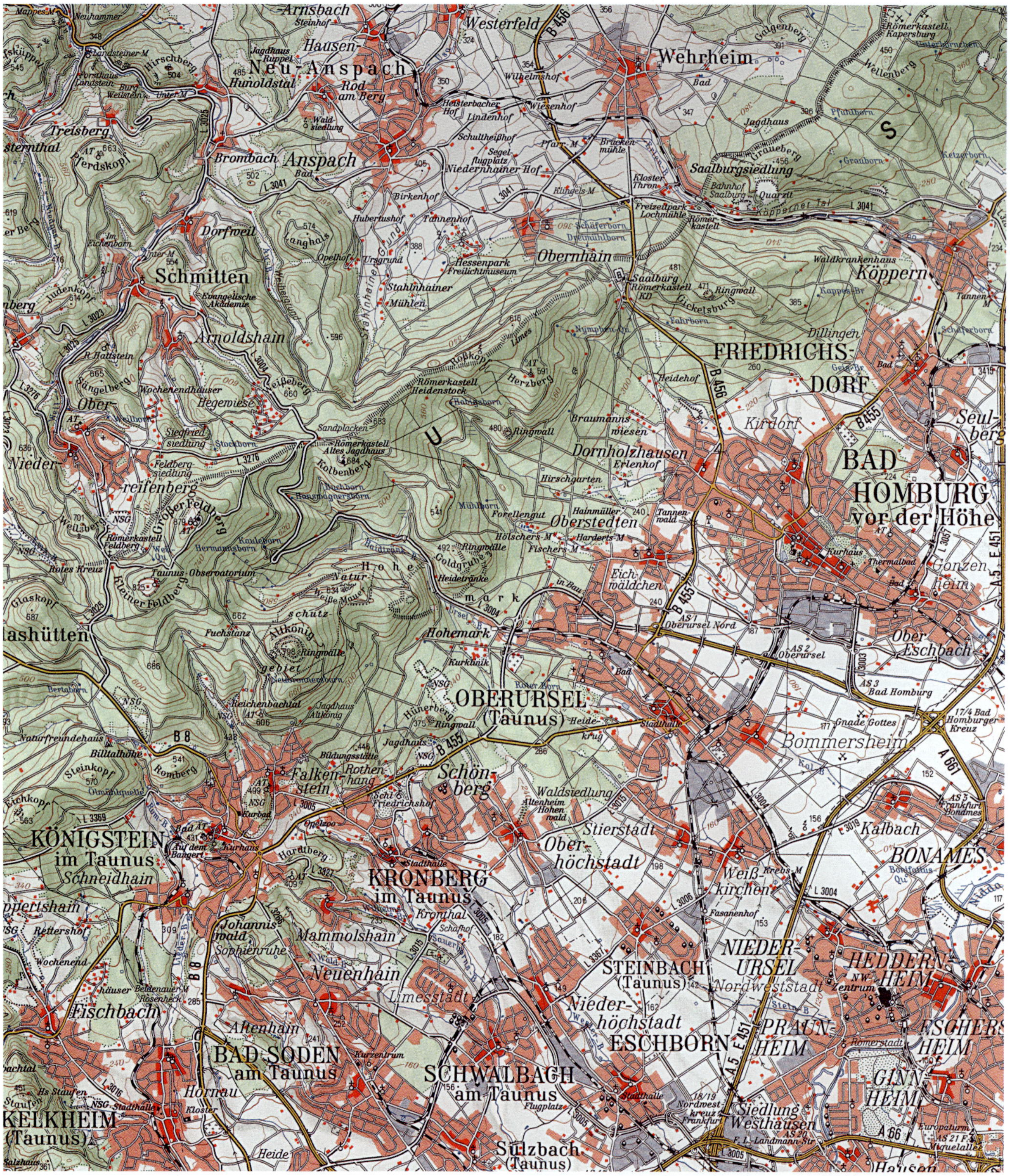

Der Ausschnitt aus der Topografischen Karte 1:100 000 (L 5914, Wiesbaden, Hessisches Landesvermessungsamt, 3. Auflage 1998) lässt die Flächenbeanspruchung durch die vorherrschende Wohnfunktion der Siedlungen im Rhein-Mainischen Kernraum klar erkennen. Die stellenweise bestimmende Hochhausbauweise (auch für Büroräume) unterstreicht den Bevölkerungszuwachs im Ballungsraum Frankfurt a.M.

Wohnsiedlungen im Vortaunus

Mit der schnellen Wirtschaftsentwicklung Anfang der 1950er Jahre setzte eine starke Zuwanderung in das innere Rhein-Main-Gebiet ein. Hier herrschten gute Einkommenschancen, lukrative Arbeitsplätze, günstige Lohntarife, beste Verkehrsbedingungen (Flughafen, Bahn, Straßenkreuz), außerdem waren bei vielen Bürgern zuteilungsreife Bausparverträge im Spiel. Man muss zur Kenntnis nehmen, dass die 1950er und 1960er Jahre die Zeit einer gewissen Binnenwanderung aus Schwächezonen (Bayrischer Wald, Zonengrenzgebiet, Ruhrgebiet = Ruhrkrise) in die wirtschaftsstarken Regionen war. Das alles tendierte zu einem Bauboom, so dass viele Gemeinden im Rhein-Main-Kernraum außerordentlich schnell expandierten. Die Bauentwicklung ging z. T. so rasch, dass oft die Infrastruktur (Straßenbau, Versorgungssysteme etc.) nicht rechtzeitig bedacht werden konnte bzw. mitkam. Die relativ willkürliche Ausdehnung der Baugebiete drohte zu einem Siedlungsbrei in der Fläche zu verlaufen. Dies lässt die topografische Karte 1:100.000 erkennen, wenn man die dunkelroten alten Ortskerne mit den hellroten Neubaugebieten vergleicht, die zum größten Teil erst nach dem 2. Weltkrieg entstanden.

Die Limesstadt bei Schwalbach im Jahre 1980

Der enorme Wohnungsbedarf verursachte erste Spekulationen, aber auch durchaus stadtplanerisch vernünftige Überlegungen, die den Strukturproblemen gerecht werden wollten. So trat die Stadtplanung (Prof. Reichow) in Verbindung mit Wohnungsbaugesellschaften auf, um an der Peripherie des alten Bauerndorfes ***Schwalbach*** die Limeswohnstadt für 12.000 Einwohner auszulegen. Sie war als „Autogerechte Entlastungsstadt für Frankfurt" gedacht. Es wurden aber auch die notwendigen Infrastruktureinrichtungen wie Gewerbe, Einkauf und Industrie ohne Schornstein berücksichtigt. Von 1975 – 1981 war ein Beschäftigungszuwachs von über 51 % zu verzeichnen.

Historisches Rathaus von Schwalbach

1970 erhielt das alte, schon 781 erwähnte „Sualbach" Stadtrechte. Bis ins 15. Jahrhundert genoss es Schutzrechte in den Mauern Frankfurts. Dennoch wurde das reiche Bauerndorf 1622 im Zuge der ersten Schlachten im Dreißigjährigen Krieg stark zerstört, aber wieder vollkommen aufgebaut. Um 1700 erhielt es ein sehr schönes ortsbildprägendes Fachwerk-Rathaus, das heute liebevoll gepflegt wird.

Die Limesstadt im Jahre 2008 mitten im Vortaunusgrün

Das neue Eschborn – konsequente Trennung von dem unter Denkmalschutz stehenden alten Ortskern (rechts im Bild)

Eine besonders starke Zunahme an Wohnbevölkerung hatten im Grunde genommen alle Städte wie Bad Homburg, Oberursel, Kelkheim, Bad Soden, aber auch die alten Dörfer wie Liederbach, Schwalbach und Steinbach zu verzeichnen. Vor allem aber partizipierte ***Eschborn*** an dem gewaltigen Bauboom.

Die fränkische Urpfarre im alten Niddagau war schon in merowingischer Zeit ein siedlungsgeographisches Zentrum.[1)] 770 kamen eine Reihe von Schenkungen aus dem reichen Bauerndorf an das Kloster Lorsch (s. S. 142). Zweimal wurde Eschborn völlig zerstört: 875 durch Hochwasser des Westerbachs und 1622 durch die Braunschweiger Truppen in der Schlacht bei Höchst.

Eschborn ist der Ort mit der höchsten Wachstumsrate und Siedlungsausdehnung in der Main-Taunus-Ebene. 1970 erhielt die Gemeinde, ebenso wie Schwalbach, Stadtrechte. 1982 war es allerhöchste Zeit, dass ein städtebaulicher Rahmenplan aufgestellt wurde. Dabei ging es u. a. darum, das Ortsbild im inneren Dorfbereich gegenüber Spekulationen und Verslumung zu schützen. Der Ortskern wurde unter den besonderen Schutz der Denkmalpflege gestellt und durch Sanierungsmaßnahmen erheblich verbessert. Besonders geglückt ist der Bereich um die evangelische Kirche mit ihren romanischen Teilen und um den Eschenplatz.

Die großen neuen Wohnsiedlungen gerieten in Eschborn nicht zu einer Schlafstadt. Es wurde von Anfang an auf die Ansiedlung von Gewerbe, Verwaltungseinrichtungen, Dienstleistungen und Märkten Wert gelegt. Eine ausgedehnte Bürostadt entstand im Süden auf grüner Wiese. In wenigen Jahren wurden mehr als 20.000 Arbeitsplätze geschaffen. Neuerdings scheint die Umsiedlung der Börse von Frankfurt nach Eschborn beschlossene Sache. Die Stadt Frankfurt, die viele Kultur- und Sozialeinrichtungen für das Rhein-Main-Gebiet vorhält, zählt Eschborn mit kritischem Unterton zu den herausragenden Beispielen des ungeliebten „Speckgürtels" um die Mainmetropole.

1) Der frühmittelalterliche Niddagau (s. S. 103) ist nach dem Flüsschen Nidda genannt, dasvom Vogelsberg kommt, die Wetterau quert und bei Höchst in den Main mündet. Der Name der Römerstadt Nida (heute Heddernheim an der Nidda) geht vermutlich auf den keltischen Flussnamen zurück

Alt-Eschborn um 1925

Ev. Kirche von Eschborn

Siedlungsplanung – Plansiedlungen

Der große Siedlungsdruck im Main-Taunus-Vorland von Mitte 1950 bis in die 1980er Jahre machte raumplanerische Eingriffe in den Siedlungsprozess erforderlich, die zu verdichteten Wohnvierteln führten. Dennoch waren die Zersiedlungsvorgänge nicht ganz in den Griff zu bekommen. Es fehlte noch die Einsicht, dass Raumordnung ein Ergebnis der Raumverantwortung ist. Dabei ist Siedlungsplanung durchaus nicht neu, was die Plansiedlungen früherer Jahrhunderte beweisen. Die Welle der schnellen unorganischen Bebauung, wobei oft überdimensionierte Grundstücksflächen eingezäunt wurden, schwappte sogar über den Taunuskamm hinüber und konzentrierte sich zuerst im Feldberggebiet. Dort hatten schon in den 1930er Jahren Ansatzpunkte der Zersiedlung (Bau von Wochenendhäusern) begonnen.

Bei Ober- und Niederreifenberg kam es zu verschiedenen Siedlungsansätzen, die in bestimmten Teilen durchaus Ghettocharakter angenommen hatten (Feldberg- und Siegfried-Siedlung, Siedlung am Galgenkopf). Viele der Bauherren suchten wenigstens am Wochenende oder am Feierabend aus dem Frankfurter Dunstkreis fliehend die gute Luft des Hochtaunus auf. Gerade in den naturräumlich ungünstigen Lagen ging die agrarwirtschaftliche Nutzung früher als in anderen Gebieten schnell zurück und hinterließ eine Sozialbrache. Bis zu 30 % dieser Brachflächen wurde begehrtes Baugelände. Die Zersiedlung im Hochtaunus ist ein Anzeichen für die Inanspruchnahme einer agrarisch entwerteten, aber wohnraummäßig besonders hoch bewerteten Landschaft. Dieser Prozess lief parallel zur Bedeutungssteigerung des Hochtaunus für die Naherholung.

Ober- und Niederreifenberg unterhalb des Feldbergs und die weitflächig in den Naturraum eingreifende Zersiedlung

Schon um 1950 bis 1955 hatte die Binnenwanderung aus den großen Städten im Rhein-Main-Gebiet in den Hochtaunus eingesetzt. Bei Arnoldshain entstand in dem Flurteil „Hegewiese“ eine geschlossene Splittersiedlung. Sie begann als harmlose Wochenendbebauung, wurde aber schnell zu einer anspruchsvollen, ghettoartigen Zweitwohnsitz-Siedlung.

Vordringen von Zweitwohnsitzen und Einfamilienhaus-Bebauungen in das ökologisch sensible Heidegebiet an den Eschbacher Klippen

Die Entwicklungsmaßnahme Neu-Anspach

Der bereits im Raum Schwalbach/Eschborn/Steinbach, aber auch im Feldberggebiet angesprochene Zustrom an Bevölkerung und der entsprechende Druck auf die Wohnpolitik führte zwangsläufig zu Raumordnungsüberlegungen, d. h. zur Raum- und Stadtplanung. Die Prognose der Fachleute, die einen „Zugewinn“ an Einwohnern im engeren Rhein-Main-Gebiet von durchschnittlich 30.000 Einwohnern pro Jahr signalisiert hatte, wurde von 1964 bis 1980 durch die Realität bestätigt. In diesem Zeitraum wuchs das Frankfurter Umland um ca. 350.000 Menschen an, statistisch gesehen, um mehr als drei Großstädte. Hinzu kam die Wohnungsverlagerung aus Umweltgründen oder wegen der Verdrängung durch hohe Mietpreise aus der Innenstadt Frankfurt, zum Teil auch wegen der Kapitalanlage aus Bausparverträgen in das erweiterte Frankfurter Umland. Für die damit verbundenen Zersiedlungsvorgänge in der Main-Taunus-Ebene und am Taunusrand bot der Taunuskamm kein Hindernis mehr. Deshalb hatte Prof. Wortmann 1965 auf der Basis des Hessischen Landesplanungsgesetzes von 1962 einen Regionalen Raumordnungsplan vorgelegt. Er sah mehrere Siedlungsschwerpunkte vor, in denen sich vornehmlich die Wohnbevölkerung ansässig machen konnte und so durch die entsprechende Planung auch die entsprechende Infrastruktur gegeben war.

In Neu-Anspach ergab sich ein dringender Planungsbedarf, da es nicht mehr um eine bloße Wohnvorortsbildung und Ausdehnung von Baugebieten nach Bundesbaugesetz ging, sondern bereits um eine Entwicklung, die im Ansatz in naturräumlich sensible Gebiete vorzudringen beabsichtigte (Wochenendgrundstücke im Stahlnhainer Grund, im Gebiet der Hirschhöhe, in Richtung Grünwiesenweiher und Geiersberg). Schon vor der Ausweisung Anspachs zum Siedlungsschwerpunkt hatten sich die Gemeinden Hausen, Westerfeld, Rod am Berg und Anspach 1968 auf einen gemeinsamen Flächennutzungsplan verständigt. 1972 war mittlerweile der Gemeindezusammenschluss durchgeführt und ein neues gemeinsames Ortsparlament geschaffen worden. Um die willkürlichen Entwicklungen der Verstädterungstendenzen im Main-Taunus-Gebiet zu vermeiden und wenigstens einen Rest von Urbanität zu retten, konnte die ungezügelte Bodenspekulation u. a. mit dem juristisch unhaltbaren Begriff „Bauerwartungsland“ nicht weiter geduldet werden.

Ev. Kirche Friedrichsdorf

1693 weitgehend fertiggestellt. Ebenso wie in der Neustadt von Homburg entstand allmählich eine blühende Gewerbesiedlung, wobei die Hugenotten sogar die Funktion von Verlegern, d. h. von Händlern übernahmen, die in benachbarten Taunusdörfern viele Webstühle für sich arbeiten ließen. 1699 verlangte der Landgraf auch den Bau einer Kirche, damit Gottesdienst und Schule gehalten werden konnten. 1717 wurde der „Temple de Dieu", das Kirchlein in Friedrichsdorf fertiggestellt. 1781 lebten bereits 624 Einwohner in 89 Häusern in Friedrichsdorf. Der Wohlstand der hugenottischen Gewerbetreibenden in Homburg und in Friedrichsdorf war nach ca. 50 Jahren nicht mehr zu verbergen. Die Produkte aus heimischer Wolle oder aus Flachs- und Hanfanbau waren batistartiges, feines Leinen, Strümpfe, Wämse, usw., in Oberrosbach wurde sogar auf Veranlassung der Hugenotten eine Flanellfabrik gegründet. 1822 wurde die Kirche erweitert.

Dillingen

In der Nähe von Friedrichsdorf entstand Anfang des 19. Jahrhunderts noch einmal eine Kolonisationssiedlung kleineren Umfangs, das Dörfchen Dillingen, das heute zu dem bevorzugten Wohngebiet von Friedrichsdorf zählt. 1804 wurden hier Bauern aus dem wirtschaftsschwachen Gebiet des Vogelsbergs angesiedelt, die ursprünglich die Ausreise nach Amerika antreten wollten. Auch sie waren für Hessen-Homburg Asylsuchende, die ihr Dörfchen schon bald in einen schmucken Zustand verwandelten.

Wilhelmsdorf

Wilhelmsdorf, heute ein Ortsteil von Usingen, ist eine fast ähnlich aussehende Plansiedlung. Sie wurde von dem Sohn des berühmten Usinger Fürsten Wallrad angelegt, der ähnliche Neugründungen von seinem Vater schon kennengelernt hatte (Usingen-Neustadt, Hasselborn, Michelbach). Sein Sohn Heinrich Wilhelm war 1701 nach dem plötzlichen Tod seines Vaters an die Regierung gekommen und hatte 1705 für die Neugründungen einen Freiheitsbrief, d. h. wichtige wirtschaftliche Begünstigungen erlassen. 1707 gründete er seine ureigenste Dorfschaft in dem 1280 erwähnten Hunengesesse. Dieses Dorf war im 15. Jahrhundert wüstgefallen, und 1685 hatte Walrad in den ausgedehnten Waldungen einen Jagdhof anlegen lassen. Diesen stellte 1707 der Nachfolger Heinrich Wilhelm zehn Familien zur Neugründung eines Dorfes zur Verfügung.[1)] Das Dörfchen an der Laubachquelle zählt pfarramtlich zu Merzhausen. Der Fürst erließ 1716 für alle neu gegründeten Orte ein agrarpolitisch wirkungsvolles Edikt. Er ordnete an, dass alle Anwesen nicht mehr geteilt werden durften, sondern an den ältesten oder den tüchtigsten Sohn zu fallen hätten. Diese Maßnahme verhinderte die Zersplitterung des Besitzes und garantierte die Lebensfähigkeit der Familienbetriebe. Der junge Landesherr starb allerdings schon mit 34 Jahren. 1718 übernahm seine ebenso tatkräftige Frau Charlotte Amalie von Nassau-Dillenburg erfolgreich die Regentschaft. Erst nach dem 2. Weltkrieg wuchs Wilhelmsdorf über die alte Kolonisationsform mit ziemlich gleich strukturierten Anwesen weit hinaus, vor allem dank der Heimatvertriebenen, später durch Zuwanderer aus dem Rhein-Main-Gebiet.

Friedrichsdorf (links) und Dillingen (rechts) sind nur getrennt durch die L 3057 (Friedberger Straße)

Hugenottenstraße in Friedrichsdorf

Alte Hugenotten-Siedlung Dillingen, heute Ortsteil Friedrichsdorfs

Wilhelm-Heinrich-Straße in Wilhelmsdorf mit altem Rathaus

Kraniche über Wilhelmsdorf

1) Käthner, R.H. und M.: Usingen, Menschen und Ereignisse aus der Geschichte einer kleinen deutschen Stadt, Usingen 1981, S. 66 und 156

Friedrichsthal

Eine der jüngsten Plansiedlungen im Usinger Land trägt ebenfalls den Namen eines Territorialherren. Friedrichsthal liegt im Bereich des wüstgefallenen Oberholzburg, wo schon in der Stauferzeit von einer Kirche des Deutschen Ordens die Rede ist. Der Ortsname wurde zu Ehren des letzten kinderlosen Nassau-Usinger Fürsten Friedrich August gewählt, der noch in Usingen geboren und seiner Heimat von Wiesbaden aus stets sehr zugetan war. Friedrichsthal weist wie die meisten dieser jungen Ortsgründungen eine Kolonisationsform auf, ursprünglich an einer geraden Straße. Neudorf nennt man das Dorf bis heute im Volksmund. In Friedrichsthal wurden keine Landesfremden angesiedelt. Hier errichteten Kransberger Einwohner ein neues Dorf (Neudorf). Sie waren gezwungen, sich an dem vor Jahrhunderten schon einmal belebten Ort eine neue Bleibe zu schaffen, nachdem 1814 durch einen Großbrand das benachbarte Kransberg fast vollständig vernichtet worden war. Die damals noch strohgedeckten Hütten des eng verschachtelten Kransberg waren innerhalb weniger Stunden vollkommen zerstört.

Plansiedlung Friedrichsthal

Lollschied

Hausfassaden-Verkleidung nach dem Neuaufbau 1848

Eine ganz andere Form von Neugründungen sind die vielen nassauischen Dörfer, die im 18. oder 19. Jahrhundert durch Brand vernichtet wurden und dann nach einem festen Plansystem wieder aufgebaut wurden. Eines davon ist Lollschied, eine kleine Gemeinde im Rhein-Lahn-Kreis und Teil der Verbandsgemeinde Nassau.

Lollschied wurde 1260 in einer Erbteilungsurkunde der Grafen von Katzenelnbogen erwähnt und gehörte ab dem 14. Jahrhundert zu dem sogenannten „Vierherrischen“ Gebiet. Der Ort kam 1816 an das Herzogtum Nassau. 1842 brannte das Dörfchen größtenteils nieder. Der Wiederaufbau geschah nach dem nassauischen Plansystem in ziemlich gleich gerichteten und gleich großen Anwesen.

Das Oberdorf, bestehend aus einer breiten Gasse, weist bis heute das damalige Planungsleitbild auf.

Plansiedlung Lollschied

Waldsiedlung bei Oberhöchstadt

Die innovativen Leistungen der Heimatvertriebenen (22 % der hessischen Bevölkerung) spiegelt sich nur ansatzweise in der Wohnanlage „Waldsiedlung“ bei Kronberg-Oberhöchstadt. Sie trägt eine Plan-Handschrift, die in guter Verteilung Einfamilienhäuser, Reihenhäuser mit zwei Punkthochhäuser verbindet. Hervorgegangen aus einer im 2. Weltkrieg militärisch genutzten Barackenanlage nahm sie 1945/46 als Notunterkunft aus dem Raum Gablonz vertriebene Flüchtlinge auf. In enger Beziehung mit der Stierstädter „Hessen-Glas GmbH“, die auch die neue Wohnsiedlung mitfinanzierte, stellten hier Klein- und Kleinstbetriebe Glasschmuck, Lüster, geschliffenes Kristallglas und gravierte Gläserformen her. 1952 gab es im Vordertaunus 65 Kleinstbetriebe dieses Gewerbes mit ca. 500 Beschäftigten, von denen um 1965/70 ein großer Teil nach Neu-Gablonz bei Kaufbeuren abwanderte.

Die Waldsiedlung zwischen Oberursel und Oberhöchstadt

Die „Wehrheimer Mitte“ als Neuplanung

Siedlungsplanung zielt nicht nur auf das Bauen auf „grüner Wiese“. Gerade die infrastrukturelle und optische Verbesserung der alten Dorfkerne bedarf einer behutsamen und phantasievollen Planung.

In Wehrheim, einem schon 1046 erwähnten ehemals gutsituierten Bauerndorf (1372 Stadtrechte, die jedoch 1814 verloren gingen) fand bereits um 1980 eine erfolgreiche Ortsbildverbesserung statt. Allerdings blieb ein ca. 5.000 m² großer zentraler Bereich ein ungelöstes Sanierungsproblem am Rande der alten Ortsmitte (alte Scheunen, unorganisch verschachtelte Häuser und Werkstätten). Die ca. 9.500 Einwohner zählende Gemeinde kaufte die Gebäude zum Abbruch auf, um eine neue funktionstüchtige bürgerfreundliche und ansprechende Ortsmitte zu schaffen. Die Planungsergebnisse sind überzeugend und werden die Baugrube bis Ende 2010 mit einer vorbildlichen Bebauung geschlossen haben.

Die Bauplanung sieht eine vielgestaltige durch Ladengeschäfte im Erdgeschoss, Büroflächen im ersten Obergeschoss und Wohnungen im zweiten Obergeschoss genutztes Bauvolumen vor. Letzteres zeichnet sich als harmonisches Ambiente aus durch eine wechselvolle Kleinteiligkeit in den Gebäudeformen und in der Dachlandschaft. Die Architektur knüpft diesbezüglich an das alte Dorfbild an, so dass kein Fremdkörper in das Dorf eingepflanzt wird. Auf der Fläche von 4.700 m² entstehen in Absprache mit einer breiten Bevölkerungsschicht ein Marktplatz, Ladengeschäfte, Praxisräume und Büros u. a. für das Rathaus. Im Kellergeschoss ist eine geräumige Tiefgarage und eine Kleinkunstbühne mit einem Außenforum (Amphitheater) vorgesehen. Die Arkadeneinfassung gewährleistet einen wetterunabhängigen Einkauf. Ein Hotel mit Tagungsräumen wird auch dem Tourismus zwischen dem Freizeitpark Lochmühle, dem Freilichtmuseum Hessenpark, dem Segelflugplatz und dem Römerkastell Saalburg zur Verfügung stehen. Ein Restaurant und kleinere gastronomische Einheiten (Bistro, Eisdiele) werden dazu beitragen, dass die neue Ergänzung zur Dorfmitte – so sie plangerecht fertiggestellt ist– als zentraler Begegnungsbereich Wohlbefindlichkeit für Besucher und Einheimische stiftet.

Die Mitte von Wehrheim und das vorgesehene Baugebiet

Aus Bauernhöfen wurden Wohnhäuser, historisch wertvolle Bausubstanz wurde bereits saniert

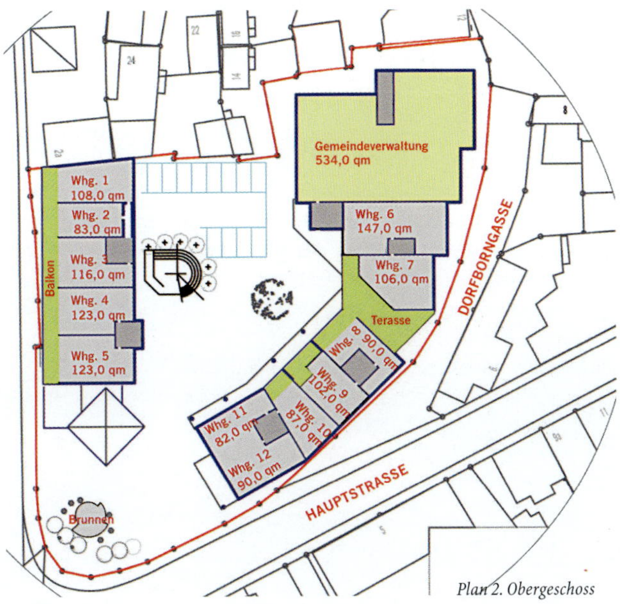

Plan 2. Obergeschoss

Modell der „Wehrheimer Mitte“

Kirche, Kreativität und Bildung

Gotteshäuser gibt es mittlerweile im Taunus in sehr verschiedener konfessioneller und in neuerer Zeit auch religiöser Zugehörigkeit, ein Zeichen zunehmender multikultureller Einflüsse. Doch sind die christlichen Klöster und Kirchen neben Synagogen nicht nur wichtige Begegnungsstätten der Gemeindemitglieder und der Menschen mit dem Göttlichen, sondern auch kulturhistorische Zeugen und immer wieder Impulsgeber in der Schul-, Bau- und Wirtschaftsgeschichte. Kirchen und Klöster sind auch Ausdruck stilgeschichtlicher Antworten auf den Zeitgeist und als solche herausragende Stätten der bildenden und musischen Kunst. Sie machen die geistigen und geistlichen Strömungen im Blick auf Erneuerungsentwicklungen verstehbar. Neben der Reichhaltigkeit der in ihnen entfalteten Kultur muss die binnen-kolonisatorische Leistung, gerade des mittelalterlichen Mönchtums, den heutigen Generationen ins Gedächtnis geschrieben werden.

Der Blick auf das nebenstehende ehemalige Benediktinerkloster St. Ferrutius in Bleidenstadt (Taunusstein) vermag die sich epochal wandelnde Bedeutung der christlichen Gotteshäuser sichtbar zu machen. Es wurde von 768 bis 786 daran gebaut, nachdem es von dem Nachfolger des Bonifatius auf dem Erzbischofsstuhl in Mainz, dem aus dem Kloster Hersfeld stammenden Erzbischof Lullus, gegründet worden war. Seit der Kirchweihe 812 wurde das Kloster immer mehr ein Stützpunkt des Mainzer Erzbischofs zur kirchlichen Durchdringung des Taunus. Als in der Mitte des 12. Jahrhunderts die Grafen von Nassau die Vogtei über Bleidenstadt bekamen, schufen sie hier eine wichtige territoriale Brücke zwischen Idstein und Wiesbaden.

Bedeutende Wallfahrten zu den Reliquien des Klosterheiligen Ferrutius fanden bis 1632 statt. 1389 hatte ein Brand die Klostergebäude erheblich in Mitleidenschaft gezogen. 1495 wurde es in ein weltliches Ritterstift umgewandelt und im Dreißigjährigen Krieg (1637) fast ganz zerstört. Um 1700 erfolgte der Wiederaufbau und 1711/12 die Barockisierung, was der Turm mit seiner doppelten Zwiebelhaube gut erkennen lässt. Nach der Säkularisation 1802 fielen Stift und Dorf ganz an Nassau. Aus der alten Kloster- und Stiftskirche wurde die katholische Gemeindekirche.

Kirche in Bleidenstadt

Klöster im Taunus

Hrabanus Maurus-Denkmal in Oestrich-Winkel

Der berühmte Gelehrte Hrabanus Maurus war 847 Erzbischof von Mainz geworden. Er verhalf dem Rheingau in ungewöhnlicher Weise zum Aufbruch. Besonders im damaligen Schul- und Bildungswesen, in einer Zeit des allgemeinen Analphabetentums, bediente er sich dabei der Klöster. Eine Auswahl dieser mönchischen Einrichtungen im Taunus vermag sowohl die Vielfalt der Orden wie den Entwicklungsgang der Klöster zu bezeugen.

Hrabanus Maurus sprach die geschliffene lateinische Sprache der hohen Geistlichkeit und Wissenschaft und formte darin Gedanken, die das ganze Zeitalter der Scholastik bis ins 15. Jahrhundert bestimmten. Andererseits sprach er aber auch sehr gerne die Sprache des Volkes, sogar bei wissenschaftlichen Vorträgen. Er wurde von allen Volksschichten verstanden und geliebt.

Von 822 bis 842 war er Leiter der Klosterschule in Fulda und 847 sogar Abt des angesehenen und reichen Klosters. Er hatte die Fuldaer Schule zu der bedeutendsten Bildungsstätte im deutschen (ostfränkischen) Territorium gemacht. In seiner großen Bücherei hatte er nicht nur die griechischen und römischen Philosophen und Schriftsteller zur Hand, er zählte auch die frühen deutschen Dichtungen zu seinen Schätzen, u. a. die Abschrift der ältesten deutschen Dichtung, des Hildebrandliedes. Die Ehrenbezeichnung trifft auf Hrabanus Maurus voll zu:„Praeceptor germaniae", Lehrer Deutschlands.

Der junge Hrabanus Maurus (links), unterstützt von Abt Alkuin (Mitte), überreicht sein Werk „De laudibus sanctae crusis" (Lob des heiligen Kreuzes) dem Mainzer Erzbischof Otgar (rechts). Darstellung in einem fuldischen Manuskript um 830/40

Kloster Eberbach

Der monumentale Gebäudekomplex, der sich im schattigen Waldtal des steil zum Rheingau hinunterstrebenden Kisselbachs ausbreitet, ist das berühmte Zisterzienserkloster, das von 1131 bis 1135 errichtet wurde. Es handelt sich um die erste Tochtergründung von Citeaux in Deutschland. Von hier wurden bereits im 12. Jahrhundert mehrere Klostergründungen, z. B. Arnsburg in der Wetterau, in die Wege geleitet. Darüber hinaus entstanden im Laufe der Zeit ca. 200 dem Kloster tributäre Höfe und Mühlen, zum Teil auch Höfe innerhalb der Städte.

Nach der Blütezeit des Klosters im Hochmittelalter, in der etwa 100 Priestermönche und etwa 200 Laienbrüder wirkten, erlebte Eberbach seine zweite Wirtschaftskonjunktur in der Barockzeit. 1803 wurde es jedoch im Zuge der Säkularisation in nassauischen Staatsbesitz überführt und zeitweise als Lazarett oder als Irrenanstalt genutzt. Erst seit Ende des 19. Jahrhunderts konnte die hier betriebene Staatsdomäne durch Ausbildung junger Winzer wieder an den ehemals guten Ruf des Klosters für den Rheingauer Weinbau anknüpfen. Dieser geht seinerseits zurück auf die um 1170 aus der Trierer Gegend eingeführte, bis heute wichtigste Rebsorte im Rheingau, dem Riesling. Auch der von Frankreich mitgebrachte Spätburgunder, vor allem die im Klosterbereich entwickelten Anbaumethoden, wurden mustergültig für den gesamten Rheingau. Das heutige Schloss und Weingut Rheinhardshausen bei dem Obst- und Weinbauort Erbach wird schon 1162 als Weinlager der Eberbacher Mönche genannt. Sie betrieben von hier ihren Weinhandel mit den niederländischen und hanseatischen Städten auf eigenen Schiffen und waren im Genuss der kaiserlichen Zollfreiheit am Rhein.

Kloster Eberbach zählt mit seinen romanischen und frühgotischen Bauten zu den bedeutendsten Klöstern

Seit 1926 finden in dem gründlich renovierten Kloster die großen Weinversteigerungen der hessischen Staatsweingüter statt. Die Zisterzienser von Eberbach sind ein eindrucksvolles Beispiel für einen Orden, der sich die Entwicklung der Landwirtschaft und die Binnenkolonisation der deutschen Mittelgebirge hat angelegen sein lassen. Im Süden der gesamten Anlage erhebt sich beherrschend die romanisch angelegte Kirche empor. Nördlich schließt sich die nur den Mönchen vorbehaltene Klausur mit dem Kreuzgang an. An der Nord-

Blick aus dem Kreuzgang in den Innenhof

Dormitorium (Schlafsaal der Mönche)

westecke der Kirche ist der Konversenbau für die Laienbrüder errichtet. Er ist durch die Klostergasse von den Klausurbauten der geistlichen Mönche getrennt. Der Kreuzgang ist in gotischer Zeit entstanden. Der quadratische Kapitelsaal von 1190 wurde 1354 umgebaut und erhielt ein kunstvolles, hochgotisches Sterngewölbe über einem achteckigen Mittelpfeiler. Sehenswert ist auch das um 1270 begonnene Mönchsdormitorium. Dieser Schlafsaal besteht aus zwei Schiffen von je elf Jochen, wobei auf relativ kurzen Säulen hohe Kreuzrippengewölbe aufgesetzt sind. Die erst 1693 eingebauten Zellen wurden 1929 wieder beseitigt. Der Hospitalbau dient zzt. als Gärkeller.

Im Laienrefektorium befinden sich die historischen Weinkeltern von 1668 bis ins 19. Jahrhundert. An die barocke Ausbauphase erinnert das Mönchsrefektorium, das immer wieder zu bedeutenden Empfängen und Weinversteigerungen einlädt.

Basilika im Kloster Eberbach

Kloster Johannisberg

Klosterkirche Johannisberg

Es handelt sich um eine dreischiffige, flachgedeckte romanische Pfeilerbasilika mit einem Querschiff. Die drei unmittelbar angesetzten Gewölbeabsiden und die 1826 abgebrochenen Nebenabsiden wurden erneuert. Außen erscheint die Klosterkirche genauso schlicht und monumental, wie sie innen wirkt. Dabei war sie in dieser Form bis 1942 so nicht erkennbar. Damals brannten durch schwere Kriegseinwirkungen alle Inventarien der ehemaligen Klosterkirche aus. Sie war 1717 unter fuldischer Hoheit von Johann Dinzenhofer barockisiert und 1826 von Georg Moller mehr im klassizistischen Sinne umgebaut worden. Heute entspricht die Klosterkirche in etwa ihrer alten Form. Sie steht auf einer Bergscholle über dem Rheingau, die den alten Namen „Bischofsberg" trug, weil der Erzbischof Ruthard von Mainz (1088 – 1109) hier einen Benediktinerkonvent ansiedeln ließ. Dieses Benediktinerkloster wurde dem größeren Albankloster in Mainz unterstellt und die Kirche dem Heiligen Nikolaus geweiht. Als jedoch Erzbischof Adalbert 1130 den Bischofsberg seiner eigenen metropolitanen Gewalt unterstellte, wurde die Kirche dem Patron St. Johannes zugeeignet. Das Kloster war offenbar so bedeutend und besaß eine solche Anziehungskraft, dass er schon 1285 ein Benediktinerinnen-Klösterchen am Fuß des Johannisbergs gründete und dem Hl. Georg weihte. Es blieb in enger Verbindung mit dem Hauptkloster auf dem ehemaligen Bischofsberg.

Chor der Klosterkirche Johannisberg

1525 kam es wie bei vielen Klöstern und Schlössern zu großen Schädigungen durch den Bauernkrieg. 1552 wurden wichtige Teile des Klosters von dem berüchtigten Markgrafen Albrecht Alkibiades verwüstet, so dass sich der Erzbischof von Mainz genötigt sah, die Abtei 1563 aufzuheben. 1641 wurde der Besitz verpfändet, kam an den Reichspfennigmeister Hubert von Bleymann und wurde schließlich 1716 mit sämtlichem Weinbergareal an die Abtei Fulda verkauft. Die aber hatte an dem Anwesen nur noch ökonomisches Interesse. Anstelle der alten Klostergebäude ließ der Fürstabt von Fulda von 1718 – 1725 das Schloss erbauen. Hier residierte 1757 – 1759 der Fürstabt Adalbert von Waldersdorf. In diese Epoche fällt auch die Geschichte mit der Spätlese, die vom Johannesberg ausging und eigentlich nur dadurch zustande kam, dass sich ein Bote, der den Beginn der Weinlese verkünden sollte, um einige Wochen verspätet hatte. Aber wie ein Wunder: Die dann noch gelesenen, zum Teil schon angefaulten Trauben ergaben einen exzellenten Wein (s. S. 236).

Nach der Säkularisation 1803 kamen Schloss und Klosterkirche an Nassau-Oranien, das aber den Besitz 1815 an den Kaiser in Wien gab. Dieser beschenkte 1816 seinen Staatskanzler Clemens von Metternich mit dem vorzüglichen Standort und den reichen Liegenschaften.

Kloster Arnstein

Kleines Bild: Litho von C. Groschwitz aus dem Album von Nassau Nr. 2

Kloster Arnstein

Auf einem schmalen Felsgrat, der aus den Taunusbergen zur Lahn herausragt, grüßt von beherrschender Höhe die Prämonstratenserabtei bei Obernhof an der Dörsbachmündung. In enger Verbindung mit dem Kaiserhaus hatte der Gaugraf Arnold im Einrichgau seine Befehlsgewalt zwischen Idstein, Kaub und Lahnstein ausgedehnt. Er besaß jedoch auch Orte auf der linken Rheinseite wie Oberwesel, St. Goar, Boppard und Koblenz. 1034 hatte Graf Arnold auf dem schier uneinnehmbaren Felsen die Burg Arnoldstein (nicht Adlerstein) errichten lassen. Unter seinem Sohn Ludwig I. konnte die Hausmacht der Arnsteiner vergrößert und gefestigt werden. Dessen Enkel jedoch, Ludwig III., war der Letzte seines Stammes.

Weil ohne direkte Nachkommen, wandelte Ludwig III. 1139 seine bedeutende Burg in ein Kloster um. Er gab es den Brüdern von Prémontré, die aus der Nähe von Laon stammten. Graf Ludwig III. war sich mit seiner Gemahlin Guda von Boyneburg einig, dass sie auf ihre Ehe fortan verzichten sollten. Er selbst trat bei den Prämonstratensern ein, die er aus dem Kloster Gottesgnaden bei Calbe an der Saale nach Arnstein gerufen hatte. Seine Gattin entschied sich für eine Zelle in der Recluse, die unterhalb des Klosters im Tal angelegt worden war. Ludwig III. verehrte in dem Orden vor allem den Ordensgründer, den hl. Norbert von Xanten, den späteren Erzbischof von Magdeburg, der sich mit seinen Ordensbestrebungen sehr stark um die Wendenmission im Osten verdient gemacht hatte.

Ludwig wirkte als Laienbruder vor allem für die Organisation des Klosters. Er bekam 1142 von Papst Innocenz II. weitgehende kirchliche Rechte der Abtei und 1145 eine Bestätigungsbulle von König Konrad III. in Speyer. Durch diesen Schutzbrief wurde die Abtei reichsunmittelbar, also dem Kaiser und König direkt unterstellt. Auf seine Aktivitäten gehen eine ganze Reihe von Zweigklöstern zurück.

Nach und nach wurde das Kloster reich. Durch Stiftungen, d. h. durch in den Orden eintretende Ritter, kamen immer mehr Besitzungen in den Zuständigkeitsbereich des Klosters, vor allem im mittleren Lahnbereich und an der Mosel. Ludwig starb 1185, sein Leichnam wurde vor dem Hochaltar neben seiner Gemahlin Guda beigesetzt.

Das Kloster musste große Verluste im Dreißigjährigen Krieg hinnehmen, aber auch in der französischen Revolution und in den Koalitionskriegen. 1817 war es schon aufgegeben und zum Abbruch versteigert worden. Allerdings wurde es durch den Eingriff der preußischen Regierung gerettet. Es zählt ebenfalls zu den Perlen im Lahntal.

Inneres der Kirche mit Herz-Jesu-Hochaltar und Kanzel

Kloster Kamp-Bornhofen

Es liegt in der Nähe des durch Adelshöfe gekennzeichneten Dörfchens Kamp und an der Einmündung der von Bornhofen steil in das enge schattige Felstal zu den Taunushochflächen hinaufführenden Loreley-Burgen-Straße. Das heutige Franziskanerkloster geht auf eine Kapelle von 1224 zurück. Dort wird 1289 ein Gnadenbild erwähnt, das zu Wallfahrten herausforderte. Ritter Johannes Brömser von Rüdesheim stiftete einen Kirchenbau, der 1435 geweiht wurde.

Der Erzbischof von Trier rief 1679 Klosterbrüder aus dem Orden der Kapuziner hierher, die bereits ein paar Jahre später die Kirche erheblich vergrößert und erneuert hatten. Sie waren zur Betreuung der Wallfahrer bestimmt worden. Die Gnadenkapelle ist mit dunklem Lahnmarmor ausgestattet und verfügt über einen konsekrierten Altaraufbau mit dem Gnadenbild. Das Langhaus stammt aus der spätgotischen Zeit. Im Turm sind Reste der romanischen Epoche zu erkennen. 1803 wurde das Kloster aufgehoben, aber seit 1890 ist es mit Franziskanermönchen erneut besetzt. Um 1850 ging von hier eine Bewegung der Volksmission aus, die von der Ordensgemeinschaft der Redemptoristen getragen war. Einladend vor dem Turm wirkt die flachgedeckte, offene Bogenhalle mit einem geschweiften Walmdach von 1698.

Klosterkirche Kamp-Bornhofen

Hofgut an der Stelle des ehemaligen Klosters Thron

Erinnerungsstücke aus der ehemaligen Klosterkirche: Grabplatte der Adelheid v. Reifenberg, geb. von Stockheim, 1417

Kloster Thron

Am 21. März 1243, dem 200. Todestag von Benedikt von Nursia, dem Gründer des ersten Klosters auf europäischem Boden (Monte Casino), hatte Graf Gerhard von Diez seine Liegenschaften in Niedernhain den Zisterziensern von Arnsburg in der Wetterau gestiftet. Diese Schenkung führte zur Wüstlegung des Dörfchens Niedernhain und zur Umwandlung des Diezer Grundbesitzes in einen Klosterbezirk, der fortan von den Nonnen des „Grauen Ordens" bewirtschaftet wurde.[1]

„Thronus Sanctae Mariae" ist der offizielle, in der Weihurkunde vom 22. Juli 1244 genannte Name. Die strenge Ordensregel der Zisterzienser und ihre Leistungen in der Land- und Gartenbauwirtschaft sind bekannt. Im Kloster Thron betrieben die Nonnen – meist Adelstöchter, die als weichende Erben in dem Kloster ihr Leben verbringen sollten – eine blühende Landwirtschaft. Im Jahr der Einführung der Reformation in der Mark Wehrheim 1528 sind in einer Besitzaufstellung der noch vorhandenen 16 Nonnen folgende Werte angegeben: 16 Fuder Wein, 24 Pferde, 62 Kühe, ebenso viele Schweine und 262 Schafe. Es standen 432 Morgen Feld und 902 Morgen Wald zur Verfügung.

Nach der endgültigen Auflassung des Klosters um 1550 wurden die Güter nach dem Willen der beiden Wehrheimer Herrschaften (Nassau-Oranien und Kurtrier) zu „gottgefälligem Gebrauch" genutzt. Die Erträge flossen der „Hohen Schule" in Herborn (ev.) sowie dem Lambertischen Predigerseminar in Trier (kath.) zu. Später gingen sie an den Zentralstudienfonds. Leider ist seit 1807 der letzte noch deutlich an das Kloster erinnernde Rest der Gebäude, nämlich die Kirche, beseitigt. Heute befindet sich am Platz der ehemaligen Klosteranlage ein großes Domänengut, das keine alten Bauformen mehr aufweist.

Konsole mit Trägerfigur

1) *Jäger, K.: Kloster Thron, in: Nassauische Annalen, Bd. 64, 1953, S. 70 ff.*

Säulenrest im Hof

Klosterkirche und Konventbauten in Schönau bei Strüht

Das Äbtissinnenhaus neben der Klosterkirche in Gnadenthal

Kloster Schönau

Das ehemalige Benediktinerkloster Schönau bei Strüth im westlichen Hintertaunus ging aus einer Stiftung hervor, die 1125/26 von dem Grafen Rupprecht von Laurenburg gemacht wurde. Schon 1132 wurde das Kloster dem Erzstift Mainz übergeben. Unweit dieses Mönchsklosters entstand um 1140 ein Nonnenkonvent, in dem von 1141 bis 1164/65 die bedeutende Ordensfrau Elisabeth von Schönau als Mystikerin lebte. Sie war als 12-jähriges Mädchen von ihren Eltern dem benediktinischen Doppelkloster übergeben worden. Im Gegensatz zu der mit ihr befreundeten Hildegard von Bingen empfing sie ihre Visionen meist an kirchlichen Festen und immer im Zustand der Entrückung, während Hildegard nie in eine Ekstase geriet. Elisabeth hatte 1157 als Meisterin die Leitung des Schönauer Nonnenklosters übernommen. Sie zeichnete sich durch kindliche Frömmigkeit und eine brennende Gottesliebe aus. Nach tiefen Depressionen und Krisen überließ sie sich der Führung durch ihren im Männerkonvent tätigen Bruder Egbert. Er schrieb ihre Visionen nieder. Elisabeth von Schönau geißelte die Missstände in der Kirche und fühlte sich zu schweren Bußwerken angetrieben, die sie aufzehrten. Schon im Alter von 36 Jahren starb sie nach einem außergewöhnlich asketischen Leben.

1606 wurde das Nonnenkloster aufgegeben; das Mönchskloster fiel der Säkularisation 1803 zum Opfer. 1947 wurde es jedoch durch Prämonstratenser wiederbelebt, die mit ihren Chorherren aus dem Stift Tepl in Böhmen kamen, allerdings 1974 in ein anderes Kloster im Schwarzwald abwanderten.

Die Klosterkirche St. Florin ist eine dreischiffige Basilika, die nach einem Brand 1723 bis auf den spätgotischen Chor vollständig barockisiert wurde. Die Ausstattung wurde von Künstlern aus der berühmten Mainzer Schule geschaffen, so dass die Altäre aus Marmor, die Stuckfiguren, die Kanzel, das Chorgestühl, die Beichtstühle zu dem Besten zählten, was die Barockzeit im Taunus hervorgebracht hat. Die Klostergebäude sind in jüngster Zeit wieder renoviert worden. Sie gruppieren sich um einen nach Süden offenen stillen Hof mit einem herrlichen Baumbestand.

Einige der alten Klostergebäude, wie der Konventsbau und die Prälatur, werden heute wieder genutzt.

Eingang in den Klosterbezirk Schönaus

Kloster Gnadenthal

1217 stiftete der Edelfreie Peter von Dorndorf-Dehrn das Zisterzienserinnenkloster im mittleren Emstalbereich. Kuno von Reiffenberg gab 1235 seine Güter in Dauborn und Lindenholzhausen dazu. Die Stiftungen wuchsen territorial gesehen allmählich bis in den Raum Wiesbaden und in die Wetterau. Bei Gebietsteilungen in der Grafschaft Diez zwischen Nassau und Kurtrier fiel das Kloster 1564 an das Haus Nassau. Es wurde ein evangelisches Damenstift.[2)]

2) Husemeyer, S.: Das Zisterzienserinnen-Kloster Gnadenthal bei Camberg/Taunus und seine Entwicklung im Mittelalter unter besonderer Berücksichtigung der Beziehungen zur Ordensleitung, in: Nassauische Annalen 106, 1995, S. 61 ff.

In den Kriegswirren ergriff jedoch Kurtrier 1628 erneut Besitz von den Klosteranlagen und unterstellte sie dem Zisterzienserkloster Marienstatt bei Hachenburg. Die Rekatholisierung aber scheiterte. 1634 musste die letzte Äbtissin aufgrund der Kriegsgefahren das Kloster verlassen. Das Stift wurde Hofgut. Gnadenthal hatte wärend des Krieges aus Sicherheitsgründen sein Brennrecht an die Gemeinde Dauborn abgegeben, Rechte, die Dauborn nie wieder zurückgab.

1934 wurde der Gutshof unter zehn Siedlerfamilien aufgeteilt. Die ehemalige Klosterkirche war zeitweise Viehstall und Wirtschaftsgebäude. Der großartige Äbtissinnenbau (Fachwerkhaus) blieb für Wohnzwecke erhalten. 1817 waren die gesamten Besitzungen an den Zentralstudienfonds gekommen. 1969 erwarb die protestantische Jesusbruderschaft einen der Höfe. Er wird als „Haus der Stille", verbunden mit einem Verlag und Kunsthandwerk, in der evangelischen Kommunität bewirtschaftet. Einer der Mitbegründer, Gerhard Jan Rötting, legte Wert darauf, dass aus dieser hier gepflegten Besinnung auf das Wesentliche im Leben, eine Aktivität und ein Wirken in die Gesellschaft hinein erfolgen soll.

Heute wieder Gotteshaus, in den Tagen des Hofguts als Wirtschaftsgebäude genutzt

Kloster St. Hildegardis/Eibingen

Das Benediktinerinnenkloster, das mit seinen beiden Türmen und seinem unverputzten Mauerwerk aus rotgrauem Glimmersandstein in den grünen Rebenhängen den Touristenort Rüdesheim deutlich überragt, war 1148 als Augustiner-Doppelkloster in Eibingen gegründet worden. Als es jedoch keinen rechten Aufschwung nehmen wollte, übernahm 1165 die in Organisation, Politik und Meditation weit blickende und in Naturwissenschaften, Medizin und Theologie tief schauende Hildegard von Bingen die Eibinger Klosterbauten. Seit 1150 wirkte diese bedeutende Frau des Mittelalters klug und aktionsfreudig in ihrem Stammkloster Rupertsberg auf der anderen Rheinseite über der Nahemündung. Dieses Kloster Rupertsberg hatte sie neu gegründet, nachdem der Zustrom von Nonnen in ihre Herkunftsklause auf dem Disibodenberg (Glan-Nahe-Mündung) zu groß geworden war. Zweimal wöchentlich sah die wohl bedeutendste Frau des Hochmittelalters in ihrem Tochterkloster Eibingen nach dem Rechten.

Nach dem Tod der verehrten Heiligen 1179 erlebten ihre Klöster das Auf und Ab aller Orden. 1632 war das Kloster Rupertsberg von den Schweden völlig zerstört worden. Eibingen konnte die fliehenden Schwestern aufnehmen. Im Zuge der Gegenreformation wurden Teile des Klosters bei Rüdesheim erneuert. Nach der Säkularisation 1803 erlosch jedoch das Klosterleben. Die Besitzungen gingen verloren, die Gebäude wurden z. T. abgebrochen, die Klosterkirche diente ab 1830 in Eibingen als katholische Pfarrkirche. In ihr werden die Reliquien der hl. Hildegard bis heute verehrt.

Als ein Impuls aus dem Kulturkampf muss man die Entscheidung des Fürsten Karl zu Löwenstein bewerten. Den 1803 seiner Familie zugesprochenen Besitz gab er in kirchliches Eigentum zurück, um oberhalb des alten Klosters Eibingen eine völlig neue Klostergründung zu ermöglichen. 1904 zogen 13 Benediktinerinnen aus der Abtei St. Gabriel bei Prag in das erste Frauenkloster der Beuron-Kongregation St. Hildegardis ein. 1908 wurde es vom Papst mit allen Rechten und Pflichten des alten Hildegardisklosters zur Abtei erhoben.

Die 115 Schwestern wurden 1941 von der Gestapo ausgewiesen und ihr Besitz enteignet. Sie fanden verstreut Unterkunft in anderen Klöstern, Krankenhäusern und Lazaretten. Im Juli 1945 begann das Klosterleben aufs Neue. Es wurde 1961 nach dem zweiten Vatikanischen Konzil liturgisch verändert, d. h., dass sich Chorfrauen und Laienschwestern als Einheit verstehen. Der wuchtige romanisierte Bau wurde im Beuroner Stil von Paul Krebs ausgestaltet. Die zweischiffige Kirche in ihren geheimnisvoll gedämpften Farben und mit der ruhigen Linienführung lädt ein zur Anbetung, zum Schauen und zum Meditieren. Die geradezu mystische Grundstimmung, die sich aus den byzantisch-ägyptischen Farb- und Gestalteinflüssen ergibt, drängt zur Gottesverherrlichung.

Klosteranlage St. Hildegardis am Rande des Niederwaldes oberhalb von Rüdesheim

Kloster und Wallfahrtskirche Marienthal

Nördlich von Geisenheim verehrte man das seit 1313 bekannte wundertätige Marienbild in einer Kapelle. Die bedeutende Wallfahrtsstelle wurde 1463 den Kugelherren übertragen, die hier ein klösterliches Leben führten. Vorübergehend waren die Augustiner-Chorherren, aber auch die Jesuiten in dem stillen Waldtal an dieser geweihten Stelle zugange.

Im 18. Jahrhundert verfiel jedoch die Kirche. Sie wurde erst in der Mitte des 19. Jahrhunderts wieder aufgebaut. 1872 besetzten die Franziskaner die Klosteranlage und betreuen seitdem die Wallfahrten. Lediglich am reich profilierten Westportal sind mittelalterliche Bau- und Kunststrukturen zu erkennen. (Wimperg, Rosenfries und Marienkrönung)

Hildegard von Bingen, Steinplastik in der Pfarrkirche von Eibingen

Wallfahrer verlassen nach dem Besuch Marienthal

Pallottiner- und Pfarrkirche St. Marien mit Missionshaus im Hintergrund

Die Pallottiner in Limburg

Vincenz Pallotti

1992 feierten die Limburger Pallottiner ihr 100-jähriges Bestehen. Es handelt sich um eine vergleichsweise junge und aktive religiöse Gemeinschaft, die ein Leben im Geiste des heiligen Vinzenz Pallotti führt. Unter Bischof Karl Klein ließ sie sich 1892, damals noch ziemlich unbekannt, in Limburg a.d. Lahn nieder.

Die Pallottiner waren zunächst im Walderdorffer Hof in der Altstadt untergebracht, bezogen dann aber 1897 das neu erbaute Missionshaus an der Gabelung Wiesbadener/Frankfurter Straße, St. Marien. Das weithin sichtbare, hoch aufragende Gotteshaus in Klinkerbauweise wurde 1927 eingeweiht und erhielt 1943 neben seiner Funktion als Kommunitätskirche zusätzlich die einer Pfarrkirche. Das Gotteshaus ist im Baustil zu vergleichen mit der St. Michaelskirche in Niederjosbach (s. S. 180).

Die Pallottiner schufen einen Ausgangspunkt für die Mission in der seit 1885 neuen deutschen Kolonie Kamerun. Das Missionshaus erlangte schon bald eine beeindruckende überregionale Bedeutung, die bis heute nach Afrika, Australien, Nord- und Südamerika ausstrahlt. Den hier ausgebildeten Missionaren und Mitarbeitern ist Limburg nicht nur Verwaltungszentrale, sondern auch Mutterhaus, Heimat für die apostolisch tätigen Christen. Flankierend zum Konventsgebäude entstanden weitere Einrichtungen: Kesselhaus, Werkstätten, Landwirtschaft, Gärtnerei und Druckerei für das Zeitschriftenapostolat. Im Seminarbau, welcher zuerst die Pallottiner-Hochschule und dann das „Bischof Vieter Kolleg" beherbergte, konnten Spätberufene das Abitur erlangen. Schon früh wurde im Altbau eine Alten- und Krankenstation eingerichtet.

Im Laufe der Zeit mussten aufgrund des abnehmenden Nachwuchses einige Werke aufgegeben werden: Kolleg, Gärtnerei, Landwirtschaft, Druckerei und Verlag. Demgegenüber bestehen weiterhin die Redaktion der mittlerweile gemeinsamen Zeitschrift der deutschen und österreichischen Pallottiner nebst Betreuung der Abonnenten, der ehrenamtlichen Zeitschriftenausträger und der Wohltäter der Gemeinschaft.

Mit der Vereinigung der norddeutschen, süddeutschen und österreichischen Pallottiner zu einer Provinz am 22. Januar 2007 endete die Zeit des Missionshauses als Sitz der Provinzleitung und Missionsprokuratur. Diese Aufgaben nimmt jetzt das deutsch-österreichische Provinzialat in Friedberg (in Bayern) wahr, welches zuvor Sitz der süddeutschen Provinzialverwaltung war. Geblieben ist das Provinzarchiv, welches jetzt für die neue Gesamtprovinz zuständig ist.

Vinzenz Pallotti, der Gründer der Gemeinschaft, war 1795 in Rom zur Welt gekommen. Der Kaufmannssohn orientierte sich schon sehr früh an seinem großen Vorbild Franz von Assisi. Es ist die Verantwortung für den Nächsten, die Pallotti zur Gründung von mehreren Hilfsgemeinschaften für leidende Mitmenschen trieb. Dabei suchte er stets das Zentrum seines Tuns im Gottesdienst, in der dienenden Nachfolge Jesu, in der Meditation und im Gebet. Der 1850 im Kreis von neun Gefährten verstorbene Vinzenz Pallotti wurde von Papst Johannes XXIII. während des Zweiten Vatikanischen Konzils heiliggesprochen. Die Gemeinschaft der Pallottiner zählt heute weltweit 2.500 Mitglieder.

Schiff der Pallottinerkirche St. Marien

Das alte Missionshaus der Pallottiner

Klosterruine Bärbach/Schönborn

Das ehemalige Klarissenkloster Bärbach bei Schönborn ist heute eine Ruine. 1334 war es in der Stiftungsurkunde des Grafen Gerlach von Nassau zum ersten Mal erwähnt worden.[3] 1567 wurden die Klostergüter bereits eingezogen. Von der ehemals einschiffigen gotischen Kirche mit dem schmalen quadratisch geschlossenen Chor ist nur ein kleiner Teil der Nordwand des Schiffes erhalten. Reste der Klosterbauten und der Umfassungsmauern sind nur noch in geringem Umfang vorhanden. Der Klosterbezirk wurde später mit mehreren Bauernhöfen besiedelt und ist bis heute agrarisch genutzt.

Ruine des ehemaligen Klostergiebels in Bärbach

Klostergut Rettershof/Kelkheim

Der heutige gastronomisch und reitsportlich genutzte Rettershof geht auf ein Kloster zurück, das Graf Gerhard von Nürings bereits 1146 als Augustinerkloster gestiftet hatte. Im 13. Jahrhundert wandelte es sich zu einem reinen Nonnenkloster, das die Prämonstratenser übernahmen. 1559 wurde es von den vorübergehend sowohl das Eppsteiner wie das Königsteiner Erbe besitzenden Grafen von Stolberg aufgehoben. Das Erzbistum Mainz übernahm das Anwesen 1581 und richtete gegen den Willen des Ordens ein Hofgut ein. Es ist heute ein häufig aufgesuchter Ausflugsort im westlichen Rhein-Main-Gebiet.

3) Er hatte es „zum Heil meiner und meiner Eltern Seelen" gestiftet und mit entsprechenden Ländereien versehen.

Eingangsbereich des heutigen Hofguts

Wappen am Tor zum Rettershof (immer von l.o.– r.u.)

Herren von Eppstein, Herren von Kronberg, Ehepaare Richter-Rath, Rettershof

Haus Falkenstein-Münzenberg, Herren von Reifenberg (Plünderer Retters im Jahr 1374), derer von Dieskau, Haus Hessen (in Erinnerung an Sybille von Hessen)

Das Franziskanerkloster in Wetzlar

Das ehemalige Klosteranwesen am heutigen Schillerplatz in Wetzlar war 1263 entstanden. Nach der Einführung der Reformation konnte es sich – auch mangels Neuzugängen an Mönchen – seit 1555 nicht mehr halten; auch eine Neugründung 1675 war nicht von Dauer. 1826 schloss es seine Pforten endgültig.

Der dreischiffige frühgotische Hallenbau wurde für profane Zwecke umgerüstet (Lazarett, Magazin, Speicher). Schließlich unterteilte man das Langhaus in drei Geschosse und ein Dachgeschoss für eine Berufsschule. Seitdem ist der ehemalige Sakralbau vom Ende des 13. Jahrhunderts nicht mehr erkennbar. Heute beherbergt die ehemalige, völlig umgebaute Klosterkirche die städtische Musikschule und einen stilvollen Konzertsaal. Dagegen blieben der Chor und das Querschiff erhalten und werden heute von der evangelischen Gemeinde genutzt. Allerdings wurde der Chor entgegen seines ursprünglichen Aussehens auf den drei Innenseiten durch eine zweistöckige Empore fundamental verändert.

Das ehemalige Franziskanerkloster in Wetzlar – heute Haus der Musik

Taunus-Kirchen in den Jahrhunderten

Die Darstellung einer ganzen Reihe von Kirchen rechtfertigt sich durch deren siedlungs- und kulturgeschichtliche Bedeutung. Die meisten Dorf- und Stadtgeschichten beginnen mit Urkunden, die entweder landesherrliche oder kirchenhistorische Bezüge haben. Kirchen gehören somit zu dem ältesten Kulturgut hierzulande.

Mit ihren Türmen ragen sie aus den jeweiligen Ortsmitten heraus, bestimmen geradezu die Siedlungsbilder. Sie beeinflussten über lange Jahrhunderte in einer unübersehbaren Weise das gesellschaftliche und das gesellige Leben in den Dörfern und Städten. Dort wurde die Lebensordnung von den kirchlichen Jahresfesten geprägt, wobei es sich nicht nur um die Kirchweihe, sondern vor allem um Heiligentage oder die großen Feiertage wie Weihnachten, Ostern, Pfingsten etc. handelt. Durch ihren jeweils zeitbedingten und stilbestimmenden Einfluss haben sie eine charakterisierende und fördernde Steuerung auf Baukunst, Plastik und Malerei ausgeübt und darüber hinaus in die Musik und Dichtung lange Zeit tonangebend gewirkt.

Den Kirchen und ihrer Organisation sind die höchst aufschlussreichen Kirchenbücher zu verdanken, ohne die genealogische Forschungen nicht möglich wären. Der historisch-wissenschaftliche Wert der in langen Epochen entstandenen Kirchenchroniken kann nicht bezweifelt werden. Kirchen genießen zu Recht einen multifunktional außerordentlich hohen Rang für unsere Gesellschaft jenseits musealer Verstaubung.

Der markante Kirchturm von Schlossborn

Schlossborn

Der Kirchort Schlossborn genießt zu Recht den Ruf eines historisch höchst wichtigen Ausgangspunktes für die kulturelle Erschließung des Taunus. Die um 980 unter Erzbischof Willigis errichtete Pfarrei verfügte als eine Art „Urpfarre" des Stephansstifts in Mainz über einen weit ausgedehnten Pfarrsprengel im Hoch- und Hintertaunus. Sie war vor allem in den Eppsteiner Landen tonangebend (s. S. 108). Nach der berühmten Bardo-Urkunde von 1043 reichte der Einflussbereich bis ins obere Weiltal. Von dem Schlossborner Kirchenzentrum gingen wichtige Impulse der Besiedlung aus. Daraus entstanden später wiederum neue Pfarreien wie z. B. 1196 Oberjosbach, Bremthal, Fischbach, Arnoldshain, Reifenberg etc.

Unter Kaiser Maximilian II. erhielt Schlossborn einen Jahrmarkt, aber städtische und zentralörtliche Entwicklungen blieben aus. Auch von dem ursprünglichen Kirchenbau ist außer dem Untergeschoss des Westturms nichts mehr erhalten. Der Saalbau der Kirche mit dreiseitig geschlossenem Chor stammt von 1713, und der Oberbau des Kirchturms mit der Haubenlaterne geht auf den Anfang des 19. Jahrhunderts zurück.

Die Aegidienkirche in Oestrich-Winkel

Zu den stilreinsten romanischen Kirchenbauten im Taunus gehört die Aegidienkirche, gelegen neben einem Wingert am südlichen Ortsrand von Mittelheim. Die ehemalige Klosterkirche der Augustinerinnen aus dem ersten Drittel des 12. Jahrhunderts ist ein in Bruchstein errichteter karger dreischiffiger Bau, dessen Querhaus bei einer Kirchenvergrößerung um 1170 erweitert worden war. Schon 1263 wurde die Klosterkirche jedoch aufgehoben. Seit dieser Zeit dient sie als Pfarrkirche.

Die 1938 – 1952 grundlegend restaurierte kreuzförmige Pfeilerbasilika konnte mit ihrem durch sechs Arkaden gegliederten Langhaus und ihrem quadratisch wuchtigen Turm über der Vierung durch die Jahrhunderte erhalten werden. Die auf drei Rundbögen ruhende steinerne Bühne im südlichen Querhaus darf als die ehemalige Nonnenempore gedeutet werden. Die hölzerne Kreuzigungsgruppe auf dem romanischen Blockaltar stammt aus dem 18. Jahrhundert, die Kanzel geht auf das Jahr 1511 und der Taufstein auf 1490 zurück. Die Holzfiguren, wie der hl. Aegidius und der hl. Urban, dürften deutlich älter sein.

Die romanische Aegidien-Kirche in Oestrich-Winkel

Inneneinrichtung der Aegidien-Basilika

Die Berger Kirche

Eine sehr ursprüngliche Dorfkirche mit drei Arkaden auf ungegliederten Pfeilern im Hauptschiff liegt auf einer alten Beckenterrasse bei Limburg über der Mündung des Wörsbaches in die untere Ems. Es handelt sich um die 752 erstmals urkundlich erwähnte Berger Kirche bei Werschau, wahrscheinlich eine sehr frühe zentrale Gottesstätte im nördlichen Goldenen Grund. Als Wallfahrtskirche war sie dem Heiligen Martin geweiht.[1)]

Seit das zugehörige Dorf Bergen im Spätmittelalter wüstgefallen war, kam sie mit dem Wehrfriedhof an die Talsiedlung Werschau. Obwohl sich das schnell entwickelnde Dorf um 1700 ein eigenes Gotteshaus schuf, blieben das alte Kirchlein und der Friedhof als Hauptbestattungsort für Werschau erhalten. Der kleine romanische Bau mit dem Haupt- und einem nördlich anschließenden Seitenschiff sowie einem rechteckigen Chorräumchen übernahm die Funktion als Friedhofskapelle. Am Westende des kleinen Gotteshauses erhebt sich über beiden Schiffen ein unten rechteckiger, oben quadratischer Turm mit später aufgesetztem gotischem Spitzhelm. Der Altar stammt aus der Zeit um 1670; das große Schnitzwerk der Madonna wurde um 1700 geschaffen.

Der kleine Ort Bergen lag im Tal am Emsbach-Übergang nach Lindenholzhausen an der uralten Fernstraße von Frankfurt über Limburg nach Köln.

Die ehemalige Berger Wallfahrtskirche bei Werschau

Das Emmershäuser Kirchlein

Es geht mit seiner sehr ursprünglichen Formgebung zurück auf die romanische Zeit, als die Stifter noch diezische Burgleute auf den befestigten Rittersitzen in Weilnau waren. Ein gewisser Heimo hatte als Angehöriger des niederen Adels im Raum Emmershausen Besitzungen. Er gab dem Ort seinen Namen „Heimershusen“. Auf dem „Heimershusener“ Kapellenberg hatte er einen kleinen Ansitz errichten lassen. Dazu gehörte auch die Kapelle.

Emmershäuser Kapelle ...

Die kleinen gedrungenen Rundbogenfenster, der niedrige Eingang, das urtümlich kleine Kirchenschiff mit einem quadratischen Chorräumchen, alles spricht für eine Entstehungszeit, die um 1200 bis 1220 anzusetzen sein dürfte.

1848 wurde das bereits vernachlässigte Gotteshaus stillgelegt, zumal in dem benachbarten Kirchspielort Rod an der Weil ein zentrales Gotteshaus zur Verfügung stand. Das Kirchlein von Emmershausen, das bis heute zu dem Kirchenbezirk Rod an der Weil gehört, wurde 1965 renoviert und für Gottesdienste wieder aktiviert. Es ist ein baugeschichtliches Kleinod im mittleren Weiltal.[2)]

... mit gusseisernem Grabkreuz am romanischen Chorteil

... und das alte Pfarrhaus in Rod an der Weil

Auf einem Felsvorsprung über der Weil in dem Kirchdorf Rod an der Weil war 1522 ein großartiges Fachwerkhaus auf den Resten eines Wehrturms von 1279 (Fallgitter, Pechnase) errichtet worden.
Bis heute dient es als Pfarrhaus neben der Kirche, die um 1900 eine mehr an den Jugendstil erinnernde Innenausstattung erhielt. Neuerdings ist in der unmittelbar neben der Kirche und dem Pfarrhaus von Rod an der Weil liegenden Pfarrscheuer ein modernes Gemeindehaus eingerichtet worden.

1) Eppstein, H.: Die Berger Kirche, Hünfelden-Dauborn 2008

2) Ernst. E.: Das Weiltal, S. 125 u. S. 135

Inneneinrichtung der kleinen Berger Kirche

Wahrscheinlich das älteste erhaltene Pfarrhaus in Deutschland

Der Wetzlarer „Dom“ oberhalb der historischen Lahnbrücke und der Altstadt

Seitenportal

Der „Dom“ zu Wetzlar

Wetzlar war bis um 1980 eine Industriestadt, heute ist sie eher Schul- und Verwaltungsstadt, nie war sie Bischofsstadt. Dennoch spricht man vom Wetzlarer „Dom“. Diese Bezeichnung der großen Kirche des ehemaligen Marienstiftes ist seit dem 19. Jahrhundert geläufig. Die einstige kleine romanische Basilika aus dem 12. Jahrhundert wurde bereits kurz nach ihrer Fertigstellung zu einer zwar unvollendeten aber deutlich größeren gotischen Kirche umgebaut, die ursprünglich zwei Joche länger werden sollte. Nachdem der Chorraum, begonnen um 1235, erstellt war, konnte man am Querschiff und am Langhaus zunächst zügig weiterbauen. Da es jedoch im Verlauf des 14. Jahrhunderts an Geld fehlte, musste der Bau eingestellt werden (s. S. 191). So blieben die romanischen Teile des alten Westwerkes mit dem sogenannten Heidenportal erhalten. Auch einer der beiden vorgesehenen gotischen Türme konnte nicht zu Ende gebaut werden. Das unmittelbare Nebeneinander eines romanischen (Basalt)und eines gotischen Turmes (Buntsandstein) ist eine außergewöhnlich aufschlussreiche kunsthistorische Seltenheit.

Der Wetzlarer „Dom“ wird seit der Reformation (1542) als Simultankirche genutzt. Der ehemalige gotische Lettner trennte die Konfessionen beim Vollzug gottesdienstlicher Handlungen. Der Chorraum blieb den Stiftsherrn und der katholischen Gemeinde vorbehalten. Die große evangelische Gemeinde nutzte Quer- und Langhaus. Nach der Zerstörung des Lettners durch Bomben im Zweiten Weltkrieg einigte man sich auf eine Nutzungsordnung für die ganzräumig, aber zeitversetzt stattfindenden Gottesdienstfeiern. Die umfassende Innenrenovierung 1984 lehnte sich an die mittelalterliche Farbfassung an. Sehenswert sind auch der Zunftleuchter (15. Jh.) im Mittelschiff, die Kreuzigungsgruppe über dem ehemaligen Lettner und die Pietà in der Johanneskapelle.

Blick auf Kanzel und Kreuzigungsgruppe im Mittelschiff in den Chorraum

Blick vom Chorraum auf Altar und Orgelempore

Limburger Dom über der Lahn. Blick von der alten Brücke mit der Statue des hl. Johannes Nepomuk (Schutzpatron der Brücken)

Der St.-Georgs-Dom in Limburg

Nicht nur für die Besucher der Stadt, sondern auch für die auf der Autobahn Vorbeifahrenden ist der Dom eine herausragende Orientierung. Er krönt geradezu die wunderschöne Limburger Altstadt.

Die ehemalige Stifts- und Pfarrkirche St. Georg ist seit 1827 Bischofskirche und damit Dom. Das Bauwerk ist eine Schöpfung aus dem staufischen Zeitgeist. Es wurde 1211 begonnen und 1235 bereits geweiht, wenn auch noch nicht vollendet. Erst um die Mitte des 13. Jahrhunderts waren die Westtürme zumindest in den unteren Geschossen fertiggestellt. Voraus ging eine Kirche aus der ersten Hälfte des 9. Jahrhunderts. Genauere Nachrichten existieren jedoch erst von einem Stift, das 910 auf dem Burgareal von dem Gaugrafen Konrad Kurzbold geschaffen worden war (s. S. 104).

Den heutigen Bau begann man 1211 offenbar an allen Stellen des Erdgeschosses zugleich. Westturm, Langhaus, Chor, Querschiff etc. wurden in einem Zug errichtet. Die dreischiffig gewölbte Emporenbasilika zeichnet sich aus durch eine Raumkonzentration auf die Mitte des Gebäudes. Diese straffe Komprimierung der Gebäudeteile lässt den siebentürmigen Baukörper in großer Einheit und Geschlossenheit erscheinen. Der Spitzhelm des Vierungsturms wurde 1774 fertiggestellt, die Ecktürme des südlichen Querhauses erst 1863/65. Es sind mehrere ineinander verzahnte stilistische Bauelemente festzustellen, sowohl in der Strebebogenkonstruktion, der Langhausempore, der Zwerggalerie als auch im Obergadenlaufgang. Die wichtigsten stilgeschichtlichen Vorbilder stammen aus der rheinischen Romanik und aus der von Frankreich kommenden Frühgotik.
Die Doppelturmfassade mit den Rautendächern findet sich z. B. in Koblenz, Dietkirchen und Andernach. Frühgotische Elemente sind in Laon, Soissons und in Reims zu suchen. Sogar normannische Einflüsse sind vorhanden.

Die puristische Restaurierung 1872 – 1877 hatte leider die mittelalterliche Ausstattung und Ausmalung zum großen Teil beseitigt. Heute zeichnet sich der Dom durch seine ursprüngliche farbenfreudige und freundliche Erscheinung als eine der Perlen im Lahntal aus.

Langhaus und Chor des Limburger Doms

Mittelalterliches Fenster im Peristyl des hinteren Dombereichs

Der „Rheingauer Dom“ zu Geisenheim

Marienkirche in Marienfels

Marienfels ist ein Ort im westlichen Hintertaunus in der Nähe von Nastätten, der siedlungsgeschichtlich schon auf eine römische Kastellgründung während der ersten Eroberungszüge auf rechtsrheinischem Gebiet zurückblicken kann (s. S. 98). Am Standort der Marienkirche auf einer Felserhebung über dem Mühlbach stand vermutlich ein römischer Tempel. Eine Siedlungskontinuität ergab sich jedoch erst seit dem 8./9. Jahrhundert. Urkundlich ist der frühmittelalterliche Mittelpunkt des Einrichgaues Marienfels 915 zum ersten Mal erwähnt. Es handelte sich damals um eine Schenkung Konrads I. an das Kloster in der Nähe seiner Stammburg Weilburg (s. S. 104). Zwischen 1000 und 1100 kam Marienfels bereits zur Erzdiözese Trier.

1097 wurde von dem damaligen Patronatsherrn der Bau einer Kirche begonnen, die der Jungfrau Maria geweiht war. Der Taufstein stammt aus dem 12. Jahrhundert. Der Westturm der Kirche „Maria auf dem Felsen“ weist spätromanische Bauelemente auf, im Obergeschoss Blendfenster mit Rundbogenfriesen. Die Turmhaube wurde jedoch erst 1788 in der heutigen Form errichtet. Dagegen geht der dreiseitig geschlossene Chor auf den Anfang des 14. Jahrhunderts zurück. Das gotische Ostfenster weist schöne Maßwerke auf.

1733 erfolgte der Umbau des Langhauses in einen einheitlich flachgedeckten Saalbau mit Emporen. Die Brüstungsfelder im Chor sind mit Apostelbildern geschmückt, die im Langhaus beinhalten die Darstellung wichtiger Lebensstationen Jesu. Bis zur Einführung der Reformation 1532 war Marienfels ein bedeutender Wallfahrtsort.

Die gotisch-neugotische Kirche von Geisenheim

Der „Rheingauer Dom“, wie die katholische „Pfarrkirche zur Kreuzauffindung“ auch genannt wird, geht auf einen Gründungsbau aus der Zeit vor dem Jahr 1000 zurück. Das heutige Langhaus ist ein geradezu musterhaft einheitlicher dreischiffiger Hallenbau vom ausgehenden 15. Jahrhundert. Der Chor, der um 1510/11 entstand, wurde vom Mainzer Dombaumeister Queck entworfen.

Erst 1836 wurden die alten romanischen Westtürme abgebrochen. Das westliche Langhaus wurde damals um zwei Joche verlängert und durch eine wohlgelungene, der Gotik gut nachempfundene, zweitürmige Westfront ergänzt. Die Einwölbung des Langhauses und der Einbau von Emporen in den Seitenschiffen gelten als eine glückliche Einfügung in die gotische Stilauffassung durch den Baumeister Philipp Hoffmann. Das Geisenheimer Gotteshaus gewinnt somit die Gestaltungsqualität der spätgotischen, rheinischen Emporenkirchen wie in St. Goar und Kiedrich. Die harmonische Vereinigung gotischer und neugotischer Baustrukturen schließt jede Vermutung an einen Stilbruch aus.

Längsschiff und Orgelempore der Geisenheimer Kirche

Die Kirche von Marienfels im westlichen Hintertaunus

Die Kirche von Idstein-Oberauroff

Abseits der Autobahn in dem bewaldeten tief eingeschnittenen Tal des Auroffbaches erhebt sich auf felsiger Anhöhe die Liebfrauenkirche. Die evangelische Pfarrkirche ist zwar erst ab 1360 als Kirchengebäude „in Villa Urefo“ zu belegen, doch deutet vieles darauf hin, dass sie im Ursprung schon 200 Jahre früher errichtet worden war. Das niedrige Kirchenschiff ist im Kern romanisch. Der fünfseitige Chor, der das Schiff deutlich überragt, wirkt mit seinen Strebepfeilern, mit den schlanken Maßwerkfenstern und dem hohen steilen Schieferdach ungewöhnlich. Er ist aber typisch für die spätgotische Zeit im alten Land Nassau. Das niedrige Langhaus weist wie die schmalen kleinen Rundbogenfenster auf der Nordseite und die Rundbogentür auf der Südseite auf eine ältere Bauzeit hin. Das Schiff ist von einer Holztonne überwölbt, der Chor von einem Gratgewölbe. Am Chorbogen und bei den Fensterlaibungen ist ein Quaderwerk aufgemalt, das nach der Restaurierung 1955 – 1960 originalen Resten entspricht. Während die Sakramentsnische aus dem Ende des 15. Jahrhunderts stammt, ist die Kanzel ein Werk des 18. Jahrhunderts. Auch das Glockentürmchen mit der geschwungenen Haube gehört der Barockzeit an, ebenso die Orgel. Hinter dem Altar befindet sich ein Tafelgemälde (Predella eines alten Altarschreins) aus der Zeit um 1500 (Abendmahl). Das ehemalige Weihwasserbecken, eine alte Nürnberger Meisterarbeit, wurde zum Taufbecken umgeformt.

Kirche zum Heiligen Kreuz in Breithardt

Kirche von Breithardt

Die Kirche zum „Heiligen Kreuz“ in Breithardt wurde zwischen 1100 und 1200 errichtet. Sie ist damit eines der ältesten Gotteshäuser im weiten Umfeld des mittleren Aartals. Typisch für die spätgotische Zeit, wie etwa in Niederseelbach und Oberauroff, blieb das romanisch angelegte Langhaus als niedriger Baukörper bestehen. Daran wurde ein hoch aufgerichteter gotischer Chorbau angefügt.

Der älteste Teil der Kirche von Breithardt dürfte der wehrhafte Turm von 1228 sein. In seinem Untergeschoss weist er eine Mauerstärke von über 2 m auf. Auf den 32 m hohen Turm wurde später ein Helm aufgesetzt. Er stammt mit seinen sechseckigen Wichhäuschen, die als Brandwache und zur Beobachtung dienten, aus gotischer Zeit.

Die Breithardter Kirche war eine Zentralkirche für weitere acht Gemeinden. Sie steht in einem ehemals ovalen Friedhof mit einer hohen Mauer. Es handelt sich, wie unschwer am Turm zu erkennen ist, um eine Wehrkirche, die auf dem weitläufigen Friedhof Schutz für Mensch und Vieh bot. Der Kirchturm ist mit Schießscharten versehen und wirkt wie ein Bergfried. Das Kirchenschiff wurde zweimal nach Norden erweitert. Dabei beseitigte man die alte Tonnenwölbung und legte die Decke niedriger. Grund war die Anfang des 17. Jahrhunderts nachgewiesene stärkere Bevölkerungszunahme. Schon vorher (von 1450 – 1492) war der spätgotische Chorraum in einer das Hauptschiff deutlich überhöhenden Form errichtet worden. Er war von Adolf von Breithardt (1420 – 1491), einem einheimischen Bauernsohn, der bis zum Kanzler des Mainzer Erzbischofs emporgestiegen war, gestiftet worden.

Das Netzgewölbe des Chors ruht auf acht Fratzenkonsolen. Auch das Wandtabernakel und der Taufstein mit einem zierlichen Maßwerk (1519) erinnert an die spätgotische Formgebung. Die geometrischen Stuckornamente und das Symbol der Pinienzapfen als Lebensbaum (Fruchtbarkeit) gehen auf die Renaissancezeit zurück. 1962 – 1968 wurden alte Fresken aufgedeckt. Der Kirchturm wurde 2003 restauriert.

Innenansicht und Epitaph der Margretha Philippina Stein der Kirche in Breithardt

Blick vom Altar auf den Innenraum der Kirche von Breithardt

Wehrkirche in Dickschied

... in Oberkleen

... in Rod am Berg

... in Panrod

Wehrkirchen im Taunus

Bis heute sichtbares Erkennungszeichen der ehemaligen Wehrkirchen sind ihre starken gedrungenen Wehrtürme. Besonders eindrucksvolle Beispiele finden sich in Heidenrod-Dickschied im Quellgebiet der Wisper und in Oberkleen am Ostrand des Taunus. Im 12./13. Jahrhundert gab es in dem aus wenigen Höfen bestehenden Weiler ***Dickschied*** offenbar nur den Wehrturm. Er war im Grenzbereich der Katzenelnboger Herrschaft gegen marodierend umherziehendes Volk notwendig. Die Mauer um den Kirchhof war ursprünglich höher, das Niveau des Gräberfeldes lag niedriger. Das Kirchenschiff wurde später ausgebaut.

Die auf den Ecken des Wehrturms der Michaeliskirche in Langgöns-***Oberkleen*** separat gestellten Wichtürmchen (um 1580) weisen ihre Funktion als Beobachtungspunkte deutlich aus. Die beiden oberen Turmgeschosse waren Fluchträume mit Schießscharten. In den 34 m hohen Turm konnte man nur über Leitern durch die spitzbogigen Pforten einsteigen. Das Kirchenschiff wurde erst um die Mitte des 18. Jahrhunderts errichtet.

Das Beispiel von ***Rod am Berg*** zeigt die multifunktionale Nutzung der Wehrfriedhof-Anlagen. Das Dorf hatte im Mittelalter eine gewisse überörtliche Bedeutung als Gerichts- und Schulort. Das Kirchlein steht auf einer kleinen Anhöhe im eng gebauten Haufendorf. Im Schutz des alten Friedhofs befanden sich einst auch ein Rat- und ein Beinhaus. Bis um 1939 waren in der alten, mittlerweile verfallenen Mauer noch zwei Schießscharten vorhanden. Der Dachspeicher der Kirche diente in Notzeiten als Getreidelager. Die Zeugkammer im Turmbereich war gefüllt mit Spießen, Hellebarden und anderen Waffen.

Ebenso deutlich als Wehrkirche wirkt der gedrungene massive Chorturm der Kirche von ***Panrod***. Sie wurde erst 1321 weiter ausgebaut, als die unruhigen Fehdezeiten den „Festungsbau" geradezu erzwangen. Starke Mauern und verschieferte, hölzerne Pechnasen unter dem Zeltdach des massiven Chorturms erinnern an die Abwehrfunktion.

Ein geradezu demonstrativer Hinweis auf die Wehrhaftigkeit findet sich in der evangelischen Pfarrkirche von ***Langenhain*** im unteren Usatal, wo ein ehemaliges Kohortenkastell der Römer in seinen Resten gut gesichert ist. Die Lage der Kirche über einer gewaltigen Stütz- und Wehrmauer macht ihre fortifikatorische Bedeutung offensichtlich. Der Unterbau des Westturms deutet auf einen ehemaligen runden Bergfried hin. Der Oberbau ist im 14. Jahrhundert achteckig weitergeführt und mit einem Spitzhelm und vier giebelförmigen Wichhäuschen versehen worden.

Eine der urtümlichsten Wehrkirchen steht im mittleren Solmsbachtal, in ***Kröffelbach***. Ob es sich bei ihrem Standort um eine alte Kultstätte handelt, ist ungewiss. Die Nähe aber zu einer ehemaligen Burganlage der 1518 ausgestorbenen Patronatsherren, der Ritter von Schwobach, ist sicher. Die mehr an einen wuchtigen Wehrturm erinnernde Kirche besitzt meterdicke Mauern. Der alte Wehrfriedhof ist bis heute mit einer stabilen Umfassungsmauer eingefriedet und verfügt über ein zu verschließendes Kirchhoftor aus starken Hölzern.

Mauern um Friedhöfe hatten nicht nur eine zur Verteidigung gedachte Wehrfunktion. Kirchhöfe waren durch Hecken und Zäune oder eben durch Steinmauern eingefriedet. Der Totenfriede sollte nicht gestört werden, auch nicht durch die früher in den Dörfern z. T. frei herumlaufenden Haustiere. Der grüne Rasen der Friedhöfe war zu mähen (Deputat für Pfarrer oder Lehrer), jedoch nicht zum Viehauftrieb erlaubt.

... in Langenhain

... und Waldsolms-Kröffelbach mit Wehrfriedhof

Ev. Laurentiuskirche Usingen

Die Usinger ev. Laurentiuskirche ist ein weithin sichtbares Wahrzeichen des Usinger Landes. Scheinbar mit dem Urgrund des Grauwackenfelsens über dem Stockheimer Bachtal verwachsen, überragt der 1490 errichtete wuchtige Kirchturm Tal und Stadt. Am Standort des Gotteshauses auf dem Kirchberg sind die ältesten Siedlungsspuren Usingens zu suchen. Die Stadtkirche entstand auf dem Fundament eines kleineren, älteren Gotteshauses. Eine Ablassbewilligung des Papstes Sixtus von 1475 führte in einer Zeit großer wirtschaftlicher Blüte des Taunusstädtchens zu dem Bau einer spätgotischen Hallenkirche. Diese war damals von einem wehrhaften Turm mit einem gotischen Helmdach überragt (s. rechts unten). 1518 konnte man den Kirchenbau mit dem klar gefügten Chorraum als spätgotische Gesamtkirche abschließen.

Bei dem großen Stadtbrand von 1635 wurde jedoch das Kirchenschiff zusammen mit einem großen Teil der Altstadt eingeäschert. Auf den Mauerresten baute man unmittelbar nach dem Dreißigjährigen Krieg in der erstaunlich kurzen Zeit von 1651 bis 1653 das nunmehr mit einer Flachdecke versehene Längsschiff wieder auf. Dabei bediente man sich der Säulensteine aus der Kirchenruine des wüstgefallenen Markt- und Wallfahrtsortes Landstein im Weiltal. Sogar die Schieferbedeckung wurde – soweit noch vorhanden – sorgfältig von dem Rest des Landsteiner Kirchendaches abgenommen und auf der Usinger Stadtkirche neu eingedeckt.

Ruine der ehemaligen Wallfahrtskirche Landstein bei Altweilnau

Die Mutter des Fürsten Walrad, Anna Amalie, hatte den Hanauer Baumeister Rumpf mit der Wiedererrichtung der Usinger Kirche im Sinne der schnellen Repräsentation der Residenz beauftragt. Auf den hohen Turmstumpf setzte man 1658 ein achteckiges, starkes Holzgestühl, um eine Türmerwohnung einzurichten. Der Turmaufsatz mit der barock geschwungenen Haube wurde mit heimischem Blauschiefer beschlagen.

Kirchenschiff von Osten

In dem kleinen Marktweiler ***Landstein*** durfte eine Bruderschaft, die sogenannten „Roten Mönche“, Ablassgelder kassieren. Sie kamen zum Teil der Kirche „Unserer lieben Frau“ zugute. Das aus Schiefermauerwerk errichtete gotische Gotteshaus am Landstein maß in der Länge 46 m. Der Turmfuß ist 8 m breit und die Mauerstärke 1,50 m, was auf eine wehrhafte Bedeutung hinweist. Der Kirchenschatz wurde jedoch auf der Burg Altweilnau aufbewahrt. Wahrscheinlich ist das Wüstfallen des Landsteiner Weilers durch die 1527 von Graf Philipp von Nassau-Weilburg eingeführte Reformation ausgelöst worden. Der Ablass wurde verboten, die Kirche von den „Roten Mönchen“ verlassen, allmählich sogar geplündert und dem Verfall preisgegeben. Schon vor 1618 waren in dem ruinösen Gotteshaus die Glocken verschwunden. Die ehemalige stolze Wallfahrtskirche vom Landstein wurde fortan ein Wirtschaftsgebäude (Scheune und Stall für die Weilnauer Herrschaftspferde), bis sie schließlich ganz verfiel.

Die Usinger Kirche um 1590 (Ausschnitt aus einem zeitgenössischen Plan HHStAW)

Ev. Pfarrkirche St. Johannes Baptista in Kronberg

Johanneskirche in Kronberg

1330, das sind 100 Jahre nach dem Burgenbau, erhielt Kronberg Stadtrechte, schon fünf Jahre später wird eine Johanneskapelle erwähnt. Daran erinnert der heutige Chorraum mit seinen Rippengewölben und den Schlusssteinen mit Stifterwappen. Neben dem Chorraum steht ein kleiner Turm, der möglicherweise schon zur ersten Stadtbefestigung gehörte. Das Langhaus entstand 1437 als Stiftung der Kronberger Ritter, die zugleich Patronatsherren waren und den großen Turm mit dem Zinnenkranz und dem Zeltdach veranlassten. Die Maßwerkfenster im Obergeschoss des quadratischen Turms und im Chor erinnern an die Stilauffassung der spätgotischen Zeit.

Ritter Hartmut von Kronberg mit den damaligen Reifenbergern und Franz von Sickingen, seit 1522 enge Parteigänger Luthers, sorgten für die Einführung der Reformation 1526, die vor allem auch von dem Landgrafen von Hessen, Philipp dem Großmütigen, unterstützt wurde. Der Innenraum der Johanneskirche ist als einschiffige Halle mit einem hölzernen Tonnengewölbe überdeckt. Es wurde 1617 von Johann Friedrich Spangenberg ausgemalt. Dagegen stammen die Bilder an den Wänden des Langhauses (Apostel) und über dem Chorbogen (Jüngstes Gericht) erst von der Restauration 1897, die von der in Kronberg lebenden Kaiserin Friedrich veranlasst worden war. Damals wurde auch die Herrschaftsloge im Mittelgeschoss des kleinen Turms an der Südseite des Chores entsprechend eingerichtet.

Die enge Nachbarschaft zwischen der Johanneskirche und der „Streitkirche“ ist offensichtlich

Kronberger „Streitkirche“, Chorabschluss von außen

Das schmuckvolle Tonnengewölbe der Kronberger Johanneskirche

Zu dem kostbarsten Inventar der Kirche zählt der Marienaltar im Chor, der bei geschlossenem Flügel die Mutter Jesu als Schutzmantelmadonna darstellt. Diese Arbeit stammt aus dem 15. Jahrhundert. Neben dem Marienaltar ist auf die Grabplatte des Walter von Reiffenberg hinzuweisen, der 1517 starb. Es ist ein Spätwerk von Hans Backofen. Im Langhaus sind weitere fünf Steinepitaphien der Kronberger Ritter um 1500 zu sehen.

In unmittelbarer Nähe steht die sogenannte „Streitkirche“. Ihr Bau war mit Unterstützung des Erzbistums Mainz 1737 begonnen worden, musste aber 1768 nach Einspruch der evangelischen Gemeinde und nach dem Spruch des Reichskammergerichts eingestellt werden. Aus dem großen Saalbau mit dreiseitigem Chorschluss wurde 1891 ein geräumiges Wohnhaus mit Apotheke, heute auch z. T. Gakerie der Kronberger Malerkolonie (s. S. 212 f.).

Die Gertrudiskapelle

Die landschaftsbeherrschende Gertrudiskapelle oberhalb von Oberreifenberg geht auf die Heiligkreuzkapelle aus dem Jahr 1710/11 zurück. Diese wurde von dem Reifenberger Bürger Johann Georg Müller gestiftet, der durch einen Pilgergang nach Walldürn von einer linksseitigen Lähmung geheilt worden war. Im beginnenden 20. Jahrhundert war das Bergkirchlein dem Verfall preisgegeben. Erst seit seiner Renovierung 1933 trägt es den Namen der Mutter des damaligen Sponsors Dr. Heinrich Burckhard, eines Frankfurter Arztes. Er hat vielleicht auch in Erinnerung an die Selige Gertrudis (Tochter der hl. Elisabeth) die Kapelle seiner frommen Mutter widmen wollen. In Hufeisenform umfassen die Bildstöcke (14 Stationen des Leidensweges Christi) das Kapellchen. Sie geben ihm einen kunstvoll würdigen Rahmen.

Die Heiligkreuzkapelle ist die Ruhestätte des Reiffenberger Ritters Philipp Ludwig, der als letzter männlicher Erbe und Namensträger der Reiffenberger 1686 verstarb. Er wurde erst 1730 an einem sonnenhellen kalten Januartag hier beigesetzt. Er hatte sein unstetes und für seinen Dienstherren, den Mainzer Erzbischof, nicht in allen Punkten vorbildliches Leben in den Kasematten der Mainzer Festung Königstein schmählich beenden müssen. Der Trauerzug 1730 bewegte sich von Königstein herauf zum Roten Kreuz. Dort wurde der Leichnam dem Bassenheimer Herren, der seine Schwester geheiratet hatte, übergeben und von der zahlreich erschienenen Reifenberger Bevölkerung in Empfang genommen. Unter dem Ruf des Herolds „Reiffenberg, nimmer mehr Reiffenberg“ wurden Schild und Lanze zerbrochen und mit ins Grab gesenkt.

In dem Kupferblech der Türverkleidung sind die wichtigsten Lebensstationen des letzten Reiffenbergers dargestellt.

Einganspforte der Gertrudiskapelle

Die Kreuzkapelle bei Bad Camberg

„Droben stehet die Kapelle …" am Rand der waldreichen, nach Nordwesten auslaufenden Feldberg-Pferdskopf-Scholle. Das Emstal und der Goldene Grund werden von der weithin sichtbaren Kreuzkapelle überragt. Ihr Bau geht auf das ausgehende 17. Jahrhundert (1681/82), sicher auch beeinflusst durch die Gegenreformation, verbunden mit großer Volksfrömmigkeit (Wallfahrten), zurück. Ein Kreuzweg führt von Bad Camberg hinauf. Auf dem Kapellenberg sind noch sieben Stationen mit schönen Reliefs und den Wappen derer von Hohenfels erhalten. Der Zentralbau ist in regelmäßiger Kreuzform mit dreiseitigem Schluss angelegt. Unter dem Chor befindet sich eine Krypta. Neben den schlichten Altären gewinnt der Hochaltar mit einer Kreuzigungsgruppe eine besondere Bedeutung. Hinter dem Kapellenbau steht ein Küsterhaus mit Mansardendach, von wo aus die Betreuung der Wallfahrtskirche geregelt wird.

Die Wegekapelle von Obermörlen

Am östlichen Dorfausgang von Obermörlen steht dicht an der Straße nach Bad Nauheim ein achteckiger kleiner Zentralbau. Er ist mit einem einfachen Altärchen versehen und lädt zur Andacht ein. Durch den unmittelbar vorbeiführenden starken Verkehrsstrom ist die ehemalige Beschaulichkeit und kontemplative Stille gestört. Auch die Verkehrsschilder hätte man bestimmt weniger aufdringlich platzieren können. Das Kruzifix ruft u. a. eine Strophe aus dem Lied der Jugendbewegung wach: *„… Aber da draußen am Wegesrand, dort bei dem König der Dornen …"* Die Kapelle erinnert an eine besinnlichere Zeit.

Fachwerkkirche in Daisbach

Schon im 7./8. Jahrhundert scheint das untere Aartal bis in seine Mittelgebirgsstrecken, d. h. bis Kettenbach und Daisbach, vom Limburger Becken her besiedelt worden zu sein. 879 existierte ein Hubengericht der o. g. Dörfer bzw. Weiler. An dem von Panrod herunterführenden kleinen Bach befindet sich ortsbildprägend ein eng aneinander gebautes originelles Fachwerkensemble. Es hat eine ungewöhnliche baugeschichtliche Entwicklung hinter sich. 1540 wurde in Daisbach wie in der Umgebung die Reformation eingeführt.

Dennoch blieben über 150 Jahre eine ganze Reihe katholischer Familien bei ihrer römischen Tradition. Erst als Freiherr von Galen, Erzkämmerer des Hochstifts zu Münster in Westfalen, Ende des 17. Jahrhunderts die drei Orte käuflich erworben hatte und ein zwergstaatlicher Landesherr geworden war, ließ er ein geräumiges Fachwerkhaus für seinen katholischen Amtmann bauen. An Weihnachten 1690 konnte ein Franziskanerpater aus Limburg die erste Messe lesen.

Die Zahl der Katholiken in dem Dörfchen wuchs von Jahr zu Jahr an. Deshalb ließ er eine Kapelle an das Amtshaus anbauen, das ca. 100 Personen Platz bot. Das Amtshaus wurde ganz einbezogen in das Fachwerkanwesen, so dass Amtsstube, Amtmannswohnung, Schule und die Wohnung des Pfarrers eine bauliche Einheit wurden. 1739 wurde noch ein Chor mit einem kleinen Türmchen angefügt. 1777 erhielt Daisbach schließlich eine eigene Pfarrei und die Fronleichnamsprozession wurde wieder ermöglicht.

Der Fachwerkvorbau des Kirchleins in Dornholzhausen

Das Kirchlein in Langgöns-Dornholzhausen besteht aus drei Bauabschnitten. Der älteste Teil, das Kirchenschiff mit dem Glockenturm, geht bauhistorisch bis ins 13. Jahrhundert zurück. Um 1720 wurden bei einer notwendig gewordenen Erweiterung der Altarraum im Osten angebaut und die umlaufenden Emporen eingerichtet. Der dritte kleine Gebäudeteil besteht aus dem originellen Fachwerkvorbau, der ebenfalls um 1720 errichtet werden musste, um von außen eine Treppenführung anbringen zu können, damit die Männerbühne (Emporen) und der Kirchenspeicher erreicht werden konnten.

Fachwerkvorbau an der Kirche in Langgöns-Dornholzhausen

Die Weilburger Schlosskirche

Die Weilburger Hauptkirche ist Bestandteil des Schlosses und auf ungewöhnliche Weise mit dem Rathausbau architektonisch verbunden. Bei ihr liegt eine ganz ähnliche stilistische Grundauffassung vor wie bei der Kirche in Grävenwiesbach. Die Schlosskirche wurde nach mehreren Vorgängerbauten 1707 – 1711 in der Regierungszeit des Grafen Johann Ernst (1657 – 1719) errichtet, nachdem dieser die enge mittelalterliche Stadt nach den Ansprüchen eines Barockfürsten umgestaltet hatte.[1)] Dabei war ein weiträumiger Exerzier- und Marktplatz entstanden, der zur Schlossseite von dem massigen Rathausbau mit Kirche abgeschlossen wurde. Bei der Anlage des großen Neptunbrunnens und dem baulichen Verbund von Rathaus und Kirche hatte der bedeutende Hofbaumeister Julius Ludwig Rothweil seine Hand im Spiel.

1) Ernst, E., Das Weiltal, S. 203

Weilburger Schlosskirche mit Rathausturm an der oberen Schlossgartenterrasse

Hochaltar der ev. Schlosskirche Weilburg

Das Kirchengebäude erfüllte zwei Funktionen, es war Hof- und Stadtkirche zugleich. Im Parkett saßen die Stadtbürger und die Gemeindemitglieder der Filialdörfer. Die Herrschaften und der Adel hatten Zugang über die obere Orangerie und konnten vom Schloss direkt die erhöhten Logen ohne Berührung mit dem Volk erreichen.

Wie in Grävenwiesbach sind Altar, Kanzel und Orgel als wohlgestaffelte Einheit zu verstehen. Im Gegensatz zu dem schlichten Kirchengebäude in dem Kirchspielzentrum im Hintertaunus ist die Weilburger Kirche mit Stuckarbeiten, Holzschnitzereien und Gemälden ausgeschmückt. Die Gemälde sind zumeist Werke des bekannten Hofmalers Seekatz. Hauptblickfang sollte der Fürstenstuhl sein, gekrönt mit dem Wappen des Herrschers. Das Deckengemälde öffnet eine Sicht in das himmlische Reich Gottes mit der Taube im Strahlenkranz als Symbol des Heiligen Geistes. Die Symbolik ist gesellschaftliches Programm: Die mittlere Ebene ist dem irdischen Herrscher vorbehalten, der „von Gottes Gnaden" über der irdischen Welt unter ihm residiert, die Untertanen verantwortlich betreut und steuert.

Fürstenstuhl der Weilburger Schlosskirche

Die Rundkirche von Oberneißen

Die klassizistische Kirche von Oberneißen

Auf dem Enchesberg bei Oberneißen, wo früher Roteisenstein abgebaut wurde, entstand bereits im 9. Jahrhundert eine Kirche (881 erwähnt). Trotz wiederholten Umbaus und Sanierungen war das Kirchlein Ende des 18. Jahrhunderts baulich so heruntergekommen, dass es 1812 bis auf den Turm abgebrochen und neu gebaut werden musste. Die bis dahin kirchenorganisatorisch zusammengefassten Gemeinden Oberneißen, Lohrheim und Netzbach finanzierten die von dem Nassauischen Hofbaudirektor Johann Schrumpf geplante Rundkirche. In einer ähnlichen Form wie bei barocken Predigerkirchen entstand ein dem klassizistischen Zeitgeist gerecht werdendes Gotteshaus.

Trotz des konsequenten klassizistischen Stilempfindens wurde der romanische Westturm (1021) erhalten, mit einer Kuppel versehen und harmonisch in den Neubau einbezogen. Man nennt die beherrschend über dem Dorf und dem Aartal aufragende Kirche „Dom des Aartals".

In der Mitte der Kirche befindet sich der runde Altar mit einem Durchmesser von 1,75 m. Er gibt seinerseits die Anordnung der Bankreihen vor. 230 Personen kann das Erdgeschoss aufnehmen. Auf den weitläufig angeordneten Emporen finden weitere 350 Menschen Platz. Die Kanzel wurde an der Innenseite des Turms angebracht, in dem sich unten die Sakristei befindet. Nach Westen ist der Kirche außen ein Vorraum angebaut, der mit seinen vier mächtigen Säulen wie ein überdimensionierter Portikus wirkt und einen großartigen Blick über das Aartal freigibt.

Altarraum der Oberneißener Kirche

Kirchspielkirche in Grävenwiesbach

Sie ist die größte Gottesdienststätte im Wiesbachtal. Die große Dorfkirche wurde für die sieben Ortschaften des Kirchspiels 1737/38 errichtet. Der barocke Zentralbau erhebt sich wie ein profaner Palast über die Dächer des Hintertaunusdorfes, wäre da nicht der auf der Nordwestseite stehende Kirchturm. Friedrich Joachim Stengel, der Schlossbaumeister der Nassau-Usinger Fürsten, hatte die Pläne nach barocker Stilauffassung gefertigt. Dennoch wirkt das Gotteshaus innen wie außen nüchtern. Die schlichte Monumentalität des Zentralhallenbaus als Blickfang über dem Dorf bestimmt ganz das evangelisch-reformierte Liturgie- und Gottesdienstverständnis in der Predigerkirche. Die Innenarchitektur verzichtet auf ablenkendes Beiwerk. Dem verkündigten Wort kommt bei der damaligen Gestaltung eine größere Bedeutung zu als der Eucharistie. Die Kanzel steht wie in Weilburg über dem Altar.

Der „Predigtstuhl" ist für alle Besucher von den in Hufeisenform angeordneten Bänken zu sehen. Die angewölbte Decke (Kirche ohne Säulen) wurde an schweren Eichenbalken unter dem Dachstuhl aufgehängt, eine beachtenswerte Konstruktion. Der Kirchturm (36 m hoch) nimmt fünf Glocken auf, die weit in das Kirchspiel hinaus klingen.

Hauptportal der Südostseite

Darstellung der Kirche bis 1833 ...

... und nach dem Neubau westlich vom Turm

Kirche von Dachsenhausen

Die aus der klassizistischen Stilauffassung gestaltete Kirche von Dachsenhausen im Rhein-Lahn-Dreieck entstand 1835, seitens der Gemeindemitglieder durchaus ungewollt. Seit dem 13. Jahrhundert ist eine Kapelle, seit dem 14. Jahrhundert eine Kirche in Dachsenhausen nachgewiesen, die 1535 lutherisch wurde.[2] Von 1712 bis 1714 erweiterte man sie durch einen massigen Turm, da der ursprüngliche Turm offenbar das Schwingen der Glocken nicht mehr ausgehalten hatte. Die alte, nach Osten angebaute gotische Kirche war zu klein geworden und zeigte arge Verfallserscheinungen. Sie musste 1833 aus Sicherheitsgründen geschlossen werden. Die neue Kirche wurde westlich an den Turm angebaut, nicht ohne Widerstände der verarmten Dorfbevölkerung, die sich offen gegen den Pfarrer und die Gemeindeoberen wandte.

2) Klotz, P. M.: Chronik des Dorfes Dachsenhausen, Masch.-Schr., Kap. 12

Normalerweise sind Kirchen mit dem Altarraum nach Osten ausgerichtet. Die Dorfbewohner hingen am Althergebrachten. Der Landesbaumeister Wolff bevorzugte jedoch die griechisch-antiken Vorbilder, die gerade in Mode waren. Von 1806 bis 1835 waren im Herzogtum Nassau 14 klassizistische Kirchen mit Elementen heidnischer Tempel entstanden. Das alles und die hohen Kosten passten den Dorfbewohnern nicht. Außerdem stand der Turm nunmehr auf der „falschen" Seite. Wolff hatte das Kirchenschiff (19,70 x 17,30 m) mit dem nach Westen angedeuteten Säulenportikus an den alten Turm angebaut und zum Pfarrhaus ausgerichtet. Das tempelartige Gebäude kam auf den Sockel des dort vorhandenen „Rosberg-Felsens" zu stehen, so dass das Gotteshaus von der Seite und vom Westeingang nur über Treppen zu erreichen ist.

Kirchenschiff von Südwesten gesehen

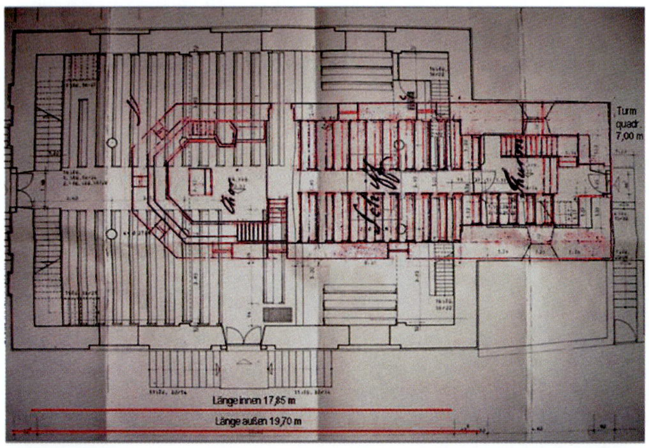

Vergleich der Größenverhältnisse alte (rote Zeichnung) und neue Kirche durch Projektionen der Bauzeichnungen. Natürlich stand das alte Kirchenschiff östlich, also auf dem Plan rechts vom Turm, der an alter Stelle erhalten geblieben war

Sehr aufschlussreich ist auch die Innenarchitektur. Die alte Orgel von 1718 war nicht mehr zu retten. Es musste ein neues Orgelinstrument gekauft werden. Wiederum kam es bei den Gemeindemitgliedern zu vielen Verzichten und viel Ärger, die eine öffentliche Unruhe bei der Einweihung am 18.10.1835 erwarten ließen. Erstaunlicherweise blieb sie jedoch aus. Der eher reformierten Theologiedogmatik entspricht, dass die Kanzel, auf der das gesprochene Wort die entscheidende Rolle spielt, über dem Altar steht. Über der Kanzel wiederum ist bis hinauf in den Deckenbereich die Orgel angebracht. Bei der Einweihung waren noch nicht alle Restarbeiten abgeschlossen und noch Mängel vorhanden, die erst 1836 behoben werden konnten. Nach den Kirchenrenovierungen von 1935 bis 1978 wurde auf die Farben aus der klassizistischen Zeit zurückgegriffen und die Emporenbrüstungen mit einem Muster versehen, das wahrscheinlich der ursprünglichen Bemalung aus der Erbauungszeit 1835 entspricht.

Orgel, Kanzel und Altar auf drei Ebenen direkt übereinander

Neugotische Johanneskirche von Eltville-Erbach

Die neugotische Kirche zu Erbach im Rheingau wurde von ihrer „Königlichen Hoheit Prinzessin Marianne der Niederlande“ gestiftet. Die Grundsteinlegung erfolgte im Mai 1863. Zwei Jahre später wurde die Kirche in der kleinen Diasporagemeinde eingeweiht. So schlicht das Innere der Kirche auch ausgebildet ist, so spektakulär ragt die Kirche mit ihren hellen Farben und mit ihren auf den Strebemauern aufgesetzten Fialen weit über die Dächer des Rheingaustädtchens hinaus. Baurat Eduard Zeiss aus Nassau hat die Fialen besonders durch die aufgesetzten Kreuzblumen betont.

Eine wesentliche Motivation zur Stiftung dieser Kirche ist begreifbar in der Gruft unter dem Altarraum mit dem Steinsarkophag des Prinzen Johannes Wilhelm von Rheinhartshausen. Der Junge starb am ersten Weihnachtstag 1861 im Alter von 12 Jahren. Ihm ist das Gotteshaus sozusagen gewidmet. Dieser Sohn stammte aus der Liebesbeziehung der Stifterin zu ihrem engsten Vertrauten Johannes von Rossum, nachdem ihre unglückliche Ehe mit dem untreuen Prinz Albrecht von Preußen gescheitert war. 1855 erwarb Prinzessin Marianne in Erbach das Schloss Reinhartshausen, wo sie mit ihrem Sohn und van Rossum ein paar glückliche Jahre verbrachte. J. H. Stöver schuf im klassizistischen Stil die großen Statuen: Glaube, Liebe, Hoffnung aus Carrara-Marmor. 1978 erhielt die bis dahin „namenlose“ Kirche die Bezeichnung „Evangelische Johanneskirche“.

Kirchenschiff der über 100 Jahre alten ev. Kirche Flörsheim

Evangelische Kirche in Flörsheim

Sie kam 1900/1901 durch Spendensammlungen und mit Hilfe des Gustav-Adolf-Werkes in der Diasporagemeinde zustande. Auf den starken Bevölkerungszuwachs und die schnelle gewerbliche Entwicklung in den Gründerjahren, verbunden mit entsprechenden soziologischen Umbrüchen, war sie eine Antwort im kirchlichen Bereich.

Flörsheim ist eine zentrale katholische Gemeinde im weiten Mainzer erzbischöflichen Raum. Ein paar kleine evangelische Dörfer gab es in unmittelbarer Nachbarschaft im alten Eppsteiner und im Hessen-Darmstädtischen Territorium des „Blauen Ländchens“. Hier war schon 1529/30 die Reformation eingeführt worden. In Flörsheim jedoch gab es 1850 nur 25 evangelische Christen, 1900 waren es bereits 304[3)]. Erst seit 1898 konnten regelmäßig sonntägliche Gottesdienste der Evangelischen in dem Modellhaus der ehemaligen Flörsheimer Fayencefabrik angeboten werden. Als erfahrenen Architekten hatte man Ludwig Hoffmann gewonnen, der viele Kirchen und profane Bauten wie z. B. das Empfangsgebäude des Gießener Bahnhofs in den Gründerjahren geschaffen hatte. Er bevorzugte damals den Baustil des Historismus.

3) 100 Jahre ev. Kirche Flörsheim, Festschrift zum 100. Geburtstag der ev. Kirche Flörsheim am Main, 2001, S. 11 ff.

In Flörsheim entstand eine asymmetrische Kirchenanlage mit einem Hauptschiff und einem verkürzten Seitenschiff, dessen Abschluss der 42 m hohe Turm bildete. Die Stilelemente lehnen sich überwiegend an die Gotik an. Es kommen aber auch romanische, barocke und expressionistische Formen vor. Rundsäulen mit vergoldeten korinthischen Kapitellen sind mit blauen, roten und ockerfarbenen Fassungen umgeben. Kennzeichnend sind die gemalte Chorwand mit Sandsteinbögen, die Langhausdecke aus einer Balkenkonstruktion und die Emporenbrüstungen samt den Bänken in einheitlich brauner Farbe, abgesetzt mit roten und blauen Bändern. Seit ihrem Bau um die Wende zum 20. Jahrhundert hat die evangelische Gemeinde, ausgehend von dieser Kirche, eine vielseitige segensreiche Arbeit entfaltet.

Johanneskirche und Hauptfenster im Chor „Christus und Reben“

St.-Michaels-Kirche Niederjosbach

Die Darstellung der 1928 im alten Ortskern von Niederjosbach errichteten St.-Michaels-Kirche wurde zu Unrecht im „Dehio" vergessen. Dabei ist die katholische Kirche ein Musterbeispiel für moderne Bautechnik und Gestaltung im sakralen Bereich.[4)] Mehrere Gründe führten zu der 1928 in der ersten großen Weltwirtschaftskrise gewagten Entscheidung zu einem Kirchenneubau. Die starke Bevölkerungszunahme im rhein-mainischen Kernraum war der Industrialisierung und den Impulsen im Städtebau seit den Gründerjahren zu verdanken und erfasste auch das günstig im Untermaingebiet liegende Niederjosbach. Das 1813 errichtete alte Fachwerkkirchlein erwies sich schon vor dem 1. Weltkrieg als zu klein und zeigte nach 1920 allzu große Bauschäden. Unter großen Opfern der Zivil- und der Kirchengemeinde kam der Neubau der Kirche in einer expressionistischen Formsprache zustande. Dabei bewährten sich maßgebend der wagemutige und unbeirrbare Kirchenrechner Peter Heinz wie der fortschrittliche neue Geistliche vor Ort, Wilhelm Hesse, der stets die Mitarbeit der Laien und die Pflege einer feierlichen Liturgie betonte.

4) Picard, B.: Ein Haus – voll Glorie, 75 Jahre St. Michael Niederjosbach, in: Zwischen Main und Taunus, Jahrbuch des Main-Taunus-Kreises 2004, S. 48 ff.

Bei dem unverputzten Kirchenbau griff man auf Bruchsteine aus dem heimischen Gebirge zurück. Backsteinbänder gliedern Wände und Ziegelmauerwerk und umrahmen die spitzbogigen Fenster. Dadurch wird dem Bau die Schwere genommen, auch durch das vorstehende Portal und das schmale Drillingsfenster, darüber das Christusmonogramm an der Westfassade des Turmes. Letzterer geht in einen quadratischen Aufbau (Glockenstuhl) und ein Oktogon mit spitzem Helm über.

Der Innenraum gliedert sich in vier Wandscheiben aus Spannbeton, die bei mittelalterlichen Kirchen statisch den Strebepfeilern außen entsprechen. Sie gehen vom Boden des Kirchenschiffes aus und überspannen es in spitzbogiger Wölbung, wobei die Decke mehrschalig von den Wandrippen angeschnitten wird. In dem leicht erhöhten Chorraum befindet sich eine eindrucksvolle Kreuzigungsgruppe vom ehemaligen Hochaltar. Eine baulich und liturgisch betonte Orgelempore an der Turminnenseite macht aufmerksam durch den in der Mitte dreieckig vorspringenden Erker. Dem entsprechen der niveauvolle Orgeldienst und die Chorarbeit (Alois und Thomas Ickstatt). Über alle konfessionelle Grenzen hinaus trägt der Singekreis seit dem 2. Weltkrieg in der Begegnung mit herausragenden alten und neuen Komponisten der Kirchenmusik sehr zur Verlebendigung des Gottesdienstes bei und stärkt so auch das innergemeindliche Miteinander. Die Architekten Christoph und Hans Rummel aus Frankfurt haben dem Schöpfergott, sich selbst und der Kirchengemeinde ein ortsbildprägendes Denkmal geschaffen.

St.-Michaels-Kirche in Niederjosbach

Kirchenschiff mit Blick auf die Orgelempore

Die im Jahre 1928 abgerissene Niederjosbacher Kapelle von 1813 war dem hl. Michael und der hl. Maria geweiht

Blick zum Altar im Chorraum

Kath. Kirche St. Martin in Idstein

Glashütten

Bei der evangelischen Kirche am südlichen Ortseingang von Glashütten, einer 1685 an der Fernhandelsstraße Frankfurt-Köln auf dem hohen Taunus planmäßig angelegten Glasbläsersiedlung, handelt es sich von der Größe her eher um eine Kapelle. Das Kirchlein liegt auf der Bergseite zum Wald hin. Es wurde 1953 – 1958 in moderner Architektur unterhalb des Glaskopfs in 550 NN errichtet. Allerdings ist es heute durch Neubauten dem Blick ziemlich entzogen. Der kompakte, aber doch zierlich gestaltete Baukörper, der im Querschnitt einer nach oben gewölbten Ellipse entspricht, wurde als einziger Sakralbau seines Wirkens von Prof. Breuhans de Grote nach dem Vorbild der Marienkapelle in Vence (Côte d'Azur) entworfen.[5] Großzügige Sponsorenhilfen machten die in Schalenbauweise und Sichtbeton errichtete zeltförmige „Hütte Gottes" möglich.

Glashütten hatte sich in den 1950/60er Jahren zu einem bevorzugten Wohnvorort von Frankfurt entwickelt. Die dadurch stark gestiegene Einwohnerzahl verursachte den Bedarf einer evangelischen Kapelle in einer ansonsten katholisch dominierten Gemeinde. Das mit Halbedelsteinen besetzte Altarkreuz entstand ebenso wie das Taufbecken in Münchner Kunstwerkstätten.

Das Kircheninnere bietet eine vorzügliche Meditationsatmosphäre. An der Außenschale ist innen die Ellipsenform des Gebäudes durch eine Glaslisene nachgezeichnet, die einzige von außen wirkende Lichtquelle.

Die evangelische Kapelle in Glashütten

5) Berg, I.: Die evangelische Kapelle in Glashütten, in: Jahrbuch Hochtaunuskreis 1998, S. 71 f.

Katholische St.-Martins-Kirche Idstein

In den Jahren 2003 – 2006 wurden in der St.-Martins-Kirche eine Reihe von Veränderungen vorgenommen, obwohl es sich um eine ganz neue und moderne Kirche aus den 1960er Jahren handelt. Der Altar kam in die Vierung, um Platz zu schaffen für die Musikgruppen. Der Taufstein wurde so verlegt, dass das Sakrament der Taufe im Gottesdienst würdig im Angesicht der Gemeinde gespendet werden kann. Die Orgel wurde zur Betonung des liturgischen Lebens im Gottesdienst erneuert. Das alles hat aber das Grundkonzept der modernen Architektur nicht angetastet.

Die Martinskirche war am 5. Juni 1965 feierlich konsekriert worden. Dem Frankfurter Architekten Prof. Johannes Krahn gelang es, eine Raumwirkung zu schaffen, die an eine altkirchliche Basilika erinnert und ganz klar auf den Altar abzielt. Damit steht die Ausstattung der Kirche in einer engen Beziehung zum 2. Vatikanischen Konzil (keine Kommunionsbank, Tabernakel nicht mehr auf dem Altar).

Der aus Naturstein gemauerte fensterlose Bau erhält sein Licht aus einer Fensterbank unter der Decke, also von oben. Die strenge Geschlossenheit wird nicht durch Abschweifungen künstlerischer Art gestört. Die wenigen Ausstattungsstücke sind von edler Einfachheit. Umso eindrucksvoller wirken die farbigen kleinen Glaskunstwerke des Kreuzgangs, die in die Wand des geschlossen wirkenden Innenbaues eingelassen sind.

Ob gewollt oder ungewollt, der einer aufgestellten Walze vergleichbare Glockenturm korrespondiert in der Stadtsilhouette mit dem ehemaligen Bergfried (Hexenturm) der alten Burg.

Das Kircheninnere der Martinskirche

Eine der Kreuzwegstationen

Gedenkkreuz an der „Hirschhöhe" oberhalb von Neu-Anspach

Bildstöcke und Wegekreuze

Das erst 2006 in guter ökumenischer Kooperation der beiden christlichen Konfessionen Neu-Anspachs errichtete Holzkreuz grüßt von der „Hirschhöhe" bei Rod am Berg über das Usinger Land. Es erinnert an die Formulierung aus einem Gedicht von Leo Sternberg: *„… und das Holzkreuz mitten im Feld spannt seine Arme von Welt zu Welt."*

Das „Rote Kreuz" unterhalb des Kleinen Feldbergs übt als flurbezeichnendes Denkmal die Funktion eines mahnenden Wegekreuzes aus. Das rotviolette Steinkreuz ist eine kunstvoll gearbeitete, geradezu vornehme Steinmetzarbeit. Es hat um 1980 ein rotes Holzkreuz mit „Corpus Christi" ersetzt. Nach mündlichen Überlieferungen erinnert es an den Kältetod zweier vor Zeiten im Schneesturm hier umgekommener Kinder.

Die beiden Beispiele zeigen, dass Feldkreuze und Bildstöcke zur Kulturlandschaft gehören. Es sind Kleindenkmale, die zeitbestimmend wichtigen Lebensinhalten der Menschen Ausdruck verleihen. Es können Erinnerungsmonumente an oft schicksalhafte Vorkommnisse sein, z. B. Unfälle oder gedächtnisstiftende Kunstwerke, die an bedeutende Persönlichkeiten erinnern. Die religiös begründeten Kleinbauobjekte wie Kapellen, Bildstöcke, Kruzifixe und Wallfahrtssymbole sind steinerne Zeugen des Glaubens. Wo sie nicht mehr vorhanden sind, blieben oft nur Flurnamen wie „Heiligenhaus", „Heiligenstock", „Kreuzweg" etc. erhalten.

Wenn man mit dem Auto durch die Lande fährt, nimmt man sie kaum war, weil man seine Aufmerksamkeit auf den Straßenverkehr zu richten hat. Jenen aber, die mit dem Fahrrad oder fußläufig unterwegs sind, treten sie oft überraschend entgegen, weil sie z. T. vom Gebüsch oder von Bäumen verdeckt werden. In Dörfern und Städten stehen sie oft bei Kirchen (Niederselters) oder auf belebten Plätzen wie die „Madonna auf dem Plan" in Hochheim.

Im Taunus häufen sich diese Kleindenkmale christlicher Prägung insbesondere in den Fluren betont katholischer Orte. Vor allem im Umkreis der Bischofsstadt Limburg oder in den Altmainzer Gemarkungen des Rheingaues begegnet man ihnen sehr oft. Dabei hat jede Stilepoche etwas andere Formen der Gestaltung und der Ausschmückung entwickelt. Allemal sind diese schützenswerten Kulturgüter und Elemente der Volksfrömmigkeit unserer Taunusbevölkerung sichtbarer Ausdruck von Opferbereitschaft, Danksagung, Orte des Innehaltens, der Andacht.

„Rotes Kreuz" unterhalb des Feldbergs

Andachtskreuz bei Usingen-Wernborn

Pestkreuz in Flörsheim

Kreuzwegstationen bei Bad Camberg

Bildstock bei Hasselbach

„Kinder vor einem Marterl". Gemälde des Jakob Fürchtegott Dielmann (1809 – 1885), Mitglied der „Kronberger Malerkolonie"

Barocker Bildstock zwischen Assmannshausen und Rüdesheim

Mariengrotte bei Niederselters

Bildstock „Madonna auf dem Plan" in Hochheim

Fremde Konfessionen und Kultusgemeinden

Abendländische Kultur wird heute arg durchlöchert, man kann sie sogar z. T. als achristlich oder gar als atheistisch bezeichnen. Jedenfalls ist sie auf dem Weg, multikulturell zu werden, wogegen nichts einzuwenden wäre, wenn die Werte Toleranz, Nächstenliebe und Verantwortung zu den in der Verfassung festgeschriebenen Vorstellungen von Menschenwürde nicht geschmälert werden.

Die Russische Kapelle auf dem Wiesbadener Neroberg

Die englische Kirche Bad Homburg

Der Landgraf Friedrich V. hatte sein unter Napoleon mediatisiertes Ländchen 1817 zwar wieder zurückerhalten, aber erst ein Glücksfall brachte Geld in die Staatskasse, so dass das heruntergekommene Schloss unter der Leitung des bedeutenden Architekten Georg Moller saniert werden konnte. Dieser Glücksfall trat 1818 mit der Heirat des späteren Landgrafen Friedrichs VI. ein. Der damalige Erbprinz schloss seine Ehe mit der Prinzessin Elisabeth, der Tochter Königs Georg III. von Großbritannien. Es war die Zeit, in der Homburg zu einem international bekannten Badeort wurde. Vor allem verbrachten englische Unternehmer und Mitglieder der Hochfinanz in Bad Homburg ihren Kuraufenthalt. Sie suchten Genesung (Bau des Kurhauses 1841 bis 1843) und besuchten die Spielbank, die seit 1841 durch die Gebrüder Louis und François Blanc betrieben wurde. Es bildete sich ein Komitee von deutschen Hotelbesitzern, die für die englische Gemeinde in Bad Homburg die Stiftung einer Kirche vorantrieben. Erst im Jahr 1859 fand sich Landgraf Ferdinand, der Sohn Elisabeths, bereit, ein Grundstück zum Bau der englischen Kirche zur Verfügung zu stellen. 1861 konnte für die britische Gemeinde ein Gotteshaus in der Form einer englischen Dorfkirche(„New gothic style") zu Ehren der Landgräfin Elisabeth errichtet werden.

Trotz der Schließung der Spielbank 1872 durch die Preußen, die 1866 die kleine Landgrafschaft annektiert hatten, blieben die Verbindungen zu den englischen Besuchern erhalten. Zwar reduzierte sich die englische Unternehmerschicht, dafür mehrte sich der englische Hochadel unter den Besuchern. Besonders der Prince of Wales pflegte hier seinen Badeaufenthalt einzurichten, zumal sich auch die Hohenzollern-Verwandtschaft gerne hier aufhielt (Kaiser-Wilhelms-Bad 1887 – 1889). Von Kaiserin Friedrich, die im Schloss Friedrichshof (Witwensitz in Kronberg) ihren Lebensabend verbrachte, kam die Anregung, der hochverdienten Landgräfin Elisabeth an der englischen Kirche ein Denkmal zu setzen. Mit der geschlossenen Altarnische weist die Büste der englischen Landgräfin zum Ferdinandplatz.

Der 1. Weltkrieg machte dem aristokratischen Besucherstrom ein Ende. 1916 musste die englische Kirche die Sammlungen des „städtischen historischen Museums" aufnehmen, das 1925 in einen Seitenflügel des Schlosses verlagert wurde und 1985 sein Domizil im Gotischen Haus fand. Seit den 1920er Jahren ist die englische Kirche in Bad Homburg ein Veranstaltungsgebäude für Vorträge, Konzerte-, Cabaret- und Varietévorführungen sowie Ausstellungen.

Russische Kapellen

In den Gründerjahren wurden viele deutsche Bäder von begüterten und reichen russischen Adligen gerne aufgesucht. Der kleine Zentralbau in byzantinischer Formsprache in Bad Homburg wurde 1896 in Anwesenheit des letzten Zarenpaares eingeweiht. In Bad Ems entstand die St. Alexandra-Kapelle 1874 – 76, ein Kreuzkuppelbau mit einem sehr schönen Gemälde der Auferstehung Christi.

Schon 20 Jahre vorher und aus ganz anderem Grund wurde 1847 – 1855 auf Veranlassung des nassauischen Herzogs Adolph in Wiesbaden auf dem Neroberg ein Mausoleum errichtet. Hierher ließ der nassauische Landesherr in feierlicher Prozession 1855 den Sarg seiner früh verstorbenen ersten Gattin mit ihrem toten Kind aus der Bonifatiuskirche überführen und beisetzen. Herzog Adolf hatte 1844 die 19-jährige Prinzessin Jelisaweta Michailowna, Tochter des Michail Romanow, des jüngsten Bruders des Zaren Alexander I. von Russland, geheiratet. Aber schon ein Jahr später waren seine junge Frau im Kindbett und das Kind gestorben. Die Grabeskirche auf dem Neroberg ist der hl. Elisabeth, der Mutter von Johannes dem Täufer, geweiht und zu Ehren der Namenspatronin der russischen Adligen aus dem Zarenhaus errichtet worden.

Das zierliche, aber doch monumental über der Landeshauptstadt stehende Kirchlein mit seinen vergoldeten Kuppeln auf Zwiebeltürmen und den daraufsitzenden feuervergoldeten orthodoxen Kreuzen, grüßt als landschaftsprägendes Baudenkmal von den Randbergen des Taunus herab. Auf dem in der Nähe liegenden russischen Friedhof sind vor allem russische Emigranten, die nach der Revolution 1917 nach Deutschland kamen, bestattet.

Russische Kapelle Bad Homburg

Orthodoxische Kapelle in Bad Ems

Englische Kirche Bad Homburg

Mahnmal der in Bad Homburg ermordeten Juden

Synagogen im Taunus

Auch im Taunus gab es, insbesondere seit der Befreiung der jüdischen Bevölkerung aus den Ghettos, vor allem in den Städten, aber auch in größeren Dörfern als sichtbare Zeichen ihres Glaubens Judenschulen und Synagogen. Allerdings nahm seit dem 19. Jahrhundert auch die Anti-Haltung gegen die jüdische Bevölkerung zu, nicht zuletzt begründet im Neid. Die Juden, die man seit dem Mittelalter wegen des Zinsnehmens ins Geldgeschäft gedrängt hatte (nicht ohne Verschulden der Kirche), wurden für alle Schandtaten, ansteckende Krankheiten und Missernten verantwortlich gemacht, zu Sündenböcken erklärt. Aus diesen Vorurteilen, die auch religiös begründet sind (Kreuzigung Jesu), entwickelte sich eine Abneigung, die auch zu Pogromen führte.

Da viele jüdische Familien in die Oberschicht aufgerückt waren und ihre Kinder studieren lassen konnten, sah man trotz deren großartigen Leistungen im Bereich der Medizin, Wissenschaft, Kunst etc. scheel auf ihre Erfolge. Viele Juden konvertierten zum Christentum, wurden reich und berühmt und arbeiteten erfolgreich mit an dem Aufstieg Deutschlands in den Gründerjahren. Die von Minderwertigkeitskomplexen getragene Missgunst sogenannter arischer Mitbürger wurde weiter angestachelt durch die NS-Faschisten, die sich ihre Weltanschauung zusammenreimten. Man sah nicht die vielen armen Juden der Unterschichten, die über lange Jahrhunderte keine Landwirtschaft und kein Gewerbe betreiben durften, die sich im Kleinhandel, in Gelegenheits- und Waldarbeit genauso durchs Leben schlagen mussten wie auch andere Bewohner im ländlichen Bereich.

Die Gewaltherrschaft Hitlers führte auch den Taunus an den moralischen Abgrund. Am 9. November 1938 begannen die Synagogen zu brennen (Reichspogromnacht). In Bad Homburg brannte die Synagoge erst am 10. November um 11.00 Uhr. Eine staatlich mobilisierte Brandstiftergruppe hatte sie angezündet. Wer retten wollte, wurde bedroht. Erst um 12.00 Uhr kam die Feuerwehr zum Schutz für die Nachbarhäuser. Homburg hatte eine vergleichsweise ansehnliche jüdische Gemeinde, 1933 noch ca. 300 Juden, 1939 noch 74 und Ende August 1942 wurden die wenigen noch Zurückgebliebenen nach Theresienstadt und nach dem Osten transportiert.[1)]

1) Angelika Rieber: Das Jahrhundert im Taunus, Verfolgung der Juden im Taunus, S. 142 und Grosche, H.: Geschichte der Juden in Bad Homburg v.d.H. 1866 – 1945, Frankfurt a.M. 1991

2) Kröffelbach 1300 bis 2000 – aus der Geschichte eines Dorfes im Solmser Land, S. 93 ff., s. auch: Arnsberg, P.: Die jüdischen Gemeinden in Hessen, Anfang – Untergang – Neubeginn, Frankfurt 1971

3) Michel, H.: Das neue Jahrhundert in Wehrheim, in 950 Jahre Wehrheim, 1046 bis 1996, S. 159

Die Synagoge in Bad Homburg steht in Flammen (10. November 1938)

vgl. auch: Kropat, W.-A.: Kristallnacht in Hessen, hrsg. von der Kommision für die Geschichte in Hessen in Verbindung mit dem Hess. Hauptstaatsarchiv in Wiesbaden, 1988, s. S. 60, 68, 142, 156, 274

In Königstein und Usingen hatte man Hitlerjungen zur Brandstiftung herangezogen und dafür begeistert, Fenster einzuwerfen und Juden zu verprügeln. Ohne Rücksicht auf Titel, Rang oder EK 1 vom 1. Weltkrieg waren Juden Freiwild. Sie wurden, ob prominent oder weniger bekannt, verhaftet und zur Vernichtung gebracht.

In Königstein brannte die 1906 geweihte Synagoge vollständig nieder. In Oberursel und Wehrheim blieben die Synagogen verschont, aber jüdische Friedhöfe wurden entweiht und Grabsteine zerschlagen.

Schon vor den Pogromen war die Eröffnung des Weltanschauungskrieges gegen den „inneren Feind“ durch 22 Verordnungen des Reiches begonnen worden wie z. B. Zwangsanmeldung des Vermögens, Registrierungszwang, judenfreie Kurorte, Straßenumbenennungen, kollektive Vornamen wie „Israel“ und „Sarah“, Demütigung, Terror, Vernichtung; das sind die Spuren in unserer Geschichte, die im Nazi-Deutschland – auch im Taunus – tief eingegraben wurden.

Synagoge in Königstein (1906 – 1938)

Juden in Landgemeinden und in Idstein

Nur wenige Beispiele genügen. Ein Einblick gewährt die Geschichte der Kröffelbacher Juden.[2)] Daraus geht hervor, dass im Jahr 1880 in Waldems-Kröffelbach 24 Juden gezählt worden sind. 1876 bauten sie ein Fachwerkhaus zur Synagoge um. Diese zählte 28 Plätze für Männer und 16 für Frauen. Die Volkszählung von 1939 wies nur noch 6 Juden aus. Die Synagoge wurde im November 1938 niedergebrannt. Die offizielle Akte tut so, als sei dies ein normaler Brandfall gewesen. Die damals noch hier lebenden Familien Frank und Abraham, kleine Viehhändler und zwergbäuerlich wirtschaftende Mitbewohner, die trotz Verkaufs ihrer Anwesen 1939 und der Abgeltung der „Reichsfluchtsteuer“ nicht mehr fliehen konnten, wurden Opfer des Naziterrors.

In Wehrheim kam es in den 1930er Jahren gegen die jüdischen Mitbürger, mit denen man bisher als Viehhändler, Metzger und Kaufleute gute Geschäfte zu machen pflegte, offenbar zu keinen Behinderungen. Sie hatten die Warnsignale rechtzeitig verstanden und waren vor 1938 emigriert.[3)]

In Anspach war Hermann Oppenheimer, 1878 geboren und voll in das Vereinsleben integriert, 1906 in die Bürgerliste aufgenommen worden. Mitte der 1920er Jahre verlegte der weitgereiste Kaufmann sein Geschäft nach Usingen. Er konnte nicht genug von seinem deutschen Vaterland schwärmen und immer wieder den Satz wiederholen: „Es gibt nur ein Deutschland“. 1934 zog er vorsichtshalber zu seiner Tochter Malli nach Frankfurt. Diese emigrierte, wie auch sein Sohn Herbert, schon bald nach Südafrika. Er zog sich nach Marseille zurück, von wo er aber 1943 nach Maidaneck (Lublin) verschleppt und umgebracht wurde.

Jüdischer Sammelfriedhof Niederhofheim, angelegt 1887

Der jüdische Sammelfriedhof in Bad Soden (Niederhofheimer Str. 6) diente von 1873 bis 1939 als Begräbnisstätte der jüdischen Gemeinden im Umkreis bis Höchst. Die Grabsteine wurden um 1990 wieder aufgerichtet. Mit Hilfe des Protokollbuches des Totenhofes wurden die schon stark verwitterten Inschriften entziffert.

Die belegbare Geschichte der Juden in Idstein beginnt 1682 mit zwei Glaubensgenossen. Die Jüdische Gemeinde war bis 1806 auf 47 angewachsen. Damals besaß Idstein etwa 1.080 Einwohner.[4)] 1927 zählte die Jüdische Gemeinde 112 Mitglieder, 1932 jedoch nur noch 75.
Im beginnenden 20. Jahrhundert hatten die Juden eine sozial unterschiedliche Stellung in der Stadtgesellschaft. Sie lebten im Allgemeinen ohne Herabsetzung, obwohl sie sich nur teilweise voll akzeptiert fühlten. Das änderte sich bereits in den ausgehenden Gründerjahren mit z. T. antijüdischen Verlautbarungen im Kaiserreich. Aber auch in Idstein stellten die Judenfamilien Kriegsteilnehmer, sogar Offiziere im 1. Weltkrieg, und verzeichneten auch Gefallene für Kaiser und Reich. In Felix Lahnstein, Vorsteher der Jüdischen Gemeinde, verfügte der Idsteiner Turnverein über ein herausragendes, aktives Mitglied. 1935 war bereits auf dem Alteburger Markt ein Transparent gegen jüdische Viehhändler aufgehängt worden, das jedoch ein beherzter Polizist entfernte. Schon viele jüdische Familien hatten die Zeichen der Zeit erkannt und rechtzeitig ihre Anwesen verkauft, um überwiegend in die Vereinigten Staaten auszuwandern. In der sogenannten „Reichspogromnacht" 1938 wurde die Synagoge in Idstein aus Sicherheitsgründen (sehr dichte Bebauung) nicht angezündet, wohl aber ausgeräumt und alle Geräte, Bücher und Kultgegenstände auf dem Marktplatz verbrannt. Die Häuser der wenigen verbliebenen Familien wurden geplündert, ihr Grundbesitz enteignet und sie selbst weitgehend Opfer des Naziterrors. Eine der Überlebenden, Frau Hes-Gruber, die selbst drei Töchter in den Vernichtungslagern verloren hatte, erinnerte sich auch der Hilfen, die einige Idsteiner während ihrer schlimmen Verfolgungszeit aufopfernd geleistet hatten.

Der jüdische Friedhof außerhalb der Stadt, an der Straße nach Esch, wurde damals z. T. verwüstet. Der erste jüdische Friedhof im Raum Idstein war 1680 von einem gewissen Hirtz, dem ersten Juden in Esch, auf einem Stück gekauften Ödlandes an der Straße nach Heftrich angelegt worden. Er diente auch den Idsteiner Juden als Begräbnisstätte. 1887 legten die Idsteiner Juden jedoch einen eigenen Friedhof an der Straße am östlichen Ausgang der Stadt an. 1938 wurde dieser jüdische Friedhof an der Straße nach Esch völlig verwüstet. Die Grabsteine gelangten in einen Idsteiner Steinmetzbetrieb zur anderweitigen Verwendung, was aber nur zum Teil geschah. So konnten die ruinösen Restbestände nach dem 2. Weltkrieg auf dem alten Friedhofsareal gelagert werden. Erst 2007 wurden sie auf dem mittlerweile gut gepflegten alten Grabfeld an der südlichen Friedhofsmauer aufgestellt; die original zugehörigen Grabstätten sind nicht mehr auszumachen.

4) Literatur: Buck, G.: Die jüdischen Idsteiner 1648 – 1806 und Idsteiner Zeitung vom 24.08.84, 15.09.84, 10.01.85, 30.10.88, 01.11.88

Idsteiner Judenfriedhof 2009

Deutsches Zentrum der Zeugen Jehovas bei Niederselters

Die Zeugen Jehovas in Niederselters/Bad Camberg

Auf einer Verebnungsfläche hoch über dem Emstal bei Niederselters liegt das Zentrum des deutschen Zweiges der Zeugen Jehovas. Es ist bekannt unter der offiziellen Bezeichnung „Wachtturm, Bibel und Tractatgesellschaft der Zeugen Jehovas e.V.“. In dem Zentrum bei Bad Camberg leben ca.1.050 Mitglieder dieser Religionsgemeinschaft. Sie haben sich eine ihrer Lehre angemessene, durchaus komfortable Wohnstätte geschaffen, in der man sich wohlfühlen kann.

Die hier lebenden Bewohner finden ihr Einkommen in den gemeinschaftseigenen Organisations- und Logistikabteilungen, den Druckereien, den Übersetzungsbüros und in den Werkstätten. Die ordensähnliche Gemeinschaft genießt im Bad Camberger Ortsteil Niederselters Anerkennung.

Zentrum der Koptischen Gemeinschaft – das St.-Antonius-Kloster in Kröffelbach mit „Antonius-Klause“

Die koptische Gemeinschaft in Kröffelbach (Antoniuskloster)

Die koptische Kirche ist stark gebunden an den ägyptischen Raum. Sie führt sich zurück auf den Apostel Markus, der das Volk der Pharaonen am Nil zum Christentum bekehrt hatte. So wie er im Jahre 68 n. Chr. als Märtyrer starb, gaben unzählige koptische Gläubige in der Verfolgung ihr Leben hin oder trugen ihr Kreuz. Am schlimmsten waren die Verfolgungen unter dem Kaiser Diokletian, unter der byzantinischen Herrschaft und unter dem Islam.

„Seine Heiligkeit“, der Patriarch von Alexandrien, wird als Oberhaupt der ägyptischen Kirche verehrt wie der Papst. Der 117. Nachfolger des Hl. Markus wird heute als Papst Shenouda III. anerkannt. In der orthodoxen Kirche von Ägypten, bei den Kopten also, sind Heilungen Gebetserhörungen. Ihre enge Bindung an die Evangelien verleiht ihnen Kraft zum friedlichen Widerstand in Zeiten der Verfolgung. Ihre soziale Bindung gilt vor allem den Familien, Freundeskreisen und der Fürsorge für Bedürftige.

In dem koptischen Kloster am Solmsbach fühlt man sich auf besondere Weise dem Urvater christlichen Mönchtums verpflichtet.
Mit seinem T-förmigen Kreuz findet er sich als Namensgeber vieler europäischer Klöster und Kirchen (s. auch Isenheimer Altar).

Halle der Koptisch-Orthodoxen Kirche in Kröffelbach

Der Mormonen-Tempel in Friedrichsdorf

Der Frankfurttempel der Mormonen in Friedrichsdorf

Es handelt sich um den ersten „Tempel der Kirche Jesu Christi der Heiligen der letzten Tage“ in der alten Bundesrepublik Deutschland. In Freiberg in Sachsen und in Bern stehen weitere Mormonentempel im deutschsprachigen Raum.

Der erste Spatenstich des Tempels erfolgte am 1. Juli 1985, im August 1987 konnte er bereits geweiht werden. Tempel und Gästehaus stehen . auf einer großen, architektonisch sehr schön gegliederten Anlage von 21.000 m². Der Tempel hat eine Breite von 28 m und ist 98 m lang. Er befindet sich auf dem Gelände einer nach dem 2. Weltkrieg stillgelegten Nudelfabrik.

Der Tempel in Friedrichsdorf hat eine europaweite Bedeutung. Das Buch „Mormon“ gilt seit 1830 als Offenbarungsbuch und enthält die zentrale Lehre der von Joseph Smith 1830 in Fayette im US-Bundesstaat New York gegründeten Kirche, die heute ihren Hauptsitz in Salt Lake City im US-Bundesstaat Utah hat. Weltweit verfügt die Glaubensgemeinschaft über 13 Mio. Mitglieder. Die in dem Buch „Mormon“ festgelegten Tempelverordnungen sollen stellvertretend auch für die Vorfahren pflichtgemäß erfüllt werden. Von daher ist das genealogisch so bedeutsame und technologisch durchgestaltete Archiv der Mormonen in Salt Lake City zu verstehen.

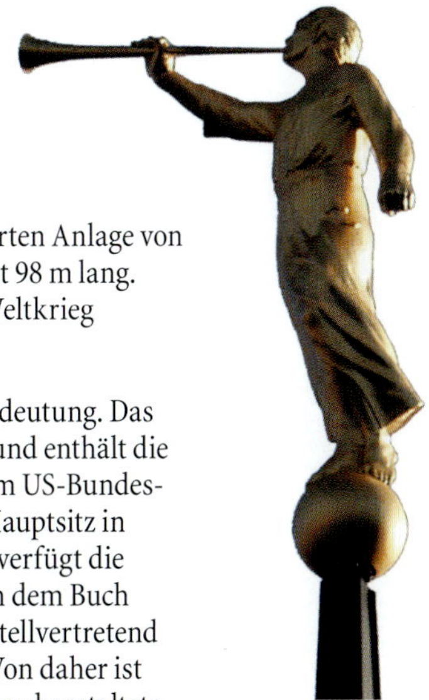
Statue des Engels Moroni auf der Turmspitze der Tempelanlage in Friedrichsdorf

Friedliches Nebeneinander der Religionen in Usingen – Moschee und ev. Laurentius-Kirche

Muslimische Gemeinde in Usingen

Wiederholt hat die Presse anerkennend berichtet von der islamischen Reformgemeinde, die am Neujahrsmorgen die Innenstadt Usingens von den Böllerresten der Silvesternacht säubert. Die Jugendorganisation demonstriert damit einen Wesenszug der auf friedliche Kommunikation und Toleranz aufgebauten islamischen Reformgemeinde. Diese geht auf den 1889 in Indien gegründeten Glaubensansatz von Hazrat Mirza Ghulam Hamad zurück. Sie wendet sich gegen alle Verkrustungen und Auswüchse des Fundamentalismus, wie er heute den Islam streckenweise in Misskredit bringt. Wenn das Motto des Gründers korangemäß „Liebe für Alle – Hass für Keinen“ gelebt wird und man Christen an ähnlichen Zentralaussagen messen kann, dann könnte sogar so etwas wie Geschwisterlichkeit zustande kommen, ohne rituelle Schranken einzureißen. Aus der Glaubensgemeinschaft sind bereits auf höchster politischer und wirtschaftlicher Ebene (Weltbank, UNO, Internationaler Gerichtshof, etc.) bedeutende Leute hervorgegangen. In Deutschland zählt die Reformgemeinde des Islam ca. 30.000 Mitglieder. Ein Brandanschlag vor einigen Jahren auf die Usinger Moschee ist auch als eine Zerstörungstat Lessing'scher Ideen zu werten, die Menschen anderen Glaubens anerkennt, ohne ihren Glauben selbst anzunehmen.

Europäische zentrale Andachtsstätte der Bahá'i-Gläubigen in Langenhain

Die Bahá'i-Religion

An Feiertagen dieser jungen Weltreligion kommen Gläubige aus vielen Teilen Europas zu ihrer zentralen Andachtsstätte bei Langenhain. In Verkündigungsveranstaltungen wird in mehreren Sprachen aus der Bibel, aus dem Koran und aus Schriften der eigenen Propheten in dem großen lichtdurchfluteten Kuppelraum vorgelesen. Zugrunde liegt der Bahá'i-Religion die Glaubensüberzeugung, dass in Zeiten großer gesellschaftlicher, politischer und wirtschaftlicher Umbrüche die menschliche Gesellschaft ethischer Impulse bedarf. Zu den für die Bahá'i-Vertreter wichtigsten Religionsstiftern zählen die Erzväter Abraham und Moses, aber auch Christus, Buddha, Krishna und Mohammed. Der Stifter der Baháu'llah (1817 – 1892) erkannte in dem Ursprungsland Persien in den genannten Religionsstiftern Gottgesandte. Der Bahá'i-Kult stimmt in den Kernaussagen mit den genannten Hochreligionen überein. Am Anfang wurde der Tempel als „Kernreaktor von Langenhain“ beschimpft. Mittlerweile hat sich die Stadtgemeinde, insbesondere die benachbarten Neubürger, auf ein gutes Auskommen mit den Bahá'i eingestellt, die ihrerseits einen aktuellen Beitrag für ein friedliches Miteinander nicht nur vor Ort, sondern unter allen Völkern verlangen. Die Zahl der Bahá'i-Zentren in der Welt liegt bei weit über 50.000.

Kirche, Kreativität und Bildung

Kunst, Lehren und Lernen

Lehren und Lernen sind die Grundlagen der Bildung. Kunst und Bildung stehen als anspruchsvolle Begriffe in einer eng verflochtenen Verbindung, sie bedingen einander. Kunst setzt Bildung voraus, und Bildung verlangt nach Kunst. In beiden Bereichen sind „Können“ und „Künden“ gleichrangig.

Das nebenstehende Gemälde von Anton Radl „Taunuslandschaft mit Kronberg“ von 1823 soll in das Thema einleiten. Der Künstler, der vom 18. in das 19. Jahrhundert hineinwirkte, gewährt einen Blick in eine zweifellos idealisierte Landschaft. Schließlich stellt er aber einen Ausschnitt des vorindustriellen Taunus dar.

Damals waren der Vordertaunus und die Main-Taunus-Ebene noch nicht mit den Lasten des heutigen Ballungsraumes beladen. Das erste Kapitel unter diesem Thema widmet sich der Baukunst im Taunus in den verschiedenen Stilepochen. Sakrale und profane Einzelbeispiele gewinnen eine exemplarische Funktion. Dabei wird die reichhaltige Volkskunst nicht ausgespart.

Besondere Aktivitäten im Bereich des Chorgesangs und des Musizierens, ob bei großen Festivals oder im dörflichen Verein, erfahren gebührende Aufmerksamkeit. Die Entdeckung des Taunus durch Maler war u. a. von Anton Radl vorbereitet worden. In der Kronberger Malerkolonie erreichte dieses Tun einen Höhepunkt. Was Dichter und Schriftsteller, was Sagen und Mythen vermitteln, kann hier nur einen begrenzten Raum finden. Allemal bezeugen sie eine enge Beziehung zur Bildung. Unterschiedliche Bildungseinrichtungen werden angesprochen, von der Förderschule bis zur Fachhochschule. Museen bewahren wichtige Kulturgüter und bewähren sich als außerschulische Lernorte.

Ausschnitt aus dem Gemälde von Anton Radl: „Taunuslandschaft mit Kronberg, 1923“

Baustile, Volkskunst

Kunst und Volkskunst sind zwei schwer voneinander zu trennende Bereiche. Sie gehen manchmal unmerklich ineinander über. Dies ereignet sich vor allem dann, wenn die Religion als inspirierende Kraft auftritt. Schon in den ältesten Kulturen gibt es wechselwirkende Verbindungen zwischen religiösem Glauben und ausdrucksstarken Zeugnissen von Kunst und Volkskunst. Kunst und Volkskunst beziehen sich, je weiter wir uns der Gegenwart nähern, vom Sakralen weg hin zur mehr profanen Themengestaltung.

Im religiösen Raum des Mittelalters und der beginnenden Neuzeit und von da an zunehmend im profanen Bereich sind die kreativen Impulse sowohl von Kirche als auch von Technik, Weltanschauung, Gefühlswelt und sozialen Bedingungen beeinflusst. Das gilt für Baukunst, Plastik, Malerei, Musik, etc., die an Beispielen der Romanik und der Gotik der Renaissance und des Barock bis in die Moderne im Taunus festzumachen sind.

Eingangsbereich des Grauen Hauses in Oestrich-Winkel

Romanische Profanbauten

Baureste aus der romanischen Zeit gibt es im sakralen Umfeld noch beachtlich viele. Dagegen bekommt man sie bei profanen Gebäuden im Taunus viel spärlicher zu Gesicht. Ein schönes Beispiel romanischer Stilmerkmale findet sich in Oestrich-Winkel. Das sogenannte „Graue Haus" war ursprünglich ein turmartiges Domizil der Herren von Winkel (genannt „Greiffenclau") aus der Mitte des 12. Jahrhunderts. Bei seiner Errichtung wurden Bauteile aus dem 9. bis 11. Jahrhundert, wahrscheinlich aus der Ingelheimer Kaiserpfalz, verwendet. Diese Spolien zeigen sich an der ehemaligen Schauseite (Südfront) des Gebäudes über dem Rundbogentor. Dort dominiert die dreifache Fenstergruppe, deren Bögen wechselnd aus Ziegeln und Sandsteinen gemauert sind. In der Ostwand des Gebäudes erinnert eine Doppelarkade mit Mittelsäulchen aus dem 11. Jahrhundert und ein Pilzkapitell aus dem 10. Jahrhundert an die romanische Bauepoche. Das steile Dach geht auf Veränderungen in der gotischen Zeit zurück.

Nach dem Ausbau der Burg Vollrads, die noch deutlich den Turmburgcharakter bewahrte (s. S. 107), war das Anwesen in Winkel nur noch Witwensitz. Im 17. Jahrhundert musste es eine Reihe von baulichen Veränderungen hinnehmen. Nach dem Brand von 1964 und mehrfacher Verpachtung als Restaurant steht das Baudenkmal besonderen Wertes heute leer.

Doppelarkade mit Mittelsäulchen an der Ostwand

Burgruine Kalsmunt

Die ehemalige Reichsburg mit dem quadratischen Bergfried (um 1160) geht auf Veranlassung Kaiser Friedrichs I. (Barbarossa) zurück. Sie diente zum Schutz der finanzpolitisch aufblühenden Münzstätte in Wetzlar. Die Gipfelburg zwischen Lahn und Wetz besaß neben dem 18 m hohen Bergfried ein Hauptgebäude, das ehemals aus drei Stockwerken bestand. Nur noch spärliche Mauerreste dieses ehemaligen Palas sind vorhanden. Was sehr deutlich an die romanische Bauzeit erinnert, sind die 3 m dicken Gussmauern mit einer für diese Epoche typischen Buckelquaderverblendung. Rings um den Turm standen die Burgmannenhäuser. Der Eingang in den Bergfried lag in 9 m Höhe auf der für Angreifer ungünstigen Lahnseite. Die Reichsburgmannen waren meist Ritter aus dem niederen Adel der Umgebung. Die Adligen von Linden, die auf Dauer die Burg bewohnten, nannten sich „von Kalsmunt". Seit dem 17. Jahrhundert geriet die Burg in Verfall.

Mittelschiff mit den korinthischen Kapitellen der Justinuskirche in Höchst

Romanische Justinuskirche in Höchst

Was die frühmittelalterliche Baukunst an Stilempfinden in Stein umzusetzen vermochte, kann man kaum schöner erblicken als in den Langhaus-Arkaden in der von 830 – 850 über dem Mainufer erbauten dreischiffigen romanischen Justinuskirche in Höchst. Die ehemalige Kreisstadt des Main-Taunus-Kreises wurde 1928 in Frankfurt eingemeindet. Kein Geringerer als der berühmte Mainzer Erzbischof Rhabanus Maurus (s. S. 158) weihte die Kirche ein. 1090 kam das damals überregional bedeutsame Gotteshaus an die Benediktiner von St. Alban in Mainz. 1441 übernahm der Krankenpflegerorden der Antoniter Kirche und Kloster bis zur Säkularisation 1803. Die Säulen mit den korinthischen Kapitellen und Kämpfern zählen zu den herausragenden künstlerischen Beispielen der Bauplastik aus der romanisch-karolingischen Epoche in Europa.

Burgruine Kalsmunt

Die Pietà in Wetzlar

Vesperbild im Wetzlarer Dom

In der Johanniskapelle des Wetzlarer Domes zwischen dem südlichen Seiteneingang und dem Querschiff befindet sich eines der bedeutendsten Kunstwerke des Gotteshauses. Es ist zugleich eines der größten seiner Art: eine Pietà. Die überlebensgroßen Figuren der Gottesmutter und ihres getöteten Sohnes erreichen sitzend (ohne den Sockel) 1,84 m Höhe unter einem kunstvoll gestalteten Maßwerkfenster der hochgotischen Zeit.

Die Darstellung wird datiert zwischen 1370 und 1380. Maria sitzt aufrecht auf einer Thronbank ohne Lehne, bekleidet mit einem blauen Gewand und eingehüllt in einen weißen Mantel, der mit reichen Borten verziert ist. Der leblose, ausgemergelte Körper Christi lehnt etwas aufgerichtet im Schoß der Mutter, fast in Totenstarre, was in dieser Form wohl den Gesetzen der Schwerkraft widerspricht. Aber es geht nicht um die Darstellung eines Realvorganges, sondern um die Zurschaustellung der durch Leid gezeichneten Personen: die trauernde Maria und der mit deutlich gezeichneten schweren Wunden geschlagene Sohn.

Das sogenannte Vesperbild wurde zur Stundenandacht in der Vesperzeit zwischen 17 und 19 Uhr besonders bedacht. Es geht um den letzten Abschied, die Beweinung der Mutter zur Abendzeit, d. h. zur Vesperzeit am Karfreitag. Der Begriff „Bild“ war früher umfassender und bezog sich nicht nur auf Erzeugnisse der Malerei, sondern auch der Skulpturen, die von „Bild“-Hauern geschaffen wurden. Die Gesamtkomposition ist ein Bild des Erbarmens der seligen Jungfrau Maria (Imago Pietatis Beatae Maria Virgines). Der Grund für derartige Darstellungen, die in verschiedenen Variationen gefasst sind, liegt in den vielen verheerenden Ereignissen des 14. Jahrhunderts (Hungersnöte, Pest, die ein Drittel der Menschen in Mitteleuropa hinwegraffte, Heuschreckenschwärme in Südostdeutschland). Außerdem drohte 1370 der Bankrott der ehemals reichen Reichsstadt Wetzlar. Das Andachtsbild, beeinflusst durch die Mystik, lenkt das Fühlen und Denken der Gläubigen auf die Passion Jesu, wobei durch das Mitleiden das eigene Leid erträglicher werden soll.

Gotische Kiedricher Kirche

Die den Heiligen Dionysius und Valentinus geweihte Kirche befand sich im Alt-Mainzer Besitz und war durch die erzbischöfliche Burg Scharfenstein schon seit dem 13. Jahrhundert gesichert. Es handelt sich um eine der reizvollsten, durch ihre stilistische Einheit beeindruckende und künstlerisch sehr hochwertige, spätgotische Kirche. Architektur und Einrichtung sind harmonisch aufeinander abgestimmt.

Die Kiedricher Kirche

Die Kirche wurde in mehreren Bauabschnitten erstellt. Von 1380 bis 1395 entstand ein vergleichsweise niedriges, dreischiffiges Hallenlanghaus mit zwei- und dreiteiligen Maßwerkfenstern und achteckigen kämpferlosen Pfeilern im Schiff. Das Kreuzrippengewölbe in den Seitenschiffen ist mit figürlichen und mit wappengeschmückten Schlusssteinen versehen. Bei dem reichgegliederten Westturm sind die Einflüsse aus der Frankfurter Schule von Madern Gerthener erkennbar. Nach der Mitte des 15. Jahrhunderts wurde ein breiterer und wesentlich höherer Chor errichtet.

Die Schenkung neuer Valentinsreliquien hat die Wallfahrtsbedeutung erheblich gesteigert und zu einer weiteren Verschönerung und Vergrößerung der Kirche geführt. Die Strebepfeiler an der südlichen Schauseite sind im oberen Teil mit Nischen und Baldachinen, mit Blenden, Wimpergen und Fialen besetzt und verfügen über einen großen Reichtum an sehr wertvollen Architekturelementen, die man im Rheingau in dieser Qualität kaum noch einmal antrifft. Herauszuheben ist das prächtige Sternengewölbe mit den sich überschneidenden Rippen auf Bündeldiensten. Auch die südliche Sakristei ist sehr aufwendig gestaltet mit Eckfialen und zierlichen Maßwerkborten. Dagegen hat die Nordsakristei nur ein einfacheres Sterngewölbe aufzuweisen. Ab 1480 wurde das Langhaus bis zur Höhe des Chores aufgestockt, d. h., das Mittelschiff wurde nach dem Abbruch der alten Gewölbe auf die doppelte Höhe gebracht. Über den Seitenschiffen entstanden Emporen, die mit denen von St. Goar zu vergleichen sind. Die Maßwerkfenster sind in einer spätgotischen, sehr guten Meißelarbeit durchgebildet. Leider ist der alte Lettner schon seit 1682 nicht mehr vorhanden.

Deckengewölbe der Kiedricher Kirche

Mittelschiff der gotischen Kirche in Kiedrich mit dem Lettner vor dem Chorraum, von wo die „Kiedricher Chorbuben“ ihre mittelalterlichen Gesänge darbringen

St. Martinsaltar in Lorch

Lorcher Kirche St. Martin

Der Martinsaltar von Lorch

Die breiten Lorcher Weinhänge, nördlichster rechtsrheinischer Besitz von Kurmainz, werden beherrscht von der Pfarrkirche, die über dem Dorf die Landschaft bestimmt. Im Mittelalter war Lorch reich geworden durch den Rheinhandel, denn hier wurden die Waren der rheinauf fahrenden Schiffe umgeladen auf kleine Boote, die das felsige Binger Loch durchfahren konnten, oder auf dem Kaufmannsweg über den Niederwald nach Rüdesheim verfrachtet wurden. Damals entstand in der für sechs umliegende Dörfer zuständigen Martinskirche ein den Chorraum beherrschender, 15,20 m hoher dreiflügeliger Schnitzaltar. 1483 ist das Jahr, in dem das feingliedrige Werk mit seinen zierlichen, überschwenglich reich gegliederten Bestandteilen geschaffen wurde. Stufenweise sind die Heiligenfiguren angeordnet. In der Mitte stehen Maria mit einer sehr reichen Gewandkleidung und der hl. Martin, dem der Altar und die Kirche gewidmet sind. 1949 wurde bei einer Restaurierung die noch in Resten vorhandene ehemalige Farbfassung gänzlich entfernt. Man geht wohl nicht zu weit, wenn man ihn nachgeordnet in die Reihe der fränkischen, der Kalkarer und der Schleswiger (Bordesholmer) Altäre stellt. Die beiden Seitenflügel wurden in der Barockzeit mit Gemälden versehen.

Ein spätgotisches Grabdenkmal in der Johanneskirche in Kronberg

Im Langhaus der Kronberger Johanneskirche befindet sich gegenüber des gotischen Taufsteins aus Buntsandstein das Grabdenkmal des adligen Paares Johann VI. von Kronberg und seiner zweiten Ehefrau Katharina von Reifenberg. Beide stehen unterhalb ihres großen Allianzwappens und der stolzen Helme. Der Ritter starb 1488. Die Johann VI. repräsentierende Figur stützt sich auf das Schwert und steht auf dem Löwen als Zeichen der Stärke. Die Reifenbergerin steht auf einem Hund als Symbol der Treue. So glatt auch die Rüstung und so zerknittert der Umhang der adligen Dame sind, der spätgotische Meister arbeitete die Gesichter unter Helm und Haube sehr sorgsam heraus. Dabei lässt er etwas von ihrem Empfinden verspüren, z. B. in der feinen Gebetshaltung der Gattin und in der achtsam zurückhaltenden Geste des Ritters, der mit seinem Ringfinger den Mantel seiner Frau zaghaft berührt.

Grabplatte mit Taufstein

Werke der Renaissance

Das von der Mitte des 14. bis Mitte des 16. Jahrhunderts in Italien eine absolute Hochform erreichende Zeitalter der Renaissance wurde erst nach 1500 in anderen Ländern geschmacks- und stilbestimmend. Die Orientierung an der Antike führte nicht nur zur Wiederentdeckung philosophischer Themen, die aus der kirchlichen Enge herausführten, sondern erfasste das ganze Lebensgefühl der Menschen. Die Renaissance drängte zu einer größeren Naturnähe und Naturerforschung und zu einer frei entscheidenden Persönlichkeit, was einhergeht mit dem Humanismus.

Das hatte seine Auswirkungen im Bereich der Musik, Malerei, Bildhauerei und auf die Bauformen. Die gotischen Stilelemente treten immer mehr zurück. Am Beispiel des Türeingangs des Sohlern'schen Hofes, der 1690 – 1692 für Anton von Sohlern, den Kanzler des Kurfürsten von Trier in Nastätten entstand, sei dies verdeutlicht.

Die Portaleinfassung besteht aus Marmorsäulen, und kein gotischer Spitzbogen grenzt den Türgiebel nach oben ab, sondern ein aufgesprengtes Kreissegment. Die Mitte über dem Eingang bildet darin das Allianzwappen des selbstbewussten Erbauers.

Eingang des Sohlern'schen Hofes in Nastätten

Der Walderdorffer Hof

Der Walderdorffer Hof (Fahrgasse 5) in Limburg ist ein Beispiel für Renaissanceobjekte. Es ist ein kunstvoller Wirtschaftshof, der 1359 von den Reichsgrafen von Walderdorff erbaut wurde, eine viereckige Anlage, die aber von dem Mainzer Baumeister Giovanni Angelo Barella 1665 im Renaissancestil erneuert wurde. Der Binnenhof wird von offenen Arkaden, die Südseite des Hofes von einem Wohnbau umschlossen. Auf der Nordseite befindet sich der ehemalige Wirtschaftshof. Die Erker an der Straßenfront sind mit reichen Schnitzfüllungen, Wappen, Bauinschriften versehen.

Innenteil des Walderdorffer Hofes

Hilchenbau in Lorch am Rhein

Der Hilchenbau in Lorch

Ein anderes wichtiges Renaissancegebäude, zzt. stark reparaturbedürftig, steht in Lorch am Rhein. Es ist das 1546 erbaute Hilchenhaus, der schönste Renaissancebau des Mittelrheins. Es handelt sich um ein Wohnhaus des Feldmarschalls Johann Hilchen aus Lorch (1484 – 1548). Seine Schaufront zum Rhein hin ist als hohe Giebelwand gestaltet und erst 1573 vollendet worden. Sie wird bestimmt durch einen schlanken, auf zwei Rundsäulen ruhenden Erker, mit einem wappengeschmückten Balkon.

Die Ofenplatte von Emmershausen

Die Ofenplatte von 1607 wurde in der Emmershäuser Hütte im mittleren Weiltal gegossen. Sie ist Ausdruck ihrer Zeit, der noch nicht ganz zu Ende gekommenen Gotik im Übergang zur Renaissance. Der Schmelzbetrieb des „Schmittmeisters“ Heinrich Sorg (1552 – 1621) hatte sehr kunstvoll das biblische Motiv des heimkehrenden „verlorenen Sohnes“ (Lukas 15,11 – 32) modelliert.[1)] Man sieht außer dem gnädigen Empfang durch den Vater die in Renaissancemode gut gekleideten „Hofbediensteten“ des Alten, im Hintergrund rechts auch den fleißig arbeitenden Bruder, oben rechts die Erinnerung an die schlimmen Tage des damals verkommenen Sohnes am Trog der Schweine und links im Hintergrund die Stadt, in der er sein Erbteil verjubelt hatte. Oben und unten ist in Versalletten eine Kurzfassung der Erzählung Jesu aus dem Neuen Testament abgefasst. Die Ofenplatte befindet sich heute als ein besonderes Schmuckstück im Volkskundemuseum in Basel.

Die Ofenplatte der Emmershäuser Hütte von 1607

1) Ernst, E.: Das Weiltal, S. 130

Barocke Kunst in Schönau

Barock in der Klosterkirche Schönau

Das 1132 dem hl. Florin geweihte Kloster (s. S. 162), erlebte seine größte Blütezeit im 18. Jahrhundert. Damals erhielt es die bis heute gültige Gestalt und Ausstattung. Nach dem Dreißigjährigen Krieg war es ausgeplündert und wie viele Dörfer rundum niedergebrannt worden. Lediglich die Außenmauern der Kirche mit den hohen Rundbogenfenstern und der Chor waren erhalten geblieben. Nach ihrer notdürftigen Wiederherstellung waren die Klosterkirche und eine Reihe von Klosterbauten 1723 durch eine Feuersbrunst erneut vernichtet worden. 1724 – 1732 kam es jedoch zu einem sehr raschen und nachhaltigen Wiederaufbau. 1780 – 1786 wurde sogar das Langhaus erhöht und erhielt eine zusätzliche Fensterregion.

Die Ausstattung zählt zu der bedeutendsten barocken Kunst im Taunusgebiet. Dies betrifft nicht nur den Hochaltar mit seiner kraftvollen Säulenarchitektur (1725 – 1730). Über dem Triumphbogen verherrlicht ein großes Stuckrelief den Kirchenpatron, der von Engeln und Putten umgeben ist. Sie raffen einen Vorhang, um dem Beschauer die himmlische Apotheose des hl. Florin inmitten von Wolken und Engeln darzubieten.

Der Stuckateur wird als „Meister von Oberursel" bezeichnet. Er schuf auch die reizvollen Ornamente an den Decken und Wänden. Heute dient das Kloster mit der Pfarrkirche und dem Pfarrhaus als Gemeindezentrum in einem weiten Diasporabereich. Auch Jugend- und Musikgruppen und neue Formen der Gemeindearbeit finden in den reichlich vorhandenen Räumen statt.

Die Schmuckvasen von Weilburg

Barockgeländer am Weilburger Schloss

Die 1703 bis 1705 in einem offenen Halbrund zum Schlossgarten errichtete Orangerie diente als Verbindungsstück vom Weilburger Renaissance-/Barock-Schloss hin zur Schlosskirche. Davor entstand 1706 – 1710 ein Lustgarten, der durch eine hohe Mauer am Steilabfall zur Lahn gesichert wurde. Die Mauerkrone wurde nun selbst ein Stück Barockornament, indem sie mit einem gusseisernen Geländer und einer ganzen Reihe in Audenschmiede bei Weilmünster gegossener, schmucker Vasen verziert wurde.

Die Barockkirche von Naurod

Die Errichtung der Kirche in Naurod, das seit 1972 zu Wiesbaden zählt, fällt in die Barockzeit. 1727 wurde sie mitten im Dorf als achteckiger Zentralbau errichtet. Der an dieser Stelle morastige Boden musste mit vielen Baumstämmen fundamentiert werden, um die Außenmauern überhaupt errichten zu können. 1730 erfolgte bereits die Einweihung.

Die Außengliederung des Kirchleins ist durch toskanische Pilaster neben den Fenstern harmonisch gestaltet. Mit seinem hohen Kuppeldach erscheint es jedoch auf den ersten Blick wie ein Rundbau. Die Kuppel ist im unteren Bereich mit Gauben versehen, die genau über den Hauptfenstern der Außenwände liegen. Damit entsteht insgesamt eine lebendigere Gliederung des Daches, das in einer schlanken „Zwiebellaterne" endet.

Das Kircheninnere wird durch die rundum geführten Emporen gegliedert. Ihre Stützen reichen bis zur Decke. Das Gotteshaus bietet Platz für 350 Besucher. Altar, Kanzel und Orgel wurden 1739 eingebaut und bilden eine typisch reformatorische Einheit, wie sie etwa in der Schlosskirche von Weilburg in monumentaler Form zu sehen ist. Typisch für diese Art der Innenausstattung ist die reformatorische Auffassung von der Kirche als Predigt-Raum. 1964 wurde die ornamentale Bemalung der Emporenbrüstungen mit Sinnsprüchen in den Brüstungsfeldern wieder freigelegt, so dass auch das Kircheninnere heute in unverfälschtem Barock erscheint.

Kirche in Naurod

Barocker Bilderreichtum in der Unionskirche von Idstein

Die Unionskirche hat eine gesellschaftshistorisch wie kunstgeschichtlich ebenbürtige Bedeutung mit Burg und Schloss in Idstein. Dabei spielen die früheren Auseinandersetzungen zwischen den Reformierten und den Lutheranern innerhalb des Protestantismus eine wichtige Rolle. Unter dem Landgrafen Philipp von Hessen war die Reformation in Idstein 1527 eingeführt worden. 1605 kam es aber unter den Nassauern zu einer Vorherrschaft der Reformierten. 1626 wurde Idstein jedoch unter Georg von Hessen-Darmstadt wieder lutherisch. Ab 1680 sammelte der vom Niederrhein vertriebene Prediger Johann Bernhard Delp die Reformierten im Umkreis von Idstein erneut und sorgte für Unruhe zwischen den beiden protestantischen Richtungen. Der Streit der beiden protestantischen Konfessionen wurde 1817 in der Idsteiner Union gütlich beigelegt. Dabei spielten auch starke pietistische Bestrebungen von Pfarrern, die bei August Hermann Franke in Halle studiert hatten, eine versöhnliche Rolle.

Unter Graf Johann von Nassau-Idstein (1667 – 1677) wurde die von 1335 – 1350 erbaute dreischiffige gotische Martinskirche zu einer Predigt- und Hofkirche erneuert. Das gotische Netzgewölbe musste einer flacheren, leicht gebogenen Decke weichen. Nach dem langen Krieg bis 1648, und in der Phase einer wirtschaftlichen Erholung, wurde das Gotteshaus um 1775 im Inneren mit zahlreichen Bildern aus der Rubensschule ausgeschmückt, wobei vor allem Szenen aus den Evangelien dargestellt wurden. Die in sieben Reihen an den Seitenwänden und an der Decke angebrachten 38 großformatigen Ölbilder von J. v. Sandrat und M. A. Immenraedt werden ergänzt durch eine Fülle von Sinnsprüchen. Somit erscheint die Unionskirche in einem Farbenrausch barocken Bilderreichtums.

Künstlerisch beachtenswert sind auch die Standeslogen, der Orgelprospekt, der Taufstein, die Kanzel und der Altaraufbau mit den gedrehten Marmorsäulen und dem „Auge Gottes" in einem roten Strahlenkranz. Das wertvolle Abendmahlsbild stammt von einem unbekannten Meister. Auch die Gruft unter dem Chorraum und die Sakristei mit ihrem gotischen Sternengewölbe sowie die Grabmäler heben die St. Martins-Kirche über viele Gotteshäuser im weiten Umkreis heraus. Zum 300-jährigen Jubiläum der Reformation war sie ein wohlgeeigneter Ort im Herzogtum Nassau, um eine Union zwischen dem lutherischen und reformierten Bekenntnis herzustellen. In diesem Reformgeschehen müssen auch die neuen Schulgesetze, die in Idstein erlassen wurden, erwähnt werden, die endlich feste Lehrpläne, Simultanunterricht und eine verlässliche Besoldung der Lehrer gesetzlich regelten.

Die Unionskirche ...

... und ihr herrlicher Innenausbau

Empore unter der Orgel mit Schrifttafeln

Fränkischer Ziererker am Schultheißenhaus Habel in Wallrabenstein (erbaut um 1680)

Eck-Erker des Hauses „Alter drei Ritter“ in Kronberg

Barocke Volkskunst im Fachwerkbau

Im Taunus ist seit alters her die Fachwerkbauweise heimisch. Sie findet sich in zwei- oder dreizonigen Wohnhäusern, ob in Ständer- oder Stockwerkbauweise errichtet, aber auch in Scheunen, Ställen und sogar in Schuppen. Dabei drückt sich die Wertigkeit der Gebäude, aber auch der Besitzstand der Erbauer in der Reichhaltigkeit des Fachwerks aus. Auch der Aufwand bei dem konstruktiven Verbrauch und Einsatz an Bauholz zeigt, welche Bedeutung man dem Gebäude beimisst.[1)]

Vor allem aber sind es die Verzierungen, die eine fast unbegrenzte Gestaltung ermöglichen und dem Einfallsreichtum der bäuerlichen oder städtischen Handwerker ein weites Feld schöpferischen Werkens eröffnen. Dabei sind in den einzelnen Landschaften beliebte Grundformen schwerpunktmäßig vertreten. So kommen im Taunus kaum Fächerrosetten oder Halbrosetten wie im niederdeutschen Raum vor. Im Taunus, wie überhaupt im südwestdeutschen Bereich, ist der sogenannte fränkische Erker beliebt, aber auch die plastisch etwas hervortretenden Stubenfenstergruppen. In der Barockzeit leisteten sich wohlhabende Bürger und Bauern auch an Ecken oder in der Giebelmitte demonstrativ hervortretende Erker. So schmückt z. B. der Eck-Erker an dem Haus „Alte drei Ritter“ in Kronberg den Einmündungsbereich an der Doppesstraße (Dubhus = Taubenhaus) in die Friedrich-Ebert-Straße. Das dreizonige Fachwerkhaus aus dem 16. Jahrhundert war zeitweise Rathaus. Der Erker auf den figürlichen Holzkonsolen wurde nach einem Dachbrand später erneuert.

Vor allem aber werden die Fachfüllungen ornamental mit dem einfachen oder dem geschweiften Andreaskreuz, mit der einfachen oder durchkreuzten Raute oder dem „Feuerbock“, der spiegelbildlichen Überschneidung zweier gebogener Streben, bevorzugt. Die Verwendung der einfacheren oder auch komplizierteren „Mannfigur“, d. h. die Zusammenfügung von Kopfbändern, Fußstreben, etc. spielt hier nicht nur eine große konstruktive Rolle; sie verrät auch etwas von der Entstehungszeit der Gebäude. Ebenso sind die Winkelhölzer mit Verzierungen wie Sonnen, Wirtel, Herzen, Sechsstern, Tulpen, etc. im Bereich der Fachwerkverzierung wichtig. Die Eckpfosten können mit Schreckmasken oder Blumen versehen sein. Wichtig sind auch die farbigen Aufmalungen, wobei überwiegend Motive aus der bäuerlichen Welt benutzt wurden.[2)]

Doppelstöckig erkerartiger Vorbau über dem Kellereingang am Ohly'schen Haus in Langgöns-Niederkleen von 1620

Zweistöckiger Holzerker an der Außenseite des ehemaligen Amtshofes in Bad Camberg mit schönen Schnitzereien um 1660/70

1) Walbe, H.: Das hessisch-fränkische Fachwerk, 2. Aufl., Gießen 1954

2) Stiewe, H.: Fachwerkhäuser in Deutschland, Darmstadt, 2007, S. 85 ff.

Brandoberndorf (Waldsolms) Haus Unterseite 12-14

Fachwerkschmuck und Hausinschrift in Weilmünster, Haus Hauptstraße 12, aus dem Jahr 1610: „Ein jeder kehr vor seiner Tür, so werden die Straßen alle rein."

Eine ebenso wichtige Bedeutung kommt den Hausinschriften zu. Sie benennen nicht nur die stolzen Erbauer, sie bekennen sich vor allem zu persönlich als wichtig empfundenen Segens- und Sinnsprüchen. So ist an dem gezeigten Ohly'schen Haus in Niederkleen (s. S. 196) die beschwörende Inschrift zu lesen: „ER HÖR MICH HER O EINIGER EWIGER GOT – BEWAHR DIES HAVS FUR FEVERSNOT".

Der winkelförmige Fachwerkbau in Brandoberndorf „Unterseite 12 – 14" verfügt über eine Fülle von Inschriften. Über dem Tor des 1692 nachträglich aufgebauten südlichen Gebäudeteils stehen die Namen der Erbauerinnen Anna Katharina und Anna Elisabeth. An dem 1686 entstandenen, später durch einen Kniestock erhöhten Haupthaus steht auf einem durchgehenden mit Zahnschnitt verzierten Rähmbalken die Inschrift: *„Alles was ich hab, das hab ich von Gott der mir im sauren Schweiß gegeben hat das täglich Brot. Ich eile und säume mich nicht, zu halten Deine Gebote. Der Gottlosen Rotte beraubet mich; aber ich vergesse deines Gesedzes nicht. Psalm 119, Vers 60 und 61".*

In den reich geschnitzten Brüstungsfeldern aus Bohlen ist zu lesen (in heutiger Sprach- und Schreibweise): - *Anno 1660 gelernt das Wagnerhandwerk 19 Jahre* (gelernt = ausgeübt) - *Die Mill* (Mühle) *erbaut im Jahr anno 1686, den neuen Graben verfertigt 1700 - Ihre hochgräfliche Excelenz Kaiserlicher Kammerpräsident Graf zu Leiningen-Westerburg, Schultheis und Jäger. Angenommen im Jahr 1685 Hans Michel Moser - Die mich brennet bete ich an* (linke Ecke strahlende Sonne, unten Symbole der Unterwelt).

Inschrift im Geschoss-Balken eines Usinger Hauses aus dem 17. Jahrhundert:

*„Het ich ein Haus fuir Ungemach
des lies ich nimmer ohne Dach -
und einen Schilt gewis fir Schelten,
die zwei wolt ich gar thewer
(teuer) vergelten -
und het vor Alter ein Salben,
die wolt ich streichen allenthalben -
und het für den Todt ein Schwert,
daß wer tausend Marck Goldes wert"*

Hoftore

Im alten Amt Hüttenberg (Nordostecke des Taunus) häufen sich die überdachten Torbauten als Abschluss der Dreiseitgehöfte zur Straße so stark, dass man sie als landschaftsprägend bezeichnen kann. Sie sind ebenso in der Wetterau und im Hintertaunus anzutreffen.

Im Hüttenberger Land, besonders im Kleebachtal, können sie als Ausdruck bäuerlichen Selbstbewusstseins bezeichnet werden. Die im 18. Jahrhundert geschaffenen Tore verleugnen ihre Aufgabe zur Repräsentation einer traditionsbewussten bäuerlichen Welt nicht. Vermutlich begründet sich ihre Anlage jedoch in Sicherheitsbedürfnissen in dem uralten Durchgangsland der Hessischen Senke, wo nicht nur friedliche Menschengruppen ihrer Wege gingen. Dabei sind zwei Grundformen festzustellen: das zweiflügelige, überdachte Tor, dessen Breite und Höhe sich nach den beladenen Erntewagen bemaß. Dabei ist eine separate niedrigere „Handpforte" neben dem großen Tor angebracht. Daneben gibt es das einbogige Tor, in dem ein kleiner Türdurchgang eingebaut ist. Die Balken über den Toren, besonders aber die Pfosten und die Füllungsornamente unter der Überdachung sind mit reichem Schnitzwerk und Farbfassungen versehen.

Einbogiges Tor in Hochweisel

Zweiflügeliges Hoftor in Niederkleen

Festsaal des Wiesbadener Städtischen Schlosses

Der Klassizismus

Adolph von Nassau musste nach dem frühen Tod des Vaters 1839 mit 22 Jahren die Nachfolge als regierender Herzog antreten. In seine ersten drei Regierungsjahre fiel der Bau und die Ausstattung des Stadtschlosses. In dem Architekten Georg Moller und dem Bildhauer Ludwig Schwanthaler standen ihm kunstsinnige Fachleute zur Seite. Durch das eigenwillige, effektreiche doppelte Treppenhaus (s. S. 121) gelangte man in das Zentrum der Schlossanlage, in den Festsaal. Dieser Rund- bzw. Kuppelsaal ist in der Gesamtarchitektur der Dreh- und Angelpunkt des Schlosses. Von hier breiten sich zum Balkonzimmer weitere Repräsentationsräume aus. In der gegenüberliegenden Verlängerung befanden sich die Arbeitsräume der Regierung. Besonders in den Innenräumen des ersten Obergeschosses blieb die feine Gestaltungskunst der klassizistischen Epoche weitgehend erhalten. Diese Kunstauffassung verleiht dem kuppelgewölbten Festsaal neben dem Treppenhaus seine vornehm-feierliche Atmosphäre. Sie wird hervorgerufen durch zarte Farben, vor allem der reich verzierten Deckenbemalung (Ludwig und Friedrich Wilhelm Pose) und den an eine erlesene Intarsienarbeit erinnernden Parkettboden. Der fast majestätisch wirkende Porzellanleuchter und die edlen Statuen (Ludwig von Schwanthaler) vollenden die vornehme Pracht.

Das Victoria-Denkmal bei Hochheim ist der englischen Königin gewidmet und im Tudorstil geschaffen. Es steht in den Weinbergen unterhalb des schönen Weinstädtchens über der Mainmündung. Bei einer Rheinreise kam die junge englische Königin 1850 in die Rebhänge während der Weinlese. Der Weingutsbesitzer Papstmann begrüßte sie auf seinem Wingert mit Wein und Trauben. In Erinnerung an diese Begegnung erhielt er die Genehmigung, den hier angebauten Wein nach der berühmten Königin benennen zu dürfen. Seitdem bezieht das englische Königshaus aus dieser Lage (heute Weingut Hubfeld) seinen Wein. Der Rheingauer Riesling ist von Hochheim sprachlich abgeleitet bis heute in England unter der Kurzbezeichnung „Hoc“ bekannt.

Allerdings war diese angelsächsische Benennung für deutschen Weißwein schon im 17. Jahrhundert üblich. Sie rührt vermutlich daher, dass die Engländer kein „ch“ aussprechen.

Das Victoria-Denkmal inmitten der Weinberge

Stilvielfalt des Historismus

Mit dem zu Ende gehenden Klassizismus begann eine Epoche der Stilunsicherheit. Man bediente sich der Versatzstücke aus vergangenen Stilperioden. Man wählte aus. Historismus ist als Fachbezeichnung gebräuchlich geworden.

Der „Wilhelmsbau“ (1868 – 1871) bildete ursprünglich als Heilanstalt für Kriegsveteranen einen beeindruckenden Abschluss des Schlossplatzes in Wiesbaden. Das mit neoromanischen Bauelementen dekorierte dreistöckige Gebäude konnte in den 1970er Jahren als Erweiterungsbau des Hessischen Landtages für Arbeits- und Sitzungsräume erworben werden.

Das ehemalige berühmte „Ritters-Park-Hotel“ in Bad Homburg wurde gegen Ende des 19. Jahrhunderts in der damals begehrten historistischen Architektur errichtet. Es enthält u.a. neugotische Bauelemente.

Südfront des Wiesbadener Rathauses im Stil der italienischen Hochrenaissance.

Die Marktkirche in Wiesbaden

Klassizismus und Neugotik in der Marktkirche von Wiesbaden

Die Wiesbadener Marktkirche besitzt als das höchste Gebäude von Wiesbaden mit ca. 90 m den Rang eines Wahrzeichens der Landeshauptstadt. Das Kirchenschiff wird im Dachbereich von vier Flankentürmen umrahmt.

Im Jahre 2008 wurde das Gotteshaus nach 33-jähriger Sanierung wieder ohne Gerüst in seiner Wirkung als stadtprägendes Gebäude bestätigt. Die Erneuerungsarbeiten waren deshalb so zeitaufwendig, weil Stein für Stein überprüft und ggf. erneuert werden musste. Das im Laufe der Zeit porös gewordene Backsteinmaterial hatte sich zum Teil mit Wasser vollgesaugt und war so der Verwitterung preisgegeben. Davon waren besonders die Maßwerke und Gesimse, die Säulenkapitelle und Kreuzblumen, die Krabben und Ranken betroffen.

Das Kirchenschiff des „Nassauischen Landesdoms"

Die aus Carrara-Marmor geschaffenen Statuen „Cristus und die vier Evangelisten" umrahmen den Altar der Wiesbadener Marktkirche

Die am Markt in Wiesbaden stehende Kirche ist als die evangelische Hauptkirche der Landeshauptstadt ein Musterbeispiel des aus der Romantik inspirierten neugotischen Stils. Offenbar haben auch die Gemälde Schinkels mitgewirkt, als Oberbaurat Karl Boos 1851 mit der Planung begann. Es sollte ein Gotteshaus für 1.800 Personen in Basilikaform werden. 1862 konnte die Kirche bereits eingeweiht werden. Hervorzuheben ist ihre reiche Gliederung des gesamten Mauerwerks durch die Maßwerkgalerie, die Kreuzblumen, die Ornamentbänder, die Fialen auf den Strebepfeilern, die im Obergadenbereich geradezu zierlichen Fenster, etc.

Im Inneren überzeugen die dezente Farbgebung und die klassizistische Ornamentik. Herzog Adolph von Nassau hatte die Figuren im Chor gestiftet: Christus und die vier Evangelisten. Der Bildhauer Hopfgarten schuf aus weißem Carrara-Marmor in Anlehnung an Plastiken von Berthel Thorvaldsen diese Figuren und ist damit den Wesenszügen der klassizistischen Kunstauffassung der formschönen Reinheit, die zugleich hohen moralischen Ansprüchen genügen soll, gerecht geworden. Vorbildfigur ist der von Thorvaldsen 1839 in der protestantischen Hauptkirche Kopenhagens (vor frue Kirke) geschaffene monumentale Christus, der im Gewand eines antiken Philosophen oder Imperators mit ausgebreitet segnenden Händen vor die Gläubigen tritt. Hier geht es weniger um seine Funktion als Erlöser, vielmehr um das in strenger Symmetrie und Harmonie mit naturalistischen Details (Wundmalen) gezeigte ethische Vorbild in einer Kirche als Weihestätte. Seit 2008 erstrahlt der „Nassauische Landesdom" mit seiner tiefroten Farbe und seiner turmreichen Silhouette wie in seinen Anfangsjahren orientierend über der Stadt.

Historistisches Eckhaus in Wiesbaden (Kaiser-Friedrich-Ring/ Oranienstraße)

Der „Wilhelminische Neo-Klassizismus"

Die Baukunst im Taunus kann bei der Weitläufigkeit ihrer Anwendung nur an wenigen Beispielen dokumentiert werden. Um die Baugestaltung nach der klassizistischen Zeit zu verstehen, bedarf es des Einblicks in die wirtschaftlichen und gesellschaftlichen Vorgänge. Sie wirkten sich nachhaltig vor allem in der ehemaligen nassauischen Hauptstadt Wiesbaden, aber auch in dem späteren „Herzbad" Bad Nauheim aus.

Der Baumeister Johann Christian Zais hatte in dem damals noch ca. 4.000 Einwohner zählenden bäuerlich-handwerklich orientierten Landstädtchen Wiesbaden um 1820 eine erste Ortserweiterung geplant. Am Ende der nassauischen Residenzzeit 1866 zählte Wiesbaden schon 26.000 Einwohner, und um 1900 hatte die Stadt mit ca. 100.000 Einwohnern bereits die statistische Grenze zur Großstadt erreicht. Die Gründe für das schnelle Wachstum lagen in der Nähe zum Rheingau (Rheinromantik) und in der Anziehungskraft des mittlerweile zum mondänen Weltbad herangewachsenen „Nizza des Nordens". Parkartig durchgrünte Villenviertel entwickelten sich in den Gründerjahren sehr schnell und übersprangen auch die zweite große Stadterweiterung der Ringstraßen. Der jährliche Besuch der Hohenzollernfamilie und die Annehmlichkeiten der Kur, die für kurze Zeit aus der Alltagsrealität entrückte, formte in Wiesbaden ein mondänes Wohnbegehren. In fortschrittsgläubiger Naivität machte es baugestalterische Anleihen in nahezu allen bisher bekannten Stilformen. In einem schier unbegrenzten Fassadenrausch eröffnete der wilhelminische „Prunkbarock" die Möglichkeit, den neuen Reichtum in der Kur- und Festspielstadt zur Schau zu stellen. Das Modebad des 19. Jahrhunderts war in der preußischen Zeit Treffpunkt der „fashionable world" des Adels und des rasch aufgestiegenen Bürgertums.

Ähnlich, wenn auch nicht ganz so großräumig, vollzogen sich die Bauvorgänge in Bad Homburg und vereinzelt auch in anderen Städten. Das baugeschichtliche Ergebnis bestand in einer Art Stilwirrwarr, den man auch Eklektizismus oder Historismus nennt. Seine spätere Verhöhnung wurde seitens der Denkmalpflege versucht in den 1970er Jahren rückgängig zu machen. Wilhelm II. bezeichnete das monumentale neoklassizistische Kurhaus in Wiesbaden, an der Ostseite der hufeisenförmigen Kolonaden-Anlage mit zwei Kaskadenbrunnen (1855) gelegen, als „das schönste der Welt".

Eingangsbereich des Wiesbadener Kurhauses

Der erste Kurhausbau von Johann Christian Zais aus dem Jahre 1810 wurde 1904 abgerissen und 1907 durch einen Neubau ersetzt. Der Baumeister Friedrich von Thiersch hatte ihn innen mit reichen neobarocken und neorenaissancehaften Elementen aristokratisch angemessen ausgestattet. Ähnliches gilt für das Lieblingstheater „Seiner Majestät", das heutige Staatstheater, wo nach dem Historiker Golo Mann der Kaiser „angetan wie ein Pfau" die Ovationen des Publikums entgegennahm.

Das Zentrum aller Prunkräume im Wiesbadener Kurhaus bildet der große Kurhaussaal für 1.350 Personen. Thiersch hatte den Konzert- und Kongresssaal mit reichen blau-gold gehaltenen Farben und einer den Kaiser überwältigenden Kassettendecke ausgestaltet.

Uhrmotiv über dem Eingang zur Wartehalle des Badehauses in Bad Nauheim

Jugendstilornament in der Bad Homburger Kaiser-Friedrich-Promenade

Keramikverkleideter Eckpfeiler im Bad Nauheimer Badehaus Nr. 7

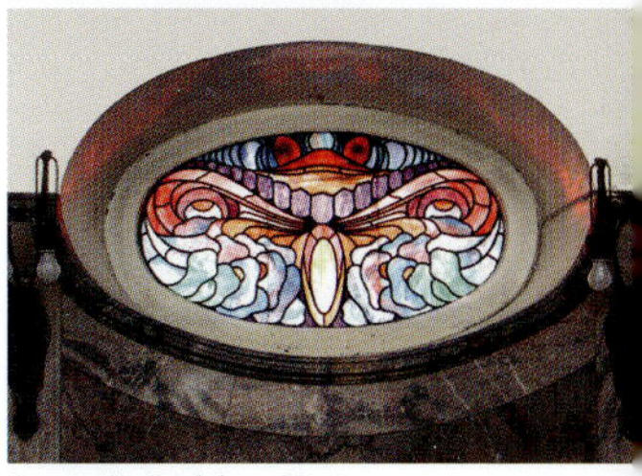

Fenster im Badehaus Nr. 5 in Bad Nauheim

Im Zeichen des Jugendstils

Im Gegensatz zu Wiesbaden hatte sich in Bad Nauheim der Jugendstil eine Art Architekturmuseum geschaffen, ein Stil, den der Kaiser nicht mochte. In dem alten Söderdorf Nauheim standen schon in der Keltenzeit die Sodpfannen entlang der Usa, um das „weiße Gold“ zu gewinnen. Es waren die kohlesäurehaltigen Salzquellen, die seit dem 14. Jahrhundert wieder die Salzsiederei belebten. Aber erst seit 1835 gaben sie dem Kur- und Badeleben Auftrieb. Der entscheidende Durchbruch zum Weltbad Nauheim ereignete sich erst 1846 mit der Erbohrung von zwei Thermalsprudeln und seit den wissenschaftlichen Forschungen und Heilerfolgen im Kerckhoff-Institut (1929).

Bauhistorisch bestand die dem Heilbad adäquate Gestaltung im Jugendstil als Ausdruck einer neuen Denk-, Gestaltungs- und Lebensweise. Nauheim hatte damals das Glück, in dem Großherzog Ernst Ludwig von Hessen-Darmstadt und bei Rhein (1868 - 1937) einen äu-ßerst unternehmungsfreudigen und kunstsinnigen Souverän zu haben, der mit Künstlern und Architekten von der Mathildenhöhe in Darmstadt gut bekannt war und 1911/12 mit Hilfe von Großunternehmern 10,5 Mio. Goldmark zur Verfügung stellte. Die Bade- und Kuranlagen samt Wirtschaftsgebäuden wurden konsequent im Jugendstil errichtet. Dieser schützte die Formgebung vor Schwulst, verlief sich aber auch gelegentlich ins systematische und dekorative Gestalten. So finden sich in einigen Taunusstädtchen reiche Stilelemente des Jugendstils in der Wandverkleidung, in Türen, Fenstern, in der Verglasung, und in den Möbelformen sowie in der äußeren Baugestaltung.

Vor dem eigenwillig-verspielten modernen Bau des Architekten Hundertwasser steht im Bad Sodener Quellenpark die Brunnenfasssung des Solsprudels Nr. IV. Sie wird „bewacht“ von der Figur der „Sodenia“. 1888 wurde der Brunnen mit einem Tempel überbaut (s. S. 146).

Die Baukunst im Taunus hat in den weiteren Jahrzehnten deren ureigenster Formauffassung Rechnung getragen, von der modernen Sachlichkeit im Bauhausstil bis zur Postmoderne. Sowohl im Einzelhausbau, in Arbeitersiedlungen, in Mietsbauten bis zu Industriegebäuden hat man dem Zeitgeist baukonstruktiv- und dekorativ Ausdruck verliehen.

Die Villa Gans in Falkenstein

Die Villa Gans in Kronberg-Falkenstein ist eine Architekturschöpfung von Peter Behrens, der mit Mies van der Rohe und Walter Gropius zu den bedeutendsten Vertretern des Bauhausstils zählt. Sie entstand für eine Erbin der hochherzigen Mäzenatenfamilie Gans. Dieser Wohnhauskomplex der klassischen Moderne gewährleistet sowohl ästhetisch wie technisch-funktional grazil-vornehmes wie naturnahes Wohnen und Repräsentieren (versenkbare Fenster zur Terrasse, Ausblick von gestaffeltem Standort). Das Gebäude ist in der Horizontalen so großzügig bemessen, dass durch Umbauten im Innern später drei Wohneinheiten unterzubringen waren.

Das Hundertwasser-Haus in Bad Soden

Eine raumgestalterisch wohltuende moderne Architektur schuf Prof. Jordan mit dem Bürogebäude des Altana-Hauses der Harald-Quandt-Holding in Bad Homburg v.d.H.

Kunstwerke in der Kirche zu Strinz-Margarethae

Die scheinbar „unscheinbare“ Dorfkirche in Strinz-Margarethae nördlich von Taunusstein birgt Überraschungen an handwerklichem Können. Diese beziehen sich auf eine kunstvolle Teppichknüpferei nach einer Vorlage von Leonardo da Vinci und auf die Schnitzarbeiten am Orgelprospekt.

Der Ortsname „Strinz“ (= Einöde) ist mit dem Namen der Schutzheiligen der einstmals hier stehenden Kapelle verbunden. Dies geschah zur Unterscheidung von dem unweit entfernten Ort Strinz-Trinitatis. Die heutige Kirche ist auf einem Felssockel hoch über dem Dorf erbaut. Es dürfte auch der Standort der Vorgängerkapelle sein. Die heutige Kirche geht auf die Jahre 1831 – 1834 zurück. Weil die Vorgängerkirche seit 1824 wegen Baufälligkeit geschlossen war, errichteten die Einwohner des im 19. Jahrhundert recht ärmlichen Dorfes einen Bruchsteinbau mit preisgünstigem Material aus der unmittelbaren Umgebung. Es handelt sich um einen dem Geist der damaligen Zeit entsprechenden klassizistischen, gedrungenen Saalbau. Eine umfangreiche Restaurierung 1995 hat die Farben, auch die Kassettendecke, aus dieser Epoche weitgehend erhalten.

Kirche zu Strinz-Margarethae in der Großgemeinde Hohenstein im Rheingau-Taunus-Kreis

Das „Abendmahl-Gemälde“ von Leonardo da Vinci als Wandteppich aus Seide

Bedeutende Barockorgel über dem Altarraum mit Abendmahlsteppich

Überraschend in der vergleichsweise kleinen Kirche ist die bedeutende Orgel aus der Barockzeit. Hätte man 1834 eine neue Orgel gebaut, wäre sie wesentlich kleiner ausgefallen. Das raumbestimmende Orgelwerk konnte 1853 von der Gemeinde Niederingelheim erworben werden. Einige Figuren wie die Immaculata, zwei Engel mit Trompeten und vier kleine Engel auf den Seitenflügeln sind in der Niederingelheimer Kirche zurückgeblieben. Vermutlich war die Orgel zu Beginn des 18. Jahrhunderts von dem Mainzer Orgelbaumeister Johann Peter Dahm geschaffen worden.

Ein weiteres ungewöhnliches Schmuckstück in dieser Kirche befindet sich hinter dem Altar. Es handelt sich um eine Seidenknüpferei aus der berühmten persischen Teppichknüpferstadt Ghoum. Die von Walter Christmann (Weberhof) gestiftete Sonderanfertigung zählt zu den edelsten und feinstgeknüpften Teppichen aus reiner Naturseide (ca. 1,5 Mio Knoten je m^2). Grundlage des Motivs ist das berühmte Renaissance-Gemälde von Leonardo da Vinci, das er 1495 – 1497 am Hof des Herzogs Ludovico Sforza in Mailand geschaffen hatte. Der persische Teppichknüpfer wird dem „Abendmahl" des großen italienischen Meisters voll gerecht. Dessen Gemälde war gekennzeichnet von der sich ausbreitenden Fülle von Bewegungen, dem großartigen Spiel der Farben und des Lichtes. Diese strahlende Intensität des Lebendigen gelang es auch in diesen Teppich zu übertragen. Die Gesichter der Jünger Jesu, ihre Gebärden und die in dem geometrisch vollendet eingerichteten Saal beherrschende Zentralfigur Christus kommen in der Lebhaftigkeit dem ursprünglichen Werk in einer unerwarteten Weise nahe. Der Meisterknüpfer dieses Wandteppichs hat in kongenialer Weise – quasi als eigene Schöpfung – die Gedanken und Ideen Leonardos erfasst. Die Bordüre des Teppichs ist wie ein hochdekorativ verzierter Bilderrahmen gestaltet. Insofern ist die einfache klassizistische Kirche von Strinz-Margarethae etwas Besonderes im westlichen Hintertaunus.

Bauersleute aus dem nördlichen Taunus

*) Hottenroth, F.: Nassauisches Trachtenbuch, Wiesbaden, 1905

Trachten im Taunus*

Zu den hochwertigsten Textil- und Stickerei-Erzeugnissen der Volkskunst zählen zweifelsfrei die Trachten. Sie waren auch in dem kleingekammerten Taunus von Grafschaft zu Grafschaft, von Tal zu Tal, manchmal von Dorf zu Dorf verschieden. Aber auch innerhalb der Dörfer unterschieden sie sich und zeigten an, ob jung oder alt, ob ledig, verheiratet oder verwitwet, ob Werktag oder Sonntag, ob Festtag oder Trauertag, evangelisch oder katholisch, etc. Was man an Kleidern trug, war als Tracht ein innerörtliches Verständigungs- und Orientierungsmittel. Heute sieht man Trachten hierzulande nur noch ganz selten. Sie mussten bequemeren, modischen Kleidungsstücken weichen. Dabei wurden einige schöne Versatzstücke der Trachten in die Landhausmode übernommen. Die alten Trachten werden bei besonderen Veranstaltungen von Volkstanzgruppen und Heimatvereinen aus ihrer musealen Ecke für kurze Zeit zur Demonstration vergangener Dorfgeschichte herausgenommen oder zur bloßen Freude in vergoldender Erinnerung vorgestellt.

Anspacher Bäuerin um 1880 in Festtagstracht

Brandoberndorfer Bauersfrauen mit Hochzeits-Schatulle (Waldsolms)

Stickmuster auf Umschlage- und Schultertüchern im mittleren Taunus (Heftrich)

Hüttenberger Festtagskleidung (Niederkleen 1988)

Traubenleser aus dem Rheingau (um 1900)

„Auf diesen Felsen
sollst Du bauen ...",
Kath. Kirche in Schmitten

Der neue Flügelaltar der Boromäus-Kirche in Schmitten

Die neugotische Kirche in Schmitten ist dem 1610 heilig gesprochenen Karl Boromäus geweiht. Karl Boromäus stellte sein Vorbild an religiöser und gesellschaftlicher Lebensführung auch als späterer Erzbischof und Kardinal von Mailand immer wieder unter Beweis.

Das Kirchlein mit seinem schlanken Türmchen über dem nach Westen weisenden Chor wurde 1892/93 in rauem Schiefermauerwerk auf einem harten Grauwackenfels errichtet.

1893 war die neugotische Kirche in Schmitten benediziert worden, eine einschiffige Saalkirche mit spitzbogigem Holz-Tonnengewölbe. Der 1901 geschaffene Herz-Jesu-Altar musste neben anderen Ausstattungsstücken um 1960 einer bescheidenen Neueinrichtung weichen. Erst 1984 konnte ein neuer Flügelaltar, ein Werk des jungen Künstlers Thomas Vogel im Stil des Kubismus, aufgestellt werden. Erst nach den Verwundungen und Verwerfungen des 2. Weltkriegs war hier ein Kunstwerk möglich, das man sich länger anschauen muss, um zu begreifen, was hinter dem Eindruck von zersplittertem Glas zu erkennen ist. Der Auftraggeber, Pfarrer Jung, hatte das Thema „Der Weg, die Wahrheit und das Leben" vorgegeben. Dem Künstler gelang es, hinter der prismenartig wirkenden kubistischen Kristallwelt das Heilsgeschehen als Weg von Jesu Leiden über den Bildmittelpunkt, die Auferstehung, zur Glaubensoffenbarung für Thomas, den Zweifler, zu gestalten. Unsere Augen sehen den Weg des Heils in Jesu letzten Wochen nur in Brechungen, Splittern und verschwommenen Konturen. Aber die Ostersonne hinter dem Auferstandenen erfasst auch die vor dem geöffneten Grab gestrauchelten Soldaten, und Thomas darf die blutende Wunde in der Seite Jesu be-„greifen". Er – und wir – sehen, was sich hinter der Transparenz abzeichnet, wo das Bild des Auferstandenen zum eigenen Bild wird (2. Kor. 3,18).

Der Flügelaltar von Thomas Vogel

Kath. Laurentiuskirche Usingen

Sakrale Kunst kann auch einen besonderen Ausdruck finden in der Glasmalerei. Die Fenstergruppe des 1960 von Bischof Wilhelm Kempf geweihten neuen Gotteshauses in Usingen stellt in 6 Fensterteilen den „Lobgesang der drei Jünglinge im Feuerofen" (Daniel 3) dar. Auf dem roten flammenförmigen Hintergrund erscheinen die im 3. Kapitel bei Daniel erwähnten jüdischen Staatsdiener Nebukadnezars. Sie wollten des Königs goldenes Götzenbild nicht anbeten und wurden deshalb dem Feuertod überantwortet. Die daneben stehende Figur ist, was auch durch die symbolische Bedeutung der Flügel angezeigt wird, jener Gottesbote, den Nebukadnezar überraschenderweise als vierten Mann im Feuer sah. Er sendet gleichsam beschützende goldene Strahlen zu den Todgeweihten. Die jungen Männer verlassen den Feuerofen unversehrt, und der König beugt sich Jehova, ihrem Gott.

Die Gesamtkomposition des Glasfensters will in ihren Einzelheiten von den Fischen im Meer bis zu den Vögeln unter dem Himmel ein Preislied auf den Schöpfer darstellen. Der Entwurf stammt von Johannes Beeck. Die Ausführung lag in den Händen des Frankfurter Glasmalers Gustav Schröder.

Glasfenster in der 1960 geweihten Katholischen Laurentius Kirche zu Usingen

Denkmale und Plastiken

In Dorfweil (Schmitten) steht ein Mahnmal von 1929, das den Kriegstoten des 1. Weltkrieges gewidmet ist. Es zeigt eine trauernde Mutter, Ehefrau oder Braut statt eines strahlenden Soldatenhelden oder eines markig starken Adlers. Es hat leider des 2. Weltkriegs bedurft, um der Mehrheit unseres Volkes bewusst zu machen, dass ein Gedenktag für die Gefallenen der Weltkriege (Volkstrauertag) nur dann einen Sinn hat, wenn er ein solches Massen vernichtendes Geschehen in Kriegen nicht glorifiziert, sondern vor neuem Blutvergießen warnt und mahnt. Das Dorfweiler Denkmal erinnert an die lebenden Kriegsopfer, die Versehrten, die Witwen und Waisen auf eine einfühlsame, aber auch verpflichtende Weise. Es wurde von dem Frankfurter Bildhauer August Bischof geschaffen und steht vernünftigerweise nicht abseits vom Alltag des emsig wirtschaftenden und alles schnell vergessenden Menschen, sondern in der Ortsmitte an der reich befahrenen Weilchaussee.

Aus der Zeit des Jugendstils datiert das „Denkmal" des Bildhauers Hans Damman von 1910/12. Es geht aus einem Brunnenentwurf hervor, von dem eine „Zweitausgabe" zum 25. Regierungsjubiläum Kaiser Wilhelms II. an der Ecke Schwedenpfad und Landgrafenstraße in Bad Homburg v.d.H. entstand. Am Beginn des Quellenparks ist dies durchaus ein passender Standort des Monuments. Das Thema „Durstbrunnen" könnte jedoch auch einen anderen Zusammenhang herstellen. Die Gestalt des sitzenden Mädchens mit der Schale in den Händen erinnert an eine altgriechische Tempeldienerin. Die beiden Panther erinnern auch an ein indisches Motiv. Dann wären sie als Symbol des Lebensdurstes zu interpretieren. Die beiden Bronze-Panther gingen im 2. Weltkrieg verloren. Sie wurden später neu geschaffen.

Der Durstbrunnen in Bad Homburg

Die moderne Plastik „Der Knoten" entstand bei einem Symposium „Portugiesischer Tag" europäischer Graphiker in Wolfenhausen 1999. Die Plastik von Joâo Sotero wurde von der Stadt Weilburg übernommen und an einem passenden Standort aufgestellt, nämlich an dem Straßenknoten, an dem Bahnhofstraße/Limburger Straße und Lahn (Postplatz) zusammentreffen. Ursprünglich stand der aus Marmor herausgearbeitete „Knoten" mit seinen ineinander verschlungenen

Der „Knoten" von Weilburg

„Fäden" auf dem Sockel des quaderartigen „Unterbaues". Dann wurde leider der „Knoten" von seinem Sockel gestürzt, man ließ ihn – gar nicht falsch – so liegen. Dieser Akt des Vandalismus zeigt die hintergründige Bedeutung des Themas auf. Der „gestürzte Knoten" symbolisiert „Geist und Ungeist" sowie die heute so verworrene, verknotete Zeit, in der nichts mehr ganz so sicher ist.

Töpferbrunnen in Seulberg

Der mehr gegenständlich geformte Töpferbrunnen in Seulberg erinnert an das alte Seulberger Töpferhandwerk, das bis 1847 betrieben wurde. Die Gestaltung des gesamten Brunnens, von dem das Bild nur den oberen Aufsatz zeigt, wurde 1970 von Prof. Hem Schüppel gestaltet. Das Symbol des Kruges als Brunnenaufsatz erinnert auch an die Redewendung von dem Krug, der zum Brunnen geht, und zwar so lange, bis er zerbricht.

In dem mit vielen Glanzpunkten bestückten Regionalpark Rhein-Main befinden sich am Panoramaweg neben einer Streuobstwiese zwischen Bad Weilbach und Wicker Steinskulpturen. Die fünf Steinmonumente krönen sozusagen den 1,5 km langen Wanderweg, von dem das Auge fast den gesamten Regionalpark zwischen Taunushöhen und Main, zwischen dem Rheingau und der Stadt Frankfurt erfasst. Während eines internationalen Bildhauersymposiums schälten sich im Sommer 1999 die Kunstwerke vor den Augen der Besucher aus den rohen Natursteinblöcken heraus. In unserem Fall handelt es sich um die „Himmelsleiter" von Hubert Maier. Wahrscheinlich dachte der Künstler an die alttestamentarische Darstellung in 1. Mose 28,12 – 22. Dort geht es um den Traum Jakobs von der Himmelsleiter, auf der die Engel auf- und niederstiegen und um die Zusage Gottes an Jakob. Diese bestätigt das Gesegnetsein auch aller seiner Nachkommen. Jakob nannte diese ihm heilige Stätte „Pforte des Himmels" und „Haus Gottes" (Beth-El), ein gutes Omen für den Panoramaweg.

Die „Himmelsleiter" des Regionalparks im Main-Taunus-Kreis

Musik, Malerei, Dichtung

Es sind kirchliche und weltliche Gruppen, die einer z. T. sehr alten oder aber auch einer avantgardistischen neuen Musik dienen. Die größte Zahl der Chöre, Gesangsvereine und Kapellen geht auf die diesbezügliche Vereinsbildung im 19. Jahrhundert zurück. Die Auswahl auf dem Feld der Malkunst muss sich auf die Kronberger Malerkolonie – und da nur in Ansätzen – begrenzen. Die Zahl der professionell arbeitenden und der nicht professionellen Maler ist unüberschaubar. Das gilt auch für Erzähler und Dichter, die sich dem Taunus zugewendet haben. Die Auswahl lässt viele Wünsche offen.

Die Kiedricher Chorbuben

Graduale

Die Kiedricher Chorbuben

Die älteste Chorgruppe findet sich in dem „gotischen Weindorf" Kiedrich, das dank der zeitweiligen Hofhaltung der Mainzer Erzbischöfe, der Wallfahrten und des Weinbaues nicht nur über herausragende Bauwerke, alte gotische Glocken und eine Orgel aus dem 15. Jahrhundert verfügt, sondern sich in den „Kiedricher Chorbuben" ein lebendiges Stück mittelalterlicher Kultur bewahrt hat: Den gregorianischen Gesang. Seit 1333 prägen ca. 40 Buben und Männer (heute auch ein paar Mädchen darunter) in liturgischer Chorkleidung jeden Sonntag um 9.30 Uhr das Hochamt mit der lateinischen Messe. Dieser Kulturwert, gesungen aus den großen Folianten des Kiedricher Graduale, hat die Anfechtungen des Rationalismus seit der Aufklärung und des glaubensfeindlichen Faschismus bis heute überdauert.

Der Anspacher Posaunenchor 2007

Posaunenchor Anspach

Eine ganz andere Form der Bereicherung des geistlichen Lebens findet sich in einer musikalischen Laienbewegung. Es war Johannes Kuhlo (1856 – 1949), evangelischer Pfarrer, Freund und Mitarbeiter Friedrichs von Bodelschwingh in den Bethel'schen Anstalten, der die Posaunenchöre liturgiefähig machte. Als Leiter des Diakonenhauses „Nazareth" in Bethel entwickelte er die Posaunenmusik zu einem unverzichtbaren Bestandteil feierlich gestalteter Kirchenfeste, aber auch besonderer Gemeindegottesdienste. Früher mehr auf die Flügelhörner orientiert, bevorzugen sie heute auch Trompeten und Posaunen und schufen ein neues Klangideal. Auch die 1982 von dem Kantor und Landesposaunenwart Werner Both gegründete Posaunengruppe in Neu-Anspach beschränkt sich nicht mehr nur auf die Begleitung von Chor und Gesangsmusik, sondern verfügt in einem reichen Repertoire über bläsereigene Kompositionen.

Der Anspacher Posaunenchor bei der SW-Landesgartenschau in Bingen 2008*)

*) Veranstaltung der evangelischen Kirche unter dem Thema „Sehnsucht nach Harmonie" mit 560 Bläsern aus der Hessen-Nassauischen Landeskirche

Die Orgel in Usingen

Seit Luther haben der Kirchengesang und die Instrumentalmusik die Gemeindebeteiligung am Gottesdienst durch das Kirchenlied erst richtig ermöglicht. Neben der ältesten Orgel im Taunus (Kiedrich, um 1510) zählt die Usinger Orgel (1663) zu den hervorragenden Kircheninstrumenten. Seit 1717/18 wurde sie mehrfach erneuert und erweitert, zuletzt 1971/72 durch Günther Hardt aus Möttau bei Weilmünster. Dabei wurde der Orgelprospekt von 1718 beibehalten. Die Orgel verfügt im Haupt- und Schwellwerk (2 Manuale) über 22 Register und 10 Register im Pedal. Der jetzige Organist, Adolf Rückert, spielt das Instrument seit 1949. „Mit aristokratischem Vergnügen" entlockt er der „Königin der Instrumente" herrliche Musik von Bach, Buxtehude, Pachelbel, Mendelssohn, aber auch von Reger und den modernen französischen Komponisten. Ein profilgebender Schwerpunkt der Usinger Orgelarbeit besteht in den sog. Orgelvespern, d. h. meditativen Orgelmusiken mit Texten zu Glaubens- und Lebensfragen.

Adolf Rückert, seit 60 Jahren Organist der ev. Laurentius-Kirche zu Usingen

Der Orgelprospekt (Pfeifengehäuse) der ev. Laurentius-Kirche in Usingen

Zur Chormusik in Lindenholzhausen

Wer Lindenholzhausen das „singende Dorf" im Taunus nennt, der trifft den Nagel auf den Kopf. Diese Bezeichnung gab es früher z. B. für die Chöre in Anspach (Neu-Anspach), die letztlich aus der sozialen Not der fahrenden Sänger und Spielleute hervorgegangen war. Da gab es 1920 und 1930 noch drei Vereine, die wiederholt glänzende Operettendarbietungen einstudierten. Um 1950 bestritten noch 150 Sängerinnen und Sänger große Konzerte, u. a. die großen Haydn-Oratorien. Heute steht diese große Tradition vor dem Aus.

Ganz anders dagegen in Lindenholzhausen. In dem Dorf vor den Toren Limburgs gibt es heute noch 450 aktive Sängerinnen und Sänger, die viele nationale und internationale Preise in ihren einzelnen Chören eingeheimst haben. So führt die HARMONIE Lindenholzhausen alle sechs Jahre internationale Chor- und Folklore-Wettbewerbe durch. In ihrem 5. Festival 2005 kamen 256 Chöre und Folkloregruppen aus 49 Ländern nach Lindenholzhausen, wodurch mehr als 20.000 Besucher angelockt wurden. Die HARMONIE feierte 2006 ihr 100-jähriges Bestehen und erhielt für ihre Leistungen die begehrte Zelterplakette. 1995 und 2007 wurde sie unter ihrem künstlerischen Leiter Martin Winkler bester Männerchor (1. Preis) beim „Internationalen Musical Eisteddfool" in Llangollen (Wales) bewertet.

Eine weitere große Chorgemeinschaft in Lindenholzhausen besteht in den „Cäcilia Chören". Sie setzen sich zusammen aus Männerchor, Frauenchor, Kinder- und Jugendchor, Jazzchor und anderen musikalischen Kleingruppen. 2001 standen die „Cäcilia"-Chortage unter der Schirmherrschaft der Christiane-Herzog-Stiftung. Bei ihrem internationalen Chorwettbewerb 2001 waren 77 Chöre aus 21 Nationen mit insgesamt 6.800 Sängerinnen und Sängern beteiligt.

An dem deutschen Chorwettbewerb in Kiel 2006 nahmen gleich vier Chöre aus Lindenholzhausen, nämlich der kleine Chor der „Cäcilia", der Männerchor HARMONIE, der „Cäcilia"-Frauenchor und das „Ensemble Vocale" teil. Ein einmaliges Erlebnis hatte die HARMONIE am 21.11.2007, als sie auf Einladung des DFB beim Länderspiel Deutschland – Wales im Frankfurter WM-Stadion beide Nationalhymnen – die walisische im Original-Text – vor 50.000 Besuchern und weltweit ca. 10 Millionen TV-Zuschauern singen durfte.

Die Chorgruppe „Voices Unlimited"

Das Repertoire des kleinen, aber feinen Chores reicht von Gospels und Spirituals über Swing-Musik und Auszügen aus Musicals bis zu eigenkreierten Konzert- und Bühnenstücken. Die musikalische Leistung wird dargeboten in vielen Gastspielen in Deutschland und im europäischen Raum, aber auch bei großen Leistungswettbewerben, z. B. beim Chor-Casting 2007 zur ZDF-Show „Grand Prix der Chöre" und großen Konzertprogrammen in Radio-Liveübertragungen.

Die Chorgruppe erwuchs aus einer damals zahlenmäßig noch recht großen Chorvereinigung in Neu-Anspach unter ihrem musikalischen Leiter Andreas Kehl, die sich aber 1992 als „Voices Unlimited" selbstständig machte. Während es traditionelle Chöre oft schwer haben, ihren Mitgliederstamm zu halten, stabilisiert sich die Chorgruppe, die seit 2002 unter der musikalischen Leitung von Andreas Mlynek steht. „Voices Unlimited" kennt keinen Stillstand, übt immer wieder neue Programme ein und sucht die Herausforderungen im Vergleich mit anderen Chören.

Der Chor der HARMONIE beim HARMONIE-Festival 2005 vor dem Flaggenhügel mit den Fahnen der teilnehmenden Nationen

Chor der HARMONIE beim Singen der Nationalhymnen in der Frankfurter Commerzbank-Arena

Frauenchor „Cäcilia" Lindenholzhausen

Die Anspacher Chorgruppe „Voices Unlimited"

Bei einem Konzert im Weingut Vollrads

Festival-Fahne auf Schloss Johannisberg

Das Rheingau Musik Festival

Wer sich über das Rheingau Musik Festival informieren will, der findet in der Rheinallee 1 in Oestrich-Winkel die Konzertgesellschaft mbH, hat aber damit noch nicht die vielen Stätten großartiger musikalischer Aufführungen mit den bedeutendsten Künstlern und hochkarätigen Orchestern unserer Zeit in einer landschaftsästhetisch begnadeten, vom Weinbau geprägten Gegend erreicht.

Dazu braucht man bei aller Konzentration einen ganzen Sommer lang. Dieser Konzertsommer dauert im Rheingau meist von Ende Juni bis Ende August. Dabei wird neben der Darbietung herausragender musikalischer Werke aller Epochen stets auch der besonderen Gedenktage großer Künstler und Komponisten mit glänzenden Darbietungen gedacht.

Unter dem Festivalgründer und Intendanten Michael Herrmann haben die Rheingauer Musiktage ihren international hohen Rang und vielgestaltigen Klang gefestigt. Der „Genius Loci" tut neben den überragenden Interpreten das Seine: Der Kreuzgang und die Basilika des Klosters Eberbach, die intime Atmosphäre von Johannisberg, die historisch so aufschlussreichen Rheingauer Weingüter, allen voran Schloss Vollrads, die stilgeschichtlich eindrucksvollen alten Kirchen, das gründerzeitlich reich gestaltete Kurhaus in Wiesbaden, etc. Und nicht zu vergessen: die Sommernachtsfeste in einer mythenreichen Kulturlandschaft unter fast mediterranem, sternklarem Himmel.

Konzert im Kurhaus Wiesbaden

Mitglieder des Mandolinen-Clubs

Mandolinen-Club Falkenstein e.V. 1925

Als nach dem ersten Weltkrieg die Jugendbewegung vom Anfang des 20. Jahrhunderts in Sing- und Wandervereinen mit entsprechenden Jugendgruppen wieder auflebte, kam es in Falkenstein 1925 zur Gründung des Mandolinen-Clubs. Es war der Versuch einer neuen, besseren Sinngebung nach dem Erleben des 1. Weltkriegs. Freunde und Bekannte aus dem Wanderverein fanden sich zu einer neuen Form der Geselligkeit zusammen, verbunden mit der Zupfmusik und Gesang. Der Zweck des Vereins sollte es sein, die Volksmusik, insbesondere das Spiel von Mandoline und Gitarre, zu pflegen und die Geselligkeit und das Wandern in der heimatlichen Umgebung zu fördern.

Nach 1933 kam die freie Entfaltung aller Eigeninitiativen auf diesem Sektor zwangsläufig zum Erliegen, Marschlieder waren bevorzugt. Erst 1949 konnte die Vereinsarbeit wieder aufgenommen werden und jugendliche Spielerinnen und Spieler als Nachwuchs an das Orchester herangeführt werden. Seitdem konnten sehr viele Konzertveranstaltungen im In- und Ausland sowie der Besuch von Wettstreiten durchgeführt werden, was immer wieder Höhepunkte und Impulsgebung im Vereinsleben waren. Der Mandolinenclub Falkenstein fuhr 1966 nach Le Mêle zu einem internationalen musikalischen Wettstreit. Dort in der Normandie wurden die ersten Kontakte mit der Bevölkerung des Ortes geknüpft, was schließlich zu einer aktiven Städtepartnerschaft führte.

Der Mandolinenclub Falkenstein kann auf viele Rundfunkaufnahmen und Fernsehauftritte sowie die Produktion von LPs und CDs verweisen. Seit 2002 steht das Orchester unter der musikalischen Leitung von Keith Harris, eines international erfahrenen und renommierten Mandolinenexperten. Mittlerweise werden die Jugendlichen im Spiel von Mandoline und Gitarre nicht mehr von Orchestermitgliedern unterrichtet, sondern von ausgebildeten Instrumentallehrern. Die letzten großen Ereignisse für den Mandolinenclub waren 2003 die Teilnahme am internationalen Mandolinenwettbewerb in Goslar. 2004 ragte der Auftritt beim Hessentag in Heppenheim und bei dem Weihnachtsmarkt des Hessischen Rundfunks heraus. 2005 führte eine Konzertreise nach Kornic in Polen. 2006 fand ein gemeinsames Konzert mit dem Australasian Mandolin Orchestra statt.

Die Weilburger Schlosskonzerte

Durch persönliches Erleben der Weilburger Schlosskonzerte und durch die Medien ist man auf das ehemalige Nassauer Residenzstädtchen, das Goethe schon als die „Perle an der Lahn" apostrophiert hatte, aufmerksam geworden. Es sind ca. 30.000 Besucher, die jährlich das bedeutende Ereignis der Konzerte in dem schönen Gebäudeensemble des Schloss-Innenhofes erleben. Dabei spielen sicher auch die Besuchernamen bekannter Persönlichkeiten eine Rolle und seit 1990 der Schirmherr, seine Königliche Hoheit Großherzog Jean von Luxembourg und Herzog von Nassau.

Die Weilburger Schlosskonzerte können seit 1973 auf eine nun fast 40-jährige Erfolgsgeschichte zurückblicken. Die vorzügliche Akustik des Renaissance-Innenhofes kann mit den besten geschlossenen Konzertsälen konkurrieren. Der Erfolg gründet sich vor allem auf die Durchführungsstrategie und die überlegte Auswahl bedeutender Künstler, die man verpflichten konnte. Diese reichen von herausragenden Solisten bis zu dem Frankfurter Figuralchor, dem großen Radiosinfonieorchester Frankfurt oder den Prager Symphonikern. Das weitgefächerte Programm umfasst alle Kompositionsepochen von der Darbietung großer Klassiker bis zu gelegentlichen Jazzveranstaltungen. Bei schlechtem Wetter und bei der Aufführung besonderer Werke steht die Schlosskirche nebenan zur Verfügung. Dafür kommen auch die alte Hofstube, in der besonders Kammerkonzerte stattfinden, und die obere Orangerie in Betracht.

Konzert im Weilburger Schlosshof

Mendelssohn Bartholdy in Bad Soden

Felix Mendelssohn Bartholdy (1809 – 1847) Ausschnitt eines Aquarells von J. W. Childe, 1830

1844 und 1845, wahrscheinlich auch 1846 oder 1847 hielt sich Felix Mendelssohn Bartholdy über die Sommerzeit gerne in Bad Soden auf, von wo aus er auch den Taunus erkundete. Mendelssohn hatte im März 1837 die schöne Pfarrerstochter Cäcilie in der französisch reformierten Kirche am Rossmarkt in Frankfurt geheiratet. An Frankfurt schätzte er die Weltoffenheit, ein liberales Klima, ein bürgerliches Engagement und vor allem den Chorgesang. So ist es nicht zu verwundern, dass der von dem Berliner Chordirigenten Zelter geprägte geniale Komponist gerne den Leiter des Cäcilien-Chores vertreten hat. Sein wohl berühmtestes Werk „Elias" hat er zum größten Teil in Frankfurt, vor allem aber in der Kur in Bad Soden komponiert. Auch für die berühmte entrückende e-Moll-Sinfonie fand er in Bad Soden die Kraft, sie zu vollenden.

Der „Mozart des 19. Jahrhunderts", wie ihn Schumann einmal bezeichnete, wurde wohl in erster Linie von neidischen Epigonen verunglimpft. In der Zeit des Nationalsozialismus versuchte man sogar, seine Musik zu „ermorden". Mendelssohn war jüdischer Herkunft, sein Großvater der berühmte Philosoph Moses Mendelssohn, das Vorbild Lessings für „Nathan den Weisen".

Felix Mendelssohn führte schon mit 20 Jahren die vergessene Matthäus-Passion von Johann Sebastian Bach auf. Er wurde der Wiederentdecker der Bach'schen Musik, der Gründer des ersten Deutschen Konservatoriums und der Leiter der Gewandhauskonzerte in Leipzig. Dem an Frohsinn und Leichtigkeit der Seele bekannten „Sommernachtstraum" (Shakespeare) sind seine in Bad Soden geradezu mediterranen Empfindungen als Inspiration vorausgegangen. Seine Wanderungen mit Notenblättern und Zeichenstift sowie seine Treffen mit den Dichterfreunden Hoffmann von Fallersleben, Nikolaus Lenau etc. gaben ihm wichtige Impulse.

Oben: Im alten Kurbad Soden mit Kurhaus von 1849, Litho von einem unbekannten Künstler
Unten: Bad Soden im Jahr 1810, Kupferstich von Heinrich Schütz

Der Bachchor der Erlöserkirche Bad Homburg

Der Bachchor in der Erlöserkirche Bad Homburg

Bad Homburger Erlöserkirche

Die ca. 125 aktiven Mitglieder des Bachchores, einer der leistungsstärksten Chöre im Rhein-Main-Gebiet, fanden in der Erlöserkirche der Kur- und Gewerbestadt Bad Homburg v.d.H. ihr künstlerisches Zuhause. Dieses Beheimatetsein gründet sich auf zwei entscheidende Ausnahmebedingungen: Zum einen konzentriert sich ein Arbeitsschwerpunkt des Chores schon von Anfang an (1908) auf die regelmäßige Pflege der Musik und der Chöre von Johann Sebastian Bach in den Gottesdiensten. Daneben reichen die überregional bekannten Konzertdarbietungen über alle Epochen der Musik, die sich auch dem neuzeitlichen Chor- und Orchesterschaffen widmen. Den hoch angesehenen Chor erreichten Einladungen zu weiten Konzertreisen (Israel, St. Petersburg, Skandinavien, Dubrovnik, etc.). Der aus Mitgliedern des Bachchores bestehende Kammerchor wurde bei Chorwettbewerben mehrfach mit hohen Preisen ausgezeichnet. Heute wird der Chor geleitet von der herausragenden Kantorin und Dirigentin Susanne Rohn, die auch immer wieder Orgelkonzerte gibt und Rundfunkproduktionen einspielt. Es werden auch Chorpartien im Rahmen städtischer Abonnementkonzerte sowie beim Homburger Schlosshofkonzert übernommen. Zum anderen ist es ein Ort des musikalischen Engagements, der als „Genius Loci" wirkt: die am 17. 05. 1908 in Gegenwart des Kaiserpaares geweihte architektonisch besonders schmuckvoll gestaltete Gemeinde- und „Residenz"-Kirche.

Kaiser Wilhelm II. hat den Bau dieser Kirche initiiert und ihren Stil wesentlich mitbestimmt, entworfen „in freiester Anlehnung an die schönen Vorbilder deutscher, französischer und italienischer romanisch-mittelalterlicher Kunst", so der Berliner Geheime Baurat Franz Schwechten, der als Nachfolger des verstorbenen Planverfassers Max Spitta Architekt der Kirche war. In ihrer äußeren Gestalt nimmt die Kirche mit den rautenbehelmten Türmen Motive aus rheinischen Landen auf, während im Inneren die Bezugnahme auf die Hagia Sophia und die orthodoxe Tradition unübersehbar ist. Das Bildprogramm der Kirche erzählt ihrem Namen entsprechend vom Erlöser, im Außenportal wie im Innenraum, vor allem im Christusmosaik in der Apsiskuppel. Hier steht nicht der Gekreuzigte, sondern Christus als Auferstandener und Welterlöser im Mittelpunkt. Das Lichtkreuz in der zentralen Kuppel, umrahmt von den Erzengeln, verdeutlicht diese österliche Botschaft. Die Taufkapelle hinter einer angedeuteten „Ikonenwand" verschmilzt protestantische und orthodoxe Tradition. Heute ist es im Alltag ein „Raum der Stille".

Vollbesetzte Erlöserkirche während eines Konzerts

Die Flörsheimer Galluskonzerte

Sie finden seit über 25 Jahren in der Kirche von 1666 statt, ein Saalbau mit einschiffiger großzügig dimensionierter Halle, die 1766 – 1768 erweitert und barock ausgeformt wurde. Dabei fallen dem künstlerischen Blick besonders die Kanzel, die hoch liegende Stuckdecke mit den Deckengemälden und das geradezu majestätisch imponierende Ensemble der Altäre auf.

1980 wurde in der 1953 zur Stadt erhobenen industriegeprägten Gemeinde Flörsheim eine Konzert-Tradition begründet, die nun über 25 Jahre in der Galluskirche besteht. Mit Hilfe namhafter Fachleute der Musik, der unmittelbaren Unterstützung kommunaler Träger wie dem Main-Taunus-Kreis und der Stadt Flörsheim sowie wohlwollender Sponsoren leistet sie eine zukunftsweisende Kulturarbeit. Diese basiert auf der bisherigen musikalischen Arbeit des katholischen Kirchenchors und der Bereitschaft überregional bekannter Musikprofessoren wie Alois Ickstadt und Alois Kottmann sowie des Galluskantors Eugen Grossmann. Der künstlerische Beirat, zu dem später eine Reihe bedeutender Mitstreiter wie der bedeutende Organist Edgar Krapp hinzukamen, führte die Konzerte mit dem Figuralchor aus Frankfurt sowie bekannten Orchestern und Solisten zu überregional beachtetem Erfolg.

Der programmatische Rahmen und die Praxis der Konzertreihe erweiterte sich bald um interessenfördernde Initiatoren wie Werkstatt-Projekte und Jugendseminare. Die dem Kirchenbau adäquaten Barockmusiken von Bach, Händel und Haydn wurden schon bald ergänzt mit klassischen Werken (Mozart, Beethoven) und Kompositionen aus der Romantik (Mendelssohn, Schubert, Schumann etc.) und Darbietungen modernerer Komponisten von Reger, Liszt und Bruckner bis César Frank, Gabriel Fauré, Prokofiew, Janaczek und Kurt Hessenberg.

Das musikalische Profil der Flörsheimer St. Gallus-Konzerte wird entscheidend begünstigt durch die auf den spätbarocken Innenraum abgestimmte Orgel von Johann Jakob Dahm aus dem Jahr 1709.

Der musikalische Beirat sorgte dafür, dass die Flörsheimer Galluskonzerte ein fester Bestandteil großer musikalischer Aufführungen im südhessischen Raum wurden. Sie sind bis heute ein herausragender Beweis kultureller Eigenständigkeit im Maintaunus-Vorland, die ihren Platz zwischen den Kultur-Hochburgen Mainz/Wiesbaden im Westen und Frankfurt a.M. im Osten behaupten. Dieser Arbeit ist auch in Zukunft jene Unterstützung zu wünschen, die eine kulturell hochstehende Antwort im Untermaingebiet gibt auf die wirtschaftlich und gesellschaftlich hoch entwickelten Angebote der profanen verstädterten Umwelt.

Flörsheimer Galluskirche

Generalprobe zu: Johann Sebastian Bach Messe h-Moll, BWV 232 am 24.5.1987 mit: Collegium Instrumentale Alois Kottmann und Figuralchor Frankfurt. Dirigent: Alois Ickstadt

Anton Burger: Winterliche Straße in Kronberg, 1874

Anton Radl, künstlerischer Entdecker des Taunus

Schon um 1800 hatten Maler den Taunus als Motivgeber für ihre Kunst entdeckt, so z. B. Anton Radl, von dem auch die Gemälde „Ruine Sonnenberg bei Wiesbaden“ (s. S. 105), „Bad Homburg vor der Höhe“ (s. S. 215), „Schlangenbad“ (s. S. 146) und „Taunuslandschaft mit Kronberg“ (s. S. 188/189) stammen. Der Maler und Kupferstecher Anton Radl (1774 – 1852) geriet unberechtigterweise nahezu in Vergessenheit. Er war ein Zeitgenosse von Caspar David Friedrich und hat schon vor dem Entstehen der Kronberger Malerkolonie in wohltuender Schlichtheit Taunusmotive aufgegriffen. 1744 in Wien geboren, hat er seine künstlerische Laufbahn als Mitarbeiter bei dem Verlag Johann Georg Prestel in Frankfurt gestartet. Er schuf eine Grundlage für spätere Malerge-nerationen, die sich der Bildwürdigkeit des Taunus vergewisserten, vor allem in der Kronberger Malerkolonie. Dabei verbindet er das vorhandene traditionelle Bildschema der überwiegend idyllischen Phantasie-Landschaften mit einer realistischen Wahrnehmungsweise, ohne ganz der Idealisierung zu entgehen. Er suchte und fand seine Motive nicht in der Ferne Italiens und des Mittelmeerraums, sondern unmittelbar vor der Haustüre, insbesondere im Raum zwischen Wiesbaden und Bad Homburg.

Jakob Fürchtegott Dielmann: Treppenaufgang an der Eichengasse in Kronberg, 1865

Die Kronberger Malerkolonie

In Kronberg hatte sich von Mitte des 19. bis in die Mitte des 20. Jahrhunderts eine Malergruppe ganz oder vorübergehend angesiedelt. Dieser gelang es, die herrlichsten Motive aus der Landschaft und der Stadt Kronberg zum Gegenstand ihrer Kreativität mit Pinsel und Palette zu machen. Das damals noch intakte Ackerbürgerstädtchen mit den zwergbäuerlichen Betrieben, mit seinen abschüssigen Straßen, seinen stillen Winkeln, seinen ausgetretenen Treppen, dem Kleinvieh auf den Gassen, den emsigen Handwerkern bei der Arbeit, den Schulkindern, den Festen, dem Jagdtreiben, all diesen Beobachtungen widmeten sie ihre Aufmerksamkeit. Hier konnten sie, angebunden an das Städel'sche Kunstinstitut in Frankfurt, aber abseits des großstädtischen Betriebes, ihren künstlerischen Neigungen unverstellt nachgehen. Fast alle der Kronberger Maler waren Lehrer oder Schüler des berühmten Frankfurter Kunstinstitutes. Ca. 60 Künstler standen innerhalb eines Jahrhunderts in engerer oder weiterer Verbindung mit der Stadt, angefangen mit Jakob Fürchtegott Dielmann und Anton Burger, die eng befreundet waren, bis hin zu Philipp und Emil Rumpf, Hans Thoma, Carl Morgenstern, Philipp Franck und Fritz Wucherer, der 1948 als einer der letzten Maler in Kronberg starb.

Immer wieder haben sie das Städtchen in den Mittelpunkt öffentlichen Interesses gerückt durch Ausstellungen im Museum „Kronberger Malerkolonie“ in der Streitkirche von Kronberg.

Philipp Frank: Blick auf Kronberg mit dem Altkönig, 1916

Der Maler Hans Thoma im Taunus

Einer der ganz großen „Taunus-Maler" war Hans Thoma (1839 – 1924). Er stammte aus Bernau im südlichen Schwarzwald. Dieser um das Hochrheintal erweiterten Heimat blieb der Künstler trotz langer Abwesenheit auch in seiner Malerei treu. Von einem kunstverständigen jungen Lehrer beeinflusst, ging er den Ausbildungsweg über die Akademien Karlsruhe und Düsseldorf. In Paris begegnete er Courbet und fand in München zum Umkreis um Leibl, Böcklin und Steinhausen. In Frankfurt verbrachte er 20 Jahre seines reifenden und fruchtenden Schaffens am Städel'schen Kunstinstitut.

In dem behaglichen Haus Taunusstraße 25 in Oberursel verlebte Hans Thoma glückliche Malersommer, wobei zauberhafte Skizzen entstanden. Ein beeindruckendes Raumerleben in den sanft verschwingenden Hügeln, den lieblichen Tälern, den Äckern, Wiesen und Bächen am Hochtaunusrand wurde zum Nährboden seiner Kunst. Hans Thoma sieht die Taunuslandschaft in mehreren größeren Gemälden nicht als heroische Naturzone im klassischen Sinn. Er beschreibt mit Pinsel und Farben eine wunderbare Intensität der Stille aus innerem Erleben, völlig undramatisch und ohne Pathos. In den Vordergrund der abwechslungsreichen, aber harmonisch gefügten Landschaft stellt er oft einen Gegenstand, wie einen Pflug oder eine Person, z.B. einen ins Tal und auf Berge schauenden, ausruhenden Wanderer, der den Bildbetrachter gleichsam mit in das Raumerleben hineinzieht.

Gerade hatte er beschlossen, sich der Kronberger Malerkolonie ganz zuzuwenden, da wurde er 1899 als Galeriedirektor nach Karlsruhe berufen. Hier ließ er sich vorurteilsfrei von den Futuristen beeindrucken, denen die Traumwelt der Farben bei aller Auflösung der Objekte näher war als das Kopieren der Natur. In Oberursel wurde für Hans Thoma im Vortaunusmuseum eine Gedächtnisstätte eingerichtet.

Hans Thoma
Taunuslandschaft, 1890

Ein Motiv aus Usingen

Fritz Wucherer (1873 – 1948) steht am Ende der Kronberger Malerkolonie. Er nimmt von Südwesten den wuchtigen landschaftsbestimmenden Usinger Kirchturm zentral ins Visier, der wie ein Fingerzeig Gottes aus dem Fels herausragt. Von dem Wiesentälchen des Schleichenbachs geht man mit ihm über ein Holzbrückchen auf einem sich hinschlängelnden Weg hinauf zu der betont starken Baumgruppe des alten Kirchhofs, ohne den Stadtgebäuden eine besondere Aufmerksamkeit zu widmen.

Eine ganz andere Malidee findet sich z. B. bei Friedrich Kaltwasser (1889 – 1962) aus Riedelbach, dem Maler des Feldberggebietes, und bei Rudolf Arzt (1915 – 1993), der seine letzten Jahre in Usingen verbrachte. Beide bevorzugen den Blick von Südosten. Auch hier hat die Laurentiuskirche mit Turm und Dachbereich eine beherrschende Funktion. Aber sie versammelt um sich wie unter ihren Fittichen schützend die Altstadtgebäude mit ihrer je eigenen Note. Rudolf Arzt wählt bewusst die nach Wärme und Geborgenheit verlangende winterliche Atmosphäre über dem Bachtal, das einmal Weiher und belebte Bleichwiese der Usinger Tuchmacher gewesen war.

Fritz Wucherer: Usingen, 1920

Rudolf Arzt: Usingen, 1984

Begegnungsstätte zwischen Goethe und Charlotte Buff in dem ehemaligen Jagdhaus in Volpertshausen

Dichter, Sagen und Mythen

Goethe und Wetzlar

Mit seinem ersten „Bestseller" („Die Leiden des jungen Werthers") machte Goethe auch den nördlichen Teil des Taunus mit Wetzlar und dem Lahntal geographisch bekannt. Er hospitierte vom 10. Mai bis zum 10. September 1772 am Reichskammergericht in Wetzlar, lernte am 9. Juni 1772 in dem damals nassauischen Jagdhaus in Volpertshausen auf einem Ball seiner Großtante die hübsche 19-jährige Charlotte Buff kennen. Sie war die Tochter des Amtsmanns des Deutschordens (Heinrich Adam Buff). Der junge Goethe verliebte sich leidenschaftlich und unglücklich in das mit seinem befreundeten Mitarbeiter am Gericht, dem Gesandtschaftssekretär J. G. Ch. Kestner, verlobte Mädchen. In seiner gefühlsstarken Erzählung lässt er „seinen" Werther über das Wetzlar nahegelegene Garbenheim (im „Werther" heißt es Wahlheim) sagen, was er selbst damals für Lotte empfand: *„Du kennst mein Wahlheim … Dort habe ich nur ein halbe Stunde zu Lotten … Hätt' ich gedacht, als ich mir Wahlheim zum Zwecke meiner Spaziergänge wählte, dass es so nahe am Himmel läge!"*

Das Goethe-Denkmal im Usatal

Das Denkmal steht am Haupteingang des Schlosses in Ziegenberg an der B 275

Am westlichen Ortseingang von Ziegenberg steht ein bescheidenes Denkmal, das kein Geringerer als Goethe entworfen hat. Ursprünglich befand sich das Monument des „dreifach gefesselten Glücks" auf der Terrasse des im letzten Krieg zerstörten Schlosses auf der Bergkuppe. In der Goethezeit gehörte das Schloss dem mit dem Dichterfürsten gut bekannten Baron Wilhelm Christoph Diede zum Fürstenstein. Als Diplomat in dänischen Diensten in Berlin und London beschäftigte sich der Baron unter anderem mit Gartenanlagen. Goethe war sogar bei seinen landschaftsästhetischen Planungen im Bereich des zur Usa herabziehenden Forbaches beteiligt, was ihm offensichtlich lokale Hinweise zu seinem Roman „Die Wahlverwandtschaften" gab.

Der Baron Diede lebte im Gegensatz zu den Personen in Goethes Roman mit seiner Schwester und seiner über alles geliebten Frau in einer vorbildlichen Harmonie in Ziegenberg. Dies bewog den Dichter, das Denkmal zu entwerfen, vom Weimarer Hofbildhauer herstellen zu lassen und nach Ziegenberg zu schicken. Dementsprechend lautet die Inschrift:

DEM DREIFACH GEFESSELTEN GLÜCKE
WIDMET DANKBAR DER GATTE
WIDMET DER BRUDER DEN STEIN

Das Denkmal besteht aus einem sich nach oben verjüngenden dreiseitigen Postament. Auf ihm ruht eine Art Wolkengebilde, von dem eine Glückskugel getragen wird, die an der oberen Rundung zwei kleine Flügel hat. Drei Rosengirlanden lagern sich über die Kugel und hängen nach den drei Ecken des Tragsteins herab. Das Glück ist gefesselt und zwar dreifach durch die Liebe der drei genannten Personen, der Gattin, der Schwester und des Bruders.

Hölderlin in Bad Homburg

Zum Gedächtnis an Friedrich Hölderlin wurde im Kurpark von Bad Homburg 1883 ein Denkmal errichtet. Einer der größten deutschen Dichter in der Natur-, Landschafts-, Freundschafts-, Liebeslyrik, vor allem aber in seinen von der Antike inspirierten idealistischen Hymnen, hatte 1796 eine Hauslehrerstelle in der Familie Gontard in Frankfurt angenommen. Dort wurde ihm allerdings seine Liebe zur Sousette Gontard, seiner „Diotima", zum Verhängnis. 1778 fand er, aus Frankfurt flüchtend, bei seinem in der Hessen-Homburgischen Staatsverwaltung an führender Stelle tätigen Freund Isaac von Sinclaire eine Unterkunft.

In der ästhetisch schönen Landschaftsharmonie des Vordertaunus versuchte er, neue Kraft zu schöpfen bei Wanderungen. Dabei faszinierte ihn immer wieder der in die Ferne über Frankfurt hinaus schweifende Blick – sozusagen ins Unendliche. In Homburg schrieb er den zweiten Teil seines Briefromans „Hyperion" und das Trauerspiel „Der Tod des Empedokles" als fragmentarischen Versroman. Bei seinem zweiten Aufenthalt 1804 in Bad Homburg vermittelte ihm sein Freund Isaac von Sinclaire sogar die Stelle als „Hofbibliothekar", die er aber wegen seiner beginnenden Geisteskrankheit nicht mehr ausüben konnte. Bis zu seinem Tod 1843 lebte Hölderlin sozusagen als Pflegefall in Tübingen.

Die Eichbäume im Taunus

Aus den Gärten komm ich zu euch, ihr Söhne des Berges!
In den Gärten, da lebt die Natur, geduldig und häuslich,
Pflegend und wieder gepflegt, mit den fleißigen Menschen zusammen,
Aber ihr, ihr Herrlichen! Steht wie ein Volk von Titanen
In der zahmeren Welt, und gehört nur euch und dem Himmel,
Der euch nährt und erzog, und der Erde, die euch geboren.
Keiner von euch ist noch in die Schule der Menschen gegangen,
Und ihr drängt euch, fröhlich und frei, aus der kräftigen Wurzel
Untereinander herauf und ergreift, wie der Adler die Beute,
Mit gewaltigem Arme den Raum, und gegen die Wolken
Ist euch heiter und groß die sonnige Krone gerichtet.
Eine Welt ist jeder von euch, wie die Sterne des Himmels
Lebt ihr, jeder ein Gott, in freiem Bunde zusammen …

Friedrich Hölderlin

Die Lyrikerin Caroline von Günderode

Man übersieht es leicht, das bescheidene Grabmal an der Friedhofsmauer in Winkel im Rheingau. Die früh vollendete Dichterin war mit der Schwester von Clemens Brentano, der hochbegabten Bettina Brentano, eng befreundet. Die Brentanos besaßen in Oestrich-Winkel ein ansehnliches Weingut.

Caroline von Günderode stand in ihrem schriftstellerischen Wirken noch ganz unter dem Einfluss der Klassik. Als 24-Jährige verliebte sie sich in den Heidelberger Philosophen und Altertumsforscher Friedrich Creutzer. Dieser liebte sie ebenfalls, vermochte sich aber nicht von seiner Frau zu trennen und sagte sich nach zwei qualvollen Jahren der Unentschlossenheit von Caroline los. Die unglückliche, zu großen Hoffnungen berechtigende Dichterin hat sich 1806 am Ufer des Rheinstroms durch einen Dolchstoß ins Herz selbst den Tod gegeben. Sie kam zu der Überzeugung: „Die Erde ist mir Heimat nicht geworden". Ihre Jugendfreundin Bettina Brentano, später verheiratet mit Achim von Arnim, verfasste ihre wohl bedeutendste Schrift „Die Günderode", womit ein literaturhistorisch wichtiger Beitrag zur späteren Romantik geleistet wurde. Aus dem Klagelied der Caroline von Günderode seien aufschlussreiche Verse zitiert.

Grabmahl der Caroline von Günderode

Die eine Klage

Wer die tiefste aller Wunden
hat in Geist und Sinn empfunden,
bittrer Trennung Schmerz;
wer geliebt, was er verloren,
das geliebte Herz,

der versteht in Lust die Tränen
und der Liebe ewig Sehnen
eins in Zwei zu sein,
eins im anderen sich zu finden,
daß der Zweiheit Grenzen schwinden
und des Daseins Pein.

Wer so ganz in Herz und Sinnen
konnt' ein Wesen lieb gewinnen,
oh! den tröstet's nicht,
daß für Freuden, die verloren,
neue werden neu geboren:
Jene sind's doch nicht.

Das geliebte, süße Leben,
dieses Nehmen und dies Geben,
Wort und Sinn und Blick,
dieses Suchen und dies Finden
dieses Denken und Empfinden
gibt kein Gott zurück.

Caroline von Günderode

Auf dem Rossert

Von dem Rossert, dicht bewaldet,
Schaue ich ins Land hinab,
Und das Bild, das sich entfaltet,
Lockt mir neuen Jubel ab ...

... Und es schauen ernst die Reste
Alter Ritterburgen drein
Hie(r) die Falkensteiner Feste,
Dort die Feste Königstein.

Und des Altkings Felsenriffe
Ragen aus dem Gipfelmeer,
Und die schweren Wolkenschiffe
Schwimmen bangen Zugs daher.

Und die Stirne glanzumflossen,
taucht der Feldberg dort empor,
Sphärenmelodien ergossen
Sich in sein entzücktes Ohr.

Und den Mainstrom seh' ich fließen
Durch ein schönes, liebes Land,
Und die Gegend will ich grüßen,
Wo einst meine Wiege stand!

Heimatland und Kindertage!
Lieber Boden! Goldne Zeit!
Wie ich euch im Herzen trage!
Wie ihr mir so teuer seid!

Friedrich Stoltze

Taunus

zwischen himmel und erde
schlafen die blauen berge
des taunus
und sind doch immer
wach
abglanz
echo
der ewigkeit

Olivia Kroth

Homburg vor der Höhe, Gemälde von Anton Radl um 1820

„Brunhildisfelsen" auf dem Großen Feldberg

Der Brunhildisfelsen

Die folgenschwere Episode der Erlösung Brunhildis (Sagenkreis der Nibelungen) wird auf dem Feldbergplateau lokalisiert. Schon in der Bardo-Urkunde von 1043 ist in einer Grenzbeschreibung vom Brunhildisbett („Lectulus") die Rede. An der nach ihr benannten Felsgruppe soll der vom Niederrhein (Xanten) stammende Held Siegfried die Waberlohe des teuflischen Loki durchbrochen und die verzaubert schlafende Brunhild geweckt und befreit haben. Da sie als spätere Gattin des Burgunderkönigs Gunter, auf Krimhild eifersüchtig, den Mord an Siegfried veranlasst hatte, bewirkte sie schließlich den Untergang der Nibelungen.

1) Bode, Helmut: Zwischen Main und grünen Taunusbergen, Märchen und Geschichten, Frankfurt 1953

2) Adam, G. H.: Seltsame Geschichten aus dem Solmser Land, Masch. Schr.

3) Ernst, E.: Mühlen im Wandel der Zeiten, Stuttgart 2005, S. 168

4) ebd., S. 221

Die Altkönig-Sagen [1)]

Auch dieser markante Taunusberg mit seinen Ringwällen um den Gipfel ist von vielen Sagen umwoben. Helmut Bode hat sie ausführlich überliefert. Die Kelten nannten den Berg „Alkin", was so viel wie „Höhe" bedeutet. Aus der zweiten Silbe wurde später „King" oder „König". Von Ariovist, dem germanischen Heerführer der Sueben, wird berichtet, dass er hier seinen Sitz gehabt habe und mit seinen Schätzen tief in der Erde des Gipfels ruhe. Diese Schätze sollen durch Berggeister gehütet werden. Viele Schatzgräber haben es versucht, sie zu heben. Sie wurden aber immer wieder von unsichtbaren Händen durch einen Steinhagel vertrieben.

Einst hatte der Schäfer von Falkenstein durch ein kleines Männlein einen Zugang in den Berg gefunden. Er sah unendlich viele Schätze: Gold, Silber, Edelsteine, die Kisten und Truhen übervoll. Eine schlafende Jungfrau hielt in der Hand eine Schlüsselblume. Der Schäfer durfte sich mit den wunderbaren Schätzen die Säcke füllen. Das Männlein aber warnte ihn und sagte: „Vergiss das Beste nicht", doch der Schäfer in seiner Habgier eilte schnell an das Tageslicht, da schlug die Türe krachend hinter ihm zu. Angekommen bei seiner Herde, fand er die Taschen jedoch leer oder nur Häcksel darin statt Gold- und Silberstücke. Er hatte vergessen, die Schlüsselblume in der Hand der schlafenden Jungfrau, den Schlüssel, mitzunehmen. Niemals fand er mehr die Tür, nur gewaltige Steinhaufen und Felsen.

Das ist nur eine von vielen Sagen und Erzählungen um den Altkönig und Fuchstanz.

Das Elslein von Kaub

Jedes Jahr wird zum Andenken das „Elslein von Kaub" am Winzerfest in Kaub gewählt und auch in einem Theaterstück dargestellt. Dieser Brauch geht zurück auf eine Begebenheit aus dem Jahr 1540. Die Tochter eines Geschützgießermeisters hatte sich in einen Gießergesellen verliebt. Der allzu strenge Vater verwies deswegen seine Tochter des Hauses. Der Geselle war in die Welt hinausgezogen und als tüchtiger Meister zurückgekehrt.

Die Rhein-Pfalz bei Kaub

Dies geschah, als Kaub gerade belagert wurde. In dem Rheinstädtchen mangelte es an Kanonen. Der alte Meister verstand den rechten Guss nicht herzustellen. Da sprang der ehemalige Gießergeselle helfend ein und konnte so den Meister versöhnen.

Die auf der anderen Rheinseite lebende Tochter des Geschützgießermeisters, Else Weltzer, hatte erfahren, dass ihr Geliebter nach Kaub zurückgekehrt war. Sie wollte wieder in ihre Heimatstadt zurück. Dies gelang ihr deshalb nicht, weil am anderen Ufer das Städtchen von Feinden belagert war. Sie traf aber auf Entsatztruppen, die den Weg durch die Klippen des Flusses nicht finden konnten. Sie ließ sich als Soldat verkleiden und anwerben und konnte die Befreiungstruppe des Nachts sicher durch den Rhein führen und so ihre Vaterstadt befreien; für die beiden Liebenden ein glückliches Ende.

Braunfels im Nebel

Das „Blutloch" [2)]

Es handelt sich um eine gespenstische Geschichte von einer Felsnische in den Grundmauern des alten Braunfelser Burgberges. Dort soll die „Graue Frau" umgehen. Ihr Mann, ein armer Bediensteter auf der Burg, hatte in der üppig gefüllten Speisekammer ein paar Bissen für seine oft hungernden vier Kinder entwendet. Ihm sollte die Schwurhand, die rechte Hand, abgehackt werden. Vorläufig schmachtete er aber in dem 8 m tiefen Verlies, dem „Hungerloch".

Auf unerklärliche Weise war er eines Tages – wahrscheinlich mit Hilfe von Freunden – verschwunden. Dafür kamen seine vier unschuldigen Kinder in das „Hungerloch". Die verzweifelte Mutter grub sich in langen Nächten unterirdisch an das Verlies heran, das aber bei der Öffnung der Mauer einstürzte, so dass die Kinder getötet wurden. Die Frau bekam von einer Sekunde zur anderen weißgraue Haare. Nur schwach sickerte das Blut der Getöteten aus der Nische. Aus dem „Hungerloch" war ein „Blutloch" geworden. Die „Graue Frau" soll nach Einbruch der Dunkelheit als Geist in den alten Gassen des Burgstädtchens umgehen, um sich wieder vier Kinder zu holen, Grund genug für die kleinen Braunfelser, abends rechtzeitig daheim zu sein.

Das Jammertal [3)]

Von den acht bis zehn verschiedenen Namendeutungen sei nur auf die Sage von der Liebe des jungen Grafen von Katzenelnbogen und der schönen Müllerin drunten im Dörsbachtal verwiesen. Überschattet wird das junge Glück vom Abschied des Recken zu einer Kriegsfahrt. Völlig verdunkelt wird die große Liebe jedoch, aus der ein Söhnlein hervorgegangen ist, als der Adlige mit einer standesgemäßen Dame zurückkehrt und diese heiratet. Eine erneute schicksalhafte Begegnung an der Waldquelle, dem Ort ihrer ersten Liebe, führt zum Verzweiflungswahn der Müllerstochter, zum gewaltsamen Tod an ihrem Kind und zum Verlust ihrer Sinne. Dieser Jammer führte auch zum Untergang der Mühle, von der nur noch ein trostloses Gemäuer zeugt.

Die Wisperstimme [4)]

Ludwig Bechstein erzählt von dem geheimen Wissen um verborgene Schätze, auf denen kein Segen ruht. In einer Mühle im Wispertal hörte die Müllerin eine Stimme, die ihr Hoffnung auf einen Schatz im Turm der alten Burg machte. Der Müller wollte davon nichts hören, aber die Stimme, die Wisperstimme, ließ der Frau keine Ruhe. Als der Müller lange bei der Reparatur eines Wehrs in der Wisper zu tun hatte, konnte die Frau der Versuchung nicht widerstehen. Als er heimkam, fand er seine Frau nicht, sie war mit ihrem jüngsten Kind wie vom Erdboden verschwunden. Er begab sich auf die Suche. Das wimmernde Kind verriet ihn in der Öffnung eines halb verfallenen Turmgewölbes, wo seine Frau sein könnte. Er fand sie dort in dem tiefen Turmgewölbe fast leblos am Boden liegen. Später erzählte sie, was sie eigentlich nicht tun sollte, von einem großen Kasten in dem Berg, in dem blankes Gold lag. Von da an wurde die Müllerin schwer krank und starb nach drei Tagen. Es war die Rache des Berggeistes.

Laukenmühle mit Burgruine im Wispertal

Die Loreley

Eichendorffs „Waldgespräch“ führt in den geheimnisvoll gefährlichen Wald der Romantiker. Die Doppelgesichtigkeit der guten Fee und der verderblichen Hexe, wie im Märchen vom Dornröschen oder der Frau Holle, tritt uns auch in der Loreley entgegen. Was inhaltlich hinter der Sage von der schönen Fee steckt, beschreibt die Ballade von Clemens von Brentano. Heinrich Heine formte daraus ein Volkslied.
In der klassischen Elementarisierung trifft er, was das Herz der Menschen berührt, etwas direkt Identifizierbares. Friedrich Silcher schafft mit seiner adäquat empfundenen Melodie zusammen mit Heine etwas Vollkommenes daraus, Volkspoesie. Erich Kästner persifliert die spätere kitschige Nationalromantik und lässt den Volkshelden ins Boden- und Bedeutungslose stürzen.

Die felsige Engstelle (s. S. 36 f. und 74 f.) hatte schon im 13. Jahrhundert der Meistersinger Marner als Ort des Nibelungenschatzes beschworen.

Waldgespräch von Joseph von Eichendorff

*Es ist schon spät, es wird schon kalt,
was reitst du einsam durch den Wald?
Der Wald ist lang, du bist allein,
du schöne Braut! Ich führ' dich heim!*

*„Groß ist der Männer Trug und List,
vor Schmerz mein Herz gebrochen ist,
wohl irrt das Waldhorn her und hin,
o flieh! Du weißt nicht, wer ich bin.“*

*So reich geschmückt ist Roß und Weib,
so wunderschön der junge Leib,
jetzt kenn' ich dich – Gott steh' mir bei!
Du bist die Hexe Lorelei.*

*„Du kennst mich wohl – von hohem Stein
schaut still mein Schloß tief in den Rhein.
Es ist schon spät, es wird schon kalt,
kommst nimmermehr aus diesem Wald!“*

Loreley von Clemens Brentano

*Zu Bacherach am Rheine
wohnt' eine Zauberin,
die war so schön und feine
und riß viel Herzen hin.*

*Und machte viel zuschanden
der Männer rings umher,
aus ihren Liebesbanden
war keine Rettung mehr!*

*Der Bischof ließ sie laden
vor geistliche Gewalt
und mußte sie begnaden,
so schön war ihr' Gestalt.*

*Er sprach zu ihr gerühret:
„Du arme Lore Lay!
Wer hat dich denn verführet
zu böser Zauberei?“*

*„Herr Bischof, laßt mich sterben,
ich bin des Lebens müd,
weil jeder muß verderben,
der meine Augen sieht!*

*Die Augen sind zwei Flammen,
mein Arm ein Zauberstab –
o schickt mich in die Flammen,
o brechet mir den Stab!“*

*Ich kann dich nicht verdammen,
bis du mir erst bekennt,
warum in deinen Flammen
mein eignes Herz schon brennt!*

*Den Stab kann ich nicht brechen,
du schöne Lore Lay!
Ich müßte denn zerbrechen
mein eigen Herz entzwei!*

*„Herr Bischof, mit mir Armen
treibt nicht so bösen Spott
und bittet um Erbarmen
für mich den lieben Gott.*

*Ich darf nicht länger leben,
ich liebe keinen mehr, –
den Tod sollt Ihr mir geben,
drum kam ich zu Euch her!*

*Mein Schatz hat mich betrogen,
hat sich von mir gewandt,
ist fort von mir gezogen,
fort in ein fremdes Land.*

*Die Augen sanft und wilde,
die Wangen rot und weiß,
die Worte still und milde,
das ist mein Zauberkreis.*

*Ich selbst muß drin verderben,
das Herz tut mir so weh,
vor Schmerzen möchte' ich sterben,
wenn ich mein Bildnis seh'.*

*Drum laßt mein Recht mich finden,
mich sterben wie ein Christ,
denn alles muß verschwinden,
weil er nicht bei mir ist!“*

*Drei Ritter läßt er holen:
„Bringt sie ins Kloster hin!
Geh, Lore! Gott befohlen
sei dein berückter Sinn!*

*Du sollst ein Nönnchen werden,
ein Nönnchen schwarz und weiß,
bereite dich auf Erden
zu deines Todes Reis'!“*

*Zum Kloster sie nun ritten,
die Ritter alle drei
und traurig in der Mitten
die schöne Lore Lay.*

*„O Ritter, laßt mich gehen
auf diesen Felsen groß,
ich will noch einmal sehen
nach meines Lieben Schloß.*

*Ich will noch einmal sehen
wohl in den tiefen Rhein
und dann ins Kloster gehen
und Gottes Jungfrau sein!“*

*Der Felsen ist so jähe,
so steil ist seine Wand,
doch klimmt sie in die Höhe,
bis daß sie oben stand.*

*Es binden die drei Reiter
die Rosse unten an
und klettern immer weiter
zum Felsen auch hinan.*

*Die Jungfrau sprach: „Da gehet
ein Schifflein auf dem Rhein,
der in dem Schifflein stehet,
der soll mein Liebster sein!*

*Mein Herz wird mir so munter,
er muß mein Liebster Sein!“ –
Da lehnt sie sich hinunter
und stürzet in den Rhein.*

*Die Ritter mußten sterben,
sie konnten nicht hinab;
sie mußten all' verderben,
ohn' Priester und ohn' Grab!*

*Wer hat dies Lied gesungen?
Ein Schiffer auf dem Rhein,
und immer hat's geklungen
von dem Dreiritterstein:*

*Lore Lay!
Lore Lay!
Lore Lay!
Als wären es meiner drei!*

Die Lorelei von Heinrich Heine

*Ich weiß nicht, was soll es bedeuten,
daß ich so traurig bin;
ein Märchen aus alten Zeiten,
das kommt mir nicht aus dem Sinn.*

*Die Luft ist kühl und es dunkelt,
und ruhig fließt der Rhein;
der Gipfel des Berges funkelt
im Abendsonnenschein.*

*Die schönste Jungfrau sitzet
dort oben wunderbar;
ihr goldnes Geschmeide blitzet,
sie kämmt ihr goldenes Haar.*

*Sie kämmt es mit goldenem Kamme
und singt ein Lied dabei;
das hat eine wundersame,
gewaltige Melodei.*

*Den Schiffer im kleinen Schiffe
ergreift es mit wildem Weh;
er schaut nicht die Felsenriffe,
er schaut nur hinauf in die Höh'.*

*Ich glaube, die Wellen verschlingen
am Ende Schiffer und Kahn;
und das hat mit ihrem Singen
die Lore-Ley getan.*

Der Handstand auf der Loreley von Erich Kästner

(nach einer wahren Begebenheit)

*Die Loreley, bekannt als Fee und Felsen,
ist jener Fleck am Rhein, nicht weit von Bingen,
wo früher Schiffer mit verdrehten Hälsen,
von blonden Haaren schwärmend, untergingen.*

*Wir wandeln uns. Die Schiffer inbegriffen.
Der Rhein ist reguliert und eingedämmt.
Die Zeit vergeht. Man stirbt nicht mehr
beim Schiffen,
bloß weil ein blondes Weib sich dauernd
kämmt.*

*Nichtsdestotrotz geschieht auch heutzutage
noch manches, was der Steinzeit ähnlich sieht.
So alt ist keine deutsche Heldensage,
daß sie nicht doch noch Helden nach sich zieht.*

*Erst neulich machte auf der Loreley
hoch überm Rhein ein Turner einen Handstand!
Von allen Dampfern tönte Angstgeschrei,
als er kopfüber oben auf der Wand stand.*

*Er stand, als ob er auf dem Barren stünde.
Mit hohlem Kreuz. Und lustbetonten Zügen.
Man frage nicht: Was hatte er für Gründe?
Er war ein Held. Das dürfte wohl genügen.*

*Er stand verkehrt im Abendsonnenscheine.
Da trübte Wehmut seinen Turnerblick.
Er dachte an die Loreley von Heine.
Und stürzte ab. Und brach sich das Genick.*

*Er starb als Held. Man muß ihn nicht beweinen.
Sein Handstand war vom Schicksal überstrahlt.
Ein Augenblick mit zwei erhobnen Beinen
ist nicht zu teuer mit dem Tod bezahlt!*

*P.S. Eins wäre allerdings noch nachzutragen:
Der Turner hinterließ uns Frau und Kind.
Hinwiederum, man soll sie nicht beklagen.
Weil im Bezirk der Helden und der Sagen
die Überlebenden nicht wichtig sind.*

Schulen, Akademien, Museen

In einer nur auf knappen Überblick angelegten landeskundlichen Betrachtung zu Bildungseinrichtungen im Taunus kann nur das exemplarische Prinzip gelten. Alle Schularten können bei all ihrer Fundamentalbedeutung nicht angesprochen werden. Der Bildungssektor ist außerdem weitgreifender. Er lenkt über die Funktion der Schullandheime auf die Pädagogik der Berufsfortbildung bis zur Volksbildung, wobei sich einer ihrer besten Vertreter aus dem Taunus, Adolf Reichwein, als Reformpädagoge bleibende Verdienste erwarb. Spezialisierte Bildungsarbeit leisten die hierzulande bekannten Fachhochschulen, die kirchlichen Akademien und die Institution von Universitätsrang im Schloss Reichhardshausen. Nicht zu unterschätzen sind die außerschulischen Lernorte der Museen, meist mit großer Liebe zur Sache eingerichtet und fruchtbar gemacht durch museumsdidaktisch geschultes Personal.

Max-Ernst-Schule in Weilrod-Riedelbach

Ehemalige Schule in Niederems

Die Schulgeschichte des Dörfchens Riedelbach hat viele Ähnlichkeiten mit denen der meisten Taunusgemeinden. Bis 1835 musste für die Kinder der beschwerliche Schulweg nach Alt- oder Neuweilnau gegangen werden. Erst 1835 – 1842 wurde ein ortseigenes Schulgebäude errichtet, in dem ab 1871 sogar berufsorientierte Fortbildungskurse angeboten wurden.

1967 kam es an dem Standort Riedelbach zum Bau einer Mittelpunktschule (Grund-, Haupt- und Realschule), welche die Schüler aus dem oberen und mittleren Weiltal, aber auch aus dem oberen Emstal aufnahm. Ihnen standen mehr als 30 Klassenräume zur Verfügung. 1972 wurde die erfolgreiche „Grundschule am Sommerberg" abgetrennt und die Haupt- und Realschule in ihrem Angebot erweitert.

2008 wurde sie als „Max-Ernst-Schule" mit ihrem programmatischen Namen eingeweiht. Der begonnene Weg zu einer Ganztagsschule wird konsequent weiterbeschritten. Die Versorgung im Blick auf Mahlzeiten, Hausaufgabenbetreuung, besondere Förderangebote in Arbeitsgemeinschaften, Berufswahlvorbereitung, Schülermitverantwortung, Spielnachmittage etc., alles findet in einer auch gartengestalterisch hervorragenden Umgebung statt. In einem sehr weit gefassten Fachbereich von bildender Kunst und Sport reicht das Angebot von Wintersport bis Tischtennis und von Theater bis zum Werkunterricht, wobei die Kunst von Max Ernst anregend in den Mittelpunkt gerückt wird. Als nachexpressionistischer Maler, Graphiker, Bildhauer, Collagegestalter etc. war er in den 1930er Jahren auf den Weg der Emigration gezwungen worden und machte in Amerika Karriere. Die großzügig eingerichtete, mit neuen Gebäudeteilen versehene Schule, beeindruckt jeden Besucher durch die an Max Ernst orientierten hervorragenden Schülerarbeiten und ist eine gelungene Symbiose von moderner Architektur und Kunst.

Aula der Hasenberg-Schule in Neu-Anspach

Die Grundschule „Am Hasenberg"

In Neu-Anspach zu Hause, zählt sie zu den pädagogisch erfolgreichsten ihrer Gattung. In dem um 2000 eingeweihten Neubau überrascht eine wohltuende Atmosphäre im Arbeits- und Sozialverhalten bei Schülern und Lehrern. Die gemeinsam mit den Eltern entwickelten Leitsätze wirken sich aus. Die zzt. 380 Kinder lernen, spielen und musizieren in hellen, freundlich gestalteten Räumen. Besonderen Wert legt man auf eine differenzierte Projektarbeit mit dem Ziel der Konzentrationsfähigkeit auf die Problemlösungen. Einzel-, Partner- und Gruppenarbeit wechseln ab. Der PC wird als Arbeitsgerät – auch zur Sicherung im Rechtschreiben – eingesetzt. Freude macht die Mathematikum AG. Auch auf dem musikalischen Sektor fällt die „Hasenbergschule" auf. Eine stark motivierte Cello- und Flötengruppe hat schon große Erfolge verbucht, z. B. bei dem Landeskonzert „Schulen in Hessen musizieren", wo sie sich bis in die Spitzenplätze gespielt hat.

Die Cello- und Flötengruppe bei einem Benefizkonzert in der Anspacher Kirche

Max-Ernst-Schule in Weilrod-Riedelbach, eine hochwertig ausgestattete Ganztaggsschule. Talabwärts schließt sich die Grundschule „Am Sommerberg" an

Adolf Reichwein 1898 - 1944

Der bedeutende Pädagoge war 1898 in Bad Ems zur Welt gekommen. Seine späte Kindheit und seine Jugend erlebte er seit 1904 in Rosbach am Taunus, wo sein Vater als Volksschullehrer wirkte. Adolf Reichwein zählt zu den ethisch, kulturhistorisch und pädagogisch großen Vorbildern, die das NS-System total auslöschen wollte (keine Grabstätte!), weil es freimütige, humane, frieden- und freiheitsstrebende Menschen fürchtete. Reformpädagoge, Volkshochschullehrer, Schriftsteller, Akademieprofessor: Was immer er machte, er tat es mit ganzer Hingabe. Seine politische Arbeit für einen demokratischen, freiheitlichen, gerechten und auf Frieden gerichteten modernen Staat gipfelte im Widerstand gegen den Naziterror. Als führendes Mitglied des Kreisauer Kreises wurde er am 20. Oktober 1944 im Berliner Gefängnis Plötzensee hingerichtet.

Gleich nach der Machtübernahme Hitlers 1933 verlor Adolf Reichwein seine Professur für Geschichte und Staatsbürgerkunde in Halle. Fortan wirkte der Reformpädagoge in einer Art „innerer Emigration" erfolgreich an einer einklassigen Dorfschule in Tiefensee (Barnim) nordöstlich von Berlin. Er motivierte die Schüler zum gemeinsamen Entdecken, zur Wissensfindung, zum Erkennen und Begreifen elementarer Naturvorgänge und zum Verstehen fremder Räume und Menschen (Schülerfahrten). Vom Schauen zum Gestalten („ans Werk setzen") führte er die Kinder zum mitmenschlichen Verhalten, sozialer Verantwortung und Ehrfurcht vor dem Leben (Albert Schweitzer).

Der moderne Pädagoge erwies sich als großer Förderer des Werksunterrichts, auch mit Unterrichtsfilmen und seit 1939 auch als nachhaltiger Impulsgeber der Museumspädagogik (Arbeit am Volkskundemuseum in Berlin). Sein Tun war bestimmt von einer stets „fruchtbaren Begegnung zwischen Bildungssubjekt und Bildungsobjekt", vom Kind und Jugendlichen einerseits mit ausgewählten Gegenständen der umgebenden Welt andererseits.

Reichwein begann nach schlimmen Kriegserlebnissen (1916 – 1918) seinen erfolgreichen Weg Anfang der 1920er Jahre im Sinne fundierter Volksbildung mit einer ersten Arbeitsgemeinschaft von Jungakademikern und Arbeitern. Diese Arbeit wurde aufgenommen in Vier-Wochen-Seminaren in dem Dörfchen Bodenrod im östlichen Taunus. Reichwein vervollkommnete seine Vorhaben durch Studienreisen (Mexiko, USA, Ostasien). Dies führte zu seinem umfangreichen Werk „Rohstoffwirtschaft der Erde". Der begehrte Referent trat 1925 die Nachfolge des berühmten Pädagogen Wilhelm Fliedner in Jena an.

Schließlich wurde er persönlicher Referent des international hochgeachteten preußischen Kultusministers Carl Heinrich Becker. Von dort erreichte ihn der Ruf an die pädagogische Akademie in Halle. Eine sichere Auslandsstelle in Ankara lehnte er ab, er sah nach 1933 seine Aufgabe für Deutschland in Deutschland.

Adolf-Reichwein-Schule in Bad Ems

Die Schule mit besonderen Förderprogrammen hat zu existieren begonnen, als sich Anfang der 1950er Jahre die Einsicht durchsetzte, dass für lernbehinderte Kinder aus der Schiller- und der Freiherr von Stein-Schule in Bad Ems eine heilpädagogische Betreuung hilfreich sei. 1955 konnte die Sonderschule mit heute 80 Kindern, 12 Lehrern und 8 Teilzeitbeschäftigten ihre Arbeit im Sinne Adolf Reichweins – menschlich und methodisch – aufnehmen. Sie trägt den Namen des bedeutenden Reformpädagogen und Widerstandskämpfers Adolf Reichwein, der 1898 in Bad Ems geboren wurde. Mehrere Dutzend Grund- und Hauptschulen, Gymnasien und Gesamtschulen tragen seinen Namen.

Adolf Reichwein stand den Schwächeren gesellschaftlich stets sehr nah. Bei der Sonderschule in Bad Ems versucht man gezielt, spezielle Lernziele zu erreichen. Als Förderschule wendet sie sich vor allem dem Schwerpunkt „Lernen und Lesen" zu. Diese Ganztagsschule basiert auf Qualitätsprogrammen, die nach intensiven Analysen des Schulalltags, des Lernfortschritts und des Sozialverhaltens der Kinder fortgeschrieben werden. Die Nachmittagsbetreuung (Hausaufgaben, kreative Spiele, Freizeitangebote etc.) legt großen Wert auf Zuverlässigkeit – auch für die Eltern. Weil für die meisten Kinder die klassischen Druckerzeugnisse wie Bücher im häuslichen Kontext kaum eine Rolle spielen (zu häufiger Fernseh-, Video- und Computerkonsum) soll vom Sinn des Lesens und der Kulturtechnik des Lesenkönnens überzeugt, individuelle und gemeinsame Lernprozesse gefördert und Lernmotivation geschaffen werden. Neben dem instrumentalen Lernziel „Lesefertigkeit" wird besonderer Wert gelegt auf affektive Lernziele wie Geborgenheit, Lebenstüchtigkeit und verantwortliches Handeln.

PC-Unterricht an der Adolf-Reichwein-Schule in Bad Ems

Gedenktafel in Bodenrod für den großen Pädagogen Adolf Reichwein

Montessori-Schule Friedrichsdorf

2003 wurde in Friedrichsdorf die „Rhein-Main-International Montessori School" (RIMS) gegründet. Neben der Philipp-Reis-Schule ist sie die zweite weiterführende Schule in der alten Hugenottenstadt. Über das „Kinderhaus" und die Grundschule bis zum Gymnasium deckt sie das gesamte Spektrum der Montessori-Pädagogik ab.[1)] Die Schule im alten Philipp-Reis-Gebäude wird von einem gemeinnützigen Verein wirtschaftlich getragen. Das Lehrpersonal, besonders das des Gymnasiums, wird vom staatlichen Schulamt begutachtet. Für die ca. 400 Schülerinnen und Schüler stehen zzt. fast 50 Lehrkräfte aus zehn Nationen zur Verfügung.

1) Montessori, C. (1870 – 1952): Kinder sind anders, Stuttgart 1952

Entspanntes Lernen in der Montessori-Schule

Kreisjugendheim „Hubertus" bei Butzbach-Maibach

Ein Glücksfall ist es, wenn Schulen über ein eigenes Landheim verfügen oder Zugang zu geeigneten „Freizeitheimen" haben. Hier können Schüler in der umgebenden Landschaft Lerngegenständen unmittelbarer begegnen als im Klassenzimmer und ihre Mitschüler ganztägig unverstellter erfahren („Wir-Erlebnis"). Die Freizeit- und Bildungsstätte des Wetteraukreises befindet sich in der waldreichen Randzone des östlichen Hintertaunus zwischen Münster und Bodenrod.

Das Gelände von Schloss Reichartshausen

Unterricht in der EBS für Studierende aus aller Welt

Das Schloss Reichartshausen und die European Business School (EBS)

Direkt am Rhein gelegen wird Schloss „Richardshusen" erstmals im Jahre 1123 als kleine dörfliche Ansiedlung erwähnt und diente den Zisterziensern des nahe gelegenen Klosters Eberbach lange Zeit als Wirtschaftshof inmitten der idyllischen Weinbergslandschaft nahe Oestrich-Winkel im Rheingau.

1635 von den damals eingefallenen Schweden ausgeraubt und zerstört, wurde auf Schloss Reichartshausen 1738 mit dem Wiederaufbau begonnen. So entstanden bis 1742 ein neuer Mitteltrakt sowie Nord- und Südflügel des Schlosses. Außerdem ließ der damalige Abt Adolf Werner von Saalmünster die noch heute größtenteils bestehende Mauer rund um das Gebäude errichten.

Im Zuge der Säkularisierung um 1802 wurde aus dem kirchlichen Besitz weltlicher. Der fiel an das Haus Nassau-Usingen. Bis 1906 wechselte das Schloss einige Male den Besitzer, und jeder Eigentümer fügte dem Anwesen einige neue Gebäudeteile hinzu. So entstanden das Wachhaus im klassizistischen Stil, eine Parkanlage ganz nach englischem Vorbild, Balustraden und Balkone, ein überdachter Innenhof mit zwei aufwendig gestalteten Sandsteintreppen zur Ostseite hin und nicht zuletzt die bekannte künstliche Turmruine oberhalb des Schlosses. Auch im 20. Jahrhundert hatte das Schloss nie lange einen festen Hausherrn. Nach einigen Wechseln erwarb die Fritz Werner Industrie-Ausrüstungen GmbH das Anwesen und begann eine umfassende Restaurierung, um den ursprünglichen Zustand des Gebäudes von 1742 wieder herzustellen. So wurden Terrasse und Treppe im Innenhof entfernt und Altes wieder aufgearbeitet. Seit 1980 beherbergt Schloss Reichartshausen die European Business School (EBS), eine betriebswirtschaftliche Hochschule im Universitätsrang, die sich zum Ziel gesetzt hat, die „Manager von morgen" auszubilden: Führungskräfte mit ausgeprägter Leistungsbereitschaft, internationalen Kompetenzen und einem hohen Grad an Verantwortungsgefühl. Die EBS besitzt Promotions- und Habilitationsrecht und bietet darüber hinaus ein breites Portfolio an Weiterbildungsmöglichkeiten. Eine juristische Fakultät wird in Wiesbaden eingerichtet.

Arbeitskreis auf dem alten Burggelände der EBS

Derzeit bewegen sich mehr als 1.200 Studenten auf dem Campus von Schloss Reichartshausen. Sie werden von 65 Professoren sowie einer Vielzahl an Dozenten unterrichtet und betreut.

Im Jahre 2000 wurde im Zuge der immer größer werdenden Business School ein neues und modernes Hörsaalgebäude nahe des Schlosses errichtet. Das „Walter-Leisler-Kiep-Center" beherbergt neben vier neuen Hörsälen ein großes Forum für Veranstaltungen aller Art sowie die sogenannten „Break-out-Räume" als Rückzugsorte für die Studenten.

Forschung und Lehre in Geisenheim

Geisenheim im Rheingau wurde international bekannt durch seine Forschungsanstalt für Wein- und Kellereiwirtschaft sowie für Obst- und Gartenbau. Später kamen auch Fachgebiete der Landschaftsgestaltung und -pflege dazu. Neben der Grundlagenforschung war das Institut bis 1971 eng verbunden mit der Lehre. Die über Deutschland hinaus bekannte Fachhochschule bot einen Diplom- und Ingenieurabschluss. Seit 1971 wurden Forschung und Lehre getrennt. Die Lehranstalt pflegt ihren weitgehend in Geisenheim beheimateten Standort, wurde aber an die große Fachhochschule Wiesbaden (6 Fachbereiche, 40 Studiengänge) angeschlossen.

Aufbereitung der Rebenstecklinge

Trotz der Trennung blieb die enge Kooperation zwischen Forschungsanstalt und der angewandten Wissenschaft für praxisorientierte Führungskräfte im Garten-, Obst- und Weinbau erhalten. Die interdisziplinäre Forschung an jeweils einem Projekt, verbunden mit Studienangeboten (Bachelor- und Master-Studiengänge) für die angewandte Wissenschaft umfassen folgende Studienbereiche: Weinbau- und Kellereiwirtschaft (Oenologie), Gartenbau und Gartenbauwissenschaft, Landschaftsgestaltung, Umweltmanagement, Infrastrukturplanung sowie Getränketechnologie und internationale Weinwirtschaft.

Die Geisenheimer Institute gehen zurück auf eine Stiftung des Freiherrn von Labe in Verbindung mit der Preußischen Landesregierung 1872. Die Bezeichnung „Königlich Preußische Lehranstalt für Obst- und Weinbau" hat ihren guten Klang gerade auch durch die Neuerungen in Forschung und Lehre, die sich stets an der Spitze der Entwicklung bewegen, bis heute bewahrt.

Vegetationsraum der Rebenveredlungsstation

Techniker-Schule in Weilburg

Die Techniker-Schule in Weilburg

Sie befindet sich in dem Gebäude der ehemaligen kaiserlichen Offiziersschule. Als 1962 das pädagogische Institut, das hier für einige Jahre eingezogen war, an die Justus-Liebig-Universität in Gießen angegliedert wurde, fiel die Entscheidung der Landesregierung, eine Weiterbildungsstätte für Facharbeiter/innen zu „Mittleren Führungskräften" hier einzurichten. 1963 konnte in den Bereichen der praxisorientierten Maschinen-, Elektro-, Chemie-, Medien- und Informationstechnik eine qualifizierte Ausbildung garantiert werden.

Heute stehen mehr als 500 Studienplätze zur Verfügung. Die ca. 40 Dozentinnen und Dozenten führen die Studierenden kontinuierlich an den neuesten Stand der Technik heran. Damit werden gut ausgebildete Vermittler zwischen Theorie und Praxis vielen Betrieben empfohlen.

Kronberg Academy: Ausbildungsinstitution für junge Streicher

Die Kronberg Academy

Was Kronberg im 19. Jahrhundert für die Maler war, das ist es heute in gesteigerter Form für die Musik. In den Mauern der alten Streitkirche (s. S. 174) befindet sich dank einer Stiftung weitsichtiger Sponsoren seit 1993 die private Akademie für Streichinstrumente und ihre Künstler. Sie fördert „Ausnahmetalente" für Cello, Bratsche und Violine. Kronberg genießt heute den Rang eines international bekannten Hochschulstandortes, an dem Meisterschüler bis zur höchsten Weltgeltung ausgebildet werden. Diesen können die „normalen" Musikhochschulen nicht mehr genug an Förderung bieten. Regelmäßig werden in Kronberg Workshops für bereits in großen Konzertsälen der Welt auftretende junge Solisten von bekannten Meistern ihres Faches weiter gefördert. Für diese Meisterkurse auf höchstem Niveau gibt es weltweit keinen Vergleich. Konzerte der Kronberg Academy sind Sternstunden im Kulturleben des Rhein-Main-Gebietes und des Taunus. Mstislav Rostropovich hatte schon 1997 Kronberg als „Welthauptstadt des Cellos" gepriesen.

Evangelische Akademie Arnoldshain

In ihr werden die „Menschen aus allen Gruppen und Berufen gesammelt, um Lebens- und Glaubensfragen im offenen Gespräch zu klären". Unter der biblischen Botschaft suchen gesellschaftsbestimmende Kräfte aus Kunst, Technik, Wirtschaft und Wissenschaft nach der Lösung von Problemen im Blick auf Verstehen, Versöhnen, Gerechtigkeit und Bewahrung der Schöpfung.

Evangelische Akademie in Arnoldshain (Schmitten)

Wilhelm-Kempf-Haus in Naurod

Ähnliche Ziele wie in Arnoldshain verfolgte Wilhelm Kempf (Bischof von Limburg, 1949 – 1981), als er die Zentrale Tagungs- und Bildungsstätte des Bistums Limburg errichten ließ. Die architektonisch gelungene, mit einem Glasdach überspannte Begegnungsgasse und die dazugehörigen Gesellschaftsräume bieten kirchlichen wie außerkirchlichen Gruppen Raum zu Dialogen und Meditationen.

Wilhelm-Kempf-Haus in Naurod (Wiesbaden)

Philipp-Reis-Haus in Friedrichsdorf

... im Philipp-Reis-Museum

Förder-Lore aus dem „Mühlwald-Stollen“ bei Hausen-Arnsbach (Neu-Anspach)

Das Philipp-Reis-Museum in Friedrichsdorf

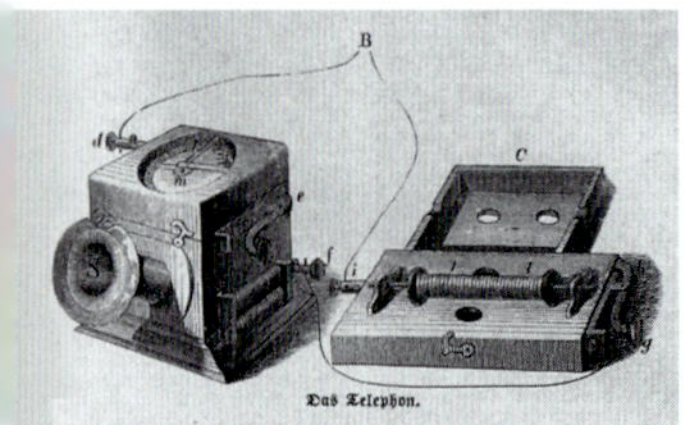

Erste Telephon-Abbildung in „Die Gartenlaube“ 1863

Ähnlich wie das Otto-Museum in Holzhausen hält Friedrichsdorf eine weitere Gestalt der Technikgeschichte in guter Erinnerung. Es ist der Erfinder und Namensgeber des Telefons, Philipp Reis. Als 10-Jähriger kam der Vollwaise aus Gelnhausen an das hochangesehene „Institut Garnier“. In dieser Schule mit angegliedertem Internat für Knaben ging es vor allem um kaufmännische Lehrziele.

In dem praxisorientierten Unterricht dieser Privatschule kamen vor allen Dingen die Naturwissenschaften nicht zu kurz. Aber auch die Begegnung mit fremden Sprachen und Kulturen wurde gepflegt, wobei Friedrichsdorf, in dem damals noch überwiegend französisch gesprochen wurde, schon bei der Standortfindung der Schule eine Rolle gespielt hatte.[2)] Nach einer kaufmännischen Lehre in Frankfurt und dem Absolvieren einer polytechnischen Vorschule sowie der Ableistung des Militärdienstes machte sich Philipp Reis auf, um in Heidelberg Naturwissenschaften zu studieren. Auf dem Weg dahin begegnete er seinem alten Lehrer Garnier, der dem ihm bekannten pädagogischen Naturtalent sofort eine Lehrerstelle in Friedrichsdorf anbot. Hier konnte der Tüftler Philipp Reis (Erfinder der Rollschuhe, eines hebelbewegten Dreirads, eines Spezialweckers, etc.) seinen Neigungen neben der Lehre nachgehen.

2) Baeumerth, A.: 300 Jahre Friedrichsdorf, Friedrichsdorf 1887, S. 92 ff.

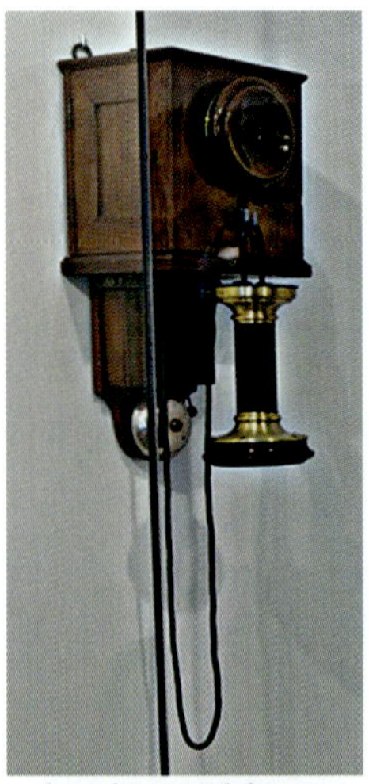

Alte und neuere Telefongeräte

Er schreibt: *„Durch meinen Physikunterricht dazu veranlasst, griff ich im Jahre 1860 eine schon früher begonnene Arbeit über die Gehörwerkzeuge wieder auf und hatte bald die Freude, meine Mühen durch Erfolg belohnt zu sehen, indem es mir gelang, einen Apparat zu erfinden durch welchen es möglich wird, die Funktionen der Gehörwerkzeuge klar und anschaulich zu machen, mit welchem man aber auch Töne aller Art durch den galvanischen Strom in beliebige Entfernung reproduzieren kann – ich nannte das Instrument ‚Telephon‘.“*

In dem Friedrichsdorfer Museum werden die Instrumente gezeigt, die der „Reis’schen Erfindung“ vorausgingen. Reis stellte seine Erfindung wiederholt und in Entwicklungsetappen dem Physikalischen Verein in Frankfurt vor. S. B. Thomson hat diese Zusammenhänge in der Biographie über Reis 1883 in London der Öffentlichkeit vorgestellt. Philipp Reis hat seine Apparaturen noch einige Jahre weiter verbessert, seine Erfindung wurde aber nicht richtig erkannt. Wer sie jedoch in größeren Produktionszahlen und wirtschaftlich zu seinem Nutzen weiterentwickelt hat, war Graham Bell. Fairerweise sah er sich selbst nur als einen Telephon-Verbesserer an und gestand die Erfindung eindeutig Philipp Reis in Friedrichsdorf zu. Neider und Feinde versuchten nach dem Tod von Philipp Reis (1874), dessen Erfindung in Zweifel zu ziehen, erst vier Jahre später setzte ihm der Physikalische Verein ein Denkmal.

3) Janisch, P.: Stadtexkursion Weilburg, in: Schulze. W. u. Uhlig, H.: Gießener Geographischer Exkursionsführer, Bd. I, Gießen 1982, S. 167 ff.

Bergbau- und Stadt-Museum in Weilburg

Die Nordseite des Weilburger Schlossplatzes wird von großen ehemaligen nassauischen Regierungsgebäuden begrenzt. Dies ist ein Glücksfall für die Stadt im Blick auf Ausstellungsräume. Sie konnten einer die Region repräsentierenden Funktion zugeführt werden. Zunächst zog hier das 1911 gegründete Heimatmuseum ein, aus dem längst ein modernes Bergbau- und Stadtmuseum geworden ist. Hier lässt sich die Weilburger Geschichte von dem berühmten „Weilburger Testament“ (s. S. 104) bis heute in einem abwechslungsreichen Rundgang nacherleben.

Eine besondere Aufmerksamkeit verdient die Bergbauabteilung. Schließlich wurde von der vormaligen nassauischen Regierung die Vielzahl von Eisengruben im Weil-Lahn- und Dillgebiet verwaltet und bergrechtlich überwacht. Nach der Stilllegung der Betriebe baute das Museum ab 1972 eine umfangreiche Bergbauabteilung auf. Mit Maschinen und Gerätschaften unter Tage wird hier besonders im „Tiefstollen“ eine Grubenatmosphäre erzeugt, die den Besuch zu einem einprägsamen Erlebnis macht. Diese Einrichtung dokumentiert eine gewerbe- und industriegeschichtlich maßgebende Epoche. Die Stadt selbst steht zum Teil auf höffigen Erzlagerstätten.

In der Umgebung Weilburgs, besonders im Weiltal, gab es schon in der Karolingerzeit Oberflächenschürfungen (Erzpingen) und Hammerwerke (s. S. 129). Die Blüte des Erzbergbaus umfasste jedoch die Zeit vom 17. bis zum 20. Jahrhundert. Als 1815/16 vom Herzogtum Nassau jedem Bürger erlaubt war, Erzgrabungen vorzunehmen, kam es zu einem so starken Anstieg dieses Gewerbes, dass 1842 eine Bergwerksmeisterei eingerichtet werden musste. Im 19. Jahrhundert waren im unmittelbaren Umfeld von Weilburg 32 Bergwerkfelder in Betrieb, die mehrere hundert Arbeitsplätze boten.[3)] Mit veränderten Hüttentechniken und der zunehmenden Konkurrenz günstiger Erzlieferungen verlor der Bergbau hierzulande an Bedeutung. Um 1960 vollzog sich endgültig das sogenannte Grubensterben. Das Weilburger Museum hält die Erinnerung an diesen einst so wichtigen Wirtschaftsfaktor wach (s. S. 55).

Rekonstruktion eines Bergwerkstollens

Die Marksburg – eine Museums-Musterburg

Die Marksburg und ihr Museum

Die Marksburg ist die einzige unzerstörte Ritterburg am Rhein. 1182 kam sie von den Eppsteinern in den Besitz der Grafen von Katzenelnbogen. Nach der von ihnen 1437 gebauten, dem Schutzpatron Markus geweihten Kapelle erhielt sie ihren Namen. 1479 wurde sie an die Landgrafen von Hessen vererbt, die sie 1803 unversehrt den Nassauern übergeben konnten. Weil sie wie keine andere Burg am Rhein die Vergangenheit original repräsentiert, wurde sie von der Deutschen Burgenvereinigung als eine ihrer Zentralen übernommen. Sie vermittelt eindrucksvoll die mittelalterliche Bau- und Festungstechnik, aber auch die ursprüngliche Ausstattung in Kellern, Waffensammlungen, Küchen, Rittersaal und Kemenate.

Kemenate in der Marksburg

Vortaunus-Museum in Oberursel

Die Brömserburg in Rüdesheim

Die Brömserburg und das Wein-Museum in Rüdesheim

Alte Traubenpresse

Man vermag es seinem urtümlichen Gemäuer nicht anzusehen, dass es in seinen Räumlichkeiten eines der bedeutendsten Weinmuseen der Welt beherbergt. Wie viele ihrer Art im Mittelrheintal war diese Burg um 1000 direkt am Rheinufer errichtet worden und diente den Mainzer Erzbischöfen als Zollstation. Ihren Namen „Brömserburg“ erhielt sie, als sie in den Besitz eines Zweiges der Ritter von Rüdesheim kam, die sich Brömser nannten. Im Geist der Romantik wurde das gewaltige Bauwerk im frühen 19. Jahrhundert auf Betreiben der Gräfin v. Ingelheim wohnlich eingerichtet. Die Burg wurde Treffpunkt berühmter Rheinreisender, vor allem von berühmten Poeten und Komponisten.

Riticella - Alte Weingläser

Nachdem sie 1941 an die Stadt Rüdesheim gefallen war, wurde sie zum Rheingauer Heimat- und Wein-Museum erklärt. Ausgestattet wurde die Burg mit einer Unzahl von Exponaten typisch Rheingauer Wirtschaft und Kultur, vor allem des Weinbaus. Da gibt es die vielfältigen Arbeitsgeräte wie alte Weinkeltern, Fässer, Fassriegel, Etikettiermaschinen, mundgeblasene Weinflaschen und die vielfältigsten Trinkgefäße von der Antike bis heute. Dabei wird die Geschichte des Weinbaues in einer außerordentlich anschaulichen Weise mit vermittelt. Rebmesser weisen weit zurück bis in die römische Zeit der Einführung der Rebkultur hierzulande.

Das Vortaunus-Museum in Oberursel

Es befindet sich an der Grenze zwischen dem alten Oberursel und der später angeschlossenen Talstadt unmittelbar gegenüber dem alten Rathaus. Das imposante Gebäude am Marktplatz wurde 1705 auf den Resten mittelalterlicher Häuser errichtet.

1987 wurde es als Stadtmuseum eröffnet und konzentrierte sich zunächst auf Exponate der Stadtgeschichte. Seine Sammlungen wurden kurze Zeit später ergänzt durch Funde aus der Keltenstadt auf der „Goldgrube“ und aus benachbarten Ringwällen und Vorzeitbefestigungen. Aber auch die für Oberursel so charakteristischen Mühlen, die Handwerke, die Industrie stehen dem nicht nach. Eine neu konzipierte Dauerausstellung „Geologie und Mineralogie“ präsentiert ca. 1.000 Mineralien, Gesteine und Fossilien.

Gedenktafel für das erste Seifenkisten-Rennen in Oberursel

Hervorzuheben ist die Kunstsammlung der Hans-Thoma-Gedächtnisstätte. Sie verfügt über viele Graphiken und ausgesuchte Ölgemälde des aus dem Schwarzwald stammenden Malers, dem der Taunus so vertraut und impulsgebend geworden war (s. S. 213). Im Gebäude befindet sich auch eine Abteilung mit alten und neuen Exponaten zum Gedenken des ersten Seifenkisten-Rennens auf deutschem Boden in Oberursel im Jahre 1904.

Regionalmuseum Nastätten

Das Stadttor-Museum in Wehrheim

Regionalmuseum „Leben und Arbeiten" im „Blauen Ländchen"

Das Städtchen Nastätten hat sich zum wirtschaftlichen und kulturellen Mittelpunkt des „Einrichgaus" entwickelt, des westlichen Taunus zwischen Rhein, Lahn, Aar und Wisper. Sein Regionalmuseum „Leben und Arbeiten" des Heimatpflegevereins Blaues Ländchen zählt zu den interessantesten Museen von Rheinland-Pfalz. Das blau herausgehobene Gebäude ist ein neuer Anbau des Museums und als Symbol für die volkstümliche Bezeichnung des Nastätter Raums, das „Blaue Ländchen", zu verstehen.

Blaufärberstube zum Ausprobieren

Das Museum macht durch vielfältige Sonderausstellungen regelmäßig auf sich aufmerksam. Sein bedeutendster Dauerbestand aber bleibt die lebensnahe Darstellung alter Handwerksberufe und der vormaligen Land- und Forstwirtschaft. Dazu gehören auch Leineweberei und Wollverarbeitung, insbesondere die namensgebende Blaufärberei. Der Blaudruck bestimmte die Textilien der Landbevölkerung im Taunusgebiet bis über das 19. Jahrhundert hinaus.

Otto-Museum in Holzhausen a. d. Haide

In dem stattlichen Anwesen der Posthalterei und Gastwirtschaft an der großen Straßenkreuzung (heute B 274 und B 260) in Holzhausen an der Haide gedenkt man mit Hochachtung der technischen Erfindungsgabe und des betriebswirtschaftlichen Durchhaltevermögens eines der bedeutendsten Motorbauers in der Welt, an Nicolaus August Otto. In diesem Haus wurde Otto, der Schöpfer des nach ihm benannten Viertaktmotors, 1832 geboren. Der Ertrag seines aufregenden Lebens ist in vielen interessanten Exponaten zu bewundern.

Der Lebensweg des großen Erfinders aus dem westlichen Hintertaunus wird außerdem durch eine engagierte Führung illustriert. Seine Auszeichnungen legen beredt Zeugnis ab von der Anerkennung seiner Zeitgenossen. Aus der 1872 gegründeten „Gasmotoren-Fabrik Deutz-AG" sind die großen Klöckner-Humboldt-Deutz-Werke hervorgegangen.

Demonstrationsraum im Otto-Museum

Heimatmuseen in Wehrheim und Pfaffenwiesbach

Die Gemeinde Wehrheim kaufte 1982/83 im Rahmen der Dorferneuerung das ehemalige Torwächterhaus am alten Stadttor und richtete darin ein identitätsstiftendes Dorfmuseum ein. Die Glasbildersammlung von Otto Usinger, dessen Archiv eine ganze Dorfgeschichte vom 1. bis zum 2. Weltkrieg aufweist, ist eine Fundgrube für volkskundlich interessierte Forscher. Ansonsten bietet das Museum von der Urnenfelderzeit bis heute anhand aufschlussreicher Exponate wichtige Einsichten in den Werdegang des Dorfes.

Schusterstube in Pfaffenwiesbach

In dem Wehrheimer Ortsteil Pfaffenwiesbach wurde 1984 auf dem Dachboden der alten Schule in großen Räumen ein wunderschönes, geradezu intimes Heimatmuseum eingerichtet. Es zeigt auch die Leistungen des berühmten Hubschrauberkonstrukteurs Anton Flettner, der als junger Lehrer hier lebte. Vor allem aber wird in ortsbezogenen Sammlungen die Lebenssituation um 1900 im bäuerlich-handwerklichen Umfeld gezeigt.

Das Gotische Haus in Bad Homburg

Einer der größten Anziehungspunkte der alten Kurstadt befindet sich in einigen Kilometern Entfernung am Fuße des Taunus, wo die geschlossenen Waldbestände beginnen. Sicher ist das als Jagdschlösschen gedachte Gebäude aus dem Geist der Romantik geboren, in der viele „Gotische Häuser" meist in ruinöser Form entstanden waren. Heute beinhaltet es große Sammlungen und Dokumente des Bad Homburger Stadtarchivs und daneben ein sehr aufschlussreiches Museum und ein kleines besuchenswertes Café.

Die Sammlungen zur Geschichte der Stadt und seiner Kultur, des Kur- und Badelebens des 19. Jahrhunderts, Hölderlins in Homburg etc. ermöglichen immer wieder neue Ausstellungen, die den anspruchsvollen Besucher anziehen. Eine besondere Rolle spielt die Dauerausstellung zu dem Thema „Rund um den Homburg-Hut". Die hier anschaulich dargestellte Hutgeschichte, die freilich weit über die Bad Homburger Erzeugnisse hinausgeht, zeigt die diesbezüglichen modischen Entwicklungen seit über 100 Jahren.

Das Gotische Haus in Bad Homburg v.d.H.

Der Marktplatz des Freilichtmuseums Hessenpark

Immer wieder werden spezielle Ausstellungen zur Baugeschichte, zur Industriegeschichte, zur Territorialgeschichte Bad Homburgs in diesem besonderen Haus vorgestellt.

Das Gotische Haus war sicher aus der Laune des Homburger Hofes entstanden, wobei vermutlich weniger der Erbprinz Friedrich VI. Josef (1769 – 1829) die entsprechenden Initiativen lieferte, als vielmehr seine Frau, die Prinzessin Elisabeth (1770 – 1840), eine Tochter aus dem englischen Königshaus. Mit ihrer großen Mitgift hat sie der armen und verschuldeten Landgrafschaft große Dienste im Sinne von Wohltätigkeit getan, dadurch aber auch Wohlstand geschaffen. Das Haus war ursprünglich gedacht für Jagden, Ausflüge und Festlichkeiten des Hofes. Es stand von daher in enger Beziehung zu dem nahe gelegenen „Hirschgarten“, der zur gleichen Zeit verwirklicht wurde.

Das Gebäude wurde jedoch nie im Sinne der Erbauer genutzt. Seit 1866 diente es der Preußischen Forstbehörde als Verwaltungsbau. 1913 kam es in Privatbesitz, wurde von Gastwirtschaften genutzt und sollte 1968 abgerissen werden und einem Hotelneubau weichen. Erst der Einspruch der Denkmalpflege und einer Bürgerinitiative ist seine Rettung zu verdanken.

Das Hessische Freilichtmuseum bei Neu-Anspach

Mit dem Aufbau dieser kulturhistorisch zentralen Anlage wurde 1974 begonnen. Gemäß den Bestimmungen des Internationalen Museumsrats werden landestypische Gebäude in den Bereich des Museums umgesetzt. Wenn diese Objekte nach Abwägung aller Interessen vor Ort nicht erhalten werden können und die Denkmalpflege zugestimmt hat, werden sie (in Auswahl) genau untersucht, vermessen, fotografiert – vor allem Details festgehalten – und dann in den Hessenpark gebracht.

Neben einem vorgelagerten Marktplatz, auf dem Gebäude aus dem kleinstädtischen Lebensraum gerettet und für Ausstellungen genutzt werden, besteht das eigentliche Museum aus fünf Baugruppen, die jedoch aus finanziellen Gründen erst zum Teil errichtet wurden.

Die naturräumliche und kulturhistorische Kleinkammerung der hessischen Landschaft lässt eine differenzierte Darstellung der Haus-, Gehöft- und Dorfformen weitgehend zu. Daneben werden unzählige Einrichtungsgegenstände für Haus und Hof gesammelt und mittlerweile in speziellen Magazinen oder an „ihrem“ Ort in den Gebäuden untergebracht. Nach dem Wiederaufbau werden die Wohngebäude, aber auch die Scheunen und Stallungen sowie Schuppen und Remisen wirklichkeitsnah eingerichtet. Damit wird im Maßstab 1 : 1 eine außerordentliche Nähe zur früheren Realität hergestellt und eine anschauliche Begegnung mit der Vergangenheit der landwirtschaftlich-handwerklichen Welt ermöglicht. Damit wird ein Stück Landesgeschichte der unteren und mittleren Sozialschichten erhellt und bewahrt.

Daraus ergibt sich die Verpflichtung, die Vergangenheit, die ja für die jüngeren Besucher sehr weit weg ist, zu vermitteln. Die Arbeit der im Museum tätigen Museumspädagogen gewinnt kulturpolitisch einen hohen Wert. Sie haben die Aufgabe, die Gegenstände, die zum Teil nicht mehr verstanden werden, von denen niemand mehr weiß, wie man damit gearbeitet hat, erneut zum Sprechen zu bringen. Diesem Zwecke dienen auch die Demonstrationshandwerke, die in den früheren Berufen durchgeführt wurden und den Besuchern erläutert werden. Zum Volksgut, das vermittelt werden soll, gehören selbstverständlich auch die Erscheinungen des Brauchtums und der Sittengeschichte, die das frühere Leben mitbestimmten und in Freude und Trauer den Menschen Richtung und Halt gaben. Auch hier gilt es, Vorgänge und Verhaltensweisen zu verdeutlichen, die uns nicht mehr geläufig sind.

Ebenso gehört zu den Bemühungen des Museums das Betreiben einer vormaligen Landwirtschaft. Mit Gespannen und alten Geräten wird demonstriert, auf welchem Produktionsniveau (Drei-Felder-Wirtschaft) gearbeitet wurde. Bei der Viehhaltung geht es darum, alte Landrassen zu erhalten, möglicherweise sogar zurückzuzüchten. Die Wiesen werden weitgehend auf einschürige Mähder zurückgestuft, um sie damit wieder blumenreich und ökologisch wertvoll zu gestalten. Im Gelände des Hessenparks sind bereits wieder intakte Biotope des Wald-, Wiesen- und Buschgeländes anzutreffen. Das Gleiche gilt für die Wasserläufe und die Teiche.

Das Museum will eine Zukunft sichern für die Vergangenheit, denn wer die nicht hat, wird die Zukunft kaum gewinnen.

Fachwerk-Bearbeitung im Bauhof

Museumspädagogik direkt am Objekt

Hopfen- und Tabak-Anbau

Kaltblutpferd mit Fohlen

Dorfplatz mit Brunnen

Der Taunus als Wirtschafts- und Sozialraum

Wirtschaft in ihrer Vielfalt

Aufgenommen wurde das Bild an der A3 (Frankfurt/Köln), wo die ICE-Trasse den Tunnel ca. 1 km südlich vor Niedernhausen verlässt. Es weist in der Bündelung des Verkehrs demonstrativ auf das Thema hin: Wirtschaft als Erzeugung von Waren, Handel, Verkehr und Märkte. Produzierende Wirtschaft verursacht Handel, und Handel erfordert u. a. Straßen-, Fluss- und Bahnverkehr. Zwar wird auch die Taunuslandschaft in ihren Grundkonturen von der Natur bestimmt, jedoch durch den wirtschaftenden Menschen zivilisatorisch nachhaltig überformt. In dem er sich die Erde „untertan" macht, beginnt die Urproduktion mit der Urbarmachung des Waldlandes, der Erzeugung von Nahrungsmitteln und der Gewinnung von nutzbaren Gesteinen und Erzen aus dem Schoß der Erde.

Der Wald ist längst zum Forst geworden, wobei man seit einigen Jahren wieder von den schnell wachsenden Fichtenmonokulturen Abstand nimmt. Die Landwirtschaft hat seit den 1950er Jahren eine große Revolution eingeleitet. Gemischtwirtschaftliche Strukturen können sich Agrarbetriebe kaum noch leisten. Das Handwerk hat seit dem Ende des 19. Jahrhunderts ebenfalls die Handarbeit durch Maschinen ergänzen müssen. Manche Betriebe sind heute als Industrieunternehmen zu bewerten. Die kleinen Lebensmittelläden mussten weitgehend den Supermärkten weichen.

Mittlerweile sind ganz neue Produkt- und Materialzweige in der Wirtschaft tonangebend und für den Markt bestimmend wie z. B. in der Baubranche, in der Chemie und im Gesundheitswesen oder der Medien- und Computertechnik.

Wirtschaft kann nur funktionieren durch Warenaustausch, durch Handel. Dieser setzt Transporttechniken und Transportwege auf dem Land, dem Wasser und in der Luft voraus. Märkte waren schon immer die diesbezüglichen Begegnungs- und Austauschorte.

Individual- und ICE-Verkehr bei Niedernhausen

Wald- und Landwirtschaft

Buchenholz für den Abtransport

Kohlenmeiler im Hessenpark

Solitär-Fichte

Kalken des Waldes im Langhals-Bereich

Die Themen „Wald und Forst" sowie „Jagd im Taunus" um ihrer selbst willen zu beschreiben, ergäbe mehr als ein neues Buch. Dies insbesondere, wenn man die Sozialfunktionen des Waldes einbeziehen würde. Hier geht es lediglich um die diesbezügliche Grundausstattung des Naturraumes und ihre Veränderung durch die Menschen. Revolutionäre Umwälzungen zeichneten sich in der Landwirtschaft seit 1800 in Schüben ab. Sie erreichten ihren Höhepunkt seit den 1960er Jahren (Abwanderung der Landwirte in außeragrarische Berufe, Aussiedlung, starke Vervielfachung der Betriebsgrößen).

Vom Wald zum Forst

Seit etwa 2000 v. Chr. begann sich das Klima zu ändern. Die Niederschläge erhöhten sich, und die Winter wurden länger. Aus der alten „Steppen-Heide-Vegetation" und den savannenartig schütteren Wäldern, überwiegend aus Kiefern und Hasel bestehend, wurden Eichen-Hainbuchen-Mischwälder, zu denen sich mehr und mehr auch die Rotbuche gesellte. Bei reinen Naturwäldern gewann sie seit der Zeitenwende sogar die Oberhand. Die Mittelgebirge und die stark verwaldeten Hochflächen blieben weitgehend siedlungsleer.

Mit der Zunahme der Bevölkerung im 8. und 9. Jahrhundert wurden die Altsiedelräume immer mehr durch Dörfer und Städte verdichtet. Es entstand eine Raumnot, so dass die Menschen in zwei Phasen vom 11. bis zum 14. Jahrhundert meist den Bächen aufwärts rodend dem Wald zu Leibe rückten. Der Auftrieb der Schweine zur Mast in die herbstlichen Wälder („Eicheln- und Eckernzeit") verursachte nur geringen Schaden, da beim Wühlen nach Baumfrüchten etc. die oberen Bodenschichten durchlüftet wurden. Schlimmer setzten dem Wald die Übernutzung durch die Köhler (Holzkohle war der einzige produktive Energieträger) und die Waldweide durch den Viehverbiss der Rinder, vor allem aber der Schafe und Ziegen, zu. Der Wald verwandelte sich allmählich in eine Busch- und Heidelandschaft, zumal auch ein Teil des Waldbodens abgeplaggt wurde. Im 18. Jahrhundert ist sogar eine ortsweise schlimme Holzarmut belegt, Bauholz wurde knapp, ebenso Brennholz. In manchen Gebieten wurde der Fachwerkbau nur noch als riegellose Konstruktion genehmigt. Die geregelte Lohgewinnung in den Niederwäldern war flächenmäßig begrenzt und hinterließ keine Schäden.

Im ausgehenden 18. Jahrhundert traten zwei entscheidende Neuerungen im Bereich der Wälder auf. Zunächst hoben staatliche Stellen die Waldweide der bäuerlichen Betriebe auf, die bisher das Waldareal als landwirtschaftliche Nutzfläche betrachteten. Anschließend pflanzte man die schnell wachsenden Fichten, später auch Kiefern, in geordneten Walddistrikten an. Aus dem ehemaligen Wald, der zwischenzeitlich weitgehend verheidet war, entstanden Fichtenforste als Holzmassen-Lieferanten. Wo um 1800 auf 1 ha durchschnittlich nur 30 m^3 Holz geschlagen werden konnten, waren es ca. 80 Jahre später 300 m^3. Der Nachteil geschlossener Nadelwälder zeigte sich langfristig, weil statt Humus wie im Laubwald nun Humussäure auf den mineralarmen Taunusböden (Quarzit und Schiefer) zu einer Auslaugung (Bleicherden) führte und Kalkzufuhr erfordert. Außerdem weiß man heute, dass die Sturmschäden, aber auch Schneebruch und Beeinträchtigung durch den Borkenkäfer, in den Fichten- und Kiefern-Monokulturen größer sind als im Mischwald. Diesem gibt man heute in den Forstbetriebswerken den Vorzug, wobei sich die eingeführte, neue Baumart der Douglasie als vorteilhaft erweist.

Rotbuchen am Pferdskopf

Eichenwald, ehemaliger Lohwald am Westhang des Langhals

Die „Heide" als Sekundär-Landschaft bei Riedelbach

Fichtenwald mit „Ernte" unterhalb des Sandplackens

Aspekte zur Jagd im Taunus

Noch bis in das Mittelalter standen jagdbare Tiere (damals noch Auerochse, Bär, Luchs, etc.) als potenzielle Beute den bis dahin freien Bauern in ihrer Dorf- und Markgemeinschaft (Allmende) zur Verfügung. Das änderte sich mit dem Machtzuwachs der Territorialherren, die im späten Spätmittelalter zu absolutistischen Feudalherren aufstiegen. Sie gliederten z. T. sogar Bannwälder aus, um ihr Jagdvergnügen zu sichern. Die Falknerei und die Jagd waren nach dem Wortlaut des „Freischütz“ eine „fürstliche Freude und männlich Verlangen“. Sie standen nur dem Adel zu.[1] Erst die Gesetze des Frankfurter Paulskirchenparlaments ließen das freie Pachten von Jagden und die Entscheidung der Gemeinden darüber zu. Die rücksichtslosen Parforcejagden wurden geächtet. Auch das Jagdethos änderte sich, die Funktion der Hege trat mehr in den Vordergrund.

Die Jagdstruktur des 17./18. Jahrhunderts war überwiegend bestimmt vom Niederwild. Auch Flugwild war weithin verbreitet. In den damals durch die ruinierten Wälder zu Heiden gewordenen offenen Vegetationsbereichen waren Auer- und Birkwild, Haselwild, Schnepfen, Bart- und Gänsegeier auf freier Wildbahn vorhanden. Die Wildsauen waren relativ selten.[2] Der letzte Wolf wurde im Hochtaunus 1816 bei Wehrheim geschossen.

Das heutige Jagdgefüge sieht im Taunus völlig anders aus. Das Birk- und Auerwild ist ganz verschwunden. Heute verzeichnet der Taunus eine Überpopulation an Schwarzwild. Wo vor 20 Jahren auf 100 ha zwei Wildschweine im Jahr geschossen wurden, müssen heute per Sollzahl zehn erlegt werden. Die früher strengen Winter führten zu genügend Fallwild. Noch bis vor 20 – 30 Jahren gab es nur alle sieben Jahre ein sogenanntes Mastjahr, in dem Eicheln und Eckern für die Sauen genügend zur Verfügung standen. Heute ist in jedem zweiten Jahr der Wald voller Futter. Im Frühjahr und Frühsommer bietet die Großraumlandwirtschaft mit den riesigen Schlägen von Mais, Raps und Getreide ohne kleine Zwischenfelder den Sauen genügend Deckungskomplexe, in denen ungestört ihre Frischlinge aufwachsen. Das Rotwild hatte bis um 2005 seine bislang größte Verbreitung und zog sich dann aus den Feld-Wald-Revieren in die größeren Waldbestände der Kammzone, der Langhals-Pferdskopf-Scholle und des Kemeler Rückens zurück. Dabei ist die Qualität der körperlichen Konstitution und der Trophäen beim Rotwild deutlich gestiegen. Das Rehwild ist im Taunus noch stabil, die Rehstrecke (Abschuss und Verkehrsunfälle) hat sich in manchen Revieren sogar erhöht – trotz der Gefährdung der Rehkitze durch das Schwarzwild und die Großgeräte der Landwirte. Die Zahl der Feldhasen ist deshalb so konstant, weil die drei Jahre alt werdenden Tiere nicht mehr gejagt werden. Der Hase braucht trockene Äcker, am besten Brachstellen innerhalb der offenen Flur, ebenso wie die Bodenbrüter Rebhuhn und Fasan, dem allerdings das vermehrte Raubwild (Marder, Wiesel, Fuchs, Greifvögel) stärker zusetzte. Die Füchse haben sich nach der Tollwutbekämpfung deutlich vermehrt. Der Dachs breitet sich zzt. stärker aus, was mit den kurzen Jagdzeiten zusammenhängt. Die scheue Wildkatze scheint sich im Taunus wieder auszubreiten. Ein Problem bleibt der dem Niederwild schadende Waschbär.

Die grundsätzliche Auffassung der Jäger lässt sich so zusammenfassen: Wenn sich Tiere von selbst ausbreiten und Lebensraum finden, werden sie akzeptiert. Das aus Korsika stammende Wildschaf, das Muffelwild, war vor 50 Jahren ausgesetzt worden und hat sich zwischen der Weil und dem Ostrand des Goldenen Grundes in den Wäldern um Riedelbach, Hasselbach und Haintchen gut gehalten und kann heute als gelungene „Einbürgerung“ bezeichnet werden.

Bache mit Frischlingen

Fuchs im winterlichen Taunus

Feldhase

Muffelwidder bei Haintchen

Auf dem Ansitz bei Espa

Rothirsch in der Brunft

Rehbock

Rehkitz in Deckung

1) *Wilhelm Heinrich Riehl, der Vater der Volkskunde, formulierte sogar: „die Hirsche bereiteten die Revolution vor. Sie waren die Aufreizer, die den braven Bauersmann die ersten liberalen Ideen einpflanzten“.*

2) *Andreae, E.: Die Geschichte der Jagd im Taunus, Neuendamm 1894, S. 102 ff.*

Mit dem Kuhgespann „Puddelfahren“ (Jauche)

„Kornmahd mit dem Reff“, eine kraftraubende Ernte des Getreides

Mühevolles Aufbringen des Mistes auf dem Feld im Winter

Feldarbeit bei Seelenberg (Kartoffelernte um 1946)

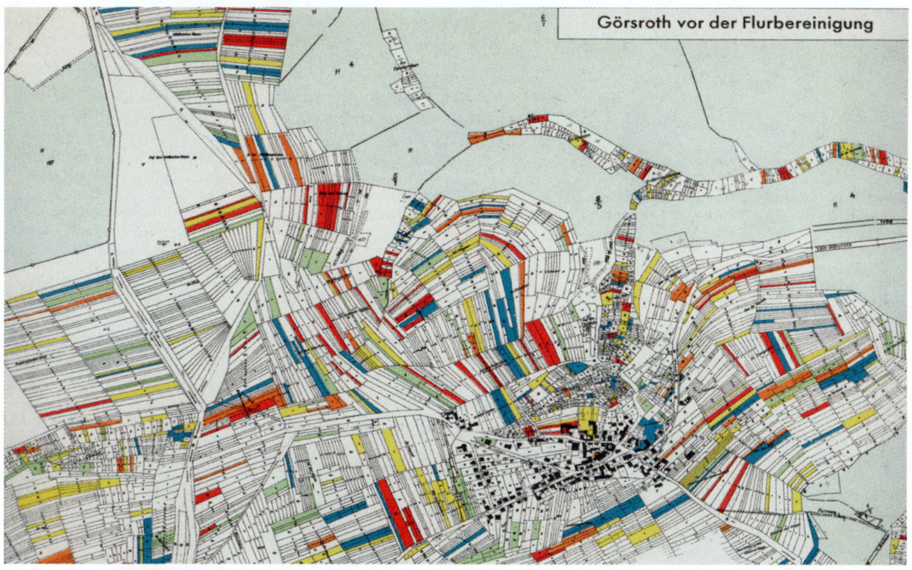

Flurkarte von Görsroth vor der Flurbereinigung 1958

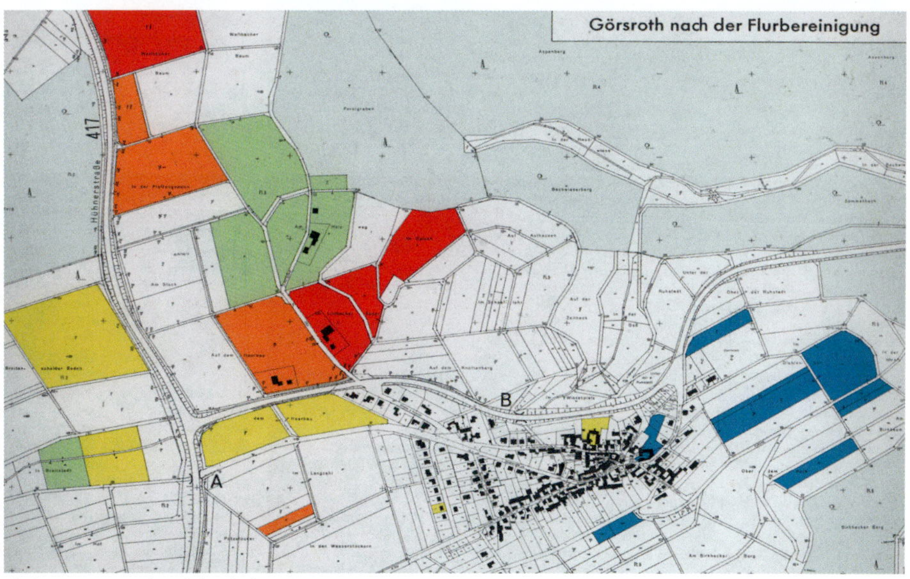

Flurkarte von Görsroth nach der Flurbereinigung 1970

Die Traditionslandwirtschaft im Taunus

Die vormalige Landwirtschaft war geprägt von der Handarbeit. Das galt nicht nur für die Aussaat und die Ernte, das galt auch für den Transport der Güter, die vom Acker kamen, und für den Dünger, der als Mist und Jauche, d. h. als organische Zuwendung an den Boden, zum Feld gebracht werden musste. Und so bestimmten das Pferde- und das Kuhgespann das Bild der Dörfer und der Fluren.

Seit etwa 1800 war die einfache Drei-Felder-Wirtschaft (Sommerfrucht, Winterfrucht, Brachland) zugunsten der verbesserten Drei-Felder-Wirtschaft umgestellt worden. Die bisherige Brache auf einem Drittel des Ackerlandes wurde künftig von Hackfrüchten (Kartoffeln und Futterrüben) und Klee in Anspruch genommen, womit die Erträge erheblich gesteigert wurden. Dazu kam die Intensivierung der Viehzucht durch die Stallhaltung und eine auf zwei Dörrfutterernten (Heu und Grummet) erweiterte und durch die chemische Düngung verbesserte Wiesennutzung. Große Rückschritte in der Agrarentwicklung bereitete jedoch immer wieder die hierzulande geübte Realerbteilung. Da jeder Erbe in den drei großen Ackerschlägen (Zelgen) auf gleichmäßig verteilten Besitz Wert legen musste, nahm die Flurzersplitterung unerträgliche Ausmaße an.

Nach der Mitte des 19. Jahrhunderts entwickelte man allmählich Flurbereinigungen, die von den staatlichen Stellen und den aufkommenden Landwirtschaftsschulen propagiert wurden. Zusätzliche gut ausgebaute Wege führten zu einer besseren Erschließung, und die Vergrößerung der Besitzeinheiten ermöglichte eine rationellere Bewirtschaftung. Der einst auch sozialpolitisch geschätzte Familienbetrieb zwischen 10 – 20 ha hat längst die Betriebsgröße mehr als verfünf- oder versechsfacht und sich deutlich auf nur ein oder zwei Produktionsziele und auf eine oder zwei Arbeitskräfte reduziert.

Beispiel Görsroth (Hünstetten):

Auf der reich gegliederten Hochebene des westlichen Taunus liegt das Dorf Görsroth in einer Höhe von 370 – 400 m an der B 417 (Wiesbaden/Limburg). Die intensiven Bemühungen der hessischen Landesregierung in den 1950er und 1960er Jahren um eine entscheidende Verbesserung der Agrarstruktur führten in Görsroth schon 1958 zu einer Flurbereinigung. Diese Maßnahme verstand sich als eine Art integrale Neuordnung des ländlichen Raumes, von der auch andere Infrastrukturmaßnahmen ihren Vorteil bezogen. Insgesamt wurden in Görsroth 28 km landwirtschaftliche Wege mit 3,4 km Asphaltdecke neu gebaut. Vor der Flurbereinigung betrug die Gesamtparzellenzahl 3.672. Nach der Flurbereinigung nur noch 375. Die durchschnittliche Parzellenzahl von ca. 80 Grundstücken je Betrieb vor der Flurbereinigung war auf zwei bis drei Besitzstücke reduziert worden. Schon vor der Flurbereinigung, aber auch hinterher gaben eine ganze Reihe der kleinbäuerlichen Betriebe ihre Landbewirtschaftung auf. Damit war Aufstockungsfläche für die verbleibenden Vollerwerbslandwirte vorhanden. Die Betriebsflächen der drei Aussiedlerhöfe konnten weitgehend arrondiert werden. [3]

3) Ernst, E. u. Klingsporn, H.: Hessen in Karte und Luftbild, Berlin 1973, S. 78 ff.

Die Angus-Rinderherde des Erlenhofs

Der Erlenhof im oberen Erlenbachtal um 1970

Aussiedlungshöfe im oberen Erlenbachtal

Im erweiterten Bereich des oberen Erlenbach (s. Kartenskizze) wurden von 1958 bis 1965 zwölf Aussiedlungshöfe errichtet. Damit wurde dokumentiert, dass sie als Einzelhöfe die Landschaft mit einer ganz neuen Siedlungsschicht überzogen haben. Lediglich drei dieser Höfe betreiben bis heute eine hochspezialisierte Landwirtschaft (Milchproduktion im Hubertushof, Bioprodukte im Niedernhainer Hof, Mutterkuhhaltung im Erlenhof). Zwei der Höfe sind vollkommen stillgelegt. Einer der Höfe betreibt nebengewerblich eine Weingaststätte (Schultheißhof), ein anderer (Köppelwiese, s. S. 271) bemüht sich um Freizeitaktivitäten. Drei der Höfe (Tannenhof, Birkenhof, Hartungshof) erwirtschaften ein Teileinkommen durch Hobby-Pferdehaltung und Freizeitreiten. Zwei der Höfe (Heisterbacher Hof und Wintermühle) können als echte Reiterhöfe mit hohen Sportqualitäten bezeichnet werden.

Der Erlenhof bietet in seiner Entwicklung ein symptomatisches Bild für den Übergang von einem Arbeiter-Bauern-Betrieb zur Vollerwerbslandwirtschaft. Vor der Flurbereinigung 1950 war der Gesamtbesitz von ca. 7 ha auf 63 Flurstücke verteilt. Nach der Konsolidation 1953 blieben nur noch 6,5 ha übrig, die in sechs weit auseinanderliegende Parzellen gegliedert waren. Betrug die durchschnittliche Parzellengröße vor 1950 = 0,11 ha, so hatte sie sich 1953 nach der Zusammenlegung auf 1,1 ha gesteigert. Nach der Aussiedlung 1958/59 war der Hof auf 28 ha angewachsen, die auf 18 Parzellen verteilt waren. Bei einer Vollarrondierung (Zusammenlegung), die als optimale betriebswirtschaftliche Grundbedingung angesehen werden muss, wären die Transportprobleme am besten gelöst. Heute bewirtschaftet der spezialisierte Hof ca. 70 ha Land, wobei die Anpachtung in der Hofnähe trotz Flächentausch des Pachtlandes immer noch keine Vollarrondierung erreicht hat. Die Zugewinnung von Wiesenland zur Silage- und Heugewinnung wird sogar in einer Entfernung bis zu 7 km im Weiltal durchgeführt. Das hochwertige Fleisch der 150 Angusrinder erlaubt nur durch die Selbstvermarktung ab Hof eine hinlängliche Existenz. Sie wird abgesichert durch 15 Einstellpferde von Freizeitreitern.

Die Vorteile des Vollerwerbsbetriebes bestehen in den größeren und helleren Bergeräumen und Stallungen, einer erheblichen Verkürzung der innerbetrieblichen Wirtschaftswege und einer rationelleren technischen Ausgestaltung zwecks Arbeitserleichterung. Im Bereich der neuen Wohneinheit konnte eine modernere Wohnkultur entfaltet werden, was sich im Erlenhof im Blick auf das Programm „Ferien auf dem Bauernhof" bezahlt machte.

Die Preisentwicklung bei den Agrarerzeugnissen wird in den nächsten Jahren noch weiterreichende agrarstrukturelle Umwälzungen mit sich bringen. Was die Agrarpolitik in den 1950er und 1960er Jahren zu Recht als Ziel ansteuerte, nämlich den bäuerlichen Familienbetrieb mit ca. 20 ha, ist durch die weltwirtschaftliche Entwicklung so unter Druck geraten, dass die Aussiedlerwelle längst abgeschlossen ist.[4)] Viele Aussiedlerhöfe sind heute nicht mehr existenzfähig.

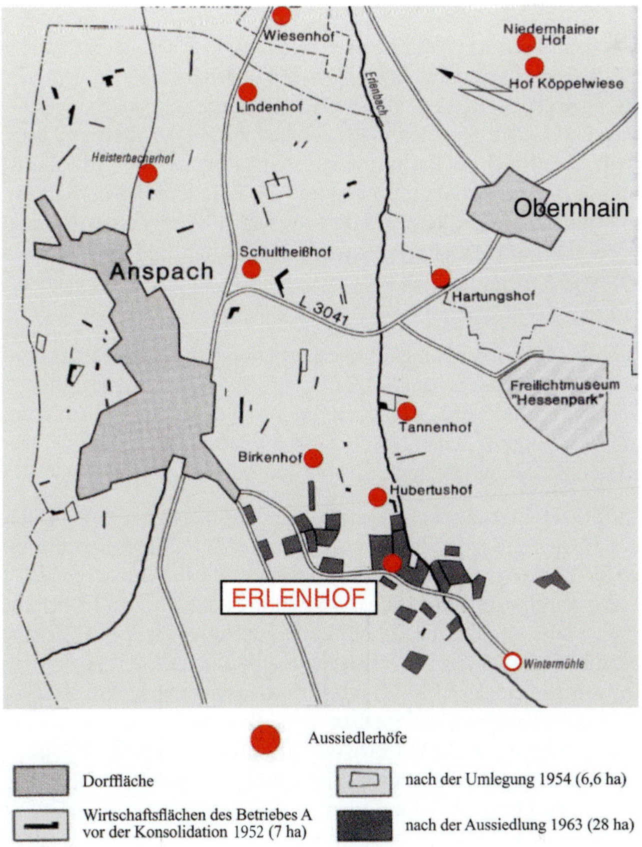

4) Ernst, E.: Die Entwicklung der heimischen Landwirtschaft und die Flurnamen der Neu-Anspacher Gemarkung, Heft Nr. 3 des Heimat- und Geschichtsvereins NeuAnspach, 2002, S. 86 ff.

Tierschau-Prämierung 2000 in Dörsdorf

C. Weber, geb. Bingel; G. Bingel; H. Weber mit Hochleistungsrindern

Anton Baumann beim Vorführen eines „Arabers"

Weidegang

Futtermais-Feld

Anton Baumann mit dem Vollblut-Araberhengst „El Thay Shah Mabrouk"

Futterbau und Milchwirtschaft in Holzhausen an der Haide

In unmittelbarer Nähe des Limes sowie zur heutigen Landesgrenze Rheinland-Pfalz/Hessen bildete sich in Holzhausen an einer Hauptwegekreuzung (B 260 und B 274) ein Verkehrsknoten mit Haufendorfcharakter heraus. Für die landwirtschaftlichen Betriebe war das bis 1950 ohne Belang. Mit einer erheblichen Zunahme des Verkehrs, vor allem auf der Bäderstraße (B 260 Wiesbaden/Bad Ems) wurde dies zu einer starken Belastung der landwirtschaftlichen Familienbetriebe. Dies wird deutlich an dem Betrieb von Familie Weber. Von den Wohn- und Wirtschaftsgebäuden zur später gebauten Maschinenhalle und zum ca. 600 m entfernten Boxenlaufstall (Teilaussiedlung) für die Rinder muss das Dorf mehrmals am Tag durchquert werden.

Wie der Ortsname vermuten lässt, bieten die Lagebedingungen keine agrarischen Gunstvoraussetzungen. Die Böden bestehen in dem niedriger gelegenen Ortsumfeld (380 - 400 m) aus sandigen Gehängelehmen und sind noch einigermaßen ertragreich. In den höheren Lagen trifft man jedoch auf flachgründige, steinige Schieferverwitterungsböden. Die Durchschnittstemperatur (7,8 °C) und die Niederschläge (670 mm) sowie die hohe Zahl der Frosttage (100) verweisen die Landwirtschaft auf Viehhaltung kombiniert mit Futter- und Getreidebau. (45 ha Grünland, 12 ha Mais, 33 ha Getreide, davon 50 % Braugerste, Weizen und Roggen für den Markt).

Bewirtschaftete der Hof 1950 als Familienbetrieb ca. 9 ha, so sind es heute 95 ha (25 ha Eigenland). 1950 wurden 6 Kühe , 5 Jungrinder, 9 Schweine und 2 Pferde gehalten. Dann stellte sich die Existenzfrage „Wachsen oder Weichen". Heute zählt der Betrieb 55 Milchkühe, 70 weibliche Jungtiere und keine Schweine mehr.

Die Mechanisierung des Betriebs begann 1954 mit einem 16-PS-Schlepper. Heute verfügt der Hof über fünf Tracktoren mit einer Leistung bis zu 106 PS. Außerdem sind ein Mähdrescher und alle Geräte für den Futterbau eine unerlässliche Maschineninvestition. In den 1950er und 1960er Jahren wurde die Althofreite bei zunehmender Spezialisierung auf die Rinderhaltung in ihrer Gebäudesubstanz stark verbessert. Hohe Investitionen im Dorfbereich zahlten sich insofern nicht aus, als seit 1976 völlig neue, rationelle Stallanlagen gebaut werden mussten. Eine Spezialisierung auf die Milchwirtschaft zwang dazu, der Kälber-und Jungviehaufzucht eine große Aufmerksamkeit zu widmen. Die Milch geht an die Molkerei „Schwälbchen" in Bad Schwalbach. Die Leistung der Rinder ist überdurchschnittlich hoch, sie erreichen meist über 8.000 Liter pro Jahr. Zwei der Rinder haben sogar die 10.000-Liter-Marke überstiegen (Lebensleistung über 100.000 Liter). Insofern ist der Betrieb auch im Zuchtbereich von sehr gutem Erfolg gekrönt.

Gestüt Kauber Platte

Direkt über dem Rheintal oberhalb von Kaub liegt das Hofgut der Familie Buschfort, die seit 1954 den gemischtwirtschaftlichen Agrarbetrieb (Ackerbau und Viehzucht) führt. Schon sehr schnell konzentrierte man sich hier auf die Pferdezucht, die damals jedoch aus kleinen Pferden, meist englischer Rassen, bestand.

Der Standort auf dem Hochplateau über dem Rheintal eignet sich hervorragend, um auf den 135 ha festen Böden eine Pferdezucht größeren Ausmaßes mit Araberpferden durchzuführen. Auf den ausgedehnten, mineralstoffreichen Kräuterweiden gedeihen die Pferde mit einer außerordentlich guten Hufverfassung. 1966 hatte Heinrich Buschfort, ausgehend von dem Original-Araberhengst „Ghazal", eine Araberzucht aufgebaut. Später kaufte er aus El Zahraa (altägyptisches Staatsgestüt) auch Stuten, deren gazellenhafte Eleganz und Ausstrahlung faszinierten.

Mit der Gewinnung des Pferdefachmanns Anton Baumann konnte 1990 ein Ausbildungszentrum aufgebaut werden. Ein Reitsportshop kam dazu, und seit 1995 sind die ersten Auszubildenden auf dem Gestüt anzutreffen. Anton Baumann hat hohe sportliche und züchterische Auszeichnungen für seine Leistungen (z. B. die Graf-Lehndorf-Plakette für beste Auszubildende und den besten Ausbildungsstall) bekommen. Ihm zur Seite steht die Pferdewirtschaftsmeisterin Reinhild Moritz, die seit 1977 bereits den Zucht- und Aufzuchtsbetrieb der Kauber Platte führt. Die rein ägyptischen Vollblutaraber sprechen in der besonderen „Kauber-Platte-Atmosphäre" als Geschöpfe natürlicher Schönheit und Sanftmut die Menschen besonders an.

Die Fohlen, die mit den Mutterstuten bei ausreichender Bewegung auf den riesigen Weiden des Gestüts fachkundig betreut werden, gelangen nach entsprechender Vorbereitung entweder in Rennställe oder auf die Auktionstage in Baden-Baden. Mittlerweile werden auch englische Vollblutpferde auf der Kauber Platte geboren und aufgezogen.

Mutterstuten auf einer der großen Weiden der „Kauber Platte"

Der reine Ackerbaubetrieb

Der Weberhof bei Strinz-Margarethae (Hohenstein) im südwestlichen Taunus blieb zwar vollständig bei der Landwirtschaft, allerdings nicht in der traditionellen gemischtwirtschaftlichen Struktur. Er ist ein Beispiel für die schnellen und tiefgreifenden Wandlungen in der Landwirtschaft von 1950 bis heute. Diese Veränderungen zielen auf eine extreme Spezialisierung. Seit 1989 verbunden mit seiner Aussiedlung hat sich der ursprünglich 11 ha große Hof in wenigen Jahren auf eine Bewirtschaftungsfläche von über 180 ha vergrößert. In dem früheren kleinen Betrieb im Dorf wurde noch eine Drei-Felder-Wirtschaft (35 % Getreide, 35 % Hackfrüchte, ca. 30 % Klee- und Futterpflanzen) betrieben. Heute ist es ein landwirtschaftliches Unternehmen, das auf guten Böden ca. 40 % Weizen, 40 % Raps und 20 % Roggen anbaut. Auf weniger ertragreichen Feldern wird eine viergliedrige Fruchtfolge (Raps, Weizen, Roggen, Wintergerste) betrieben.

Besaß der Hof Anfang der 1990er Jahre nur einen Schlepper mit 35 PS Leistung, so verfügt er heute über 3 große Schlepper mit 130, 185 und 190 PS. Der pfluglose, durch spezielle Ackerbaugeräte hochtechnisierte Betrieb wird ergänzt durch eine Trocknungsanlage für Getreide von einem Fassungsvermögen von ca. 25 t, so dass das Unternehmen zu marktgünstigen Zeiten seine Erzeugnisse absetzen kann. Mittlerweile ist der Weberhof zum Lohndrusch übergegangen, d.h. er verzichtet auf seinen eigenen Mähdrescher. Dafür hat er einen neuen Großgrubber und eine neue Ackerspritze (27 m breit, 40.000 l) angeschafft.

In dem alten, dörflich eingebundenen Hof zählte der Viehbesatz 8 Rinder, 20 Schweine und 1 Pferd. Heute sind überhaupt keine Nutztiere mehr auf dem Hof vorhanden. Die Stallungen sind mithin überflüssig geworden. Stattdessen wurden mustergültige Gerätehallen und Werkstätten eingerichtet. Weil keinerlei Viehhaltung mehr vorhanden ist, fallen keine organischen Dünger an. Deshalb werden neben Mineraldünger auch unbelasteter Klärschlamm und Kalk aus der Zuckerrübenproduktion (Groß-Gerau) verwendet.

Die Karte der Flächenbewirtschaftung, die zur Prämierung von Agrarzuschüssen aus Brüssel dient, zeigt bei einer deutlich erhöhten Betriebsgröße die disparate Verteilung der Feldstücke und damit erneut die Notwendigkeit einer Zusammenlegung. Lag die Größe einer schlepperfähigen Parzelle um 1960/70 noch bei ca. 1 ha, so sind es heute mindestens 5–7 ha. Besaß der alte 11-ha-Hof vor der Flurbereinigung um 1960 noch ca. 90 Parzellen, so waren es nach der Flurbereinigung, Aussiedlung und Aufstockung auf 15 ha noch ca. zwölf Grundstücke. Heute sind die 180 ha auf 80 Parzellen in 4 Gemarkungen (Strinz-Margarethae, Steckenroth, Breithardt und Holzhausen) verteilt. Das aus besitzrechtlichen Gründen kaum zu erreichende Wunschziel einer völligen Arrondierung wäre schon annähernd erreicht, wenn wenigstens nur 7–8 Parzellen anzufahren wären. So sind z. B. die Parzellen 106, 83 oder 114 unter einem ha bemessen, mithin von der Wirtschaftlichkeit her in Frage zu stellen.

Infrarotkarte der Flurstücke

Agrarmaschinen vor dem Weberhof bei Strinz-Margarethae ...

... und bei der Ernte

Artgerechte Schweinemast auf dem „NaturKornHof"

Der NaturKornHof Etzel

Rinderhaltung auf dem Hof Etzel

Nach 1970 setzte sich im Agrarbereich zunächst zögernd der Gedanke einer naturnahen Produktion durch. Diese wird auf organischer Düngerbasis im gesamten Getreidebaubereich des Beispielbetriebs der Familie Etzel in Wehrheim berücksichtigt. Um die jeweiligen Ackerschläge wird ein Streifen blumenreicher Pflanzen gesät, auf dem die Nützlinge unter den Insekten eine Lebensgrundlage finden, die den Gesundheitszustand der Feldfrüchte fördern. 1998/99 wurden neue Wirtschaftsgebäude außerhalb des Dorfes Wehrheim errichtet. Diese weitsichtige Investition führte dazu, dass der Hof heute 130 ha bewirtschaften kann. Die Tierhaltung hebt sich deutlich von der Massentierhaltung ab. 160 Rinder (Angus-, Limousin- und Fleckviehrinder) werden in einem geräumigen Boxenfreilaufstall gehalten. Die 70 weiblichen Tiere garantieren für den Nachwuchs im System der Mutterkuhhaltung. Das Fleisch der Jungbullen wird meist im eigenen Hofladen im Dorf vermarktet. Der Absatz der schlachtreifen Rinder richtet sich nach dem Tagesgeschäft mit Großschlächtereien. Die Schweine werden in modernen, hellen Stallungen tiergerecht gehalten. Der Absatz ist vertraglich geregelt.

Nennenswerte Betriebserweiterungen sind in der Zukunft nicht vorgesehen außer der Anschaffung eines mobilen Hühnerstalls (1.000 Tiere), der den Freilauf auf jeweils geeigneten Flächen ermöglicht. Der Hof wird von zwei Arbeitskräften bewirtschaftet.

Sonderkulturen am südlichen Taunusrand

Der Obst- und Weinbau prägen den Taunussüdhang und Teile der Main-Taunus-Ebene. Sie stellen einen speziellen Teil der Landwirtschaft dar. Dabei bedarf das besondere Wirken des Pomologen Pfarrer Johann Ludwig Christ einer besonderen Würdigung.

Oberpfarrer J. L. Christ

Pfarrer Johann Ludwig Christ (1739 – 1813)

Pfarrer Christ förderte seit 1776 in Rodheim v. d. Höhe besonders die Bienenzucht und den Kernobst-Anbau. Die ertragreichen Böden am Rande der Wetterau erbrachten zwei Ernten auf dem Boden und in den Baumkronen. In seiner letzten Pfarrstelle Kronberg konnte Pfarrer Christ ganz herausragende Leistungen in Theorie und Praxis des Obstbaus verzeichnen. Zunächst konzentrierte er sich auf die Selbstversorgung der Kronberger mit den Früchten des Steinobstanbaues. Er konstruierte sogar eigens Dörröfen, um ihnen besonders für den Winter eine schmackhafte Zusatzspeise zu ermöglichen. Vor allem konzentrierte er sich auf den Kirschen-, Pflaumen- und später auch Mirabellen-Anbau, wobei er seinen Gemeindemitgliedern sogar deutliche Marktgewinne vermitteln konnte.

Er schuf Neuzüchtungen verschiedener Obstsorten und eine „systematische Klassifikation der Obstarten und Obstsorten". In seinem Standardwerk „Handbuch der Pomologie" beschreibt er 348 Apfel- und 270 Birnensorten.[5] Außerdem regte er in Kronberg die Herstellung von Essig an. Es gab „keine Stube in der nicht ein oder etlich Essigfässer lagen". Zu weiteren Einnahmesteigerungen aus dem Obstbau lehrte er die Kronberger die Anzucht, das Veredeln und den Verkauf junger Obstbäume. Aus den vielen kleinen Kronberger Baumschulen (1794 waren es 52) wurden Bestellungen aus ganz Europa zufrieden gestellt. Auch seine insektenkundlichen Schriften sind fachlich sehr fundiert.

Seit dem Ende des 19. und beginnenden 20. Jahrhunderts geht der hochstämmige Obstbau weitgehend zurück. Die moderne Landwirtschaft mit ihren großen Geräten und Maschinen muss aus Rationalisierungsgründen auf die Baumbestände verzichten. Wo jedoch auch die Landwirtschaft zurückgeht, fallen die ehemaligen „Baumstücke" an neu ausgewiesenes Bauland (Villenkolonien) oder werden zu Streuobstwiesen.

Dagegen entstanden in der Ebene, wo man noch im 19. Jahrhundert glaubte, Obstbau sei aus klimatischen Gründen (Kaltluftseen, Spätfröste) nicht möglich, um 1900 ausgedehnte Obstplantagen. Heute befindet sich vor allem um Kriftel, Hattersheim und Hofheim eine fast geschlossene Obstlandschaft. In Kriftel begann der Obstbau seinen einzigartigen Siegeszug als Erwerbsobstbau um 1900. Richard Zorn hatte mit halb- und viertelstämmigen Obstbäumen gezeigt, wie man einen betriebswirtschaftlich ertragreichen Obstbau betreiben kann. Heute sind auch die Halb- und Viertelstämme weitgehend beseitigt. Sie haben dem Spindelbuschobst den Vorrang überlassen. Die Bäume mit den schwachwüchsigen Unterlagen werden meist nicht älter als 10 – 15 Jahre, weil sie dann ihre Höchstleistungen im Ertrag überschritten haben. Dem Beispiel Zorns folgend wanderten sogar gut verdienende Industriearbeiter aus den benachbarten Industrien (Farbwerke Höchst, Opelwerke Rüsselsheim) zurück in einen hochkarätigen Obstbau im Haupt- und Vollerwerbszweig.[6]

Ausgehend von Kronberg und dem Vorbild des Pfarrers Christ war der Kirschenanbau über Köppern und Burgholzhausen vor allem in Oberrosbach und später in Ockstadt und Obermörlen übernommen

Streuobstwiesen bei Rosbach

5) Ernst, E.: Die Obstbaulandschaft am südlichen Taunusrand und in der südwestlichen Wetterau, in: Rhein-Mainische Forschungen H 46, Frankfurt 1959, S. 47

6) dgl. S. 131 ff.

Kirschenplantage bei Ockstadt (Nebeneinander von jungen und alten Beständen)

Obstblüte unterhalb des Wintersteins in der Gemarkung Ockstadt

worden. Vor allem in Oberrosbach, wo sehr viele Kleinstlandwirte in der Weberei und in der dortigen Flanellfabrik ein Zusatzeinkommen verdienten, verlegte man sich auf den Süßkirschenanbau. Dieser versprach im 19. Jahrhundert (starker Preisverfall in dem Heimgewerbe) neue Erwerbsimpulse. Ab 1852 verlief die Main-Weser-Bahn über Friedberg, und so konnten die Süßkirschen bis nach Kassel und Göttingen verkauft werden.

Als aber im Rhein-Main-Gebiet lukrative Arbeitsplätze in der Industrie entstanden, begann der Süßkirschenanbau in Burgholzhausen und Oberrosbach zurückzugehen. Er dehnte sich dagegen nunmehr stark auf die bäuerlichen Betriebe in Ockstadt aus. Sie sahen in dem Süßkirschen-Anbau einen Teil- und Haupterwerb. Die Vermarktung geschah vor und nach dem 2.Weltkrieg in einer eigens dafür gesperrten Straße (abends ab fünf Uhr nur für Anbieter und die Händler geöffnet).[7)]

Die gesamten Taunushänge unterhalb der Waldlinie bis kurz vor Bad Nauheim wurden im Laufe der Jahrzehnte mit ca. 60.000 Kirschbäumen bepflanzt, die um 1960 allein in der Gemarkung Ockstadt auf 40.000– 50.000 Bäume geschätzt wurden. Seit 10 –15 Jahren vollzieht sich jedoch hier ein völliger Wandel. Von den hochstämmigen Süßkirschenbäumen sind heute noch ca. 2.500 ältere und ca. 370 übergroße alte Massenträger vorhanden.

Die Entwicklung tendiert zu pflege- und erntegünstigen, d. h. arbeitsrationellen und unfallsicheren, kleinwüchsigen Unterlagen auf spindelbuschigen Bäumen. Der alte klassische Kirschenhang am Taunusrand wird zusehends gerodet. Die neuen Plantagen wandern in die Ebene auf die guten Löss- und Löss-Lehmböden, die bisher dem Zuckerrüben- und Weizenanbau vorbehalten waren. Es spielen aber auch die Marktanforderungen eine gewisse Rolle. Die klassischen aromatischen, vielseitig verwendbaren Sorten wie Knorpelkirsche und Hedelfinger werden abgelöst durch größere Früchte, die auf eine gleiche Abreife und auf größere Haltbarkeit gezüchtet wurden. Die Ungezieferbekämpfung durch Vernebelung, ausgeführt mit Spezialsprühgeräten und unter bester fachlicher Betreuung, wird nach wie vor in Gemeinschaftsarbeit vollzogen.

Zwar sind in Ockstadt noch ca. 50 Anbauer registriert, der bäuerliche Betrieb, der früher den Kirschenanbau im Nebenerwerb tätigte, verlagert sich aber immer mehr auf wenige (ca. 10) Haupt- und Vollerwerbsunternehmen. Größere Betriebe haben feste Abnehmer oder verkaufen direkt in die Frischhaltezentrale der Frankfurter Markthalle. Zunehmend gewinnt auch der Straßenverkauf in kleinen Buden, wo ebenso wie beim Pflücken ausländische Arbeitnehmer angestellt sind, eine zunehmende wirtschaftliche Bedeutung.

7) Ernst, E.: Die Obstbaulandschaft am südlichen Taunusrand und in der südwestlichen Wetterau, in: Rhein-Mainische Forschungen H 46, Frankfurt 1959, S. 87 u. S. 123

Obstplantage bei Kriftel

Kirschen

Mirabellen

Pflaumen

Kirschenhochstamm zur Erntezeit

Bei der „Handlese“

Maschinelle Lese

Denkmal auf Schloss Johannisberg für den „fuldischen“ Reiterboten von 1775, durch dessen verspätete Leseerlaubnis die „Spätlese“ zustande kam

8) Kalinke, H.: Der Rheingau, Weinkulturzentrum gestern, heute und morgen, in: Schriften zur Weingeschichte Nr. 20 Wiesbaden 1969

Staab, J.: Beiträge zur Geschichte des Rheingauer Weinbaus, in: dgl. Nr. 22

Ernst, E. u. Klingsporn, H.: Hessen in Karte und Luftbild, Berlin 1973, S. 93 f.

Schmiedeeiserner Schilderhalter eines Gasthauses

Zur Weinbaugeschichte im Rheingau

Von Wiesbaden bis Rüdesheim fließt der Rhein mit geringem Gefälle gemächlich durch das Mainzer Becken und neigt zu Geschiebeablagerungen und zur Stromspaltung mit Inselbildung (Mariannenaue, Fulderaue, Ilmenaue). Auf der rechten Rheinseite zu den hohen Taunusbergen hin dehnen sich ertragreiche Weinhänge aus. Mit ihrer Mauer- und Terrassenarchitektur haben sie den Rheingau zu einer mediterran anmutenden freundlichen Landschaft gemacht. Besonders intensiv werden die Weinkulturen in dem Bereich der eiszeitlichen Mittelterrassen und des tertiären Rheintalbodens (30 – 200 m über dem Fluss) gepflegt. Die Durchschnittstemperaturen im Rheingau liegen bei 9 – 11°C und damit 2 – 3°C höher als im Bereich des hohen Taunus. Die ausgezeichnete Sonnenexposition bringt auf den dunklen Schieferböden mit ihrer gespeicherten Wärme die berühmtesten Weine hervor.

Der Weinbau in dem naturbegünstigten Rheingau geht vermutlich auf die Römer zurück (Funde von Rebmessern). In karolingischer Zeit wurde sein Anbau wiederbelebt, und unter Otto dem Großen ist schon der Weinhandel mit England bezeugt. Die entscheidenden Impulse für die Entwicklung des Weinbaues und damit der Kulturlandschaftsprägung im Rheingau gingen jedoch von den Zisterziensern aus (s. S. 158). Die Mönche von Eberbach besaßen kaiserlich sanktionierte Sonderrechte für ihre Handelsniederlassungen (z. B. in Köln) und Zollfreiheit für ihren umfangreichen Weinhandel.

Im 19. Jahrhundert reichten die Lohschläge (Niederwälder) und die Weidewälder noch weit an den Hanglagen zum Rhein herunter. Die stark zunehmende Bevölkerung innerhalb dieses Realteilungsgebietes bevorzugte mehr und mehr die Ackerflächen, die zur nahrungswirtschaftlichen Selbstversorgung unbedingt gebraucht wurden. Erst seit dem Ende des 19. Jahrhunderts, als die Züchtung von mehltau- und reblausresistenten Rieslingsorten gelungen war und auch die gewerblichen Arbeitsplätze in der Industrie im Wiesbaden-Mainzer Raum zur Verfügung standen, konnte sich der Weinbau wieder ausweiten. Der Weinkonsum hat nach dem 2. Weltkrieg stark zugenommen, so dass sich die Rebflächen außergewöhnlich ausdehnen.

Am Rüdesheimer Berg, aber auch flussabwärts in den Assmannshäuser Weinbergen fällt ein Wegeneubau auf, der in den Steillagen nicht nur die Erosion mindert, sondern auch die Erschließung mit Fahrzeugen möglich macht. Die bis zu 70 % geneigten Steillagen erwiesen sich für die Mechanisierung des Weinbaues als unzugänglich. Bei den Weinberg-Flurbereinigungen (etwa in Assmannshausen) wurden die Wegesteigungen, die früher bis zu 16 % betrugen, auf maximal 9 % reduziert, so dass die Weinberge von zwei Hauptwegen erreichbar sind. Starke Stützmauern zur Talseite und ein kompliziertes Vorflutnetz lassen die Flurbereinigungskosten so sehr ansteigen, dass sie nur mit erheblichen Bundes- und Landeszuschüssen gedeckt werden können.[8)]

Nach der Weinberg-Flurbereinigung zwischen Assmannshausen und Rüdesheim

Staatsweingut Assmannshausen mit seiner berühmten Rotweinlage „Höllenberg“

Die Quelle allen Handels und Wandels in Assmannshausen ist heute der Weinbau. Die Rebfläche umfasst 99 ha, wobei vor allem den 40 ha Spätburgunderlagen eine überragende Bedeutung zukommen. Gerade die hier gewonnenen dunkel-granatroten Weine mit ihrer samtigen Milde und feinen Herbe haben das hohe Ansehen des Weinortes begründet und bewahrt. Sie finden eine besondere Betreuung in dem größten arrondierten Rotweingut Deutschlands (20 ha) dessen Hauptgebäude im äußersten Winkel des Seitentals in Richtung Aulhausen liegen. Der Gutshof des heutigen Staatsweingutes stand im Mittelalter unter klösterlicher Betreuung des benachbarten Nonnenklosters Marienhausen. 1803 kam das Gut in den Besitz der Nassauer, 1866 wurde es preußische und 1945 hessische Staatsdomäne.

Was in den Hauptrheinuferorten des Taunus seit der Entdeckung der Rhein-Romantik neben dem uralten Wirtschaftszweig des Bergbaus, des Treidlergewerbes und des Weinbaues geblieben ist, das ist in den Städtchen St. Goarshausen, Kaub, Assmannshausen und Rüdesheim der Fremdenverkehr. Die jährlich hier weilenden Tausende von Besuchern finden in den Straußwirtschaften und Schenken in eng verwinkelten alten Gässchen eine behagliche Gastlichkeit.

Weinlager im Kloster Eberbach (ehemaliges Hospital)

Vom Kloster Eberbach hatte sich der qualifizierte Weinbau über den ganzen Rheingau verbreitet. An seinem westlichen Rand hatte Lorch schon 1274 einen Weinmarkt, ebenso Flörsheim, das in der Zeit der Bedrohung der Weinkultur durch Klimaverschlechterung im 17. Jahrhundert, 1636 im Dreißigjährigen Krieg, gegen das Domkapitel kämpfen musste, um den Weinmarkt zu erhalten.

Die Grundlage für die höchste Qualität des Weinbaus liegt nicht nur in der Behandlung und in der Kellerwirtschaft, sondern in der Bodengüte und in der Lage der Weinberge. Diesbezüglich sind die Staatsweingüter hervorragend ausgestattet. Sie betreiben allein im Rheingau zwei Weinkeller, in Assmannshausen und neuerdings am Steinberg bei dem Kloster Eberbach. Die handgepflückten wertvollen Trauben werden in dem neuen dreigeschossigen Keltereigebäude im Obergeschoss angeliefert und gelangen statt bisher durch Pumpen nur mit bloßem Falldruck in die Kelter im Untergeschoss. Dies ist die schonendste Form der Kelterung. In dem untersten Kellergeschoss befindet sich die Weinlagerung von 1,7 Mio. Liter Wein. Die Staatsweingüter verfügen über die besten Weinberglagen mit individuellem Charakter: Steinberg (30 ha), Assmannshäuser Höllenberg (17 ha), Rauentaler Baiken (11 ha), Rüdesheimer Schlossberg (7 ha), Hochheimer Domdechaney (5 ha), Wiesbadener Neroberg (3 ha), Erbacher Markobrunn (2 ha). Als die anspruchsvollsten Rebsorten gelten dabei Riesling (161 ha), Spätburgunder (Pinot Noir = 32 ha), Weißburgunder (6 ha), Grauburgunder (3 ha).

Kleiner Teilbereich der neuen Kellerei „Steinberg" (Kloster Eberbach)

Vesperpause bei der Weinlese am „König Wilhelmsberg" bei Flörsheim-Wicker

Weinbau in Hochheim

Auf den „Hoc" wurde schon bei der Erwähnung des Viktoria-Denkmals hingewiesen (s. S. 198). Der Rheingau endet im Bereich des oberen Mittelrheintals bei Assmannshausen und Lorch, er endet im Osten bei Flörsheim-Wicker. Dort grüßt weit über die Rebhänge das Denkmal vom „König-Wilhelmsberg", ein preußischer Adler auf hoher klassizistischer Säule. In der Mitte des 19. Jahrhunderts hat sich der damalige Weinbergbesitzer und Weinhändler aus Werbegründen erfolgreich um die königliche Zustimmung, auch auf den Flaschenetiketten, bemüht. Heute gehört der unmittelbar am südexponierten Weinhang unterhalb von Wicker liegende 2,5 ha große Wingert dem Hochheimer Weingut W. Hück. Der Familienbetrieb bewirtschaftet ca. 5 ha Rebland, wovon die Hälfte als Streubesitz in den benachbarten Gemarkungen Kostheim, Wicker und Hochheim liegen. Charakteristisch für die Bewirtschaftung ist in diesem Betrieb die Vollzeitbegrünung jeder zweiten Gasse im Weinberg. Im Wechsel von ca. 10 Jahren wird diese Grünfläche umgebrochen und für weitere 10 Jahre in der bisher freien Rebgasse Gras angesät. Zu 70 % wird in dem genannten Betrieb die Rieslingtraube angebaut, während im Durchschnitt im Rheingau 80 % dieser standortgebundenen Sorte bevorzugt werden. Im Betrieb Hück finden sich ca. 20 % Spätburgunder (Rotwein) und 10 % Trauben für die Weißherbst-Abfüllung. Der genannte Betrieb hat eine gut besuchte Straußwirtschaft angegliedert, in der zwei Halbtagskräfte als Angestellte tätig sind. Für die Gäste werden Sonderveranstaltungen bei den Pflege- und Erntearbeiten angeboten. Insofern steht das Hochheimer Beispiel stellvertretend für viele Rheingauer Winzer. Die meisten 1- bis 2-Hektar-Betriebe sind jedoch auf ihre Vermarktung durch die Weinbaugenossenschaften angewiesen.

Straußwirtschaft Hück in Hochheim

König-Wilhelmsberg-Säule

Gewerbe und Industrie

Der Bergbau ist eine Form der Urproduktion wie die Land- und Forstwirtschaft und die Fischerei. Dabei werden Lagerstätten gesucht und abgebaut. Im Gegensatz jedoch zu den anderen Urproduktionen erneuern sich im Bergbau die gewonnenen Rohstoffe nicht mehr. Ein Steinbruch oder ein Salzbergwerk kann nur einmal ausgebeutet werden. Dabei bleiben Fragen der „Industriebrache" und der Rekultivierung zu beantworten. Der Bergbau ist heute in einer Weise technisiert, dass man ihn beinahe zur Industrie rechnen kann. In ihm begann der Maschinenbau seit den Tagen des Technikers Agricola und seiner mechanischen Förderanlagen.

Das Quarzitwerk Saalburg im Köpperner Tal, ein weit leuchtender „Edelstein" am Rande des Usinger Beckens.

Das Quarzitwerk Saalburg

Im Köpperner Tal (s. S. 38 f.) befindet sich auf ca. 40 ha Fläche der Quarzit-Tagebau Saalburg der Cemex Kies & Splitt GmbH. Erst im Luftbild werden die Dimensionen des sich über 11 Stufen, sog. Sohlen, und über 140 m Vertikalausdehnung erstreckenden Steinbruchs deutlich. Gleichzeitig öffnet sich dabei auch ein einmaliger Einblick in die Anatomie des Gebirgskörpers.

Die Anfänge der Quarzit-Gewinnung im Erlenbachtal gehen auf das Jahr 1899 zurück. Mit Vergabe der Schürfrechte im „Steinernen Meer" an die Taunus-Quarzit-Werke Köppern GmbH begann der gewerbliche Abbau des Gesteins, zunächst einer Blockhalde des scherbig verwitternden Quarzits. Ermöglicht wurde dies durch den Eisenbahnbau im Köpperner Tal im Jahr 1895. Der Abtransport des gewonnenen Materials erfolgte über einen eigenen Gleisanschluss ab Bahnhof Saalburg. Nach Stilllegung des Bahnanschlusses in den 1980er Jahren, erfolgt der Transport dieser Massenschüttgüter nur noch über LKW. Ursprünglich war er nur über die Bahn wirtschaftlich.

Nach dem 1. Weltkrieg wurde mit einer grundlegenden Modernisierung der Gewinnung, Aufbereitung und Verladung die Steigerung der Produktion auf über 100.000 Jahrestonnen erreicht. Die Anzahl der Beschäftigten stieg zwischenzeitlich auf 120 Mitarbeiter, bevor Ende der 1920er Jahre der Betrieb von der allgemeinen wirtschaftlichen Rezession erfasst wurde.

In 11 Stufen werden jährlich ca. 700.000 t Quarzitgestein abgebaut

In den 1930er Jahren konnte insbesondere durch den Bau von Autobahnen die Produktion auf bis zu 1.000 t pro Tag gesteigert werden. Mit Ende des 2. Weltkrieges erfolgte die Beschlagnahme durch die US-Armee unter Einsetzung eines „Quarry-Commanders", der eine Demontage und Zerstörung der technischen Anlagen verhinderte. Um 1948/49 wurde das Werk an die alte Firmenleitung zurückgegeben und ab 1960 erreichte die Produktion von Edelsplitten, Edelbrechsand, Mineralgemischen und Feinsanden für die Bauindustrie bereits über 2.000 t pro Tag (60 – 70 Mitarbeiter).

Im Jahr 1989 verkaufte der damalige Besitzer Ernst Bähr die Taunus-Quarzit-Werke GmbH an die Readymix Baustoffgruppe, heute Cemex Kies & Splitt GmbH. Die zum weltweit tätigen mexikanischen Zementkonzern CEMEX gehörende deutsche Tochtergesellschaft betreibt in Deutschland über 50 Kieswerke und Steinbrüche. Durch den kompletten Neubau der Aufbereitungsanlagen bis Mitte der 1990er Jahre konnte die Kapazität des Quarzitwerks Saalburg auf heute über 700.000 Jahrestonnen gesteigert werden (13 Beschäftigte).

Die besondere wirtschaftliche Bedeutung des am Standort gewonnenen Quarzits liegt in seinen physikalisch-chemischen Eigenschaften, insbesondere seiner Härte. Diese wird nur von Topas, Korund und Diamant übertroffen. Deshalb zählt das mit hohem technischen Aufwand in viele verschiedene Korngrößen gebrochene und gesiebte Material zu den bevorzugten Betonzuschlägen. Insgesamt werden im Werk Saalburg über 20 verschiedene Produkte aus dem Ausgangsgestein hergestellt. In Folge seines hohen Abnutzungswiderstandes findet Quarzit insbesondere überregional Anwendung in der obersten Decke von Asphaltfahrbahnen. Bedeutsamer Nebeneffekt dabei ist, dass mit dem Einsatz des nahezu weißen Quarzits eine Aufhellung der Fahrbahnoberflächen verbunden ist, was nachweislich zu einer Verbesserung der Fahrsicherheit bei schlechten Wetterverhältnissen und bei Dunkelheit führt.

Darüber hinaus wird Quarzit in feinster Körnung für die chemische und metallurgische Industrie benötigt. Auch da, wo feuerfeste Materialien gebraucht werden, etwa für Hochofenauskleidung und die Innenwandsicherung von Kupol- und Stahlschmelzöfen, ist man auf quarzitisches Ausgangsmaterial angewiesen, da es in reiner Form Temperaturen bis 1.780° C, bei bestimmten Beimengungen sogar weit über 2.000° C aushalten kann.

Da es keine vergleichbaren Quarzit-Lagerstätten in Deutschland gibt, kommt dem Quarzit-Tagebau Saalburg eine überregionale Bedeutung zu. Dies wird auch daraus ersichtlich, dass Fertigprodukte aus dem Werk in ganz Europa nachgefragt werden.

Das Werk verfügt heute noch über Lagerstättenvorräte, die die Produktion am Standort für weitere 50 Jahre sicherstellen. Parallel zum Abbau des Quarzits erfolgt bereits die Rekultivierung von nicht mehr genutzten Teilen des Steinbruchs. Gemeinsam mit den zuständigen Behörden, der Kommune und Naturschutzverbänden wurde vom Betreiber ein Konzept entwickelt, das durch Oberflächengestaltung, Rückverfüllung von Teilen des Tagebaus, Wiederaufforstung, Herstellung von Biotopen oder z. B. auch Anlage von Wanderwegen, eine Wiedereingliederung des Tagebaugeländes in die Landschaft zum Ziel hat.

Dyckerhoff Aktiengesellschaft

1861 hatten C. Brentano und W.G. Dyckerhoff in Hattenheim/Rheingau eine kleine Portland-Zementherstellung gegründet, die jedoch wenig erfolgreich war. Eine Verlegung der Fabrik nach Amöneburg bei Biebrich brachte keine Besserung der Ertragskraft, und die Gründer trennten sich. Um die unverkäuflichen Anlagen aus der Trennung zu retten, gründete W. G. Dyckerhoff 1864 mit seinen beiden Söhnen eine neue Zementfabrik. Dyckerhoff bezog für seine 15 Arbeiter den Kalkstein aus Ingelheim und Budenheim von der anderen Rheinseite und den Ton aus Hattenheim und Erbach. 1871 entdeckten seine Söhne „in der Schwalbenlach" bei Biebrich geeigneten Kalkstein, 1880 eröffneten sie den Flörsheimer Abbau (s. S. 52) und 1912 konnte nach langen Grundstücksverhandlungen der heutige werknahe Bruch bei Kastel in Anspruch genommen werden. Ein entscheidender betriebswirtschaftlicher Vorteil bestand in der Lage am Rhein, nicht nur für den Massentransport. Die Standortgunst ergab sich durch das Vorkommen der wichtigsten Rohstoffe in der nahen Lagerstätte. Ton, Kalkmergel, Kalk und Sand, weitgehend Ablagerungen aus dem Mainzer Tertiärmeer, kamen in der Nähe der Produktionsstätte verschwistert vor.[1)]

Vor 1909 arbeitete man noch mit dem Ringofen, in dem aus zermahlenem Kalk und aus Ton geformte Klinker hart gebrannt wurden. Diese wurden schließlich zu Zementmehl zerrieben. 1909/10 kam bei Dyckerhoff der erste Drehofen zum Einsatz, der eine ungeahnte Vereinfachung des Produktionsprozesses bewirkte. Schon seit Jahrzehnten wird das rechte Materialgemisch auf einem sogenannten Mischbett vorbereitet und im Drehofen auf 1.450 °C erhitzt. Dadurch wird CO_2 frei und der Kalk fest an die Kieselsäure und die Tonerde gebunden. An der Luft und unter Wasser erhärtet der Zement und erweist sich als beständiges Bindemittel. Schon 1886 war Dyckerhoffs Portland-Zement beim Bau des Sockelfundaments für die amerikanische Freiheitsstatue bei New York verwendet worden.

Mischbett im Amöneburger Kalkbruch

Nach dem 2. Weltkrieg kam das Unternehmen erst 1948 wieder in Schwung und verzeichnete 1949 bereits große Exportaufträge. Als wichtiger Fortschritt erwies sich der Transport in Silofahrzeugen. Ebenso innovativ gestaltete sich die Einführung des Transportbetons.[2)] Es kamen Werke in Luxemburg, den USA und nach dem Mauerfall in Thüringen und Osteuropa hinzu. Seit 2004 gehört Dyckerhoff zur italienischen Buzzi Unicem Gruppe. Heute liegt die Produktionskapazität pro Jahr in Deutschland bei 7,0, in Luxemburg bei 1,0, in Osteuropa bei 8,1 und in den USA bei 4,1 Mio t. Die Zahl der Mitarbeiter in der BRD liegt bei 1.400, weltweit bei 7.500.

Dyckerhoff-Zementwerk in Wiesbaden-Amöneburg

Schaefer Kalk bei Hahnstätten

Seit ca. 150 Jahren baut die Firma Schaefer bei Hahnstätten im unteren Aartal Kalkgestein ab. Ca. 1 Mio. t Gestein pro Jahr können der Erde nur entnommen und verarbeitet werden durch den Einsatz von Großgeräten (Bagger, Radlader, Schwerlastwagen, Brecher und Förderbandsysteme).

Im geologischen Zeitalter des Mitteldevon wurden in der Lahnmulde Kalziumkarbonate ($CaCo_3$) abgelagert (s. S. 57). Bei Hahnstätten befindet sich eine der diesbezüglich hochwertigsten Lagerstätten in Europa. Aus dem Kalkstein gewinnt man hier in Schachtöfen einen hochreaktiven Branntkalk, dazu Spezialprodukte wie Weißstuckkalk, Weißfeinkalk, Kalkhydrat und Kalkmilch. Die Produkte des Schaeferkalks gehen als Rohstoffe in die chemische Industrie (Kunststoffherstellung), in die Pharmazie, Kosmetik, Trink- und Brauchwasseraufbereitung, Stahlindustrie, Nahrungsmittelverarbeitung und in die Bauwirtschaft.

Im Werk Hahnstätten sind 280 Mitarbeiter beschäftigt. Insgesamt sind in allen Betrieben der Schaefer-Gruppe ca. 600 Personen tätig. Der Steinbruch liegt auf 140 m NN, die Sohle dagegen auf 26 m über dem Meeresspiegel, d. h. die Abbauterrassen reichen 114 m in die Tiefe. Die Kalkgewinnung darf bis auf -30 m NN heruntergefahren werden. Das bedeutet, dass die Bruchwand eines Tages ca. 190 m hoch und die Sohle der tiefste Punkt Deutschlands sein wird. Der alte Steinbruch (Laybruch) hat noch 20 Jahre Vorräte. Gemäß des Lagervolumens kann der Abbau in dem seit 2003 betriebenen „Merschelbruch" noch 50 Jahre fortgesetzt werden. Allerdings muss dann der benachbarte Merschelbach auf einer Länge von 1.200 m umgelegt werden. Die Steinbruchfläche umfasst 34 ha. Mit dem Abraummaterial werden alte Steinbrüche in der Nähe verfüllt und rekultiviert. In dem heutigen Abbaubereich wird eines Tages ein großer Steinbruchsee entstehen.

Kalkstein-Abbau bei Hahnstätten mit Blick auf Oberneisen

1) Geipel, R.: Industriegeographie als Einführung in die Arbeitswelt, Braunschweig 1969, S. 37 ff. u. 27 ff.

2) Müller-Haeseler, W.: Die Dyckerhoffs, Mainz 1989, S. 153 ff.

Altweilnauer Erzbergbau um 1900

Ehemaliger Ferdinand-Stollen der Erzgrube „Fritz" bei Essershausen im Weiltal

Bergbau früher und Michelbacher Hütte

Im Taunus gab es durch das ganze Mittelalter bis in das 19. und zum Teil in das 20. Jahrhundert einen zeitweise erfolgreichen Bergbau, vor allem im Lahngebiet (z. B. Philippstein, s. S. 47), im Aartal (Hammerwerke als Vorläufer der Michelbacher Hütte und im Weiltal (s. S. 55). Das Weiltal hatte sich im Mittelalter mit einer Fülle von Rennfeuerstellen und Hammerwerken in eine Art Industriegasse verwandelt. Manche aufgelassene Grube, wie z. B. die Grube „Königsholz" bei Alt-Weilnau, wurde erst 1899 im Petrusstollen bis in die 1920er Jahre wieder aufgefahren. Besondere Beachtung gehört der Emmershäuser Hütte, die seit dem 14. Jahrhundert aus einer „Waldschmitt" entstanden war, 1596 unter der tüchtigen Familie Sorge einen „hohen Ofen" baute und nach dem Dreißigjährigen Krieg eine große wirtschaftliche Bedeutung im alten Nassau einnahm. 1818 war sie an die westfälische Familie Lossen verpachtet worden, die zeitweise auch die Michelbacher Hütte betrieb.

Eine weitere wichtige Bedeutung gewann die Schmelze in Audenschmiede, die 1797 an die Familie Buderus gefallen war und bis 1930 Brunnentröge, etc. produzierte. Eine ganz große Rolle spielte über längere Zeit Essershausen, wo 1223 mit dem Bergbau begonnen wurde, aber erst 1871 eine neue Blütezeit begann, indem 1884 der Ferdinand-Stollen aufgefahren und um 1900 im Berg 18 Grubenfelder miteinander vereinigt wurden (Roteisen und Mangan). Eine herausragende Rolle spielte der Bergbau zwischen Bad Ems und Braubach. Funde römischer Münzen und Gezähstücke, d. h. Schlägel, Keilhacke und Gefäße deuten auf eine Nutzung in der Grube Friedrichsegen, wo später vor allem Silber und Bleiglanz zu Tage gebracht wurden. 1897 waren die französischen Besitzer mit den Ergebnissen nicht mehr zufrieden. 1900 kaufte ein Berliner Bankhaus die gesamten Anlagen, und 1903 begann mit neuen Techniken sowie der Entdeckung neuer Gangvorkommen (Bleiglanz, Zinkerz, Spalteisenstein)ein gewinnträchtiger Neuanfang. Erst 1910 gingen die Erträge zurück, und 1913 wird Friedrichsegen eine Industrieruine. Wo einst 1.100 Mitarbeiter beschäftigt waren, hatte das ehemalige reiche Bergbaudorf aufgehört zu bestehen.

Michelbacher Hütte im Aartal

Die Michelbacher Hütte weist auf eine mittelalterliche Waldschmiede zurück, die im wasserreichen Aartal zwischen den Orten Michelbach und Kettenbach mit einem Hammerwerk verbunden worden war. Graf Johannes zu Nassau-Idstein und Wiesbaden ließ 1652 – 1656 ein größeres Hüttenanwesen errichten. Er reagierte damit auf den großen Bedarf an Schmiedeeisen und Bauguss für seine herrschaftliche Hofhaltung. Außerdem wollte er nach dem langen Krieg der verarmten Bevölkerung seines Landes Arbeit und Brot geben.

Nach einer erfolgreichen Epoche kamen Rückschläge, die u. a. auch mit der Holzknappheit und damit dem Mangel an Holzkohle zu tun hatten. 1807 wurde das Unternehmen technisch neu aufgerüstet. Der Hochofen wurde durch eine Gebläsetechnik verbessert und zeitgemäßere Modelle an Ofenplatten und Alltagsgegenständen durch die Formungen in Sand statt in Lehm preisgünstiger hergestellt. Der 1816 an die Regierung gelangte Herzog Wilhelm von Nassau-Weilburg zeigte wenig Interesse an dem Unternehmen. Es wurde erfolglos verpachtet und fiel 1872 an die Bank Oppenheimer & Weil.

1884 begann für die Michelbacher Hütte eine außerordentlich prosperierende Epoche mit der Übernahme des Werkes durch die Familie Passavant. Als Architekt nahm Adolf Samuel Passavant intensiv Einfluss auf die Produktgestaltung. Balkongitter, Treppenteile, Geländer, Säulen etc. ließ er in einer stilistischen Einheit herstellen. Seine ornamentreichen Öfen waren Schmuckstücke in den Wohnzimmern der Gründerzeit. Zu den wichtigsten Alltagswaren zählten u. a. Fleischtöpfe, Bräter, Pfannen, Warmwassertöpfe und Waffeleisen.

Anfang der 1890er Jahre suchte er nach neuen konkurrenzlosen Produkten. Das Zusammentreffen mit dem britischen Ingenieur William Lindley führte zu neuen Perspektiven mit Langzeitwirkung. Lindley hatte die Planung für die Kanalisation für Hamburg und Frankfurt übernommen und suchte dafür notwendige Gussartikel. Passavant schuf ein ganzes Programm an Kanalisationsprodukten wie Straßensinkkästen, Einlaufroste, Schachtdeckel, Spülschieber, Rückstauverschlüsse etc. Sein Sohn Wilhelm Passavant würdigte die Verdienste seines Vaters durch überragende eigene Ingenieurleistungen. Er schuf zum ersten Mal ein Normenwerk für Entwässerungsgegenstände, Kühl- und Industriewasserbeschaffung, Hochwasserschutz, Pump- und Schöpfwerke, Schleusenbauten und Talsperren. Zum Schluss wurden ganze Klärwerkanlagen hergestellt. Wilhelms Sohn Udo Passavant, der nach dem Tod des Vaters das Werk übernommen hatte, verdoppelte um 1960/65 die Produktion. Es war eine Betriebsgröße zwischen Mittel- und Großunternehmen erreicht, die eine Trennung des Unternehmens als sinnvoll erscheinen ließ.

Im Jahre 1988 wurde das Familienunternehmen von dem Bau- und Dienstleistungskonzern Bilfinger Berger AG übernommen. 2000 gliederte dieser den Bereich „Entwässerung- und Abscheidetechnik" inklusive der Gießerei aus und verkaufte ihn an das Familienunternehmen ACO. Dort wiederum werden u. a. Gusserzeugnisse für den Tiefbau produziert.

Das zur Bilfinger Berger AG gehörige Unternehmen Passavant-Geiger in Aarbergen ist heute ein international erfolgreiches Unternehmen im Bereich der Abwasser-Technologie.

Produktions- und Strukturwandel in Wetzlar

Vom 8. bis zum 16. Jahrhundert wurde im Weil-, Lahn- und Dillgebiet in Rennfeueröfen auf Holzkohlebasis und später in einfachen Schacht- und Hochöfen Eisenerz geschmolzen. Nachdem die Fa. Buderus 1781 die erweiterten Schürfrechte bei Garbenhain gewonnen, 1870 große Gewerbeflächen in Wetzlar gekauft hatte und nach und nach kleinere Eisenwerke konzentrieren wollte, errichtete man die „Sophienhütte" in Wetzlar. Hier wurden 1872, 1873 und 1908 damals moderne Hochöfen angeblasen.[3)]

Devonische Massenkalke standen als Zuschlag für den Schmelzvorgang im benachbarten Hermannstein günstig zur Verfügung. Allerdings rechneten sich die Frachtkosten für Koks aus dem Ruhrgebiet in den folgenden Jahrzehnten immer weniger. Außerdem ging die Förderkapazität der benachbarten 449 Grubenfelder immer mehr zurück, so dass sich die Fa. Buderus schon 1896 auf 23 leistungsfähige Erzlieferanten beschränkte. Zur Betriebssicherheit gliederte man neue Produktionszweige wie Röhren- und Maschinengießerei, Verstromung von Gichtgas, Stahlproduktion (Buderus-Röchling AG 1915) an.

Der Wetzlarer „Eisenmarkt" erinnert an die alte wirtschaftsbestimmende Tradition des Bergbau- und Verhüttungswesens in der Stadt und ihrem Umland

Trotz erheblicher Kriegszerstörungen baute man nach 1945 dank des in Wetzlar ansässigen Fachpersonals die Eisengewinnung wieder auf. Aus betriebswirtschaftlichen Gründen (Transportkosten, Grubensterben) musste man 1981 den letzten Hochofen ausblasen. Heute konzentriert sich die Wetzlarer Buderuszentrale auf ihre weltweit begehrten Edelstähle und hochentwickelten Heiz- und Solartechniken. Buderus ist ein erfolgreiches, industriegeschichtlich aufschlussreiches Beispiel für Betriebswandel mit Perspektiven.

Bei den weltbekannten optisch-technischen Produkten hat lediglich die Kameraproduktion (Leica) Rückschläge hinnehmen müssen. Dafür wuchs das Unternehmen Leitz in der Entwicklung und Herstellung eines automatisierten Mikroskopsystems für die medizinische Verwendung, die Genforschung, die Flugzeugindustrie sowie die Kriminal- und Umwelttechnik. In 12 Fertigungsstätten in Wetzlar und Umgebung beschäftigt das Unternehmen 3.200 Mitarbeiter.

Auch die Firmen Seibert und Hensoldt weisen Wetzlar als führenden Standort aus in der Produktion von Ferngläsern, Zielfernrohren, geodätischen und astronomischen Instrumenten, Hochleistungsmikroskopen und Hardware für die 3-D-Messtechnik. Verbunden mit der

Industriegebiet Wetzlar

Feinmechanik, der Elektrotechnik und dem Maschinenbau wirken viele kleine und mittelständische Unternehmen an der Weltgeltung Wetzlarer Erzeugnisse mit.

Der schon vor längerer Zeit entstandene Bedeutungsverlust der früheren Textil- und Lederwarenbranche sowie der Abzug der Bundeswehr aus dem größten hessischen Standort konnte ziemlich schnell ausgeglichen werden. In dem weiten Gelände der ehemaligen Spilburgkaserne siedelten sich moderne Hightech-Unternehmen und wichtige Verwaltungs- und Landesdienststellen an. Neben dem in Wetzlar voll ausgebauten Schulsystem werden in dem Studiengang „Duales Hochschulstudium Plus" in Verbindung mit der Gießener Universität und der Fachhochschule Gießen/Friedberg Wirtschaftsingenieure ausgebildet. Im Verbund mit der regionalen Wirtschaft wurde ein Innovationsnetzwerk mit dem Umweltschutz und dem in Wetzlar ansässigen Naturschutzzentrum Hessen geschaffen.[4)]

Die Niederlassung der Investitionsbank für Mittelhessen, der Aufbau des Mittelhessen-Centers (Einkauf- und Freizeitangebote) auf dem Gelände des ehemaligen Güterbahnhofs, die überregional bedeutende Klinik: All dies hat der Stadt und der ganzen Region ein neues Profil gegeben.

3) Leib, J.: Stadtexkursion Wetzlar, in: Schulze, W. u. Uhlig, H.: Gießener Geographischer Exkursionsführer, Bd.I, Gießen 1982, S.119 ff.

4) Wirtschaftsstandort Region Wetzlar 2001/2002, S. 16 ff.

Wetzlar mit dem Leitz-Komplex im Vordergrund

Oberursel vor der Skyline Frankfurts

Das industriegeprägte Oberursel

Dass Oberursel bis zum 2. Weltkrieg eine überwiegend durch Industrie bestimmte Stadt war, ist ihr trotz der heutigen wirtschaftlichen Vielfalt noch anzumerken. Die starke Industrialisierung im 19. Jahr-hundert basiert auf einer langen gewerblichen Tradition. Diese war bis um 1850 eng an das Absatz- und Konsumtionszentrum Frankfurt gebunden.

Von den wallonischen Familien, die sich nach den niederländischen Freiheitskriegen als Flüchtlinge in Frankfurt und Hanau niederließen, hatten einige in Oberursel Fuß gefasst und das gewerbliche Leben befruchtet. Zwei Druckereien arbeiteten überwiegend für den Frankfurter Buchhandel. Von alledem war nach der zweimaligen Zerstörung von Oberursel im Dreißigjährigen Krieg (1622 und 1645) nichts übrig geblieben.

Es dauerte bis zum Ausgang des 18. Jahrhunderts, bis sich Oberursel, die Stadt an der wasserreichen Energieader des Urselbaches, wieder zu einem blühenden Gewerbe- und Ackerbürgerstädtchen entwickelte. Die kraftstoffgebundene Kleinindustrie gründete sich auf der Mehl- und Textilproduktion, die zunehmend auch die Metallbearbeitung (Waffen, Äxte, Werkzeuge, Sensen etc.) einbezog. Der oft unberechenbare Urselbach war für gewerbliche Betriebe (Hammerwerke) durch einen kanalisierten Bachlauf werkfähig gemacht worden und wurde durch die Stadt an die Triebanlagen als „Mühlgraben" herangeführt. Bis 1850 hatten sich die Oberurseler Mühlen auf 21 vermehrt. Außerdem bestanden neben einer Reihe von metallverarbeitenden Unternehmen, wie z. B. ein Sensenwerk mit 12 Schwanzhämmern, eine Öl-, eine Walk- und eine Tabakmühle. An der „Mühlengasse" waren von Oberursel bis zur Einmündung des Urselbaches in die Nidda auf 15 km Länge 38 Wasserradwerke in Gang. Seit 1890 sind die Wasserräder zunehmend durch Dampfmaschinen und durch Diesel- und Elektromotoren ersetzt worden. Die meisten der alten Mühlen stellten sich auf gewerbliche, meist metallverarbeitende Betriebe um.

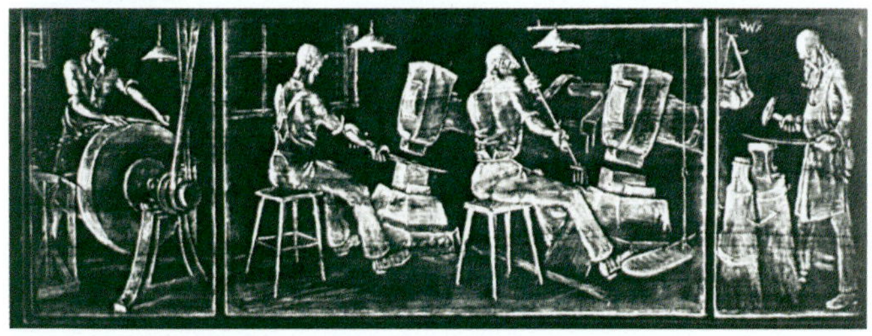

Im Sensenwerk. Negativschnitt (um 1937) von Harold Winter (1887 –1969). Von links: Schleifer, Breiter, Längner, Dengler

Die ursprünglichen Mühlen am Urselbach

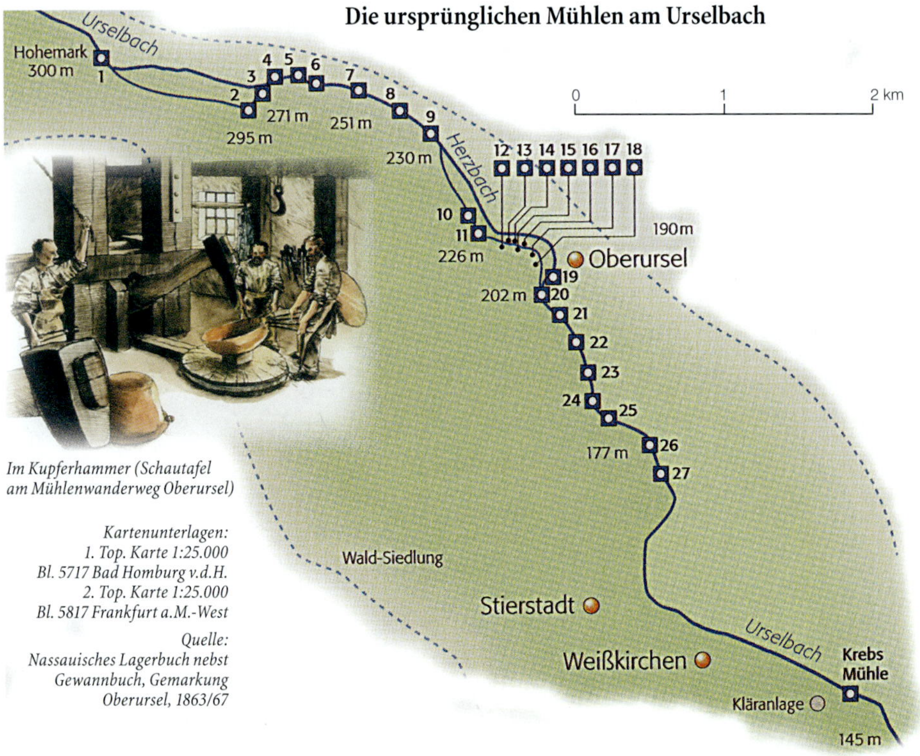

Im Kupferhammer (Schautafel am Mühlenwanderweg Oberursel)

Kartenunterlagen:
1. Top. Karte 1:25.000
Bl. 5717 Bad Homburg v.d.H.
2. Top. Karte 1:25.000
Bl. 5817 Frankfurt a.M.-West
Quelle:
Nassauisches Lagerbuch nebst Gewannbuch, Gemarkung Oberursel, 1863/67

	Besitzer	Zustand um 1923	Zustand 1998
1	Spinnerei u.Weberei Hohe Mark	1919 abgebrannt	Parkplatz
2	Dr. Pirath	Papierfabrik	1984 abgebrochen
3	Fa. Berger, Werk II	Lumpensortieranstalt (früher Kupferhammer)	1986 abgebrochen
4	Fa. Berger, Werk I verschiedene Werkstätten	Lager und verschiedene Werkstätten	Lager und Werkstätten
5	Fa. Stadermann	Lederfabrik	1982 abgebrochen
6	Fa. Menges	Ölmühle, dann Roheisenfabrik	Wohnhaus
7	Fa. Schilli & Co.	Sensenwerke	1963 abgebrochen
8	Motorenfabrik Oberursel AG	Motorenfabrik	BMW Rolls-Royce
9	Ehem. Steinmühle		1928 abgebrochen
10	Geschwister Schuckardt	Mahlmühle	Haus der Naturfreunde
11	Fa. Adam Koch, Kürtells-Mühle		Mühlenbauerei
12	Weilers-Mühle	Mahlmühle	Wohnhaus
13	Schallers-Mühle	Holzschneiderei	Wohnhaus
14	Anton Messer, Herrenmühle	Mahlmühle	Büro und Wohnhaus
15	Steinmetzmühle	Mahlmühle	Wohnhaus
16	Burkhardt, Rothsche Mühle	Mahlmühle	Wohnhaus
17	Probsts Walkmühle	Mechan.Werkstätte Tippmann	abgebrochen
18	Spang-Mühle	Schuhmaschinenfabrik	Büro und Wohnhaus
19	Loh- und Walkmühle	Betrieb eingestellt	1962 abgebrochen
20	Wirkerei Stasny	Mühlenbrauerei	1976 abgebrochen
21	Götz-Mühle	Povass Mahlmühle	1982 abgebrochen
22	Wallauers-Mühle	Mahlmühle	Wohn- und Geschäftshaus
23	Aumühle	Lederfabrik	Werkstatt
24	Brennersmühle	Schrot- und Sägemühle	1997 abgebrochen
25	Goldmann und Jamin	Holzwarenfabrik	Medidenta Schramm
26	Gattenhöfer-Mühle	Boston Blacking Comp.	Fabrikgebäude auf Abriss
27	Zimmersmühle	Mahlmühle	Lager- und Wohngebäude

Rolls-Royce Deutschland

Zwei der Oberurseler Mühlen, nämlich die Wiemersmühle und die Steinmühle standen einst dort, wo sich heute das Werksgelände von Rolls-Royce Deutschland erstreckt. Das Oberurseler Werk ist weltweit der älteste Fertigungsbetrieb für Flugmotoren und Antriebe, an dem heute noch produziert wird. Mit über 1.000 Mitarbeitern werden hier Hightech-Komponenten für zahlreiche Rolls-Royce-Triebwerksprogramme gefertigt sowie Kleingasturbinen gewartet und instandgesetzt.

Am Beginn der Geschichte von Rolls-Royce Deutschland steht eine technische Innovation. 1892 gelang es Willy Seck, einen Petroleummotor mit 4 PS zu konstruieren. Er nannte ihn GNOM. Die Nachfrage nach solchen Motoren bestand zunächst als flexibler Antrieb für kleinere und mittlere Produktionsbetriebe. Um 1900 wurden die mit Petroleum oder Benzin betriebenen Antriebsgeräte auch für Feldbahnen im Tiefbau und als Grubenlokomotiven im Bergbau eingesetzt.

1912 erhielt die Motorenfabrik von der französischen Firma Sequin die Lizenz zum Bau von Umlaufmotoren für die Luftfahrt. Der 1. Weltkrieg bescherte dem Werk einen großen Auftrieb, denn Jagdflieger wie Baron Freiherr von Richthofen oder Max Immelmann bezogen die Motoren ihrer Luftgeschwader von hier.

Ab 1918 verebbte die Nachfrage. Die zunehmend unwirtschaftliche Lage zwang das Unternehmen 1921, mit der Deutz AG aus Köln eine Interessengemeinschaft zu gründen. Im Zuge dessen wurde die Produktpalette bereinigt, die Arbeits- und Fertigungsmethoden modernisiert und eine Fließfertigung aufgebaut. Das Werk entwickelte sich zu einem hoch rentablen Standort für Dieselmotoren. Dennoch wurde die Oberurseler Fertigung ab Mitte 1931 erneut stillgelegt. 1934 nahm das Werk die Produktion wieder auf. Eine Handvoll Arbeiter produzierte kleine, schnell laufende Motoren für Schlepper und Lastwagen.

1945 besetzte die US-Army das Werk. Sämtliche Fertigungsmittel wurden abtransportiert. Nach Rückgabe des Werks begann 1959 mit der Lizenzfertigung des Orpheus-Triebwerkes eine neue Epoche in der Oberurseler Luftfahrtfertigung. Die Folgejahre waren vornehmlich geprägt durch die Entwicklung und Herstellung von Kleingasturbinen. 1990, nachdem das Werk zu BMW Rolls-Royce umfirmierte, begann die Entwicklung einer völlig neuartigen zivilen Triebwerkfamilie unter Prof. Dr. Günter Kappler. Die BR 700-Reihe stellt noch heute die erfolgreichsten Triebwerke seiner Schubklasse. Neueste Anwendung ist das Geschäftsreiseflugzeug G 650 von Gulfstream. Heute, als hunderprozentiges Tochterunternehmen der englischen Rolls-Royce plc., ist das Oberurseler Werk einer der wichtigsten Produktionsstandorte des Konzerns.

Braas-Firmenzentrale in Oberursel

Braas – „Monier Roofing GmbH"

Der weltgrößte Hersteller von Dachbaustoffen hat seinen Hauptsitz in Oberursel. Seine bewegte Firmengeschichte ist vom Anfang her eng mit dem Taunus verbunden.

Beton-Dachsteine, schon in der Mitte des 19. Jahrhunderts bekannt, machten Rudolf Heinrich Braas zu einem soliden Unternehmer kreativer Art. 1931 hatte der Maschinenbauingenieur die Betriebsleitung der „Taunus Quarzit Werke" bei Köppern übernommen. 1941 ging er als selbstständiger Unternehmer nach Österreich, wo er die Herstellung von frostbeständigen Dachsteinen aus Beton kennenlernte. 1946 kam er nach Köppern zurück. Der Wiederaufbau der zerstörten Städte verlangte Dachziegel im großen Umfang.

Braas konstruierte aus unbenutztem Gerätematerial, das vom Militär zurückgelassen worden war, in einer Anspacher Schlosserei eine Dachsteinmaschine, die er 1948 patentieren ließ. In der Nähe vom Bahnhof Saalburg begann er seine Betonziegel herzustellen. Rasch verbesserte er seine Produkte, siedelte mit seinem Betrieb nach Köppern um und vertrieb mit großem Erfolg die „Köpperner Dachplatten". Daraus entstanden die „Braas Baustoffwerke GmbH" mit ca. 50 Mitarbeitern.[5)]

Braas sammelte 1950 in England wichtige Erfahrungen mit dem Beton-Dachstein, förderte seine Festlegung auf DIN-Normen, kooperierte mit fachverwandten Firmen und verlagerte aus Gründen der günstigen Rohstoffvorkommen sein Unternehmen nach Heusenstamm. Von dort begann mit Sitz in Frankfurt die lange Erfolgsgeschichte des Beton-Dachsteins „Frankfurter Pfanne". Braas GmbH & Co. begann europaweit, später weltweit als „Redland Braas Building Group" zu operieren. Nach wiederholten Änderungen im Eigentümerbereich entstand die „Monier Roofing GmbH". Heute zählen zu dem von Rudolf Heinrich Braas gegründeten Nachfolgeunternehmen 11.155 Beschäftigte. Die 152 einzelnen Werke sind auf 34 Länder verteilt. Die Produktionspalette umfasst Beton-Dachsteine, Dachziegel und Fertigkamine.[6)]

Beispiele erfolgreicher Dachpfannen:

Braas Taunus-Pfanne

Braas Frankfurter Pfanne

Braas Römer-Pfanne granit

5) *Hoffmann, J.: Gut bedacht – Die Erfolgsgeschichte von Rudolf Heinrich Braas und seiner „Köpperner Pfanne"*

6) *N.E. Gerlach beeinflusste das Unternehmen maßgeblich. Als ehemaliger Köpperner Bürger und Mitarbeiter erreichte er die Position des Vorstandsvorsitzenden. Er war 13 Jahre Vorsitzender der Geschäftsleitung*

Rolls-Royce-Werk Oberursel

Pflasterer-Kolonne der Fima Jost um 1920

Autohaus Schäfer in Idstein

Schäfer Automobil Gruppe

Erinnerung an den Straßen- und Tiefbau der Hermann Schäfer GmbH & Co. KG bei Rohnstadt (Weilmünster)

Der Ursprung der Schäfer-Gruppe liegt in dem Bauunternehmen, das 1911 von Hermann Schäfer sen. in Weilmünster gegründet wurde. 1978 führte mit der Übernahme eines BMW-Vertragshauses in Weilburg ein neuer Schritt der Fa. Schäfer in die Automobilbranche. Daraus entwickelte sich 1984 die Fa. Schäfer Automobile GmbH. Innerhalb von zehn Jahren entstanden weitere vier Autohäuser im Taunus. Der BMW-Betrieb in Idstein wurde 1994 von dem Jungunternehmer Jörg Schäfer in die Betriebsgruppe übernommen. Seit 1995 ist Schäfer als einziges deutsches autorisiertes Service-Center für McLaren bekannt. 1995 kam die Fa. British Motors in Selters/Ts. hinzu, die fünf Jahre später nach Limburg-Offheim verlegt wurde und die Marke Land Rover vertreibt.

2004 konnte der Standort in Idstein erweitert werden. Bei dem großen Umbau wurde auch das Gebrauchtwagenzentrum erweitert und ein MINI-Showroom eröffnet. In dem Werk Limburg wird seit 2004 auch die Marke Hyundai vertrieben und gewartet. Diese koreanischen Modelle werden auch an einem neuen Standort der Schäfer-Gruppe in Usingen vertrieben, wo Schäfer auch als Vertragshändler für BMW-Fahrzeuge fungiert. Mittlerweile ist die Firma auch erfolgreich in den Motorsport eingestiegen (Deutsche Tourenwagen Challenge und Mini Challenge).

Die Schäfer-Gruppe beschäftigt heute ca. 250 Mitarbeiter. Besonders engagiert sich das Unternehmen in der Ausbildung junger Leute in den Berufen KFZ-Mechatroniker, Bürokaufmann/frau und speziell Automobilkaufmann/frau im Einzelhandel.

Die Wilhelm Jost GmbH & Co. KG

Die Fa. Jost ist ein gefragter Partner im Straßenbau des östlichen Hintertaunus. Die große, ca. 110 Mitarbeiter beschäftigende Straßenbaufirma breitete sich mit einem modernen weitläufigen Bauhof samt Verwaltungseinrichtungen auf den Hochflächen unmittelbar oberhalb von Weilmünster in Richtung Möttau aus. Dort befinden sich die Diabas-Steinbrüche der Firma, die wie ein großes Amphitheater aus dem Laubwald bei Altenkirchen herausragen (s. S. 40/41). In diesen Steinbrüchen wird das Rohmaterial für den Straßenbau gewonnen und entsprechend den Baubedürfnissen weiterverarbeitet.

Wilhelm Jost gründete 1904 eine Pflastererfirma, die mit drei bis fünf Mitarbeitern vor allem Basaltpflasterungen von Straßen und Hofflächen ausführte. 1930 trat der Nachfolger des Firmengründers, sein Sohn Willi Jost, in den Betrieb ein. In dieser Zeit ging der Straßenbau mit Schotterung und Dampfwalzendruck, mit Sanddecke und Einschlämmung neue Wege. Ab 1937/38 wurden auch Teerdecken auf die Schotterung aufgebracht. Erneut musste sich das Unternehmen maschinell darauf einstellen.

Mit dem Betriebsnachfolger in der dritten Generation stellte sich 1958 eine neue und zwar voll mechanisierte Entwicklung im Straßenbau ein. Asphaltfertiger und betriebseigene Asphaltmischanlagen wurden angeschafft. Das im Wald bei Altenkirchen lagernde Massengestein des Diabas eignet sich hervorragend für Asphaltbeläge auf stark befahrenen Straßen. 1972 war bereits die vierte Generation der Familie Jost im Betrieb führend tätig. Es wurden große Straßenbauprojekte auch außerhalb der Region übernommen. Die Rationalisierungszwänge machten jedoch 1993 eine völlige Erneuerung der Aufbereitungsanlage erforderlich. 1996 kam eine Recyclinganlage dazu. Im Frühjahr 2000 wurde das o. g. neue Betriebsgelände den heutigen Ansprüchen entsprechend großzügig im Flurteil „Muckenkaut" oberhalb von Weilmünster neu eingerichtet.

Betriebsgelände der Wilhelm Jost GmbH mit firmeneigenem Steinbruch (rechts) in unmittelbarer Nähe

Fresenius-Firmenzentrale

Bad Homburg – die Firma Fresenius

Die Entwicklung Bad Homburgs zum Aristokratenbad im 19. Jahrhundert hatte eine frühe Industrialisierung in den Gründerjahren verhindert. Aus der wirtschaftlichen Krise nach dem 1. Weltkrieg erwuchsen der Stadt jedoch mächtige Impulse zur Industrieansiedlung. Dabei schöpfte die Stadt ihre vielen Standortvorteile voll aus (Verkehrsgunst, Nähe zu Frankfurt a. M., namhafte Kultureinrichtungen etc.). Allerdings sind die Unternehmen der ersten Jahrzehnte nach 1918 (Maschinen- und Fahrzeugbau, Gummiverarbeitung) heute nicht mehr vorhanden. Stattdessen haben sich große Verwaltungszentralen (Landratsamt des Hochtaunus-Kreises, Lufthansa, Deutsche Leasing etc.) in neu ausgewiesenen Gewerbegebieten niedergelassen.

Als Bespiel dient die Fresenius SE Konzernverwaltung. Schon im 18. Jahrhundert war die Frankfurter Hirschapotheke in den Besitz der Familie Fresenius gelangt. Aus dem Apothekenlaboratorium entstand 1912 ein kleiner Produktionsbetrieb, der Injektionslösungen, Bormalin-Nasensalbe etc. herstellte. Anfang der 1930er Jahre übersiedelte die Produktionsfirma nach Bad Homburg. Dort übernahm die Pharmazeutin Else Kröner 1951 die Verantwortung. Sie baute die Produktgruppe Infusionslösungen aus, ebenso den Vertrieb von Dialysegeräten. Heute ist die Firma Fresenius ein weltweit tätiger Gesundheitskonzern mit Produkten und Dienstleistungen für die Dialyse. 2008 wurden in dem Fresenius-Konzern über 120.000 Menschen beschäftigt. Der Betrieb verfügt neben der Konzernzentrale in Bad Homburg im Taunusbereich über mehrere Produktionsstandorte. 1988 waren in Bad Homburg und in dem benachbarten Oberursel rd. 800 Mitarbeiter tätig; heute sind es mehr als 2.000. In beiden Städten werden Personen sehr verschiedener Fachrichtungen beschäftigt (Wirtschaftswissenschaftler, Mediziner, Ingenieure, Informatiker, Juristen etc.). In 17 verschiedenen Berufen stehen 55 Ausbildungsplätze zur Verfügung. 1998 konnte die Konzernzentrale am Südrand des Stadtgebietes von Bad Homburg bezogen werden. Hier laufen die Fäden des weltweit operierenden Konzerns zusammen, hier werden die zentralen Aufgabenbereiche wie Personalstruktur und Finanzwesen, aber auch Marketing oder Konzernkommunikation betrieben. Im nahen Friedberg befindet sich eine hochmoderne Produktionsstätte für Infusionslösungen (Fresenius Medical Care). Ein Verteilungszentrum im südhessischen Biebesheim versorgt die Patienten auf der ganzen Welt mit Dialyseprodukten. Bis 2010 strebt der Gesundheitskonzern einen Umsatz von 15 Mrd. Euro an.

Firmensitz von Zschimmer & Schwarz direkt am Rhein in Oberlahnstein

Zschimmer & Schwarz Chemische Fabriken in Oberlahnstein

Es handelt sich um ein mittelständisches Unternehmen, das seinen Sitz in Lahnstein hat. Es vertreibt seine vielfältigen Spezialprodukte für die Chemiefaser-, Keramik-, Leder-, Pelz- sowie für die Kosmetik- und Reinigungsmittelindustrie weltweit. Ein leistungsfähiger Chemikalienhandel für Auslieferungen in Rheinland-Pfalz und in den angrenzenden Bundesländern zählt zu den wirtschaftlichen Grundlagen des Unternehmens.

1894 wurde von Otto Zschimmer und Max Schwarz eine Chemikalien-, Farben- und Drogengroßhandlung in Chemnitz gegründet. 1909 kam die Produktion eigener chemischer Erzeugnisse dazu, wobei auch Produktionsstätten in Thüringen und Böhmen eingerichtet wurden. Der Standort Lahnstein am Rhein erwies sich seit 1939 mit der Konzentration auf Chemie- und Gerbstoffherstellung als außerordentlich günstig. Nach dem Krieg wurde das Unternehmen in Lahnstein Hauptsitz der heutigen Firmengruppe, die auch eine Vertriebsniederlassung in Paris betreibt. Darauf folgten weitere Auslandsgründungen oder Übernahmen anderer Firmen, so dass die heutige Zschimmer & Schwarz Holding über 18 Beteiligungsfirmen verfügt. Das Stammwerk in Lahnstein beschäftigt ca. 500 Mitarbeiter, die vor allem in der Entwicklung, Erprobung und Herstellung sowie im Verkauf von chemischen Spezialprodukten tätig sind. Dabei wird mehr als zwei Drittel des Umsatzes im Ausland erwirtschaftet. 1993 wurde in Mohsdorf bei Chemnitz ein Zweigbetrieb gekauft, der die Bereiche Textilhilfsmittel und Phosphonate umfasst.

Im Sinne der Produktsicherheit und des Umweltschutzes hat das Unternehmen vielfältige Einrichtungen zur Verringerung von Emissionen, u. a. auch eine eigene biologische Kläranlage, gebaut. Die schnelle Verfügbarkeit der vielseitigen Produkte auf dem Weltmarkt wird durch die eigenen Tochterunternehmen, zahlreiche Zwischenlager, aber auch durch ein engmaschiges Netz gut ausgebildeter Vertreter sichergestellt.

Firmengelände der Müller & Co. GmbH in Schmitten-Brombach

Schreinerei 1935. Willi Müller (links) und sein Wandergeselle Konrad

Die Müller & Co. GmbH

Das Unternehmen wurde im Jahre 1905 von Wilhelm Müller in Brombach als Schreinerei gegründet. In einer kleinen Werkstatt von 50 m² wurden Schreinerarbeiten hergestellt. Bereits ein Jahr später zog die Schreinerei nach Hundstall (seit 1950 Hunoldstal) und hatte dort bis 1914 ihren Sitz. Doch schon bald wurden die Räumlichkeiten zu klein und so kaufte Wilhelm Müller in Brombach ein Anwesen, dessen Stallungen in eine Werkstatt umgebaut und wo die erste Maschine angeschafft wurde. 1923 trat sein Sohn Willi Müller eine Schreinerlehre an, und mit seiner Meisterprüfung 1934 legte er den Grundstein für das weitere Wachstum des Unternehmens. Zu dieser Zeit wurden bereits vier Gesellen beschäftigt.

Nach dem 2. Weltkrieg begann für die Schreinerei Müller eine Zeit des Wiederaufbaus, und ein weiterer Generationswechsel erfolgte 1948. Willi Müllers Sohn Theo setzte die Familientradition mit seiner Schreinerlehre 1949 fort. Vom „Wirtschaftswunder" der 50er Jahre profitierte auch der 50 Jahre alte Schreinerbetrieb. 1959 wurde in der heutigen Usinger Straße 9 eine zweigeschossige Werkstatt gebaut.

Der entscheidende Wendepunkt in der Unternehmensgeschichte war eindeutig das Jahr 1961, als Theo Müller die Basis für die Produktion von Kunststofffenstern legte. Mit dem richtigen Instinkt für kommende Märkte setzte er auf die neue Technologie. Schnell waren die Produktionsräume zu klein, und so wurde 1963 das jetzige Grundstück in der Merzhausener Straße 4 – 6 mit einer Größe von 1.804 m² erworben. Die Mitarbeiterzahl betrug zu diesem Zeitpunkt zehn. Die Größe des Betriebsgeländes wuchs ständig durch mehrmalige Zukäufe, ebenfalls die Zahl der Mitarbeiter. In der zweiten Hälfte der 70er Jahre setzten Jürgen und Bernd Müller die Familientradition fort und traten ihre Lehre als Schreiner und Kaufmann an. 1979 wurde die Fertigung von Haustüren ins Programm aufgenommen und 1984 mit dem Bau der ersten Wintergärten erweitert. Durch den frühen Tod von Theo Müller im Jahr 1988 lag die Geschäftsführung des Familienbetriebs nun in der vierten Generation in den Händen von Bernd Müller.

Nach umfangreichen An- und Umbaumaßnahmen im Jahr 2003 startete zusätzlich die Produktion von Fenstern, Türen, Fassaden und Wintergärten aus Aluminium. Im Sommer 2008 legte der erste Auszubildende Deutschlands seine Gesellenprüfung als „Kunststoff-Fensterbauer" ab. Ein weiterer Hallenanbau für die Fertigung wurde notwendig, um ausreichend Platz für ein neues Bearbeitungszentrum zu schaffen. In diesem Zuge wurde im Frühjahr 2009 die komplette Kunststofffenster-Fabrikation umgebaut und mit modernen Maschinen versehen. Maßgenaue Handwerklichkeit, ausgereifte Techniken, durchdachte Konstruktionen und fachlich qualifizierte Beratung entsprechen den Betriebszielen und den Wünschen der Kunden.

Mittlerweile beträgt die gesamte Grundstücksfläche 21.494 m², wovon 5.914 m² bebaut sind. Heute sind insgesamt 118 Mitarbeiter beschäftigt.

Während der Arbeit auch mal ein kleines musikalisches Zwischenspiel bei der Firma Hopf

Instrumentenbau in Taunusstein-Wehen

Das aus dem Vogtland (Musikwinkel Klingenthal/Markneukirchen) stammende Unternehmen sah 1948 in der damaligen „Ostzone" keine Existenz- und Entwicklungschance mehr. Seit vielen Generationen wurde in der Familie Hopf der Gitarren-, Geigen- und Bratschenbau gepflegt. Die Firma Hopf übersiedelte in den Westen und fand in Wehen, unweit von Wiesbaden, günstiges Baugelände. Hier errichtete sie einen Betrieb zur Herstellung von Holzblas- und Saiteninstrumenten sowie eine Saitenmacherei. Bei dem Neuaufbau des Werkes trugen Mitarbeiter aus der alten Heimat tatkräftig mit ihrem Know-how zum Erfolg bei. Man war ja auch der Gründergeneration um Caspar Hopf, Vater und Sohn, (1655 – 1711) verpflichtet. Schließlich hatte wegen des hohen Qualitätsstands der Hopf-Instrumente der sächsische König Albert einmal von dem „vogtländischen Amati" gesprochen.

Die Produktion hochwertiger Solisteninstrumente, die Übernahme anderer Saitenhersteller und wirtschaftliche Erfolge des Unternehmens basieren auf den eigenen hohen Leistungsansprüchen der Geschäftsleitung (der heutige Betriebsinhaber Dieter Hopf absolvierte eine umfassende Fachausbildung in Mittenwald). Dazu kommt die enge Zusammenarbeit mit Solisten und Lehrern. Hopf bietet, vertrieben durch den Fachhandel, ein breites Sortiment an Gitarren, Zubehör, Saiten und Blockflöten. Die Zielgruppen sind sowohl Kinder und erwachsene Anfänger wie auch Solisten und andere Künstler auf diesem Sektor.

Betriebsgebäude der Schwälbchen-Molkerei und einige Produkte

Schwälbchen-Molkerei in Bad Schwalbach

Stellvertretend für die Nahrungsmittelindustrie im Taunus bietet die Schwälbchen-Molkerei Jakob Berz AG in Bad Schwalbach ein gutes Beispiel für die Konzentrationsvorgänge und die technischen Veränderungen dieser Branche in den letzten 50 Jahren. Die Lage des Standortes im westlichen Hintertaunus hat sich nicht nur aus verkehrsgeographischen Gründen als günstig erwiesen, sondern deshalb, weil er zu einem ausgedehnten Bereich milchproduzierender landwirtschaftlicher Betriebe zählt. Das Werk wurde 1938 gegründet und übernahm schon 1960 mehrere kleine milchverarbeitende Betriebe im Taunus und im Odenwald. Die Schwälbchen-Frischdienst GmbH arbeitet als Tochtergesellschaft der AG in Mainz-Mombach. 1988 wurde eine Zweigniederlassung in Marburg geschaffen.

Die tägliche Rohstoffverarbeitungsmenge liegt bei ca. 550.000 Liter Milch. Die wichtigsten Rohstofferfassungsgebiete befinden sich im Bereich des Kemeler Rückens (s. S. 232) und in der Futter- und Wiesenbauzone des Mittelgebirgsraumes. Ca. 90 % des Milchbedarfes wird von landwirtschaftlichen Betrieben geliefert, die der Molkerei seit vielen Jahren verbunden sind. Nur 10 % der Milch werden auf dem freien Markt von anderen Molkereien zugekauft.

Das Markenemblem „Schwälbchen“ ist aus dem Bad Schwalbacher Stadtwappen abgeleitet. Die Molkerei hat vor einigen Jahren das vielfältige Markensortiment mit einem einheitlichen Design versehen. Bewährt hat sich in den Handelsketten und bei den Endverbrauchern die Aufmachung der sogenannten „Grünen Linie“.

In der Schwälbchen-Molkerei finden insgesamt 300 Mitarbeiter ihre Beschäftigung. Als mittelständisches privatwirtschaftliches Unternehmen hält die Inhaberfamilie zwei Drittel der Anteile in ihrem Besitz. Ein Drittel der Geschäftsanteile werden an der Frankfurter Börse gehandelt.

Handkäse aus dem Hüttenberger Land

Das Hüttenberger Land südlich von Wetzlar/Gießen ist u. a. bekannt durch das landesübliche Nahrungsprodukt Handkäse. Der größte Käsereibetrieb Birkenstock wurde 1959 gegründet. Er beschäftigt zzt. 30 Personen. Hergestellt werden wöchentlich 45 – 50 Tonnen Handkäse, womit zum größten Teil Großmärkte beschickt werden.

Den fettarmen (0,5 % Fett) Hausmacher-Handkäse ganz nach Bauernart findet man auch in kleineren Käsereien. Als Beispiel dient der Betrieb Weber, der sich seit 80 Jahren im Familienbesitz befindet. Er ging aus einem Bauernhof hervor, der heute noch als modernisierte Produktionsstätte benutzt wird. Der Anfang der Herstellung im eigenen Hof begann um 1900. Damals reifte der handgeformte Sauermilchquark (Matte) im Keller zu Käse. Dreimal wöchentlich fuhr man zum Offenbacher Wochenmarkt, wo der Käse in großen Körben angeboten wurde. Im Laufe der Jahrzehnte, insbesondere nach dem 2. Weltkrieg, sind neue Märkte erschlossen worden. Man produzierte größere Mengen dank rationellerer Techniken. Heute beziehen die Käsereien den Sauermilchquark von verschiedenen Molkereien. Der getrocknete Quark kommt in 50-Kilo-Säcken in die Produktionsstätten, wird hier gemahlen, mit Reifungssalz versetzt, in entsprechende Formen gebracht und auf sogenannte „Horten“ gelegt. Dort muss er nun bei hoher Luftfeuchtigkeit und einer Temperatur von ca. 40° C. schwitzen. Nach zwei bis drei Tagen, je nach Reifegrad, werden die Käse mit Schimmelpilzkulturen bestrichen. Dann wird bereits ein Teil der runden Käse verpackt, die noch den weißen Kern enthalten und langsam im Papier nachreifen. Der andere Teil wird in speziell eingerichteten Räumen bis zur völligen Durchreifung gelagert. Der Familienbetrieb Weber bietet zehn Sortimente als echten Hochelheimer Bauernhandkäse an und beliefert Wochenmärkte und Apfelweinkneipen.

Reifevorbereitung der „Matten“ auf Horten

Produkte aus der Käserei Weber

Die Kelterei Heil in Laubuseschbach

Auf der Wasserscheide zwischen Weil und Ems wurde 1997/98 der große Neubau der Kelterei Heil oberhalb von Laubuseschbach errichtet. In diesem Keltereibetrieb werden heute 60 verschiedene Fruchtsäfte und Apfelweine abgefüllt. Der Tagesausstoß liegt bei 60.000 – 100.000 Flaschen. Das bedeutet, dass jährlich ca. 12 Mio. Liter dieser Volksgetränke von Laubuseschbach aus die Kunden erreichen. Die Kelterei entstand aus der alten Dorfschänke Germania, die um 1900 von der Familie Heil übernommen worden war. Es war genügend Fall- und Kelterobst von den bäuerlichen „Baumstücken“ vorhanden, und so wurde wegen der guten Qualität größere Warenposten bereits in den 1950er Jahren in einem Umkreis von 20 km ausgefahren. Die 1962 gebaute größere Produktionsstätte mit entsprechenden Lagerräumen, einem Kesselhaus, Büro- und Sozialeinrichtungen und betriebseigener Kläranlage erwiesen sich jedoch schon nach einigen Jahren als zu klein. Der Maschinenbestand musste Zug um Zug erweitert werden (Flaschenwaschmaschine, Abfüllgeräte, Etikettierer). Sowohl Gaststätte als auch Getränkehandel wurden wegen dem Zwang zur weiteren Spezialisierung aufgegeben.

Von Anfang an widmete sich die Firma Heil als Apfelwein- und Fruchtsaftkelterei dem Naturschutz und der Anpflanzung von Apfelhochstämmen und Speierlingsbäumen. Als erste Kelterei in Deutschland erstellte Heil eine Ökobilanz zusammen mit der Fachhochschule in Mainz und wurde 1993 nach dem EG-Öko-Audit zertifiziert. Das alles zwang zu dem Neubau 1997/98. Man hatte erkannt, dass aus logistischen Gründen der Standort für den Neubau an der Autobahn günstiger sei. Diese Vorteile wurden aber hintangestellt, weil man die Nähe zu den Streuobstwiesen und den Obstlieferanten, vor allem aber zu dem regional beständigen Arbeiterstamm von ca. 30 Beschäftigten, bevorzugte. Die hessenweite Bekanntschaft der Kelterei ergab sich aus der Tatsache, dass die alte Produktionsstätte dem HR für regionale Sendungen überlassen worden war und eine Reihe von Sonderveranstaltungen (Apfelblütenwanderung, Apfellauf, Ernte- und Apfelfest im Hessenpark, Apfelbaumpflanzaktion etc.) führten zu dem hohen Bekanntheitsgrad der Kelterei Heil.

Große Getränke-Abfüllanlage

Handel und Verkehr

Alter Krämerladen im Hessenpark

Handel und Verkehr bedingten sich schon immer gegenseitig. Die Straßen der Vorzeit, z. B. die Salzstraße von Nauheim bis zur Stadt auf der Goldgrube bei Oberursel (s. S. 92), bedürfen genauerer archäologischer Untersuchungen. In der Römerzeit führte die schnurgerade spätere Elisabethenstraße von Mainz über das Lager Hofheim bis zum Verwaltungszentrum Civitas Taunensium (Nida bei Frankfurt). Auch die Straße von der Saalburg bis zu diesem Zentrum ist als ein gepflasterter gut ausgebauter Weg bekannt.

Die mittelalterlichen Fernstraßen mehrten sich in der Karolingerzeit mit einer zunehmend blühenden Wirtschaft und der Anlage von Königshöfen an Kreuzungen. Aus diesen Königshöfen entstanden oft Städte und Märkte, die ihrerseits durch den Handel ein Netzwerk von Verbindungsstraßen schufen. Auf diesen Straßen des Fernhandels wurden Rohstoffe, Nahrungsmittel, Handwerkserzeugnisse, Erze, Salze, Pelze etc. transportiert.

„Plaza" Main-Taunus-Zentrum

Main-Taunus-Zentrum bei Sulzbach

Märkte und Einkaufszentren

Größere Märkte übernahmen in den Städten und mittlerweile auch auf dem flachen Land die lebensnotwendige Funktion des Warenangebotes. Die kleinen Dorfläden finden sich fast nur noch museal vor. Sie mussten den vom Großhandel bestimmten Supermärkten und Handelsketten weichen.

Die älteste und größte Marktkonzentration, das Main-Taunus-Zentrum, besteht seit 1964. Der damals bei Sulzbach in der Main-Taunus-Ebene „auf grüner Wiese" geschaffene Gebäudekomplex beherbergt heute über 100 einzelne Betriebe, in denen ca. 1.500 Beschäftigte arbeiten. Sie bedienen jährlich über 11 Mio. Kunden, im täglichen Durchschnitt 40.000, denen über 4.000 Pkw-Parkplätze kostenlos zur Verfügung stehen. Das Warenangebot reicht von Modewaren und Möbeln über Leder- und Technikprodukte bis zu Lebensmitteln und Gesundheitsartikeln.

Der toom-Baumarkt in Usingen gehört zur REWE-Gruppe

REWE-Zentrale Rosbach

Das zentrale Auslieferungslager von REWE in Rosbach v.d.H. beliefert 480 Supermärkte. Logistisch bewährt sich der Standort an der Autobahnauffahrt (A 5) Friedberg. Der Aktionsradius von ca. 100 km deckt den Raum ab von Mainz bis Aschaffenburg und von Darmstadt bis über Marburg hinaus. Der Lieferschwerpunkt der Rosbacher Zentrale liegt bei der Frischware (Obst, Gemüse, etc.). Das mit dem Lieferstandort Rosbach verbundene Teillager in Hungen beherbergt die üblichen Lebensmittel für den täglichen Bedarf. Die Penny-Märkte werden von Rosbach aus komplett mit der bestellten Ware bedient.

Das große Einkaufszentrum tegut wurde 2007 im Neubaugebiet von Hünstetten-Kesselbach eröffnet. Es gehört als Firma und Marke der antroposophisch orientierten Gutberlet-Stiftung & Co. mit Hauptsitz in Fulda. Die Stärke dieses Marktes liegt seit 1982 im Anbau und in der Vermarktung von Bio-Lebensmitteln. Der Standort an der B 417 (täglich ca. 20.000 Pkw) ist verkaufstechnisch gut gewählt. Die Stärke dieses Marktes ist der Biobereich. Der Fleischmarkt wird beschickt von einer betriebseigenen Metzgerei in Fulda, die ihrerseits mit Vertragslandwirten in der Rhön und in Thüringen zusammenarbeitet. Besonderer Wert wird auch auf die Frische der Obst- und Backwaren gelegt. Am Standort Kesselbach sind zzt. 21 Personen angestellt.

Einkaufszentrum tegut in Hünstetten-Kesselbach

Die Fernhandelsstraßen

Seit den 1930er Jahren gelten die schon 1926 in der TH Darmstadt geplanten Autobahnen als die wichtigsten Fernstraßen in Deutschland. Vom großen Verkehrsknoten des Frankfurter Kreuzes ziehen zwei dieser europaweit wirkenden Verkehrsachsen über den Taunus. Der östliche Taunuskamm wird zwischen dem Winterstein und dem Johannisberg bei Bad Nauheim bei nur geringer Steigung von der A 5 gequert. Aus ähnlichen topographischen Gründen entschied sich das Autobahnamt, die A 3 über die bequemere Niedernhausener Senke nach Limburg und Köln zu bauen. Heute sind die Hauptanschlussstädte Frankfurt und Wiesbaden mit der A 66 verbunden.

Von den mittelalterlichen Fernhandelswegen sind bei verkehrsgerechtem Ausbau die meisten als Bundes- oder Landesstraßen erhalten geblieben. Die heutige Bundesstraße 260 (Bäderstraße) führte schon in der fränkischen Zeit als Höhenstraße von Wiesbaden zum Kemeler Rücken und bis nach Bad Ems. Weiter östlich verläuft fast parallel die Hühnerstraße (B 419) von Mainz über Wiesbaden, Neuhof, Kirberg nach Limburg und Köln. Ebenso nach Limburg führte die in Frankfurt beginnende heutige B 8 über Königstein. Der Aufstieg über das Feldberg-Glaskopf-Massiv konnte für die Planwagen der Kaufleute nur durch Vorspannen geschafft werden. In Königstein bildete sich deshalb eine Reihe von Handwerken für das Fuhrgewerbe (Wagner, Schmiede, Sattler, Fuhrleute) heraus.[1)] Parallel zur Hühnerstraße schuf eine weitere Handelsachse über die „Eiserne Hand“ eine Verbindung zwischen Wiesbaden und Bleidenstadt. Von dort verlief eine alte Straße durch das Aartal bis nach Diez an die Lahn. Eine zwar nicht ganz erstrangige, aber doch wichtige Handelsstraße führte parallel zur heutigen B 8 von Frankfurt über Bad Homburg, die Saalburg, Wehrheim und Usingen nach Weilburg, von wo aus die Verbindung einerseits nach Limburg und Köln gewährleistet war, aber auch der Abzweig zu der Handelsstraße der „Langen Hessen“ bei Gießen, die nach Ostdeutschland ausgerichtet war.

Ebenso wie diese von Süden nach Norden oder Nordwesten gerichteten Handelsachsen waren die West-Ost-Querwege durch den Taunus für die Kaufleute wichtig. Die älteste Straße dürfte wohl die Elisabethenstraße (spätere Weinstraße) sein. Sie führte von Mainz über Hofheim und den östlichen Taunus nach Butzbach, wo sie sich teilte und nach Wetzlar und Marburg abzweigte. Ein Stück weit parallel zur Elisabethenstraße (A 66 / B 42) war von Mainz über Hochheim, Flörsheim und Hattersheim (Reichspoststation, s. S. 127) die alte Poststraße nach Frankfurt a. M. gerichtet. Bei Flörsheim befand sich eine kurmainzische Zollstelle, weil hier eine alte Handelsstraße von Süden den Main querte (s. S. 136) und bis zur Limburger Lahnbrücke führte (s. S. 144).

Autobahn A 3 mit Raststätte bei Bad Camberg und A 5 bei Bad Nauheim

Nicht ganz so alt, aber in der Bedeutung nicht nachstehend, ist die West-Ost-Achse von St. Goarshausen über Nastätten und Weilmünster nach Wetzlar und Gießen. Von hier aus bestand wiederum der Anschluss an die großen Fernhandelsstraßen in den ostdeutschen Raum. Ähnlich wie in Königstein hatten in Patersberg oberhalb von St. Goarshausen die Kleinbauern mit ihren Ochsen und Pferden („Hauderer“) durch Vorspanndienste vom Rhein hinauf auf die Taunushochfläche einen bescheidenen Wohlstand erlangt. Schon die Kelten hatten hier eine Furt durch den Rhein gefunden, einen vier Meter breiten Hangweg über dem bis 1853 unpassierbaren Hasenbachtal gebaut und bei Patersberg eine strategisch wichtige Wallburg errichtet. Diesen Weg nutzten später ganze Heer- und Handelszüge.

1) Kaltenhäuser, I.: *Taunusstädte im Frankfurter Raum, in: Rhein-Mainische Forschungen, H. 43, Frankfurt 1955, S. 45 f.*

Blick über Patersberg und die Engtäler Hasenbach (r.) und Forstbach (l.), Auf- und Abstieg von und zum Rhein

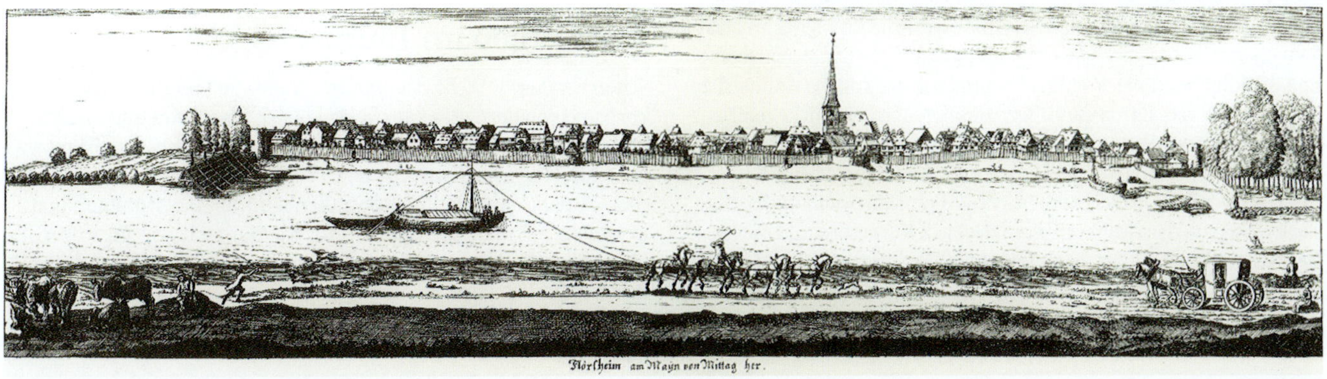

Flörsheim in der ersten Hälfte des 18. Jahrhunderts. Die Mauer um die Stadt stammt aus den Jahren um 1548. Die Treidler („Leinritter“) auf dem südlichen Leinpfad des Mains ziehen das Mainzer Marktschiff in Richtung Frankfurt.

Kupferstich eines unbekannten Künstlers

Spitzkehre der „Kanonenstraße" (L 3004) zwischen Sandplacken und Oberursel-Hohemark

Daneben sind eine ganze Reihe von kleineren, aber nicht unwichtigen Wegen zu nennen, z. B. der Kammerweg, der das gefährliche Binger Quarzit-Riff umging. Die einfache, im Winter und bei Regen oft in desolatem Zustand befindliche Landstraße in den Rheingau wurde erst in nassauischer Zeit von 1810 – 1818 als Chaussee ausgebaut. Ihre bauliche Fortsetzung über Rüdesheim hinaus begann erst 1830 und wurde 1862 nach Überwindung oder Untertunnelung der direkt an den Rhein vorstoßenden Felspartien fertiggestellt (B 42).

Umgehungsstraßen sind oft unverzichtbar, so sehr auch der Eingriff in die Landschaft schmerzen mag. In Eltville im Rheingau wurde lange Jahre um eine Verkehrslösung gestritten, wobei die ernsthaft diskutierte, streckenweise auf Betonstelzen geführte Umgehungsstraße eine der wenigen noch intakten Rheinuferpromenaden zerstört hätte. Die großräumige Umgehung von Walluf und Eltville (B 42, Oranier-Route) hat die innerörtlichen Verkehrsschwierigkeiten in Eltville gelöst. Dagegen wird die vorgesehene architektonisch gelungene Planung einer Straßenbrücke in der Nähe des Loreleyfelsens zum Problem bei den Gremien des Weltkulturerbes, die über das Mittelrheintal wachen.

Denkmale der Erinnerung an diese Epoche sind z. B. das Nassauer Gebück (Teilstück bei Bechtheim), das Rheingauer Gebück sowie die Landwehren mit ihren Warttürmen. Auf dem Reichstag von Verona 983 war dem Mainzer Erzbischof die Bannhoheit über den Rheingau übertragen worden. Die durch einen einträglichen Weinbau blühenden Gemeinden genossen die „Mainzer Freiheit". Sie brauchten dem geistlichen Regiment in Mainz keine Frondienste zu leisten, nutzten intensiv ihr Rebland, gestalteten ein kommunales Eigenleben und stützten so die wirtschaftliche Macht des Mainzers. 1324 wurden die Rheingauer in einem Weistum sogar als „Bürger" bezeichnet. Hier konnte sich eine gemeindliche Autonomie entfalten. Das äußere Zeichen der Geschlossenheit des Rheingaues zeigte sich u. a. demonstrativ in der Abgrenzung durch eine Landwehr nach Norden und Osten, das um 1200 angelegte Rheingauer Gebück. Es war ein ca. 40 m breites undurchdringliches Geflecht aus gebückten (= gebeugten) Hainbuchen und Buchen. An besonders wichtigen Straßenübergängen war es mit Bollwerken befestigt, so dass die Zolleinnahme gesichert war. Bis um 1650 wurde dieser Grenzstreifen als landseitiger Schutz gepflegt und erhalten und erst um 1770 aufgegeben. Das Hausener Bollwerk ist nicht mehr vorhanden. Die Mapper Schanze ist der einzige Ruinenrest und ein Zeugnis dieser Landwehr. Anderenorts zeugen an den Grenzen Warttürme, wie z. B. die Bierstädter Warte bei Wiesbaden oder die Warten um die alte Reichsstadt Frankfurt von der Grenzsicherung. Die Flörsheimer Warte war noch vor 500 Jahren ein kurmainzischer Wachposten am Hoheitsgebiet des Erzbistums Mainz.

Rheinufer-Promenade in Eltville

Grenz- und Zollstellen wie „Mapper Schanze" am Rheingauer Gebück und „Flörsheimer Warte"

Früher gab es andere, aber auch höchst ärgerliche Probleme im Straßenverkehr: die Wegeunsicherheit im Blick auf den Straßenausbau und die Raubüberfälle. Vor allem behinderte der Zoll die Handelsbeziehungen in dem durch ca. 40 Territorialgrenzen zerstückelten Deutschland. So mussten z. B. von Oberursel, das seit 1803 an der Südostecke des Herzogtums Nassau lag, die Frachtfuhrwerke bei ihrem 14 km langen Weg in das exportwichtige Frankfurt vier Länder passieren: Nassau, das Großherzogtum Hessen, Kurhessen und die Reichsstadt Frankfurt, d. h., es musste immer wieder Wegegeld und Zoll entrichtet werden. Dies führte zu starken Verteuerungen der Transporte, zumal wöchentlich 80 bis 90 vierspännige Wagen diesen Weg machen mussten. [2)]

Bahnlinien im Taunus

Schon vor dem 1. Weltkrieg war die Straße von Bad Homburg zur Saalburg und von dort weiter abzweigend nach Wehrheim und Usingen einerseits, nach Obernhain und Anspach andererseits, ausgebaut worden. Zusätzlich kam es noch vor der Jahrhundertwende zum Bau eines Gleiskörpers, der sich für eine Straßenbahn von Bad Homburg und Dornholzhausen durch den Wald zur Saalburg schlängelte, wobei der Lindenweg die Richtung angab. Die Straßenbahn Nr. 10 verkehrte auf dieser „Bergbahnstrecke" vom 1. Juli 1900 an. In den 1930er Jahren nahm der Pkw-Verkehr zu, die Strecke wurde unrentabel. Die Straßenbahn zur Saalburg wurde 1935 stillgelegt. [3)]

2) Kaltenhäuser, I.: Taunusstädte im Frankfurter Raum, in: Rhein-Mainische Forschungen, H. 43, Frankfurt 1955, S. 59

3) In einem Nachruf im „Taunusboten" heißt es: „… wenn treue Freunde und liebgewordene Bekannte einen Nachruf verdienen, dann hat unser Saalburgbähnlein Anspruch darauf."

Straßenbahn Nr. 10 um 1920 in der oberen Louisenstraße in Bad Homburg

Das Relief des Taunus war bei dem Bau der ersten Bahnverbindung zwischen Frankfurt und Wiesbaden (1839 – 1842) ohne Belang. Die „Taunusbahn" benutzte die verkehrsleitende Main-Taunus-Ebene. Da hatte es der parallel verlaufende Bahnbau weiter im Norden von Koblenz nach Wetzlar der Lahn entlang durch die erforderlichen Tunnelbauten 1860/62 sehr viel schwerer. Um 1848 entstanden die Stichbahnen von Frankfurt bis Bad Soden und Kronberg.

Als bequemster aller Nord-Süd-Übergänge von Höchst nach Limburg wählte man beim Bahnbau 1876/77 die Senkungszone von Niedernhausen und die verkehrssammelnde Landschaft des Goldenen Grundes. Niedernhausen wurde ökonomisch aus seinem Dornröschenschlaf aufgeweckt, als 1879 auch noch die Trasse nach Wiesbaden entstand. Es war ein kleiner Eisenbahnknoten geworden und konnte sich schnell gewerblich entwickeln. Heute ist der Bahnhof nur noch eine bloße Haltestelle für täglich 150 Nah- und Regionalzüge.

Die rechtsrheinische Bahnstrecke entstand zwischen 1856 und 1870. Sie verteuerte sich erheblich durch die mehrfach notwendig gewordenen Tunneldurchbrüche, bewirkte aber einen sprunghaften Anstieg des Tourismus für den Mittelrhein und den westlichen Taunus.

Der Durchgang der Bahnlinie von Bad Homburg nach Usingen durch das Engtal des Erlenbachs kam erst 1895, nach Grävenwiesbach ca. 12 Jahre später, zustande. Der Regional- und Nahverkehr wird heute durch moderne Triebwagen oder durch Busse bewältigt. Dabei fällt dem Rhein-Main-Verkehrsverbund eine verdienstvolle Rolle zu, ebenso den von den Landkreisen geregelten Schulbusverbindungen. In den 1920er Jahren war sogar eine Bahnlinie projektiert worden, die von Bad Nauheim über Usingen durch den Hochtaunus nach Niedernhausen führen sollte, so dass ein Anschluss nach Wiesbaden gewährleistet gewesen wäre.

Die Bahnstrecke von Grävenwiesbach nach Wetzlar über Brandoberndorf war schon vor dem 1. Weltkrieg fertiggestellt worden. Kurz nach Kriegsbeginn 1939 wurde der Tunnel bei Hasselborn zum sogenannten Führertunnel erklärt, in dem Hitlers Sonderzug bombensicher untergestellt werden konnte, wenn Teile der Reichsregierung das Führerhauptquartier „Adlerhorst" in Ziegenberg im Usatal aufsuchen wollten. Von dort aus (3 km Luftlinie von Kransberg entfernt, s. S. 143) sollte der Westfeldzug geleitet werden.[4)] Ab Oktober 1941 hatte man den Hasselborner Tunnel für den zivilen Eisenbahnverkehr wieder freigegeben, im Frühjahr 1944 jedoch erneut gesperrt.[5)] Die Strecke von Grävenwiesbach über Brandoberndorf wurde 1985 stillgelegt, schon wesentlich früher (1969) die Abzweigung nach Weilburg. Die ehemalige Trasse der Weiltalbahn wurde teilweise renaturiert. Erst 1999 konnte der öffentliche Personennahverkehr durch den Verkehrsverband Hochtaunus (VHT), 1988 gegründet, in Verbindung mit dem Verkehrsverbund Lahn-Dill (VLD) nach Brandoberndorf wieder aufgenommen werden.

Nostalgie-Dampfzug im Bahnhof Königstein

ICE im Bahnhof Limburg-Lindenholzhausen

Bahnknoten Niedernhausen

Moderner Zug der Taunusbahn (TSB) im Tunnel bei Hasselborn

4) Vorlaufer-Gerner, B.: Ein sicherer Ort für Hitlers Sonderzug, in: Das Jahrhundert im Taunus, Frankfurt a. M. 2000, S. 135 f.

5) Die Entwicklungsabteilung der von einem Bombenangriff stark betroffenen Frankfurter Firma Vereinigte Deutsche Metallwerke VDM und die Produktion von Flugzeug-Propeller wurden vorübergehend in den Tunnel verlegt

Das bretterverkleidete Krangebäude verbirgt in seinem Innenraum eine lebensbedrohliche Tretmühle. Es handelt sich um ein rundes Schwunggehäuse, das um einen „Wellbaum“ (Achse) gebaut ist. Darin liefen Personen, um das damit verbundene Räderwerk der Krananlage in Bewegung zu halten. Der Kran erleichterte die Hebearbeiten der Schiffer und der Schröter (Fasstransporteure). Diejenigen, die „in die Tretmühle“ geraten waren, sahen sich einer höchst gefährlichen Tätigkeit ausgesetzt. Darüber informiert das Museum in dem Oestricher Kran.

Unter dem 18.7.1774 (Lahnreise Goethes vom 22.6. bis 12.8.1774 mit Lavater, Basedow und dem Schweizer Maler Schmoll) steht in „Dichtung und Wahrheit“ III, 14: „Ich freute mich, den herrlichen Rhein wieder zu sehen und ergötzte mich an der Überraschung derer, die dieses Schauspiel noch nicht genossen hatten“. Das Mittagsmahl im alten Wirtshaus am Zollhaus servierte Goethes Leibgericht: gekochte Ochsenbrust mit Frankfurter Grüner Soße, Salzkartoffeln und Salat.

Der Rhein als Transportader

Carl Zuckmayer hatte das Geborensein an einem großen Fluss, dem Rhein, als Geschenk empfunden, weil „die Ströme die Länder tragen und die Erde im Gleichgewicht halten, da sie die Meere miteinander verbinden und die Kommunikation der Weltteile herstellen“. Der Rhein ist mittlerweile das Herzstück des europäischen Wasserstraßensystems, das mit dem Europaschiff (1.350 t Ladefähigkeit) von der Nordsee bis zum Schwarzen Meer befahrbar ist. Nur vom Mississippi-Missouri-Fluss-System und den großen Seen mit dem St.-Lorenz-Seeweg wird der Rhein übertroffen. In Europa ist er als meistbefahrener Strom die Lebensader unseres Kontinents. 1969 wurden 266 Mio. Gütertonnen auf ihm transportiert, davon mehr als 50 % in grenzüberschreitender Handelsbeziehung. Um 1840 wurde der bis dahin die Rheinschifffahrt beherrschende Treidler-Verkehr auf den Leinpfaden entlang des Flusses durch die Dampfschifffahrt abgelöst. Die Fahrrinne des Rheins musste seither wiederholt verbessert und erweitert werden (s. S. 74/75).

Rhenus Logistics in Oberlahnstein

Die Zweigniederlassung der Rhenus AG & Co. KG hat ihren Platz am Mittelrhein seit 1935 systematisch ausgebaut. Der Betrieb reagierte dabei auf die wechselnden Anforderungen der Wirtschaft an das Verkehrsgewerbe. Nach Kriegsende hatte der Standort Oberlahnstein in Zusammenarbeit mit der Fendel-Schifffahrts AG die Transporte auf dem Rhein und der Lahn aufgenommen. Bis Ende der 1960er Jahre wurden dabei Tausende von Tonnen Kalkstein auf der Lahn zum Oberlahnsteiner Hafen transportiert und umgeschlagen. Nachdem die Kalksteinbrüche geschlossen wurden und die Güterschifffahrt auf der Lahn praktisch zum Erliegen kam, spezialisierte sich der Betrieb nach dem Ausbau des Hafenbeckens und dem Bau von damals drei Lagerhallen auf den Umschlag/Transport und die Lagerung von Massen- und Stückgütern wie Kohle, Koks, Schrott, Walzdraht, Papierrohstoffen und -fertigprodukten, Auftausalz sowie auf den Handel mit massenhaften Baustoffen. Im Laufe der Jahre wurde dieser Bereich durch den Verkauf von Natursteinen erweitert.

Rhenus-Verladestation in Oberlahnstein

Ein wichtiges Standbein der Niederlassung ist der Bereich Recycling. Bereits 1976 hat die Rhenus Lahnstein mit der Sammlung und Verwendung von Glas begonnen. 1984 wurde in Koblenz eine Glasaufbereitungsanlage gebaut. Damals mit 30.000 Jahrestonnen (JaTo) Kapazität. Heute, immer wieder an die aktuelle Aufbereitungstechnik angepasst, können bis 125.000 JaTo aufbereitet der Glasindustrie als Rohstoff zur Verfügung gestellt werden.

Der Hafen Lahnstein, ausgestattet mit 460 m Kai, 2 Kränen bis 15 t, ca. 25.000 m² Freilager und gedeckte Lagerflächen, Lkw-Waage, Radlader, Gabelstapler, Silos kann heute allen Anforderungen an ein modernes Logistikunternehmen gerecht werden. Derzeit sind im Unternehmen 32 qualifizierte Mitarbeiter bemüht, jeden Kundenwunsch zu erfüllen.

Zollburg Martinsschloss/Oberlahnstein

Schon in alten Zeiten haben Landesherren und Mächtige eine Teilhabe am Warenverkehr gesucht. Am einfachsten geschah dies an Fernhandelsstraßen zu Lande und zu Wasser, besonders wenn diese eine Landesgrenze passierten. Darüber hinaus gab es aber auch kaiserlich sanktionierte Zollfreiheiten wie z.B. die für den Weintransport des Klosters Eberbach. Die beiden Zollsperren bei Bingen (s. S. 107) und die zwischen St. Goar und der Burg Katz (Neu-Katzenelnbogen) bescherten sowohl dem Erzbistum Mainz wie der Grafschaft Katzenelnbogen einen großen Reichtum.

Eine extrem günstig, d. h. an Lahn und Rhein gelegene Zollburg war das Martinsschloss zu Oberlahnstein. Es geht zurück auf einen karolingischen Königshof mit einer Martinskapelle. 1244 verlegten die Mainzer Erzbischöfe ihre Hauptzollstelle im unteren Mittelrheintal

Zollburg Martinsschloss

von Boppard an die Lahnmündung, dicht an die Wasserstraßen heran. Nachdem 1298 König Albrecht I. von Habsburg den Zoll zu Lahnstein dem Mainzer Erzbischof erneut bestätigt hatte, wurde die ursprüngliche Wasserburg mit drei Flügelbauten um einen rechteckigen Hof erneuert. Noch im 14. Jahrhundert errichtete man einen Wohnturm und ein Amtsgebäude. Die im 15. Jahrhundert erweiterten Befestigungen machten die Zollburg zu einer wichtigen Eckbastion der Lahnsteiner Stadtbefestigung. Insbesondere die Baumaßnahme 1719 – 1721 unter dem Erzbischof Franz von Schönborn hat fast alle mittelalterlichen Elemente bis auf die gewaltigen Türme beseitigt.

Einmalig in Deutschland, drei Tunnel für den Straßen-, Schiffs- und Eisenbahn-Verkehr

Drei-Tunnel-Bauwerk in Weilburg

Dieses in Deutschland einmalige Beispiel vereinigt alle drei Hauptverkehrssysteme, die hier gebündelt den Berghals des Umlaufbergs der Lahn durchstechen. Neben dem Schlossbereich handelt es sich um ein charakteristisches Bild dieser „Perle an der Lahn“ (Goethe über Weilburg). Der Flussdurchstich (195 m lang) ist durch eine Doppelschleuse gekennzeichnet. Sie überwindet eine Höhendifferenz von 4,65 m.

Notwendig wurde die Tunnelschleuse durch die Lahnregulierung 1844 – 1847, als in der Zeit der beginnenden Industrialisierung im 19. Jahrhundert die Erze aus den Gruben von Westerwald und Taunus in das Ruhrgebiet verfrachtet wurden. Der Lahnausbau für größere Kähne war genauso wichtig für die Kohle, die aus dem Ruhrgebiet in umgekehrter Richtung in den Industrieraum um Wetzlar geliefert wurde. Der Flusstunnel verkürzt wesentlich die Lahnschleife mit ihren lästigen Schotterbänken und dem Mühlenwehr unterhalb des Schlosses. Von Lahnstein bis Wetzlar und Gießen wurden die Lahnkähne bis in die Mitte des 19. Jahrhunderts getreidelt. Heute ist die Lahn ein Geheimtipp für alle, die dem Bootssport zugetan sind.

Der daneben liegende Eisenbahntunnel wurde erst nach der Mitte des 19. Jahrhunderts gebaut. 1862 war die Bahnstrecke im Lahntal fertiggestellt und der 305 m lange Tunnel freigegeben worden. Damit war eine große Konkurrenz für den Massenguttransport auf der Lahn geschaffen, der eine spürbare wirtschaftliche Verbesserung für die Industrien im Wetzlarer Raum mit sich brachte.

Der 133 m lange Mühlbergtunnel für den Straßenverkehr mit der schön geschwungenen Oberlahnbrücke wurde 2004 fertiggestellt. Er bewirkte eine erhebliche Entlastung des innerörtlichen Verkehrs in Weilburg. Der Durchgangsverkehr konnte um 85 % gemindert werden, was die Funktion Weilburgs als Fremdenverkehrs- und Festspielort erheblich steigerte und gesichert hat.

Erdfunkstelle Usingen – Mittler zur gesamten Welt

Auf dem ca. 150 ha großen Gelände des 1937/38 angelegten ehemaligen Feldflugplatzes bei Merzhausen war 1955 eine Kurzwellenstation eingerichtet worden. Der wachsende Bedarf an interkontinentalem Signalaustausch führte zum Bau einer Parabol-Antenne, ein 1979 gestarteter Versuch. Heute befinden sich ca. 70 Satelliten-Antennen mit Durchmessern von 1,5 bis 20 m im Frequenzbereich von 2 bis 18 GHz auf dem Areal der Erdfunkstelle. Die unterschiedlichen Dienste und Ansprüche der Kunden machen bei dem Usinger „Nachrichten-Spediteur“ diese Antennenvielfalt erforderlich.

Dem herkömmlichen Verteilen von Ton- und TV-Programmen folgte das Bereitstellen von Übertragungswegen für internationale Überspielungen oder der Empfang von Programmen und deren Weitergabe an andere Erdteile. Weiterhin kamen Services hinzu für Multimedia- und Business-TV (Geschäftsfernsehen), die Überwachung ganzer satellitengestützter Netze und die Aufbereitung und Sendung ins Internet. Fünf Antennen stellen permanent die Verbindung zwischen den Satelliten und dem europäischen Festnetz her. Mehrere Satelliten-Antennen empfangen Wetter- und Klimakarten und verteilen aufbereitete Wetterbilder über Satelliten für die europäische Organisation für Meteorologie (EUMETSAT). Die Erdfunkstelle Usingen ist heute aus dem Medien- und Rundfunkbereich der Telekom-Tochter T-Systems International an die französische Gruppe EDIA Broadcast-GmbH übergegangen.

Fernmeldeturm (108 m) auf dem Steinkopf

Teilübersicht des Geländes mit seinen großen Antennen-Anlagen.

Der moderne Wetter-Satellit „Jason2“, der die Erde in 120 min. in 1.336 km Höhe umkreist, alle zehn Tage komplett scannt und maßgeblich den Klimawandel sowie die Meereszirkulation überwacht, sendet ebenfalls nach Usingen

Der Taunus als Wirtschafts- und Sozialraum

Dienstleistungen, Gesundheit, Erholung

Im Kurpark
von Bad Homburg

Wirtschaft erschöpft sich nicht nur in dem ersten Sektor, der Urproduktion (Primärwirtschaft), auch nicht in dem zweiten Sektor des produzierenden und verteilenden Gewerbes (Sekundärbereich). Seit der Mitte des 20. Jahrhunderts ist eine schnell wachsende Zunahme der Bevölkerung im dritten Abschnitt unserer Gesellschaft (tertiärer Sektor), vor allem in den Dienstleistungen und in der Verwaltung zu beobachten. Die Zahl der Beschäftigten in den Behörden, im Geldgeschäft sowie im Gerichts-, Freizeit- und Gesundheitswesen hat die der primären und sekundären Arbeits- und Lebensbereiche deutlich überrundet.

Es ist nicht lupenrein abgrenzbar, wo die Zugehörigkeit zur produzierenden Wirtschaft aufhört und der tertiäre Sektor der Dienstleistungen beginnt. So können z. B. Handel und Verkehr Bestandteile des produzierenden Gewerbes sein. Städte, Kreise und Gemeinden erfüllen Aufgaben für die Allgemeinheit. Ihre Tätigkeit erstreckt sich aber nicht nur etwa auf Büroarbeiten. Im Bauhof, in den Kindergärten, bei der Ver-und Entsorgung wird nicht nur verwaltet, sondern zum Teil auch physisch und psychologisch harte Anstrengung verlangt. Ähnliches gilt im Rechtswesen und in den Gesundheitsdiensten.

Es sind Platzgründe, die über die aufgegriffenen Fallbeispiele hinaus keine weiteren zulassen. Gerade im Gesundheits- und Erholungsbereich sind noch viele aufschlussreiche Fälle darstellungswürdig.

Das Kapitel schließt mit dem Ansprechen des Erholungsraums im Taunus und dabei stellvertretend mit der Wanderbewegung. Ihr Gründungsort ist der Feldberg, der in der Freiheits- und Turnerbewegung des 19. Jahrhunderts kulturhistorisch an Bedeutung gewann.

Öffentliche und private Dienste

Die alte nassauische Residenz und heutige Landeshauptstadt Wiesbaden liegt in dem verkehrs- und wirtschaftsräumlich günstigsten Teil des Taunus. Die Zahl der Beschäftigten in den verschiedenen Zweigen der Dienstleistungen ist hier besonders hoch. Daran haben die Regierungsstellen (Hessischer Landtag) einen erheblichen Anteil. Im ehemaligen Stadtschloss (s. S. 121, 198) tagt das Landesparlament mit 118 Abgeordneten, das den neuen Plenarsaal 2007 bezogen hat. Der Dienstleistungsbetrieb „Hessischer Landtag" beschäftigt allein 167 Personen. In der engeren Regierungsadministration (Staatskanzlei, Ministerien, Landtag) waren 2008 neben den geringfügig und auf Zeit Beschäftigten ca. 3.000 Festangestellte und Beamte tätig.

Der neue Plenarsaal-Anbau des Hess. Landtages in Wiesbaden, außen und innen

Das „Landratsamt" des Hochtaunuskreises in Bad Homburg v.d.H.

Landratsamt und Taunus Sparkasse

An einen der wichtigsten Vertreter der damaligen Politik, den von 1949 bis 1963 wirkenden Wirtschaftsminister Ludwig Erhard, erinnert die Bronzebüste im Innenhof des Bad Homburger Bürozentrums. In dieser großen Verwaltungsanlage befinden sich wichtige Dienstleistungsarbeitgeber wie das Landratsamt des Hochtaunuskreises, die Taunus Sparkasse und eine Zweigstelle des Bundesamtes für Arbeit (Arbeitsamt). Der Hochtaunuskreis konnte alle seine früher auf die Stadt Bad Homburg verteilten Ämter zusammenführen und entsprechende Synergieeffekte verzeichnen.

Der Gebäudekomplex wurde 1997/98 errichtet und am 1. 4. 1999 bezogen. Bauherr und Eigentümer sind zwei Immobilienfonds, die dem Kreis Hochtaunus und der Taunus Sparkasse durch Leasingverträge die Möglichkeit der Miete auf 22,5 Jahre gegeben haben. Die nach funktionalen und wirtschaftlichen Gesichtspunkten errichtete Büroanlage ist durch die sechs Turmgebäude für unterschiedliche Nutzer optimal gegliedert. Von außen her setzt das repräsentative Bauwerk einen architektonischen Schwerpunkt in dem neu entstandenen gewerblich orientierten Baubereich in Bad Homburg. Insgesamt sind im Blick auf die Dienstleistung in dem Gesamtkomplex fast 1.000 Menschen beschäftigt, etwa 550 beim Kreis Hochtaunus, ca. 360 bei der Taunus Sparkasse und ca. 50 im Bereich des Arbeitsamtes. Die Taunus Sparkasse war 1991 aus der Fusion der Kreissparkassen des Main-Taunus-Kreises und des Hochtaunuskreises hervorgegangen. Von der neuen Zentrale in Bad Homburg werden 66 Filialen betreut, darunter 48 personenbesetzte Niederlassungen. Die acht Selbstbedienungscenter bleiben genauso wie die zehn Automaten ohne personalen Einsatz.

Büste Ludwig Erhards von dem Berliner Künstler Frank Seidel

1) Kowald, R.: Villa Rothschild, in: Jahrbuch Hochtaunuskreis 2008, S. 226 ff.

Die Villa Rothschild

Ein Ort, der auf den ersten Blick nicht nach Dienstleistungsfunktion aussieht und ursprünglich auch nicht dafür gebaut war, ist die Villa Rothschild in Königstein. Und doch hat das Gebäude in den ersten Jahren nach dem 2. Weltkrieg vorübergehend einmal für höchste Dienstleistungsaufgaben gedient. Es war Tagungsstätte und Gästehaus der acht Länder des vereinigten Wirtschaftsgebietes der englischen und amerikanischen Besatzungszone (Bi-Zone), in dem die damals höchsten Vertreter der späteren Bundesrepublik Deutschland, die Begründer der sozialen Marktwirtschaft und Schöpfer des Grundgesetzes (u. a. Ludwig Erhard, Theodor Heuss, Konrad Adenauer, Georg August Zinn) ein- und ausgingen. Dies gilt ähnlich auch für die „Villa Hansa" in der Kisseleffstraße in Bad Homburg, wo die Sonderstelle „Geld und Kredit" ihren Sitz hatte. Hier wurde die D-Mark sozusagen gezeugt.

Die Villa Rothschild fiel nach dem Weggang der Behörden nach Bonn 1947/48 an den vormaligen Eigentümer zurück, der sie jedoch 1955 der Stadt Königstein verkaufte. 1956 wurde hier das Hotel „Sonnenhof' eingerichtet. Heute ist das Hotel unter dem Namen „Villa Rothschild" bekannt.[1)]

Villa Rothschild in Königstein

Das Landratsamt in Hofheim

Das weitläufige Gebäude auf dem „Hochfeld“ in Hofheim ist eine der modernsten Verwaltungseinrichtungen im Taunus. Der Standort wurde erst gewählt, nachdem Hofheim als neue Kreisstadt bei der Neugliederung des Main-Taunus-Kreises 1979 durch Gesetz bestätigt worden war. Vorher war Höchst die zentrale Verwaltungsstadt, die sich 1928 in Frankfurt eingemeinden ließ. Erst 1892 war ein für die Gründerzeit typisches Kreishaus in der Nähe des Bolongaro-Palastes in Höchst gebaut worden. Es diente bis zur Übersiedlung nach Hofheim der Kreisverwaltung. 1986 wurde in Hofheim eine Fläche von 5.800 m² bebaut. Es entstanden 334 Büroräume und 450 Pkw-Stellplätze. Es hat sich von seiner Lage her für die Gemeinden des Main-Taunus-Kreises bewährt. Der Dienstleistungsbetrieb der Hofheimer Kreisverwaltung umfasst zzt. ca. 900 Mitarbeiter in zwölf verschiedenen Ämtern.

Landratsamt des Main-Taunus-Kreises in Hofheim

Die Nassauische Sparkasse

In den 1840er Jahren des großen technischen Aufbruchs und des Preisverfalls im Handwerk und Heimgewerbe kam es im Herzogtum Nassau zur Gründung der Landes-Credit-Casse, die eine „Helferin in allen Nöten“ sein sollte. Die noch zu 90 % der Landwirtschaft zugehörige Bevölkerung war betroffen durch die Kartoffelfäule, durch wiederholte Ernteausfälle, durch Krankheiten in den Viehbeständen, aber auch durch den Mangel an dem nötigen Kapital zur Ablösung des Zehnten. Die vorübergehende Liberalisierung im Zuge der Paulskirchenbewegung 1848 und die Erweiterung der Befugnisse für die Landeskreditkasse führten zur Gründung der Nassauischen Landesbank. Ab Januar 1849 konnte sie Kredite an Gewerbetreibende und notleidende Bauern in freier Geschäftsführung vergeben. Dahinter stand der liberale und fortschrittliche Ministerpräsident August Hergenhahn, der leider nur bis 1850/51 im Amt bleiben durfte.

Christian Wirth (1826 – 1895). Nach ihm wurde das Gymnasium in seinem Heimatort Usingen benannt

Ein weiterer entscheidender Schub in der Entwicklung ist dem ehemaligen Usinger Realschüler, dann Schreiber am Amtsgericht, später Abiturient in Weilburg und Student in Gießen und Marburg, Christian Wirth (1826 – 1895), zu verdanken. Nach einer kurzen Zeit als Amtsrichter in Bad Homburg wurde er Assessor an der Nassauischen Landesbank, kurz darauf zweiter Direktor, und 1870 übernahm er die für Nassau bedeutende Bank als Direktor. Im Jahre 1870 war das Geldinstitut in zwei Geschäftsbereiche aufgegliedert worden: Die Nassauische Sparkasse und die Nassauische Landesbank. 1872 wählte man Christian Wirth im Kommunal-Landtag zum „Landesdirektor“ (Landeshauptmann), d. h. zum Chef der gesamten kommunalständischen Verwaltung. Als Fortschrittler mit starken Bindungen an seine nassauische Heimat baute er die Nassauische Landesbank verbunden mit einer Sparkasse und der Brandversicherung solide aus.[2)]

Heute ist die Nassauische Sparkasse mit ihrem Stammhaus in Wiesbaden als eine der zehn größten deutschen Sparkassen nicht nur hochangesehen, sondern auch ein bedeutender Arbeitgeber. Es werden ca. 2.200 Mitarbeiter beschäftigt. Neben dem Stammhaus in Wiesbaden

Stammhaus der Nassauischen Sparkasse in Wiesbaden

und einem Service-Center in Biebrich unterhält die Naspa in ihrem Geschäftsbereich 150 Finanz-Center, 20 Privat-Banking-Center und sechs Firmenkonten-Center. Anlässlich ihres 150-jährigen Bestehens gründete die Nassauische Sparkasse 1990 eine eigene Stiftung in ihrem Wirkungsbereich zur Förderung kulturell, sportlich und sozial würdiger und wichtiger Aktivitäten.

AUSZUG AUS DEM FIRMEN-PROFIL DER NASPA:
Die Nassauische Sparkasse, kurz Naspa, ist eine der größten Flächen-Sparkassen in Deutschland ...
Um sowohl dem gemeinwohlorientierten und regionalen Ansatz als auch der auf Gewinn ausgelegten Geschäftsausrichtung nachzukommen, wird das Angebot an die Kunden sehr breit gestreut. Die Naspa bietet als Universalkreditinstitut alle üblichen Bankgeschäfte an. Als Förderer der regionalen Wirtschaft ist sie ein wichtiger Kreditgeber für ortsansässige mittelständische Betriebe. Aber auch das Privatkundengeschäft ist ein wichtiger Geschäftszweig ...
Ihre Rechtsform ist die einer mündelsicheren und gemeinnützigen Anstalt des öffentlichen Rechts. Ihr Träger ist der Sparkassenzweckverband Nassau. Er besteht aus den im Geschäftsgebiet ansässigen Gebietskörperschaften. Das sind neben sechs Landkreisen die Städte Frankfurt und Wiesbaden.

2) Lerner, F.: Wirtschafts- und Sozialgeschichte des Nassauer Raumes 1816 – 1964, Wiesbaden 1965, S. 62 ff.

„Amthof" in Bad Camberg

Rat- und Amtshäuser im Taunus

Die alten Rathäuser erfüllten nicht nur den Zweck des Verwaltens eines Ortes. Im Regelfalle fanden neben den Ratsversammlungen – meist im Erdgeschoss der Gebäude in offenen Hallen – Kaufabschlüsse, Rechtsprechung, Wirtschaftsberatung und die Kontrolle des Marktgeschehens statt. Darüber hinaus waren Rathäuser auch Tanz-, Spiel- und Hochzeitsstätten, in denen sich das gesellschaftliche und das gesellige Leben vollzog. Die Speicher der Rathäuser eigneten sich gut zur Lagerung von Getreide für Notzeiten. Im Keller befand sich oft der Kerker.

Altes Rathaus in Burgholzhausen

Altes Rathaus in Oberursel

Rathaus in Weilrod

Das Altsiedeldorf Holzhausen erhielt seinen heutigen Namen „***Burgholzhausen***" erst 1939, gerechtfertigt durch eine wehrhafte Anlage aus dem 15. Jahrhundert. Der Ort verfügt über ein sehenswertes altes Rathaus von 1605. Es handelt sich um ein Fachwerkgebäude, das ursprünglich eine Knaggen-Verzimmerung im spätgotischen Konstruktionsstil aufweist. Im Obergeschoss befindet sich ein Saal mit einer Mittelstütze.

Das alte Rathaus von ***Oberursel*** ist als Fachwerkbau über dem ehemaligen Untertor in den Jahren 1658/59 errichtet worden. 1444 hatte Oberursel das Stadtrecht erhalten und damit ein größeres Maß an Selbstverwaltung. Da die Stadt sehr schnell wuchs und ihr Gewerbe aufblühte, entstand vor dem Untertor ein neuer Stadtteil, die Talstadt. Deshalb wurde das Untertor abgebrochen. Man ließ jedoch das Sockelgeschoss mit dem Tordurchgang stehen und setzte als neues Rathaus ein Fachwerkgebäude auf. Es diente bis 1877 ausschließlich als Rathaus und wurde bis 1983 nur noch für Magistrats- und Stadtverordnetensitzungen benutzt. In dem großen, in einfachem Renaissancestil holzgetäfelten Saal finden bis heute repräsentative Veranstaltungen statt.

Das Rathaus von ***Weilrod***, außerhalb des zentralen Verwaltungsortes Rod a. d. Weil, erklärt sich aus seiner ursprünglichen Bedeutung als Hotel. Das repräsentative Gebäude war Ende der 1920er Jahre abseits des Dorfes errichtet worden, ging aber 1932 in Konkurs. In den 1930er Jahren war es ein NS-Landjahrlager und ein Schulungsheim für Ortsbauernführer. Der Versuch, 1945 daraus wieder eine Hotel- und Pensionseinrichtung zu entwickeln, scheiterte. Seit 1972 dient es als attraktives Rathaus für die 13 nicht gerade wohlhabenden Ortsteile.

Das Hauptamt sowie die Stadtbau- und die Kurverwaltung befinden sich als wesentliche Bestandteile des ***Bad Camberg***er Rathauses heute in dem alten „Amthof". Insgesamt sind bei der Stadt Bad Camberg 140 Personen beschäftigt, darunter 40 in der Verwaltung. Das moderne Kur- und Bürgerhaus befindet sich in einem gepflegten Park unmittelbar neben dem Amtshaus. Die Finanzverwaltung, das Bürgerbüro und die Stadtwerke nutzten das alte Rathaus nebenan. Von 1420 bis 1803 unterstand Camberg zwei verschiedenen Herrschaften: Kurtrier und Nassau-Oranien. Die Amtmänner oder Vögte tätigten ihre Verwaltungsgeschäfte in dem jeweiligen Amtssitz ihres Landesherrn. Der von der Hauptverwaltung genutzte repräsentative Fachwerkbau ist das Amtshaus der ehemaligen kurtrierischen Verwaltung (s. S. 140).

Rathaus in Hoch-Weisel

Das Rathaus von ***Hoch-Weisel***, unterhalb des Hausberges am Ostrand des Taunus geht auf den schon 1231 genannten Thingplatz „Hovewiesele" zurück . Der zur Hauptstraße mit einer starken Stützmauer begrenzte Rathausplatz war bis zur Neuzeit Gerichtsort in der Hoch-Weiseler Mark. Über dem Hauseingang steht der für die Gerichtsfunktion sinnfällige Spruch aus der 2. Chronik 19,6: *„Ihr haltet das Gericht nit den Menschen, sondern dem Herrn, denn das Gerichtsampt ist Gottes"*

Rathaus-Neubau von Taunusstein in Hahn

Das Rathaus in ***Taunusstein*** im Aarquellgebiet wurde 1998 erbaut und repräsentiert in seiner modernen Architektur eine gewerblich lebendige Gemeinde. Sie umfasst zehn Ortsteile: Bleidenstadt, Hahn, Hambach, Neuhof, Niederlibbach, Orlen, Seizenhahn, Watzenhahn, Wehen und Wingsbach. Hier leben heute ca. 28.000 Menschen. In dem Rathaus arbeiten 112 Personen. Die Gesamtzahl der städtischen Bediensteten liegt bei 185. Die Stadtwerke beschäftigen 76 Mitarbeiter. Die junge Stadt kann auf eine alte Tradition zurückblicken, die Anfang des 9. Jahrhunderts mit dem Klosterbau in Bleidenstadt begann (s. S. 157).

Das Rathaus in Kirberg

Kirberg und der Reichsfreiherr vom und zum Stein

Kirberg war als Kirchspiel-Mittelpunkt im 13. Jahrhundert bereits ein Sitz des Trierischen Archidiakonats. Der Ort lag an einer Fernwegekreuzung (St. Goarshausen bis zu den „Langen Hessen" bei Gießen und der Hühnerstraße: heute B 417 von Mainz nach Limburg). Die Burg auf dem Felsen über dem Rahlbachtal war 1355 von Kaiser Karl IV. genehmigt, jedoch gegen Ende des 17. Jahrhunderts dem Verfall preisgegeben worden. Die ehemalige Stadtmauer mit sieben Türmen und zwei Toren wurde 1818 niedergelegt. In dem reichen Bauerndorf, das dank seiner guten Böden lange Jahrhunderte eine wirtschaftliche Blüte verzeichnete, befindet sich eine Reihe von Adelshöfen, so z. B. der des Specht von Bubenheim, ein Fachwerkbau aus dem 16. Jahrhundert, der Ried'sche Hof mit fränkischen Erkern ebenfalls aus dieser Zeit und der Hof der Junker von Dombach von 1670. Jetzt befindet sich darin das Rathaus. Das Herrenhaus aus der 2. Hälfte des 18. Jahrhunderts mit einem schönen Mansarddach mit Zwerchhaus und Rundgiebel ist im Ortsmittelpunkt für diese Funktion gut geeignet. In seinen Knaben- und Jugendjahren weilte der junge Stein gern in dem stattlichen Fachwerkbau am östlichen Ortsrand von Kirberg. Den Adelshof (1972 Freilegung des Fachwerks) ließ 1481 der Amtmann Marczilius von Reiffenberg errichten. Dessen Tochter Magdalena hatte 1598 Dietrich vom Stein zu Nassau geheiratet und den herausragenden Gebäudekomplex in den Stein'schen Familienbesitz gebracht. Das großartige, in hochburgundischer Fachwerkverzimmerung gebaute Haus gründet auf einem mächtigen Kellergewölbe. In diesem Adelshof empfing die kunstsinnige Mutter Steins bedeutende Vertreter der europäischen Kultur, z. B. 1774 den Schweizer Religionsphilosophen Lavater, den Schulreformer Basedow und den jungen Goethe.

In Kirberg begegnete der aufgeweckte junge Freiherr einer mittelalterlichen Agrar- und Gesellschaftsstruktur, an deren Richtigkeit er zweifelte. So kritisierte er die alte ertragsschwache Drei-Felder-Wirtschaft mit Brachland, die Leibeigenschaft und den Verfall von Mauern und Türmen in dem befestigten ehemaligen Städtchen, das aber über die Bedeutung eines Ackerbürgerfleckens nicht hinausgekommen war. Erste Überlegungen zu einer Finanzumlage aller Bürger an die Städte und Gemeinden statt der Zwangsarbeit der Untertanen z. B. beim Straßenbau, beschäftigten ihn in Kirberg ebenso wie die ruinöse Waldweide statt einer geregelten Forstwirtschaft. Der junge Freiherr vom und zum Stein war seiner Zeit voraus.

Reichsfreiherr vom und zum Stein begründet die kommunale Selbstverwaltung

Seine Vorfahren waren Burgmannen der Nassauer Grafen und bewohnten schon 1234 einen kleineren Ansitz auf dem Bergvorsprung des „Stein" am Hang unterhalb der großen Burg Nassau. Ihrer Zuverlässigkeit verdanken die „vom Stein" ihren Aufstieg zu Reichsfreiherrn.

Die bildungspolitisch modern denkende Mutter ließ den Sohn in Göttingen Rechts- und Staatswissenschaften studieren. Er sollte sich einmal ohne die Leistungen der Untertanen ernähren können. Der junge Vertreter der Rechts- und Staatslehre trat nach seinem Studium als Bewunderer der aufgeklärten Staatsführung Friedrichs des Großen in Preußische Dienste. Diese führten ihn bis zum Amt des Oberpräsidenten in Münster. 1804 wurde er seiner Tüchtigkeit wegen nach Berlin berufen, wo er als Minister den Staat allmählich zu erneuern begann. Stein wollte Bürger, die nicht von der politischen Mitverantwortung ausgeschlossen sind. Er zielte auf die Steuerleistung aller (Einkommensteuer). Preußen war durch ihn auf dem besten Weg, die „Revolution von oben" durchzuführen. Die im absolutistischen System verwurzelten Gegner aller seiner Neuerungen bewirkten schließlich seine „ungnädigste" Entlassung durch den König.

Auf Druck Napoleons, der Stein als „Mann des Geistes" schätzte, musste der Preußische König nach der verlorenen Schlacht bei Jena und Auerstädt 1806 den liberalen Nassauer wieder in seine Ämter einsetzen. Dieser setzte ab Anfang 1807 die begonnene Reformgesetzgebung wieder in Gang, verfügte den freien Gebrauch des Grundeigentums, stellte Bürgerliche und Adlige im Erwerbsleben gleich, leitete die Bauernbefreiung und die Abschaffung der Leibeigenschaft ein, setzte die Gewerbefreiheit gegen die Zunftzwänge durch, setzte die Städteordnung (Magistratsverfassung, Selbstverwaltung) durch und arbeitete insgeheim auf ein freies und geeintes Deutschland hin. Ein Brief Steins an Gleichgesinnte, die den korsisch-französischen Eroberer Europas ablehnten, wurde Napoleon zugespielt, der nun auf Steins Entlassung bestand. Der große Staatsdiener Freiherr vom und zum Stein ging in russische Dienste und hatte großen Anteil an der dann folgenden Befreiung der europäischen Völker vom napoleonischen Joch. Im Wiener Kongress 1815 erwies er sich als Gegenspieler Metternichs. Da Stein aber keine offizielle machtpolitische Funktion innehatte, konnte er die Wiener Verhandlungen nicht in seinem Sinne steuern. Lediglich den Zugriff Bayerns auf das Kerngebiet des Rhein-Main-Raumes konnte er verhindern.

Stein zog sich auf sein westfälisches Schloss Cappenberg zurück, wo er bis zu seinem Tod 1831 im westfälischen Provinziallandtag für seine Staatsideale, für die Geschichtswissenschaft, für den Ausbau von Cappenberg und für seine Familie, aber auch für denkmalpflegerische Verbesserungen in Kirberg, dem Lieblingsort seiner Jugend, sorgte. Sein Leichnam wurde in der Familiengruft in Frücht bei Bad Ems beigesetzt.[3] 1872 sorgte eine nationale Stiftung für den Bau eines Denkmals unmittelbar neben der Ruine der alten Stein'schen Burg an dem Felsvorsprung an der Taunusseite des Nassauer Burgberges. Damit wurde der große Staatsmann und Reformer, Nassaus bedeutendster Sohn, gebührend geehrt.

Heinrich Friedrich Karl vom und zum Stein (1757 – 1831)

Familiengruft derer vom und zum Stein in Frücht bei Bad Ems

3) Sein langjähriger Weggenosse und Mitstreiter Ernst Moritz Arndt, Dichter und Bonner Geschichtsprofessor, charakterisierte ihn so:

„Der Guten Grund-Stein,
des Bösen Eck-Stein,
der Deutschen Edel-Stein!"

Der Stein'sche Amtssitz in Kirberg

Denkmal des Freiherrn vom und zum Stein in Nassau auf dem Burgberg (1953)

Verwaltungsstrukturen im Taunus

1972 fand in Rheinland-Pfalz, wozu der westliche Taunus gehört, eine Verwaltungs- und Kommunalreform statt. In Hessen wurde zur gleichen Zeit die Gebietsreform durchgeführt, wobei Großgemeinden entstanden. Sie verfügen von der Größe über einen ähnlichen Zuschnitt wie die Verbandsgemeinden in Rheinland-Pfalz, allerdings mit anderen Kompetenzstrukturen. Nach der hessischen Gemeindeordnung liegen alle kommunalen Entscheidungen bei den zentralen Städten oder den Großgemeinden, wobei die Ortsteile lediglich beratende und anregende Funktionen durch die Ortsbeiräte besitzen.

In den Rheinland-Pfälzer Verbandgemeinden im westlichen Taunus bleiben die Ortsteile selbständige Gemeinden mit einem ehrenamtlich tätigen Bürgermeister und Gemeinde- bzw. Stadträten. Diese haben einen Teil der kommunalen Aufgaben in Eigenverantwortung zu erfüllen, wie z. B. Probleme der Friedhöfe, der Ortsstraßen, der Kindergärten, des Waldes etc., sie führen einen eigenen Haushalt mit

Ausbau einer ehemaligen Schule in St. Goarshausen zum Sitz der Verbandsgemeinde „Loreley" (ca. 11.000 Einwohner in 17 Gemeinden)

Einkünften wie Grundsteuer, Gewerbesteuer und Schlüsselzuweisungen des Landes. Die Verbandsgemeinde mit ihrem größeren Parlament und den Ausschüssen verfügt nur über die Vergnügungssteuer, erhält aber im Umlagensystem ebenso wie der Kreis von den Gemeinden Mittel für Aufgaben der Hauptverwaltung, der Schulen, der Feuerwehr, der Wasser- und der Abwasserprobleme, des überörtlichen Straßenbaues etc.

Übende Jugend-Feuerwehr Hausen (Neu-Anspach)

Die Freiwillige Feuerwehr als Dienstleister

Die Vereinseinrichtungen, ob im Sport, in der Musik, im Tanz etc., mögen durch die Freiwillige Feuerwehr vertreten sein. Als Verein bietet sie gesellige Begegnungen, als Brandschutzeinheit erfüllt sie öffentliche Dienstleistungen. Den Gemeinden und Städten steht sie im Blick auf ihre Ausstattung und bezüglich ihres besonderen Ehrenamtes am nächsten. Sie dient dem Gemeinwohl, weil sie den in Gefahren durch Feuer, Wasser, Sturm, Verkehrsunfälle etc. Betroffenen zu Hilfe eilt.

Die zahlreichen Großbrände im 18. und 19. Jahrhundert hatten schon um 1750 die nassauische Regierung zu Gesetzen veranlasst, welche die Gemeinden verpflichteten, Einrichtungen zum Feuerschutz vorzuhalten. Dies war notwendig, nachdem ganze Dörfer bzw. Ortsviertel niedergebrannt waren, sei es durch Funkenflug, Blitzeinschlag oder weil das Kriegsvolk den „Roten Hahn" auf die Dächer gesetzt hatte. Der Staat verlangte geschulte „Löschmannschaften" und einen geregelten Pflichtdienst im Umgang mit Feuerspritzen, Pumpen, Eimern, Leitern, Einreißhaken etc. Auch Zisternen, Brandweiher und Leiterhäuschen sollten gebaut werden. Um die Mitte des 19. Jahrhunderts wurde auch Druck auf die Dörfer ausgeübt, ihre Strohdächer in Ziegeldächer umzuwandeln.

Nachdem im Laufe der Zeit der Pflichtdienst des staatlich verordneten Feuerschutzes oft vernachlässigt wurde, gründeten sich vor und nach dem 1. Weltkrieg die Freiwilligen Feuerwehren, bei denen die Aufgaben des Brandschutzes zweifellos in besseren Händen lag. Die größeren Städte richteten Berufsfeuerwehren ein.

Feuerwehrübung beim Stiftungsfest 1926 in Anspach

Die 32 Einheiten der Freiwilligen Feuerwehr der Verbandsgemeinde Nastätten

Einsatz der Freiwilligen Feuerwehr Hausen (Neu-Anspach) bei einem Unfall auf der B 475

Die Deponien und der Regionalpark

Was einmal am Beginn der „Wirtschaftwunderjahre" als Abfallkippe in aufgelassenen Kiesgruben bei Flörsheim-Wicker begann, ist längst ein beispielhaftes kommunales Abfallentsorgungs- und Wiederverwertungsunternehmen größeren Ausmaßes geworden. Die „Rhein-Main-Deponie GmbH" (RMD) arbeitet in betriebswirtschaftlicher Eigenverantwortung als 100-prozentige Gesellschaft der Kreise Main-taunus und Hochtaunus. Nicht nur die verschiedenen Wertstoffsorten aus Haushalten (Gelbe Säcke) werden entsorgt. Die Anlieferungen aus Handel, Handwerk und Gewerbe (Papier, Kartonagen, Altholz, Bauschutt, Grünabfälle etc.) werden ebenso getrennt erfasst. Farben, Holz, Klebe- und Rostschutzmittel, Altöl, Altmedikamente etc. werden mit besonderer Sorgfalt als Sondermüll eingesammelt und sortiert.

Heute ist die RMD zum Produzenten von Strom und Kompost geworden. Ein Biogas-Kraftwerk ist ebenso erfolgreich in Betrieb wie eine Grünschnitt-, eine Kompostierungs- sowie eine Schlackeaufbereitungsanlage. Mittlerweile hat die Schwestergesellschaft Main-Taunus-Recycling GmbH (MTR) mehrere Kiesgruben übernommen, um sie fachgerecht auszukiesen, aber auch mit unbelastetem Erdaushub zu rekultivieren und stellenweise Wasserflächen als besondere Biotope zu schaffen. In dem Deponiegebiet Flörsheim-Wicker wird bewiesen – ebenso wie in der dazugehörigen Deponie Brandholz bei Neu-Anspach – dass sich Umweltschutz und Wirtschaftlichkeit nicht gegenseitig ausschließen. Im Endzustand der Entwicklung entsteht eine groß angelegte Landschaftsverbesserung in einem Energie- und Gewerbepark mit Freizeit- und Sportmöglichkeiten.

Dieses Deponiegebiet mit all seinen Facetten und Anlagen ist einbezogen in den von Frankfurt bis Hochheim reichenden Regionalpark Rhein-Main. Dieser wurde von dem Regionalen Planungsverband Frankfurt zusammen mit betroffenen Kommunen und Sponsoren gegründet. Mittlerweile ist der Regionalpark Rhein-Main ein wichtiger Standortfaktor im Wettbewerb mit anderen europäischen Zentralregionen. Sein Hauptziel besteht darin, den in einem dynamischen Wirtschaftsraum kreativ tätigen Menschen eine hohe Lebensqualität in der Landschaft zur Verfügung zu stellen. Das Motto lautet: „Der Landschaft einen Sinn, den Sinnen eine Landschaft".

Auf angenehme Weise führen Wander- und Radfahrwege an sehenswerten Objekten der Raumgestaltung vorbei. An botanisch, historisch, künstlerisch bedeutsamen und besinnlichen Einrichtungen lohnt es zu verweilen (s. S. 205). So bietet z. B. der besteigbare „Eisenbaum" bei Flörsheim nicht nur herrliche Ausblicke vom Main bis zum Taunuskamm, sondern auch Einblicke in technisch verwertbare Konstruktionselemente der Natur. Neben diesen „Denk-Malen im Raum" stehen dem Besucher ca. 60 km Begehungsrouten zur Verfügung.

Schlackenhalde hinter den Funktionsgebäuden der Deponie Brandholz

Deponie Flörsheim-Wicker

„Rosarium" bei Hattersheim

Der „Eisenbaum" bei Flörsheim

Deponie Brandholz in der Gemarkung Neu-Anspach

Der „Hexenturm“ in Lorch

Der „Hexenturm“ in Idstein …

… und die Erinnerungstafel am Turmsockel

Aus dem Rechtswesen

Begriffe mit den Bestimmungswörtern „Galgen“ oder „Hexen“ erinnern an vormalige Rechts- und Strafsysteme. Der „Hexenturm“ in Lorch, der Rest eines Eckpfeilers der einst kurmainzischen Befestigung am Eingang zum Wispertal, geht angeblich darauf zurück, dass 1520 ein Bürger des benachbarten Presberg seine Schwiegermutter als Hexe verklagt hatte, die in dem Verlies untergebracht war. Auch in Idstein befindet sich ein Hexenturm. Es ist in Wahrheit der alte Bergfried der Idsteiner Burg, in dem um 1676 angeblich Hexenprozesse stattfanden. Der Volksmund verlegt diese Urteilsfindungen auf der Grundlage des fragwürdigen Gesetzbuches „Hexenhammer“ und des Aberglaubens gerne in solche dunklen Gemäuer, aus denen die Schreie der Gefolterten nicht zu hören waren.

Im 18. und 19. Jahrhundert waren die Gerichte besonders mit Verbrechen von Räuberbanden beschäftigt, welche vor und während der napoleonischen Kriege die Kleinstaaterei ausnutzten, um leicht über die Grenzen zu wechseln. Viele der Kriminellen endeten jedoch am Galgen, wo sie „mit des Seilers Töchterlein Hochzeit machen“ mussten.

Unter vielen dieser Spießgesellen wird einer im Taunus immer noch anerkennend, beinahe verehrend, erwähnt und an Wirtshäusern und Wegen genannt: „Schinderhannes“. Carl Zuckmayer widmete ihm sogar ein Schauspiel. In Nastätten-Miehlen steht das ehemalige kleine Mühlengebäude, in dem Johann Bückler auf die Welt kam. Nach Abzug der um ihn gerankten Mythen bleibt keineswegs ein Robin Hood des Taunus übrig, sondern ein Verbrecher, der Menschen quälen, bestehlen, betrügen und ermorden konnte. Der „Schinderhannes“ wurde schließlich zwischen Wolfenhausen und Laubuseschbach im Hintertaunus gefasst und 1803 in Mainz enthauptet.[4)]

Ein wenig anders liegen die Dinge bei dem im Rheingau verehrten Räuber Anton Leichtweis. Er hatte sich als ehrbarer Bürger (Gemeindebäcker, Bürstenmacher) einen gewissen Wohlstand in Dotzheim erwirtschaftet und konnte sich eine Reihe von Grundstücken kaufen. Der Neid einiger Mitbürger führte dazu, dass man ihn im Alter von 65 Jahren des Einbruchs und des Vorwurfs der Wilderei bezichtigte. Ohne ordentlichen Prozess wurde er an den Pranger gestellt und zu einem Jahr Zuchthaus verurteilt. Wilderei werteten die nassauischen Gesetze als ein Vergehen am Eigentum des Landesherrn. Leichtweis sah sich in der Ehre verletzt. Er entzog sich der staatlichen Gewalt, was ihm die Sympathie der Bevölkerung eintrug, und verbarg sich in den Wäldern des Taunus. Er hatte sich eine Höhle am Ende des verlängerten Nerotals als karges Lager eingerichtet. Erneut aufgegriffen, musste er sein Leben bis zu seinem 79. Lebensjahr im Zuchthaus verbringen, wo er 1793 starb. Seine Höhle war bis in die 1930er Jahre eine touristische Attraktion.[5)]

Im Volksmund wurde das Wildern noch im 20. Jahrhundert nicht unbedingt als eine verruchte Form der Kriminalität eingestuft. Wenn jedoch ein schwunghafter Handel mit Wildbret, das angeblich „frei im Wald herumlief“, illegal betrieben wurde, sah man die Dinge kritischer an. So wurde z. B. der Köpperner Wilddieb Johann Wilhelm Mieger, Weißbinder von Beruf, mit seinem Sohn Wilhelm mehrmals „auf der Pirsch“ in den Wäldern des Taunuskamms zwischen Feldberg und Winterstein erwischt. 1937 hatten beide den Jagdaufseher Hoffmann im Dillinger Wald bei Friedrichsdorf ermordet. Die Tat konnte dem Vater Mieger nachgewiesen werden. Er endete im Juli 1938 unter dem Fallbeil im Zuchthaus Frankfurt-Preungesheim.

Auch im Usinger Amtsgericht soll Mieger einmal vor den Schranken des Richters gestanden haben. Das Usinger Gerichtsgebäude, das 2005 einen Anbau im Halbrund erhielt, stammt aus dem Jahr 1926. Schon das Rechtssymbol der Waage in dem schmiedeeisernen Geländer im Eingangsbereich kündet an, dass hier Recht und Gerechtigkeit gesucht werden. Das dem Barock nachempfundene Gebäude steht am nördlichen Ortsausgang der Usinger Obergasse unweit des gegen Ende des 18. Jahrhunderts abgebrochenen Obertors.

4) Ott, W.: „Der Schrecken jedes Mannes“, in: Blaue Blätter, Bd. 14, Nastätten 2003

5) Czysz, W.: Heinrich Anton Leichtweiß, ein Bürgerleben im 18. Jahrhundert, hrsg. Heimat- und Verschönerungsverein Dotzheim, Wiesbaden 1990

Wirtshaus „Zum Schinderhannes“ in Steinfischbach

… und sein Geburtshaus (links) in Miehlen

Amtsgericht in Usingen (seit 1926) mit Anbau (2005)

Das Justizministerium in Wiesbaden

Diese oberste Dienstbehörde übt die Dienstaufsicht auf Oberlandesgericht, Landgerichte, Amtsgerichte, Arbeits-, Verwaltungs-, Finanz- und Sozialgerichte und sonstige Justizbehörden wie Staatsanwaltschaften und Justizvollzugsanstalten aus. Richtern kann wegen ihrer verfassungsrechtlich garantierten Unabhängigkeit keine Weisung erteilt werden. Auch kann das Ministerium keine richterlichen Entscheidungen in der Sache überprüfen. Das Ministerium regelt jedoch Grundsatzfragen der Organisation, die Modernisierung der Justiz etc. Zum Geschäftsbereich des Justizministers gehört neuerdings auch die Zuständigkeit für Europa und Integration. Zurzeit gehören dem Ministerium ca. 270 Mitarbeiter an. Das Gebäude des Justizministeriums (Luisenstraße 13) wurde von C. Boos 1838 – 1842 als staatliche Dreiflügel-Anlage in Anlehnung an Palazzi der frühen Renaissance errichtet. Es war der bedeutendste Verwaltungsbau (Regierungsgebäude) im herzoglichen Nassau. Erst 1928 wurde es um einen großen Anbau zur Vierflügel-Anlage erweitert.

Der Staatsgerichtshof ist – unabhängig vom Ministerium – ein Verfassungsorgan des Landes Hessen und zugleich oberste Rechtsinstanz des Landes.

Das Hessische Ministerium der Justiz, für Integration und Europa in der Wiesbadener Luisenstraße

Justizvollzugsanstalt Butzbach

Die um 1900 gegründete Strafanstalt Butzbach hat einen hohen Stellenwert im Bereich der Dienstleistung für die Region am östlichen Taunusrand. Insgesamt verfügt diese Justizanstalt über 218 Personalstellen, darunter auch die der Psychologen, Pädagogen, Sportlehrer, Handwerksmeister, etc. 30 – 40 ehrenamtliche Betreuer arbeiten als Familien-, Schulden- und Drogenberater oder als Bildungsbeauftragte.[6]

Justizvollzugsanstalt Butzbach

Damit sind neben der Aufgabe der Sicherheitsverwahrung zum Schutz vor neuen Straftaten auch die gesetzlich verankerten Bemühungen zur Resozialisierung angesprochen. Die fundamentalen Unterschiede zur vormaligen Justiz sind offensichtlich.

6) nach Mitteilungen des Hess. Ministeriums der Justiz, für Integration und Europa (ebenso Luftbildfreigabe)

Ehemaliges Reichskammergericht in Wetzlar

Reichskammergericht

In dem 1606 erbauten alten Wetzlarer Rathaus (Am Fischmarkt 13) befand sich lange Zeit das höchste Gericht des Deutschen Reiches. Ohne es wäre Goethe nicht in die Stadt gekommen und sein Bestseller „Die Leiden des jungen Werthers“ wäre so nicht entstanden. Nach der Zerstörung Speyers in dem Pfälzischen Erbfolgekrieg (1688 – 1687) wurde das hohe Gericht 1693 nach Wetzlar verlegt. Das Haus mit dem doppelköpfigen Reichsadler wird heute noch „Alte Kammer“ genannt.

Als 1756 das Gericht jedoch seinen Sitz in einen gegenüberliegenden Barockbau verlegte, blieb die „Alte Kammer“ als Kanzlei erhalten. 1782 wurde das Gericht in das größere Gebäude des Ingelheimischen Palais verlegt. Dort blieb es bis zum Ende des Reiches 1806 beheimatet. Erst 1924 wurde das Reichskammergerichtsarchiv in das preußische Staatsarchiv überführt.

Eine gastliche Freizeit-Landschaft

Ein beliebtes Taunusgericht: Schweinerippchen mit Sauerkraut, Brot und Apfelwein

Die Gastlichkeit des Taunus wird zu Recht in Verbindung gebracht mit Apfelwein und Handkäs' sowie mit Rippchen und Sauerkraut. Wer sich jedoch klischeehaft mit dieser Vorstellung zufrieden gibt, hat viel versäumt. Er hat nicht an die herrlichen Weine an Rhein und Main gedacht und die kulinarische Hochkultur in den Kur- und Fremdenverkehrsorten sowie in den oft abseits vom Verkehr liegenden Tagungshotels vergessen.

„Gasthof zur Linde" in Weilrod-Gemünden

Weilrod-Gemünden erhielt 1973 die staatliche Anerkennung als Erholungsort. Der ***Gasthof zur Linde*** vereinigt die Behaglichkeit einer alten Dorfschänke mit den modernen Ferienansprüchen. Der frühere Besitzer Richard Schäfer gab von 1950 bis 1970 große Impulse für den Fremdenverkehr im Weiltal. Vor allem fanden hier Dauerkurgäste aus dem Ruhrgebiet eine glänzende Urlaubssituation. Nach der Schließung vieler Zechen blieben die Erholungsuchenden zumeist aus. Das Gaststättengewerbe musste sich an den Bedürfnissen des Naherholungsverkehrs orientieren. Geeignete Räume für Familienfeiern und Fremdenzimmer locken heute wieder Gäste aus der weiteren Umgebung an. In diesem Haus wurde 1962 der Naturpark Hochtaunus gegründet.

Schottische Rinder auf dem Hof Gimbach

Gastlichkeit im „Hof Gimbach" bei Kelkheim

Die ***Landgaststätte Hof Gimbach*** am Fuße des Staufen bei Kelkheim hat den besonderen Vorzug einer Lage in ursprünglicher Natur weitab vom Verkehr. Sie pflegt die alte Tradition der Herstellung von Apfelwein aus gut gereiften Äpfeln von betriebseigenen Kelterobstbäumen. Das „Stöffche" reift bis zum Ausschank in großen Holzfässern. Die meisten Grundstoffe der angebotenen Speisen stammen von hofeigenen Feldern (25 ha) und aus der betriebseigenen Viehhaltung. Die Landgaststätte verfügt als leistungsfähiger Gastronomiebetrieb sowohl über traditionelle wie moderne Gasträume zum Feiern oder zum gemütlichen Verweilen. Ein besonderer Anziehungspunkt ist die weitläufige Gartenwirtschaft unter großen Kastanienbäumen mit Spielgelegenheiten für Kinder.

Gepflegtes Speisen im Hofgut Georgenthal

„Hotel und Hofgut Georgenthal"

Am nordwestlichen Rand des Rhein-Main-Gebietes liegt das beliebte Tagungshotel ***Hofgut Georgenthal.*** Dem äußeren Wechsel zwischen offenem Ackerland und ausgedehnten Wäldern entsprechen im Innenbereich eine Harmonie zwischen moderner Technik und stilvollem Ambiente. Zum Wohlfühlen und ergebnisreichen Arbeiten tragen kosmetische und medizinische Behandlungen ebenso bei wie der Outdoor-Team-Parcours. Die Nähe zum Limes macht das Refugium ebenso interessant wie die Gründungs- und Wirtschaftsgeschichte des ehemaligen herrschaftlichen Anwesens. Nach einem Großbrand 1989 wurde die Bauernwirtschaft aufgegeben. Im Jahre 2000 konnte das Viersterne-Superior „Hotel Hofgut Georgenthal" eröffnet werden.

Kempinski-Außenpool

Abendstimmung von der Kempinski-Hotelterrasse

Das traditionsreiche ***Kempinski Hotel Falkenstein*** ist ein Erlebnis für Genießer und Erholungssuchende. Im heilklimatischen Kurort Königstein gelegen, ist das historische Anwesen eine Oase der Ruhe und des Luxus. Seine einzigartige Lage mit atemberaubendem Blick auf die Skyline Frankfurts, der hohe Standard, eine Küche, die das Herz jedes Gourmets höher schlagen lässt, und 106 Zimmereinheiten mit modernem Komfort, Eleganz und Behaglichkeit machen es zur ersten Wahl für Geschäfts- und Individualreisende. Das hauseigene ASCARA SPA genügt höchsten Ansprüchen und befindet sich im historischen Gutshof direkt gegenüber dem Hotel. Im Gourmet-Restaurant „Siesmayer" werden regionale Speisen mit mediterranen Elementen angeboten. Das Gebäude geht zurück auf ein 1909 eingerichtetes Sanatorium für kranke und genesende Offiziere des Heeres und der Marine. Seit 1999 ist das Hotel in dem geschichtsträchtigen Gebäudekomplex ansässig und schlug ein neues Kapitel seiner Existenz auf. [1)]

„Hotel Kempinski Falkenstein"

1) H. Groß hat in dem Heft „Königsteiner Burgfest 2009" darüber ausführlich berichtet

Der Kronenhof bei Bad Homburg

Heute zählt der Kronenhof als Reiterdomizil und als gastronomischer Betrieb zu den ersten Adressen im Taunus. Er liegt in der Main-Taunus-Ebene hart am Taunusrand bei Bad Homburg. Seit über 100 Jahren verzeichnet er eine glückliche und stetige Aufwärtsentwicklung von der traditionellen Landwirtschaft bis zu einem Besucherzentrum im Gaststätten- und Freizeitbereich. Vom Kronenhof kann man in nahezu gleicher Entfernung den Taunuskamm im Norden und die türmereiche City in Frankfurt sehen.

Das Wagner'sche Stammhaus (heute Woolworth) in der Bad Homburger Louisenstraße

Der Urahn des heutigen Besitzers, Wilhelm Wagner, verfügte schon vor über 100 Jahren mit der in Homburg beginnenden Ära des Badebetriebs und der Hocharistokratie neben der Landwirtschaft („Milch- und Butterwirtschaft") über ein florierendes Kutschenangebot. Der Hof lag günstig zum Schloss und zu den Heilquellen.

Nach Wilhelm Wagner übernahm sein Sohn Jakob den Betrieb (40 – 45 Pferde). Der neue Marktplatz, mittlerweile vor seiner Haustür angelegt, der Bau der nahe gelegenen Erlöserkirche, die zunehmenden Besuche des Kaisers und seiner englischen Verwandtschaft und anderer Könige, bewirkten eine stürmische Entwicklung der Stadt, aber auch des hoch geachteten „Dienstleistungsunternehmens" Wagner, Kronenhof (Haus- und Hoflieferant der Krone).

Der dritte Vertreter der Wagner-Dynastie, Georg, musste seinen von städtischen Bauten benötigten Hof und das Wirtschaftsgelände von der Louisenstraße 14 an die „Urseler Straße" verlagern; auch machte der starke Verkehr eine Tierhaltung in der Stadt unmöglich.

Gaststube im Kronenhof

Der heutige „Kronenhof" der Familie Wagner vor den Toren Bad Homburgs

Nach der Währungsreform 1948 stand Georg Wagner vor ganz neuen betriebswirtschaftlichen Herausforderungen. Er veranlasste eine Schwerpunktbildung vom gemischtwirtschaftlichen Betrieb mit Rinder- und Schweinehaltung zum konzentrierten Getreide- und Zuckerrübenanbau. Sein Nachfolger Hans-Georg Wagner baute seit 1973 die Pensionspferdehaltung aus, ein zukunftsweisendes zweites Standbein des Unternehmens.

Als auch der Hofstandort an der „Urseler Straße" von der raschen Gewerbeausdehnung eingeholt wurde, musste der inzwischen zum Vorsitzenden des Kreisbauernverbandes des Hochtaunus und zum Beauftragten für nachwachsende Rohstoffe gewählte Besitzer erneut die betriebliche Zukunft überdenken. Hans-Georg Wagner entschied sich zum Neubau eines geräumigen landwirtschaftlichen Betriebs mit Hofladen, Gasthausbrauerei und einer Reitanlage mit besten Trainingsmöglichkeiten für die Pferde. Auf 90 ha Ackerland werden im Wechsel Raps, Braugerste, Hafer und Weizen angebaut.

Der Hof liegt am Rande großer Dienstleistungsbetriebe (Landratsamt, Taunussparkasse und der Firmen Lilly, Meda, Fresenius, etc.). Da, wo schon 1910 die kaiserliche Luftschiffparade mit Graf Zeppelin stattfand, entstand ein Hof als vorbildlicher ressourcenschonender Agrar- und Freizeitbetrieb, der auch die Luftschifftradition auf seinem Gelände zulässt.

Das Kronenhof-Gelände ist alljährlich Treffpunkt vieler Luftschiffer

Der Zeppelinstein am Kronenhof erinnert an die dort im Feld von Kaiser Wilhelm II veranlasste Luftschiffparade im Jahr 1910, ...

... da bleibt es nicht aus, dass die eigene Brauerei-Gaststätte und der Hofladen seine Produkte mit dem Logo „Zeppelin" vertreibt.

Von den drei Luftschiffen, die der Kaiser damals begutachtete, musste Z II auf der Rückfahrt am 24.4.1910 bei Limburg wegen starker Luftströmungen notladen. Es riss sich jedoch am nächsten Tag aus der Verankerung und torkelte führerlos auf Weilburg zu, wo es zerschellte (s. S. 46)

Aufritt zu den Freienfelser Ritterspielen

Mittelalterliche Feste

Freienfelser Ritterspiele

Die Burganlage Freienfels ragt auf einer von Natur aus gut gesicherten Spornlage hoch über der Weil empor (s. S. 114). Das Hauptgebäude mit dem Palas, ein massiver dreistöckiger Bau, war von der Talseite her nicht einnehmbar. Das Burgtor neben der südlichen Schildmauer und dem Bergfried wurde von einem quadratischen Torflankenturm gesichert.

Die Zeltstadt in Freienfels

Die an mittelalterliche Glanzzeiten erinnernden Ritterspiele sind ebenso wie die in Königstein weit bekannt. Um den 1. Mai jedes Jahres dehnt sich eine bunte Zeltstadt im Tal unterhalb der Burg Freienfels aus. Rüstungen schimmern in der Sonne. Pferde in farbigen Umhängen wittern ihren Auftritt und unzählige Schaulustige finden sich ein. Die Freienfelser Ritterspiele zählen zu den größten nicht kommerzialisierten Veranstaltungen dieser Art in Deutschland. Nur turniertaugliche und freiwillig mitwirkende Teilnehmer, die sich über die Maßen engagieren und ihre Freizeit auch durch Studium der fachlichen Hintergründe opfern, dürfen sich in den ritterlichen Wettkämpfen messen. Ein reges Markttreiben und Lagerleben, manchmal auch Hexentanz in der Walpurgisnacht und Feldschlachten, finden statt. Nachts erstrahlt die Burgruine im Feuerzauber.

Zustande gekommen sind diese Veranstaltungen durch einen Förderverein, der die Burg gegen spektakuläre Zweckentfremdungen vom Land Hessen übernommen hatte und sich die Aufgabe stellte, das Wahrzeichen des Ortes zu sanieren. In vielen freiwillig zu leistenden Arbeitsstunden hat man das Gebäude und das Mauerareal schon weitgehend gesichert. Das dazu erforderliche Geld wird nicht nur durch Zuwendungen Dritter und durch Mitgliedsbeiträge eingespielt, die Haupteinnahmequelle sind die Eintrittsgelder der alljährlich stattfindenden beachtlichen Ritterspiele. Sie werden von Liebhabern dieser Szene aus dem In- und Ausland bestritten und von sehr vielen Interessenten, nicht nur aus dem Nahraum, besucht.

Vorbereitung zum Ritterturnier in Königstein

Königsteiner Burgfest

Im Jahre 2010 wird das Königsteiner Burgfest zum 60. Mal gefeiert. Um 1950 fand der damalige Segelfliegerverein bei einem Fest auf der Burg, dass ein Burgfräulein zu den Feierlichkeiten gehöre. 1953 wurde das Burgfräulein bereits von Rittern begleitet, die ebenfalls in zeitkorrekter Aufmachung zu einem Umzug erschienen. So entwickelte sich eine Nähstube, die historisch entsprechende Gewänder entwarf. Daraus entstand das jährlich stattfindende Königsteiner Burgfest mit Ritterspielen, mittelalterlichem Markttreiben, Gesang und Spiel in der bedeutenden Burgruine (s. S. 117). Es werden stets besondere Vergnügungen für Kinder angeboten, ein Festzug veranstaltet, eine Festschrift mit wichtigen Beiträgen zur Königsteiner Geschichte herausgegeben und zum Abschluss ein grandioses Feuerwerk entzündet.

Nach dem Aussterben des letzten mittelalterlichen Besitzergeschlechtes kam Graf Ludwig von Stolberg zur Erbschaft. Er war im nördlichen Thüringen und am Harz beheimatet. In dem fernen Königstein ließ er die Burg zur Festung ausbauen und die Reformation einführen. Allerdings kam Königstein nach dem Tod des Herrschers ohne männlichen Erben an das Kurfürstentum Mainz. Königstein verlor an Glanz und sank zur bloßen Garnisonsstadt herab.

Im Zuge der Entwicklung des Burgfestes erinnerte man sich an die einst für Königstein so wichtige stolbergische Herrschaft und gewann die einstigen Reichsgrafen zu Schirmherren, so 2009 Alexander Prinz zu Stolberg-Roßla. Personifiziert werden die Feierlichkeiten durch das jeweils gekürte Burgfräulein und der Präsidentin Brigitte Oswald-Mazurek.

Schautanz der Gaukler auf dem Königsteiner Burggelände

Hunderte von beleuchteten Booten mit Schaulustigen auf dem Rhein bei Oberlahnstein

„Rhein in Flammen“

Schon in der Barockzeit zählten Feuerwerke zu den höfischen Festlichkeiten. 1749 komponierte Georg Friedrich Händel in London anlässlich der Friedensfeiern nach dem österreichischen Erbfolgekrieg seine „Feuerwerksmusik“. Auch am Rhein gab es zu besonderen Anlässen immer wieder einmal festliche Illuminationen. 1880 wird von einem grandiosen Feuerwerk bei dem Besuch des deutschen Kronprinzen Friedrich in St. Goar und 1883 zur feierlichen Einweihung des Niederwalddenkmals berichtet.

1931 meldete das Kreisblatt in St. Goar von einem „großen Beleuchtungsprogramm“ des rheinischen Verkehrsverbandes, das den Titel trug „Der Rhein in Flammen“. Man hatte den touristisch-wirtschaftlichen Erfolg nicht nur für die Gastronomie erkannt und wollte diese Veranstaltung jährlich wiederholen. Das mittlere Rheintal von Rüdesheim und Bacharach bis zum Siebengebirge wurde in fünf zeitlich versetzte Veranstaltungsbereiche eingeteilt. Mit Ausnahme der Kriegs- und Nachkriegszeit entwickelte man das großartige Spektakel immer weiter und bietet in jedem Jahr eine begeisternde Faszination in den Feuerwerksbildern, aber auch durch Licht- und Farbeffekte in den Städten, auf den Burgen und auf dem Fluss. Es ist mittlerweile eine über 100 Jahre alte Traditionsveranstaltung, die jährlich Tausende von Besuchern aus aller Welt zum Rhein lockt.

Das Homburger Laternenfest

Es entstand 1935 als ein Volksfest, das wieder mehr Glanz in die Kurstadt bringen sollte. Dieser war Bad Homburg seit dem Ausbruch des 1. Weltkrieges und dem Ausbleiben des Hochadels verloren gegangen. Bad Homburg war nicht mehr „Liebling der Schöpfung“. Ein Wettbewerb unter den Bürgern brachte zu dem Stadtfest 1935 ein Laternenlied hervor, das der Musikalienhändler Paul Grützner als „Laternchen-Marsch“ verfasst und vertont hatte. Der Erfolg für das heimische Gastgewerbe und im Blick auf das Erlebnis der teilnehmenden Bevölkerung war überwältigend. Das große bürgerliche Miteinander angesichts der vielen Laternenlichter und des abendlichen Festzuges sowie die volkstümlichen Feiern auf den Rummelplätzen und in den Gaststätten der Laternenfestball: Jedermann wollte dabei gewesen sein.

Der 2. Weltkrieg brachte diese gerade begonnene Tradition zum Erliegen. Erst 1949 wurde das Laternenfest wieder neu belebt und 1953 zum ersten Mal eine Laternenkönigin gekürt. Diese Bürgeraktivität hat bis heute ihre Gemeinschaftsbedeutung – auch für das Umland – ungebrochen bewahren, ja sogar steigern können.

Vergnügungen und Pferdeschau auf dem Hochheimer Markt

Hochheimer Markt

Das seit 1273 Mainzische Hochheim, markanter Südostpunkt des Rheingaues unweit der Mainmündung, hatte schon 1484 von Kaiser Friedrich III. das Recht erhalten, jährlich zwei Märkte abhalten zu dürfen. Hochheim war damals noch keine Stadt, erst 1820 wird es als solche anerkannt, ohne je eine förmliche Stadtrechtverleihung nachweisen zu können. Von den beiden Jahrmärkten hat sich bis heute der Pferdemarkt im Spätherbst, der überregional bekannte „Hochheimer Markt“ erhalten. Am ersten Novemberwochenende dauert er fünf Tage und lockt jährlich mehr als 400.000 Besucher in das beschauliche Weinstädtchen. Der Viehmarkt beschränkt sich nicht mehr auf ca. 30 Pferdehändler. Am Marktmontag stehen nahezu alle Haustierarten zum Verkauf an. Die ca. 700 Marktbeschicker (darunter etwa 400 Krämer, 60 Schausteller, 70 Imbissstände) veranstalten heute ein überdimensionales Volksfest, das mit einer Fülle von Verkaufs- und Veranstaltungsangeboten aufwartet, darunter auch die Hochheimer Winzer mit ihren Weinständen.

Festwagen mit der „Bad Homburger Laternen-Königin“ beim großen Umzug jährlich am ersten Wochenende im September

„Laternenfest-Brunnen“ auf dem Marktplatz

Golfplatz bei Braunfels

„Fahren und Fliegen" in der Luft

Freizeitveranstaltungen

Von den in einer fast unüberblickbaren Fülle auftretenden Freizeitveranstaltungen und Sportarten seien nur wenige genannt. Das früher mehr exklusive Golfspiel wird heute im Taunus auf meist behutsam in die Landschaft eingefügten Golfplätzen als „Volkssport" ausgeübt. Der 1971 geschaffene Golfplatz bei Braunfels umfasst eine Fläche von 7,5 ha und 18 Löcher. Der „Golfclub Schloss Braunfels" kann auf dieser Anlage Meisterschaften austragen.

Der Luftsport stellt sich in den beiden Grundformen der Ballonfahrt (s. S. 265) und in der Segelfliegerei vor. Die Segelflugplätze bei Neu-Anspach, bei Riedelbach und bei Braunfels haben sich z. T. auch bei internationalen Wettbewerben hervorragend bewährt.

Das mehrere Tage dauernde internationale Pfingstturnier vor der Gartenseite des Biebricher Schlosses gilt als eines der bedeutendsten Reitsportereignisse in Deutschland. Sicher aber ist es das größte Reitturnier in Hessen, neben den diesbezüglichen Veranstaltungen in der Frankfurter Festhalle, an der Wintermühle (Neu-Anspach) und dem alljährlichen Fohlen-Championat in Usingen.

Oldtimer vor der Saalburg

Die Oldtimer-Erinnerungsfahrt an das Gordon-Bennent-Rennen von 1904 soll auch die Feldbergrennen der 1920er und 1930er Jahre mit der damaligen europäischen Elite des Motorsports ins Gedächtnis rufen.

Um 1900 entstanden im Taunus eine große Anzahl Radfahrvereine. Die herausragende Veranstaltung des Radsports (früher „Rund um den Henninger Turm") hat sich jährlich Anfang Mai als ein bedeutendes Radrennen durch den Hochtaunus für die internationale Elite entwickelt, wo eine starke Reliefenergie den Fahrern viel abverlangt.

Was das Radwandern betrifft, so muss auf den „autofreien Weiltalsonntag" verwiesen werden, an dem man mit dem Fahrrad, aber auch mit Skatern das erlebnisreiche Weiltal genießen kann.

Radwandern im Taunus

Dem stehen kleinere Freizeitveranstaltungen und Volksfeste gegenüber. So wird seit etwa 2000 ein besonderes Köhlerfest bei Waldsolms-Hasselborn gefeiert. Ewald Börner hat nach seiner fachlich qualifizierten diesbezüglichen Mitarbeit im Hessenpark das Gewerbe der Köhlerei an einem uralten Köhlerplatz wiederbelebt. Eine Gruppe von „Köhlerbuben" hat es zu einer Art Volksfesttradition weiterentwickelt. Diese Aktivität gewann weit über das Vergnügliche hinaus eine wichtige Bedeutung für die Heimatgeschichte. Es entstand ein 1,5 km langer Köhlerpfad, und seit 2007 wird mit Unterstützung der Gemeinde Waldsolms ein Rennfeuerofen betrieben. Das aus der Grube Fortuna bei Oberbiel geförderte Eisenerz wird auf eine historisch einwandfreie Weise geschmolzen. Damit kann das Köhlerhandwerk, das ja sehr eng mit der Waldschmiedearbeit verbunden war, der Bevölkerung vorgestellt werden.

Das Wiesbadener Reit- und Fahr-Turnier im malerischen Biebricher Schlosspark

Köhlerfest bei Hasselborn

Aufführung des Volksstücks „Katharina Knie“

Die Taunusbühne Bad Schwalbach e.V.

Es gab und gibt im Taunus eine ganze Reihe von Freilichtbühnen, die von der Freude am Laienspiel an besonderen Orten künden. Dazu zählen u. a. die früheren Bauernspiele an den Eschbacher Klippen, die immer wieder einmal auflebenden Heimatspiele auf der Burg in Altweilnau und besonders herausgehoben die Eppsteiner Burgfestspiele. Die Taunusbühne Bad Schwalbach e.V. mag stellvertretend für alle, auch die großen Vorstellungen in dem Amphitheater auf der Loreley, stehen.

Im Jahre 2011 feiert die Taunusbühne Bad Schwalbach e.V. ihr 50-jähriges Bestehen. Sie war 1961 aus dem „Sing- und Spielkreis“ der evangelischen Jugend hervorgegangen. Die Laienspieler der Pfarrgemeinde wagten sich gleich an Szenen aus Molières Stücken und an die Hans-Sachs-Spiele. 1964 ließen sie die „Burgfestspiele Hohenstein“ mit der Aufführung des Stückes „Gräfin Anna von Katzenelnbogen“ wieder aufleben. Seitdem sind die gewaltigen Gemäuer der Ruine (s. S. 112) die Theaterheimat der Amateurschauspieler. In den folgenden Jahren bot man Märchenspiele sowie Schauspiele von G.B. Shaw („Pygmalion“, „Die Helden“), „Schluck und Jau“ von Hauptmann, „Die drei Musketiere“ von A. Dumas, Hoffmannsthals „Jedermann“, Zuckmayers „Schinderhannes“ und 2008 dessen Volksstück „Katharina Knie“. 2009 brachte man die offenbar nie veraltende Komödie „Lysistrata“ von Aristophanes (445 – 385 v. Chr.) auf die Bühne.

Pygmalions „Elisa“

Die Taunusbühne gibt den Mitwirkenden großartige Möglichkeiten, ihre Talente zu entdecken und zu entfalten. Den Besuchern schenken sie Erlebnisse, in den ernsten und heiteren Stücken im Spiegel menschlicher Verhaltensweisen Nachdenkliches und Freude nachzuempfinden. Es sind stets unvergessliche Abende in dem zauberhaften Ambiente der alten Burg. Die beachtlichen Leistungen der Taunusbühne Bad Schwalbach e.V. finden einen hohen Zuspruch in der Bevölkerung.

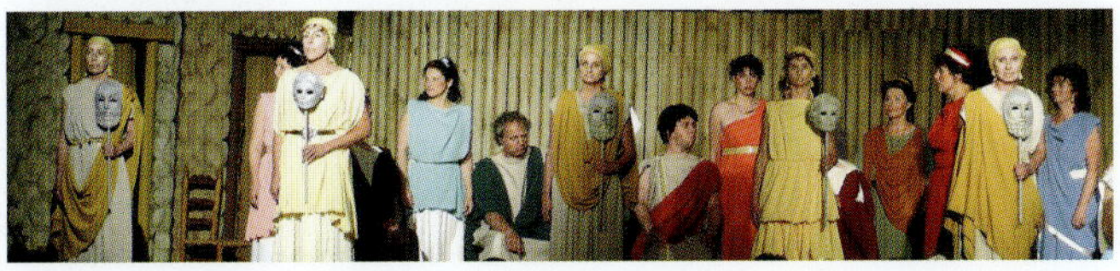

Epilog der „Lysistrata“-Aufführung

Die historische Aartalbahn als „Technisches Denkmal“ fährt an Wochenenden

Die Aartalbahn

Das idyllische Aartal von Bad Schwalbach bis Diez und Limburg gewinnt im Blick auf den Fremdenverkehr eine hohe Attraktivität durch die historische Museumsbahn. Sie nimmt die Tradition der 1889 – 1893 gebauten Mittelgebirgsstrecke zwischen der damaligen Weltkurstadt Wiesbaden und dem aufstrebenden Heilbad Langenschwalbach (Bad Schwalbach) sowie der bereits 1870 eröffneten Teilstrecke zwischen Zollhaus und Diez wieder auf. Da der Hochadel gerne diesen Streckenteil in Anspruch nahm, wurden besonders komfortable Waggons eingesetzt. 1986 war der Personenverkehr völlig eingestellt worden. Noch im gleichen Jahr hatte sich eine „Historisch-Technische Vereinigung“ für die Erhaltung der Strecke gegründet. Schon ein Jahr später konnte die Aartalbahn als „Technisches Denkmal“ auf einer kompletten betriebsfähigen Bahnlinie durch das Land Hessen gesichert werden. Es wurden Dampflokomotiven und historische Wagen angeschafft. Der „Arbeitskreis Aartalbahn“ und die „Historisch-Technische Vereinigung Nassau-Touristik-Bahn e.V.“ bringen das Opfer der kostspieligen und zeitaufwendigen Unterhaltung der gesamten Anlagen. Das an Wochenenden verkehrende Dampfzüglein soll in Kürze sogar im Rahmen des öffentlichen Personennahverkehrs von Limburg nach der Station Zollhaus verkehren.

Die Quelle der Aar liegt beim Römerkastell Zugmantel. Das Flüsschen fließt von Orlen nach Neuhof in südlicher Richtung, wendet sich bei Wehen ganz nach Westen und durchmisst das weite Hochbecken von Taunusstein bis vor Bad Schwalbach. Ab dem benachbarten Bergnest Adolfseck ändert sich erneut der Lauf der Aar. Sie fließt nach Norden der Lahn zu. Die „Nassauische Touristikbahn“ steht seit den ausgehenden 1980er Jahren für Ausflugsfahrten bereit.

Schienenbus aus vergangenen Zeiten auf der Aartalstrecke

Aartalbahnstrecke zwischen Bad Schwalbach und Limburg

Freizeitpark Lochmühle, das Lebenswerk von Familie Theo Zwermann

Der Freizeitpark Lochmühle

Er ist in erster Linie ein Werk des heutigen Seniorchefs Theo Zwermann. Seiner Vision, seiner vornehm-zähen Durchsetzungskraft und seinem Verständnis für fröhliche und erfüllte Kindervergnügen ist diese phantasiereich ausgestattete Anlage am westlichen Eingang zum Erlenbachtal bei Wehrheim zu verdanken. Allerdings wäre diese große und wunderschöne Anlage ohne die aufopfernde Mitarbeit seiner Frau und seiner Kinder nicht zustande gekommen.

Eine Floßfahrt, die ist lustig

Streichelzoo für Groß und Klein

Mit Schwung in die Kurven

Auf dem Rücken des Pferdes ...

Freilich entstand der Freizeitpark nicht ohne Vorläuferanwesen. Da gab es seit dem 12./13. Jahrhundert die Lochmühle an der alten Grenze zwischen Nassau und Hessen. Sie stand da, wo sich einst an der alten germanisch-römischen Grenze ein Klein-Kastell befand. An und in dieser Grenzmühle trieben am Beginn der Neuzeit Räuberbanden und Werbertrupps ihr erpresserisches Unwesen. Als 1895 die Bahnlinie Bad Homburg/Usingen eröffnet wurde, der Bahnhof Saalburg in unmittelbarer Nachbarschaft entstand und das allgemeine Mühlensterben einsetzte, erbauten die Vorfahren der Zwermanns eine Gaststätte mit Hotelbetrieb. Diese Sommerfrische blühte schnell auf, zumal der bekannte Besuchermagnet des Saalburg-Kastells von 1900 –1907 in nur einem Kilometer Entfernung auf dem Saalburgpass errichtet worden war.

Die Gastronomie litt seit dem 1. Weltkrieg und besonders seit der Inflation und der Weltwirtschaftskrise in den 1920er Jahren unter einer starken Schuldenlast. Der durch Erbteilung abgetrennte landwirtschaftliche Betrieb der Eltern von Theo Zwermann von knapp 8 ha geriet mit der Übernahme noch bestehender Schulden und Abfindung weichender Erben in eine schwere Existenznot. Theo Zwermann hatte, nicht zuletzt wegen der hohen finanziellen Belastung seines elterlichen Betriebes, schon als Kind die Vision eines schönen und schuldenfreien Bauernhofes. Als er zwanzigjährig 1946 aus der Kriegsgefangenschaft heimkehrte, überließ ihm sein Vater freies Handeln und Wirken. 1954 legte er seine Prüfung als Landwirtschaftsmeister ab. In seiner theoretischen Arbeit ist die Passage zu lesen: „Mein Bestreben geht dahin, einen Bauernhof zu schaffen, an dem sich nicht nur der Fachmann, sondern auch die Städter erfreuen sollen, wenn im schönen Erlenbachtal auf gepflegten Wiesen gesundes Vieh weidet.“

Etwa 25 Jahre später hatte er sein Ziel erreicht, denn er besaß eine hervorragende schwarzbunte Herdbuchzucht mitüberdurchschnittlicher Milchleistung. Bedingt durch eine Gelenkverletzung und den Wunsch, vielen Menschen das Erlenbachtal, seinen Hof – kurz seine Heimat – zugänglich zu machen, entschloss er sich schweren Herzens 1970, seine Rinderzucht aufzugeben und eine leichtere arbeitsextensive Ponyzucht aufzubauen, aus der zuerst ein Pony-, dann ein Reiterhof und später ein Freizeitpark entstand. Theo Zwermann ruhte nicht, bis er seine Ideen gegen mancherlei Widerstände durchgesetzt hatte.

Heute bietet seine überregional bekannte und beliebte Anlage, die als Familienunternehmen mittlerweile von der nächsten Generation betrieben wird, alle nur denkbaren Vergnügungseinrichtungen für Kinder. Außer Floßfahren, Picknicken in Blockhütten, Hüpfburgen, Autoscooter, Sessellift, Wasserbob, Karussells gibt es alle möglichen Spielgeräte. Überdies werden kindgerechte Lerneinheiten zur römischen Geschichte, zu Mühlenwerken und zu der historischen Landwirtschaft angeboten. Der Besucherzuspruch ist außerordentlich gut.

Auch für Erwachsene bietet der Park eine großartige Gelegenheit, in einer sauber gepflegten Blumen- und Pflanzenanlage spazieren zu gehen. Die Lochmühle, als Freizeitpark,fachlich mehrfach prämiert, ist weit über den Taunus hinaus bekannt und beliebt.

Taunus Wunderland

An der Bäderstraße (B 260), die über den Kemeler Rücken von Wiesbaden nach Bad Ems führt, liegt unweit von Bad Schwalbach (bei Wambach) die seit 1966 bestehende, älteste der großen Freizeitanlagen im Taunus. Ihre Bezeichnung verspricht wunderhafte Überraschungen. Es sind ca. 30 Höhepunkte für Kinder eingerichtet, die Spiel und Abenteuer ermöglichen. Man muss Zeit mitbringen zum Austoben als Klettermaxe, als Pirat und beim Hinabstürzen in der Wildwasserbahn. Dieses schnelle Hinunterfahren über 22 m in die Tiefe ist eine spritzige Angelegenheit, ebenfalls die Wettfahrten am Wasserski-Rondell. Wer hoch hinaus will, benutzt den Rhein-Main-Flieger oder den Wilden Drachen, um durch die Lüfte zu fliegen.

Das Taunus Wunderland bietet ein ganztägiges Eintauchen in fremde Welten, und immer wieder vergnügen sich Kinder beim Klettern, Toben, Rutschen, Fahren. Allemal aber ist das Phänomen des Staunens dabei, weil immer wieder neue Überraschungen auf einen warten. Man muss kleine und große Abenteuer bestehen wollen, Geschicklichkeiten beweisen, Mut zeigen und vor allem Freude haben, um einen schönen Tag zu genießen.

Das Besondere am Taunus Wunderland besteht in seiner Lage mitten in einem größeren Waldgebiet. Für Erwachsene sind die Spiele der Kinder vielleicht nur Beiwerk, für diese aber die Hauptsache. Der Park lädt zu größeren Spaziergängen durch alte Baumbestände ein; aber vielleicht lassen sich auch Erwachsene einmal in das Märchenland mit den sehr naturbelassenen moosbewachsenen kleinen Gebäuden locken.

Pferdegestüt Akazienhof

Reiterfreuden rund um Seelenberg

Es ist ein gelungenes Beispiel für eine alternative Landnutzung und Flächenpflege am Rande eines Naturschutzgebietes in der reizvollen Höhenlage von 600 m NN oberhalb Schmitten-Seelenberg. Die Betriebsziele bestehen in der weitgehenden Erhaltung der ursprünglichen Landschaftsbiotope und in einer Pferdezucht von ca. 70 Islandponys verbunden mit Ansprüchen der Naherholung. Auf großflächigen Weidearealen in Hofnähe finden die Islandpferde im natürlichen Herdenverband ideale Erziehungs- und Lebensbedingungen. Diese entsprechen fast denen in ihrer Herkunftsheimat Island. Die Tiere bewahren hier ihren ursprünglichen Charakter. Auf dem Hof ist ein Reiterfreizeitzentrum für Kinder und eine Reitschule eingerichtet. Die Angebote richten sich nach Interesse und Leistungsvermögen der Kinder und Jugendlichen. Unterbringungs- und Verpflegungsmöglichkeiten, Spiel-, Bildungs- und Grillfreizeiten sind eingeschlossen. Der Betrieb bewirtschaftet heute ca. 70 ha, davon 36 ha Naturschutzfläche, deren Nutzung immer wieder mit den Naturschutzbehörden abgestimmt wird. Ebenso werden ca. 10 ha Wiesen unterhalb der Erholungsstätten am Fuß des Feldbergmassivs im Weilquellgebiet als einschürige Wiesen gepflegt. Diese bringen ihrer besonderen Nutzung wegen einen hohen Artenreichtum geschützter, seltener Pflanzen hervor.

Islandponys im Hochland des Taunus

Hof Köppelwiese bei Obernhain

Hof Köppelwiese bei Wehrheim-Obernhain: Labyrinth und Blumenanbau

Wie andere ebenso findige Bauernhöfe in der Nähe hat auch der ehemalige landwirtschaftliche Betrieb Köppelwiese (Keller's Labyrinth) den Weg von „Ackerbau und Viehzucht" zum Freizeithof beschritten. In der Nähe des Hessenparks, bei dem Wehrheimer Ortsteil Obernhain gelegen, nutzte der Köppelwiesenhof um 1960/65 konsequent die Möglichkeiten der Agrarstrukturverbesserung zur Aussiedlung. Er konzentrierte sich auf eine Legehennenhaltung (3.000 Tiere) und die Eier-Direktvermarktung. Außerdem wurden 100 Mastschweine gehalten. Die Bewirtschaftungsfläche betrug 15 ha. Ab 1990 wurden keine Mastschweine mehr gehalten, dafür aber 140 Zuchtsauen bei mittlerweile einer Aufstockung des Betriebsgeländes auf 90 ha Ackerland. Die Hühnerzucht wurde schon 1986 aufgegeben.

1993 verzichtete der Hof ganz auf die Schweinehaltung, baute Schnittblumen an und schuf Freizeitangebote. Mit einem kreisrunden Irrgarten aus Topinambur-Pflanzen entstand eine Art Labyrinth, das von Anfang Juli bis Ende Oktober einen reizvollen Parcours mit Such- und Gewinnspielen anbietet. Die Betriebsfläche wurde wieder auf die ursprünglichen 15 ha Eigenland reduziert. Die Verbesserung der Spielmöglichkeiten im Sinne der kreativen Freizeit für Schulklassen, Familienausflüge, Betriebs- und Vereinsfeiern, besteht in einer Feierhalle, mehreren Klettermöglichkeiten, einem speziellen Golfspiel, Bereitstellen eines Mountainbike-Geländes und einer Boule-Bahn. Parallel zu den Grill-, Sport- und Unterhaltungsmöglichkeiten werden die Waren eines Hofladens und eine Kaffee-Bewirtung angeboten.

Gesundheit, Erleben und Wandern

Auf den Heilklima-Wanderwegen an Naturdenkmalen, im Thermalbad Königstein oder beim Winterspaziergang auf dem Großen Feldberg

Das Wetter als thermischer Wirkungskomplex umfasst alle meteorologischen Größen, wie z. B. Luftdruck, Luftfeuchte, Windstärke, Strahlung, Höhenlage etc. Diese Wirkfaktoren ihrerseits beeinflussen den je verschieden reagierenden Organismus des Menschen. Von daher lassen sich Wetterempfindlichkeit (Reiz, Belastung, etc.) erklären und Reaktionen (Schonung, Anpassung, etc.) empfehlen.

Der Heilklima-Park im Hochtaunus

Im Hochtaunus, zwischen Königstein und Schmitten, wurde ein Heilklima-Park eingerichtet, der mehrere Wanderwege ausweist. An verschiedenen Punkten gibt es klima-therapeutische Hinweise, und es werden die unterschiedlichen Anforderungen (Steigung, Wegelänge, etc.) an die „Heilklima-Wanderer" vermittelt. Der Heilklima-Park Hochtaunus bietet ein ganzjähriges breites Spektrum klima-therapeutischer Angebote. Es entstand ein Netz von Heilklima-Wanderwegen von ca. 185 km, das alle Intensitätsstufen der Wander- und Trainingsmöglichkeiten umfasst. Die Routen und die Informationen wurden von erfahrenen Ärzten und Fachleuten des Deutschen Wetterdienstes (Medizin-Meteorologie) bestimmt. Beratungsmaterial hält das Heilklima-Park-Zentrum im Kurbad Königstein bereit. Hinter dem Programm steht in erster Linie der Hochtaunuskreis, aber auch der Verband der heilklimatischen Kurorte Deutschlands und der Naturpark Hochtaunus.

Der Heilklima-Park ist die räumliche Fortentwicklung alter guter klimamedizinischer Traditionen in Königstein. Mit ihnen sind berühmte Namen verbunden wie Dr. Georg Pingler (1815 – 1892), der als Schüler von Vincenz Prießnitz die Wasserheilkunde weiterentwickelte.

Dr. Hugo Amelung hat neue Behandlungsmethoden bei Tuberkulose, Herz- und Nervenkrankheiten zur Linderung und Heilung erfolgreich angewendet. Mit dem Frankfurter Meteorologen Franz Linke (1878 – 1944), der auch die Erdbebenwarte und die Meteorologische Station auf dem Kleinen Feldberg einrichtete, wurden heilklimatische Bedingungen der Taunusrandzone erforscht. Zusammen mit dem Deutschen Wetterdienst wurden Mess-Stationen eingerichtet und die wissenschaftliche Arbeit auf diesem Sektor vorangetrieben.

Königstein und Feldbergmassiv, Zentrum des Heilklima-Parks

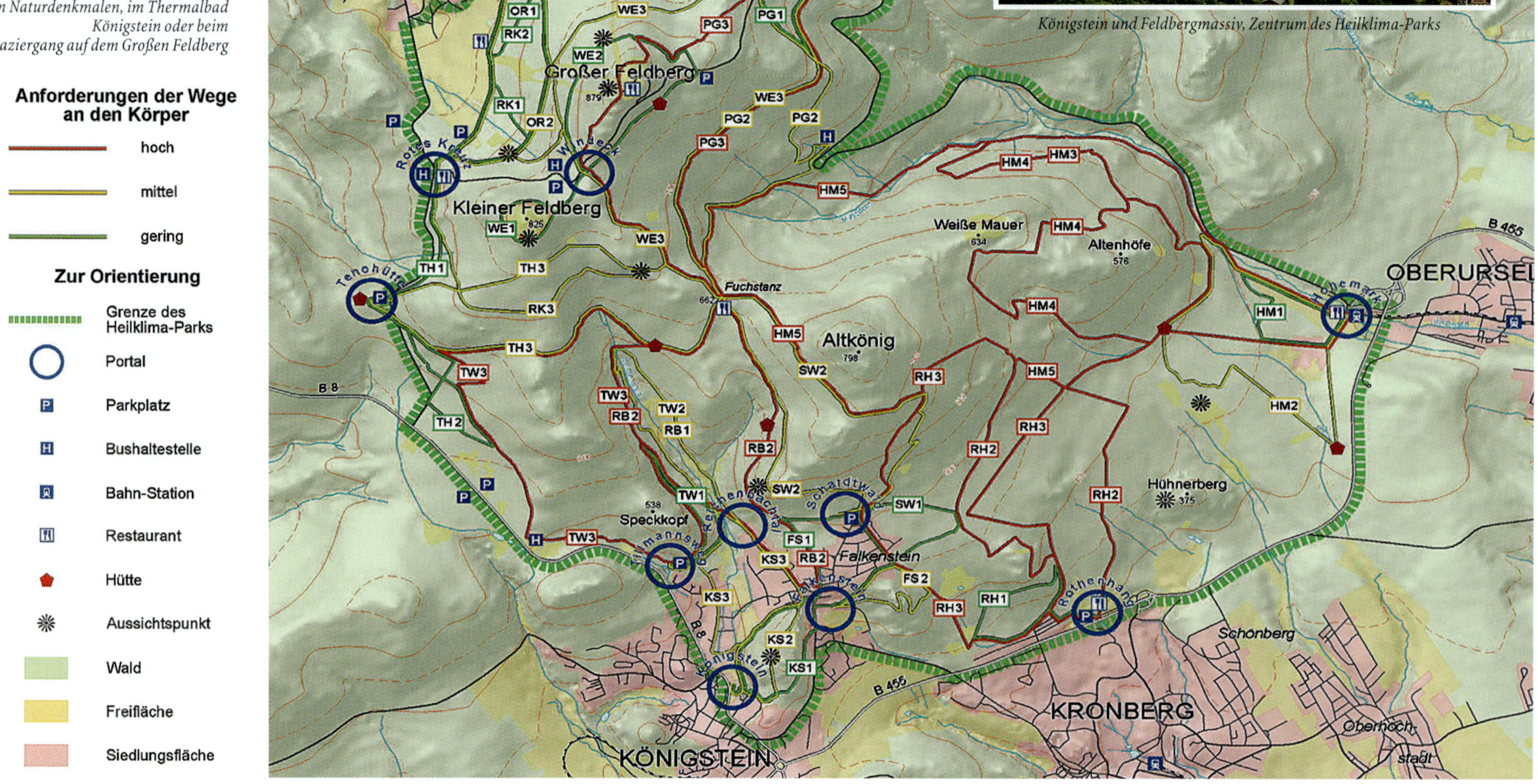

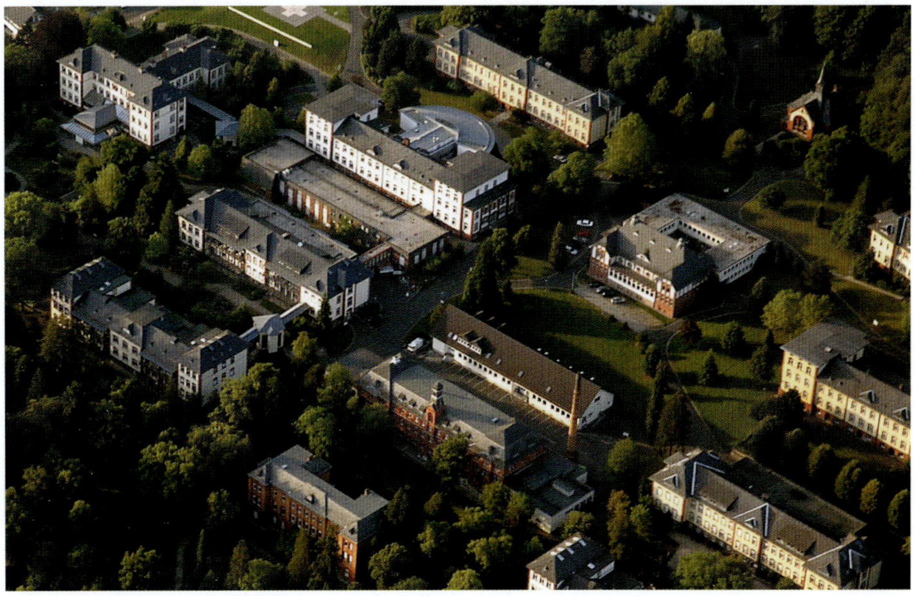

Gesamtanlage des Klinikums Weilmünster

Klinikum „Vitos GmbH Weilmünster“

Südlich der Marktgemeinde Weilmünster trifft man auf ein Gebäudeareal in herrlicher Wald-Parklandschaft. Dabei handelt es sich um die 1894 von dem Kommunal-Landtag in Wiesbaden gegründete zweite Landesheil- und Pflegeanstalt für geistig Behinderte. Im 1. Weltkrieg wurde die Heilanstalt zu großen Teilen als Lazarett genutzt. Ab 1921 dienten die Gebäude einer Heil- und Unterkunftstätte für bedürftige Erwachsene, auch für kranke Kinder und alte Leute. Die weitere Veränderung des Klinikbereichs drückte sich darin aus, dass aus dem Kinderheim schließlich eine Kinder-Lungenheilanstalt wurde.

Traurige Berühmtheit erlangte das Klinikum mit Beginn der NS-Herrschaft. Schon ab 1933 schuf man eine Art Ausleseabteilung, von der das sogenannte „lebensunwerte Leben“ zur Euthanasie nach Hadamar gebracht wurde. 1944 wurde ein Teil der Anlage als Militärkrankenhaus genutzt, und erst 1947 entstand aus der Anlage ein Psychiatrieheim für schwer erziehbare Kinder und für neurologisch Kranke. Heute firmiert das zur Unternehmensholding des Landeswohlfahrtsverbandes gehörende Klinikum unter der Bezeichnung „Vitos GmbH Weilmünster“. Es will seinem Namen „Leben“ gerecht werden, indem das zu den größten Psychiatrie-Anbietern zählende Klinikum mit den Hochtaunus-Kliniken kooperiert, vor allem im Bereich der Schlaganfallhilfe. Außerdem hat es sich spezialisiert auf Stimm- und Spracherkrankungen und ist zzt. diesbezüglich die einzige Akutklinik in Deutschland. Mit ca. 650 Mitarbeitern gehört es zu den bedeutendsten Arbeitgebern in der Region.

Dominierender Bau des Kreiskrankenhauses Wetzlar

Kreiskrankenhaus Wetzlar

In den Jahren 1923/24 schuf man in Wetzlar eine erste Krankenversorgung mit 127 Betten. 1933 war der Bettenbestand schon auf 170 angewachsen. In der Kriegs- und Nachkriegszeit von 1939 – 50 stieg die Patientenzahl auf 270, wobei ein Teil der Betten in einem Notkrankenhaus, d. h. in Baracken aufgestellt werden musste.

1960 wurden Erweiterungen vorgenommen; man entschied sich anschließend für einen Neubau, der durch den 1966 gegründeten „Zweckverband Kreis- und Stadtkrankenhaus Wetzlar“ zustande kam. Mit 676 Betten in 12 hochspezialisierten Fachkliniken und einer Krankenpflegestation wurde das überregional gut angenommene Krankenhaus gebaut und 1974 in Betrieb genommen. 1977 richtete man es als akademisches Lehrkrankenhaus der Justus-Liebig-Universität Gießen ein. Seit 1979 ist der Lahn-Dill-Kreis Träger des Krankenhauses. Heute werden in dieser Anstalt Krankenschwestern fachlich weitergebildet und die Krankenpflegeschule mit 132 Ausbildungsplätzen betrieben. 1992 kamen der neue Funktionstrakt für die Radio-Onkologie und 1994 der Anbau für zwei zusätzliche Operationssäle hinzu.

Heil- und Pflegeheime Scheuern

1970 gründete der Landrat des damaligen Obertaunuskreises Werner Herr die segensreichen „Oberurseler Werkstätten für ca. 300 Behinderte“. Die vergleichbaren Anstalten von Scheuern bei Nassau gehen schon auf das Jahr 1850 und das Vorbild des „Rauhen Hauses“ (J. H. Wichern) in Hamburg zurück. Im Schloss Langenau an der Lahn konnte 1851 dank der Förderung durch die Gräfin von Giech und die Gräfin von Kielmansegg (beide Töchter des Freiherrn vom und zum Stein) das Werk an den verwahrlosten Kindern ausgebaut werden. Diese sollten als tüchtige Bürger in das Gemeinwesen integriert werden.

Aus den erfolgreichen Anfängen, die 1855 in Scheuern bei Nassau konzentriert wurden, entstand 1869 ein Sozialwerk für noch ärmere und hilflosere Menschen, die geistig Behinderten. Für die heimatlosen Kinder der Landstraße gab es mittlerweile andere Häuser im alten Nassau, die sich um ihre Erziehung kümmerten. 1870 – 1875 konnte das Sozialwerk zu einer echten Heimstätte für die von den eigenen Familien oft nicht betreuten geistig behinderten Menschen weiterentwickelt werden. Sie wurden entweder zu Beschäftigungen herangezogen, sogar zur Ausbildung in einfachen Berufen, oder sie blieben absolute Pflegefälle.

Leben in Würde unterhalb der Burg Nassau

Heute sind die Heil-, Erziehungs- und Pflegeheime in Scheuern eine moderne diakonische Einrichtung für Menschen mit nicht heilbaren Behinderungen. Vielfältige Wohn-, Beschäftigungs- und Arbeitsformen gehören zu den Angeboten. Darüber hinaus verfügt die Einrichtung über ein umfassendes Bildungsprogramm. Das jüngste Projekt heißt INTEGRA und ist eine Initiative für meist unfallgeschädigte Menschen mit erworbener Hirnschädigung.

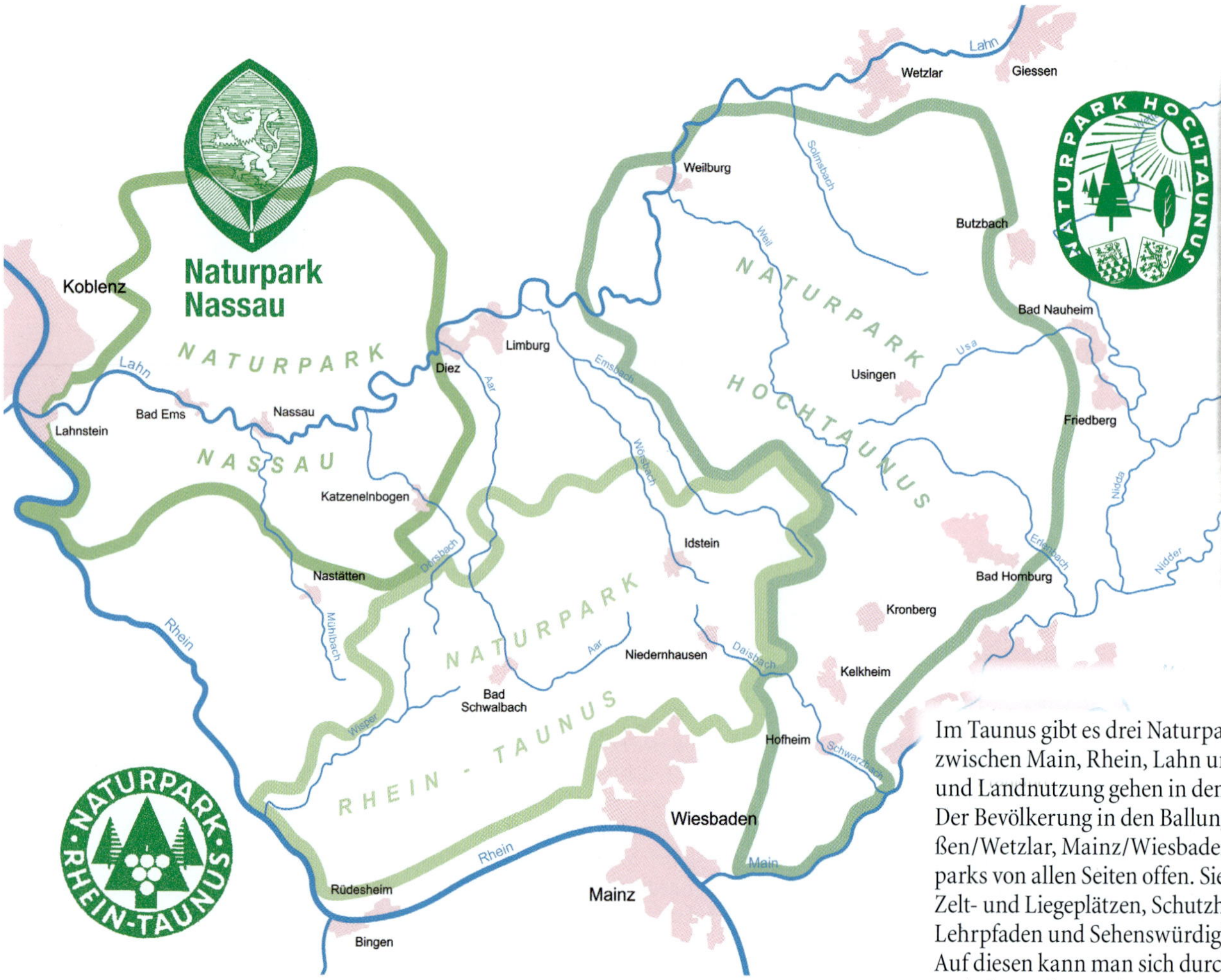

Rodeln auf dem Feldberg

Naturparks im Taunus

Im Taunus gibt es drei Naturparks, die sich ca. 80 % der Landfläche zwischen Main, Rhein, Lahn und Wetterau teilen. Landschaftsschutz und Landnutzung gehen in den Naturparks eine gute Verbindung ein. Der Bevölkerung in den Ballungsräumen um Lahnstein/Koblenz, Gießen/Wetzlar, Mainz/Wiesbaden und Frankfurt stehen diese Naturparks von allen Seiten offen. Sie bieten außer der guten Luft, den Grill-, Zelt- und Liegeplätzen, Schutzhütten, Ruhepunkten, Langlaufloipen, Lehrpfaden und Sehenswürdigkeiten vor allem gut begehbare Wege. Auf diesen kann man sich durch sprechende Zeichen leicht orientieren und ohne Schwierigkeiten, da es sich meist um Rundwege handelt, an den Parkplatz zurückfinden. Damit erfüllen die Naturparks neben der schonenden Behandlung der Natur auch eine wichtige soziale Funktion.

Der ***Naturpark Hochtaunus*** (ca. 66 % Wald) meistert diese Aufgabe für ca. 20 Mio. Besucher pro Jahr vorzüglich und sorgt für die Heranführung des öffentlichen Personennahverkehrs an Ausgangsstellen zu attraktiven Wanderzielen (Lahn- und Weiltal, Burgen, Schlösser und Kirchen, Hessenpark, Saalburg, Lochmühle, Feldberg, u. a.).

Der ***Naturpark Nassau***, der den nordwestlichen Taunus umfasst, reicht bis in das Kannebäckerland und auf den Westerwald. Seine Angebote an beschaulicher Natur mit botanischen und zoologischen Besonderheiten wird ergänzt durch die Gelegenheit zu geruhsamen Paddelbootfahrten in dem stillen, windungsreichen Lahntal.

Ähnliche Aufgaben obliegen dem ***Naturpark Rheintaunus*** (ca. 60 % Wald) im Rhein- und Wispertal, in der „Rheingauer Schweiz", in den Badeorten (Schlangenbad, Bad Schwalbach) und auch in höher gelegenen Luftkurorten wie beispielsweise Espenschied. Dieses besucherfreundlich gestaltete Dorf liegt wie auf einer Sonnenterrasse (450 m NN) hoch über dem Rhein und dem Wispertal. Wald und Windschutzpflanzungen schützen es gegen raue Nordwinde. Von Südwesten fließt schadstoffarme milde Luft vom Rheintal ein.

Wandern im Bereich der Loreley

Wasserwandern auf der Lahn

Badevergnügen am Usinger Hattsteinweiher

Luftkurort Lorch-Espenschied

Junge Käuze warten auf Futter

Eisvogel beim Füttern

Schwalbenschwanz

Arnika (Bergwohlverleih) am Kemeler Rücken

Heckenrose am Wegrand

Im „Schlüsselblumenland“

Roter Milan

Natur-, Kultur- und Erholungsraum

Das abgebildete bunte Gemisch von Insekten, Vögeln, Pflanzen, etc. will erinnern an das, was trotz Zivilisation noch an Schöpfungsgeschenken erhalten blieb und im Blick auf die Erholung schützenswert ist. Seit dem Sesshaftwerden der Menschen in der Jungsteinzeit wird der ursprüngliche Naturraum durch Inanspruchnahme für Landbau, Siedlungswesen etc. z. T. arg verändert. Das muss nicht in allen Fällen völlig naturwidrig sein. Werden z. B. Grünflächen, wie es früher häufig der Fall war, nur einmal im Jahr, bestenfalls zweimal, gemäht, dann blühen Gräser und Blumen aus, sie werfen ihre Samen und bilden artenreiche Wiesen. Werden sie jedoch intensiv gedüngt oder schon ab Mai drei- bis viermal gemäht oder beweidet, dann bringen sie zwar hohe Erträge, verarmen aber in ihrem Florenbild. Übernutzung kann zu irreparablen Schäden für Böden führen und an allem, „was da kreucht und fleucht“.

Wanderwege zur Erholung

Man sagt, der beste Weg zur Gesundheit sei der Wanderweg. Dies ist er in zweifacher Weise: Er stärkt die körperliche Verfassung und bietet Erholung für die Psyche. Was das Auge sieht, dringt bei der gleichmäßig ruhigen Bewegung des Wanderns in das Innere ein. Man nimmt die großen Schönheiten des umgebenden Raumes und die zierlichen Köstlichkeiten der kleinen naturhaften Lebewelt in sich auf. Theodor Heuss meinte, „Reisen heißt an ein Ziel kommen; Wandern heißt unterwegs sein“. Auf dem Wanderweg ist man unterwegs zu einer verschmelzenden Einheit zwischen „Ich“ und Natur. Man kommt, wenn man nicht durch überflüssige Dispute und Problemgerangel den Alltag an den Schuhsohlen mit in die schweigende Natur schleppt, zum Hören auf die feinen Geräusche des Waldes, des Baches, des Kornfeldes, des Sees, des Wiesengrundes, der Felswand, usw. Die Beanspruchung und die Nutzung der Landschaft für den wirtschaftenden Menschen fordert zur Verantwortung gegenüber der Landschaft und zu ihrer Bewahrung durch den sozial und ökologisch denkenden Menschen heraus. Nur so kann auch der Taunus als lebens- und liebenswerter Natur- und Kulturraum fortbestehen.

Habicht beim Verzehr seiner Beute

Herbstzeitlose

Fingerhut (Digitalis)

Türkenbund im Reichenbachtal

Ginster auf der „Hirschhöhe“ bei Rod am Berg

Hirschkäfer

Sumpfdotterblumen (Butterblumen)

Hermelin im Sommer

Kaisermantel

Knabenkraut

Löwenzahnwiese am Hessenpark

Mohn am Feldrand (Kaltenholzhausen)

Ansichtskarte um 1900

Friedrich Ludwig Jahn (1778 – 1852)

Ernst Moritz Arndt (1769 –1860)

Fritz Emminghaus (1814 –1873)

Logo des Feldbergfestes

125. Feldbergfest 1970

Ernst Lauterer (1873 – 1940)

Von der Turnerbewegung zur Gründung des Taunusclubs auf dem großen Feldberg

Das erste deutsche Bergfest (kein Turnfest)von Rang fand im Oktober 1814 auf dem Großen Feldberg statt. Es war der erste Jahrestag der Völkerschlacht von Leipzig, die das Ende der „Napoleonischen Herrschaft" einleitete. Insbesondere in der studentischen Jugend und im Bildungsbürgertum entstanden durch dieses Fest auf dem höchsten Taunusgipfel wieder große Hoffnungen auf eine freiheitlich demokratische Verfassung in der Einheit des in fast 40 selbständige Territorialstaaten zersplitterten Deutschlands. Ernst Moritz Arndt, ein fortschrittlicher Dichter und Geschichtsprofessor in Bonn, bekräftigte 1814 auf dem Feldberg diese Ziele in einer flammenden Rede. „Von den Taunusbergen leuchteten allenthalben Freudenfeuer", so wird es schon von Goethe berichtet, als er von der Gerbermühle im Herbst dieses Jahres mit Marianne Wilmer diese Hoffnungszeichen bewunderte. Die Gedanken und Ideen des „Jungen Deutschland" fanden einen Nährboden bei den studentischen Burschenschaften und in der Turnerbewegung, die Friedrich Ludwig Jahn schon 1809/11 auf der Hasenheide in Berlin entwickelt hatte. Der Wiener Kongress (1814/15) drehte das Rad der Geschichte jedoch zurück. Die absolutistische Monarchie wurde dank Metternich gestärkt, die fortschrittlich und die freiheitlich denkenden Menschen zu Demagogen erklärt und verfolgt.

Als schließlich 1840 Friedrich Wilhelm IV. auf den Thron kam, wurde die bisher verbotene Turnerbewegung wieder zugelassen. Der Sohn des Usinger Amtmanns Friedrich Emminghaus ergriff sofort die Initiative und organisierte mit Gleichgesinnten, darunter auch der Pfarrer und Schulrektor Friedrich Ludwig Weidig, das erste Turnfest im Sommer 1844 auf dem Feldberg. 6.000 Menschen strömten damals auf den hohen Taunusgipfel zusammen. 1847 und 1848 waren jeweils ca. 10.000 Besucher auf das Plateau gekommen, um die Leistungen der einzelnen Turnvereine zu bewundern oder daran teilzunehmen, z. B. im Steinestoßen, im Laufen, in der Gymnastik und im Seilziehen.

1849 musste das Turnfest allerdings auf dem Fuchstanz unter Leitung von August Ravenstein ausgetragen werden. Der Homburger Landgraf hatte das Feldbergplateau für die Turner gesperrt. Friedrich Ludwig Jahn und August Ravenstein plädierten deshalb für das „unpolitische Turnen". Sie waren als Vertreter der Paulskirchen-Bewegung an dem Erfolg der Freiheit und der Demokratie interessiert. Ihr Turnerfreund August Schertner aus Hanau marschierte mit einem Fähnlein von Turnern in den badischen Aufstand, musste dann allerdings seine Vertreibung aus Deutschland erleben. Nach demokratischer Staatsordnung strebende Vereine wie die Turnerschaft wurden erneut verboten.[1)]

Ab 1860 mussten die Turnveranstaltungen jedoch wieder zugelassen werden, nachdem in Coburg der Deutsche Turnerbund gegründet worden war. Seitdem sind die Turnfeste auf dem Feldberg eine feste Einrichtung geworden.[2)]

1) Ernst, E.: Die Feldbergfeste: Ursprünge und das Völsungenhorn in: 150. Feldbergfest, S. 19 ff., Frankfurt a. M. 2006

2) Von der nordischen Sagenwelt (u. a. Nibelungenlied) ausgehend, erlangte der Brunhildisfelsen auf dem Feldberg eine geradezu mythologische Vergötzung. Hierhin verlegte man die Heldentat Siegfrieds, der die verzauberte Walküre Brünhild erlöste, indem er todesmutig die Waberlohe des teuflischen Loki durchbrach. Auf diese Mythologie und auf die in den Gründerjahren hoffähig gewordene Nationalromantik bezogen sich die Ideale eines Ernst Lauterer. Er hielt sich selbst für einen Nachfahren der Völsungen (nordisches Göttergeschlecht) und wollte auf dem „Turnerberg" ein Festspielhaus, ein „Deutsches Olympia" mit Wagner-Opern und Wettkämpfen („Kampf der Wagen und Gesänge") verwirklichen. Ernst Lauterer stiftete das „germanisch" hochstilisierte Völsungenhorn, das heute noch an die Siegermannschaft der Sportveranstaltungen verliehen wird. Ernst Lauterer, der umstrittene Idealist, kam mit anfangs gleichgesinnten Vertretern des NS-Regimes schon 1933/34 in Konflikt und wurde am 27. 11. 1940 im KZ Buchenwald ermordet

Das Völsungenhorn von 1911

Feldbergfest 1927

Frankfurter Turnverein 1860: Sieger des Völsungenhorns 1922 und 1926 – 1932

Sieger des Völsungenhorns von 2005: TV Idstein

Gründungsmitglied Verleger August Ravenstein war erster Vorsitzender des „Taunus-Club"

Der Taunusklub

Tauniden um 1910 mit Kind und Kegel unterwegs bei einer Rast

In der zweiten Verbotszeit der Turner von 1849 bis 1860 fanden sie sich als unverdächtige Wanderer immer wieder auf dem Feldbergplateau zusammen. Veranlasst durch den Frankfurter Verleger August Ravenstein (ehemaliger Turnerführer) schufen sie eine organisierte Wanderbewegung. Am 2. 1. 1868 wurde ein „Club gleichgesinnter Taunusfreunde" in Frankfurt am Main gegründet, über eine Satzung beraten und ein Vorstand gewählt, dem August Ravenstein vorstand. Die „förmliche Gründung" fand jedoch an dem Wintermorgen des 5. 1. 1868 auf dem Gipfel des Großen Feldbergs statt, wo die Satzung feierlich verabschiedet wurde. Der erste Ausflug fand bereits am 28. 3. 1868 nach Anspach statt, wo sich ein höchst aktiver Turnverein dem gemeinsamen Anliegen verpflichtet fühlte.

Offizieller Führer durch den Taunus

Schon bald nach der Gründung des „Taunus-Club" wurde eine „touristische Commission" ins Leben gerufen. Ihre Aufgabe bestand darin, „Wanderlust und Liebe zur Natur" bei den Menschen zu wecken und zu fördern. Der Verleger August Ravenstein konnte dafür garantieren, dass Kartenskizzen vom Taunus herausgegeben wurden, die seit 1871 als Taunusführer dienten.[3)]

Korbflechtschule in Grävenwiesbach 1914

Durch die Erschließung des Taunus sorgte man auch schon früh dafür, dass Gasthäuser bekannter wurden oder überhaupt erst geschaffen wurden. So ertragreich die Wirtschaft in den Gründerjahren den allgemeinen Wohlstand hob, das Feldberggebiet war ein ausgesprochenes Notstandsgebiet. Die Preise der hier hergestellten Waren, die der Nagelschmiede, auch der Weber, waren durch die Entwicklung der Industrie empfindlich getroffen worden.[4)] Der „Taunus-Club" sorgte für Geldspenden, mit denen man Lebensmittel, vor allem aber Saatgut kaufte, denn die Menschen hatten in ihrer Not die Setzkartoffeln und das Säkorn längst verzehrt. Um das Hausgewerbe als Erwerbsquelle zu fördern, richtete der Stammverein Frankfurt 1881 in Grävenwiesbach eine Korbflechtschule ein. Es folgte die Handschuhnäherei in Arnoldshain, die Umstellung der Nagelschmieden auf bessere Techniken, die Schaffung von Filetstickereien und die Einrichtung von Schwesternstationen (Krankenschwestern- und Kleinkinder-Schulen).

3) Ausstellung im Obergeschoss des „Taunushauses" im Hessenpark

4) Kröcker, M.: Die sozialgeographische Entwicklung der fünf Feldbergdörfer im Taunus in den letzten 150 Jahren, Rhein-Mainische Forschungen, H. 37, Frankfurt a.M. 1952, S. 49 ff. und Schnapper-Arndt, G.: Fünf Dorfgemeinden auf dem hohen Taunus. Schmollers stadt- und sozialsw. Forsch., Bd. 4, Heft 2, Leipzig 1883

Praktische Denkmalpflege am Limes um 1980

Ab 1908 trat die neue Schreibweise „Taunusklub" im Verein in Kraft. In den 1920/30er Jahren wurde die Wegemarkierung im Taunus in einer beachtlichen Weise vorangetrieben. Es entstanden 94 Wanderlinien in vier verschiedenen Farben mit einem Markierungssystem, das mit Förstern und Waldbesitzern abgesprochen war. Der Taunusklub baute oder förderte eine Reihe von Aussichtstürmen so z. B.: den Hausbergturm bei Butzbach, den Feldbergturm, den Kellerskopfturm, die Aussichtstürme auf der Hohen Kanzel und dem Herzberg. Darüber hinaus wurden Schutzhütten und kleine Aussichtstempel gebaut.

Wegemarkierungen

Neben dem Stammklub in Frankfurt entstanden eine ganze Reihe von Ortsvereinen, und diese zählen ganz gewiss zu den ersten Einrichtungen, die auch ein ökologisches Bewusstsein bei den Menschen erzeugten. Ab 1970 widmete er sich verstärkt heimatkundlichen Aufgaben, wozu nicht nur Exkursionen mit wissenschaftlicher Begleitung an entsprechende Sehenswürdigkeiten führten, sondern auch in praktische Hilfeleistung bei der Sicherung von Bodendenkmalen. Heute markiert und betreut er 2.200 km Wanderwege durch den Taunus. Dazu zählen der 150 km lange Lahn-Höhenweg, der Limes-Wanderweg von Bad Ems bis Butzbach und zwei europäische Fernwanderwege, die durch den Taunus führen. Der Taunusklub ist eine unverzichtbare Einrichtung im Blick auf die Begegnung mit dem heimischen Mittelgebirge, er hilft entscheidend mit, es lebens- und liebenswert zu erhalten.

Eine gemeinsame Wanderung macht gute Laune

Turm auf dem Kellerskopf (474 m) bei Wiesbaden

Wintersteinturm bei Obermörlen

Aussichtsturm auf dem Hausberg oberhalb von Hochweisel

Der Pferdskopfturm bei Treisberg

Die Treisberger Gaststätte am Dorfausgang zum Pferdskopf (663 m NN), der höchsten Erhebung auf der Feldberg-Pferdskopf-Scholle neben dem Weilsberg (701 m), nennt sich „Zum Aussichtsturm". Sie verweist damit auf jene Holzkonstruktion, die ähnlich gebaut ist wie der Goetheturm in Frankfurt-Sachsenhausen. Der Turm lockt viele Besucher an, denn er ist einer der großartigsten Aussichtsplätze über den gesamten Hochtaunus und den östlichen Hintertaunus im Norden bis hin zum Westerwald. Im Osten sieht man den aufgewölbten Vogelsberg hinter der Wetterau.

Dieser Aussichtsturm hatte bereits einen Vorläufer, der 1895 vom Taunusklub errichtet worden war. Dem damaligen Zeitgeschmack entsprechend handelte es sich um eine 18 m hohe eiserne Turmkonstruktion, die aber wegen Baufälligkeit schon 1954 abgerissen werden musste.

Der jetzige Turm wurde 1987 gebaut, nachdem der Umlandverband Frankfurt einen wesentlichen Teil der Finanzierung übernommen hatte. Er misst 34 m Höhe und ist über 178 Stufen bis zur Aussichtsplattform bequem zu besteigen. Er wird vom Naturpark Hochtaunus gewartet. Weitere Aussichtstürme in anderen Holzkonstruktionen stehen bei Obermörlen und Butzbach-Hochweisel.

Der Pferdskopfturm bei Schmitten-Treisberg

Richard Schirrmann und das Jugendherbergswerk

Richard Schirrman (1874 – 1961)

Er war Ehrenbürger von Grävenwiesbach, wohin es ihn 1937 verschlagen hatte. Der Gründer des Deutschen Jugendherbergswerkes (damals schon über 2.000 Häuser) hatte 1932 auch das Internationale Jugendherbergswerk ins Leben gerufen. Ihm war nach den bitteren Erlebnissen im 1. Weltkrieg und in der Weltwirtschaftskrise in den 1920er Jahren die Bedeutung der Jugendherbergswerke als eine Art frühe Friedensbewegung, als „Friedensbrücken von Kontinent zu Kontinent" wichtig geworden. Die lebensbedrohenden Repressalien in der Nazizeit zwangen ihn zu einer Art „inneren Emigration" in das stille Taunusdörfchen Grävenwiesbach, wo er im zwergbäuerlichen Wirtschaften und ab 1939 im Unterrichten seinen Lebensunterhalt für die Familie verdiente.[5)]

5) Schirrmann, G.: Ein Geistesblitz in der Gewitternacht, in: Das Jahrhundert im Taunus, Frankfurt 3. Aufl. 2000, S. 201 ff.

Richard Schirrmann stammte aus dem ostpreußischen Dörfchen Grunenfeld (heute Gronovko). Er hatte dort und auf Exkursionen während seiner Lehrerausbildung die Natur, die Lebensweise anderer Volksgruppen und die „Wir-Erfahrung", d. h. das Einüben in das soziale Miteinander, als lebensbestimmende Inhalte verinnerlicht. Diese Dimension des Daseins hat er seinen Schülern in der direkten Anschauung der Realien und der Sozialgruppen auf vielen Reisen und Wanderungen vermittelt. Das Übernachten auf Stroh in Scheunen und in Klassenzimmern wollte er nach einem Erlebnis der Unbehaustheit in einer Gewitternacht 1909 ersetzen durch gesicherte Unterkünfte. In einem Netz von „Schülerherbergen", die in einem Tagesmarschabstand lagen, wollte er preisgünstige Unterkünfte anbieten.

Logo des Deutschen Jugenherbergswerks

1912 konnte er ein erstes Modell einer Jugendherberge auf der Burg Altena im Sauerland schaffen, ein Beispiel, das sich schnell verbreitete. 1919 wurde er Präsident des Hauptverbandes der Deutschen Jugendherbergen, wo er Freude an der Natur, Heimatliebe, Toleranz ohne Ansehen von Geschlecht, Religion, Nationalität, Hautfarbe und Rasse als oberste Ziele herausstellte. Nach der Verdrängung aus seinem Werk durch die Nationalsozialisten und nach dem Niedergang und der Not des 2. Weltkrieges durfte Richard Schirrmann aber die Früchte seines weltbürgerlichen Schaffens ernten. Alte Freunde aus vielen Ländern suchten ihn in Grävenwiesbach auf und sorgten mit ihm für neue Freundschafts- und Anerkennungsbegegnungen in der Welt. Richard Schirrmann wurde erneut einer der Botschafter des „besseren Deutschland" in der Welt. Die hundertjährige Idee der Jugendherbergen von 1909 wurde im Sommer 2009 in Grävenwiesbach, wo eine nach ihm benannte Jugendherberge nach dem 2. Weltkrieg errichtet worden war, würdig begangen.

Jugendherberge in Grävenwiesbach, wo Richard Schirrmann als Dorflehrer tätig gewesen war

Der Große Feldberg und seine Türme – Wahrzeichen des Taunus

Das Feldbergplateau (879,5 m NN)trägt weithin sichtbare Türme, die das Bild seiner Silhouette unverwechselbar einprägen. Der Feldberg genießt heute den Ruf des Erholung bietenden Hausbergs der Bevölkerung im ganzen Rhein-Main-Gebiet. Der massive holzummantelte und mit Schiefer beschlagene kleinere Turm wurde 1901/02 vom Taunusklub errichtet. Er bietet den Wanderern Schutz und weitreichende Ausblicke zugleich. In den Gründerjahren, der wirtschaftlichen Blütezeit im ausgehenden 19. Jahrhundert, trachtete man allenthalben danach, sichtbare Zeichen des Aufbruchs in die Natur oder in die Nation (Kaiser-Wilhelm- oder Bismarck-Türme) zu errichten. Der Bau dieses 30 m hohen Turms auf dem höchsten Gipfel des Taunus konnte mit vielen Spenden aus der Bürgerschaft, vom Taunusklub gesammelt, errichtet werden. Kaiser Wilhelm II. hatte im Plan des Frankfurter Architekten Adolf Haenle seine burgenorientierte Handschrift dokumentiert. Zur Einweihung weilten damals ca. 10.000 Menschen auf dem Feldbergplateau. Der Frankfurter Oberbürgermeister Franz Adickes hielt die Festansprache. 1929 wurde ein Wanderheim eingerichtet und die obere Aussichtsplattform überdacht.

Erst in den Jahren 1936/38 entstand der große Turm, der für die ersten deutschen Fernsehübertragungen gedacht war. Umfangreiche Feldstärkemessungen hatten den höchsten Taunusberg ebenso wie den Brocken im Harz als günstigste Standorte ausgemacht. In dem 53 m hohen Turm wurde das deutsche Fernsehen jedoch technisch nicht bis zur Sendereife entwickelt, der Kriegsausbruch verhinderte das. Diesen Sendeturm der „Deutschen Reichspost" hielten die Alliierten im 2. Weltkrieg irrtümlich für einen Störsender. Am 2.3.1945 wurde er deshalb von englischen Fliegern zerstört. Noch 1947 bot er in seinen Trümmerresten einen traurigen Anblick. Der kleine Feldbergturm (Wanderheim und Aussichtsturm) war im Dezember 1943 von einem deutschen Flugzeug (ME 110) im dichten Nebel gerammt und in Brand gesetzt worden. Er konnte mit Hilfe des Hessischen Rundfunks für Sendeeinrichtungen wieder aufgebaut werden. Der große Feldbergturm wurde zwischen 1948 und 1951 wieder errichtet. Das digitale Fernsehen wird vollständig von dem hohen Stahlrohrmast des Hessischen Rundfunks ausgestrahlt, weshalb der Turm zzt. für das analoge Fernsehen brach liegt. Seit Ende der 1990er Jahre ist keine personelle Besetzung im Turm mehr erforderlich. Dennoch wird das markante Turmgebäude voll genutzt für Richt-, Radio- und Mobilfunk.
Für die leerstehenden Räume wird ein Nutzungskonzept erarbeitet.

Der Feldberg hat im Blick auf den Limes, die Turnerbewegung und die Gründung des Taunusklubs eine überragende kulturhistorische Bedeutung. Das gesamte Feldbergmassiv (Altkönig, Weilsberg, Kleiner und Großer Feldberg) dient, wenn es nicht touristisch übernutzt wird, hervorragend der Erholung und Entspannung. Der Feldberg – ob vom Aussichtsturm des Taunusklubs, ob vom Brunhildisfelsen – gewährt Fernblicke bis zum Odenwald, Vogelsberg, Westerwald, Hunsrück, zum Rhein und in die Pfalz, die schon den jungen Goethe (*„... wir bestiegen den Feldberg, von dem uns die weite Aussicht immer mehr in die Ferne lockte"*) begeisterten. Er bietet Überblicke und Einblicke, in einen liebenswerten Heimattraum. Diese rechtfertigen das Urteil des weit in der Welt herumgekommenen Geographen und Naturforscher Alexander von Humboldt, der den Taunus für das schönste Mittelgebirge der Welt hielt. Und dem können gewiss alle zustimmen, denen der Taunus Heimat geworden ist.

So präsentierte sich das Feldbergplateau 1938 ...

... und dies war der Anblick nur 9 Jahre später im Jahre 1947

Einweihung 1902 des 30 m hohen (später kleinen) Feldbergturms. Darin waren u. a. ein Saal für 150 Besucher und eine kleine Wohnung für den Turmwächter untergebracht. Die Spitze krönte ein riesiger Adler aus Sandstein

Der neue „Feldberghof" auf dem höchsten Berg des Taunus

Welche Orte wurden erwähnt?

Genannt werden nur bedeutende Städte und Orte, welche im Bild oder Text dargestellt sind, und erheben keinen Anspruch auf Vollständigkeit.

Wer lieferte die Bilder?

Die Fotografen, Institute und Behörden werden nach dem Alphabet aufgeführt.
Alle Ziffern bedeuten Seitenzahlen. Spaltenbezeichnungen:
l=links, r= rechts, o=oben, m=mitte, u=unten, a=außen.
Nicht in allen Fällen war es möglich, die Rechte-Inhaber von Abbildungen ausfindig zu machen.
Berechtigte Ansprüche werden im Rahmen der üblichen Vereinbarungen abgegolten.

Aero-Lux, Ffm, Nass. Heimstätten GmbH: 149-ol.
Bachchor Erlöserkirche Bad Homburg: 210-o+u.
Becker, A.: 48-r4, 57-ro(2).
Beuth, Eva: 237-ro.
BPK Berlin: 105-u, 188/189, 212, 213-lo, 215.
Braas, Oberursel: 243-r(4).
Burgverein Freienfels: 266-l(2).
Burgverein Königstein: 266-r(2).
Chorgruppe Voices Unlimited Anspach: 207-ru.
DJH, Märkischer Kreis/Pressestelle: 278.
Dyckerhoff AG: 52-u, 239-l+ro.
Edition Peters Thomas Ickstadt Frankfurt a. M.: 180.
Ernst, Eugen, Neu-Anspach: 2-m, 15-lm, 18/19-o, 20-u, 26-u, 27-m+u, 29-3, 30-1+2, 32-l, 33-1+2, 34-lo, 43-u, 43-1, 43-2, 48-l2+3+r-5, 49, 50, 52-o, 53-u, 54, 56, 57-u, 62-u, 63-u, 66-l, 67-o, alle 69, 78-o, 79-o+m, 80, 104-l, 108-l, 109, 112-lu, 113-l, 114, 115-l, 117-u, 119-lu, 120-r(4), 123-o, 126-o, 127-l3+4,130-alle-l, 130-ur, 131-u,132-u, 133-alle, 135, 136-r, 137-ul, 140-2+l, 140-ru, 141-o1, 141-1+2r, 158-l, 158-ru, 159-lu, 159-r, 160-lu, 161-alle, 161-lu, 169, 165-l, 166, 167, 168-o, 170-r, 171-lo, 172-o3/4 +u1/2, 173-lu, 174-l+r, 175-ro+u, 177-lu, 179-l, 181-ru, 182, 185-m+u, 219-u, 190-l(2)+ru, 192-lo, 193-u, 196-4, 197, 198-ro+ru, 204-ru, 205-lo+lu+rm, 209-ro, 214, 215-o, 216, 217-l, 218-l+u, 219-u, 220-rm,+ru, 221-lm+lu, 224-ro+m, 225-r(6), 228-l-2-4+ r-2, 230, 231-ro, 233-u(2), 234, 235-am+lu, 240-lo, 240-lm, 242-lu+r, 248-ro+ru, 258-(3)271-ra, 275(4), 279(3),259(4), 262-lau(2), 264-r1+r3, 271-ru, 275-(7), 279-ru
Feldberg-Ausschuss : 276(11) · Ford Köln: 13(3).
Forschungsanstalt Geisenheim : 220-r2, 279-u.
Fossilienfotos: 48-l3-5/+r1/4 (Schramm, Peter, Königstein), 48-l1/2, r2/3 (Weiß, K.-D., Kelkheim-Fischbach).
Fotostudio Etienne, Nastätten: 260-lu.
Freizeitpark Lochmühle: 270-lu(4).
Fresenius, Bad Homburg: 245-l.
Fuhrmannek, Wolfgang HLMD: 188/189
Gemeinde Hohenstein: 112-o.
Gemeinde Weilrod: 258-lu.
Gestüt Kauber Platte: 232(3).
Goebel, Horst, Hünstetten-Görsroth: 2/3-o, 4-o, 22-u, 25-rm, 34-m, 34/35-o, 35-u, 62-l, 64/65, 74-o, 77-u, 78-u, 79-u, 100-lo, 104-lo, 121-l, 128-u, 131-o, 141-lm, 143-rm, 158-lm, 162-lo, 169-o, 171-lu+ro, 172-o1, 173-lm,174m, 177-r, 179-r, 181-lu, 183-ro(2), 190-ro+m, 199-3, 200-3, 201-2, 203-l, 220-lu+ro, 250-u(2).
Gottschalk-Luftbilder, Kalbach: 4-m, 19-u, 23-o, 24, 25-ru, 25-lu, 31, 33-u, 36, 38+39, 115-lo, 221-lo, 268-lu.
Heil-Getränke, Laubuseschbach: 247-ra.
Heil- und Pflegeheime Scheuren: 273-ru.
Heine, Bernd, Brandoberndorf: 100/10-m, 134-u, 203-r, 226/227.
Herrmann, Andreas, Aachen: 169-ru.
Pantelias: 87-ro
HLB - Hess. LA f. Bodenmanagement und Geoinformation: 14/15-o, 18-19-m, 21, 22-o, 26-o, 28-o, 30-lo, 32/33m, 36-o, 60/61, 98-ro, 99-lm, 153-ro, 154-ro, 233, 249-ro.
Hess. Landtag, Kanzlei: 121-ro, 256-ro(2).
Hofmann, Helmut, Neu-Anspach: 229-(11), 275-(9).
Hofgut Georgenthal: 264-r2+m.
Hydrotec, Aachen: 78-m · Jost-GmbH: 244-r.
Junk, H., Oberursel, alle Zeichnungen: 84 -103.
Justizministerium Wiesbaden: 263-ro.
Kartenmaterial: Landesvermessungsamt Hessen + R-P.
Kiedricher Chorbuben: 206-ro.
Klaes, Holger, Wermelskirchen: 160-o.
Kempinski Falkenstein, Kleber, Hanna: 264-r4+lu(2).
Klopf, Neu-Anspach (UA) 218-rm.
Kochnitzki, Hochheim: 267-ro(3)
Kraft, Thomas: 275-om.
Kreisarchiv Hochtaunus: 256-lu.
Kreisverwaltung Hofheim: 257-ro · Krekel, A.: 57-r2,
Kronenhof Bad Homburg: 265-5.
Kubat, Martin: 232-lu+r.
Kurverwaltung Bad Homburg v.d.H.: 10, 198-rm, 201-om, 201-ru, 251-lo.
Kurverwaltung Bad Nauheim: 198-rm, 201-lo+ra.
Laschet, Ch.: Blockdiagramme Taunus 43-52(5).
Laufer, Eckhard, Neu-Anspach: 88-lu.
Main-Taunus-Centrum, Presseabt: 248-lo, 2-2
Main-Taunus-Kreis-Archiv: 91-m, 127-r, 136-l, 201-lu, 205-ru, 219-r,
Müller, Artur (Ballonteam Taunus) Neu-Anspach: 1,15-lo, 40/41, 55-o, 67-u, 68-l, 72-u, 73-o, 81-o, 105-or, 106-u, 112-m, 117-ml, 120-l, 122-lo, 124/125, 127-o, 129-o, 139-lo, 143-lu, 145, 175-lo, 177-lo, 186-o+lu, 221-lo, 238-l, 265-ro, 242-lo, 243-lo, 250-lo, 253-ro+rs, 262-ru, 263-rm, 268-lau(2), 270-lo, 272-o, 273-ro, 279-rm.
Müller & Co. GmbH, Schmitten-Brombach: 246-o.
Naspa-Archiv, Wiesbaden: 257-rm.
Naturpark Nassau: 77-m1+m2, 82/83.
Nobbe, Dieter, Weilburg: 176-u, 205-ro.
Pape, Dave: 229-lo.
Passavant-Pressestelle: 240-lu.
Pfarrei St. Martin Idstein: 181-ro.
Pauly, Neu-Anspach: 260-u(4)229, 275.
Posaunenchor Anspach: 206-r2 · Privat: 213-u2.
Regionalpark-Rhein-Main: (RMD: 81-u)261(4). Relling, Joachim: 271-um.
Rheingau Musik Festival: 2008-r4.
Rhenus AG, Derdzinski, Lahnstein: 252-lu+ru.
Rohmahn, Andreas, Brandoberndorf: 268-lo.
Rolls-Royce, Oberursel: 4-u, 243-l2.
Rüdesheim Tourist AG, K.-H. Walter: 107-r2, 236.
Saalburg-Museum: 97, 98-lu, 99-ru, 100/101.
Saltenberg, Frank: 55-ru.
Sauerburg-Touristik: 13-ro.
Schaefer, Hahnstätten: 239-u.
Schäfer-Gruppe, Idstein: 244-l.
Schrimpf, Eberhard, Usingen: 2/3-u, 6/7, 27-o, 28-u, 30-u, 51-o, 53-o+m, 63-o, 86-ru, 87-rm+ru, 89-lm, 106-l, 108-r+m,110-o, 115-rm/u, 121-r4, 139-u, 143-ro, 162-r, 165-r, 168-lm-lu, 169-r, 172-o2, 173-lo, 176-ro, 182-l3, 187-l+r, 191-lo, 194-lu, 204-l2, 206-u 2, 210-l, 219-o, 223-lu+ru, 228-lo, 229-ro, 231-lo, 232-am, 235-ru, 237-ru, 241-l, 247-ra(2), 248-r3, 248-l2, 254/55, 257-m, 258-lm, 262/263, 267-ur, 273-l, 277-ru, 278(5).
SCS-Stöckmann, L.(Erdfunkstelle Usingen): 253-u(2).
Stadt Bad Soden am Taunus: 201-lu, 209-u3.
Stadt Hochheim: 126-u, 182-ru, 198-lu.
Stadt Hofheim: 23-u.
Stadt Lahnstein, Gans: 40- lu, 140-l4, 113-252-lm+ru.
Stadtarchiv Bad Homburg v.d.H.: 184-o+l.
Stadtarchiv Friedrichsdorf: 21- lm, 222(3)-l.
Stadtarchiv Idstein: 185(3).
Stadtarchiv Königstein: 184-m.
Stadtarchiv Lorch: 262-o.
Stadtmarketing und Touristik Limburg: 193-l.
Stadtarchiv Taunusstein: 258-ru.
SCS, Stöckmann, Lothar: 253-u.
Schwälbchen-Molkerei: 247-lo.
Taunusbühne Schwalbach: 269-l(3).
Taunusklub-Stammklub: 277(7).
Taunus-Touristik, Bad Homburg v.d.H: 8/9, 122-alle, 183-ru+r, 196 lm, 224-ru, 225-l, 228-r3, 251-r1, 256-lm, 267-ru, 268-ro+-rm,272(6), 277-o, 279-o(3) · Taunus-Wunderland: 271(2).
Techniker Schule Weilburg: 21-lo.
Thomsen, Sonja (Taunus-Helicopter): 238-ro.
Tourist-Info Idstein: 116, 195-lu.
Verbandsgemeinde Loreley, St. Goarshausen: 260-ro.
Vereine der Chormusik in Lindenholzhaus: 207-r3.
Verkehrsamt Braubach: 130-o,141-lu.
Verkehrsamt Dachsenhausen: 178.
Verkehrsamt Nastätten: 170-lu, 192-ur, 224-l(3).
Verkehrsamt Villmar: 57-o.
Verwaltung Villa Gans, Kronberg: 201-rm.
Vortaunus-Museum Oberursel: 92/93 (Junk, H), 232-lo+ao (Weber).
Weidner Bodenprofile: 58/59.
Weisbecker, Neu-Anspach: 116-117-mo.
WFL-GmbH Gerhard Launer, Rottendorf: 1, 16/17, 70-o, 76-lo, 104-u, 142-l, 144, 235lo+ro, 235-lu, 241-ro, 246-lu.
Wendland, Bernd, Hochweisel: 256-rm.
Wikipedia: U1+129-u (S. Neugebauer), 14-1, 37-l (Roland Todt), 55-l, 57-l, 70-l, 72, 74-l, 76m, 104-lu, 105-l, 106-o, 107-lo, 111-lu,112-rm, 118(5), 119-o, 119-rm+ru, 112-o, 128-o, 137-lu, 137-ro, 138(4), 140-1l, 140-lm (Volker Thies), 141-lu, 142-r, 143-ru, 143-lm (Cherubino), 158-lm, 158/159 (Fritz Geller-Grimm), 183-o, 186-ru, 187-lm, 194-ru, 206-l, 211-r, 217-o (Felix Koenig), 217-r (Gemälde v. E. K. Krupinsk), 220-lo, 221-lu (L. Sternstein),222-lo, 223-ro+rm, 228-l4 (Seehagel, H.), 228-l3, 234-au, 241-ru, 244-u (Schüßler), 251-r2+3 (Oliver Abels), 257-or (Machau), 259-ro, 262-l1-2, 267-lo, 269-r(2).
Wolff, St. Goarshausen: 34-lu, 249-ru, 252-lo, 256-ru.
Wolf +Trietschler: 230-m2.
Zentrales Provinzarchiv der Pallotiner: 164.
Zschimmer&Schwarz-Pressestelle: 245-r.